二战后德国战争赔偿史

History of German War Reparations after World War II

孙文沛 著

人民出版社

国家社科基金后期资助项目
出版说明

后期资助项目是国家社科基金设立的一类重要项目，旨在鼓励广大社科研究者潜心治学，支持基础研究多出优秀成果。它是经过严格评审，从接近完成的科研成果中遴选立项的。为扩大后期资助项目的影响，更好地推动学术发展，促进成果转化，全国哲学社会科学工作办公室按照"统一设计、统一标识、统一版式、形成系列"的总体要求，组织出版国家社科基金后期资助项目成果。

全国哲学社会科学工作办公室

目　　录

序　言

　　长久以来,德国和日本对待二战历史罪责截然不同的认罪态度,一直都是中国学界和坊间热议的话题。德国勃兰特总理在华沙犹太人遇难者纪念碑前的砰然一跪、历任德国领导人和开明政治家关于反省纳粹历史的演讲、柏林市中心矗立的"犹太人大屠杀纪念碑",都构成了战后德国罪责反省历程中难以磨灭的历史符号,同时也汇入了中国学者和民众对于当代德国的历史认知当中,成为中国社会对德国形象普遍好感的重要来源。然而,聚光灯下的下跪、演讲和纪念碑只是战后德国罪责反省的"冰山一角"。事实上,德意志民族在二战后为了重建德国的声誉、重获邻国的信任,在政治、经济、外交、教育、文化等多个领域做出了长期努力,也付出了巨大代价。

　　孙文沛教授撰写的《二战后德国战争赔偿史》正是中国学界对德国反省二战进行补白研究的一部力作。本书将战争赔偿问题从战后德国政治、经济和外交事务中剥离出来,对二战结束后至今75年间的德国战争赔偿历史进行了全面回顾、梳理和系统研究。本书坚持以唯物史观为指导,研究时段覆盖德国被占领时期、美苏冷战时期和德国统一时期,研究对象包括对战胜国的赔偿和对战争受害者的赔偿,意在揭示出一幅德国政府和社会反省二战历史、忏悔历史罪责的波澜曲折的图景,同时也给我国战争受害者对日索赔提供若干启示。

　　"战争赔偿"就是德意志民族在经济领域通过"赎罪"求得欧洲各国政府及其战争受害者谅解的主要手段。但是,这不是20世纪德国第一次因为战败支付赔偿,第一次世界大战后,德国在《凡尔赛和约》压迫下,向战胜国以物资和货币进行过赔偿。充满戏剧性的是,两次世界大战后的德国赔偿事务产生了截然相反的结局。第一次世界大战后协约国强迫德国支付的巨额赔款,在德国种下了复仇的种子,进而点燃了德国人民复仇的怒火,导致法西斯主义的兴起,最后引发了第二次世界大战。二战后德国以实物和货币的方式也支付了巨额赔偿,却帮助德国与欧洲各国取得了和解,尤其是与法国的和解,导致了西欧早期一体化的启动和德国经济的复兴及主权地位的恢复,因此德国也再度崛起,和法国一起成为引领欧洲一体化的火车头。两次赔偿事务的不同结局表明,战争赔偿不仅是一个经济问题,更是一个政治问题。赔偿政策的制订者必须小心翼翼地在赔偿国的财力和受偿者的需求之间找到平衡,以及对和平与安全的关切,否则就可能再次陷入严重的政治与安全危机。阅读本书的读者将发现,正因为存在这样一种经济需求和政治、安全危机之间的博弈,二战后德国战争赔偿的历史才变得跌宕起伏甚至惊心动魄。德国战争赔偿的曲折历程及其背后的诸多推动或制约因素,以及赔偿事务和这些因素彼此交织而映射出的一幕关于"反省罪责"的大戏,正是作者希望展示给大家的。

目前,国内已有的关于德国二战赔偿的专著,都是从战胜国政府视角对1949年以前的德国战败赔偿政策进行研究,研究对象仅限于对战胜国赔偿,也没有将赔偿问题纳入战后德国"反省罪责"的视阈进行考察。关于1949年至今联邦德国政府和企业对二战战争受害者个人及其遗属的赔偿,则长期是一片空白。本书作者通过研究发现,无论赔偿时长还是金额,对战争受害者个人赔偿都已经在事实上取代对战胜国赔偿成为德国二战赔偿的重心。因此,从战败国德国的视角、使用德文档案和文献,对1949年至今德国内部围绕战争赔偿问题发生的争论、制订的政策和法律、成立的机构进行研究,将会有助于填补我国当代德国史研究的某些空白。

为了帮助读者理解二战后德国战争赔偿问题的历史起源与合法性,作者将"二战后德国战争赔偿的历史背景"单列为第一章,对人类历史上战争赔偿的演变和二战中德国的战争罪行做了详细回顾和梳理。即使对二战历史较为熟悉的读者,也建议详读"纳粹罪行的广度与深度"一节。第二章、第三章和第四章是本书的主要部分,按照历史顺序分别叙述了1945年至1949年占领时期、1949年至1990年冷战时期、1990年至2020年统一时期德国战争赔偿事务的详细过程,其间经历了"战胜国"到"战败国"的视角转换、"政府赔偿"到"企业赔偿"的主体转换、"战胜国政府"到"受害者个人"的客体转换、"实物赔偿"到"货币赔偿"的方式转换。通读本书读者还能从这些变化中感受到德国社会在不同时期对待历史罪责的心态的微妙变化。第五章是本书的总论部分,对"二战后德国战争赔偿的演变路径与历史意义""犹太人视角下的德国二战赔偿价值评估""德国与日本二战赔偿的差别、原因及启示"进行全面总结与反思,相信能在"民族罪责与集体反省之间的交往性""战争的残酷性""战争索赔的正义性"等学术和价值问题上与读者形成共鸣。本书是国内既全面系统又细致入微研究德国赔偿问题的一部力作,具有较高学术价值和现实意义。

孙文沛教授十分喜欢德国历史。他本科学习德国经济专业,读本科时在德国美因茨大学法律经济系作为交换生留学一年。本科毕业后,由于对德国历史的爱好,一心想读德国史研究生,为此在武汉大学复习一年备考,

2005 年终于如愿攻读德国史硕士研究生,2007 年又考上了我的博士生,2012 年至 2013 年公派在德国科隆大学教育系从事博士后研究。在读研究生期间,他就表现出非凡才能,他刻苦、沉稳、善思、睿智,善于学习,勤于思考!他攻读研究生时就开始关注和研究德国二战赔偿问题,本书是他十几年来持续关注德国二战赔偿的最新进展并不断修改和完善博士学位论文所取得的最终成果。他德文、英文都很好,书中引用了大量德文英文档案和第一手资料,增强了分析问题的可靠性、结论的准确性,本书是作者严谨治学、艰苦奋斗的成果。本书面世之时正值中华人民共和国与联邦德国建交 50 周年,这将有助于增进中德两国人民的理解与互信。希望作者以此为起点,在德国史研究的道路上取得更好的成绩。

吴友法

(前中国德国史学会会长、名誉会长,武汉大学历史学二级教授)

2022 年 6 月于武昌珞珈山

导　　论

　　1941年,欧洲战事正酣,远居美国加利福尼亚的德国著名作家艾米尔·路德维希(Emil Ludwig)怀着爱恨交织的心情在他的名著《德国人,一个民族的双重历史》序言中写道:"德国的历史就像一辆双层公共汽车,文化生活和政治生活有着各自的发展道路,上面一层乘客极目远眺,饱览旖旎风光,但不能影响汽车的方向,因为坐在下层掌握方向盘的司机根本无暇顾及他们。"①

　　从马丁·路德到伊曼努尔·康德,从莱布尼茨到爱因斯坦,近代德意志民族盛产文化巨匠和科学精英,曾经为人类文明做出巨大贡献。19世纪,德国这辆"双层巴士"驶离混乱而分裂的"神圣罗马帝国",驶入强大且统一的"德意志帝国",看起来一切正常。然而,20世纪上半叶,这辆"双层巴士"发了狂,因为独裁者和战争狂人掌握了下层的方向盘。由于德国在国际格局中的政治地位无法满足自身日益增长的经济需求,德国独裁者决定铤而走险,发动了两次世界大战,给欧洲乃至全世界带来巨大的灾难。虽然两次世界大战都以德国惨败告终,但它们足以抹平全世界人民心目中关于德国的任何和平友善形象,而将其固化为一个妖魔化国家和一把高悬于世界和平头上的"达摩克利斯之剑"——这个狂热好战而又难以理喻的国家是否会发动第三次世界大战? 这种固化的好战形象就构成了二战后德国以一个正常国家的身份重回国际社会的最大障碍。德国人必须以实际行动消除这种障碍。

　　战争赔偿就是德国政府和人民以最大的诚意消除上述障碍的重要行动。人类历史上,战争赔偿是一个古老的话题,战败国总要为军事上的失败付出代价。而二战后德国的战争赔偿事务则超越了过去"因为战败而赔偿"的一般历史逻辑,其最大的合法性和驱动力变成了"因为罪责而赔偿"。1945年至1949年的占领时期,同盟国通过分区占领和行政命令强行从德国运走了大量物资作为赔偿,达到了既弥补战胜国损失又削弱战败国实力的传统目的。1949年联邦德国成立后,战争赔偿则成为德国政府和企业为

---

① ［德］艾米尔·路德维希:《德国人,一个民族的双重历史》,杨成绪、潘琪译,东方出版社2006年版,第1页。

二战历史罪责向战争受害者群体"赎罪"的主要经济手段。总体而言,二战后德国战争赔偿史既是一段用物质和金钱补偿战胜国政府和受害者个人的经济史,又是一段用经济手段和外交政策重新建立德国国际声誉和地位的政治史,还是一段用巨额赔偿推动德国民众集体反省并构建"二战史观"的社会史。它漫长而曲折,始于 1945 年而至今尚未结束,经历了多次主体、客体、手段和途径的转变,见证了二战后德国历届政府和数代民众反省历史罪责的历程。

一、国内外研究现状

二战后德国战争赔偿事务具有时间跨度大、赔偿金额多、赔偿对象广的特点。正是这些特点,给国内外学者从宏观上对二战结束 75 年来的德国战争赔偿史进行总体性研究制造了巨大的困难。联邦德国政府迄今都未就 1945 年以来的德国赔偿发布一个准确的赔偿总额,或许这本来就是一个不可能完成的任务。目前所见,国内学界尚未出现对二战后至今 75 年间的德国战争赔偿史进行全景式研究的专著,德语国家学者则在此方向进行了努力并形成了两本专著。

苏黎世大学经济史教授约尔格·菲施在 1992 年出版了《二战后的赔偿》一书(Jörg Fisch, *Reparationen nach dem Zweiten Weltkrieg*, 1992),对二战后世界范围内的战败国支付战争赔偿问题进行宏观论述,是战争赔偿领域少见的富有开创性的著作。该书视野开阔,涉及的战败国有:德国、日本、芬兰、罗马尼亚、匈牙利、保加利亚、意大利和奥地利,德国战争赔偿是该书的一个重要组成部分。作者分别从战胜国的赔偿要求和战败国的赔偿支付情况两方面进行论述,内容力求全面,还对战后赔偿所处的政治经济环境进行了剖析,指出了赔偿与德国乃至欧洲分裂之间存在的联系。关于德国战争赔偿的部分,则主要局限在占领时期的赔偿,大概作者认为这一时期的赔偿才真正符合战争赔偿的定义。在第二章中,作者仅用了一小节篇幅对 1952—1961 年联邦德国与以色列的赔偿谈判进行陈述,篇幅简略,可算作对联邦德国的"主动赔偿"一笔带过。此外,该书受成书时间所限(1992年),没有涉及德国统一后的战争赔偿行为。

波鸿鲁尔大学历史学教授康斯坦丁·戈施勒尔在 2005 年出版了《罪责和债务:1945 年以来对纳粹受害者的赔偿》(Constantin Goschler, *Schuld und Schulden: Die Politik der Wiedergutmachung für NS-Verfolgte seit* 1945, 2005),对二战结束后德国政府和企业对纳粹受害者个人进行赔偿的历史做了全盘回顾。作者详细回顾了纳粹受害者赔偿政策的演变、赔偿群体的扩大,以及德国政府内部、联邦议院党派之间围绕该问题发生的激烈争论。作者的结论是,受害者赔偿政策已经成为维护历史正义的媒介,见证了德国社会二战历史记忆的代际变迁。遗憾之处在于,该书并未涉及占领时期对战胜国的赔偿,因此从战争赔偿史的角度来看,它是不完整的。

上述两本专著都不足以让我们对二战结束以来的德国战争赔偿历史做系统性了解。除此之外,学界对二战后德国战争赔偿的研究较为分散且呈现出明显的断裂性,主要表现在"战胜国赔偿"和"受害者赔偿"的研究彼此割裂。以下分别对这两种德国二战赔偿的学术研究进行概述。

(一)"战胜国赔偿"研究概况

中国学界目前已出版关于"二战后战胜国对德国索赔政策"的两本专著:《德国战败赔偿政策研究(1939—1949)》(田小惠著,中央编译出版社2012年版)、《"战争与和平"视阈下的美国对德战争索赔政策》(苑爽著,中央编译出版社2015年版)。田著将美英苏三大国在战后初期对德赔偿政策问题上的内外两个层面的斗争及演进集合起来,注重在讨论三大国内部论争的同时也考察它们彼此之间的斗争。在此基础上,田著认为,战败赔偿是一个经济问题,更是一个政治问题。三大国在对德赔偿政策上的分裂既是促成冷战的若干因素之一,也是由冷战格局的形成决定的。苑著则论述了两次世界大战后美国政府视野下的德国赔偿问题。美国在两次大战后德国赔偿事务中都发挥了重要作用,作者特别指出了一战后失败的德国赔款经验给美国领导人留下的深刻印象,并进一步影响了二战后的美国赔偿政策,比如以残酷著称的"摩根索计划"。值得称道的是,本书详细描写了美国的特殊索赔计划"智力赔偿",以及美国战后大肆掠夺德国科学家、专利技术等软性财富的"曲别针计划"。两本专著都是从战胜国视角对德国战争赔偿政策的产生和演变历程进行研究,研究对象都不包括战争受害者个人赔偿,研究区间都止步于1949年。

田小惠还围绕"战胜国赔偿政策"发表了数篇文章:《简析多边主义与战后初期美国对德政策的制订》(2002)、《麦尔金报告与英国对德战败赔偿政策》(2003)、《雅尔塔会议与德国赔偿政策的确立》(2005)、《简析战后德国分区赔偿政策的执行》(2005)、《试析战后德国战败赔偿政策》(2005),对美苏英三大国在德国赔偿问题上从精诚合作走向分道扬镳的原因和过程做了深入分析。

国外学界对战后盟国对德政策研究较多,其中多有涉及德国战争赔偿的著作,但大多是将赔偿作为战后处理德国的一个部分来论述。例如,布鲁斯·库克里克《美国的政策与德国的分裂:美苏在赔偿问题上的冲突》

（Bruce Kuklick, *American Polity and the Division of Germany, the clash with Russia over Reparations*, 1972）；罗曼·M.莱马科《俄国人在德国：苏占区的历史, 1945—1949》（Norman M.Naimark, *The Russians in Germany, A History of the Soviet Zone of Occupation*, 1945–1949, 1995）；约翰·H.贝克《克莱将军的德意志岁月：通向联邦德国之路, 1945—1949》（John H.Backer, *Die Deutschen Jahre des Generals Clay, Der Weg zur Bundesrepublik* 1945–1949, 1983）。针对赔偿问题的专著较少，目前仅见约尔格·菲施《二战后的赔偿》, 阿莱克·卡恩克劳斯《战争的代价：英国对德赔偿政策, 1941—1949》（Alec Cairncross, *The Price of War, British Policy on German Reparations*, 1941–1949, 1986）, 莱纳·卡尔施《独自赔偿？1945 至 1953 年东德的赔偿负担》（Rainer Karlsch, *Allein bezahlt? Die Reparationsleistungen der SBZ/DDR* 1945–1953, 2013）。

　　由于"战胜国赔偿"涉及美国和苏联两个超级大国的不同对德政策，而且执行赔偿的后果影响深远，因此战后很多关于德国赔偿的著作都打上了意识形态的烙印。总体上讲，美英学者在指责苏联赔偿政策时较为偏激，在西占区的赔偿问题上却常常避重就轻甚至"选择性无视"，德国学者在此问题上相对公正。冷战时期的著作大都带有偏见，冷战后出版的著作相对公正理性。例如，一些西方学者在评估占领时期东西德支付赔偿的总额时，对东德赔偿采用 1938 年汇率（1 美元＝2.5 马克）进行折算，对西德赔偿却采用西占区币制改革后汇率（1 美元＝4 马克）进行计算，如此一来就歪曲了事实，用美元折算的西德赔偿相对于东德被大大低估了。苏联和东德学者在赔偿问题上同样带有偏见。他们的大部分研究都以苏联官方公布的赔偿数据为基础，并且最终的结论也千篇一律：苏占区和民主德国共计支付赔偿价值 42.92 亿美元（按 1938 年价格计算）。他们都不愿将东西德的赔偿情况进行对比，并且用尽一切办法证明西方国家从西德获取的赔偿比苏联从东德获取的要多。[①] 国外学者的研究还存在很多不足，例如在占领时期赔偿统计数据上就存在以讹传讹的问题。因为统计口径、汇率换算混乱，以至于很难从他们的研究中归纳出一个准确的赔偿总额。美英学者的研究多从美国或英国政府的角度去看待德国赔偿问题，侧重分析政策的演变而非赔

[①]　反映出这种意识形态偏见或倾向的苏联和东德著作有：维尔纳·克劳泽《民主德国全民所有制工业企业的诞生》, 柏林 1958 年（Werner Krause, *Die Entstehung des Volkseigentums in der Industrie der DDR*, Berlin, 1958）；霍斯特·巴特尔《民主德国对外经济联系, 1945—1949/50 年民主德国区域经济发展》, 柏林 1979 年（Horst Barthel, *Die wirtschaftlichen Ausgangsbedingungen der DDR, Zur Wirtschaftsentwicklung auf dem Gebiet der DDR*, 1945–1949/50.Berlin 1979）等。

偿的执行。只有德国学者才会真正站在德国的立场上分析赔偿问题,他们的研究更侧重赔偿的执行情况,最终结论大都导向赔偿给德国乃至欧洲带来了消极影响。

阿莱克·卡恩克劳斯在《战争的代价:英国对德索赔政策,1941—1949》一书中,全面系统地论述了从"麦尔金报告"到赔偿执行时期英国政府的赔偿政策。英国是德国战争赔偿政策的积极倡议者,却因为实力的衰弱无可避免地在与美国和苏联的赔偿政策博弈中沦为配角。在该书结尾作者总结了英国政府在赔偿问题上的尴尬地位,并指出各大国在赔偿问题上的发言权是与其实力紧密联系的。英国政府对待赔偿的宽容态度是因为始终把对安全的考虑放在了第一位。值得注意的是,作者在最后一章对占领时期东德的赔偿情况进行了详尽的描述,但在论述西德赔偿情况时,却没把它放进与东德同等的框架内,而且缺少对东西德赔偿的比较。

布鲁斯·库克里克在《美国的政策与德国的分裂:美苏在赔偿问题上的冲突》一书中部分论述了美国与苏联在德国战争赔偿政策上的分歧。该书对赔偿政策的主导者之一——美国赔偿政策的演变做了系统研究,但并未涉及占领时期具体的赔偿执行情况。"摩根索计划"和罗斯福的最终决定都对雅尔塔和波茨坦会议上的美国赔偿政策产生了重要影响。苏联严厉的赔偿政策始终与美国宽容的政策相冲突,双方冲突的最终结果是波茨坦会议确定的"分区赔偿"原则。双方在德国赔偿问题上的冲突也使战时建立的友谊逐渐破裂。该书不失为研究战时和战后初期美国与苏联对德政策冲突的一部力作,关于美国战时和战后初期赔偿政策演变的研究也是较为透彻的。

莱纳·卡尔施在《独自赔偿? 1945 至 1953 年东德的赔偿负担》一书中详细记录了占领时期苏联从东德索取的设备、产品和智力赔偿,苏联仅从东德获得的赔偿超过了它原先在雅尔塔会议上对整个德国的要求。作者认为,西德与东德因为赔偿拆迁而承受的损失比例是 1∶10,巨额赔偿导致东德经济落后于西德,并且高度依赖苏联,东德人民生活水平因此受到很大影响。

很多研究战后德国发展史的著作也涉及占领时期德国赔偿问题。阿兰·克莱默在《西德经济,1945—1955》(Alan Kramer, *The West German Economy*, 1945-1955, 1991)一书中对 1946 年发布的德国"工业水平计划"进行了论述,认为该计划直接影响了战后初期德国的经济恢复,同时暴露了盟国在重建和平问题上不可调和的矛盾。尼古拉斯·巴拉金斯在《占领下的德国,工业削减下的经济概况 1945—1948》(Nicholas Balabkins, *Germany under Direct Controls*:*Economic Aspects of Industrial Disarmament*, 1945 - 1948, 1971)一书中将赔偿问题与战后初期盟国对德国的非工业化改造联系起来,认为对德国重工业的大量拆卸严重削弱了德国经济实力。其他或多或少涉及"战胜国赔偿"的国外著作有:①[德]韦·阿贝尔斯豪泽:《德意志联邦共和国经济史 1945—1980 年》,商务印书馆 1988 年版;②保罗·肯尼迪:《大国的兴衰》,国际文化出版公司 2006 年版;③[英]迈克尔·鲍尔弗、约翰·梅尔:《四国对德国和奥地利的管制(1945—1946)》,上海译文出版社 1981 年版;④卢修斯·D.克莱:《在德国的决定》(Clay Lucius D., *Decision in Germany*, Greenwood Press, 1970);⑤华·惠·罗斯托:《美国在世界舞台上》,世界知识出版社 1964 年版;⑥沃夫刚·詹克:《东德的经济与劳动,1945—1949》(Wolfgang Zank, *Wirtschaft und Arbeit in Ostdeutschland* 1945 - 1949, 1987);⑦[德]卡尔·哈达赫:《二十世纪德国经济史》,商务印书馆 1984 年版;⑧[美]埃德温·哈特里奇:《第四帝国的崛起》,世界知识出版社 1982 年版。

(二)"受害者赔偿"研究概况

相对于"战胜国赔偿",中国学界更加关注德国对二战受害者的赔偿。一方面,"受害者赔偿"的文献资料相对更多,各种统计数据不像占领时期那样杂乱无章,来自联邦德国官方的统计报告更加权威可信。另一方面,以"记忆、责任与未来"基金为标志性事件,德国政府和企业赔偿二战受害者的积极态度和卓越成就,与日本拒绝赔偿强制劳工、慰安妇等侵华战争受害者的恶劣态度形成了鲜明对比,这激发了中国学者对德日二战赔偿进行对比研究的兴趣。因此,中国学者研究德国赔偿都有一个共同点,即在文章结尾不忘对日本政府及企业逃避赔偿责任进行批判。遗憾的是,目前尚未出现对德国赔偿二战受害者进行系统性整体性研究的中文专著。

中国学界关于"受害者赔偿"的研究大多聚焦于德国对犹太人受害者的赔偿。

林国明的博士学位论文《犹太人社团与以色列对德国的战争索赔》(2005)从犹太人的视角对 1952 年联邦德国与以色列政府和犹太人赔偿联合会之间的赔偿谈判以及《卢森堡条约》的前因后果做了详细阐述。作者把犹太人世界对德国的战争索赔与冷战初期的国际背景大国政治结合起来考察,揭露了这次战争赔偿背后隐藏的大国推力。文章尤其注重对美国影响力的考察,通过分析美国国家安全委员会系列文件探讨美国政府对犹太人世界赔偿要求的态度和政策。

林国明在《犹太人世界对德国的战争索赔政策》(2005)一文中陈述了

以色列和犹太人世界索取赔偿的不懈努力,揭示了犹太人世界对德国的战争索赔与大国间政治的关系。

林国明在《犹太人社团对联邦德国的民间索赔——以"要求赔偿联合会"为中心》(2005)一文中提出,《卢森堡条约》第一议定书和第二议定书,既为世界犹太人组织从联邦德国获得战争赔偿提供了法律保证,也为日后犹太人受害者向联邦德国寻求个人赔偿奠定了重要法律基础。

朱耿华在《联邦德国的赔偿与以色列的发展》(2010)一文中提出,以色列之所以能从一个贫穷落后的农业国一跃成为中东地区首屈一指的"袖珍超级大国",对联邦德国赔偿的有效利用是一个非常重要的因素。

此外,一些大众媒体也积极报道了德国对二战受害者的赔偿。梁平安在《精神和道义的忏悔——二战后德国的战争赔偿历程》(2004)一文中陈述了德国对犹太人及其他战争受害者赔偿的过程,认为德国建立的赔偿基金为其他国家提供了"为国之道"。金铎在《二战后德国的战争赔偿与反思》(2005)一文中将赔偿看作德国反思战争的一种手段,联邦德国支付巨额赔偿源于德国社会对战争的认罪与反省。

国外学界同样高度关注德国对二战受害者赔偿的过程及其意义,研究最深入的是德国对以色列和犹太人的赔偿。围绕1952年德以赔偿谈判和《卢森堡条约》,英语国家学者出版了一系列专著:罗纳尔德·W.茨威格《德国赔偿和犹太人世界》(Ronald W.Zweig, *German Reparations and the Jewish World:A History of the Claims Conference*,2001);尼古拉斯·巴拉金斯《西德对以色列的赔偿》(Nicholas Balabkins, *West German Reparations to Israel*,1971);莉莉·加德纳·费德曼《西德与以色列的特殊关系》(Lily Gardner Feldman, *The special Relationship between West Germany and Israel*,1984);夏罗默·沙菲尔《1945年以来美国犹太人社团与德国的暧昧关系》(Shlomo Shafir, *Ambiguous Relations:the American Jewish Community and Germany since 1945*,1999)。以上著作的共同点是,站在以色列或美国犹太人的立场上看待德国赔偿问题,对联邦德国在赔偿上的主动努力描述不多。

罗纳尔德·W.茨威格在《德国赔偿和犹太人世界》中陈述了犹太人"要求物质赔偿联合会"向联邦德国索取赔偿的历史。作者认为赔偿联合会在促成《卢森堡条约》签订过程中发挥了巨大作用,但大部分的赔偿都流入了以色列政府的口袋。赔偿联合会的做法在犹太人世界内部也引起了非议,一些其他的类似组织质疑该联合会代表整个犹太人世界收取赔偿的合法性和合理性。作者重点分析了德国赔偿是怎样重建了欧洲犹太人的生活,赔偿金在以色列政府和犹太侨民之间的分配关系,不同意识形态的犹太团体之间为此发生的争吵。

尼古拉斯·巴拉金斯在《西德对以色列的赔偿》中详细叙述了以色列政府战后索取赔偿的艰难历程,以及瓦森纳尔谈判的曲折过程。作者认为联邦德国的赔偿对以色列政府早期的财政开支发挥了巨大作用,拯救了摇摇欲坠的以色列经济。赔偿拉近了联邦德国与以色列的关系,这对两个新生的国家都非常重要。

莉莉·加德纳·费德曼在《西德与以色列的特殊关系》中部分提到了德国赔偿问题。以色列与联邦德国的关系在国际社会属于一种非常特殊的模式,这种关系正是源于德以《卢森堡条约》。德国对以色列进行物质赔偿的同时,还秘密提供武器援助,而后又冒着巨大的政治风险与以色列建交,这甚至违背了联邦德国自身的国家利益。正是联邦德国领导人的虔诚与执着,造就了非同一般的德以关系,并且一直延续至今。

夏罗默·沙菲尔在《1945 年以来美国犹太人社团与德国的暧昧关系》一书中揭示了美国犹太人集团试图影响战后美国对德政策的事实,但 20 世纪 50 年代美国发生的反共产主义"麦卡锡运动"干扰了犹太人的行动。通过德国战争赔偿,美国犹太人集团与联邦德国长期交往建立了非同一般的关系。大多数犹太人从最初害怕与德国接触,演变为逐步接受德国的道歉与赔偿,这种情况潜在地影响了联邦德国与很多国家的外交关系。

相对而言,德国学者对"受害者赔偿"的研究更加深入和客观,他们倾向于在二战罪责反思的视野下考察"受害者赔偿"的过程和价值。但不足之处在于,有些学者也有过度夸大德国赔偿成绩的倾向。

本亚明·B.李斯特在《恐怖的代价——战后德国对犹太人劳工赔偿简史》（Benjamin B.Frencz, *Lohn des Grauens: die Entschädigung jüdischer Zwang-sarbeiter-ein offenes Kapiteldeutscher Nachkriegsgeschichte*, 1986）中叙述了德国大企业（包括 IG 法本、克虏伯、西门子等）在 20 世纪 50—60 年代对犹太强制劳工的民事赔偿,认为这种赔偿将继续下去。这一时期的赔偿都是在犹太人"要求物质赔偿联合会"的追讨下实现的,并且规模较小,作者预见到未来必将有新一轮大规模的劳工赔偿。

库特·R.格罗斯曼在《名誉的代价——赔偿简史》（Kurt R.Grossmann, *Die Ehrenschuld: Kurzgeschichte der Wiedergutmachung*, 1967）一书中赞扬了阿登纳政府的赔偿决策和《联邦赔偿法》的出台,从法律角度对"受害者赔偿"的合法性做出解释。作者认为,赔偿意味着德国人跟过去那段历史的彻底决裂,赔偿法律使德国人警钟长鸣。

黑尔加·菲舍尔·许布纳和赫尔曼·菲舍尔·许布纳在《赔偿的缺

陷——纳粹受害者在赔偿中遭受的损害》(Helga und Hermann Fischer-Hübner, *Die Kehrseite der Wiedergutmachung: das Leiden von NS-Verfolgten in den Entschädigungsverfahren*, 1990) 中对联邦德国赔偿立法中的不公正提出了质疑,指出了赔偿法的诸多缺陷。作者指出,有些纳粹受害者并未从赔偿中得到实际有效的帮助,反而因此受到心理上的伤害。

慕尼黑大学汉斯·冈特·霍克茨教授领导的小组研究了战后德国对15 个欧洲国家纳粹受害者的赔偿案例,在其成果《赔偿的极限——对西欧和东欧纳粹受害者的赔偿,1945—2000》(Hans Günter Hockerts, *Grenzen der Wiedergutmachung: Die Entschädigung für NS-Verfolgte in West-und Osteuropa 1945-2000*, 2006) 中分析了德国对纳粹受害者的赔偿推迟到德国统一后才大规模开展的原因,创新性地提出了"赔偿历史的国际性"问题。

国外学界对"受害者赔偿"的研究还存在统计数据以讹传讹、统计口径不一、汇率换算混乱等问题。作为德国赔偿事务参与国的学者,美英学者多从战胜国政府的视角解读赔偿政策的演变及其动因,德国学者则侧重于研究赔偿的执行情况及其影响。上述不足为中国学者从第三方的他者视角对该问题进行全景式研究留下了空间。

二、研究方法与主要观点

(一) 研究方法

本书以文献分析法作为主要研究手段,力求广泛收集德文和英文档案和文献(以德文材料为主),在零散的史料之间构建逻辑联系,对二战结束75 年来的德国战争赔偿史进行全景式考察。本书使用了归纳、总结、对比分析等方法,对德国战争赔偿史 3 个阶段(占领时期、冷战时期、统一时期)的特点、规律和动因进行了归纳总结,对二战后德国与日本战争赔偿的差别进行了对比分析。本书使用了历史学、经济学和国际关系学的相关理论,注重以实证的方法进行研究。由于赔偿在某种程度上属于经济事务,本书使用了大量统计数据,注重对不同数据的对比论证、去伪存真。总之,本书既有人类战争赔偿史的经验性研究,又有分析德国赔偿事务演化原因和辩证关系的批判性研究,还有关于如何处理战争遗留问题的建设性研究。

(二) 主要观点

①二战后德国战争赔偿缘于二战欧洲战场的"烈度"与"罪行",是人类历史上首次以立法的方式对"战争受害者"这一弱势群体进行大规模赔偿。1945—2020 年 75 年间的历史表明,二战后德国战争赔偿在主体的多元性、客体的广泛性、支付手段的多样性以及赔偿金额上都是空前的,其发展演变

经历了从"被动赔偿"到"主动赔偿"、从"战胜国赔偿"到"受害者赔偿"、从"实物赔偿"到"货币赔偿"的三重路径,并因此成为世界历史上迄今为止持续时间最长、覆盖范围最广、支付金额最高("战胜国赔偿"与"受害者赔偿"共计1212.78亿美元)的战争赔偿事件,把人类战争赔偿史推向了一个全新的高度。更重要的是,与一战后德国赔款事务的失败结局相反,二战后德国战争赔偿取得了"多赢"的结果。它向国际社会展示了,背负道德罪责的国家和民族应该如何通过真诚的反省、道歉和赎罪重新取得邻国信任和国际声誉,进而再度扮演区域性领导者角色。二战后德国赔偿的经验也表明,战争受害者个人赔偿已经取代战胜国赔偿成为战争赔偿的重心。

②从雅尔塔到波茨坦会议上围绕德国赔偿问题的争执暴露了东西方盟国之间的裂隙,是苏联与美英从战时精诚合作迈向战后冷战对抗的第一步。占领时期,1946年美苏在赔偿问题上停止合作,标志着美国与苏联对德政策的第一次破裂。美国与苏联在德国赔偿问题上的矛盾和分裂,是导致冷战爆发的重要因素之一。"分区赔偿"的执行间接导致战后德国经济的分裂,占领时期赔偿强度的差别成为战后东西德经济不均衡发展的原因之一。"分区赔偿"使赔偿成为各占领区的内部事务,割裂了各占领区之间原有的经济联系,德国内部的传统经济结构被完全破坏掉了,经济上的分裂不可避免。同时,东德的经济因为执行赔偿遭受了严重削弱,大量工业设备被拆卸运走,使东德在战后经济发展的起跑线上就输给了西德,影响了东德经济后续发展的动力。

③联邦德国的赔偿政策是其重回西方世界的一个重要战略步骤,赔偿成为冷战期间联邦德国政府的一种外交手段。阿登纳政府在建国初期积极向以色列和犹太人世界提供赔偿,是为了向全世界表明德国反思战争、告别过去的决心。重新赢得国际社会尤其是欧洲国家的信任,重返西方世界阵营,这是联邦德国在20世纪50年代初的外交第一要务。而对犹太人进行赔偿,就是联邦德国这种"赎罪外交"的典型表现。

④持续75年的德国二战赔偿因其"破旧立新"而具有了里程碑的意义。德国从"被动赔偿战胜国"走向"主动赔偿受害者",既赢得了声誉又教化了人民,不仅没有重蹈覆辙,而且促进了欧洲和解与一体化进程。在"破旧"成功的同时,德国二战赔偿还产生了"立新"的效果。德国推动"战争受害者赔偿"从文本跨越到实践,取代"战胜国赔偿"成为战争赔偿的重心,开辟了战争赔偿的新领域,树立了战争赔偿的新坐标。"记忆、责任与未来"基金是一种全新的战争遗留问题处理模式,为当下和未来人类社会处理类似问题提供了示范样板和操作范式。

⑤德日二战赔偿相差悬殊,最重要的外部原因就是美国政府对两个战败国的区别对待——敲打德国却包庇日本。二战结束直到 20 世纪 90 年代,美国政府不断向德国政府施加压力推动对犹太人战争受害者的赔偿,却从未向日本政府施加压力推动对东亚战争受害者的赔偿。美国帮助日本政府和企业逃避了战争的罪责,而这一行为本身也再次见证了美国保护人权的"双重标准"。

三、内 容 概 要

第一章　二战后德国战争赔偿的历史背景

近代欧洲首次尝试通过国际公法将战争赔偿行为规范化。从《法兰克福和约》到《辛丑条约》,战争赔偿日益成为战胜国对战败国的一种"罚金",其金额完全按照战胜国政府首脑的主观意志决定,具有很大的随意性。直到第一次世界大战后,才出现区分战争双方的"正义与非正义""侵略与被侵略"属性,在罪责判断的基础上索取的现代意义上的"战争赔偿"(Reparation)。一战后德国通过一系列外交活动巧妙地减少了实际赔款支出,却利用美英的贷款使他们陷入了"替德国支付赔偿"的怪圈。另一方面,巨额的赔款在德国煽起了巨大的民族仇恨心理,给第二次世界大战的爆发埋下了重大隐患。一战后德国赔款事件对二战后德国战争赔偿的若干重要原则产生了直接影响。

二战超高的战争烈度决定了作为主要战争发起国和战败国的德国要向战胜国政府支付巨额赔偿。同时,纳粹在二战中犯下的罪行在广度和深度上都达到了巅峰,主要包括灭绝欧洲的犹太人、驱使几百万战俘和平民充当德国工业的奴隶劳工、掠夺全欧洲的产品和财富到德国,这决定了二战后以犹太人世界为代表的平民战争受害者将向德国大规模索取赔偿。

第二章　占领时期同盟国对德国的战争索赔政策及其实施

英国政府最早于 1941 年就开始讨论德国战争赔偿问题,1943 年发布了盟国关于德国战争赔偿问题的第一部官方文件——《麦尔金报告》。美国政府在战时也围绕德国赔偿进行了激烈的内部争论,还出台了旨在将德国变成农业国的"摩根索计划"。苏联政府在战时就决定要采取最严厉的措施,要求德国最大限度地支付赔偿。美、英、苏三大国之间就德国赔偿问题进行了长期争论,基本上形成了美英与苏联相对立的局面。苏联的态度成为这场谈判中最大的变量,表现出强烈的实用主义色彩。同盟国领导人吸取了一战后德国赔款的失败教训,在雅尔塔和波茨坦会议上分别确定了"实物赔偿"和"分区赔偿"两个切实可行的基本原则,确保了赔偿政策能够迅速有效地执行。在战后赔偿具体执行过程中,美国刻意寻求在德国赔偿问题上甩开苏联。盟国在赔偿问题上的争执暴露了东西方盟国之间的裂隙,是苏联与美英从战时的精诚合作迈向战后的冷战对抗的第一步。1948年3月盟国管制委员会正式破裂,美国停止从西占区向东占区运送赔偿物资,标志着雅尔塔和波茨坦协议所规定的关于德国赔偿问题的解决方式被彻底放弃,盟国从此终结了在赔偿问题上的合作。

第三章　冷战时期联邦德国政府与企业的战争赔偿

冷战初期联邦德国政府以纳粹德国唯一合法继承者自居,基于重回西方世界和重建国际声誉的需要,主动向以色列政府表达赔偿意愿。德以两国签订《卢森堡条约》,尽最大限度满足了以色列和犹太人世界的赔偿要求,并且实现了由"被动赔偿"向"主动赔偿"的转变。根据犹太人世界的要求,1953年联邦德国制定《赔偿补充法》,1956年制定《联邦赔偿法》,以法律形式保障了战争受害者及其遗属索取赔偿的权利,开创了战争赔偿史上的先河。为了扩大赔偿的覆盖面和保障公平公正,《联邦赔偿法》又多次修订,联邦德国根据此项法律支付了巨额赔偿。20世纪60年代末到70年代,联邦德国政府层面的战争赔偿政策陷入相对停滞,社会民主党政府在推行"新东方政策"的同时也对东欧国家和犹太人世界进行了一定程度的"补偿",推行"困难基金"对战争受害者进行福利救济。20世纪80年代,随着代际更替和二战历史认知的变化,对纳粹政权下边缘受害者——"被遗忘的受害者"的同情和赔偿开始成为联邦德国社会的热议话题,吉卜赛人、同性恋者和强制劳工开始得到赔偿。除了联邦政府,冷战时期有一批德国大企业在犹太人团体索取赔偿的不懈努力下也对二战强制劳工进行了赔偿,从而扩大了赔偿的主体和覆盖面。

第四章　德国统一后战争赔偿的延续

冷战结束和两德统一使曾经被"铁幕"阻挡的东欧战争受害者在20世纪90年代掀起了向德国政府和企业索赔的浪潮。在解决了返还民主德国征收的犹太人财产、对东欧国家战争受害者进行抚恤救助、与犹太人世界签订"2号赔偿协议"之后,对二战强制劳工的赔偿在20世纪90年代末开始成为德国赔偿的中心事项。1999年,德国政府和企业分别出资50亿马克,组建"记忆、责任与未来"赔偿基金会,开始进行新一轮的大规模赔偿。2001年至2007年,有160多万名二战劳工领取了赔偿。2010年以来,战争赔偿逐渐进入尾声。德国推出了对犹太人受害者、强制劳工与苏联战俘乃至他们遗属的抚恤计划。在欧盟债务危机和难民潮背景下,波兰和希腊又向德国提出了巨额战争索赔要求,均被拒绝。作为具有高度现实政治敏感性的历史话题和事务,德国二战赔偿很难走到它的终点。

　　第五章　"反省罪责"视阈下的二战赔偿问题反思

　　二战后德国战争赔偿的发展演变经历了从"被动赔偿"到"主动赔偿"、从"战胜国赔偿"到"受害者赔偿"、从"实物赔偿"到"货币赔偿"三重路径,开创了人类战争赔偿历史的先河,成为人类善后处理战争遗留问题的成功典范。德国在75年间持续进行赔偿,既有外部环境压力和势力干预的原因,也有内部自我反省集体罪责从而积极赎罪的动力。德国战争赔偿在客观上是一个"多赢"的结果,德国实体经济并未受到过多损害却在欧洲得到了各国人民的原谅,欧洲各国及其人民也通过这一途径分享了德国战后经济高速发展的成果。而在犹太人世界内部,从接受德国赔偿到与德国和解,则经历了"永不宽恕"到"治愈伤痛"再到"双重和解"的曲折心路历程,也说明战争带来的创痛是永远无法用金钱弥补的。德国与日本作为二战的主要侵略国和战败国,在战争赔偿问题(特别是对受害者个人赔偿)上态度迥异,这缘于两国不同的地缘环境、外交政策乃至民族文化。美国包庇日本却敲打德国,也构成了重要外部原因。虽然中国政府已放弃了对日本国政府的战争赔偿要求,但犹太人世界的索赔经验仍然能够给我国民间战争受害者对日索赔提供重要启示和借鉴。

第一章　二战后德国战争赔偿的
　　　　历史背景

　　作为人类历史上"持续时间最长、覆盖对象最广、支付金额最多"的战争赔偿事件,二战后德国战争赔偿具有深刻的历史背景。首先,战争赔偿的历史演变和一战后德国战争赔偿事件为二战后德国战争赔偿提供了历史依据。在人类漫长的战争史中,战争赔偿逐渐从战胜国的报复性措施演变为战败国基于国际法的支付义务。一战后失败的德国赔款事务,作为反面教材给二战后战胜国处理德国赔偿问题提供了经验和教训。其次,二战中德国的战争罪行为二战后德国战争赔偿提供了现实依据。德国在二战后70多年时间里支付了巨额战争赔偿,不仅因为德国的侵略给交战国造成的巨大损失,还缘于纳粹暴行给广大平民战争受害者带来的巨大灾难。正是德国在二战中犯下的战争罪行,推动德国登上了人类战争赔偿史的极峰。

第一节　战争赔偿的历史演变和一战后
　　　　德国战争赔偿回顾

　　谁输掉了战争,就要承担后果。人类历史中的国家间赔偿,跟战争的历史一样久远。战争是国家、民族或政治集团之间矛盾的最高表现形式,是人类解决纠纷的最暴力手段。自从人类有了战争,在战后缔结的和平协定中,赔偿总是如影随形。战争与赔偿之间的逻辑关系简单明确:在两个敌对的国家或国家集团之间,当一方试图用暴力将自己的意志强加于另一方头上时,战争就爆发了。战争双方都是为了保护或实现某种利益而参加到战争中去,而战争带来的巨大消耗是同他们战争努力的目标相违背的。因此,战争结束后,战胜国往往强制战败国对自己在战争中的损耗进行赔偿,战胜国在战后强加在战败国身上的负担,就是要完成它在战争中没有达到的目的。如果抛开政治的外衣,原始意义上的战争赔偿可以被视为一种纯粹的经济行为,或者定义为一种宏观经济上的强制赔付。它与战争的性质无关,主要是基于战败国军事上的失败,对战争双方并不做正义或邪恶的区分,战胜国完全按照自身的利益需要将其施加到战败国身上。纵观人类历史,如果战胜国放弃割占领土和其他要求,仅仅索取赔偿的话,这对战败国倒不失为一个温和的结果。

一、历史和法律视阈下的战争赔偿

在现代意义上的"战争赔偿"出现之前,人类古代的战争赔偿往往以"战利品"(Spoils)和"贡物"(Tribute)的方式出现,而且具有较大的随意性和偶然性。古代的战争赔偿没有法理依据,其金额和支付方式往往由战胜国领导人决定,而且并非必然出现。罗马时代的布匿战争典型地表现了赔偿并不能完美解决所有的战争遗留问题。在公元前 241 年和 201 年两次布匿战争后,罗马迫使迦太基支付了大量赔偿。但公元前 146 年第三次布匿战争后,罗马选择了更为极端的方法来保障和平——彻底毁灭迦太基。这是因为,战争结束后战胜国总是处于一种两难境地,既希望战败国支付赔偿以弥补损失为己服务,又出于复仇或安全考虑试图彻底毁灭对方以绝后患。本书的读者即将发现,两次世界大战后战胜国在处理德国赔偿问题时也处于同样的境地。

人类历史进入近代后,战争赔偿逐渐被纳入国际公法的范畴。欧洲各国在连绵不断的战争中,开始尝试将战争赔偿行为规范化。"三十年战争"结束后,1648 年欧洲各国签订《威斯特伐利亚和约》,标志着近代意义上国家主权观念的确立。和约确立了国家主权平等、领土主权等原则,反对侵略和干涉他国内政,主权国家的概念自此流行并成为国际法和国际秩序的中心原则。在《威斯特伐利亚和约》确立的欧洲政治秩序下,战争赔偿不再是战胜国随心所欲的惩罚或勒索行为,而是在国际法层面战败国由于失败而必须付出的代价。18 世纪末,国际法明确了"战争赔偿"这一法律概念,即"战败国由于战争原因,根据和约规定付给战胜国一定数量的实物或现款(如外汇、黄金或白银)"[①]。它是国家承担国际法义务的一种形式,并在 19 世纪逐渐成为一种国际惯例——战败国必须向战胜国支付巨额赔偿。

19 世纪,法国先后在拿破仑战争和普法战争中战败,失去欧洲霸主地位的同时被迫支付了巨额赔款。1815 年滑铁卢战役后,反法同盟迫使法国支付 7 亿法郎的赔款,以补偿它们在法国大革命和拿破仑战争中的损失。1871 年普法战争结束后,德国在《法兰克福和约》中强迫法国在 3 年内支付 50 亿法郎(等值 1450 吨黄金)赔款。为了确保获得足额赔款,德国在法国境内驻军直到赔款交付完毕,而且占领军的一切费用都由法国承担。这笔

---

① 袁成毅:《国际法视野中的战争赔偿及历史演变》,《浙江社会科学》2007 年第 3 期。

赔款加速了德国的崛起和法国的衰落,在某种程度上巩固了德国发动战争的成果——战胜国大发横财、战败国严重削弱。

尽管普法战争巨额赔款刺激了法国复仇的决心,给第一次世界大战的爆发埋下了伏笔,但在当时的外部世界看来,德国似乎通过赔偿实现了一石二鸟的结果。在19世纪末20世纪初那个"强权即公理"的时代,普法战争赔款似乎成为一种"标杆",刺激着世界各地的战胜国竭尽所能地勒索战败国。1897年希腊土耳其战争后,战败的希腊被迫向土耳其支付战争赔偿金400万英镑,对希腊而言这已是一笔巨款。登峰造极的贪婪索取发生在中国。1895年甲午战争后,日本在《马关条约》中向中国索取2亿两白银赔偿,而后又要求清政府以3000万两白银"赎回"辽东半岛。1901年八国联军侵华战争后,列强在《辛丑条约》中强迫中国赔款4.5亿两白银,分39年还清,年息4厘,本息共计约9.82亿两,以海关税、常关税和盐税作担保。

从《法兰克福和约》到《辛丑条约》,战争赔偿日益成为战胜国对战败国的一种"罚金",其金额完全按照战胜国政府首脑的主观意志决定,具有很大的随意性,一般都远超战胜国"物质损失"和"战争费用"的总和。因此,19世纪末20世纪初的战争赔偿在本质上是帝国主义列强奉行强权政治的必然结果,它无视战争的正义性和非正义性,难以令人信服。区分战争双方的"正义与非正义""侵略与被侵略"属性,在罪责判断的基础上索取的战争赔偿,也就是现代意义上的"战争赔偿"(Reparation),要等到第一次世界大战后才出现。

二、一战后德国战争赔偿的"闹剧"

第一次世界大战是20世纪初帝国主义列强之间的一场大决战。今天我们站在历史唯物主义的立场上回看一战,其根源是20世纪初帝国主义国家之间不可调和的矛盾,其目的是重新瓜分世界和争夺全球霸权,其性质是一场世界级的帝国主义战争,因此对战双方不存在"正义与非正义""侵略与被侵略"之分。但是,当年的协约国领导人并不这么认为。

第一次世界大战具有参战国家多、持续时间长、毁坏范围广、伤亡空前高的特点,这导致战胜国(协约国阵营)在战后决心向主要战败国德国索取史无前例的巨额赔偿。损失最为惨重的法国和比利时甚至在战争期间就对计划索取的赔偿做了估算。1918年11月11日,德国在停战协定上签字,第一次世界大战正式结束。1919年1月8日,各参战国代表齐聚巴黎,召开和会。正是在巴黎和会上,"战争赔款"(War Indemnity)一词已不再适用于表达协约国的意愿,内涵更加宽泛的"战争赔偿"(War Reparations)一词应运而生。

在以往的战争中,战胜国往往是在彻底击败或占领战败国后才向对方提出"战争赔款"的要求,其内容包括战胜国的军费开支以及作为胜利一方向对方强制勒索的款项。一战期间,同盟国和协约国均损失惨重,双方可谓两败俱伤。事实上,因为德国军队多在远离国境的外线作战,德国对协约国造成的损失远远大于德国自身的损失,在争夺最为激烈的西线战场,法国和比利时的领土上一片废墟。因此,一战后出现了不同于以往战争的新现象——战胜国的损失高于战败国的损失。这种情况下,协约国领导人已不满足于要求德国对协约国的物质损失和军费开支进行赔偿,就在《凡尔赛条约》中增加了一项全新的"战争罪责条款"(War Guilt Clause)——"第231条款",并将其作为迫使德国支付巨额战争赔偿的法律依据。"第231条款"明确规定,"协约及参战各国政府及其国民因德国及其各盟国之侵略,以致酿成战争之后果,所受一切损失与损害,德国承认由德国及其各盟国负担责任"①。该条款相当于迫使德国承担引发战争的全部责任,并在此后被德国人视为国耻,成为激发 20 世纪二三十年代德国人民愤怒的根源。由此可见,一战后的德国赔偿已经脱离了民法中关于"赔偿"的简单定义——偿还损失,发展为具有现代意义的"战争赔偿"——战败国要为自己发动战争的罪责支付赔偿。与传统意义的"战争赔款"相比,一战后的赔偿更加强调道义上的责任。按照协约国领导人的理论,德国主动发起了战争,就要为自己造成的损失负责,英法只是在进行合法的防御,是无可指责的。

在 1919 年巴黎和会上,英、法、美等战胜国把发起战争的罪责完全加在德国身上,并无一例外地把交付赔款作为德国承担战争罪责的重要方式。但在德国战后赔款具体数额问题上,协约国列强之间出现了严重分歧。法国企图战后独霸欧洲大陆,又害怕德国重新崛起进行复仇,因而主张尽可能地削弱和肢解德国,使德国沦落为二流甚至三流弱国。为此,法国对德提出了 4500 亿—8000 亿金马克的战争赔款,这一天文数字无疑是不可能实现的。英国继续坚持其均势外交政策,不希望法国过于强大,企图以德国与其抗衡,同时也害怕德国因巨额赔款导致经济危机。美国也反对过分削弱德国经济,同时又顾忌英法等国在战争中所欠巨额战债无法偿还,反对把赔款问题与战债问题相联系。大国之间的博弈使德国赔款问题在和会上迟迟无法解决,直到《凡尔赛条约》签订之日也只规定德国应偿付巨额赔款,并于1921 年 5 月 1 日前先期偿付 200 亿金马克。赔款数额交由会后成立的"赔

---

① 世界知识出版社编:《国际条约集(1917—1923)》,世界知识出版社 1961 年版,第 158 页。

款委员会"制订。赔款问题从一开始就显示出极端的复杂性与掠夺性,逐渐成为一道协约国列强难以下箸的饕餮大餐。

1921 年 5 月 5 日,赔款委员会伦敦会议发布最终决议,要求德国在 42 年内支付 1320 亿金马克赔款。德国从一开始就对巨额赔款强烈反对,赔款导致的通货膨胀使德国经济雪上加霜。1923 年 1 月 11 日,法国以德国拖延交付木材和煤炭为借口,纠集比利时军队出兵占领德国鲁尔区。德国赔款问题激化的矛盾至此发展到顶峰。对于法国此举的目的,斯大林做了精辟的论断:"占领鲁尔是在经济上瓦解德国的手段,是法国从德国获得赔款,取得法国冶金工业所用的煤炭和焦炭,法国化学工业用的化学半成品和颜料的保证,是阿尔萨斯的纺织品免税输入德国的保证。这个计划的目的是为法国在欧洲的军事和经济领导权建立物质基础"①。鲁尔危机使德国经济陷入崩溃,在德国的消极抵抗和英美的联合打压下,法国自身也损失惨重,得不偿失。在占领鲁尔的 9 个月中,法国仅从中采煤 237.5 万吨,却为此付出了 10 亿法郎的占领费。为缓和危机,美国抛出了"道威斯计划",并通过促使该计划签订与执行,成功迫使法比军队撤出鲁尔,进一步取代法国攫取了对德国赔款问题的主导权。

以 1923 年鲁尔危机的解决为转折点,主张扶植德国的英美开始在协约国对德政策制定上占据上风。从此以后直到希特勒上台的近 10 年间,协约国对德经济政策逐渐从经济制裁向经济扶植转变。1924 年和 1929 年,赔款委员会在美国主导下先后出台了"道威斯计划"(Dawes-Plan)和"杨格计划"(Young-Plan),在降低德国赔款标准的同时对德国施行经济援助。这两个计划的出台和实施大大减轻了德国赔偿的负担,使赔款问题逐步向有利于德国的方向转移。美国试图通过自身的经济力量干预欧洲政治,在赔款问题上积极扮演着调停者的角色。"道威斯计划"之后美国贷款源源不断流入德国,对德国经济复兴起了重要作用。1929 年,资本主义世界爆发经济大危机,德国经济迅速陷入崩溃。1931 年 6 月,德国政府宣布无力支付赔款,赔款问题被无限期搁置。1932 年 6 月 16 日,为继续讨论德国赔款问题,有关国家在洛桑召开会议。美国怕被取消所有战争债务,拒绝派遣正式代表,只派观察员列席会议。会上,英国主张赔款与战债一并勾销,法国希望取消战债保留赔款,德国则提出由于经济危机无法实施"杨格计划",要求对德国赔款问题作最后解决。7 月 9 日,各国签订《洛桑协定》,规定德

---

① 中共中央马克思恩格斯列宁斯大林著作编译局:《斯大林全集》第 6 卷,人民出版社 1956 年版,第 249 页。

国最后赔款额为 30 亿帝国马克,停付 3 年后于 37 年内分数次付清。除此以外,德国还须偿付"道威斯"及"杨格"借款的利息。洛桑会议事实上已经决定了一战后德国赔款的结束。后来,德国连最后一笔 30 亿马克赔款也没有如数偿付。1933 年希特勒上台后,更加无视此前关于赔款问题的各种公约,索性取消所有赔款义务,赔款问题最终不了了之。

表 1 汇总了一战后德国战争赔偿的重要项目支出①(德国政府与赔款委员会统计数字的最大差异在实物交付的估价方面,赔款委员会的统计相对更接近事实)。

表 1:一战后魏玛德国政府于协约国赔款委员会对德国赔款支出情况的统计表

(单位:亿金马克)

赔偿方式	德国政府统计(1932 年)	赔款委员会统计
一、直至 1924 年 8 月 31 日道威斯计划生效		
1.1921 年和 1922 年按伦敦支付计划交付现款	17	16.91
2.煤、焦炭、副产品和氮肥	23.74	9.9
3.海船	44.86	7.12
4.铁路器材	18.03	11.03
5.前线非军用物资	50.41	1.4
6.国外的德国私人财产	100.8	0.13
7.被割让地区负担的国债和邦债	6.57	0.26
8.被割让地区的国家财产和邦的财产	96.7	27.81
9.德国战俘的劳动	12	
10.交付的战舰	13.38	
⋮		
合计	406.89	87.19
二、在占领鲁尔期间被迫交付	13.7	9.21
三、根据道威斯计划交付	79.93	75.53
四、根据扬格计划(包括德美债务协定和比利时马克协定)交付	31.03	28
1918 年 11 月 11 日至 1931 年 6 月 30 日总计	531.55	199.93

总体而言,一战后签订的《凡尔赛和约》将战争的一切罪责都推到了德

---

① [德]卡尔·迪特利希·埃尔德曼:《德意志史》第四卷下册,高年生译,商务印书馆 1986 年版,第 389 页。

国头上,并强迫其接受多种苛刻的惩罚,其掠夺的残酷性耸人听闻。然而,它对于德国庞大的基础工业(如冶金、石油、煤炭、电力、化学、机械等重要部门)——未来德国发动战争的军事潜力所在——却没有加以任何实质性的触动,只是对德国的军工生产做出了一定限制。因此也可以说,它是一个目光短浅的条约。德国赔款问题给一战后错综复杂的国际关系加入了新的不确定因素。德国通过一系列外交活动巧妙地减少了实际赔款支出,却利用美英的贷款使它们陷入了"替德国支付赔偿"的怪圈。

1924 年至 1930 年,魏玛德国向国外发行了 3 种债券,分别是年利率 7% 的"道威斯债券"(Dawes - Anleihe)、5.5% 的"杨格债券"(Young - Anleihe)和 6% 的"克鲁格债券"(Kreuger-Anleihe)。前面两者用于履行"道威斯计划"和"杨格计划"的赔偿金,后者用于国家财政预算融资。前两笔债券产生的外汇收入交给了帝国银行,而帝国银行又将等值的帝国马克记入所谓赔款代理人的账户。也就是说,德国支付的赔款很大一部分来自通过海外债务筹措的资金。1924 年发行的道威斯债券总金额为 8 亿金马克,计划在 25 年内赎回,其中 1.1 亿美元来自美国,1200 万英镑来自英国。1930 年发行的杨格债券总金额为 3 亿美元,计划在 35 年内赎回,其中 9825 万美元来自美国,1200 万英镑来自英国。[①] 20 世纪 20 年代后半期,魏玛德国成为欧洲最大的债务国。1924 年 9 月至 1931 年 7 月,德国共支付赔款 110 亿金马克(约合 27 亿美元),而同期德国从美、英等国得到的贷款约 210 亿金马克(约合 50 亿美元),其中美国向德国提供了 22.5 亿美元。纯粹从经济学的角度看,美国和英国事实上是在替德国支付赔款。更加严重的是,1929 年经济危机爆发后,美国对德国的巨额贷款随着德国经济的崩溃大多化为乌有,美国在这场赔款闹剧中损失惨重。

一战后德国赔款体系中还存在一个不可调和的矛盾。德国的赔款由于涉及转账,需要以外汇的形式支付。德国的外汇主要来源于对外贸易中的盈余,而德国的主要贸易伙伴国同时又是赔偿体系中的受偿国。根据赔款委员会的规定,德国还须以货物形式向受偿国支付一定赔偿。由于受偿国能够大量从德国免费获取赔偿物资,这些无偿的货物不仅冲击了德国与受偿国之间的正常贸易,而且影响了受偿国与第三国的贸易。例如,德国向法国提供了大量赔偿物资,这不仅使德法贸易萎缩,而且冲击了法国与英美等

---

① Deutscher Bundestag Wissenschaftliche Dienste, *Finanzielle Verpflichtungen der Bundesrepublik Deutschland im Zusammenhang mit dem Versailler Vertrag*, Deutscher Bundestag, WD 1 - 3000-088/08,2008,S.10-11.

国的正常贸易。这一矛盾不仅使德国无力从对外贸易中获取盈余支付赔款,而且战胜国也不欢迎这种会冲击其贸易的赔偿方式。在二战后面临德国赔偿问题时,战胜国再次注意到了这一点。

综上所述,一战后德国战争赔偿是世界历史上一次典型的战争赔偿失败案例。协约国通过索取战争赔偿理应达到的三个目的——"削弱敌国"、"弥补损失"和"确保和平",在一战后一个也没有实现。法国、英国和美国先后主导德国赔偿事务,不仅没有从根本上削弱德国的战争潜力,反而让自己陷入替德国支付赔偿的怪圈并损失惨重。德国战争赔偿给 20 世纪 20 年代本已错综复杂的国际关系增添了一大不确定因素。以外交部长古斯塔夫·施特雷泽曼(Gustav Stresemann)为代表的德国政治家在 20 世纪 20 年代国际政坛上纵横捭阖,充分利用了协约国之间的矛盾、西方国家对苏联的恐惧以及德国的苦情角色,不仅最大限度地减少了德国支付的赔款,而且利用解决赔款问题的契机获得了大量美国贷款,帮助德国经济实现了复苏。从这个层面上说,一战后德国战争赔偿不仅失败了,而且堪称一场国际关系领域的荒唐闹剧。

另一方面,一战后德国战争赔偿在很大程度上产生了适得其反的效果,给第二次世界大战的爆发埋下了重大隐患。巨额赔款要求在德国煽起了民族仇恨心理,德国人非但没有认罪,反而极度仇视英法等国。战争赔偿在德国民众心中播下了复仇的种子。在整个魏玛共和国(1918—1933 年)时期,凡尔赛赔款都是德国最主要的国内政治和外交政策问题之一。赔偿问题以及随之而来的战争罪责问题被右翼极端分子利用,与所谓的"背后捅刀子"的传说一起,成为右翼势力动员国内反民主力量和打击魏玛共和国的核心工具。德国精英和民众在内心高度抗拒协约国违背历史事实将发动战争的罪责全部施加给德国的同时,又不得不承受巨额战争赔款导致的经济危机。灵魂和肉体的双重折磨使"德国受害论"在 20 世纪二三十年代的德国社会大行其道。德国民众甚至倾向于把一切痛苦都归咎于外界因素——《凡尔赛条约》、巨额战争赔款、西方国家政治家及其背后的国际犹太人集团,这种强大的民意给野心家以可乘之机。希特勒许诺,如果纳粹党上台,德国政府将拒付赔款,撕毁《凡尔赛条约》,领导人民走出经济困境,使德国恢复大国地位。德国人民最终丧失了理性的判断,将选票投给了希特勒和纳粹党,让自己的祖国"合法地"成为一个法西斯国家。《凡尔赛条约》签订后,法国元帅、协约国联军总司令斐迪南·福煦(Ferdinand Foch)曾说:"这不是和平,这是 20 年的休战"①。当

①　Williamson Murray & Jim Lacey(eds.),*The Making of Peace:Rulers,States,and the Aftermath of War*,New York:Cambridge University Press,2009,p.209.

时谁也未曾想到,福煦竟能一语成谶。1939 年 9 月 1 日,纳粹德国入侵波兰,第二次世界大战爆发。离 1919 年 6 月 28 日《凡尔赛条约》签订,恰好 20 年零 65 天。

一战后德国赔款事务不仅是人类战争赔偿史上的一次典型失败案例,而且对二战后德国战争赔偿事务产生了直接影响。关于这种影响,联邦德国经济学家韦尔纳·阿贝尔斯豪泽(Werner Abelshauser)曾评价道:"第一次世界大战以来的赔偿史是一部对一切有关方面都十分痛苦的学习过程史。当雅尔塔会议用秘密附加协定书规定德国赔偿的方式和范围时,盟国从 20 年代的坏经验中只吸取了一个教训。两次大战之间,不愉快的转账问题对国际金融系统曾经是个沉重负担,为了避免这类问题的重现,盟国决定,德国以实物代替金钱来赔偿由它造成的损失。"①二战后同盟国对德国索取实物赔偿放弃货币赔偿、美英在德国赔偿问题上坚持"优先结账"原则毫不计步,此类重大决策无不是受到一战后德国赔款事件直接影响的结果。

第二节　二战中德国的战争罪行

纵观人类战争的历史,战争的烈度与战争赔偿的金额呈高度正相关的关系。也就是说,战争导致的毁坏和伤亡越多,战败国支付的赔偿金额就越高。第二次世界大战的烈度超过了以往任何一次战争(包括一战)。1939 年 9 月至 1945 年 8 月,从欧洲到亚洲,从大西洋到太平洋,先后有 61 个国家和地区、20 亿以上的人口被卷入二战,作战区域面积 2200 万平方千米。据不完全统计,二战中军民共伤亡 9000 余万人,战争毁坏折合 5 万多亿美元,是人类历史上规模最大的世界战争。二战超高的战争烈度决定了,作为主要战争发起国和战败国的德国注定要在战后支付巨额的战争赔偿。

然而,如果只以战争烈度来衡量德国的战争罪责和赔偿责任,那就显然低估了德国和德国人在二战中犯下的罪行。二战后德国战争赔偿的合法性不仅来源于二战的"烈度",还来源于二战中发生的"罪行"。虽然都被称为"世界大战",但第二次世界大战与第一次世界大战在性质上存在本质区别。如果说一战是一场"恶对恶"的帝国主义战争,那么二战就是人类社会"正义与邪恶"的一场总较量。

从历史的维度上看,对欧洲国家而言,二战不啻为一场毁灭欧洲文明的

---

① [德]韦·阿贝尔斯豪泽:《德意志联邦共和国经济史 1945—1980 年》,张连根、吴衡康译,商务印书馆 1988 年版,第 15 页。

浩劫。自18世纪启蒙运动和法国大革命以来,伴随着欧洲列强的崛起及其在全世界的扩张,欧洲思想家倡导的"自由、民主、平等、博爱"俨然成为放之四海而皆准的价值观,激励着全世界受压迫的人民为争取民族和个人解放而斗争。加上欧洲各国在政治经济军事领域取得的成就,20世纪初的欧洲国家和人民已然陶醉于"文明世界的灯塔"和"人类进步的领航员"的自我定位。然而,两次世界大战,特别是二战,将这种虚幻的图景打得粉碎。

古罗马时代作为权力和威信标志的武器——"法西斯",到20世纪30年代已经演变成一种政治制度和意识形态——"法西斯主义"。在政局动荡、经济衰退的德国、日本和意大利三国,法西斯主义被位居统治地位的政治或军事集团视为挽救局势的灵丹妙药,上位成为国家的指导思想。作为当时颇为流行的政治思潮,法西斯主义没有任何关于自由、民主、和平的进步属性,充斥其中的只有军国主义、极权主义和种族主义等反人类反文明的极端思想。作为欧洲文明中孳生出的怪胎,法西斯主义在30年代上升为一种统治思想,本身就证实了欧洲文明的衰退和失败。当德意日法西斯国家开动战争机器意图征服全球的时候,法西斯主义反动黑暗的一面就被无限扩大化了。这场战争因此变得格外血腥残酷,超越了一般意义上"侵略战争"的范畴。比如,在欧洲和亚洲战场,都出现了针对平民的大规模屠杀,这在此前的历次战争中是罕见的。因此,当全世界正义国家团结起来组成"反法西斯阵营",用尽一切力量、付出巨大代价战胜法西斯国家之后,作为主要法西斯国家的德国注定要为纳粹的罪行支付赔偿。

一、德国的侵略与交战国的损失

假设在1936年的欧洲开展一项民意调查——"你认为会发生另一场世界大战吗?"大多数受访者,无论英国人、法国人还是德国人,肯定会回答"不会"。几乎没人想要一场新的战争,它在当时是难以想象的。1936年,希特勒在柏林宣布奥运会开幕,奥运会历史上第一次进行象征和平的圣火传递,第一次使用电视作现场转播,很多国家的观众实况收看了来自德国、美国、中国等国的运动员乃至犹太人运动员在友好的气氛中同场竞技。纳粹党成立了一个名为"里宾特洛甫办事处"(Dienststelle Ribbentrop)的前线士兵服务部门,帮助德国、法国和英国的一战士兵组织聚会活动。法国凡尔登举行了一次国际退伍军人会议,一战的对手似乎已经实现了和解。

然而,这一切都是希特勒释放的和平烟雾。希特勒在1936年给了全世界人民一个关于和平的承诺,又在3年后亲手把它撕得粉碎。1939年后,德军沿着奥运圣火传递的路线,用钢铁洪流淹没了大半个欧洲。德国侵略给交战国带来的损失,远远超过了一战。

(一) 德国的侵略

如果说国际社会对一战双方"侵略国"和"被侵略国"的判定尚无定论的话,同样的问题放在二战则是铁证如山早有公论。1939 年至 1942 年,希特勒和纳粹党高层的侵略野心伴随着德国军队的胜利不断膨胀,从"获取生存空间"发展为"建立一个从大西洋到黑海的日耳曼大帝国",进而重组欧洲乃至世界的"新秩序"。在 1938 年 10 月至 1945 年 5 月期间,欧洲每一个国家都曾被德国军队长期或短暂地占领,或者至少受到纳粹政权的影响、威慑甚至控制。

1939 年波兰战役前后,希特勒的目的还只限于反抗《凡尔赛条约》带给德国的不公,确立德国在中欧地区的统治地位。为达这一目的,战争初期的目标是尽力扩大德国的版图,把德意志人居住的、过去属于德国的,或者经济上是德国不可缺少的国家吞并进来。这些地区和国家包括波兰西部、法国的阿尔萨斯和洛林、丹麦、挪威和卢森堡。占领波兰后,德军迅速转向西线去实现希特勒的愿望。1940 年法国战役后,9 月 27 日德国与日本意大利政府签订《德意日三国同盟条约》,当时的《科隆日报》将其称作"新秩序的大宪章"[1]。条约"首要目的为在各该区域建立并维持事物的新秩序,促进有关人民的共同繁荣与福利"[2]。该条约事实上是轴心国图谋瓜分世界的总协定,进一步刺激了希特勒和纳粹党高层构建"欧洲新秩序"的野心。1941 年苏德战争爆发后,希特勒在 7 月 1 日召开的大本营东方领土问题讨论会上表示:加利西亚、克里米亚、伏尔加河流域和整个波罗的海地区都要成为德国的领土。直到乌拉尔山脉的东欧地区都将成为日耳曼人定居区,日耳曼人要成为新的欧洲空间规划的支柱。东欧和东南欧的斯拉夫人将被征服,如果他们不能用于强制劳动的话,就要被驱逐到西伯利亚。

在德国不断扩张的过程中,先后有以下国家遭受了德军的武装侵略:斯洛伐克、捷克、奥地利、波兰、丹麦、挪威、卢森堡、荷兰、比利时、法国、英国、希腊、南斯拉夫、苏联。1942 年底,纳粹德国占领的区域达到了最大范围,远远超出了"修正《凡尔赛条约》"和"获取生存空间"的需要。东到莫斯科,西到英吉利海峡,北至斯堪的纳维亚半岛,南到北非沿岸,都是纳粹德国或其仆从国控制的区域。上一个达到这种巅峰状态的是法兰西帝国皇帝拿

---

① 郑寅达等:《德国通史》第五卷,《危机时代(1918—1945)》,江苏人民出版社 2019 年版,第 504 页。

② 世界知识出版社编:《国际条约集(1934—1944)》,世界知识出版社 1961 年版,第 278 页。

破仑。然而,拿破仑的军队所到之处,摧毁了当地的封建秩序,并把法国大革命的精神传遍欧洲,拿破仑也因此彪炳史册。希特勒的军队所到之处,带来的只有疯狂的掠夺、屠杀乃至种族灭绝,整个欧洲陷入空前的黑暗和暴行,希特勒也因此成为遗臭万年的法西斯头子。

（二）交战国的生命损失

第二次世界大战造成了人类历史上最大规模的生命损失。从欧洲到亚洲,从大西洋到太平洋,先后有 61 个国家和地区 20 亿以上的人口被卷入战争,约 6000 万人口直接或间接因战争而丧生。纳粹德国的侵略和屠杀导致欧洲成为二战伤亡最惨重的战场。

在军队方面,据欧盟委员会下属罗伯特·舒曼欧洲中心（Centre européen Robert Schuman）估计,共有约 17877000 名士兵在欧洲战场上死亡,其中同盟国士兵死亡 10774000 人,轴心国士兵死亡 7103000 人。在欧洲战场主要交战国中,苏联红军（包括战俘）死亡数占欧洲阵亡士兵的53%,德军的阵亡人数占 31%,英军占 1.8%,法军占 1.4%,美军占 1.3%。仅德国和苏联的阵亡士兵就占欧洲战场总损失的 84%。[①]

在平民方面,欧洲平民死亡人数甚至超过了军队,占据死亡总数近59%,其中同盟国平民死亡占 53%,轴心国占 6%。波兰、苏联和匈牙利人口锐减超过 10%,犹太人、吉卜赛人遭遇种族灭绝。表 2 展示了德国二战军事史专家、"德国武装部队军事历史研究室"主任罗尔夫·迪特·穆勒（Rolf-Dieter Müller）对欧洲、北非和大西洋战场与纳粹德国交战国家（包括德国的仆从国）士兵和平民死亡数字的统计[②]。

表2:德国二战史专家罗尔夫·迪特·穆勒对二战欧洲战场士兵和
平民死亡数字的统计表

国家	士兵死亡	平民死亡	死亡总数	人口总数（年份）	死亡占该国人口的百分比
波兰	300000	5700000	6000000	34849000（1938）	17.2%
苏联	13000000	14000000	27000000	190678000（1939）	14.2%
匈牙利	360000	590000	950000	9217000（1939）	10.3%
德国	5185000	1170000	6355000	69314000（1939）	9.2%

---

① Centreeuropéen Robert Schuman, *Bilanz in Ziffern des Zweiten Weltkrieges*, REPERES, 2011, S.3.

② Rolf-Dieter Müller, *Das Deutsche Reich und der Zweite Weltkrieg. Band 10: Der Zusammenbruch des Deutschen Reiches 1945. Halbband 2: Die Folgen des Zweiten Weltkrieges*. München: Deutsche Verlags-Anstalt, 2008, S.230.

国家	士兵死亡	平民死亡	死亡总数	人口总数（年份）	死亡占该国人口的百分比
荷兰	22000	198000	220000	8834000（1940）	2.5%
希腊	20000	160000	180000	7340000（1940）	2.5%
罗马尼亚	378000		378000	19934000（1939）	1.9%
芬兰	89000	2700	91700	3698000（1940）	1.2%
法国	210000	150000	360000	41510000（1939）	0.9%
比利时	10000	50000	60000	8000000（1940）	0.8%
英国	270825	62000	332825	46038000（1931）	0.7%
意大利	240000	60000	300000	42943602（1940）	0.7%
捷克斯洛伐克	20000	70000	90000	14726158（1930）	0.6%
保加利亚	32000		32000	6341000（1940）	0.5%
美国	407316		407316	132164569（1940）	0.3%

（三）交战国的物质损失

1945年二战结束时，欧洲大部分地区成为一片废墟，只有瑞士、瑞典这样的中立国家免于第二次世界大战的战火。损失最严重的国家是苏联、波兰和南斯拉夫，它们被纳粹德国有计划地掠夺和破坏。数百万人在战争期间被强行驱逐，特别是在德国、波兰、苏联和中欧，他们所有的财产被劫掠一空，由此出现了数百万无家可归的战争难民。

直接的破坏是由几种不同的方式造成的。空袭的破坏面最广。由于发展了精确的瞄准方法，轰炸愈来愈集中于一些特定的目标。在战争的最后阶段，英美对德国及其占领国的轰炸，使交通运输工具、公路及铁路桥梁等遭到了特别广泛的毁坏。另外，德国使用的无人驾驶飞机与火箭所造成的不分青红皂白的破坏，比以往的轰炸破坏更为严重。德国和盟军的轰炸在各个城市造成了重大损失，柏林和华沙几乎完全被摧毁。1945年2月13日对德累斯顿的轰炸造成约25000人丧生。伦敦和鹿特丹的多个街区成为一片瓦砾。其他受损严重的城市有：汉堡、斯大林格勒、列宁格勒、塞瓦斯托波尔、基辅、哈尔科夫和布达佩斯。数百万平民寄生于避难所。

实际作战地区遭受的破坏，又比空袭地区更为集中。武装部队出于军事行动的需要，仅仅经过一个地区，也会造成破坏，但是敌对两军进行实际战斗的地区，则出现极为严重的破坏。在战事持续数日或数周的地区，所遭到的破坏几乎达到了彻底摧毁的程度。有些地区由于实行了"焦土"政策而受到更大破坏,这就是说退却部队采取种种措施将所放弃的地区破坏殆尽,尽可能地使追来的军队无法立足于此。乌克兰在红军于1941—1942年退却时,以及德军于1944—1945年退却时,深受这种破坏的苦难。而且有些地区除了遭受过境军队恣意抢劫之外,还要受到占领军有计划地征用和掠夺,这在长期遭到德军占领的西欧国家尤为突出。

1949年联合国欧洲经济委员会提出的报告表明,欧洲17个国家内,有275.6万幢住宅完全被毁,有292.3万幢住宅部分被毁(不包括受到轻微破坏的住宅),分别占这些国家1939年所拥有的6500万幢住宅的4.24%和4.5%。① 上述统计数字尚不包括受损最严重的德国与苏联。以法国为例,法国政府在战后预估重建需要40亿法郎。30万栋居民楼被完全摧毁。下列城镇被完全或部分摧毁:布列斯特、卡昂、勒阿弗尔、洛里昂、圣纳泽尔、瑟堡、圣马洛和鲁昂。运输和生产基础设施也遭到破坏,数以千计的道路、桥梁、铁轨和港口无法使用,造成许多城市处于孤立状态。

当战争于1945年年中停止时,欧洲整个经济所依赖的错综复杂的交通网实际上完全瘫痪了。在一段时间内,除了军事运输队之外,简直没有任何国际交通运输可言。铁路、港口与桥梁曾经是破坏的主要目标。在法国,4000公里的铁轨以及一半以上的铁路编组车场和交通工具转换场都已被毁。在南斯拉夫和希腊,2/3的铁路系统已不能使用。在捷克斯洛伐克,1/4的隧道被堵塞。在波兰,70%的桥梁和约1/3的车站、工厂与其他设施都已被毁。内河航运同样陷于停顿状态。空袭与破坏活动已毁坏了运河、堤坝与桥梁。当法国于1944年夏天解放时,9624公里的内河航线只有509公里可以通航。莱茵河上的船队船只损失了35%,奥德河上的船队船只损失了90%。

欧洲经济的衰竭,其严重性超出了人们的预料。不仅是直接的战争摧残与物质破坏耗尽了欧洲大陆的资源,而且战事的重负阻碍了经济活动的正常进行,移用了工厂生产与更新所需的资金与各种财产。欧洲大陆大多数地区的工业生产水平大大降低。战争结束时,工业生产降到了最低点,法国、比利时、荷兰、希腊、波兰和南斯拉夫等国的工业生产下降到不及战前水平的1/5。

---

① [英]阿诺德·汤因比:《第二次世界大战全史》第9卷,《欧洲的重组》,周国卿等译,上海译文出版社2015年版,第7页。

　　在农业方面,除去战争造成的劳动力和生产资料锐减外,1945 年的严重干旱又影响了收成,欧洲每英亩的收成较平常年景约减产 25%。欧洲大陆(除苏联外)制面包的谷物产量仅为 3100 万吨,而战前的平均数字是5900 万吨。牲畜的损失也极为严重。猪的头数减少了一半多,牛与羊也损失严重,特别是东欧,动物油与植物油的生产降低了 40%。

　　1945 年 2 月,雅尔塔会议在最终协议中预设德国的侵略在欧洲造成了200 亿美元的损失。在年度工业生产方面,德国的损失为 140%(48 亿美元),法国为 130%(21 亿美元),波兰为 300%(20 亿美元),苏联为 250%(128 亿美元)。因此,苏联应获得价值 100 亿美元的赔偿。[①]

二、纳粹罪行的广度与深度

　　除了因为军事作战导致的交战国生命和物质损失,第二次世界大战期间还发生了人类近代以来最严重的人道主义灾难。轴心国军队在战争初期通过不断的军事胜利占领了大片他国领土后,当轴心国官员和士兵不准备把占领区人民当作同等地位的人类看待时,法西斯主义反人类的黑暗面被彻底地激发和暴露出来。通过各种公开或秘密的驱逐、掠夺、奴役和屠杀,欧洲和亚洲沦陷区手无寸铁的平民遭遇了最残酷的命运,施虐的一方必须为此付出代价。

　　1907 年通过的海牙第 4 公约《陆战法规和惯例公约》(Convention respecting the Laws and Customs of War on Land)第 46 条款规定,"家庭的荣誉和权利、个人的生命和私有财产以及宗教信仰和活动,应受到尊重。私有财产不得没收"。公约还特别强调,即使本公约未作规定,平民和战斗员仍受"来源于文明国家间制定的惯例,人道主义法规和公众良知的要求"的国际法原则的保护和管辖,"违反该章程规定的交战一方在需要时应负责赔偿,该方应对自己军队的组成人员做出的一切行为负责"。[②] 德国和日本分别于 1909 年和 1911 年加入该公约。1949 年联合国大会通过的日内瓦第 4 公约《关于战时保护平民的日内瓦公约》(Geneva Convention Relative to the Protection of Civilian Persons in Time of War)进一步完善了对战争平民的保护:"不实际参加战事之人员,包括放下武器之武装部队人员及因病、伤、拘留,或其他原因而失去战斗力之人员在内,在一切情况下应予以人道待遇,

①　Ralf Berhorst, *Der Preis des Friedens*, In: Der Zweite Weltkrieg-Teil 2. 1943-1945. GEO Epoche Nr.44, Hamburg, 2010, S.128.

②　参见"红十字国际委员会"网站, https://www.icrc.org/zh/doc/resources/documents/misc/hagueconvention4-18101907.htm。

不得基于种族、肤色、宗教或信仰、性别、出身或财力或其他类似标准而有所歧视。"①二战后以犹太人世界为代表的平民战争受害者向德国索取赔偿，其合理性和合法性正来源于此。

纳粹罪行与希特勒对欧洲占领区的统治政策有直接关系。与之前一个世纪同样征服了大半个欧洲的拿破仑相比，希特勒的统治政策显得尤为拙劣和残暴。拿破仑既是一个征服者，又善于在非法兰西人民面前把自己包装成一个解放者，并且他在客观上也是一个法国大革命精神和文化的传播者。希特勒则完全继承了普鲁士的军国主义传统，他感觉取得权力而不尝点鲜血的滋味就没有乐趣。阿诺德·汤因比评价他，"如果骑在外国民族的头上而不敲打他们的脑袋，希特勒是不会心满意足的。他宁可失去一切赢得他们友情和取得他们合作的机会，而不愿放弃这种虎狼一般的乐趣"②。希特勒和戈林、希姆莱这些纳粹高层铁了心要把欧洲特别是东欧的一切非日耳曼人当作畜生对待，认为他们活着只是为了供日耳曼人驱使的。在这种"虎狼"般的统治政策指导下，纳粹德国军队和官员一边在前线与同盟国展开攻防战争，一边在后方有条不紊地执行希特勒早已预定的计划——灭绝欧洲的犹太人、驱使几百万战俘和平民充当德国工业的奴隶劳工、掠夺全欧洲的产品和财富到德国。

（一）犹太人大屠杀

荷兰作家伊恩·布鲁玛(Ian Buruma)曾说，"德国人理解二战的关键不是在斯大林格勒战役或柏林战役，而是在发现奥斯维辛集中营的那一刻"。③ 1945 年 1 月 27 日，原本并不知道集中营存在的苏联士兵冲入奥斯维辛集中营时，发现那里还有奄奄一息的 9000 余名囚犯。在此之前，估计约有 110 万人在奥斯维辛集中营被杀害，其中大部分是犹太人。奥斯维辛集中营发现的焚尸炉和万人坑对西方文明的基本精神和道德价值形成了质疑和挑战，以至于德国哲学家特奥多·阿多诺(Theodor Adorno)在战后哀叹，"奥斯维辛之后，写诗是野蛮的"。二战结束多年后，奥斯维辛在西方世界文化语境中已经固化成一个承载着终极痛苦回忆的历史符号，其背后隐藏着人类历史上迄今为止最大规模的集体屠杀行为——"犹太人大屠杀"

---

① 参见"联合国公约与宣言检索系统"网站，https://www.un.org/zh/documents/treaty/files/OHCHR-1949.shtml。

② ［英］阿诺德·汤因比：《第二次世界大战全史》第 4 卷，《希特勒的欧洲》，周国卿等译，上海译文出版社 2015 年版，第 3 页。

③ Ian Buruma, *Erbschaft der Schuld：Vergangenheitsbewältigungin Deutschland und Japan*, München：Hanser Verlag, 1994, S.93.

(Holocaust)。相对于人类历史上此前和此后发生过的大屠杀,"犹太人大屠杀"的特殊性在于,它是人类历史上唯一一次由政府组织、使用工业化的手段、以彻底灭绝一个民族为目的的种族屠杀。作为德国历史上的"终极之恶",二战后的德国政府和人民必须为此付出代价。

需要注意的是,"反犹主义"并非希特勒或纳粹党的发明创造。意大利历史学家迈克尔·费兰尼(Michael Flannery)曾指出,"反犹主义是人类历史上最深远的仇恨"。按照《圣经·新约》中的解读,信仰《旧约》的犹太人居然否定了上帝指派给他们的基督(耶稣),而且还将基督徒的救世主耶稣出卖给了罗马人,最终导致耶稣被钉死在十字架上。因此,反犹主义在起点上是一个宗教问题,犹太人的遭遇属于"神的审判",对犹太人的迫害在中世纪欧洲曾经反复上演。但一战后短短20余年间,反犹主义在德国和欧洲发展到历史最高峰的原因不同于以往,有其深刻的经济和社会原因。

1918年11月,德军还在前线苦战时,德国发生"十一月革命"。11月9日,柏林工人和士兵举行总罢工和武装起义,德皇威廉二世于内外交困下被迫宣布退位,霍亨索伦王朝覆灭。11月11日,德国正式宣布投降,第一次世界大战结束。以希特勒为代表的一批德国军人对于德国在军事上尚未完全失败的情况下投降万分不解,认为德国军队的一切努力都化为乌有。战争结束后,"背后一刀"阴谋论在德国退伍军人、资本家和中产阶层中开始流行——优秀的德意志民族在战场上并未失败,而是由于犹太人和左派分子趁机作乱,"在德国的背后插了一把匕首"。他们诬称犹太人作乱是为了谋取利益并趁机夺权,是一切罪恶的源头。希特勒自己也正是因为在反犹活动中初露头角,支持德国国防军,得到了陆军的赏识,1919年8月当上一名"政治教官",这才有机会跻身于政治舞台。①

如果说一战中德国的失败掀起了德国人仇恨犹太人的浪潮,那么1922年至1923年发生的严重通货膨胀和货币危机则对反犹思潮起到了推波助澜的作用。1920年战后资本主义世界爆发第一次世界经济危机并波及德国,因为长期的战争消耗和支付巨额战争赔款,德国经济已经陷入崩溃。1922年德国货币体系全面崩溃,到1923年帝国马克已经一文不值成为废纸,物价飞涨使人民生活水平急剧下降。中产阶级在银行的积蓄因货币贬值而荡然无存,"被剥夺了全部财产成为无产者"②,德国社会的主流阶层失去了他们的一切。很多德国人相信,他们一切的不幸都是由犹太人把持的

---

① 吴友法:《德国现当代史》,武汉大学出版社2007年版,第110页。

② [美]科佩尔·S.平森:《德国近现代史》,范德一等译,商务印书馆1987年版,第594页。

国际金融财团策划的，这些犹太金融寡头利用各种手段掠夺了德国人的财富。虽然确实有一些犹太资本家和商人在经济危机期间大肆投机，但将经济恶化的原因都归结到犹太人头上却是极端偏执的表现，这也是某些激进民族主义者故意煽动的结果。由于犹太人富于智慧且善于经商，犹太富商在欧洲比比皆是，这种对犹太富人的仇恨在经济危机时便表现得愈加明显，不仅是在1922—1923年这次经济危机，其后1929—1933年全球经济大危机期间，"国际犹太人集团"破坏金融秩序大肆谋利的传言再度甚嚣尘上，只要经济领域出现问题，很多德国人首先想到的就是犹太人搞鬼。不仅是德国人有这种固执的偏见，在同时代的美国、英国和法国也存在这种思想，只不过其结果没有德国严重。由此可见，20世纪二三十年代经济危机期间的反犹太浪潮是全球性的，并非德国所独有。德国的反犹活动之所以在后来登峰造极，则是反犹思想在法西斯政党的策划和煽动下进一步升级的结果。希特勒个人的反犹思想在这一阶段已经发展成熟，更重要的是，他看到了利用人民中存在的这股反犹思潮为其合法夺取政权服务的契机。无可否认，在纳粹党上台之前，无论纳粹党的纲领还是希特勒的公开演讲中，反犹主义都占据着重要地位，并且获得了大多数德国人的认同。长久以来在西方宗教和文化中对犹太人的妖魔化在这一阶段被无限放大了，在仇恨、歧视、排斥直至迫害犹太人的问题上，德国民众和纳粹党一样都逃脱不掉罪责。他们为希特勒的反犹宣传所蛊惑，又反过来支持希特勒迫害犹太人的行动。当希特勒的政治阴谋、激愤而又愚昧的德国民众、严重的经济危机三者交织在一起的时候，犹太民族悲惨的命运就已经注定了。希特勒只是利用了德国民众的愚昧和狂躁，在德国社会整体性反犹思想的基础上衍生出更加极端和残忍的种族理论，并将个人意志强行付诸实践，最终导致了对犹太人的血腥大屠杀。

在1933年至1945年的纳粹统治时代，整个德国统治机构如同一部冰冷又准确的机器，有条不紊地按照"限制—驱逐—屠杀—灭绝"的步骤执行了对欧洲犹太民族的总体灭绝计划。希特勒是这一计划的罪魁祸首、总策划者和总指挥者。纳粹党徒、党卫军、特别行动队、德国和附庸国的官员和警察是这一计划的执行者。但德国民众并非如他们在战后狡辩的那样"毫不知情"，事实上，大部分德国民众，包括部分国防军军官和士兵，都在这场杀戮中扮演了旁观者、支持者、协助者和获益者的角色。

1. 限制

1933年1月30日，希特勒上任德国总理，纳粹党的独裁统治开始。希特勒马上开始实施他的反犹计划，从政治、经济和社会生活各个领域对犹太人进行严格限制。首先,所有具有犹太血统的公职人员都被从政府、军队、警察、司法机关中清除出去。禁止德国人去犹太人商店买东西,禁止犹太人出入浴室、音乐厅和展览馆等公共场所,剥夺犹太儿童接受学校教育的权利。1935年9月15日,《德国血统和德国荣誉保护法》(Gesetz zum Schutze des deutschen Blutes und der deutschen Ehre,又称《纽伦堡法案》)被呈交德国国会通过。该法案正式将犹太人排除出德国社会:凡有一个犹太裔祖父母以上的德国人都会被视为"犹太人",剥夺犹太人的德国公民权——选举权和被选举权,禁止德国人与犹太人通婚,禁止犹太人家庭雇用45岁以下的德国妇女。① 犹太人在德国处境日益艰难,部分犹太人开始逃离德国。

2. 驱逐

1936年后,纳粹政府尝试用各种方式将德国境内的犹太人驱逐到其他国家和地区,波兰、巴勒斯坦甚至东非的马达加斯加都曾被列入接纳犹太人的理想地点。但在这一时期,反犹主义犹如瘟疫一般在全世界传播,愿意接纳犹太人的地区急剧减少,许多国家纷纷关闭大门。在此背景下,1938年11月7日,一名被驱逐犹太人家庭中的青年——赫舍·格林斯潘(Herschel Grynszpan),枪杀了德国驻巴黎大使馆秘书恩斯特·冯·拉特(Ernst vom Rath),引燃了震惊世界的"水晶之夜"(Kristallnacht)事件。11月9日至10日凌晨,德国和奥地利各地的希特勒青年团、盖世太保和党卫军化装成平民走上街头,疯狂袭击破坏犹太人的住宅、商店和教堂。犹太人窗户的玻璃破碎一地,德国人讽刺地称之为"水晶之夜"。11月12日,德国出台3项惩罚性法令,要求犹太人偿付格林斯潘谋杀案后发生的骚动所造成的一切损失,德国境内全体犹太人要支付10亿马克罚款,这相当于犹太人全部财产的20%。从1939年1月1日起,禁止犹太人开设零售商店和从事任何交易,任何犹太人都不能担任企业经理,或受聘担任其他行政职位。雇主可以随意解雇犹太人,却无须支付解雇金。所有合作组织也把犹太人驱逐出去。自此,犹太人被从德国的经济生活中彻底排除出去。

1939年1月30日,希特勒在国会发表演说时说道:"今天我敢于再作一次预言:倘使欧洲内外的国际犹太金融势力能够使各国再一次陷入一场世界大战的话,那么,其结果绝不会是全世界布尔什维克化和随之而来的犹太人的胜利,而是欧洲犹太民族的彻底消灭。"②9月1日,德军入侵波兰,

---

① 参见 https://www.annefrank.org/de/timeline/55/nurnberger-gesetze/。

② [英]阿诺德·汤因比:《第二次世界大战全史》第4卷,《希特勒的欧洲》,上海译文出版社2015年版,第188页。

第二次世界大战爆发。1939年到1941年,德军在战场上取得接二连三的胜利,大半个欧洲沦入纳粹铁蹄之下。一方面,这让希特勒可以全凭自己的意志任意处置欧洲数百万犹太人。另一方面,占领区数百万犹太人又给纳粹政府带来了新的安置难题。10月,波兰占领当局在卢布林地区划出一片长50英里宽60英里的区域,作为犹太人隔离区(Ghettos)。随后,位于华沙和克拉科夫的犹太人隔离区也建立起来。波兰、奥地利、捷克、德国的犹太人先后被转运到这些隔离区。隔离区被监狱般的石墙或装有带刺电网的高大砖墙所包围。犹太人被严格限制外出,只能生活在其中,并且只能在白天活动——因为这里的夜晚一片黑暗。华沙犹太隔离区仅占整个城区面积的4.5%,却被塞进了近50万犹太人。犹太人如同囚犯一样被迫挤在数万间没有厕所、浴室和排水系统的公寓中,因为"劣等种族只需要很小的生存空间"。饥饿和传染病导致隔离区犹太人大批死亡,鲜少有人能活到战后。

3. 屠杀

与欧洲大部分犹太人比起来,隔离区内的犹太人已属幸运。德军入侵波兰时,党卫队和保安警察组织了5个特别行动队(Einsatzgruppen)尾随前行。他们如同梳子般横扫乡村和城市,用拉网式的方法搜捕并"清理"那些犹太人及其他"不受欢迎的人"。他们手握随意生杀予夺的权力,波兰成为了大开杀戒的试验区。到1941年初,仅华沙一地每个月就有超过2000名犹太人被以各种方式屠杀。

1941年6月,德军入侵苏联。搜捕和处置犹太人的任务变得空前繁重起来。苏联在战前拥有约500万犹太人,数量居欧洲首位。在纳粹党的话语体系中,犹太人又是布尔什维主义的基础与后盾。希特勒对苏联犹太人制订了更加残酷的清除政策。往往德国军队还在前线作战的同时,特别行动队已经开始处决。战争初期的处决方式比较简单:被处决者为自己挖好葬坑,然后机枪扫射。这种方式需要耗费许多子弹,销毁尸体也需要花费大量时间,而且会给行刑士兵带来很大的精神压力。8月,党卫队头子海因里希·希姆莱(Heinrich Himmler)在明斯克郊外观看大规模射杀犹太人的场景时,一名受害人的脑浆溅到了他的军大衣上,他险些因此晕倒。因此,更加安全便捷、效率更高的屠杀方式成为纳粹的新选项。

1939年10月,希特勒在柏林动物园大街4号秘密建立了一个国家直属研究机构,代号"T4计划"(Aktion T4)。该机构以慈善事业名义在各地设立了6个中心,开始用全新试验的方式进行秘密屠杀,对象是没有"生存价值"的重度残疾人。通过向伪装成浴室的密闭房间内注入一氧化碳,或者注射毒液等方式,送到这里的病人很快就结束了生命。"T4计划"后来遭到民众及宗教人士的猛烈抨击而被宣布终止,但它给纳粹的大规模工业化屠杀完成了人员培训和技术储备。

1941年9月,作为"T4计划"储备技术的最新成果,第一批改装成移动毒气室的杀人卡车被投入使用。这种卡车的密闭车厢能够一次塞入约40人,一根暗管将一氧化碳等毒气导入车厢。卡车以运送犹太人到新的住所或浴室为名,只需20分钟就能没有流血且不费子弹地完成纳粹所谓的"人性化杀戮"。然而,在希姆莱看来,这种毒气车仍然缺乏效率,远不足以解决欧洲的数百万犹太人。

4. 灭绝

1941年7月31日,纳粹德国二号人物赫尔曼·戈林(Hermann Göring)向党卫队二号头目、"布拉格屠夫"莱因哈德·海德里希(Reinhard Heydrich)下达命令,要求其"就最后解决德国控制下欧洲的犹太人问题做好必要的组织、技术支持和经费支持等工作,并负责协调相关政府部门的工作"①。1942年1月20日,海德里希召集党卫队、帝国总理府、司法部、内政部、外交部、经济部门以及纳粹党务部门和东方占领区的13名重要领导人,在柏林西南郊万湖路的一栋豪华别墅里召开了臭名昭著的"万湖会议"(Wannseekonferenz)。会议秘密通过了"犹太人问题的最终解决方案"(Endlösung der Judenfrage),决定从西向东对欧洲大陆作一次全面梳理,将全部犹太人送往东方占领区。无劳动能力者和儿童直接处死,有劳动能力者编成奴隶劳工,用繁重劳动将他们折磨致死。其中的幸存者作为生存竞争的最强者,必将成为犹太人种族复兴的核心,更要予以清除。万湖会议标志着纳粹德国对犹太人的迫害进入了一个全新阶段——大规模灭绝性屠杀开始了。

1942年到1945年,近600万犹太人消失在东欧占领区的灭绝营中。纳粹德国庞大的官僚和警察系统开足马力,从全欧洲占领区和附庸国抓捕犹太人、罗姆人等一切纳粹种族理论仇视的对象,而后又拿出德国人特有的工程师精神,设计出一个复杂又高效的遍布欧洲的铁路运输系统,在严格保密的情况下以最快的速度将囚犯送入波兰境内的奥斯维辛(Auschwitz)、索比堡(Sobibor)、贝乌热茨(Belzec)、特雷布林卡(Treblinka)四大恐怖集中营。被驱赶下车的犹太人被告知,即将接受"劳动改造"。然而,除少部分身强力壮者沦为奴隶劳工外,大部分人都在到达集中营的当天以"淋浴消

---

① 郑寅达等:《德国通史》第五卷,《危机时代(1918—1945)》,江苏人民出版社2019年版,第526页。

毒"的名义被送进了伪装成淋浴间的毒气室。党卫军看守关闭毒气室的铁门后,通过屋顶伪装的淋浴头投入德国最大的化工企业"IG 法本"(IG Farben AG)生产的"齐克隆 B"(Zyklon-B,一种用氢氰酸生产的杀虫剂)毒气胶囊,半小时即可实现对 2000 人的集体屠杀。几个小时后,遇难者便随着焚化炉冒出的滚滚黑烟永远消失。最"高效"的奥斯维辛集中营一天可屠杀 12000 人,配备的焚尸炉每天可焚烧 8000 具尸体。在此之前,遇难者的所有随身财物,包括长发和金牙,都被剥夺一空,成为纳粹德国的"国有财产"。纳粹党完整地实践了德国诗人海涅的名言——"焚书伊始,焚人以终"。

表 3[1] 以冰冷的统计数字说明了德国在二战中对犹太人犯下了何等罪行。

表 3:第二次世界大战前后欧洲各国犹太人口统计表

纳粹占领过的欧洲国家	1939 年犹太人口	1946 年犹太人口
奥地利	60000	5000
比利时	100000	30000
保加利亚	50000	46500
捷克斯洛伐克	360000	55000
丹麦	7000	5500
爱沙尼亚	5000	500
法国	320000	180000
德国	240000	12000
希腊	75000	10500
荷兰	150000	30000
匈牙利	403000	200000
意大利	51000	30000
拉脱维亚	95000	12000
立陶宛	155000	20000
卢森堡	3500	500
挪威	3000	1000
波兰	3250000	120000

---

[1]　[英]阿诺德·汤因比:《第二次世界大战全史》第 4 卷,《希特勒的欧洲》,上海译文出版社 2015 年版,第 202 页。

续表

纳粹占领过的欧洲国家	1939 年犹太人口	1946 年犹太人口
罗马尼亚	850000	300000
苏联	3020000	2000000
南斯拉夫	75000	10500
流离失所的难民		106000

（二）强制劳工

1936 年,经过数年大规模的军备扩张和基础设施建设,德国已经完全消灭了经济危机时期的失业现象。加上大量青壮年男性应征入伍,德国的劳动力转而变得匮乏起来。到 1938 年底,劳动力缺口大概有 200 万人。希特勒很快为此想好了办法。1939 年 5 月 23 日,希特勒在进攻波兰的讨论会上说:"如果命运使我们同西方发生冲突的话,在东方占有较多的空间将是有利的。……德国以外地区的居民将不服兵役,因而可以作为劳动力的来源。"①事实上,绑架和剥削外国人不仅是德国战争经济的一种手段,也是纳粹党关于战后欧洲经济重组计划的一个组成部分——西欧和东欧国家应该以德国经济辅助国的身份存在。在 1943 年的一份纳粹宣传单中这样写道:"即使在胜利之后,仍有很大一部分外国工人将留在我们中间,以便完成重建工作,防止战争爆发……返回者将在德国接受培训,成为令人垂涎的熟练工人,从而提高整个欧洲工业的绩效。"②在这种沙文主义和种族主义思维支配下,纳粹德国在二战期间创造了可能是人类历史上最大规模的强迫劳动体系。根据当时德国人的回忆,"在军械工厂、建筑工地,农业、手工业或私人家庭中,到处都有强制劳工。无论是身处波兰的职业军人还是图林根的农民,每个德国人都能遇到他们"③。

与第一次世界大战时德国生产力和资源日益匮乏的情况相反,1939 年以后纳粹政权充分协调了本土和被征服地区的资源分配和生产秩序,使之推动德国的战争能力实现最大化。1942 年德国"闪电战"（Blitzkrieg）战略失败后,逐步转变为"总体战"（Totalen Kriegs）的战争经济,由此带来了劳动力结构的巨大变化。考虑到几乎所有的德国青壮年男子都被征募入伍,"总体战"的后勤保障只能通过对外国工人的大规模剥削来完成。他们占

① ［英］阿诺德·汤因比:《第二次世界大战全史》第 4 卷,《希特勒的欧洲》,上海译文出版社 2015 年版,第 223 页。

② Friedrich Stamp, *Zwangsarbeit in der Metallindustrie 1939–1945*, Berlin, 2001, S.4.

③ 参见欧洲强制劳工历史展览网站, http://www.ausstellung-zwangsarbeit.org/prolog.html。

工厂员工的 1/4 以上，在某些工厂部门中占员工总数的 60%。大企业以及小型手工业企业，市政当局以及农民和私人家庭都在要求越来越多的外国工人，因此对强迫劳动制度负有共同责任。1944 年 8 月强制劳工数量达到顶峰时，来自几乎整个欧洲的约 1300 万人被强迫为第三帝国劳动服务。平民劳工有近 600 万人，其中近 200 万人来自苏联，166 万人来自波兰，近 65 万人来自法国。[①] 而同时期德国本土的平民劳动力大约为 2850 万人。[②] 此外，1944 年有将近 200 万战俘在德国经济体系中工作。德国工业界也越来越多地使用并依赖集中营囚犯。1939 年至 1945 年之间，约有 200 万强制劳工非正常死亡，其中大部分是苏联战俘和集中营囚犯。

通过对强制劳工的剥削，阿尔伯特·斯佩尔（Albert Speer）领导的军工生产部门才能在盟军封锁和轰炸的恶劣条件下实现 1943 年和 1944 年军工产量的强劲增长。军备指数在 1942 年初至 1944 年 7 月之间从 100 上升到 322。在 1944 年 7 月生产力达到顶峰时，德国制造的坦克数量是两年半前的 5 倍，即使此时盟国的轰炸达到了顶峰。[③] 同样是依靠强制劳工的工作，德国人民在 1944 年仍然能够保持较好的生活水准。也就是说，二战中德国的工业生产和生活保障，很大程度上是建立在对 1300 万强制劳工剥削压榨基础之上的。

1. 强行招募

二战期间，德国招募外国的平民劳工所用的方法，经历了从自愿应征到强迫押送的转变。总的来说，在 1942 年德国劳动力情况恶化之前，对西欧地区的劳工招募一般采取自愿应征的办法。但 1942 年之后，德国在全欧洲占领区都使用了暴力方式强行招募劳工。

纳粹政府在西欧最初使用的方法，是通过声势浩大的欺骗性宣传，说服工人自愿移居到德国。通过报纸和广播，通过散发小册子和举办群众大会，纳粹许诺自愿去德国工作的人会得到高工资、良好的生活条件、探亲假和优良的社会保险。因为 1940 年战争导致西欧地区普遍失业，这种劳工待遇在当时很有诱惑力。

与此同时，在东欧占领区，强迫应征从战争爆发后就是常事。1939 年 10 月 26 日，波兰总督辖区成立民政机构的第一天，就颁发了《波兰居民工

---

① Friedrich Stamp, *Zwangsarbeit in der Metallindustrie 1939-1945*, Berlin, 2001, S.11.

② ［英］阿诺德·汤因比：《第二次世界大战全史》第 4 卷，《希特勒的欧洲》，上海译文出版社 2015 年版，第 223 页。

③ Jörg Echternkamp, *Dossier: Der Zweite Weltkrieg*, Bundeszentrale für politische Bildung, Bonn, 2015, S.94.

作义务实施条例》和《总督辖区犹太居民强制工作实施条例》。1941 年苏德战争爆发后,这一命令扩展到波罗的海国家和苏联占领区。所有依照法令征募的工人都可以被送往德国从事农业和其他工作。在实际执行过程中,为了使德国获得越来越多的工人,恐怖、暴力和纵火无所不用。那些拒不应征的人,他们的产业全被烧光,他们的亲属也遭到逮捕并被关进集中营。不仅在大街上,而且还到住宅和教堂里进行搜捕。1942 年 10 月 25 日,德国东方占领区事务部的一份秘密备忘录中这样写道:"在目前对斯拉夫人普遍进行的漫无止境的虐待中,所用的'招工'方法也许只有从贩卖奴隶的最黑暗时期才能找到其根源。"①德国驻乌克兰占领区行政专员埃里希·科赫(Erich Koch)在 1943 年的新年献词中吹嘘说,他已经在乌克兰"招募"了超过 71 万名工人。科赫后来在纽伦堡审判中承认,他的法宝是"放火烧掉那些企图逃避被送往德国去的农民的房屋和农庄"②。

苏德战争初期,虽然德军不断取得胜利,但各集团军群在快速挺近中同样遭受了很大损失。1941 年冬,德军在莫斯科会战中失败。纳粹政府开始大量征召德国男子充实东线军队,这导致 1942 年春德国劳动力情况急剧恶化。1942 年 3 月,希特勒任命纳粹党图林根州领导人弗里茨·绍克尔(Fritz Sauckel)担任"劳动力调配全权总代表"(Generalbevollmächtigten für den Arbeitseinsatz),赋予其"充分调动一切可供使用的劳动力,包括统一监督从外国征募的劳工和战俘"的权力。1942 年 8 月,绍克尔发布命令:占领区可用的劳动力,首先必须用来满足德国本身的作战需要。只有当德国提出的一切需要都满足了以后,被占领国家本身对工业品的要求才能获得满足。自此,绍克尔开始在全欧洲占领区推行强制劳动服役,并在军工、农业、后勤等部门间对劳动力进行精细的按需分配,"抓壮丁"在西欧占领区也开始成为常态。1942 年 10 月,比利时驻军司令官颁布命令,凡年龄在 18 岁至 50 岁之间的男子和 21 岁至 25 岁之间的未婚女子,一律有义务接受强制劳动,并可送往德国。在荷兰,全体居民从 1942 年 3 月起都有义务参加劳役。1943 年墨索里尼在意大利垮台后,沦为德国占领区的意大利北部也成为强制劳工的来源地,德国抓走了超过 50 万意大利战俘充当强制劳工。1944 年 6 月盟军在诺曼底登陆后,纳粹的征召进入丧心病狂的最后阶段。根据记载,11 月,德国在没有事先警告的情况下抓走了荷兰某个城镇的所

---

① [英]阿诺德·汤因比:《第二次世界大战全史》第 4 卷,《希特勒的欧洲》,上海译文出版社 2015 年版,第 310 页。

② [英]阿诺德·汤因比:《第二次世界大战全史》第 4 卷,《希特勒的欧洲》,上海译文出版社 2015 年版,第 848 页。

有男子并运往德国充当劳工。①

　　2. 生活条件

　　二战期间强制劳工的生活条件，与纳粹强行招募他们时所用的手段一样严酷。1942年4月，绍克尔在劳工动员计划中表示："对于所有的人，都必须以这样的方式给予食宿和其他待遇，以便我们能够用可以设想的最低限度的开支使他们生产出可能的最高的产量来。"②

　　大部分营房都是因陋就简地仓促建成的，非常拥挤而且没有足够的家居设备，甚至连必要的桌椅和洗浴设备都没有，属于强制劳工的只有一张狭小的床铺。由于冬天缺乏燃料配给而导致的冻死冻伤比比皆是。

　　强制劳工的生活条件因国籍、法律地位和性别而异。盖世太保和警察部门对来自苏联和波兰的劳工——纳粹行话中的所谓"东方工人"（Ostarbeiter）制订了专门的歧视性政策。除了工作之外，他们不得离开营地。工作时必须在胸口佩戴"东方"（OST）标记。纳粹政权的这种种族主义等级制度得到了德国民众中广泛存在的反斯拉夫偏见的支持，这种偏见导致了许多额外的侮辱、谴责和虐待。1943年秋被绑架到德国的意大利人被称为"军事拘留犯"（Militärinternierte），他们也被视为所谓的叛徒。对于西欧或"北欧种族"（nordischen Rasse）的技术工人和工程师来说，生存环境虽然较为宽松，但依然要忍受物质匮乏和各种羞辱。集中营囚犯劳工的命运是最糟糕的，特别是犹太人和吉卜赛人，他们注定要"通过工作被消灭"（Vernichtung durch Arbeit）。

　　所有外国工人均受到由国防军、就业局、厂区保卫部门、警察和党卫军组成的官僚机构严格监督。他们挤在营房、餐厅中，得不到足够的食物。供应的食物质量和数量都很低劣。"东方工人"只能吃到用黑麦麸皮、甜菜片和麦秸粉做成的所谓"俄国面包"，或者只有几片菜叶的清汤。除此之外的食物实行配给证供应，没有"粮票"的话，他们就不能用工资购买任何食物，因此经常挨饿。饮食的匮乏导致疾病率的惊人增长。通常12小时轮班后剩下的几个小时的闲暇时间，首先被劳工用来确保生存。他们试图在黑市购买面包，或者为德国家庭提供清洗服务以换取一顿午餐。这使得贫穷的德国人也可以请来女佣或建筑工人，代价只是一块三明治。

　　战时面临盟军空袭时，强制劳工的伤亡远远超过德国民众，因为他们没

　　①　［英］阿诺德·汤因比：《第二次世界大战全史》第4卷，《希特勒的欧洲》，上海译文出版社2015年版，第312页。

　　②　［英］阿诺德·汤因比：《第二次世界大战全史》第4卷，《希特勒的欧洲》，上海译文出版社2015年版，第312页。

有资格进入地下庇护所。从1942年起,纳粹禁止战俘、"东方工人"和波兰人进入防空洞,其他非德国人只有在平民不使用时才被允许进入掩体。许多妇女劳工遭受了额外的骚扰和暴力。强制劳工多次发起逃离、抵抗或破坏活动,但绝大部分归于失败,其结果是被送往集中营,甚至当场处决。

3. 工作报酬

除了最大限度地榨取强制劳工的劳动价值之外,纳粹政府还通过玩弄支付手段,将强制劳工的绝大部分工作报酬收入德国财政囊中。德国企业负担强制劳工的全部工资,紧接着,帝国财政将工人被扣除税款后汇回家的工资截取,最后由工人来源国以本国货币返还给工人家庭。比如,25万名比利时劳工在德国领取了以帝国马克支付的工资,但他们汇往比利时家中的工资全部落入了德意志清算银行一个总的"工资储备金账户",而他们的家人最终得到的是比利时政府以"德军占领费预算"支付的比利时法郎。1941年,法国劳工汇往法国的超过5亿帝国马克的工资也进入了"工资储备金账户",他们的家人最终得到的是维希政府支付的法国法郎。简单地说,纳粹政权榨取强制劳工的劳动价值之后,还要在暗地里收回德国企业支付给他们的全部工资,然后以"占领费"的名义迫使强制劳工的来源国政府代替德国向劳工的家属兑现汇款单。这种工资欺骗普遍运用于纳粹德国的占领国或附庸国,包括法国、荷兰、比利时、南斯拉夫、捷克斯洛伐克、意大利等国。

如果说上述工资转移支付方案是一场欺骗的话,纳粹针对苏联和波兰强制劳工的工作"报酬"更像是一场洗劫。1942年,每从乌克兰强征一名工人到德国,"其留下的全部财产及现金"就必须交给村中的长者保管,后者将其售卖并将所得收益存入德国信贷银行所谓的"限制使用账户"。德军佯称,这些钱待这些工人返回故乡后将交给本人,以便他们能用之重购牲畜和财产。[①] 事实上,纳粹政府可能根本没打算让他们活着回来。

"东方工人"、犹太和吉卜赛劳工根据最低级别的非技术工人的标准发放工资,而他们支付的税款和社会保险金是德国人的3倍以上。1940年8月5日,德国国防部发布命令,在德国务工的波兰人必须缴纳"社会补偿税特别附加费"(Sozialausgleichsabgabe einen Sonderzuschlag),占工人毛收入的15%。后来,这一补偿税扩大到所有"东方工人"、犹太和吉卜赛劳工。纳粹官员给出的理由是,"非德国人民应支付'适当的赔偿',因为他们既没有

① [德]格茨·阿利:《希特勒的民族帝国,劫掠、种族战争和纳粹主义》,刘青文译,译林出版社2011年版,第148页。

捐款和捐赠的负担,也不会服兵役"[1]。一个有家室的犹太人劳工,1942年作为强制劳工在戴姆勒—奔驰公司(Daimler-Benz AG)工作,每月工资234帝国马克,其中108马克用于缴纳所得税和社会保险金。而他的德国同事在同样情形下拿到同样的工资,却只需要缴纳9.62马克所得税和20.59马克社会保险金。[2] 粗略估算,二战期间纳粹德国从强制劳工那里收取的工资所得税收入至少有65亿帝国马克。

扣除所有税款之后,来自苏联和波兰的工人还要从工资中扣除每天1.5帝国马克的住宿费用。一周收入40帝国马克的苏联或波兰劳工,扣去不断上涨的所得税、特别税、社会保险金及生活成本后,还剩下约10帝国马克。当他们以为辛苦所得的最后10马克能够安然寄回到苏联或波兰家人手中的时候,毫不意外地,最后这10马克也进入了一个名为"计划外财政收入"的集体账户,落入了纳粹政府的口袋。

事实上,数百万强制劳工缴纳的所有税(费)和寄给家人的"节余",都变成了对德国战争财政的"特殊贡献"。根据估计,德国从强制劳工身上获得的财政利润至少达到130亿帝国马克——相当于今天的1300亿欧元。这些都被纳粹政府和德国企业所攫取。强制劳工完全免去了纳粹财政的工资负担,巩固了战时经济,而且大大减轻了德国纳税人的负担。劳工被榨取得一干二净的"报酬",也让德国人安心享用劳工服务的同时,不用担心消费品市场出现抢购压力。

4. 战俘劳工和集中营奴隶劳工

强制劳工中命运最悲惨的莫过于战俘劳工和集中营奴隶劳工。纳粹大规模使用他们的目的,一方面是为了最大限度地榨取劳动价值,另一方面就是通过严酷的劳动"消灭无价值生命"。

希特勒在战争开始前就认识到战俘作为劳动力来源的潜在重要性。尽管1929年日内瓦公约明令禁止使用战俘从事同作战相关的工作,但二战期间德国完全践踏了该公约的权威。1941年苏德战争爆发后,德军在短时间内俘虏了100多万苏联战俘。苏联战俘起初是无法用于强迫劳动的,因为根据纳粹意识形态,把东欧和东南欧的"劣等种族斯拉夫人"带到德国人民社区中心的想法近乎荒谬,这将危及德国人的"纯洁性"和安全。直到1941年底,禁令才完全出于经济需要而解除。表4展示了1940年至1944年德

---

[1]　Ralf Banken, *Hitlers Steuerstaat: Die Steuerpolitik im Dritten Reich*, Berlin, 2018, S.525.

[2]　[德]格茨·阿利:《希特勒的民族帝国,劫掠、种族战争和纳粹主义》,刘青文译,译林出版社2011年版,第149页。

国使用的战俘劳工数量①。

表 4:1940 年至 1944 年德国使用的战俘劳工数量统计表

年份	人数
1940	348000
1941	1316000
1942	1489000
1943	1623000
1944	1831000

根据 1942 年德国官员的记载,战俘中最受虐待的仍然是苏联人:"他们有几十万人确实是饿死或冻死在我们的营房里,这件事对我们的友人或是敌人已经不是什么秘密了。据说是手头没有足够的粮食供应他们。特别奇怪的是,唯独苏联战俘缺乏粮食供应……"②

1942 年,希姆莱决定,要在可能的最大范围内动员集中营可加利用的劳动力。在使用集中营劳工时,除了从囚犯身上榨取最大的工作量外,其他概不考虑。除了犹太人和吉卜赛人,所有纳粹理论中的"反社会分子"都可以用作奴隶劳工,包括苏联人、刑期 3 年以上的波兰人、刑期 8 年以上的捷克人和德国人。对于"反社会分子",只要将他们移交给党卫队,让他们工作到死。

二战期间,德国大企业在各个占领区,特别是在波兰和苏联,建立了众多新企业或分支机构,并利用集中营囚犯、战俘和当地人作为廉价甚至无偿劳动力。戴姆勒—奔驰公司在明斯克经营了一家军用车辆修理公司。该公司拥有 5000 名员工,包括战俘、当地人和从白俄罗斯绑架的人,被认为是东欧最大的企业之一。1942 年,IG 法本公司利用与党卫军的特殊关系在波兰奥斯维辛附近的 3 号营地莫诺维茨(Monowitz)修建了一家集中营工厂,IG法本也因此成为第三帝国唯一拥有自己的集中营的企业。该工厂驱使集中营囚犯生产人造橡胶和合成燃料,暗中实行"通过工作灭绝"的计划。极其恶劣的生活条件和繁重的劳动使囚犯死亡率极高,工人在该工厂的平均寿命为 3 个月。据战后统计,党卫军为 IG 法本公司提供了约 30 万人的免费劳动力以供驱使,至少有 3 万名劳工因苦役死于 IG 法本的集中营工厂。③

① [英]阿诺德·汤因比:《第二次世界大战全史》第 4 卷,《希特勒的欧洲》,上海译文出版社 2015 年版,第 319 页。

② [英]阿诺德·汤因比:《第二次世界大战全史》第 4 卷,《希特勒的欧洲》,上海译文出版社 2015 年版,第 319 页。

③ 孙文沛:《德国化学工业的重生——记战后 IG 法本公司的审判与拆解》,《德国研究》2009 年第 2 期。

（三）对占领国的掠夺

为了避免内部动荡维持独裁统治,希特勒非常重视战争时期德国"人民同胞"(Volksgenossen)[①]的生活水平。为了使每个德国人都享有同等的消费品供给,纳粹政权在二战刚爆发时就牢牢控制了了消费品市场:从1939年9月1日起,肉、脂肪、黄油、奶酪、牛奶、糖和果酱只能通过"粮票"(Lebensmittelkart)购买。两周后,面包和鸡蛋也被定量配给。随后,德国的军事扩张确保了"人民共同体"(Volksgemeinschaft)的食品供应在1944年前得到保障。在苏联占领区的德国国防军很大程度上是从当地获取供给,也就是说,那里生产的粮食必须移交给占领军或交付给纳粹德国。1942年4月,消费品供应曾暂时恶化,面包、肉、脂肪、土豆的配给量都显著减少。但是,随着德军向苏联的推进,情况很快得到改善。直到1945年纳粹政权行将灭亡前夕,柏林的妇女才第一次"不能按时拿到全脂牛奶"。充足的食品配给和纳粹统治区域内有利于德国人的内部分配制度,在很大程度上坚定了德国民众对纳粹政权的信任和支持。然而,这种支持背后的代价是,欧洲被占领国上千万人民因为食品匮乏而饥饿至死。

另外,除了煤炭资源比较丰富外,德国工业生产的原材料供应高度依赖进口。自1940年4月起,德国民众就被要求向军备工厂"捐赠金属"(Metallspenden),希特勒青年组织和纳粹人民福利组织(Nationalsozialistische Volkswohlfahrt)的成员也一直在收集旧的原材料。战争开始后,由于来自东南欧国家的进口增加,供应情况有所改善。此外,作为1939年《苏德互不侵犯条约》的一部分,德国从苏联进口了大量饲料、谷物、豆类、石油、棉花和矿石。二战爆发后,德国占领区的扩大确保了来自瑞典、挪威和法国等国家的铁矿石供应,附庸国罗马尼亚则源源不断地为德国的战争机器提供廉价石油。在巅峰时期,大半个欧洲的原材料采集和工业生产都被组织起来服务于德国的战争经济。

可以看出,二战期间纳粹德国的生产和生活是建立在对占领国及其人民疯狂掠夺基础上的。具体而言,可以细分为以下5种手段或途径。

1. 掠夺原料和产品

纳粹德国统治下的欧洲的工业生产被看作是完全从属于德国的生产,并作为其补充。德国在劳动力、原料、机器方面的任何不足,都将尽量依靠

---

① "人民同胞"(Volksgenossen)最初表示同一"血统"的人,纳粹党将其变为一种普遍的用语,以区别德国人与其他群体,例如犹太人和吉卜赛人。

把这些生产因素从别的国家转移到德国来加以弥补。获准在占领国继续存在的生产部门,几乎是完全根据德国的战争需要来决定的。因此,德国需要的军备产品和原料产量都增加了,而纺织品、玻璃器皿和德国够用的原料产量,则任其下降。比利时战前总计2164家纺织企业,有1360家在德国占领期间关闭了。①

德国把波兰、波罗的海国家和苏联占领区视为完全的"殖民地",进行毫无保留的残酷掠夺。1939年10月,戈林发布一道关于波兰占领区的指令:"在总督辖区,凡是能够用于德国战时经济的原料、废铁、机器等等,都必须从该地运走。对于维持居民仅足糊口的低生活水平并非绝对必要的企业,必须迁移到德国去,除非这样迁移要花上异乎寻常的长时间,因而不如在工厂原来所在地完成德国的订货更为实际。"②对于苏联占领区,纳粹政府直接宣布自己是苏维埃国家的继承者,从而是所有国家财产的主人:"德国的民政机构对……苏联及其加盟共和国、公共团体、协会、附属机构的动产和不动产连同所有的债权、股份、权利、利益按照它们在1941年6月20日的情况,予以接受。"③

对于工业化水平较高的荷兰、比利时和法国占领区,如果发觉有用的机器,就会运到德国。被允许继续生产的工业中,有很高比例的产品是保留给德国的。根据法国官方统计,德国掠夺法国原料和产品相对于法国总产量的比例是:燃煤,29%;石油和汽车燃料,80%;铁矿砂,74%;钢材,51%;铜,75%;羊毛,59%;棉花,53%;亚麻,65%;皮革,67%;水泥,55%;汽车器材,70%;电气和无线电器材,45%;工业精密零件,100%;重型铸件,100%;橡胶工业,60%;海军器材,79%;航空器材,90%。④

对于工业水平较低的东欧占领区,纳粹希望将其变成帝国长期稳定的粮仓。根据帝国统计局报告,1941年至1943年德国从苏联占领区攫取了以下主要农产品⑤,分别供应占领军和运往德国。

① [英]阿诺德·汤因比:《第二次世界大战全史》第4卷,《希特勒的欧洲》,上海译文出版社2015年版,第242页。

② [英]阿诺德·汤因比:《第二次世界大战全史》第4卷,《希特勒的欧洲》,上海译文出版社2015年版,第245页。

③ [英]阿诺德·汤因比:《第二次世界大战全史》第4卷,《希特勒的欧洲》,上海译文出版社2015年版,第253页。

④ [英]阿诺德·汤因比:《第二次世界大战全史》第4卷,《希特勒的欧洲》,上海译文出版社2015年版,第247页。

⑤ [德]格茨·阿利:《希特勒的民族帝国,劫掠、种族战争和纳粹主义》,刘青文译,译林出版社2011年版,第163页。

表5：1941年至1943年德国从苏联占领区掠夺的主要农产品数量统计表

苏联占领区食品	占领军（吨）	德国（吨）	总计（吨）
粮食	3385021	988318	4373339
鱼类	435058	60585	495643
植物油和动物油	90732	632618	723450
土豆	1880240	15535	1895775

戈林在1941年9月发布命令："原则上被占领区只供养那些为我们工作的人。"戈培尔也在不久后对于苏联战俘的形势表示："对正在发生的饥荒无须任何解释。"德国在苏联占领区残酷掠夺的结果是，1942年德国人民因为来自占领区充足的食品供应而继续支持纳粹政权的同时，被围困的列宁格勒每天有3500人至4000人死于饥饿。直到1942年2月，共有330万红军战士被俘，其中200万被投入德军战俘营并在运输途中死亡，死亡率达到60%，大部分死于饥饿。

2. 没收黄金和国外资产

纳粹德国占领任何国家之后立即采取的一个步骤就是，没收占领国中央银行的黄金和国外资产，以及剥夺或废除其处理其他银行或私人拥有的黄金和国外资产的权利。对于私人持有的黄金和国外资产，纳粹一般会禁止一切外汇交易，要求对私人黄金和外汇进行登记，强制要求按照官价卖给中央银行或其他指定机构。例如，1940年8月德国驻比利时占领军发布命令，要求全体比利时居民在8月31日前将所有美元、克朗和法郎钞票，以及金币、足赤纯金及未加工或半加工的成色不足的金子，出售给纳粹控制的布鲁塞尔发钞银行。在南斯拉夫，凡"含有一定百分比的白银和黄铜的"硬币均被收回，代之以质量低劣的合金硬币。当然，所有上述黄金和贵重硬币都被运到了德国。

3. "占领费"和强制贷款

"占领费"是纳粹德国强行向占领国政府摊派的财政捐税，名义上是维持德国占领军驻军所需的款项，其实还包括多种采购开支。"占领费"的主要来源是法国、比利时、荷兰、挪威、希腊和南斯拉夫，在保护国、总督辖区和丹麦则通过类似而名称不同的捐税征收。

法国负担的占领费名目繁多，占领军亲属安装假牙，包括金银的牙套，都要从占领费中开支。波兰的"防务捐税"美其名曰"总督辖区为换得军事保护而对帝国防务的捐献"。波兰在1941年被征收了1.5亿兹罗提（波兰货币）捐税，1942年就增长到13亿。纳粹政府对此的解释是，1942年"被邀请到"或"行军经过"波兰的德国军队有 40 万人,而实际上波兰境内只驻扎了 8 万人。丹麦在 1944 年负担的捐税达到了每月 8600 万马克,其中只有 1/4 用于德军官兵,其余则用作当地的防务建设和食品筹措——丹麦被视为德国本土和驻挪威占领军的粮仓。除此之外,养育那些德国士兵和丹麦妇女所生的孩子,也要从占领费中支出。

表 6 展示了国际清算银行(Bank for International Settlements)在二战期间统计的 1940 年至 1943 年纳粹德国强征的"占领费"收入[1]。

表 6:1940 年至 1943 年纳粹德国从欧洲各占领国强征的"占领费"统计表

(单位:亿帝国马克)

占领国	1940 年	1941 年	1942 年	1943 年	总计
法国	17.5	55.5	85.5	111	269.5
荷兰	8	19	22	22	71
比利时	3.5	13	15	16	47.5
丹麦	2	2	2.5	5.5	12
意大利				20	20
其他占领国	9	10.5	45	75.5	140
总计	40	100	170	250	560

而德国财政部在 1944 年的一份报告中估计,截至 1944 年 2 月底,德国收到占领费用总数达到 476.631 亿帝国马克[2]。其中还包括各种以莫须有的理由强征的罚款和捐款。例如,荷兰以"抗击布尔什维主义"的名义缴纳了 15.5 亿马克的捐款,挪威在 1941 年 9 月以"破坏电话线"的缘由缴纳了 200 万克朗罚款。据估计,整个二战期间德国收到的占领费用约 600 亿马克。

1940 年后,纳粹德国凭借压倒性的军事、政治和经济力量,强行以贷款的形式向占领国拖欠巨额贷款。欧洲作为一个整体,被迫不断供给德国需要的任何货物,收到的却是清算账目上给予德国的贷款。德国承诺到战争结束后偿还这些贷款。1944 年 9 月,德国在这种清算账目上的强制贷款达到了 360 亿马克。二战结束时,欧洲除挪威和土耳其外,所有同德国有清算协定的国家都是德国的债权国。

---

[1]　Bank for International Settlements, 14*th Annual Report*, 1944, pp.161-162.

[2]　[英]阿诺德·汤因比:《第二次世界大战全史》第 4 卷,《希特勒的欧洲》,上海译文出版社 2015 年版,第 346 页。

4. 发行货币与操纵汇率

为了更加简单有效地对占领国的产品和物资进行掠夺,纳粹德国在几乎所有占领国都发行了"信贷银行纸币"(Reichkreditkassen,缩写 RKK)作为支付手段。该纸币面额 0.5 马克至 50 马克不等,用于取代数目相等的帝国马克,只能在占领区使用,实际上是一种伪装成金钱的强制征用手段。它让一笔交易看起来名义上合法,但"信贷银行纸币"被引入货币池会导致占领地区的当地货币贬值,造成恶性通货膨胀。借助于这种军事辅币,德军在占领每个新城市时可以更灵活地搜刮财产,还能"避免其间军纪的混乱"。德军在夺走占领国的牲畜、食品或燃料,或者要求占领国人民为德军提供劳务时,都可以直接或间接用信贷银行纸币支付。作为一种以战养战的经济手段,这种货币将占领国市场扫荡一空,把巨额负担转嫁给占领国人民,德国经济却因此获利。

纳粹政权还在二战期间人为操纵帝国马克与占领国货币的汇率,让马克升值而当地货币贬值,从而提高马克在全欧洲的购买力。1940 年德军占领法国后,法郎的汇率由之前的 100 法郎兑 6.6 帝国马克,被强制确定为 100 法郎兑 5 帝国马克,几乎贬值 25%。[1] 以法郎方式领取军饷和工资的驻法德国军人因此大获其利,在法国市场大肆购物并寄回德国家庭。1941年,德国让苏联占领区的卢布贬值了 470%。1943 年,意大利占领区的里拉贬值了 30%。操纵汇率让德国输出的产品价格上涨,而输入德国的产品更加便宜,德国的国民经济和占领区的每个德国士兵都从中受益。

5. 对犹太人财产的掠夺

掠夺强占欧洲犹太人的巨额财富,是纳粹发动犹太人大屠杀的重要经济目的。大屠杀期间,600 万名犹太人惨遭杀害,而 900 万名犹太人的财产遭到纳粹掠夺或破坏。这些财产包括住房、不动产、银行账户、企业、保险单、私人物品、金器、股票、证券、外汇、宝石和艺术品等。

德军占领波兰后,立即封锁了波兰约 200 万名犹太人名下的账户、银行保险箱和仓库等。纳粹强迫犹太人将所有银行存折和保险箱集中存放到一家银行,超过 2000 兹罗提的现金须存入银行账户,每周只能提取 250 兹罗提用于生活开支。1939 年 11 月,波兰成立了托管局,其任务是确认之前的国家财产,没收战争后无人认领的财产,没收国家公敌和犹太人财产。在波兰总督辖区,托管局接收了约 3600 家企业,其中大多数是犹太人资产。犹

---

[1]　[德]格茨·阿利:《希特勒的民族帝国,劫掠、种族战争和纳粹主义》,刘青文译,译林出版社 2011 年版,第 139 页。

太人的家具甚至衣物也视为"流动资产"被快速出售。在法国和荷兰,纳粹通过具体托管人将犹太人的土地、股票、金银及其他资产转为流动资金,由占领国政府付现,随后以战争借贷项目计入贷方账目。[1] 这意味着无须任何法令,即可对犹太人财产进行彻底剥夺。

1941 年 11 月 25 日,纳粹德国颁布"帝国公民法第 11 号条例"(11. Verordnung zum Reichsbürgergesetz),一次性地侵占了所有留在德国的犹太人资产。该法令规定,每一个已经或将要在国外居住的犹太人都会失去德国公民身份,因此,他的资产归德意志帝国所有。[2] 该法令影响到所有移民的犹太人和所有被驱逐并即将在集中营遇害的犹太人,由于大部分集中营并不在德国本土,每个被驱逐者的财产都被自动没收。这一切都是在推动德国乃至整个欧洲"雅利安化"(Arisierung)的名义下实行的。

1942 年,希姆莱与帝国银行(Reichsbank)行长达成协议,将欧洲被屠杀犹太人的黄金、珠宝和现金存入帝国银行。帝国银行按黄金、金币和外汇的价格折现,并由财政部官员将钱以一个杜撰的人——马克斯·海里格(Max Heiliger)的名义,秘密汇入帝国中央账户的特别户头。被存入帝国银行的甚至还有从被害人口中拔出的金牙。对于收缴的手表、小刀、钢笔、钱包等,则按固定价格由随军小贩出售给前线士兵,全部收益都归帝国所有。通过这种变现,纳粹一般将资金用于国家政治、战争支出所必需的外汇和黄金储备。

经历过纳粹的屠杀和洗劫,欧洲犹太人数百年间积累的财富灰飞烟灭。2005 年,以色列政府公布的一份报告显示,在第二次世界大战德国纳粹大屠杀期间,犹太人的财产损失约为 2400 亿至 3330 亿美元。按照目前的价格计算,遭到抢劫的犹太人财产为 1250 亿美元,犹太人损失的收入为 1040 亿至 1550 亿美元,强制劳工没有支付的工资为 110 亿至 520 亿美元。[3]

---

① ［德］格茨·阿利:《希特勒的民族帝国,劫掠、种族战争和纳粹主义》,刘青文译,译林出版社 2011 年版,第 179 页。

② Raul Hilberg, *Die Vernichtung der europäischen Juden*, Fischer Taschenbuch, 1990, S.495.

③ Israel sets Holocaust damages at ＄240 billion, 参见 https://www.nytimes.com/2005/04/21/world/africa/israel-sets-holocaust-damages-at-240-billion.html。

第二章　占领时期同盟国对德国的
战争索赔政策及其实施

战争赔偿的历史演变和一战后德国战争赔偿事件为二战后德国战争赔偿提供了历史依据。在人类漫长的战争史中,战争赔偿逐渐从战胜国的报复性措施演变为战败国基于国际法的支付义务。一战后失败的德国赔款事务,作为反面教材给二战后战胜国处理德国赔偿问题提供了经验和教训。

第一节　同盟国对德国战争索赔政策的演变

众所周知,苏联、美国和英国是最终战胜纳粹德国的主要力量,在制订德国战争赔偿政策的事务上,三大国拥有不可替代的话语权和决定权。本节即围绕 1941 年至 1947 年三大国内部及它们之间关于德国赔偿问题的决策展开论述。在此之前,有必要回顾三大国在二战中遭受的不同程度损失,进而剖析它们面对德国赔偿问题时的复杂心态。从中可以发现,战争损失、国内的生产和失业状况等因素都会对它们的赔偿决策产生重要影响。

毫无疑问,美国是二战最大的赢家。一方面,各参战国的巨大军备需求和美国政府的巨额军费开支刺激了美国经济的飞速发展。另一方面,对比欧洲各交战国的灾难性损失,美国所遭受的战争创伤是最小的。1942 年 11 月,美英联军登陆北非,开始了美军与德军的正面交锋。1944 年 6 月诺曼底登陆以后,美国才开始在欧洲战场投入大规模的兵力。1941 年至 1945 年,美国武装部队伤亡约 107 万人,是美国历史上伤亡最高的战争。[1] 其中约 70% 的伤亡发生在与纳粹德国作战的欧洲和非洲战场。德国对美国经济的最大破坏发生于大西洋战场上德国潜艇对美国商船的频繁袭击。但是,并不能因此否认美国进行了巨大的战争努力,它是唯一一个同时在几条主要战线作战的同盟国。作为"民主国家的兵工厂",美国在二战中承受了巨大的战争消耗。与其他交战国最大的不同是,美国本土从未遭受战争的损害。欧洲的主要工业区都在战争中化为废墟,美国的工厂和机器却完好

---

[1]　John Whiteclay Chambers, *The Oxford Companion to American Military History*, NewYork: Oxford University Press, 1999, p.849.

无损。美国在战争中反而日益强大,其世界第一工业强国的地位日益稳固。因此对美国来说,并不存在战后重建的问题。就宏观经济而言,美国在战后面临的真正问题是如何将战争经济转化到和平经济,生产过剩成为首要问题。美国面临的是国内外市场购买力缺乏的危机,完全不需要实物或劳务形式的赔偿,却急需为自己的产品寻找更多销售市场。如果某个战败国以赔偿的形式无偿向第三国提供工业产品,必将损害美国商品的销售,这是美国不愿见到的。

美国是战后世界最大的债权国。如果德国向美国的债务国提供货币赔偿,这有助于减轻这些国家偿还美国债务的负担,但涉及外汇问题。德国需要用外汇支付赔偿,这又促使德国努力出口商品和劳务换取外汇,这同样不符合美国的利益。美国更加不需要德国提供劳动力形式的赔偿,战后向和平经济转型过程中,美国面临着失业人数激增的威胁。美国对德国真正感兴趣的是,没收德国的海外资产,获取德国的知识财富,例如:专利权、注册商标、设计图纸甚至是一些科学家。此外,美国当然不愿为美军在德国的占领费用买单,这是德国人必须支付的。从总体上看,获取赔偿在战后美国对德事务中并不具有优先权。美国不指望从赔偿中获取巨大利益,放弃某些领域的赔偿对美国造成的损失微乎其微,甚至对美国而言是件好事。了解以上这些事实,有助于我们理解美国相对宽容的赔偿政策。

英国是三大国中唯一自始至终参加第二次世界大战的国家,在长期的战争中遭受了巨大的损失。特别是法国沦陷后,英国以一己之力在西线和北非同德国相抗衡达 4 个年头,为战争的最终胜利付出了沉重的代价。1939 年至 1945 年,英国武装部队在二战各个战场伤亡约 83 万人,经济损失折合约 1500 亿美元。[①] 英国在战争中债台高筑,被迫出售了很大一部分海外资产抵冲债务,却依然在战后负债累累。英国的工业实力被严重削弱,它不存在像美国那样生产过剩的危机,同时还要重新夺回失去的销售市场。因此在面临赔偿问题时,英国处于两难境地。它既需要大量货物和劳务来满足经济需要,又害怕德国通过重建经济和货物输出抢占了英国的出口市场。在争夺出口市场的问题上,英国的担忧远甚于美国。

因为参加战争较早,英国政府早在 1941 年就开始在内部讨论制订对德战败赔偿政策。同时,作为一战后《凡尔赛和约》的主要制订者之一,英国对一战后失败的赔款政策有着极其深刻的认识,因而在制订二战后的德国

---

① Michael Clodfelter, *Warfare and Armed Conflicts: A Statistical Reference to Casualty and Other Figures*, 1500-2000, McFarland, 2002, p.582.

赔偿政策过程中显得极为慎重,力图避免重蹈一战后的覆辙。这一点不仅体现在赔偿方式的转变上,还体现在英国政府在考虑赔偿问题时往往把战后安全放在更重要的位置上。鉴于一战后失败的德国赔款经历,英国始终不赞成过高的赔偿要求。因为战后面临大量失业问题,英国也不赞成劳务赔偿。由于实力严重削弱,英国在德国战争赔偿问题上比美国的发言权要小,但担忧却尤甚于美国。相对于美国来说,英国与苏联在赔偿问题上的矛盾将会更加尖锐。

相对美英而言,苏联在二战欧洲战场做出了更为卓著的贡献,同时也遭受了极为惨重的损失。自1941年苏德战争爆发直至1944年美英开辟第二战场,苏联在东线独自对抗德国长达4个年头,牵制了德军80%的兵力,是歼灭德国法西斯的主要国家。同时,胜利的代价也是惨重的,在三大国中,苏联遭受的破坏最为严重。

在苏联时代,卫国战争伤亡数字作为最高机密对外保密。1993年,俄罗斯科学院的一项研究估计,二战造成的苏联总人口损失为2660万,其中包括870万军人死亡。[1] 英国历史学家马克斯·黑斯廷斯(Max Hastings)在《地狱:战争中的世界,1939—1945》中写道,红军是"摧毁纳粹主义的主要引擎",德国人的战时损失有3/4是在与红军作战时遭受的。"西方盟国极为幸运的是,俄国人,而不是他们自己,为击败纳粹德国支付了几乎全部的'屠杀账单',承受了大联盟三个主要国家军事伤亡的95%。"[2]

在卫国战争期间,苏联1710个城市和市镇被破坏,7万多个村庄被烧毁,32000个工业企业、65000公里铁路被炸毁,近10万个集体农庄和国营农场成为一片废墟,2500万人无家可归,直接经济损失达7000亿卢布。战争给苏联的基础设施和工业设备带来了巨大的损失。恰好同美国相反,战后苏联面对的首要问题就是战后重建。为了尽可能多地获取重建物资,苏联对德国的赔偿要求看起来永无止境。这种要求首先表现在货物和劳务,其次是金钱。苏联从一开始就与西方盟国不谋而合,要求实物赔偿放弃货币赔偿。货币赔偿是一个复杂的循环过程,战败国通过出口换取外汇支付赔偿,然后战胜国才能用这些赔偿在国际市场购买货物。整个过程受到国际市场供求波动的严重影响。通过实物赔偿,战胜国则能够强制战败国直接提供自己急需的物资。此外,由于在战争中人员伤亡巨大,尤其是青

---

①　Michael Ellman,S.Maksudov,"Soviet Deaths in the Great Patriotic War:a Note",*Europe Asia Studies*,Vol.46,No.4,1994,p.677.

②　Max Hastings,*Inferno:The World at War*,1939-1945,Knopf Doubleday Publishing Group,2011,p.629.

壮年男子大量死亡,苏联急需补充大量劳动力。由上可见,索取赔偿在战后苏联对德事务中占有十分重要的地位。在赔偿问题上,苏联比美国要敏感得多。

历史学家保罗·肯尼迪曾经指出,"毫无疑问,20世纪上半叶德国侵略对俄国造成的损失,比对其他任何国家都大。俄国人决心不再让20世纪上半叶发生的事件在下半叶重演,且这一观念由于斯大林坚决要求得到安全保障而有所强化"①。综合历史的教训、恢复经济的迫切需要以及不可避免的向德国复仇心理,不难理解苏联政府在对德赔偿问题上一直坚持的强硬立场。

一、二战期间同盟国内部对德国战争赔偿问题的讨论

二战爆发后,面对世界格局的巨大变动以及自身利益的需要,美英苏三大国政府内部纷纷开始着手制订各自的战后对德政策,这一过程贯穿了二战的始终。对德战败赔偿政策最早由英国政府在1941年提上日程,其后直到雅尔塔会议的召开,各国政府内部经历了长达数年的争论。各个与战后对德处理有关的职能部门都参加进来,并纷纷抛出基于自身角度考虑的不同方案。一般来讲并不存在根本性的分歧,差距多存在于对赔偿方式和程度的不同理解上。最终的方案多是各部门意见长期磨合后报经最高领导人批准的结果,这一最终的赔偿方案也成为下一阶段的雅尔塔和波茨坦会议上三大国就赔偿问题交锋的出发点。

(一)美国政府内部关于德国赔偿问题的争论和"摩根索计划"的出台

与欧洲列强不同的是,美国在近代一贯奉行的传统政策是"不要求战争赔偿"(no-reparation policy)。19世纪末20世纪初,在墨西哥战争和西班牙战争之后的和解中,美国不但没有向战败国提出任何赔偿要求,反而向墨西哥赔偿1500万美元,向西班牙赔偿2000万美元,因为美国通过战争从它们那里吞并了很多领土,并认为应该为此支付一些费用。美国从列强侵略中国的《辛丑条约》赔款中分得了2450万美元,但1909年之后,美国政府将其中一部分退回中国,用于资助中国学生赴美留学,以至于出现了一批民国期间的"庚款留学生"。一战结束后,威尔逊总统在巴黎和会上也提出了不要求战争赔偿,但被英法两国拒绝。美国的这种传统延续到二战期间,奠定了美国政府对德国索赔政策的基调。

---

① [美]保罗·肯尼迪:《大国的兴衰》,陈景彪等译,国际文化出版公司2006年版,第367页。

　　与一战后局面完全不同的是,由于美国军队在二战中发挥的重要作用以及美国经济军事实力的极度膨胀,美国政府首次以一个支配者的身份参与到战后欧洲政局中来,并对未来德国的命运有着决定性话语权。因为对欧洲事务缺乏成熟的心态,美国对德战后赔偿政策的演变经常表现出理想主义与现实主义相交错的局面,政府内部职能部门之间为此展开了激烈争论。

　　1941年底太平洋战争爆发后,美国政府在开始着手制订战后对德政策,这一行动的主要领导者是主管外交事务的国务卿科德尔·赫尔(Cordell Hull)。1942年美国国务院成立战后问题咨询委员会,其成员主要是持温和态度不担任公职的社会名流,这也成为国务院制订对德政策的开端。最高决策者罗斯福的态度一向较为强硬,他在1943年2月12日在白宫同记者谈话时表示:"我们不想伤害轴心国的普通老百姓。但是对于他们的罪行,对他们的凶残暴虐的领袖,必须给以应有的惩罚。"[1]1943年8月9日,国务卿特别助理利奥·帕斯沃斯基(Leo Pasvolsky)的备忘录首次记录了战后赔偿的话题:"在战争期间和战争结束后,美国必须以准备和行动的方式与联合国的部分或全部人员一起参与拟定对敌国的归还、赔偿(Reparation)和产权要求。"[2]

　　1943年10月莫斯科三国外长会议结束后,为了制订一套完整的德国赔偿方案,美国国务院成立了"赔偿、归还和财产权部门委员会"(Interdivisional Committee on Reparation, Restitution and Property Right)。该委员会不赞成大规模的工业设备搬迁,认为这种方式不能提供多少赔偿,却会使德国经济陷入崩溃并无法参与以美国为主导的多边主义体系中来。更合适的方法是在保持德国人民最低生活水平的基础上,让德国工业长期无偿交付工业产品。国务院为此辩护说,这种方法不会损害德国的工业设施,免费的德国工业品将促进欧洲的重建,同时会减少重建时对美国的贷款需求。美国保证会让德国最终保留一些工业力量。在赔偿步骤上,委员会主张"先紧后松"的方法,即德国在战后早期支付大量赔偿其后逐年减少,这样只能暂时扩大德国市场,既可以延迟德国的经济复兴使其工业水平保持在一个不至威胁战胜国的程度上,又在不限制德国的生产能力的同时无损美国的长期战略。

---

①　Foreign Relations of the United States, *Europe Volume II*, 1943, United States Government Printing Office, Washington, 1964, p.44.

②　Foreign Relations of the United States, *Conferences at Washington and Quebec*, 1943, United States Government Printing Office, Washington, 1970, p.710.

　　在委员会内部虽然也存在一些反对的声音,但并非主流。一些人反对向德国索取过多赔偿,他们认为美国并无充足的理由向德国人征收财物,这有悖战后美国的多边主义外交思想。显然这种温和的见解并未占据上风,在该委员会制订的第一份赔偿草案中提出了两个方案,其基础是认为三大国将联合控制一个统一的德国并考虑到适度的战争损失。第一个方案要求德国在 10 年内支付最多 300 亿美元的赔偿,数额逐年增加;第二个方案是协调了多方意见的结果,要求德国在欧洲他国重建期间提供较多赔偿,其后逐年减少,数额共计 210 亿美元。[①] 从上面两种方案可以看出,国务院是以一种极度乐观的态度去考虑赔偿问题的,他们认为德国会心甘情愿地为欧洲重建做出巨大贡献,同时世界性的经济复兴将会很快实现。

　　美国财政部较晚参与到对德赔偿政策的制订中来,但其意见对美国战后政策的影响不容小视。财政部的方案是与时任美国财政部长亨利·摩根索(Henry Morgenthau)的意见紧密联系的。具有德国犹太血统的摩根索一向对纳粹德国持极端仇视态度,并不可避免地将这种个人感情融入了财政部对德政策的制订中。

　　在德国战败赔偿问题上,财政部最初是支持国务院的赔偿方案的。1944 年 4 月,美国政府成立了对外经济政策执行委员会,成员主要来自国务院、财政部和对外经济行政部。对外经济行政部提出"剩余"(Residual)赔偿原则,即在战后 5 年时间内,除保证德国人最低生活水平与其他被解放地区的普遍生活水平相当的条件下,剩余所有其他方面的生产都将用于支付赔偿。[②] 这一原则一度得到了国务院和财政部的认可。

　　财政部态度的巨大转变发生在摩根索 1944 年 8 月中旬游历欧洲之后。因为一个偶然的机会,摩根索在旅行中得到了盟国远征军最高司令部编写的一本军政府人员工作手册。这本手册确定了对德国居民供应食品的数量以维持每人每日 2000 卡路里为目标,理由是标准再低,德国人就无法正常工作了。手册还规定德国可以保留一些重工业。[③] 摩根索认为手册的标准过于宽大,并在回国后将该手册交给了罗斯福总统。罗斯福十分恼火,公开批评手册的起草者对德国人过分宽容,并下令迅速收回所有手册。在了解总统的意见之后,加上害怕英国会赞同过于宽大的和

①　Bruce Kuklick, *American Polity and the Division of Germany, the Clash with Russia over Reparations*, London: Cornell University, 1972, p.45.

②　田小惠:《试析战后德国战败赔偿政策》,《世界历史》2005 年第 4 期。

③　[英]迈克尔·鲍尔弗、约翰·梅尔:《四国对德国和奥地利的管制(1945—1946)》,上海译文出版社 1995 年版,第 29 页。

平条件,摩根索迅速起草了一个以严厉苛刻著称的计划——"摩根索计划"(Morgenthau Plan)。

"摩根索计划"的目标非常明确——彻底消灭德国的工业能力,将德国变成一个农业国。这一计划的雏形最早是由摩根索的助手亨利·迪克特·怀特(Harry Dexter White)提出的。1944年夏天,怀特在其炮制的第一份计划中写道:德国应被重建为一个以农业和轻工业为主体的国家,充分缩减其重工业;三大国将肢解德国并使鲁尔区国际化,允许鲁尔区内保留一些工业,但不允许这些工业有助于德国的复兴。① 在赔偿问题上,怀特声称他们想从德国得到的是"和平而不是赔偿",财政部更愿意称其为"归还"(Restitution)而非"赔偿"(Reparation)。有别于国务院以同期工业产品支付赔偿的方案,财政部主张在最大范围内拆卸德国的工业设备作为赔偿。怀特为此辩解说,大规模拆卸有利于盟国的重建,同时一个虚弱的德国不会再度威胁欧洲的安全。英国也将从中受益,拆卸将会消除英国在国际贸易中一个"主要的大陆竞争对手",还能帮助英国占领一些德国的出口市场(这无疑是为了争取英国支持而附会出来的)。

尽管怀特的计划已十分苛刻,摩根索仍认为其不够严厉,随即又出台了第二份更加激进的方案:摧毁或拆除德国所有可能用于战争的工厂和设备——一切重工业,例如钢铁厂、汽车制造厂、机床厂等;德国只被允许生产消费品,如家具、迈森瓷器、德国啤酒等;对鲁尔区实行"非工业化"(Deindustrialize),关闭德国经济命脉所在——鲁尔的煤矿,并淹没它们;将拆卸的工业设备转移到德国的邻国作为战争赔偿。该方案意在同时达到3个目的:消除德国再度侵略的能力、改变欧洲的经济力量对比、满足欧洲盟国的赔偿愿望。② "摩根索计划"无疑非常严厉,是二战期间同盟国最严厉的战后德国处置方案,且具有空想主义的色彩。丘吉尔后来评价说,摩根索把自己的想法引向了"超逻辑的结论"。③

摩根索制订该计划的最初目的是"阻止德国再度发起第三次世界大战"。为此,要将德国分裂为几个国家,并使其退化成农业国。德国包括军备工业在内的所有工业都将被摧毁,因为德国的企业能够在最短时间内转

① Bruce Kuklick,*American Polity and the Division of Germany*,*the Clash with Russia over Reparations*,London:Cornell University,1972,pp.49-50.

② Wilfried Mausbach,*Zwischen Morgenthau und Marshall*:*das Wirtschaftspolitische Deutschlandkonzept der USA 1944-1947*,Droste Verlag,1996,S.62.

③ [英]迈克尔·鲍尔弗、约翰·梅尔:《四国对德国和奥地利的管制(1945—1946)》,上海译文出版社1995年版,第27页。

而生产战争物资。基础设施也要相应破坏,因为它们是德国发动战争的必要条件。该计划经过了多次修订,其目标就是在最短时间内尽可能削弱德国以保证欧洲和世界的安全。摩根索最初并未考虑赔偿问题,因为一个工业被摧毁、沦为自给自足的农业经济的德国是无力支付赔偿的。摩根索还考虑到维护美国在世界市场利益的问题,将德国削弱成农业国无疑是消除这个竞争对手的最好办法。因此"摩根索计划"实际是想同时达到两个目标:削弱德国和保护美国世界经济霸主的地位。

赔偿并非"摩根索计划"的目标,而是该计划中的一个副产品。在摧毁德国工业的计划中,如果有人需要拆卸下来的设备,则这些设备可用于赔偿;如果没人需要,这些设备仍然要销毁。拆卸设备用于赔偿的价值在摩根索看来是次要的。摩根索的这种思想在美国政府具有普遍性,它贯穿了二战后期到50年代初美国对德国和日本的索赔政策,显示出本身工业实力强大的美国对于获取他国的工业设备始终没那么热心。还应注意的是,"摩根索计划"并非有意针对那些急于获取赔偿的国家,尤其是苏联。该计划只是把战后安全问题放到了过于重要的地位,忽视了其他战胜国的利益,其结果必然是曲高和寡,不会为其他急需赔偿的国家所欢迎。在战时就有人指出,这一计划可能会恶化美国同那些需要赔偿的国家的关系。

1944 年 9 月 9 日,摩根索正式递交了《防止德国发动第三次世界大战的计划》(Program to Prevent Germany from Starting a World War III),明确提出"欧洲需要强大的工业德国是一种谬论……德国的经济复苏是德国人民的问题,而不是盟军军事当局的问题。德国人民必须承担自己行为的后果……这次战争后对德国的索赔计划,与第一次世界大战结束后尝试的'道威斯计划'和'杨格计划'相比,没有更大的成功希望。有权获得赔偿的国家将从德国获得一笔以德国物质资源、人力资源和领土为形式的一次性付款,以取代持续性的赔款。"①

因为摩根索与罗斯福密切的私人关系,他的报告在政府内部短时期内获得了很大关注。9 月 15 日,在第二次美英作战委员会魁北克会议上,摩根索受到特别邀请出席。他向罗斯福和丘吉尔提出了他的方案,并得到两位领导人的草签同意。罗斯福倾向于严厉惩罚德国,对赔偿并无兴趣。丘吉尔赞成该计划让人意外,事实上这是摩根索诱惑的结果。他千方百计使

---

① Foreign Relations of the United States, *Conference at Quebec*, 1944, United States Government Printing Office, Washington, 1972, pp.128-143.

丘吉尔相信,该计划能够排除未来英国在世界市场来自德国的竞争,帮助英国发展出口恢复经济。他还允诺将给英国提供高额贷款。

正如意料之中,"摩根索计划"虽然一度受到很多支持,但国内外反对的声音更多。美国国务院强烈反对该计划,争论上升为国务院与财政部之间的矛盾。双方争论的焦点在于以同期工业产品还是工业设备拆迁支付赔偿的问题。事实上,由于担负促进美国经济发展的职责,财政部害怕国务院主张的以同期工业品支付赔偿会阻碍战后美国的贸易扩张。怀特在备忘录中写道:"这种赔偿将会极大削弱盟国工业的出口市场"。① 欧洲国家如果通过赔偿资源不断地得到免费工业品,那么它们对别国物品的需求就会锐减,德国可能因此反而在世界市场占据有利地位。

1944 年国务院和财政部的争论集中反映了二战期间美国政府在德国赔偿和改造问题上的两难选择,也被《美国对外关系文件》记录在案:"国务院主张在德国投降后对其经济掌握牢牢的控制权,从而迫使德国履行赔偿义务。这种控制将进一步迫使德国的经济能力从战争生产转为和平生产,并将消除德国在欧洲的经济统治地位。它的最终目的是对德国经济生活的组织和行为进行根本性的改变,使德国经济最终能够融入相互依存的世界经济中。财政部的备忘录认为,不应要求以赔款和产品交付的形式进行赔偿,而应通过转让德国的资源和领土,特别是鲁尔区的国际化来实现归还和赔偿。"②

面对国务院和财政部的争论,总统罗斯福在赔偿问题上的立场一直摇摆不定。事实上,他主张严厉对待德国,不同意国务院以工业产品长期支付赔偿的方案,倾向于支持财政部大规模拆迁工业设备作为赔偿的计划。由于与总统良好的私人关系,摩根索的思想对罗斯福影响较大。但罗斯福却因在魁北克会议上赞同"摩根索计划"而饱受非议,该计划在内阁也遭到了国务院和陆军部代表的联合反对,战争部长亨利·L.史汀生(Henry Lewis Stimson)直言该计划是"对文明的犯罪"。罗斯福此时面临 1944 年 11 月的大选,加上欧洲咨询委员会(European Advisory Commission)中的苏联代表也表示"摩根索式的思维方式是苏联政府无法接受的"。在此情况下,罗斯福最终放弃了对"摩根索计划"的支持。尽管如此,罗斯福对德国的态度并未表现过多宽容,他于 12 月 6 日致函国务院表示:盟国将允许德国发展一

---

① Bruce Kuklick, *American Polity and the Division of Germany, the clash with Russia over Reparations*, London: Cornell University, 1972, p.66.

② Foreign Relations of the United States, *Conference at Quebec*, 1944, United States Government Printing Office, Washington, 1972, pp.94-95.

定工业满足自身需要,但不允许其发展出口;德国必须归还所有掠夺来的物品。① 这实际上否定了国务院让德国参与战后世界贸易体系的设想。在英国方面,丘吉尔也因为在魁北克会议上赞同"摩根索计划"受到内阁的强烈反对,英国的大臣们反对的理由是,战后英国未必能继承德国在世界市场的份额,美国却处在有利得多的地位。排除了德国的竞争也意味着失去了德国的市场,这对英国是利是弊很难权衡。

综上所述,战时美国政府内部对赔偿问题的争论并未得出一个十分明确的结果。因为在盟国内部饱受非议,"摩根索计划"并未付诸实践,但这并不意味该计划对现实没有影响。在美国内部,摩根索的支持者与反对者爆发了激烈争吵,后者赞成德国非军事化,但反对摧毁德国经济,认为使德国恢复生产支付赔偿符合盟国的共同利益。从总体上来说,国务院的方案占据了上风,但并未得到罗斯福的全力支持。美国政府是带着结合了多方意见的赔偿方案参与到雅尔塔会议的讨论中去的。

(二) 英国政府内部关于德国赔偿问题的争论和"麦尔金报告"的出台

二战期间,英国对德战后索赔政策是由著名经济学家约翰·梅纳德·凯恩斯(John Maynard Keynes)勋爵牵头讨论和制订的。凯恩斯的思想在第二次世界大战期间对英国政府的经济决策产生了深远的影响,当然也包括德国赔偿问题。早在一战结束后,1919 年凯恩斯就曾撰写《和约的经济后果》一书,对《凡尔赛和约》给德国及世界所造成的影响进行了预言性的分析,对协约国向德国索取巨额战争赔款进行了尖锐的批评,指出德国战后的经济实力已不可能满足战胜国的贪欲,祸根已经深埋。② 事实证明了凯恩斯的推断,二战爆发后,他对制订战后对德政策再次表现出巨大热情。1940年末"不列颠空战"激战正酣,德国大肆宣传所谓的战后"国际新秩序",企图诱使英国投降。为了与纳粹的宣传相抗衡,凯恩斯在协调英国政府各部门意见的基础上起草了一份战后制裁德国的宣传草案,并于 1941 年 1 月送交首相丘吉尔和罗斯福的特使哈里·霍普金斯(Harry Hopkins)。凯恩斯在草案中首先提出要避免重犯一战后《凡尔赛和约》所犯的错误,即"过分关注政治边界和安全问题而忽视了经济重建的重要性",应给予德国足够的机会参与战后欧洲重建;"如果让一个破碎的、崩溃的德国处在欧洲中部,

---

① Bruce Kuklick, *American Polity and the Division of Germany, the Clash with Russia over Reparations*, London: Cornell University, 1972, p.63.

② John Maynard Keynes, *The Economic Consequences of the Peace*, Cambridge University Press, 2013, p.71.

很难想象她的邻国仍能够保持一种有序的、繁荣的或安全的生活"①。因而对德国的惩罚和预防措施只应限制在政治和军事范围内,摧毁德国的经济是不可想象的。其次,该草案虽然没有明确提及赔偿问题,但却暗示到:如果对德国人征税的话,一个贫穷而又急需复兴的德国将会无力支付赔偿。凯恩斯的草案处处体现了在对德赔偿问题上强调经济安全的主张,并在英国政府内部得到相当一部分人的认同。

在同盟国内部,英国的态度也很受关注。1941 年 9 月,荷兰流亡政府首次向时任英国财政部经济顾问的凯恩斯私下指出,要在战后向德国索取赔偿。凯恩斯当即强调,这次再也不会考虑货币赔偿。同在这个月,同盟国内部发生了第一次关于德国战争赔偿问题的讨论。1941 年 9 月 28 日,斯大林询问美国驻莫斯科大使威廉·埃夫里尔·哈里曼(William Averell Harriman)和英国战时生产部长毕佛布鲁克勋爵(Lord Beaverbrook)对德国赔偿问题的看法,两人因为国内政策尚未出台回答含糊其辞。1941 年 12 月,斯大林在会见英国外交大臣罗伯特·安东尼·艾登(Robert Anthony Eden)时再度发问,试图侦测英国在赔偿问题上的立场并提出苏联的要求。艾登表示,英国放弃了货币赔偿的要求,希望通过拆卸设备获取赔偿。

在凯恩斯的积极推动下,英国政府内部在 1941 年底开始就战后对德赔偿问题展开正式讨论。最初的讨论是在外交部和贸易部之间进行的。相关讨论并没有留下正式记录,但在一份 12 月 5 日名为"需要从敌人那里获得赔偿"的财政部备忘录里记录了财政部一方对赔偿的理解。备忘录指出,不应以现金支付赔偿,"我们应摒弃上次大战后对赔偿的那种理解"。支付赔偿的时间应多于 5 年,以便使德国有足够的时间恢复出口。但德国为支付赔偿发展出口要有一定限度,否则德国的产品将取代英美的产品占据欧洲市场。其他国家特别是苏联在赔偿上的立场将难以预料,但英国并不打算获取大量赔偿。对德国要求的赔偿应被限制在"从被占领国掠夺的物质"这一范围内。对个别国家应优先考虑"归还"而非"赔偿"。财政部较为宽容的赔偿方案沿袭了凯恩斯的思想,并得到了凯恩斯的支持。他建议部长们在制订政策时应趋于保守,"以免做出根本无法实现甚至陷入罪恶的承诺"。② 但事实上,并非所有内阁成员都趋向宽容对待德国,财政部的方案并未引起内阁足够的重视。

---

① Alec Cairncross, *The Price of War*, *British Policy on German Reparations* 1941 – 1949, Oxford, 1986, p.17.

② John Maynard Keynes, *The Collected Writings of John Maynard Keynes* (*Volume* 26), Cambridge University Press, 1980, p.334.

　　英国贸易委员会主席同时也是工党议员的休·道尔顿（Hugh Dalton）代表着另一种主张严厉处罚德国的群体。道尔顿对欧洲事务看法的主要特点是对德国的高度不信任和恐惧。在他看来，没有其他欧洲国家能对和平与安全构成类似的威胁。因此，必须使德国没有能力再次威胁到英国的和平，为此应该肢解德国，建立中欧联邦，并强迫德国少数民族迁回德国。①1942 年 8 月，道尔顿针对财政部方案起草了一份题为《赔偿》（Reparations）的备忘录。道尔顿在备忘录中表示，他对财政部方案的步骤和结论都感到不满，认为该方案并未给赔偿问题的讨论提供一个良好的基础，不值得政府继续加以考虑。道尔顿进一步提出了一个独特的设想，即把自己放在为"胜利的希特勒"提供建议的专家的位置上，从德国的兴趣出发制订一个处置战败英国的方案。然后将该方案的胜败双方倒置过来，再考虑盟国的需求，以此为依据制订赔偿政策。道尔顿尤其反对财政部提出的"除非遭受了极其严重的破坏，否则不应规定巨额的赔偿数目"的观点，认为战后索取大量赔偿是英国重新发展所必需的，不应拘泥于害怕重蹈一战后失败的赔款政策的覆辙。他将赔偿固定在三个方面加以考虑：伦理、经济和政治。在伦理上要审视德国的胡作非为，在经济上要重新进行损失调查，在政治上苏联人一定会为他们蒙受的"可怕的损失"急切要求巨额赔偿。② 甚至英国也需要赔偿来支付占领德国的费用，而以上这些不容忽视的事实在财政部的赔偿方案中都没有考虑到。

　　道尔顿的备忘录代表了英国政府内部主张对德严厉处置一派的意见，从政治考虑出发要求对德以牙还牙地进行报复，与财政部的方案有很大不同。双方争论的最终结果是 1942 年 11 月成立了由外交部法律顾问威廉·麦尔金（William Malkin）爵士领导的部门间委员会，专门研究对德赔偿问题。该委员会成员包括凯恩斯、罗宾斯等，分别来自内阁、财政部、贸易部、外交部和海军部，肩负着调和各部门间利益和主张的重任。

　　在委员会讨论的初期，凯恩斯的思想占据了支配地位并对其他成员产生了影响，在此后的讨论中来自内阁经济局局长莱昂内尔·罗宾斯（Lionel Robbins）及其下属马库斯·弗莱明（Marcus Fleming）的意见较具有代表性。11 月 23 日，罗宾斯向委员会发布了一份关于对德赔偿的备忘录。他认为强制削弱德国经济比冗长的赔偿支付更加有效，并进一步提出"专断原

①　John Grantham, *Hugh Dalton and The International Post-War Settlement: Labour Party Foreign Policy Formulation*, 1943-44, Journal of Contemporary History, Vol.14, 1979, p.714.

②　Alec Cairncross, *The Price of War*, *British Policy on German Reparations* 1941-1949, Oxford, 1986, p.19.

则"，即将赔偿限制在"修复或归还物质损坏"的范围内。在赔偿的时间和方式上，他强调速度和以实物赔偿的重要性，认为应该把赔偿限制在当前一代人的范围内，还提出运送原材料和劳动力两种实物赔偿方式。从英国的利益出发，如果英国只要求很少赔偿而其他国家索取甚多，则会迫使德国降低出口价格（来尽力支付赔偿），这将加剧英国出口面临的竞争，而同时英国还要面临巨额的财政赤字。即使赔偿只持续很短一段时间，英国也将丧失建立一个获利巨大的战后贸易体系的绝好时机。但由于其他国家将坚持获取赔偿，英国所要做的就是促使这样一种赔偿政策的形成：在满足其他国家需求的同时，将赔偿对英国对外贸易的消极影响最小化，或者还能给英国带来一些好处。

罗宾斯的观点得到了委员会内部很多人的支持，其成员詹姆士·米德在写给贸易部长戴尔顿的信中就表示：如果德国被要求支付巨额赔偿而英国将只能获得其中一小部分，这只会对英国产生不利影响，"英国因德国支付赔偿导致的贸易损失将远远超过她从德国获得的那份可怜的赔偿"[1]。

早在委员会成立之前的 9 月 1 日，经济局成员弗莱明就曾向他的上司罗宾斯递交过一封题为"削弱经济及赔偿"的短信，对赔偿政策提出了更加详细的构想。弗莱明认为，支付赔偿有利于警示后人和帮助被德国蹂躏的国家迅速恢复生产，但过度赔偿则会给德国人民带来痛苦并使他们产生复仇心理。应该把赔偿限制在可以确定的德国在战时掠夺的物品范围内。德国应参与一个战后的国际性救援与复兴计划。在战后初期德国可以与其他国家一样接受援助，在复兴之后则要支付为期 10 年的赔偿与捐助。弗莱明还计划让德国通过经济援助代替赔偿帮助重建广大被战争破坏地区，这样德国将不再作为一个被孤立的战败国而是一个积极的参与者参加到欧洲重建中来。

在从德国获取赔偿的具体方式上，弗莱明显示了他空想主义的一面。他在报告中乐观地表示，"我认为，在适当的条件下，人们将从德国得到比他们预想的多得多的物质"。[2] 他主张盟国控制战后德国的银行系统，其中控制德意志银行是"显而易见和至关重要"的一环，这样就相当于控制了德国的对外赔偿。控制德国的税收和政府支出以防止通货膨胀，用工资和价格杠杆调整经济以便更好地支付赔偿。强迫德国加入自由主义的贸易体系

---

① Alec Cairncross, *The Price of War, British Policy on German Reparations* 1941 – 1949, Oxford, 1986, p.20.

② Alec Cairncross, *The Price of War, British Policy on German Reparations* 1941 – 1949, Oxford, 1986, p.23.

以破除其通过发展"代用品"工业而进行的自给自足的生产。

虽然有着近乎完美的经济理论来支持他的方案,但弗莱明的意见并未得到委员会足够的重视,现实的状况是德国在战后将无力向他国提供援助而是需要救济,赔偿只能从设备和工业品中获得。弗莱明提出的经济手段也许只有在赔偿支付完以后才有用武之地,但他的观点也代表了委员会内部一小部分人的意见。

综合来自委员会内外的讨论,由凯恩斯负责起草了一份长篇报告《英国赔偿和经济安全问题部门间委员会的建议》,并于 1943 年 8 月 31 日在英国政府内部正式发布,史称《麦尔金报告》(Malkin-Report)①。这份报告是二战期间英国处理战后德国问题的一份重要文件,也是盟国关于德国战争赔偿问题的第一部官方文件。其中对德赔偿问题是其主要内容之一,而且这份报告也是关于德国赔偿问题的一次全面、详细的阐述。

在涉及赔偿问题的内容中,报告首先指出了赔偿对于战后德国及欧洲防务的影响。战后德国没有国防开支的负担,但相应的防务开支却被转嫁到战胜国头上,"这是让战胜国为维护欧洲和世界和平买单"。替德国支付沉重的防务开支是英国政府和公众无法忍受的,因此报告要求德国为维护和平做出实质性的财政贡献,德国应该在支付完赔偿后继续出钱用于和平事业。

报告随后论述了赔偿原则及分配问题。在依据什么原则确定赔偿数额的问题上,报告通过排除的方法给出了最终意见。它认为以交战双方的战争费用为基础来确定赔偿数额是不合理的,同时也不应考虑个人财产的损失以及丧失生命的情况。不应以德军在战争中进攻导致的非军事物资损失(包括动产和不动产)确定赔偿,因为从逻辑上讲很难严格区分什么是由德军进攻造成的直接财产损失,什么是由被侵略国为抵御德军扩大防御导致的财产损失。如果不在这两者间划清界限,不仅全部的战争费用,被侵略国由于国内经济混乱遭受的损失、重新安置因战争流离失所的人群的费用等都将被纳入赔偿范围中来,这无疑是荒谬的。基于对上述情况的否定,报告得出的赔偿原则是限于非个人的、狭义的损失,并主张确定一条可操作性强、易于划分的原则,如 1940 年英国盛行的以"敌人空袭造成的损失"为标

---

① 该报告以赔偿问题部门间委员会主席威廉·麦尔金的名字命名,其实全部由凯恩斯主笔,并被收录进《凯恩斯全集》(第 26 卷)当中。报告英文名 "Recommendations of the British Interdepartmental Committee on Reparation and Economic Security",全文见 John Maynard Keynes,*The Collected Writings of John Maynard Keynes*(Volume 26),Cambridge University Press,1980,pp.348-373。

准。在赔偿分配问题上,报告主张先制定一个"可要求赔偿"的原则,以该原则为指导,其后得出一个赔偿的总数,最后按照一定比例在战胜国中划分。解决该问题最适合的机构是联合国,"各成员国以在联合国内的地位和所占份额为基础分割赔偿"①。

在赔偿数额及支付方式上,报告认为与其制定一个"无益和愚蠢的"赔偿总额,不如制订一个灵活的方案使其在未来便于调整。一方面德国已经遭受并将继续遭受巨大的损失而无力支付过多赔偿,另一方面英国人也对德国"巨大高效的工业体系"保持警惕,认为一旦战后条件适合的话,德国将迅速恢复其实力。基于以上认识,报告估计德国在战后 5 年内以各种形式能够支付的赔偿总额是"以 1938 年的价格计算为 40 亿美元,以战后平均价格计算为 60 亿美元",苏联获得其中的50%到70%。这是 1941—1945 年间盟国估算的各种赔偿总额中最低的。凯恩斯因为预见到苏联在战后对赔偿的迫切要求,故意在"麦尔金报告"中预设一个很低的赔偿总额以便在未来同苏联交涉。报告真正坚持的是,盟国不应该对德国的赔偿确定一个总额,这为其后几年英国的对德赔偿政策定下了一个原则:坚决反对确立一个固定的赔偿总额。

报告列举了 7 种支付赔偿的方式:(1)一次性搬运金融或工业资产;(2)一次性搬运原材料或制成品及脱销品;(3)从当年产出中每年以实物形式运送;(4)组织德国劳动力在盟国国内进行无偿生产劳动;(5)用于非德国境内的、因特殊任务而提供的非组织性的劳动力服务;(6)在德国境内占领军必需品的供应;(7)每年从德国对外贸易出超盈利中支付现金。② 报告最后指出要求德国赔偿必须在准确判断德国偿付能力的基础上进行,但是由于战争尚未结束,因此难以评估德国的支付能力,建议成立一个盟国间的重建委员会,来决定关于德国赔偿的具体事宜。

《麦尔金报告》是二战期间英国政府内部关于战后德国赔偿问题最深入和全面的行动方案,其逻辑起点是战后存在一个拥有工业能力的统一的德国,并准备将赔偿作为战后监督德国的一个主要手段。③ 凯恩斯之所以提出如此宽大的赔偿方案,因为他对战后处理战败国有自己的设想。他认

① John Maynard Keynes, *The Collected Writings of John Maynard Keynes*(*Volume* 26), Cambridge University Press, 1980, p.352.

② John Maynard Keynes, *The Collected Writings of John Maynard Keynes*(*Volume* 26), Cambridge University Press, 1980, p.365.

③ Hannu Heikkila, *The Question of European Reparations in Allied Policy*, 1943–1947, SHS Helsinki, 1988, p.14.

为,德国和日本战后应该非军事化,它们不再需要军费开支,德日应该以财政资助的方式为维护世界和平做出贡献。因此,德国不仅应该支付占领费用,还应在 5 年赔偿期之后,贡献它出口收入的 10% 到 25% 用作"维持和平费"(Beitrag zur Friedenssicherung),同时提供食品等作为援助性支出。① 事实上,凯恩斯的每一条方案都是在努力为英国争取最大利益。英国在三大国中为战争出力最少,若战后论功分配赔偿,英国无疑获利最少。而凯恩斯预见到英国将成为战后德国的占领国之一,在控制占领区方面英国拥有同美国苏联同样的权力,因此迫使德国支付占领费将使英国获利不菲。总体上说,凯恩斯就是要极力淡化赔偿,加强对其他方面的要求。

尽管内容详尽合理,《麦尔金报告》发布后却并没有受到足够的重视,反而在 9 月 19 日的内阁会议上遭到了多方批评。报告被认为没有考虑肢解德国及德国非工业化问题,这与三大国领导人的战后对德构想相去甚远,失去了实用价值。尽管如此,该报告所体现出的思想还是对日后英国赔偿政策的制订产生了重要影响。麦尔金领导的委员会解散后,英国政府内部继续着对赔偿问题的讨论。在 1944 年 8 月的一份题为"经济和工业计划参谋部关于强加给德国的经济债务事宜的报告"中再次提出在一定时期内摧毁德国军事工业的同时,必须保证德国经济复兴的基础,反对过分削弱德国,要求德国在欧洲承担经济义务。这反映了英国政府一向倡导的经济安全第一的原则。

作为最早开始讨论对德赔偿政策的国家,英国在赔偿问题上表现得比美国和苏联更加谨慎和保守。总的来说,英国反对向德国过度索取赔偿,主张优先考虑经济安全和战后和平,希望德国积极参与战后重建并将其纳入到战后世界贸易体系中来。

(三) 苏联政府内部对德国赔偿问题的讨论

1941 年 6 月苏德战争爆发后,苏联在最初几个月损失惨重。战后通过索取赔偿惩罚德国和弥补损失迅速成为苏联的基本国策。莫斯科会战期间,12 月 16 日,苏联统帅斯大林与英国外交大臣艾登会晤时首次提出了要在战后分割德国和索取赔偿。12 月 26 日,苏联副外交人民委员洛佐夫斯基在就筹备欧洲国家战后国家体制安排方案委员会致斯大林的信函中写道:"准备成立两个秘密的筹备委员会,其中财政与经济委员会负责核算我们所遭受的损失,确定战败国如何从经济上对苏联做出赔偿。"②由于战事

---

① Jörg Fisch, *Reparationen nach dem Zweiten Weltkrieg*, München:C.H.Beck Verlag,1992,S.43.
② 张盛发主编:《苏联历史档案选编》(第 16 卷),社会科学文献出版社 2002 年版,第 666 页。

紧迫,苏联政府内部对赔偿问题的集中讨论要晚于英美。苏联在该问题上不同于英美的首要之处在于,获取赔偿的首要目的是为了恢复经济,而不是报复或安全。早在1942年,斯大林就已经提出过实物赔偿,特别是用机床赔偿。[①] 二战期间苏联政府对于现金赔偿一直持反对态度,他们认为一战后德国赔偿的失败原因不在于数额过高,而是根本就不应索取现金赔偿。

1943年7月,苏共中央政治局决定成立赔偿事务委员会。该委员会的任务是研究苏联战后重建所需的资源以及如何避免重复一战后因赔款而产生的相关经济问题,副外交人民委员伊万·迈斯基(Ivan Maisky)任主席。对该委员会的具体工作尚无记载,只知道其内部的普遍意见是要求德国以实物形式支付赔偿,包括工厂设备、工业产品和劳动力等,这也是苏联政府内部的主流观点。

1943年10月,颇受斯大林信任的苏联经济学家尤金·瓦尔加(Eugen Varga)在《战争与工人阶级》(War and the Working Class)杂志上发表了一篇规划战后德国赔偿的文章。[②] 瓦尔加提出,苏联应该以三种方式向德国索取赔偿:第一,德国战俘要作为劳工帮助苏联重建铁路、桥梁、城市和工厂。第二,由于德国工业设备的老化和严重毁坏,以拆卸德国工厂和不动产设备支付赔偿已经没有意义了。赔偿的主要来源将是战后德国交付的工业产品。用产品支付赔偿并未规定年限,也就是说苏联将年复一年从德国获取无偿的工业品作为赔偿。这意味着苏联想从德国尽可能多地索取,德国的工业设备不会被运往苏联而是留在当地为苏联生产,这一目标比通过拆卸削弱德国经济更为重要。第三,大规模没收德国政府和私人的海外资产。同盟国对德国及其卫星国的赔偿要求大约8万亿—10万亿卢布,其中大部分份额必须落在苏联身上。瓦加总结道,为了恢复和平时期的经济并重建家园,苏联通过这种方式获取赔偿是十分必要的。

瓦尔加代表了苏联内部一种实用主义的看法。在1944年的敦巴顿橡树园会议上,苏联代表团副主席索波列夫告诉美国国务卿赫尔的特别助理说,他不太理解美国内部对"摩根索计划"的激烈争论,但"他确定摩根索式

[①] [英]迈克尔·鲍尔弗、约翰·梅尔:《四国对德国和奥地利的管制(1945—1946)》,上海译文出版社1995年版,第64页。

[②] 该文原文无法查实,但1956年美国参议院司法委员会举行"归还被没收的财产"听证会时复述了这篇文章的主要观点。参见 United States Senate Committee on the Judiciary, *Return of Confiscated Property: hearings before the United States Senate Committee on the Judiciary, Subcommittee To Examine and Review the Administration of the Trading With the Enemy Act, Eighty-Fourth Congress, first session and Eighty-Fourth Congress, second session, on Nov. 29, 30, 1955, Apr. 20, 1956,* United States Government Printing Office, Washington, 1956, pp.529-530。

的思维方式是苏联政府无法接受的"。① 这充分说明,在苏联政府内部存在一批人反对通过大规模拆迁执行赔偿,主张通过更加经济合理的手段实现赔偿。但是,1944 年德军从苏德战场撤退过程中广泛执行"焦土战略",苏联收复的国土成为一片废墟。这不仅加剧了苏联领导层的复仇心理,而且使基础设施修复和工厂重建成为首要的战后工作,瓦尔加的温和方案很快被束之高阁。

1944 年 1 月 10 日,赔偿特别委员会主席迈斯基向莫洛托夫提交了《关于未来和平的最佳原则》报告,认为战后苏联面临的首要问题是经济重建,国内资源、德国赔偿与美国援助将是战后苏联经济重建的三个支柱,主张对德国执行严厉的赔偿政策,通过赔偿实现德国非纳粹化、非工业化的目的。② 这种通过经济手段达到政治目的的构想使苏联的赔偿政策更加激进。12 月,为了迎接即将到来的胜利,苏联政府成立了由马林科夫任主席的"特别委员会",该委员会的任务主要是制订并执行对德工业的拆迁计划,消除德国的经济力量和军事潜力,并利用德国的拆迁设备来复兴并扩大苏联的工农业生产。从 1944 年末到 1945 年,苏联政府内部针对赔偿问题的争论达到了高潮,以马林科夫为代表的一方主张广泛拆迁德国机器设备,以米高扬为代表的另一方反对拆迁,主张以更加经济有效的方式获取赔偿。斯大林赞同马林科夫的意见,主张采取最严厉的措施,要求德国最大限度地支付赔偿。同时,斯大林还极力主张从未来的美英占领区获取赔偿,因为那里集中了更多的德国工厂和原料。苏联代表最终将这种强硬的态度带入了雅尔塔和波茨坦会议的会场,与美英代表就赔偿问题展开了新一轮的政府间磋商。美英魁北克会议的决议也对苏联在赔偿问题上的态度产生了影响。1944 年 10 月,丘吉尔访问莫斯科,表示西方盟国更愿意通过拆卸而非工业产品获取赔偿。这促使苏联积极筹备一套详细的赔偿方案,以便在雅尔塔会议上先声夺人,同美英盟国讨价还价。

(四) 1941—1944 年三大国关于德国赔偿问题的初步协商

同盟国的战争目标在《大西洋宪章》(1941 年 8 月 14 日)和《联合国家宣言》(1942 年 1 月 1 日)中得到了宽泛地表述。两者都强调了某些一般原则,如公正对待战败者,但对战争赔偿这样的特殊项目却没有提出明确的要

① Bruce Kuklick, *American Polity and the Division of Germany, the clash with Russia over Reparations*, London: Cornell University, 1972, p.71.

② Vladimir Olegovich Pechatnov, *The Big Three After World War II: New Documents on Soviet Thinking about Post-War relations with the United States and Great Britain*, Washington: Cold War International History Project, 1995, pp.2–3.

求。《大西洋宪章》公布时，美国作为一个尚未参战的国家，已经在宪章文本第四条措辞中体现了它从一战后德国赔款事件中吸取的教训："两国在尊重它们的现有义务的同时，力使一切国家，不论大小，胜败，对于为了它们的经济繁荣所必需的世界贸易及原料的取得俱享受平等待遇。"①对罗斯福来说，这一条款的潜台词是，战后世界经济依赖于美国的贡献，但世界贸易也将保证美国的福利。这一条款也给其后美国向盟友宣示的赔偿政策奠定了基调：赔偿不得干扰国际贸易或以其他方式影响美国的利益，美国并不打算再次成为德国赔偿的出资人。

1943年秋，随着欧亚战场形势的根本逆转，盟国已经看到胜利的曙光，美英苏三国内部及它们之间关于德国战争赔偿问题的讨论日渐增多。1943年10月19日至30日，三大国外长会议在莫斯科召开。此次会议的主要议题是，苏联希望美英尽快在法国北部开辟第二战场，缓解苏联的压力。因为可以预见的胜利前景，德国赔偿问题也成为讨论主题之一。

在莫斯科外长会议上，美国国务卿赫尔首次向英苏表明了美国在赔偿问题上的立场：德国要对它造成的物质损失进行赔偿，但容许德国人享有"能过得去的生活水准"。②10月29日，赫尔向会议提交《美国关于赔偿问题的建议》，主要包括：战后德国赔偿应首先用于支持欧洲重建工作；以产品和劳务赔偿为主要支付方式，取消货币赔偿；赔偿期限不应过长，不能因为德国赔偿而使第三国受到损失。③尽管用于恢复德国经济的资金支持是意料当中的事情，美国人仍然反对任何可能要求他们资助德国经济的赔偿计划，这一点美国政府内部在战时就达成了共识。为此，赫尔首次提出了"优先结账"（First Charge）原则，即德国必须首先以出口利润支付进口物资，其次才能将工业产品用于支付赔偿。这也成为此后三国会谈时美英所坚持的一项重要原则。

苏联代表在莫斯科外长会议上的主张类似于前文尤金·瓦尔加的赔偿方案。莫洛托夫认为，赔偿不仅是一个安全问题，而且也是一个强调正义的问题：一方面，德国及其盟国作为侵略者，有义务弥补他们所造成的破坏；另一方面，苏联遭受的破坏如此之大，因此有权获得主要的赔偿部分。赔偿还

---

① 世界知识出版社编：《国际条约集（1934—1944）》，世界知识出版社1961年版，第337—338页。

② ［英］迈克尔·鲍尔弗、约翰·梅尔：《四国对德国和奥地利的管制（1945—1946）》，上海译文出版社1995年版，第24页。

③ Foreign Relations of the United States, *General*, *Volume I*, 1943, United States Government Printing Office, Washington, 1963, pp.740-741.

应该确保侵略者的生活水平不高于受害者。根据第一次世界大战后的经验，有充分的理由要求德国以实物形式赔偿。①

可以看出，美国和苏联在1943年底的赔偿设想已有很大不同。但双方都不愿因为这种分歧而影响当时热烈的友好合作气氛。毕竟，国务卿赫尔在会议结束后抱着十足的乐观主义态度向美国国会表示："在目前的大战中以及在战胜轴心国以后的和平时期，世界上再也没有别的重要国家像我们这样休戚与共。"②对德国赔偿分歧的秘而不宣就此一直延续下去。1943年底召开的德黑兰"三巨头"会议没有讨论德国赔偿问题。此事被提交给在莫斯科成立的欧洲咨询委员会（European Advisory Commission），该委员会的任务是起草提交给德国的投降条件。欧洲咨询委员会在德国赔偿问题上同样毫无进展，这一任务还要留待1945年的雅尔塔和波茨坦会议最终决策。

二、从雅尔塔到波茨坦会议同盟国对德国索赔政策的确立

1943年莫斯科外长会议后，同盟国内部较少就德国战争赔偿问题互相交换意见，也没有哪一国提议就此问题制订一个共同的方案。到了1945年初，二战进入尾声，盟国胜利在望，在战后对德政策上达成共识成为当务之急。由于即将全面占领德国，对德国索取赔偿的工作也将全面展开，因此制订盟国赔偿政策迫在眉睫。三大盟国首脑先后召开了雅尔塔会议和波茨坦会议，在对德赔偿问题上达成了重要决议，确定了德国以实物和分区的形式支付赔偿的原则（但始终没有制定确切的赔偿总额）。这段时间也是三大国在赔偿问题上交锋最为激烈的时刻，各国代表从自身利益出发展开了激烈的争论，甚至美英之间也产生了分歧。从总体上看，美英对赔偿的态度趋向于宽容，苏联则强调严厉对待，美英之间的分歧多存在于赔偿的细节问题。东西方盟国这种不同态度的原因是多种多样的，一个重要原因是双方要求赔偿的出发点是不同的。苏联在战争中损失惨重，急需获取赔偿来弥补自身损失重振经济，而美英则更多是希望对德国的战争罪行进行报复惩罚。当然，赔偿是与非工业化、非军事化等措施紧密联系在一起的，因为三大国在最根本的目的上达成了一致：盟国所做的一切，不是单纯为了赔偿而赔偿，而是希望一劳永逸地解决德国成为战争策源地的问题，使德国不再具备发动战争的能力。盟国政治家时刻牢记着一战后的20年间在德国发生

① Ivan Maisky, *Memoirs of a Soviet Ambassador, The War 1939–1943*, London: Hutchinson, 1967, p.383.

② ［英］阿诺德·汤因比：《第二次世界大战全史》第5卷，《美国、英国和俄国：它们的合作和冲突1941—1946年》，周国卿等译，上海译文出版社2015年版，第426页。

的戏剧性的转变,因此在考虑德国战争赔偿问题时经常面临一种两难选择:一方面,出于惩戒及赔偿的考虑,要尽可能削弱德国工业尤其是与军事相关的生产水平,降低德国人民的生活水平以使他们认识到自己对战争所负的罪责,从而保证德国在战后长时期内不会重新崛起威胁世界和平。另一方面,如果惩戒和索取赔偿的程度太重,以至于德国的工业水平根本不足以满足德国人民生活的需要,则很可能会导致社会的动荡,民族仇恨心理的兴起,把德国重新推回到一战以后的那个危机四伏的局面,再度成为世界安全的巨大隐患。在这个问题的考虑上,美英与苏联的领导人存在巨大分歧。美英倾向于宽松渐行,英国领导人明确表示"安全比赔偿更重要",苏联则倾向于严厉执行。赔偿的决议是各大国在更大的范围内寻求互相妥协的基础上达成的(例如将赔偿与德波边界问题联系起来纳入一个"一揽子计划"中)。

(一)　雅尔塔会议上的争论和"实物赔偿"原则的出台

1945 年 2 月 4 日至 11 日举行的雅尔塔会议是决定战后世界格局的一次重要会议。同盟国首脑围绕战后处置德国、波兰问题、远东问题和建立联合国等一系列重大问题展开讨论,基本上解决了战后世界和平与安排的问题。雅尔塔会议上苏联首先发起了讨论德国赔偿问题的倡议。相对而言,美英两国虽然国内已有赔偿问题的方案,但对此准备仍然不充分。

1945 年 2 月 5 日,在雅尔塔会议的第二次会议上,三国首脑就战后对德国处置问题进行了首次会谈,赔偿问题是重要议题之一。苏方代表迈斯基首先提出了苏联的赔偿计划,主要包括:(1)以实物赔偿;(2)赔偿来自提取资产和战后工业产品;(3)经济上解除德国武装,没收 80%的重工业设备和 100%的军工设备;(4)赔偿期限 10 年;(5)监督德国经济;(6)各战胜国以战胜德国贡献大小和物质损失大小确定获得赔偿的先后次序;(7)苏联的索赔总额价值 100 亿美元(按照 1938 年价格);(8)在莫斯科设立三国代表组成的赔偿委员会制定详细赔偿计划。①

苏联是希特勒发动战争的主要受害者之一,其卫国战争的中心目标就是击败并尽可能削弱德国,这直接导致了苏联在雅尔塔会议上提出严厉的赔偿方案。与苏联承受的巨大损失相比,100 亿美元的赔偿要求事实上是相当温和的。苏联对拆迁设备很感兴趣,这主要是因为其战后重建的迫切

---

① ［俄］萨纳柯耶夫、崔布列夫斯基编:《德黑兰、雅尔塔、波茨坦会议文件集》,北京外语学院俄语、德语专业 1971 届工农兵学院译,生活·读书·新知三联书店 1978 年版,第 157—159 页。

需要,还因为苏联在工业拆迁方面有着丰富的经验。在苏德战争爆发初期,苏联曾将其西部工业区的大量工厂和设备成功搬迁到乌拉尔地区,两地相距上千公里。

苏联的赔偿方案显示了其索取赔偿的坚定决心,但立即遭到丘吉尔的反对,导致了雅尔塔会议上丘吉尔与斯大林之间的第一次激烈争论。丘吉尔援引一战后从德国索取赔款的失败经验,指出德国在战后将无力支付数额巨大的赔偿,盟国很可能将为一部分赔偿掏自己的腰包。他确信德国每年所能支付的赔偿将不超过 10 亿美元,而盟国很可能要出钱养活饥饿的德国人。他就此形象地比喻说:"要想骑马,就得喂草料。"斯大林反驳道:"可是,马不应该踢我们。"①罗斯福以调解者的姿态表示,战后美国既不希望获得赔偿(这应该是相对于苏联而言的),同时也不会给德国以任何援助,但美国希望获得在美国的所有德国财产。此外,美国愿意帮助苏联从德国获得必需的一切,也愿意帮助英国人增加出口并找到代替德国的新的销售市场。他同意在莫斯科设立赔偿委员会制订详细计划。

为了消除美英领导人的疑虑,迈斯基进一步解释道,一战后德国赔偿失败是因为现金赔偿导致转账困难,同时美英法向德国大量投资纵容了德国不履行赔款义务。因而这次德国应以实物支付赔偿。另外,德国有能力支付 100 亿美元的赔偿,这是从现实出发提出的要求。德国还可以通过发展农业和轻工业使德国人民在战后保持欧洲中等的生活水平,它同时还没有了军费负担。迈斯基看似合理的解释实际上过于乐观,他忽视了德国在战争中业已承受的灾难性损失以及陷入崩溃的经济状况。

在这一天的会议上,三位领导人最终都同意在莫斯科设立赔偿委员会,但在赋予该委员会行动的指导方针,也就是赔偿的分配原则上,斯大林和丘吉尔再次出现了分歧。丘吉尔希望的原则是:各国各取所需,而德国尽其所能。斯大林则表示,他更喜欢另外一个原则——按功取偿。丘吉尔其实是希望抹杀三大国获取赔偿的先后顺序问题进而使英国从中渔利,而斯大林则坚持苏联在战胜德国法西斯的过程中做出了最大贡献,因而应该先于美英获取赔偿。

2 月 7 日,按照三国首脑的意见,美国国务卿斯退丁纽斯、英国外交大臣艾登和苏联外交人民委员莫洛托夫在列宁格勒单独召开了三国外长会议,赔偿问题是其重要议题。莫洛托夫在会上提交了一份关于赔偿的正式

---

① [俄]萨纳柯耶夫、崔布列夫斯基编:《德黑兰、雅尔塔、波茨坦会议文件集》,北京外语学院俄语、德语专业 1971 届工农兵学院译,生活·读书·新知三联书店 1978 年版,第 160 页。

建议,其中提出了更加具体的赔偿数目:德国共需赔偿 200 亿美元(1938 年价格),其中 100 亿美元归苏联,80 亿美元归美英两国,20 亿美元给其他战胜国。德国赔偿的一半用工业产品支付(共计 10 年),另一半通过拆卸设备和没收德国海外资产获得(在 2 年内完成);完全摧毁德国的军事工业,将德国重工业的生产能力削减到目前的 20%。迈斯基解释了这一赔偿总额的理论基础:1937 年德国的国民财富价值 1250 亿美元,其中的 40%将因为战争而损耗掉。战后剩余的 750 亿美元的国民财富中,"动产"的价值占到了 30%,也就是 220 亿—230 亿美元。如果从尚存的"动产"中抽取 100 亿美元用于赔偿的话,那么德国人依然能在欧洲保持"中等的和体面的生活"。① 迈斯基在这里提出的"动产"(Mobile Capital),实际上是指德国的工业设备。然而,战后德国经济学家沃尔特·霍夫曼(Walther Hoffmann)估计,德国在 1938 年的所有工业资产包括流动资本和厂房也只有价值 180 亿美元,并且在战争中严重损耗。因此,苏联希望从所谓"动产"中提取价值 100 亿美元的物品事实上是不可能实现的。

此外,苏联在要求拆迁德国工业设备的同时,还希望从同期工业产品中获取赔偿。这两者看起来是互相矛盾的,因为机器设备拆迁得越多,可用于赔偿的同期工业品产出就会越少(如上节所述,这一点早已被苏联经济学家瓦加认识到了)。苏联要求拆迁的设备还主要集中在重工业领域,如钢铁、化工、电力、交通等行业,这些都是关系国民经济能否良好运行的支柱行业。在这些行业中大规模拆迁无疑不利于更快更好地获取产品赔偿。苏联代表解释说,之所以这样做是由于拆迁所获得的机器设备是苏联战后重建所急需的,而且从速度上看,拆迁比每年运送工业产品要快得多。

英国外交大臣艾登对苏联的提案表示了坚决反对。他同丘吉尔一样坚持"优先结账"原则,要求同期工业产品应优先用于支付进口而非赔偿,否则德国将成为英国的巨大负担。美国国务卿斯退丁纽斯则表示 200 亿美元的赔偿总额是合理的,除了德国海外资产和某些原材料外,美国不准备要求其他方面的赔偿。

列宁格勒外长会议上,苏联和美国外长最终就以下措辞达成了一致,即"赔偿委员会应在其初步研究中考虑将苏联政府的建议作为讨论的基础,即赔偿总额应为 200 亿美元,其中 50%应归苏联所有"②。艾登表示,要等

---

① Alec Cairncross, *The Price of War*, *British Policy on German Reparations* 1941–1949, Oxford, 1986, p.67.

② Foreign Relations of the United States, *Conferences at Malta and Yalta*, *1945*, Washington: United States Government Printing Office, 1955, pp.808–809.

待英国政府的指示。赔偿问题被转交雅尔塔会议由三国首脑继续审议。

在雅尔塔会议上,三方关于赔偿问题争论的焦点最终聚集到苏联提出的 200 亿美元赔偿总额上。矛盾主要表现为英苏之间的争执,美国在这个问题上圆滑地站到了苏联一边。早在 1944 年 12 月美国战略研究办公室(Office of Strategic Services)就评估认为,战后德国每年可支付的赔偿至少为 65 亿美元,因此美国不反对 200 亿美元的赔偿总额。① 此外,雅尔塔会议讨论范围甚广,同赔偿问题交织在一起的还包括联合国投票程序、波德边界、波兰政府组成以及法国是否加入盟国占领委员会等诸多问题。罗斯福希望通过认同苏联的赔偿方案换取斯大林在其他关系到美国利益问题上的让步,这一合作法则在国际交往中是很常见的。

2 月 9 日,斯退丁纽斯在首脑会议上宣布了美国关于赔偿问题的方案。方案内容与迈斯基的赔偿方案基本一致,并在结尾特别声明:莫斯科赔偿委员会应把包括一次提取和每年提供货物的赔偿总额 200 亿美元(其中 50% 给苏联)作为自己工作的基础。但事实上,这种美苏一致只是表面现象。罗斯福曾私下表示,"他愿意以任何一个起点作为讨论的开始,不论是 50 亿、100 亿,还是 200 亿或 300 亿,都不重要。只有在事实被确认的基础上才能够确定具体的赔偿数目,而现在提供的这些数字只是一种假设"。斯退丁纽斯也在回到华盛顿后表示,"赔偿的确切数据要等到盟国进入德国,并且估计了德国的支付赔偿能力之后再定"②。言外之意,美国领导人认为在战争结束前就制定一个确切的赔偿数字是毫无意义的。

2 月 10 日,英国代表团提交了他们的方案《向德国索取赔偿的基本原则》,只提出了赔偿份额分配和赔偿方式。"分配给索赔国的赔偿比例,应根据它们各自对战争胜利的贡献和它们所遭受的物质损失的程度来确定",这一点和美苏是一致的。英国主张通过三种形式向德国索取赔偿:(1)在德国投降或停止有组织的抵抗后的两年内,转移德国境内和境外的国民财富用于赔偿。这项工作主要是为了摧毁德国的战争潜力而进行的。在实现这些目标的前提下,德国的工业能力将不会降低到危及德国的经济存在和履行可能强加给它的义务的程度。(2)考虑在某个时期内交付工业产品进行赔偿。(3)通过劳动力和货运服务赔偿。英国方案特别强调,"在确定工业产品的赔偿额时,应考虑到为肢解德国所作的任何安排,占领军的

① 田小惠:《雅尔塔会议与德国赔偿政策的确立》,《渤海大学学报(哲学社会科学版)》2005 年第 2 期。

② Robert Maddox, *Reparations and Origins of the Cold War*, in: Routledgeed, The Cold War, Volume 1, p.132.

要求,以及德国不时需要从其出口中获得足够的外汇以支付其当前的进口和德国的战前债务"①。英国的方案延续了它们一直以来的担忧,但在强势的美苏面前,显得温和而又无力。

在 2 月 10 日的首脑会议上,丘吉尔发泄了他对赔偿问题的不满。他一再表示,在赔偿委员会调查赔偿问题并得出一定结论之前,会议不能用任何数字来束缚自己。他还宣读了战时内阁的一封电报,认为在没有进行现场调查之前,不能确定任何数目,并且 200 亿美元是英国人无论如何都不能接受的。它相当于德国和平时期的对外贸易额,并且超过了德国的支付能力。支付这笔赔偿将远远超过德国的进口,如果支付进口不优先于支付赔偿的话,这将意味着,别的国家得替德国向接受赔偿的国家支付赔偿。丘吉尔在这一问题上的保守与苏联的激进形成了鲜明对比,体现了英国政府内部大多数人的意见。在战时政府内部形成的"麦尔金报告"中,德国赔偿总额仅仅定位在 60 亿美元,因而英国人在心理上无法接受 200 亿美元这一巨大的赔偿数字。英国政府还一向重视经济安全和战后和平,害怕过度的赔偿重新激发起德国人的复仇情绪,因而力图通过"度"的界定来达到德国既能负担自己又可以提供赔偿的理想目标。此外,英国人一向倡导的"优先结账"原则,也是为了避免自身重新陷入到一战后替德国支付赔偿的悲哀局面。

据战后美国人的记录,当天斯大林和丘吉尔对赔偿问题进行了长时间的、有时颇为激烈的争论。斯大林为此十分恼火,他公开表示不信任英国人,把英国人反对苏联的赔偿要求看作是要建立一个强大德国的计划的一部分。② 双方在这个问题上最终没能达成一致,并将这种分歧带进了最后的会议公报和议定书中。

1945 年 2 月 11 日,美、苏、英三国首脑在《雅尔塔会议公报》第三节《德国的赔偿》中指出,"我们讨论了德国在这次战争中对同盟国家造成损害的问题,并且认为理应由德国以实物对这种损害尽可能进行最大限度的赔偿。将成立一个损失赔偿委员会,负责研究德国对同盟国造成的损失进行赔偿的数额与方法问题。委员会设在莫斯科"③。

同日签署的《雅尔塔会议议定书》对德国赔偿问题作了详细规定。

---

① Foreign Relations of the United States, *Conferences at Malta and Yalta*, 1945, Washington: United States Government Printing Office, 1955, p.885.

② [俄]萨纳柯耶夫、崔布列夫斯基编:《德黑兰、雅尔塔、波茨坦会议文件集》,北京外语学院俄语、德语专业 1971 届工农兵学院译,生活·读书·新知三联书店 1978 年版,第 231 页。

③ [俄]萨纳柯耶夫、崔布列夫斯基编:《德黑兰、雅尔塔、波茨坦会议文件集》,北京外语学院俄语、德语专业 1971 届工农兵学院译,生活·读书·新知三联书店 1978 年版,第 245 页。

（1）德国必须以实物偿付它在战争中给盟国造成的损失，赔偿应首先支付给那些承受了战争的主要负担、蒙受了最大损失和组织了对敌斗争胜利的国家。

（2）向德国索取的赔偿有三种形式：（甲）在德国投降或停止有组织抵抗两年内对德国本土上及国外的德国国民财富（设备、机床、船舶、机车车辆、德国在国外的投资以及德国工业、运输业、航运业和其他企业的股票等）进行一次没收，其主要目的在于摧毁德国的战争潜力。（乙）在规定的时期内，每年交付当年产品。（丙）使用德国劳动力。

（3）为了按上述原则制定详细的赔偿计划，在莫斯科设立盟国赔偿委员会，由苏、美、英三国代表组成。

（4）关于确定赔偿总额及其在德国侵略的各受害国之间的分配问题，苏联和美国代表团同意："莫斯科赔偿委员会在进行初步研究时，应以苏联政府的建议作为讨论的基础，即第二段中（甲）（乙）两项之赔偿总额应为200 亿美元，其中 50% 应归苏联。"①

英国代表团认为，在莫斯科赔偿委员会研究赔偿问题之前，不能提出任何赔偿数字。上述苏美建议已交莫斯科赔偿委员会，作为有待该委员会考虑的提案之一。

雅尔塔会议期间盟国在赔偿问题上的两难处境可以理解为既希望彻底削弱德国的经济基础，又希望德国保持持续支付赔偿的能力。从本质上说，这是安全保障与寻求利益之间的矛盾，与 2000 年前布匿战争中罗马人对待迦太基的矛盾心态并无根本区别，人类对未来的恐惧和现实的贪婪大抵如此。雅尔塔会议主要确定了三种以实物支付赔偿的形式并设立以苏联方案为讨论基础的赔偿委员会，它标志着三大国在德国赔偿问题上共同政策的初步确立。实物赔偿这一重要原则被确定下来，这也是二战与一战后德国赔偿的最大区别之一。相对于现金赔偿来说，实物赔偿更加趋于理智和便于执行，有利于战胜国利用德国的物质更快地进行战后重建。它还同战后对德国进行非军事化、非工业化改造紧密结合在一起，有力避免了一战后对德国军事工业失去监督局面的再度出现。

另一方面，在苏联提出的赔偿方案上英苏之间的激烈争论以及美国与苏联的貌合神离，也为以后东西方盟国在赔偿问题上的进一步分裂埋下了伏笔。在赔偿问题上的分歧已经触及到了各国不同的战略安排和利益要

---

① ［俄］萨纳柯耶夫、崔布列夫斯基编：《德黑兰、雅尔塔、波茨坦会议文件集》，北京外语学院俄语、德语专业 1971 届工农兵学院译，生活·读书·新知三联书店 1978 年版，第 254 页。

求,并将日益扩大。美英在赔偿问题上的立场日益接近,在雅尔塔会议上,罗斯福在很大程度上是英苏矛盾的调和者。但在会议后,美英共同强调保持德国具有一定经济实力、不依赖援助的重要性,并在"优先结账"这一原则上达成了共识。美英拥有相似的政治经济制度,在吸取一战后赔款问题失败的教训上趋于一致,并且都害怕再度陷入替德国支付赔偿的局面,这些利益上的共性促使美英最终走到了一起,在随后召开的莫斯科赔偿委员会上与苏联再度展开了激烈争论。

（二）　莫斯科赔偿委员会上的争论和美英的分歧

雅尔塔会议后,美英开始筹建各自的代表团准备前往莫斯科参加盟国赔偿委员会(Allied Reparations Commission)。莫斯科赔偿委员会的设立本身说明,雅尔塔会议并未解决德国赔偿的根本性问题,苏联与英国的矛盾依然尖锐。只有在盟国政府首脑层面达成妥协,才能最终解决这一问题。赔偿委员会虽然能够对德国各项经济数据进行统计分析,但缺乏最终决策的政治权力。正因为如此,该委员会从一开始就处于不利境地,能够在多大程度上达成协议也不容乐观。美国和英国的政客都不热心于此,故意拖延前往莫斯科的日程。美国代表团还面临一个特殊问题,在委员会中是同苏联搞好关系,还是同传统的盟友英国站在一起?

在赔偿委员会筹备期间,罗斯福总统的去世和杜鲁门的继任(4 月 12日)也对美国赔偿政策产生了重要影响。罗斯福始终主张严厉处置德国,杜鲁门却有着不同的理解。罗斯福倡导美苏友好合作,为了盟国内部的团结愿意放弃一些对美国不那么重要的利益。杜鲁门没有继承罗斯福这种略带理想主义色彩的思想。他任命埃德温·波利(Edwin Pauley)为盟国赔偿委员会美国代表团团长,就是因为波利虽不通外交事务,却是一个善于讨价还价的商人,能够在莫斯科为美国争取最大的利益。德国投降后,1945 年 5月 18 日,波利收到杜鲁门的指令,对美国代表团将在赔偿委员会达成的协议给出了一系列限定:(1)美国的首要目标不是赔偿,而是削弱德国和摧毁德国的军事潜力;(2)坚决反对将导致美国通过贷款、原料供应、食品援助等途径直接或间接帮助德国支付赔偿的赔偿协定;(3)只允许德国人民保持最低的生活水平;(4)德国的货物和劳务,应首先用于支付必要的进口,其次才用于支付赔偿("优先结账"贸易原则)。①

随着德国的投降和欧洲战事的结束,盟军在 5 月初已全面占领德国,对德国剩余物资设备进行清查成为可能。杜鲁门上台后认为赔偿问题需要经

---

① Jörg Fisch,*Reparationen nach dem Zweiten Weltkrieg*,München:C.H.Beck Verlag,1992,S.65.

过认真研究,他在美国赔偿代表团启程前指示其团长波利集中一批专家,去德国实地考察制定出一个赔偿纲领。然而,苏联政府却在赔偿问题上依然强硬。它拒绝派出代表和美国代表一起对德国进行考察。苏联政府坚持赔偿的数额应该在莫斯科敲定,并认为这是遵循雅尔塔会议达成的协议。

英国政府积极拉拢美国代表团在赔偿委员会上建立压制苏联的统一阵线,因而极力邀请美国代表团团长波利在正式会议开始前前往伦敦,预先就赔偿问题达成某些共识。在此前的英国政府内部已广泛认可了外交部经济工业计划处官员马克·特纳(Mark Turner)的意见:英国代表团在赔偿委员会中最重要的三个目标是——不制定确切的赔偿总额、“优先结账”原则以及避免在某一项赔偿项目上做出最终决议。① 英国代表团应尽可能的见风使舵以使委员会确信,在现阶段不可能真正弄清德国经济的精确状况或在和平时期应该允许德国工业拥有什么样的生产水平,因而制定赔偿总额无疑是荒谬的。

关于英美一直坚持的“优先结账”原则(first charge),它源于法律中的“第一押记”,本意是法庭署长有权从胜诉人得到的赔偿或财产中扣除代胜诉人所招致或支付而未能从败诉一方讨回的一切费用及开支。美英政府在此处套用这一名称,其核心内容就是:战后德国工业产品优先用于支付进口,其次才用于支付赔偿;德国出口获取资金优先用于支付进口,其次用于支付赔偿。简而言之,优先结账而非优先赔偿。英国政府内部一些人认为,战后德国不可能有财力支付赔偿,除非通过出口达到某种盈余。而战后德国会急需大量贷款支付进口,只有当德国从出口中得到足够高的收益时,才能偿清贷款,然后自己支付进口。英国政府的真正担心在于,如果德国将大量工业产品作为赔偿支付给苏联,而继续从英国贷款用于购买粮食或工业原料却无力偿还,结果就会重现一战后的局面,变成了英国替德国支付赔偿。因而,英国财政部主张在德国通过出口获得贸易盈余以前,任何盟国(包括苏联)都不能从同期工业产品中获取赔偿,所有产品都应被优先用于支付进口。美国政府在这一问题上有着相似的考虑,他们也将这一原则写进了代表团的既定目标中,明确反对德国重建或赔偿可能给美国带来的任何财政负担。在此前“优先结账”原则还停留在设想阶段,是波利在莫斯科赔偿会议上首次将其正式引入外交领域。

英国坚持“优先结账”原则还有另一个考虑——保护英国的出口。如

① Alec Cairncross, *The Price of War*, *British Policy on German Reparations* 1941 - 1949, Oxford, 1986, p.78.

果德国以赔偿的形式对外免费提供工业品,必然危及英国相关产业的出口。美国对此表示理解和支持。5月22日至23日,波利在伦敦与英国相关人员展开了会谈。他宣布美国不赞成苏联将200亿美元的赔偿总额强加给德国,赞同"优先结账"原则和英国人对待德国的态度:把经济安全放在第一位,德国人的生活水平第二位,赔偿则放在第三位考虑。同时,波利坚称将为美国争取更多的利益,要求英国给与配合。他认为,战后美国需要向贫困的欧洲提供大量援助,美国从赔偿中得到的部分收入也会被投入这一领域中,因而美国需要尽可能多地索取赔偿,来填补战后美国对欧洲的资助。波利在这一问题上的强硬态度导致了后来在赔偿委员会上英美的分歧。

5月27日,丘吉尔最终选定沃尔特·蒙克顿(Walter Monckton)为英国赔偿代表团团长。蒙克顿在出发前初步估算了英国在赔偿委员会上要争取的赔偿:分享赔偿总额的27%,获得绝大多数的德国剩余商业船只、所有的木材、一些工厂和机械(特别是钢铁和纺织领域)以及其他一些自然资源。相对于苏联来说,这个计划看上去更容易被人接受,然而后来的事实证明,英国的衰弱注定了它的愿望是无法实现的。

美国和英国最初都以各种理由推迟派遣代表团前往莫斯科。5月中旬后,只有英国还在反对赔偿委员会的开幕,它又提议让法国参加会议,以此拖延时间。美国代表团遂单独前往莫斯科,英国人一周后姗姗来迟。6月17日,赔偿委员会第一次会议在美苏代表间展开(英国代表团尚未赶来)。双方争论的焦点在于200亿美元的赔偿总额和德国人的生活水平问题。苏联代表迈斯基再次提出以200亿美元为讨论基础。波利要求苏联向委员会提供支持200亿美元的材料,苏联方面无法提供。波利后来向迈斯基抱怨道:"我们连一个单独的数字都没有收到。在雅尔塔会议上,你们提出了200亿美元的建议,那个时候,我们都没有进入德国。任何可能被用来讨论的金钱数额只能依据战前一般特征的数据。现在,我们可以给目前的德国资产列一个完整的物资清单,并且以恰当的方式正确估计德国为保持未来最低的生活所需。只有在德国现存的总资产中扣除了这个最低之所需,并且估计了德国未来的生产力之后,才能得出现实的赔偿数额。"[1]波利还坚持认为德国人的生活水平问题比赔偿更重要(也就是安全比赔偿重要),以免德国人再度产生复仇心理。迈斯基表示苏联政府也很重视安全问题,但迫切的经济重建任务迫使他们急于获得赔偿。他显然忽略了在雅尔塔会议

---

[1]　Foreign Relations of the United States, *The Conference of Berlin*(*The Potsdam Conference*),1945, *Volume I*, Washington:United States Government Printing Office,1960,pp.522-523.

上确保的在没有外来援助的情况下使德国人的生活水平保持在欧洲中等水平。在苏联人的心目中，允许德国人消费的越多，可用于赔偿的物资就会越少。此后，波利始终拒绝讨论赔偿总额问题，而苏联代表的所有议题都是围绕赔偿总额展开，这种根本性的分歧导致了会谈注定无果而终。由于此前美国代表在雅尔塔会议上曾经承诺要讨论一个固定的赔偿总额，波利的表态其实是自食其言，苏联代表被羞辱的感觉与日俱增。美英代表在赔偿总额上的不合作态度使苏联人认为，西方盟国只想要很少的赔偿，甚至根本不要赔偿。至此，苏联在赔偿问题上对美英极度不信任的种子已经深深埋下。

　　此后几天三方就"优先结账"原则展开了激烈争论。蒙克顿估算说，仅1945 年 2 月至 11 月英占区的食物进口就将花费至少 1000 万英镑，其中绝大部分都要英国纳税人掏自己的腰包。波利也宣称，与上次大战后不同的是，二战后盟国对德国实行了分区占领，德国的粮食进口现在成了占领者的责任。"只要德国人民还必须从国外获取援助来维持生计，任何一项赔偿计划都不能付诸实施。"①7 月 13 日，波利给迈斯基的信中再次强调"优先结账"原则，并提出了一个公式：$R = P - (O + C + I)$②。波利表示，"虽然俄国人民喜欢'R'（赔偿）超过一切，但汲取上次大战后德国赔款的教训后，我国人民更在意'I'（进口）。我们必须确保这次的赔偿纯粹来自德国，而不是来自你们或我们的口袋"③。美国并不打算用自身的力量维持德国的贸易平衡，也不愿重犯一战后的错误，不会再贷款给德国填补贸易逆差或防止其经济崩溃，尤其是当其他盟国（实指苏联）却在用德国的出口所得获取赔偿时。德国的出口必须首先用于支付维持德国最小规模和平经济所必需的进口，其后的剩余才能用于向苏联赔偿。德国在支付赔偿之前，必须保证有足够的能力偿清进口的债务。事实上，美国坚持"优先结账"原则还因为另一项担忧，如果德国生产工业品用于向苏联赔偿而非出口，则会拉近苏德的关系，将德国变成苏联重工业产品的免费供应者，德国将被拉进以苏联为首的经济体系中。这与美国对战后世界秩序的构想是严重违背的。

　　迈斯基坚决反对这一原则，他提议通过降低德国人的生活水平，既不违

---

① Robert Maddox, *Reparations and Origins of the Cold War*, in: Routledgeed, The Cold War, Volume 1, p.134.

② R 代表德国赔偿（Reparations），P 代表德国同期产品（Current Production），O 代表盟国占领费（Occupation Costs），C 代表德国人民最低消费（German Consumption），I 代表德国进口（Imports）。

③ Foreign Relations of the United States, *The Conference of Berlin（The Potsdam Conference）*, 1945, *Volume I*, p.547.

背"优先结账"原则,又使苏联获得赔偿。美英接受了这一方案并通过了一项协议:"在支付赔偿期间德国人的生活水平,不得超过除英国和苏联外其他欧洲国家的平均水平。"这一协议其实不具备可操作性,它并未说明赔偿与生活水平之间哪个应该优先考虑。但因为它给出了上限却没有下限,苏联却可以以此剥削德国,使德国的进口降到一个很低的水平上。这样,"优先结账"就与德国人民生活水平问题交织在一起。

此外,会议还讨论了战利品的界定和劳动力赔偿问题。美英害怕苏联在苏占区以战利品的名义大肆掠夺的同时继续要求赔偿物资的半数,因而要求界定战利品的范围,甚至要求苏联公布已在占领区获取物资的确切数目。迈斯基对此迟迟不愿讨论,辩称战利品是无法定义的。在使用劳动力赔偿问题上,三方基本一致。波利认为这是唯一满足 200 亿美元赔偿总额的出路,他估算为:400 万德国人每人每年创造大约 4000 美元的价值,10 年就能创造大约 160 亿美元的价值。后来限定只有战争罪犯才能作为无偿劳动力强制使用。

7 月 13 日,莫斯科盟国赔偿委员会谈判终结。综观会议成果,只是在某些基本原则上达成了一致,即把德国作为一个统一的经济单位来对待,拆卸工厂设备主要是为了摧毁德国的战争能力,赔偿应该用于重建欧洲,赔偿应该在最大限度上从德国现有的资本财富中提取,德国的工业产品赔偿应该保持在最低限度,德国人民的生活水平不应超过欧洲的平均水平。[1] 但是,关系重大的赔偿总额、"优先结账"原则和战利品界定等问题均未得到解决,都被推迟到波茨坦会议上去决定。

莫斯科三方会谈进一步加深了三大国在赔偿问题上的分歧。正因为美英苏无法在莫斯科会议上就"优先结账"原则达成妥协,美国开始另辟蹊径,寻求在赔偿问题上把苏联与西方盟国割裂开来。这为后来波茨坦会议上美国提出"分区赔偿"原则,以便在最大限度上规避"优先结账"问题埋下了伏笔。事实上,"优先结账"原则需要两个基本前提,其一是德国战后能够顺利发展出口,融入国际政治经济体系,其二是德国作为统一经济整体的状态需要保持。纵观战后德国的历史不难看出,美国在"优先结账"原则上的坚持表现出过于理想主义的色彩,欧洲复杂的局势只会使其成为一场空谈。

值得注意的是,美英之间看似亲密无间的关系也在这次会议上出现了裂隙,主要表现在赔偿的分配和预先交付问题上。英国政府在赔偿委员会

---

[1]　Foreign Relations of the United States, *The Conference of Berlin*(*The Potsdam Conference*),1945, *Volume II*,Washington:United States Government Printing Office,1960,p.871.

之前对赔偿分配的期望是:苏联50%,英国27%,美国12%,其他国家11%。
这一数字的基础是,假定英美两国为打赢这场战争做出了大概相同的贡献,
但英国遭受了远远高于美国的损失。然而,事实却让英国人遭受了巨大的
打击,波利在赔偿委员会上宣称他不准备带着比英国的配额更少的赔偿回
家。他的助手为此辩解说,战时美国削减民用工业造成汽车和冰箱的短缺,
在美国公众心中造成了普遍的"美国损失惨重"的感觉,因此美国大量索赔
是合理的。6月19日,波利给国务卿斯退丁纽斯发电报称:"我们应该要求
所有能够得到的东西。美国应该得到尽可能多的赔偿。我们不需要德国的
工厂、机器和劳动力,但我们可以要求最大限度的黄金、海外资产、专利、工
艺和技术知识。"①美国的做法激起了英国政府的愤怒,却又让其无可奈何。
美国驻苏联大使艾夫里尔·哈里曼(Averill Harriman)向蒙克顿施压,指出
波利与杜鲁门私交甚好,而杜鲁门在即将到来的波茨坦会议上是举足轻重
的。英国被迫同意了美国平均赔偿的要求。

美英第二个分歧在于美国坚持向苏联预付赔偿,而英国坚决反对。波利
向迈斯基保证,作为对苏联特殊赔偿要求的承认,选定的给予苏联的赔偿物
资将优先于其他赔偿项目运往苏联。对这种"优先交付"(advance deliveries)
的行为,蒙克顿表示坚决反对,"如果我们打开了优先交付的大门,苏联将会
不顾我们的限制逐步得到他们想要的一切"②。他认为鲁尔的资产设备是掌
握在西方手中的唯一王牌,如果在赔偿细则制定前就将它交给苏联,美英将
陷入被动。在这个问题上美英最终未能达成妥协,波利坚持了他的计划。

美英的分歧源于双方对各自利益的诉求,然而不争的事实是,英国只能
充当美国的配角,在双方的争论中只能选择让步或屈服。我们不难发现其
原因。英国在二战中遭受严重削弱,但丘吉尔依然希望在战后抓住英联邦
和欧洲的领导权以便英国东山再起,而没有美国的支持这一切都无从实现。
因此,不难理解丘吉尔建立一个"特殊英美关系"的决心。在面对美英利益
冲突的时候,英国政府为了顾全大局,往往只能选择忍让。在美国方面,
1945年到1946年间美国的同盟国政策受到这样一种思想的影响:1945年
以后美国应该扮演英国和苏联之间仲裁调停者的角色,因此应该避免任何
对抗苏联的西方同盟的出现。这种理想主义的政策也影响到了美国在赔偿
委员会上的态度:直接与苏联达成协议,然后告知英国人。

---

① Foreign Relations of the United States, *The Conference of Berlin*(*The Potsdam Conference*),1945,
Volume I,Washington;United States Government Printing Office,1960,p.511.

② J.E.Farquharson, *Anglo-American Policy on German Reparations from Yalta to Potsdam*,The
English Historical Review,Vol.112,No.448,1997. 9,p.922.

（三）波茨坦会议上"分区赔偿"原则的确立

随着欧洲战事的结束,开始欧洲重建、确立战后欧洲政治经济新秩序已成为当务之急。1945 年 7 月 17 日至 8 月 2 日,三大国首脑齐聚波茨坦,就战后欧洲安排做出最终决议。在莫斯科赔偿委员会上未能达成一致的赔偿问题,又一次棘手地摆在了三国首脑面前。如果说雅尔塔会议确定的实物赔偿原则解决了赔偿内容的问题,那么在波茨坦会议上则必须就赔偿的数额及方式问题达成决议。

波茨坦会议开幕时德国的实际情况是,各国已开始在各自占领区执行拆迁,苏联甚至在刚进入德国的时候就开始了大规模的拆迁工作。波茨坦会议第一天,美英与苏联在赔偿问题上的矛盾丝毫没有缓解,双方都不准备做出让步。苏联在战争结束后的所作所为更让美英代表愤怒。美国国务卿詹姆斯·弗朗西斯·贝尔纳斯(James Francis Byrnes)在 6 月份就收到许多报告,反映苏联正在拆迁和运送苏占区的一切。在易北河以东的原德国领土上,苏联没收了大量物资充当战利品。甚至在西方盟国军队于 7 月接管西柏林以前,苏联已经拆走了那里几乎所有的工业设备,留给西方军队的只有一片废墟和废墟上饥饿的人群。苏联代表在波茨坦会议上极力解释"战利品"(Kriegsbeute)与"偿还"(Restitutionen)的区别,将红军沿路没收的物资都归类为"战利品"而非"赔偿"。苏联还将原德国东部大片领土交给波兰,这些地区包括 12% 的德国可移动资产和大量的剩粮,而在美英原来的规划中这些地区是作为德国的一部分被纳入赔偿体系的。苏联拒绝提供一份详细的关于东占区已搬迁物资的清单,在美国看来,苏联的这种行为破坏了解决赔偿问题的基础,美国对此无可奈何。在雅尔塔会议议定书中美国曾经赞同苏联提出的以 200 亿美元作为讨论基础,此时美国代表则表示收回美国政府对这项决定的承诺。面对苏联的抗议,美国代表表示因为实际情况的巨大变化已经无法以 200 亿美元作为讨论的出发点了。根据当时的会议记录,1945 年 7 月 28 日波茨坦第 10 次会议上,苏联代表宣读了《雅尔塔会议议定书》中第 4 部分关于赔偿的内容,指责美国代表在莫斯科赔偿委员会上声明收回美国政府对该项决定的赞同。美国代表回答说,这是误会。"美国政府在克里米亚同意以 200 亿美元的数目作为讨论的基础,但是从那以后,苏联和盟国军队在德国造成很大破坏,有些省份脱离了德国。现在实际上已无法从美国代表团在雅尔塔接受的、可能作为讨论依据的总数为出发点了。"①

---

① ［俄］萨纳柯耶夫、崔布列夫斯基编:《德黑兰、雅尔塔、波茨坦会议文件集》,北京外语学院俄语、德语专业 1971 届工农兵学员译,生活·读书·新知三联书店 1978 年版,第 429 页。

更令美国代表难以接受的是,他们发现美国在整个东欧和中欧纳粹仆从国投资的动产和不动产似乎都正在被苏联以"战利品"的名义进行大规模的合法没收。7 月 22 日美国代表团的一份工作文件《利用美国财产用于卫星国赔偿或"战利品"的问题》(Use of American Property for Satellite Reparations or "War Booty")明确表示"赔偿的负担(和苏联广泛定义的'战利品')不应该落在美国国民身上",再次展示了美国对于"替德国支付赔偿"的痛苦回忆和担忧:"苏联政府应该对其赔偿要求及其经济和贸易关系进行调整,以确保赔偿的负担不会因为纳粹卫星国不能对美国财产的损失进行充分、有效和迅速的赔偿而转移到美国国民身上。对于属于美国国民的资本设备,我们反对将其作为赔偿、'战利品'或以任何其他名义移走。由于工厂被毁以及随之而来的市场和贸易关系的丧失,美国国民将蒙受损失。美国希望苏联归还任何已经运走的设备,并且不再运走。如果苏联不归还或不能归还这些设备,美国将要求纳粹卫星国对美国国民进行充分、有效和迅速地赔偿,并且这种赔偿具有与赔偿苏联相同的优先权。"①

波茨坦会议初期,苏联还在鲁尔问题和战利品界定问题上向美英发出了挑战。鲁尔地区聚集了大量重工业企业,能够提供苏联战后重建所急需的重工业物资。苏联主张将鲁尔区国际化,建议"鲁尔工业区在行政上应受美、英、苏、法四国的共同控制,鲁尔区的工业将按照共同赔偿计划用于赔偿目的"。② 迈斯基在 7 月 21 日的外长会议上提出,"凡是敌人用于满足其军事需要的所有的供应和设备"都属于战利品的范畴。由于战利品是不包括在赔偿范围内的,因此苏联的定义意味着以工业产品作为赔偿的数量将会增加。

得悉苏联方面的上述表态后,美国国务卿贝尔纳斯立即在 7 月 23 日约见了苏联外长莫洛托夫,表示在三国之间必须团结的时候,试图在实践中解决赔偿和战利品划分问题会导致三国之间无休止的争吵和分歧。贝尔纳斯两次向莫洛托夫解释美国在赔偿问题上如此谨慎的原因,"我希望非常清楚地表明,美国不打算支付金钱来资助德国的进口,从而重复上一次战争后的经验,即事实上美国的资金被用来向其他国家支付赔偿……美国不同意任何要求他们资助其占领区内德国人的饮食,以便后者能够为其他国家的

① Foreign Relations of the United States, *The Conference of Berlin* (*The Potsdam Conference*), 1945, *Volume II*, Washington: United States Government Printing Office, 1960, p.742.

② Foreign Relations of the United States, *The Conference of Berlin* (*The Potsdam Conference*), 1945, *Volume II*, Washington: United States Government Printing Office, 1960, pp.1000–1001.

赔偿而工作的事情"①。

　　为了对苏联进行反制,美国开始尝试把德国赔偿问题与苏联迫切想要确定的波兰西部边界问题合并解决。一方面,二战末期,在苏联军队的庇护下,波兰已将其西部边界移至奥德—尼斯河一线。杜鲁门总统多次指出,这一单方面行动违反了同盟国协议,将第五个占领国引入德国。另一方面,美国方面估计,苏联占领区,包括被波兰占领的地区,占德国面积和财富的45%至50%。② 这一份额恰好与苏联一直以来坚持要求德国赔偿总额的50%相等。于是,美国希望把苏联和波兰的赔偿牢牢限制在已经被他们占领的德国领土上执行,通过把赔偿变成苏占区的内部事务,避免苏联在赔偿问题上向美英索求无度。这一设想最终转化成一种"分区赔偿"的方案。

　　波兰西部边界和德国赔偿是波茨坦会议上讨论时间最长、争吵最为激烈的两个问题。由于无法在赔偿问题上达成一致,也就无法将德国作为一个统一的经济整体索取赔偿,谈判愈发陷入僵局。为了打破赔偿问题的僵局及对抗苏联的行为,贝尔纳斯在7月23日与莫洛托夫的会谈中首次提出了"分区赔偿"(Zonal Reparations)原则。他建议各大国在自己的占领区内索取赔偿,此外苏联还可以从西占区获得一定比例的工业设备作为赔偿。苏联还可以利用本占领区内的食物和煤来换取西占区的工业设备等物资。这一原则将苏联的行为限制在苏占区,并使苏联不能以支付赔偿为由干涉西占区的进出口事务。为了迫使苏联代表接受"分区赔偿"的原则,贝尔纳斯在7月31日的首脑会议上提出了一个一揽子计划,即把赔偿问题、波兰西部边界问题和接纳波兰进入联合国问题放在一起考虑。只有苏联接受美国的赔偿方案(包括"分区赔偿"原则),美国政府才愿意在苏联关心的波兰西部边界问题和接纳波兰进入联合国问题上做出让步。③

　　美国在会议上提出"分区赔偿"能否成功的关键在于苏联是否接受。事实上,苏联至此在赔偿问题上再也找不到更好的解决办法。莫洛托夫唯一能做的是,在接受这一原则的同时为苏联争取最大利益——要求得到西占区赔偿中很大一个份额。双方在私下讨价还价的最终结果是,确定苏联从西占区获取赔偿的份额,但依然不确定德国赔偿总额。直到波茨坦会议

①　Foreign Relations of the United States, *The Conference of Berlin(The Potsdam Conference)*, 1945, *Volume II*, Washington: United States Government Printing Office, 1960, pp.274-275.

②　Foreign Relations of the United States, *The Conference of Berlin(The Potsdam Conference)*, 1945, *Volume II*, Washington: United States Government Printing Office, 1960, p.862.

③　[俄]萨纳柯耶夫、崔布列夫斯基编:《德黑兰、雅尔塔、波茨坦会议文件集》,北京外语学院俄语、德语专业1971届工农兵学院译,生活·读书·新知三联书店1978年版,第442页。

倒数第二天,斯大林才屈服接受了这一方案。至此,莫洛托夫在同杜鲁门和贝尔纳斯会谈时还抱怨说,"只从一个不确定的数字中分得 25% 真是少得可怜"①。

最初得知美国与苏联在赔偿问题上初步达成一致时,英国人对此深感忧虑,他们比美国人看得更远。分区赔偿将导致德国经济上的分裂,政治分裂也将不可避免。但是,英国也不希望苏联通过赔偿问题染指英占区事务,特别是染指鲁尔区。权衡得失,英国政府决定接受分区赔偿,并进一步提出,苏联和波兰的赔偿要求都在苏占区解决,美国、英国和其他国家的赔偿要求应从西占区和德国海外资产中支付。②

关于赔偿数额的问题,三国首脑同意战后由管制委员会对事实情况进行评估的基础上制定赔偿数额,期限为 6 个月(这导致了后来"工业水平计划"的出台)。在两年内为赔偿执行工业拆卸的范围规定如下:在波茨坦会议结束后 6 个月内,盟国管制委员会必须制订一个方案,说明那些工业设施是维持德国和平经济所必需的,除此之外的所有设施一律拆卸。但各个占领区的最高军事长官对此拥有否决权(这给 1947 年美占区军事长官克莱将军命令停止向苏联支付赔偿埋下了伏笔)。③ 在充分认识到赔偿问题复杂性的情况下,苏联不再追求制定一个诸如 200 亿美元的赔偿总额。当然,苏联也不会完全满足于美国的赔偿方案。斯大林在 31 日的会议上宣读了苏联代表团关于赔偿问题的建议,其内容是在美国方案的基础上增加了下列要求:苏联还应得到西占区工业企业和运输企业中价值 5 亿美元的股份、德国海外投资的 30% 和现由盟国控制的德国黄金的 30%。贝尔纳斯和英国新任外交大臣恩斯特·贝文(Ernest Bevin)对此表示坚决反对。他们认为,苏联的这些额外要求是无从实现的。事实情况是,西占区的企业已成为美英囊中之物,德国海外投资也大部分集中在美国等西方国家,美英自然不愿苏联分享他们的既得利益。而德国的黄金大部分是战争期间掠夺来的,必须物归原主。杜鲁门威胁道,只有苏联撤销这些额外的要求,他才准备接受苏联换取西占区准予拆迁设备的 15% 和无偿获取准予拆迁设备 10% 的要求。贝文甚至要求将苏联换取设备的百分比降到 12.5%。三国首脑最终同意了杜鲁门的建议,苏联放弃了以上额外要求。

① Foreign Relations of the United States, *The Conference of Berlin*(*The Potsdam Conference*) ,1945, *Volume II*, Washington: United States Government Printing Office ,1960 ,p.473.

② Foreign Relations of the United States, *The Conference of Berlin*(*The Potsdam Conference*) ,1945, *Volume II*, Washington: United States Government Printing Office ,1960 ,p.927.

③ Jörg Fisch, *Reparationen nach dem Zweiten Weltkrieg*, München: C.H.Beck Verlag, 1992, S.74.

8月1日,波茨坦会议最后一天,看似已解决的赔偿问题再次出现。美英担心苏联对德国的海外资产做不合理的要求,斯大林最终承诺,只索取德国在罗马尼亚、保加利亚、匈牙利、芬兰和奥地利东部的投资,其余都归西方盟国所有。至此,三大国在赔偿问题上的争论才告结束,从雅尔塔会议开幕到波茨坦会议结束共历时半年。三国首脑在赔偿问题上争论的激烈程度,也是在其他问题上很少有的。它典型地反映了战后各大国不同的利益诉求,以及各国领导人对战后世界秩序的不同理解和谋划。

1945年8月2日发布的《波茨坦会议公报》中,"德国的赔偿"被列为独立一章做了详细规定:

"根据克里米亚会议(雅尔塔会议)的规定,应迫使德国对于使联合国家所蒙受的损失与苦难①,尽最大可能予以赔偿,对这些损失与苦难,德国人民不能逃避责任。达成的赔偿协议如下:

(1)苏联所提的赔偿要求,将以没收德国境内苏占区内的资产及相应的德国国外投资予以满足。

(2)苏联将从其所得的赔偿额中,解决波兰的赔偿要求。

(3)美国、英国以及有权获得赔偿的其他国家的赔偿要求,将自西部各占领区及相应的德国国外投资予以满足。

(4)苏联除在苏占区获得赔偿外,尚可自西部占领区取得赔偿:(甲)为德国和平经济所不需要并且应自德国西部占领区拆迁的可用的成套工业设备,首先应从冶金、化学及机器制造工业中抽取15%,以交换同等价值的食物、煤、钾碱、锌、木材、陶瓷、石油产品以及其他商定的物资。(乙)凡属德国和平经济所不需要的并且应从德国西部占领区拆迁的主要工业设备,应从中抽取10%,在赔偿项下交给苏联政府,苏方无须付款或以任何实物相交换。上述(甲)项、(乙)项规定的设备的拆迁将同时进行。

(5)在赔偿项下,自西部占领区拆迁的设备数量,至迟必须从现在起6个月内确定。

(6)主要工业设备的拆迁应尽速开始,并在第(5)款所规定的决定的日期起两年内完成。第(4)款(甲)项所规定的货物交付,应尽速开始,由苏联自开始之日起,于5年内按照协定分批完成。德国经济所不需、因而可作为赔偿的主要工业设备,其数量及性质将由管制委员会按照盟国赔偿委员会

---

① 与《凡尔赛条约》第231条款"德国要为侵略造成的损失与损害而赔偿"相比,《波茨坦公报》首次提出了德国要对各国蒙受的"损失与苦难"进行赔偿。"苦难"是一个非常广泛的定义和状态,其主体完全是人民而非政府。《波茨坦公报》对战争赔偿对象的这一扩大化定义,为二战后75年旷日持久的德国战争赔偿埋下了伏笔。

在法国参加之下所通过的政策予以决定,并由设备所在的占领区司令官最后核准。

（7）在应行拆迁的设备总数确定之前,按照第（6）款最后一句所规定的程序决定可以交付的设备,将预先交付。

（8）苏联政府对于在德国西部各占领区的德国企业的股份以及除下列第（9）款所规定以外的在各国境内之德国国外资产,放弃一切赔偿要求。

（9）美国和联合王国政府对于在德国东部占领区内的德国企业的股份以及德国在保加利亚、芬兰、匈牙利、罗马尼亚及奥地利东部的国外资产,放弃一切赔偿要求。

（10）苏联政府对于盟军在德国缴获的黄金,不提任何要求。"①

以上条款阐明了"分区赔偿"原则和赔偿后续执行的具体时限及措施。至此,盟国战后对德赔偿政策的基本原则已经确立起来。对于三大国各自关心的问题也在《公报》中作了说明,例如美英一向坚持的"优先结账"原则和苏联要求的"预付赔偿"。《公报》在第三章最后规定,"德国支付赔偿时,应保留足够的资源,以使德国人民不依靠国外的援助而生活。在制订德国的经济计划时,应拨出必要的资金,以偿付经对德管制委员会批准的进口。现产产品及储存物品的出口所得首先应用于偿付这种进口。以上规定,对于俄国赔偿协定第（4）款（甲）项、（乙）项提出的设备及产品,均不适用"。在关于赔偿的章节中规定,"在应行拆迁的设备总数确定之前,按照第（5）款最后一句所规定的程序决定可以交付的设备,将预先交付"。大国间的争吵最终以一个兼顾各方利益的方案告终。

美英和苏联最终都接受了"分区赔偿"原则,其原因是根本不同的。美英方面是要最大限度地把苏联的触手阻挡在西占区之外。而苏联方面则希望借此在苏占区自行其是,大肆拆迁而不受美英干涉,至于从西占区获取赔偿则是次要的。波茨坦会议的赔偿决议明显是一次西方的胜利。苏联没能达成它一直期望的赔偿总额,美英则如愿以偿将苏联的影响完全排除出西占区。但事情都有两面性,这种赔偿政策也导致了美英法失去了在苏占区事务中的话语权,西方大国残存的保持它们在易北河以东影响力的梦想彻底破灭了。

"分区赔偿"最大的受损者是苏联。自雅尔塔会议以来,苏联一直坚持要求获取德国赔偿总额的一半。但从苏占区的面积来看,其经济潜能远未

① ［俄］萨纳柯耶夫、崔布列夫斯基编:《德黑兰、雅尔塔、波茨坦会议文件集》,北京外语学院俄语、德语专业1971届工农兵学院译,生活·读书·新知三联书店1978年版,第513—514页。

达到德国经济力量的一半(况且易北河以东是德国传统农业区,德国重工业多集中在西占区的鲁尔等地)。如果苏联仍想获取总赔偿的一半,要么额外从西占区获取赔偿,要么只能从苏占区大肆掠夺。如果苏联再要从西占区获得赔偿,就要看美英的脸色行事。尽管如此,因为贝尔纳斯在会议上把"分区赔偿"原则和德国东部"奥德—尼斯河"边界绑在一起,苏联为了换取美国在德波边界问题上的让步,还是同意了"分区赔偿"。事实上,美英是无力阻止苏联将德国东部领土割让给波兰的,美国只是无奈地利用了这一既成事实。

尽管苏、美、英在赔偿的基本原则上达成了一致,但这并不意味着三方在赔偿问题上的矛盾就此化解。恰恰相反,三方的矛盾是被两次会议公报掩盖起来了,表面上的相互妥协是不能长久的。各国并没有因为赔偿决议的达成而放弃对自身利益的诉求。"分区赔偿"只是最大限度地规避而非解决了东西方盟国在赔偿问题上的矛盾。随着"分区赔偿"原则的确立,赔偿问题在很大程度上成为各占领国的"内部事务",美英和苏联将会在德国问题上彼此疏远。英国人最先预见了这一危机,其代表一再要求重新考虑赔偿问题。无奈英国的反对从来都无力坚持很久,否则美苏就要背着英国单独达成协议了。

波茨坦会议确定的"分区赔偿"原则使东西方占领区赔偿事务各不相干,看似消除了盟国在赔偿问题上产生摩擦的可能性。然而,这一原则却完全违背了莫斯科盟国赔偿委员会达成的共识——"将德国视为一个统一的经济体",尽管这一共识同样被写入了波茨坦会议公报。如果在赔偿问题上将德国分裂对待,那么别的经济领域也很难将德国视为一个整体。没有经济的统一,政治上的统一也就无从谈起了。

三、同盟国在德国战争赔偿领域合作的终结

波茨坦会议达成的"分区赔偿"原则事实上消除了盟国在赔偿问题上继续合作的可能性,尤其是消除了西方国家与苏联在赔偿问题上合作的可能。自波茨坦会议以后,德国西占区与东占区(苏占区)的赔偿行动走上了两条完全不同的道路,占领国完全按照自己的意愿和利益从各自占领区提取赔偿。如果说美、英、法与苏联在赔偿问题上还残存什么联系的话,四个占领国需要共同制定一个战后德国经济标准——"工业水平计划",以此确定哪些德国工厂可以拆卸用于赔偿。此外,苏联可以有偿或无偿从西占区获取一定数量的赔偿,该项行为需要双方的合作。上述两件事务,都是源于波茨坦会议的决议。

（一）"工业水平计划"

按照波茨坦会议的决定——《波茨坦会议公报》宣布"德国经济所不需、因而可作为赔偿的主要工业设备,其数量及性质将由管制委员会按照盟国赔偿委员会在法国参加之下所通过的政策予以决定,并由设备所在的占领区司令官最后核准"[①],盟国管制委员会下辖的经济管理局专门设立了工业水平委员会(The Level of Industry Committee)。该委员会在 1945 年 9 月 18 日首次开会,其职能是,除维持战后德国和平经济所需外,决定剩余的工业资本设备的数量和类别,将其用于支付赔偿(也就是将波茨坦协定中的规定具体化)。委员会包括美、英、苏、法四国代表,但起决定作用的是美、英、苏三国。

管制委员会炮制的德国"工业水平计划",无论是过程还是其结果,最终都演变成一场荒谬的闹剧。该计划的出发点是要制定德国人民的最低生活标准。协商的过程照例旷日持久。苏联一如既往地要求最大限度降低德国人的生活标准,这意味着更低的工业水平和更多设备可用于赔偿。最终各方同意将德国人的生活标准维持在 1932 年的水平,也意味着将德国的工业水平维持在 1932 年的水平。但美英要求对于所有按照 1932 年水平重建的德国工业,德国人都拥有完整的所有权。苏联却要求,这些重建工业生产的超出德国人生活所需的产品也要用于支付赔偿。在工业产品是否用于支付赔偿的问题上,各方始终未能达成一致。

钢铁工业的生产能力是一项重要议题。各国根据战前的德国消费水平给出了不同的钢产量预算,并互相讨价还价。1946 年 1 月 10 日,委员会取得一致意见,认为虽然要给德国留下生产 750 万吨钢的能力,但任何年度的产量都不得超过 580 万吨[②]。一旦诸如钢铁产量之类的关键数字得到解决,制定计划的进展就加快了。3 月 28 日,工业水平委员会公布了《赔偿与战后德国经济水平计划》(The Plan for Reparations and the Level of Post-war German Economy)(简称"工业水平计划"),这是继雅尔塔、波茨坦协定之后三大国在德国赔偿问题上所达成的第三个重要协议。该计划的主要内容是[③]:

---

① ［俄］萨纳柯耶夫、崔布列夫斯基编:《德黑兰、雅尔塔、波茨坦会议文件集》,北京外语学院俄语、德语专业 1971 届工农兵学院译,生活·读书·新知三联书店 1978 年版,第 513 页。

② ［英］迈克尔·鲍尔弗、约翰·梅尔:《四国对德国和奥地利的管制(1945—1946)》,上海译文出版社 1995 年版,第 205 页。

③ Alan Kramer, *The West German Economy*, 1945 - 1955, New York: Berg Publishers, 1991, pp.246-252.

（1）将德国工业划分为禁止的、限制性的以及非限制性的三种类型，其相应的工业大致如下：一是直接具有军事性质的工业，二是能够用于军事但基本上还是民用的工业，三是没有任何军事意义的工业。被禁止的工业有14种，包括军备、飞机和航海船舶、合成橡胶等。限制工业有12种，包括钢、基本化学品、重机械工程等。这些工业的全部设备除为达到规定的生产水平所需者外，都要用于赔偿或予以拆除。

（2）规定德国的进出口贸易额，到1949年德国的出口要达到36亿马克，或略低于1936年出口总额的66%（按1936年价格计算），进口将不超过30亿马克或相当于1936年进口总额的71%。出口物资大部分将是煤、药品、纸和纺织品，进口中的食物和饲料将不超过半数。

（3）战后德国人口将保持在6650万，应将德国视为一个统一的经济体，德国的出口产品将参与国际市场的竞争。

"工业水平计划"的总体预期是将德国整个工业水平降低到1938年战前水平的50%到55%之间（不包括建筑业和建筑材料业）。[①]该计划是为了避免盟国之间分歧而不顾现实炮制出来的。它的漏洞在于，计算得十分精确，却没有为难以预见的情况留下余地。战前德国的出口约有2/3是出售金属、机械和化学品，而这些工业却被削弱并受到严格限制（第1条）。为了达到年出口额36亿马克的目标，德国就必须从煤和消费品生产等行业中提取产品用于出口，而这些行业在战争中遭到了巨大破坏，并属于德国相对弱势的行业。由此可见，该计划并不具备可操作性。

各占领区在1946年的经济状况也决定了"工业水平计划"注定成为一纸空文。在1946年3月28日计划发布以前，苏联已经完成了苏占区大部分拆迁任务，苏占区工业设施已遭到极大程度的破坏。法国也不顾美英的意见，竭力从法占区攫取最大利益。"工业水平计划"的前提是将德国作为一个统一的经济整体对待，而各占领国迥异的拆迁状况使保持全德范围内一致的工业水平成为空谈。

"工业水平计划"的重要性不在于它的效果（因为没有实行多久就被放弃），而在于它暴露了盟国在重建和平问题上所具有的本质性的矛盾。[②]分析该计划可以看出，第1条和第2条分别满足了苏联和美英的利益。对禁止工业和限制工业的详细规定增加了可拆迁的工业设备的数量，这符合苏

---

① Inter-Allied Reparation Agency, *First Report of the Secretary General for the Year* 1946, Brussels: Printed for the Inter-allied Reparation Agency, 1947, p.26.

② ［英］迈克尔·鲍尔弗、约翰·梅尔：《四国对德国和奥地利的管制（1945—1946）》，上海译文出版社1995年版，第210页。

联的要求。而规定出口大于进口符合贸易收支平衡的原则,使德国有能力为进口食物买单,反映了美英一向坚持的"优先结账"原则。然而,现实的发展使美英对该计划日益不满,美占区副军事长官卢修斯·杜比昂·克莱(Lucius Dubignon Clay)将军在计划出台不久就表示:"在不远的将来,美国将会寻求对其进行修改,德国工业应该增加100%。"[1]1946年到1947年美英占区粮食严重短缺,需要在工业尚未恢复的情况下从国外大量进口粮食,这就使美英力图保证的贸易收支平衡面临困难。同时,根据《波茨坦协定》的规定,西占区还必须向苏联提供赔偿物资,这更加与美英的"优先结账"原则相冲突。在自身利益受到威胁的情况下,美、英、法三国积极筹划修改该计划。1947年8月28日,三国共同签署了修改后的工业水平计划,其内容是要求复兴德国工业,使得西占区多保留了641个工厂。这样按照1946年的工业水平计划所规定的应该有1800个用于支付赔偿的工厂此时只剩下858个[2],这就意味着可用于赔偿的物资的减少,其矛头明显指向了苏联。

1947年11月25日至12月15日,美、英、苏、法四国外长在伦敦集会。这次会谈的气氛是"冰冷和紧张的",各方都坚持自己的立场。[3] 美英建议在德国经济统一的基础上分阶段建立四国占领区共同的政府、议会代表机构并制定联邦国家宪法,因为"德国政治组织的任何决定,都以先实现德国经济统一为条件"。苏联则提出,实现统一的先决条件是让苏联参加鲁尔管制、承认苏联的赔偿要求,以及同意苏联从德国工业产品中获得赔偿,并指责美英正在法兰克福建立西德国家制造分裂。四国外长会议最终破裂。由此可见,盟国内部在赔偿问题上的矛盾不仅没有化解,反而随着现实的发展日益尖锐起来,东西方大国在赔偿问题上的短暂合作必将走向终结。

(二) 美占区停止向苏联支付赔偿

1946年德国的实际情况是,西占区的经济状况日益恶化,尤其表现在粮食的严重短缺。由于难民涌进,人口剧增,农业收成又严重下降,美占区只能从自身的资源中提供每人每天940卡路里的食品定量,英占区只能提供400卡路里。因此,在1945年6月1日到1946年4月15日期间,英占区必须输入100万吨粮食,美占区必须输入50多万吨粮食,而这些粮食绝大

[1] Alec Cairncross, *The Price of War*, *British Policy on German Reparations* 1941–1949, Oxford, 1986, p.154.

[2] [德]韦·阿贝尔斯豪泽:《德意志联邦共和国经济史 1945—1980年》,张连根、吴衡康译,商务印书馆1988年版,第15页。

[3] 吴友法:《德国现当代史》,武汉大学出版社2007年版,第289页。

部分来自美英国内。但战后美英本国的粮食也很匮乏，只能力所能及地供应德国，远未达到使德国人实现温饱的水平。同时，德国的经济也无力偿付进口，美占区和英占区在 1946 年全年的总出口也没有超过 5 亿马克。煤的出口也不足以支付进口原料的费用。而要维持德国工业起码的生产水平，"必须有一亿美元来支付粮食以外的必要进口"（这是经济管理处主任德雷珀将军在 1946 年初告诉克莱将军的）①。在英占区约有 70% 的进口是由英国的纳税人偿付的。从长远来看，德国带给美英的负担有增无减。

　　与此同时，苏联继续坚持在赔偿问题上的强硬立场，源源不断地从西占区运走赔偿物资。1946 年初，苏联开始改变索赔方式，从同期工业制成品中提取赔偿。美国国务院认为，若从西占区提取同期产品给苏联，不啻是利用德国的劳动力和设备帮助苏联建立军事工业，甚至说这是"用赔偿来完成五年计划"。"俄国人事实上正在利用盎格鲁-撒克逊人的人道主义使他们间接为德国的赔偿出钱。"②面对困境，美英开始积极策划将各占领区组合为一个统一的经济单位，实现内部资源的共享和产品的自由流动。这样一方面可利用苏占区的粮食缓解西占区的危机（德国东部是传统的粮食基地），另一方面可以将全德国的工业产品作为出口物资销售（或用以替代进口物资），从而减少美英为拯救德国免于饥馑所不得不支付的款项。

　　1946 年 4 月，苏、美、英、法四国外长在巴黎举行会议，讨论对意、罗、匈、保、芬五国的合约及解决德国、奥地利问题。贝尔纳斯提出了一系列关于德国经济问题的意见，重点是要求实现经济统一，重视德国的出口。莫洛托夫不仅拒绝考虑这一建议，还依据雅尔塔协定重新提出 100 亿美元的赔偿要求，并且声称偿付赔偿"当然"必须包括同期生产出来的产品。贝尔纳斯对此甚为不满，于是放出空气说，既然苏联拒绝了他的建议，苏联关心的就不是本身的安全，而是有向西扩展之意，不然为什么要使德国经济瘫痪。③ 英国外交大臣贝文也抗议苏联此举"无异掠夺德国"。与此同时，在柏林的管制委员会也出现类似僵局。4 月 8 日，克莱将军向委员会报告说，苏联代表在经济管理局中发表了一项声明，大意是进出口问题必须分占领区来处理，一直到整个德国的贸易有了盈余，赔偿已经付清的时候为止。克莱由此得出结论：苏联政府准备继续运走德国的同期产品，直到他们的 100

---

① Lucius Clay, *Decision in Germany*, Connecticut: Greenwood Press, 1970, p.196.

② ［英］迈克尔·鲍尔弗、约翰·梅尔：《四国对德国和奥地利的管制（1945—1946）》，上海译文出版社 1995 年版，第 216 页。

③ 《战后世界历史长编》编委会编：《战后世界历史长编——1949》，上海人民出版社 1980 年版，第 265 页。

亿美元的要求得到满足为止。"工业水平计划是以进出口平衡计划为基础的。如果没有这样一个计划,赔偿计划就无效了。"①4 月 26 日,克莱再次批评以占领区为基础的进出口计划方案,要求建立一个中央管理机构,利用全德国的资源和产品,统筹解决进出口问题。苏联代表继续表示反对。

面对苏联的坚决态度,克莱在 4 月就威胁说,如果在今后两到三个月内,不能实现统一的进出口贸易政策,西占区将修改赔偿计划。这一建议得到了美国政府的全力支持。1946 年 5 月 3 日,克莱在柏林的管制委员会上突然宣布,"为了保护美占区的经济,从美占区起运的一切赔偿物资,除 24 个预定的赔偿工厂外,将停止交运"②。这一明显针对苏联的行为产生了重大的政治影响,它是在苏联极为敏感的赔偿问题上表示公开的决裂。事实上,这是战后美国在德国对抗苏联的第一个公开行动,克莱事后自称这是"美国与苏联对德政策的第一次破裂"。从此以后,东西方盟国在赔偿问题上的公开合作宣告终结,各国开始在各自占领区内实施截然不同的赔偿政策。为了实现内部资源的流通,西部各占领区开始寻求合并。

美占区停止执行赔偿计划还从一个侧面反映了美苏对德政策的完全对立,其后果是可怕的。战后美国经济学家华·惠·罗斯托(W. W. Rostow)就此点评说,"这是冷战中的一个大转折点,从此以后,美国的立场是稳步转向于统一西方各占领区,承认德国的分裂"③。

第二节　占领时期东部与西部占领区
战争赔偿的执行

虽然雅尔塔和波茨坦会议确定了德国战争赔偿的基本原则,但因为"分区赔偿"原则的确立和执行,已经不可能从整个德国的角度来考察赔偿问题了。在整个占领时期,大致从 1945 年到 1953 年,德国无论政治还是经济都已处于分裂状态,并且这种无可弥补的分裂状态还在不断加深。自古以来就存在,特别是在工业时代大大加强的德国东西部之间的经济联系,在1945 年以后被同盟国沿易北河一线人为切断了。特别是随着冷战的来临,德国成为东西方大国在欧洲对峙的最前沿,严峻的军事对垒完全取代了往日的人员、物资自由流动,原本互通有无的西部工业区和东部农业区也彻底

---

① Lucius Clay, *Decision in Germany*, Connecticut: Greenwood Press, 1970, p.121.

② Lucius Clay, *Decision in Germany*, Connecticut: Greenwood Press, 1970, p.122.

③ [美]华·惠·罗斯托:《美国在世界舞台上》,北京编译社译,世界知识出版社 1964 年版,第 250 页。

断绝了它们之间的天然联系。在这种情况下，德国赔偿问题不再体现于盟国管制委员会发布的什么报告，而是体现在各个占领区各自不同的赔偿执行情况。"分区赔偿"使赔偿成为各占领区的内部事务，出于自身利益考虑，赔偿政策及其具体执行在各占领区是各不相同的。1948年西部各占领区实现了合并，美、英、法三国的赔偿政策差别不大，赔偿的巨大差异主要表现在东、西占区之间，本书将分别考察东西占区的赔偿政策及其执行情况。苏联和美英的赔偿政策延续了它们此前在雅尔塔和波茨坦会议上的一贯主张，朝着两个完全不同的方向发展。

一、苏联和美英法在各自占领区的战争赔偿政策

（一）苏联在东占区（苏占区）的赔偿政策

从总体上说，苏联希望从德国索取尽可能多的赔偿用于自身的战后重建，这一目标始终是坚定不移的。由于在20世纪上半叶两次遭受德国史无前例的侵略，德国已经成为近代以来俄国人最恐惧的梦魇，苏联决不允许德国再度成长为新的威胁，因而要尽力削弱德国的经济实力，这与赔偿的目的也是相一致的。另一方面，苏联巨大的人员牺牲和物质损失是无法弥补的，因此，不给战败的敌人留下比自己更多的生活费，看起来是一个正义的抉择。战争赔偿在苏联战后政策中发挥了非常重要的作用，也是理解苏联对德政策的关键。

事实上，在欧洲战事结束之前，甚至在红军尚未踏上德国领土的时候，苏联已经开始毫不留情地在德国的仆从国执行冷酷的赔偿计划。在罗马尼亚、保加利亚和匈牙利，往往是红军刚刚占领某一片土地，大规模的拆迁就接踵而来，德国在这些国家的资产当然也不能幸免。例如，1945年1月27日，苏联红军占领了当时世界上最大的化工企业德国 IG 法本公司在波兰莫诺维茨的工厂，该工厂的大部分高压合成设备立即被拆卸运输到西西伯利亚，并重新组装建立新的工厂。据1950年联邦德国估算，IG 法本莫诺维茨工厂包括附属设施价值8亿到9亿马克。[①] 在短短数月时间里，这家欧洲规模最大的企业在易北河以东的势力就被彻底摧毁了。1945年红军推进到德国领土时，在东普鲁士、波美拉尼亚、西里西亚和勃兰登堡等地，拆卸和搬迁的程度进一步加剧了。

红军进驻德国以后，在苏联领导层内部围绕德国赔偿方式问题曾展开

---

① 孙文沛：《德国化学工业的重生——记战后 IG 法本公司的审判与拆解》，《德国研究》2009年第2期。

争论。以马林科夫为首的一方认为，应在最短时间内将一切可以移动的德国资产运到苏联，最大限度削弱德国以保障苏联的安全。以日丹诺夫和米高扬为首的另一方并不反对拆迁，但主张制订一个长期赔偿计划，保留德国充足的生产能力以使其为苏联的需要服务。马林科夫的观点受到部长会议的支持，日丹诺夫的观点受到苏占区军政府的支持。军政府要在战争废墟上收拾残局，其意见更具建设性。但在谋求利益最大化方面，两者无疑是一致的。鉴于苏联将在未来的和平协定中放弃对东德的直接管制，长期赔偿计划存在不确定性，加上西方盟国一贯坚决反对从工业产品支付赔偿，斯大林最终采纳了马林科夫更为极端的意见。东德遭受掠夺式清洗的命运已经无可避免，1946 年以前大规模的工厂和设备拆卸成为苏占区的主要赔偿形式。

　　大规模拆迁的弊端是显而易见的。过度地削弱苏占区的经济实力以至于不能维持东德人民的最低生活水平，不仅会招来德国人日益深刻的仇视和反抗情绪，苏占区本身也可能成为苏联的负担。这是苏联领导人不愿看到的。进入 1946 年以后，苏联政府内部反对拆迁的声音愈加激烈。1946年 5 月 21 日，苏联宣布停止从苏占区拆迁，但事实上这项工作仍在进行。1947 年 1 月 11 日，苏联再度宣布停止拆迁，但同样是一个幌子。在这期间，甚至陆续出现了几次拆迁的高潮。直到 1948 年 4 月，苏联才完全停止了在东占区的拆卸活动。[1] 苏联官方几次宣布停止拆迁，完全是出于宣传的目的。

　　1946 年，虽然拆迁仍在继续并时有高潮，但其趋势是在不断弱化的。苏联赔偿政策真正的转折出现在 1946 年 6 月 5 日，也就是美占区军事长官克莱将军宣布停止向苏联支付赔偿后 1 个月，苏联宣布没收一大批苏占区内支柱产业中的德国企业，共计 213 家。这些企业资产总值占苏占区工业资产的 1/6，产量占苏占区生产总额的 20%。它们代表了苏占区 1946 年尚存生产能力的 20% 到 30%。苏联将这些企业改造为"苏维埃联合股份公司"（Sowjetische Aktien Gesellschaften，缩写 SAG），苏联占有其中 51% 的股权。[2] 这些企业的产品大部分交付苏联作为赔偿。东德的铀矿此前也被苏联以战略原因没收。

　　关于赔偿总额方面，苏联最初预期要从苏占区获取赔偿价值总额约 100 亿美元，这正符合苏联在雅尔塔会议上提出的方案（赔偿总额

① Jörg Fisch, *Reparationen nach dem Zweiten Weltkrieg*, München：C.H.Beck Verlag, 1992, S.105.

② Jörg Fisch, *Reparationen nach dem Zweiten Weltkrieg*, München：C.H.Beck Verlag, 1992, S.106.

200 亿美元,苏联获取其中一半)。但时过境迁,雅尔塔会议上的赔偿方案是针对整个德国,如今苏联只能从苏占区索取赔偿,这对苏占区而言明显是不公平的。苏占区的工业力量远远达不到四大占领区总和的一半,却要承担四个占领区预期赔偿总额的一半,其负担比西占区大大加重了。

　　战后初期,德国人民在战争废墟上艰难求生,苏联大规模索取赔偿更使苏占区人民的生活雪上加霜。1946 年 7 月 6 日,德国统一社会党领导人向苏占区军政府写信请求酌量增加食品配给量:"食物供应情况亟待改善,不仅各类男女工人,而且儿童、家庭妇女和老年失业者的配给量都严重不足"。为了加快经济恢复工作的速度,改善人民生活状况,德国统一社会党领导人于 1947 年 1 月再次同苏占区军政府首脑举行会议,会议公报指出:"管制委员会确定的赔偿计划的数字与战后德国经济水平是完全不相适应的。"[1]

　　1950 年 5 月 15 日,斯大林应民主德国的要求,宣布苏联将民主德国尚存的赔偿义务从 63.42 亿美元削减到 31.71 亿美元(减少了一半),支付期限从 10 年延长到 20 年。截至 1950 年苏联已从东德获取价值 36.58 亿美元的赔偿(预期总额 100 亿美元)。1951 年 1 月 1 日到 1953 年底,东德又向苏联支付了价值 6.34 亿美元的赔偿。[2] 此后,顾及国际影响,苏联领导人不愿给世界尤其是西方国家留下在赔偿事务上贪得无厌的印象。1953 年 8 月 15 日,苏联政府通知西方大国,它认为从 1954 年 1 月 1 日起完全免除德国的赔偿义务是合适的,"因为德国已经履行了与战争后果有关的很大一部分财政和经济义务"[3]。

　　1953 年 8 月 22 日,苏联与民主德国签订协议,苏联将于 1953 年底停止向民主德国收取赔偿,民主德国当时尚拖欠的 25.37 亿美元赔偿款项将在 1954 年 1 月 1 日一笔勾销。一天之后,8 月 23 日,波兰政府也发表《波兰人民共和国政府关于苏联政府对德国的决定的声明》,宣布从 1954 年 1 月 1 日起放弃进一步的赔偿要求:"鉴于德国已经在很大程度上履行了支付赔款的义务,而且改善德国的经济状况有利于其和平发展,波兰人民共和国政府决定从 1954 年 1 月 1 日起放弃要求德国支付赔偿,以便本着民主与和平

①　吴友法:《德国现当代史》,武汉大学出版社 2007 年版,第 280 页。

②　Wolfgang Zank, *Wirtschaft und Arbeit in Ostdeutschland 1945 - 1949*, München: Oldenbourg Verlag, 1987, S.221.

③　Theodor Schweisfurth, *Polnische Forderungen Reparationen an Polen?* Frankfurter Allgemeine Zeitung, 2004. 9. 16, Nr.216, S.10.

的精神,在符合波兰人民利益的情况下为解决德国问题作出贡献。"①

此外,苏联还将资产价值 270 亿马克的 33 个"苏维埃联合股份公司"全部归还民主德国,降低民主德国支付的占领费,免除民主德国战后拖欠苏联的所有债务,并继续大量向民主德国供应原料和粮食。至此,苏联才算是正式放弃了官方对东德的所有赔偿要求。苏联的这一举措,是两个事件共同推动下的结果——1953 年 6 月 17 日"东柏林事件"②和 1953 年西方国家签订解决联邦德国债务问题的《伦敦债务协定》。尤其是东柏林事件使苏联意识到,继续将民主德国当作剥削对象对待只会引起更大规模的骚乱,赔偿政策在政治上已经走到了尽头,是时候将东德一视同仁的纳入到苏联构筑的东欧社会主义阵营中来了。

根据战后统计,苏联官方宣布东德(苏占区)支付赔偿总额 42.92 亿美元(按 1938 年汇率计算),其中 14.84 亿美元来自工厂和设备拆迁,28.08 亿美元来自同期产品赔偿。③ 德国海外资产和苏军占领费都未被苏联官方归入赔偿。这一官方统计数据无疑大大低估了东德实际支付的赔偿,东德赔偿的实际执行情况将在下一节详细叙述。

苏联在苏占区及民主德国的赔偿政策是战后苏联对德政策乃至冷战战略的一部分,其赔偿方式和程度的变化与苏联对德政策调整和冷战局势变化密切相关。总体上看,以美占区宣布停止向苏联支付赔偿为转折点,东西方盟国在德国赔偿问题上的合作彻底破裂,苏联领导人敏锐地感觉到冷战来临的气息,相应地转变了在苏占区的赔偿策略,由大规模拆迁转向产品赔偿(主要是工业产品赔偿)。这种转变背后隐藏了苏联对德国态度的根本改变,从短期内最大限度的剥削掠夺变为长期开发利用,急功近利的情绪被一种追求稳妥和经济效益的思路所代替。1947 年冷战爆发后,苏联更加专注于经营东德,开始努力按照苏联的经济模式改造苏占区,大力发展公有制企业,强制施行中央干预的计划经济体制。为了使东德在经济上自成体系,1948 年 2 月 12 日,苏联军管会下令从组织上加强 1947 年成立的经济委员

---

① Theodor Schweisfurth, *Polnische Forderungen Reparationen an Polen? Frankfurter Allgemeine Zeitung*, 2004. 9. 16, Nr.216, S.10.

② "东柏林事件"是 1953 年 6 月 17 日发生的一场民主德国人民示威游行活动。6 月 16 日,东柏林 300 名建筑工人抗议国营公司领导提高工作定额而不加薪,发起了一次小规模的罢工。6 月 17 日,美国占领区广播电台(RIAS)播报了工人要求被拒绝的消息之后,罢工活动发展成为一场遍及民主德国各大城镇的人民群众示威游行。游行群众提出撤走一切外国军队、实行言论和新闻自由、释放政治犯、举行自由选举等政治口号。苏联驻德国集团军在民主德国警察驱散人群未果后出动坦克上街镇压,酿成 55 人死亡的流血惨案。

③ Jörg Fisch, *Reparationen nach dem Zweiten Weltkrieg*, München: C.H.Beck Verlag, 1992, S.108.

会,同时授权经济委员会对苏占区境内所有德国国家机关进行指导和监督,有权向各州国营企业管理总局下达指令。当时苏占区有 2800 家国营企业,其中 1800 个完全脱离了各州的管辖,直接由名为"国营企业联合会"的国家机构领导。① 苏联大力扶植"苏维埃联合股份公司",就是在这种大干快上的气氛下进行的。

"柏林危机"以后,两个德国的分裂已经不可避免。1949 年 10 月 7 日,民主德国宣布成立。10 月 11 日,苏联政府宣布成立德境管制委员会代替苏联军政府,苏联对新国家保留《波茨坦协定》规定的非军国主义化和民主化的监督权,还对赔偿履行和对外贸易实行监督。西方盟国和苏联都希望,"即使不能把整个德国并入他们的势力范围,起码也要确保他们已占领的那部分,以加强各自的国防力量、经济制度和潜在的实力,来削弱对方"。② 面对已经成为社会主义盟友的民主德国,依然索取大规模赔偿已经不合时宜。1950 年以后,经济扶植代替经济掠夺成为苏联与东德经济关系中的主旋律。更重要的是,民主德国处于苏联对抗美国的最前沿,同美国大力扶植联邦德国的心态一样,"德意志民主共和国作为苏联集团中地理上和历史上最西方的国家,应成为自己和邻国居民的共产主义橱窗,以对意识形态的敌人,特别是联邦共和国提出经济的挑战"③。扮演"资本主义橱窗"和"共产主义橱窗"的任务,就这样戏剧性地落到分裂的两个德国身上。

(二) 美英法在西占区的赔偿政策

与苏占区的赔偿政策相比较,美、英、法三国在西占区的赔偿政策是相当温和的。但他们在各自占领区的赔偿政策也不尽相同。总体而言,美国与英国的赔偿政策相互接近,而法国总会做出一些特立独行的事情。④ 美英两国作为西占区的主导力量,它们的赔偿政策延续了各自在雅尔塔和波茨坦会议上的主张,后期则因为冷战的开始而发生了根本变化。

首先必须说明的是,在整个 1945 年,美英法赔偿政策的出发点都是要大大削弱德国的经济实力。以美国为例,其赔偿政策只是对德国工业进行"毁灭性"改造的一个组成部分,获取赔偿并非工业改造的最终目的。1945年 4 月,随着美英盟军在西线战场的节节胜利,大片德国领土落入盟国管制范围之中,对德国工业的改造随即被提上日程。美国政府内部经过激烈争

① 吴友法:《德国现当代史》,武汉大学出版社 2007 年版,第 308 页。
② Diether Raff, *Deutsche Geschichte, Vom Alten Reich zur zweiten Republik*, München: MaxHüber Verlag,1985,S.345.
③ [德]卡尔·哈达赫:《二十世纪德国经济史》,扬绪译,商务印书馆 1984 年版,第 143 页。
④ 法占区的赔偿执行情况将在下一节具体叙述。

论,终于在"摩根索计划"和国务院、作战部的方案之间达成了妥协。

4月26日,美军发布参谋长联席会议第1067号指令,主要内容包括:"1. 立即把所有高级实业家——鲁尔家族大康采恩的所有者及其指派的经理——逐出工商界并予以逮捕和审判。2. 打破纳粹德国'经济力量的过分集中',如像规模巨大的鲁尔煤炭和钢铁联合企业、庞大的 IG 法本化工垄断公司以及占统治地位的'六大'银行。3. 拆除所有军工厂以及用于赔偿的重工业企业。4. 规定所有重要工业部门的最高产量,从而限制德国今后的经济发展。例如:战前钢的年产量为2200万吨,新规定的年产量限额为580万吨。5. 取缔一些工业生产部门,如:合成汽油和橡胶、原子能研究和发展、某些类型的机床、化学和塑料制品、电子仪器等。"①指令还要求,美国占领当局"不得采取导致德国经济重建以及适于维持或加强德国经济的措施",德国人的生活水平"不得超过邻近国家的标准"。② 可以看出,第1067号指令在相当大的程度上继承了"摩根索计划"的精神,同样是一份十分严厉的指令。它在发布后一年时间里很大程度上左右了美国占领当局的政策,成为美国占领政策的最高指导方针。美占区最高军事长官克莱将军后来评论说:"毫无疑问,参谋长联席会议第1067号指令期望出现迦太基式的和平,这种想法指导着我们在占领的最初几个月的行动。"③

根据波茨坦会议的决定,美、英、法三国需要共同满足除波兰外其他战胜国对德国的赔偿要求。1945年11月9日至12月21日,美、英、法等共18个战胜国④(参加国主要是欧洲及英联邦国家)在巴黎召开赔偿会议,共同处理西方盟国内部的赔偿分配问题。这次会议决定成立"盟国国际赔偿总署"(Inter Allied Reparations Agency)作为负责西占区赔偿分配的专设机构。该机构的任务是,根据各国在战争中出力大小以及遭受战争损伤的程度,确定西占区赔偿在各国间的分配比例。由于美英两个主要战胜国都没有提出很过分的赔偿要求,这确保了所有国家都能分得或多或少的赔偿。主要赔偿物资分3类:西占区工业设备、商船和德国海外资产。每个成员国都有权力没收各自领土内的德国海外资产,并将其作为自己赔偿份额的一部分。战争中立国的德国资产也要进行清算或处置,其净收益应提供给盟

---

① [美]埃德温·哈特里奇:《第四帝国的崛起》,范益世译,世界知识出版社1982年版,第87页。
② 吴友法、黄正柏主编:《德国资本主义发展史》,武汉大学出版社2000年版,第432页。
③ 孙文沛:《两次大战后战胜国对德国基础工业的制裁比较》,《重庆科技学院学报》2009年第7期。
④ 这18个国家分别是:阿尔巴尼亚、美国、澳大利亚、比利时、加拿大、丹麦、埃及、法国、英国、希腊、印度、卢森堡、挪威、新西兰、荷兰、捷克斯洛伐克、南非、南斯拉夫。

国赔偿总署,用于赔偿账户的分配。[1]

1946 年 1 月 14 日,各方签署《关于德国赔偿、建立盟国国际赔偿总署和归还货币性黄金的协议》,史称《巴黎赔偿协议》。协议明确了德国赔偿的事实依据:"签字国政府之间同意,本协议所确定的各自的赔偿份额,应被各自视为包括它和它的国民因战争而对前德国政府及其机构提出的所有政府或私人性质的索赔,还包括对德国勒索的占领费用、占领期间以结算账户获得的信贷和对帝国信贷银行的索赔。"[2]也就是说,占领时期西占区的赔偿主要用于弥补纳粹德国对占领国的破坏和掠夺造成的损失,并未涉及对犹太人或强制劳工的赔偿。

协议最终确定了西占区赔偿物资在 18 国内部的分配比例,如表 7[3] 所示。

表 7:西占区赔偿物资在 18 个西方战胜国内部的分配比例表

（单位:%）

国家	A 类赔偿	B 类赔偿[4]
阿尔巴尼亚	0.05	0.35
美国	28.00	11.80
澳大利亚	0.70	0.95
比利时	2.70	4.50
加拿大	3.50	1.50
丹麦	0.25	0.35
埃及	0.05	0.20
法国	16.00	22.80
英国	28.00	27.80
希腊	2.70	4.35
印度	2.00	2.90
卢森堡	0.15	0.40
挪威	1.30	1.90

---

[1]　*United States,France,United Kingdom,Netherlands,Belgium,Yugoslavia,Luxembourg:Final Act and Annex of the Pairs Conference on Reparation*,The American Journal of International Law,Vol.40,1946,p.122.

[2]　*United States,France,United Kingdom,Netherlands,Belgium,Yugoslavia,Luxembourg:Final Act and Annex of the Pairs Conference on Reparation*,The American Journal of International Law,Vol.40,1946,p.122.

[3]　*United States,France,United Kingdom,Netherlands,Belgium,Yugoslavia,Luxembourg:Final Act and Annex of the Pairs Conference on Reparation*,The American Journal of International Law,Vol.40,1946,p.122.

[4]　B 类指德国工业及其他资本设备、商船、内陆水运工具。A 类指除 B 类外的赔偿物资。

续表

国家	A 类赔偿	B 类赔偿
新西兰	0.40	0.60
荷兰	3.90	5.60
捷克斯洛伐克	3.00	4.30
南非	0.70	0.10
南斯拉夫	6.60	9.60
总计	100.00	100.00

依据表 7 可以看出,在德国赔偿分配问题上,美、英、法三国在西方国家内部占据了绝对优势和主导地位,成为赔偿的主要接受国。这次会议也基本解决了西方国家在赔偿问题上的内部矛盾。但关于赔偿的具体支付方式,在赔偿总署内部还存在分歧:多数国家并不满足于获得拆卸设备、德国海外资产和商船。18 个签字国中的 12 个国家(这些国家都在战争中遭受严重创伤),尤其是法国,都坚持要求从西占区工业产品中获取赔偿,以便获得最大收益。美国、英国、加拿大、澳大利亚、新西兰和南非(大多为英联邦国家)均反对从工业产品获取赔偿。至此,关于是否从工业产品中获取赔偿的争论,不仅仅是东西方盟国之间的矛盾,已经发展为美英集团(包括美英最亲密的盟友)与全世界其他战胜国,特别是欧洲国家的矛盾。[①] 美国如果想要保持欧洲的安宁,就不能无视这些国家的意见。

1945 年 11 月 16 日,美国国务卿贝尔纳斯给美国驻法大使杰弗逊·加菲利(Jefferson Caffery)的电报中表示,如果赔偿总署内部对从工业产品获取赔偿的呼声持续不减的话,可以将这种赔偿的期限限定为 5 年。[②] 但由于美英在会议上占有绝对主导权,巴黎赔偿会议的最终决议中虽然没有排除从工业产品获取赔偿的可能性,但也没有明确批准可以从工业产品获取赔偿。这表明众多西方国家事实上已经放弃了这一赔偿方式。为了补偿这些欧洲的战争受害国,美国后来的做法是用"马歇尔计划"代替德国的工业产品赔偿。这样不仅帮助了受到战争破坏的西欧各国,同时也扶植了西德,符合美国的冷战战略。

---

① Wilfried Loth, *Die deutsche Frage in der Nachkriegszeit*, Akademie Verlag, Berlin, 1994, S.83.
② Foreign Relations of the United States, *European Advisory Commission, Austria, Germany*, 1945, *Volume III*, United States Government Printing Office, Washington, 1968, p.1389.

美英在巴黎赔偿会议上始终反对从工业产品支付赔偿,主要是为了削弱德国工业实力,防止德国通过发展生产再度崛起威胁世界安全。①英国还有另一个意图,阻止德国参与世界市场竞争,保护英国海外贸易。限制德国发展生产的结果就是,英国向英占区输送大量食品和各种生活物资,德国却无力为此买单,英占区成为英国财政的巨大负担。1946年10月21日,英国外交大臣贝文在内阁会议上抱怨,"如果我们不是故意压制德国的经济重建,以保障我们的安全和英国的出口,那么我们为英占区支付的费用将会非常低廉"②。

西方国家在西占区的赔偿政策发生转折是在1946年。随着东西方阵营的对抗开始出现,一个被占领和摧毁了的德国不再是美英眼中的主要敌人,最大的危险变成了苏联。德国的命运因冷战的开始发生了巨大变化。美英出于与苏联对抗的考虑,希望将西德建设成为对抗共产主义的前沿阵地。总的原则是放宽对德国工业的限制,从削弱德国转变为复兴、扶植德国经济,将德国尽快纳入西方阵营的堡垒之中。英国政府内尚有因复兴德国而危及安全的顾虑,美国则认为安全方面的考虑是微不足道的,高额的出口能够化解任何危险。美国此后通过"马歇尔计划"缓解欧洲国家没有得到更多德国赔偿而产生的不满情绪。德国的重建与欧洲的重建紧密相连,造就出口强劲的西德经济,则不仅减轻美英的占领负担,还有可能偿还美英给西占区的贷款援助。1946年5月25日,克莱在给五角大楼的电报中表示:"如果事实证明不可能实现经济统一,那么美占区中只有那些专门设计的军工厂才应予以拆除。"③1946年9月6日,美国国务卿贝尔纳斯在斯图加特公开发表对德政策的演说,坚决反对以工业产品支付赔偿,而且必须将德国作为一个经济单位来对待。他指出:"德国是欧洲的一部分,假如具有丰富煤铁资源的德国变成一个贫民院的话,欧洲的恢复,特别是德国毗邻国家的恢复,必将很慢。"④贝尔纳斯讲话隐藏的含义是,美国对德政策已发生根本性转变,恢复德国经济取代了防止德国法西斯复兴、德国非工业化成为其政策的核心。美国一些经济学家也纷纷向政府建言献策,"一个强大的欧洲,一个虚弱的德国"这一原则在经济上是错误的,德国在欧洲市场上的强

①　需要特别说明的是,这只是美英两国在1945年的政策。

②　Jörg Fisch, *Reparationen nach dem Zweiten Weltkrieg*, München:C.H.Beck Verlag,1992,S.112.

③　[美]埃德温·哈特里奇:《第四帝国的崛起》,范益世译,世界知识出版社1982年版,第94页。

④　[英]迈克尔·鲍尔弗、约翰·梅尔:《四国对德国和奥地利的管制(1945—1946)》,上海译文出版社1995年版,第226页。

大,反映出欧洲各国之间的紧密关系,人为地遏制德国的工业将非常有害于
"欧洲复兴计划"。①

　　1947 年以后,随着"杜鲁门主义"和"马歇尔计划"的出台,欧洲在冷战
中地位上升,迅速复兴德国成为美国在欧洲与苏联抗衡的重要战略手段,这
时德国赔偿以及对德国工业水平的限制已经与美国的整体战略格格不入
了,拆卸西占区的工业设备显得更加不合时宜。美国政府内部也出现了越
来越多反对的声音。美国一边资助西德重建经济,另一边西德的工厂设备
却在被拆卸以支付赔偿,这种情况激起了美国人的愤怒。在美国国会甚至
有人建议,接受德国拆卸设备赔偿的那些国家,将不再得到"马歇尔计划"
的援助。美国前驻英国大使刘易斯·道格拉斯(Louis Douglas)直白的表
示:"参谋长联席会议 1067 号指令出自白痴之手。禁止欧洲最熟练的工人
为这个物质奇缺的大陆尽力生产实属荒唐。"②美国政界元老、作战部长亨
利·L.斯廷森(Henry L.Stimson)也认为,"故意摧毁德国的经济是毫无意义
的,因为我确信,重建德国经济对创造有利于发扬真正民主精神的环境是必
不可少的"③。1947 年担任杜鲁门政府行政改革委员会主席的美国前总统
赫伯特·C.胡佛(Herbert C.Hoover)也表示,"如果德国在经济上受到束缚,
欧洲将继续在贫困中生活"④。共和党外交政策发言人、后来的美国国务卿
约翰·福斯特·杜勒斯(John Foster Dulles)猛烈抨击杜鲁门政府的对德政
策,指出"西德是欧洲复兴的瓶颈"⑤,没有什么比重振西德经济更重要。
这些政治精英人物的观点促使美国加快转变其赔偿政策,最主要表现在
大量削减了西占区原本计划用于支付赔偿的工厂数量。在 1947 年和
1949 年,美英通过修订工业水平计划不断减少西占区原本计划拆除的工
厂。选择拆迁的工厂也都属于军事工业以及和平时期工业生产中的过剩
工业,如钢铁、化学和工程领域。西占区工厂拆卸赔偿计划历次修改情况
如表 8⑥ 所示。

①　吴友法:《德国现当代史》,武汉大学出版社 2007 年版,第 288 页。

②　[美]埃德温·哈特里奇:《第四帝国的崛起》,范益世译,世界知识出版社 1982 年版,第
132 页。

③　[美]埃德温·哈特里奇:《第四帝国的崛起》,范益世译,世界知识出版社 1982 年版,第 86 页。

④　[德]卡尔·哈达赫:《二十世纪德国经济史》,范益世译,世界知识出版社 1982 年版,第 97 页。

⑤　Nicholas Balabkins, *Germany under Direct Controls*, New Brunswick:Rutgers University Press ,
1971, p.26.

⑥　[德]韦·阿贝尔斯豪泽:《德意志联邦共和国经济史 1945—1980 年》,张连根、吴衡康译,
商务印书馆 1988 年版,第 15 页。

表 8：1946 年至 1949 年西占区工厂拆卸赔偿计划统计表

工厂拆卸赔偿计划	计划拆卸赔偿的工厂数量	百分比（%）
1946 年 3 月最初的工业计划	1800	100
1947 年 8 月修改的工业计划	858	48
1949 年 11 月彼得斯贝格协定	680	38

在占领时期的西占区赔偿问题上，英国人似乎永远比美国人考虑得更加长远。尽管作为最亲密的盟友，英国在赔偿政策上始终与美国保持大体一致，但当美国人心急火燎地想要把西德扶植为具有平等地位的战略盟友时，英国人对此却有着不同见解。1947 年，英国逆势而动，一度加强了在英占区的拆卸活动，这一行为并不具备多少经济意义（英占区拆卸的范围一直都在无休止的讨论中未能确定），却能够在精神上给德国人以警示。英国以这种方式表明，不能将德国等同于一个战胜国对待，几十年来的死敌突然转变成平等的盟友是英国人无法接受的。1948 年秋贝文和马歇尔之间还为此爆发了激烈的争吵，但英国国力已衰，注定要在德国前途命运问题上无奈地屈从于美国的意志。

联邦德国成立后，西德的赔偿问题到了彻底终结的时候。1949 年 11 月 22 日，在盟国高级专员委员会所在地彼得斯贝格签订了《美、英、法高级专员和德意志联邦共和国总理关于改变拆迁计划的协定》，即《彼得斯贝格协定》（Petersberger Abkommen）。协定规定减轻对联邦德国工业生产所加的限制，停止对大部分工业设备的拆迁赔偿，强调盟国目前"初步的目标在使联邦共和国作为一个和平成员加入欧洲的大家庭"。《彼得斯贝格协定》的签订，标志着西方盟国第一次正式承认了联邦德国的平等地位。在美国的支持下，联邦德国"正在向着增加独立性，增强实力，直到最后把它武装起来的方向发展"。[1] 1952 年 5 月 26 日，联邦德国与西方盟国在波恩签订了相互关系的"一般性条约"，即《波恩条约》（Bonn Vertrag）。条约给予联邦德国内部独立权，结束三国对联邦德国的军事占领（柏林除外），并正式宣布停止拆卸，取消联邦德国所有赔偿义务。至此，西方国家在西占区的赔偿政策真正画上了句号。

二、东占区和西占区战争赔偿的执行

由于盟国间争议不断，事实上从来都没有形成一个针对整个德国的书

---

[1]　吴友法：《德国现当代史》，武汉大学出版社 2007 年版，第 314 页。

面赔偿方案。1946 年 3 月 28 日,盟国管制委员会发布的"工业水平计划"也只涉及德国工业拆卸,并非完整的赔偿方案,更何况该计划并未完全付诸实践。从一开始东西占区的赔偿就存在巨大差别,双方在赔偿问题上的唯一联系是:《波茨坦协定》规定苏联可以获得西占区拆卸设备的 25%,其中40% 可以无偿获取,60% 需要通过物资交换获得。根据盟国国际赔偿总署的报告,截至 1948 年 4 月 26 日,西占区共向苏联交付拆卸物资价值7097.3万马克(按 1938 年价格计算①),折算 1775 万美元。(1946 年 5 月 3 日克莱将军宣布美占区停止向苏联支付赔偿以后,其他占领区尤其是英占区向苏联交付赔偿的工作仍在继续。)苏联按照相关协定理论上应支付价值 4260万马克(7097.3×60%)的物资用于交换赔偿,实际上只支付了 483.2 万马克或 120 万美元的交换物资。到 1950 年西占区支付给苏联的赔偿物资累计已达 2075 万美元,苏联相应支付交换物资价值 149.2 万美元。② 因为意识形态上的偏见,明显可以看出赔偿总署对西占区支付给苏联物资的统计数据过于夸大,但作为唯一能够找到的关于双方物资交换的统计资料,也具有一定参考价值。

　　战后研究占领时期德国赔偿问题的著作种类繁多,但大都将东德和西德赔偿情况分裂开来进行评估,缺乏德国总体赔偿情况的数据。目前所见,德国不来梅市主管经济研究和外贸的官员古斯塔夫·威廉·哈姆森(Gustav Wilhelm Harmssen)在 1948 年发布了一个截至 1947 年底德国支付赔偿统计表③。

表 9:德国官员古斯塔夫·威廉·哈姆森对 1945 年至 1947 年德国支付赔偿统计表

赔偿项目	赔偿价值 (亿帝国马克)	赔偿价值 (亿美元)
1. 德国国民资产赔偿		
a)德国海外资产	97.5	39
b)被割让领土内的国民资产	700	280

① 二战后战胜国对德国赔偿大多采用 1938 年价格计算,因为 1939 年是二战爆发的年份,战争期间不可避免会发生通货膨胀、物价上涨,到战争结束时帝国马克(Reichsmark,缩写RM)已经严重贬值。战胜国采用战争爆发前一年的价格,相对于 1945 年的价格,将会大大降低赔偿物品折算的金额。

② Inter Allied Reparation Agency, *Report of the Assembly of the Inter-Allied Reparation Agency to its Member Governments*, Brussels:Printed by The Inter Allied Reparation Agency,1951,p.19.

③ Gustav Wilhelm Harmssen, "Reparation, Sozialprodukt, Lebenstandard. Versuch einer Wirtschaftsbilanz", Jörg Fisch, *Reparationen nach dem Zweiten Weltkrieg*, 4 Hefte, Bremen, 1948, S.182.

续表

赔偿项目	赔偿价值 （亿帝国马克）	赔偿价值 （亿美元）
c）设备拆卸和占领费	125	50
d）木材强制出口	10	4
e）东占区的隐蔽赔偿导致的资产亏损	45	18
f）国家财产损失	10	4
g）被迫交纳的黄金储备	7.5	3
h）被迫交纳的海运和内河船只	5	2
总计	1000	400
2.同期产品赔偿		
a）同期工业制成品赔偿	50	20
b）煤炭强制出口	50	2
c）东占区的隐蔽赔偿导致的产品流失	45	18
总计	100	40
3.其他赔偿项目		
a）德国专利、企业机密及其他流失的知识财富价值	125	50
b）战俘劳动力价值	50	20
c）设备拆卸费用	80	32
d）"人为操纵汇率"导致的损失	17.5	7
总计	272.5	109
4.被驱逐流入东西占领区的德国难民财产损失	405	162
截至1947年底赔偿总额	1777.5	711

哈姆森的统计明显过分夸大了德国赔偿，例如拆迁设备、海外资产和专利权的价值都被过分夸大了。此外，哈姆森统计中数额最大的两项——德国东部被割让领土上的资产和德国难民财产损失，是不可能获得准确价值的。作为一名普通的德国官员，哈姆森这种夸张的赔偿统计，集中展现了德国民众在面对战后赔偿时那种焦虑而又无奈的心态。

德国战后丧失了所有主权，在赔偿问题上没有任何发言权，占领国完全按照自己的意愿执行赔偿，只能是"人为刀俎，我为鱼肉"。哈姆森的意图很明显，他希望一方面证明德国业已支付的赔偿远远超过雅尔塔会议上盟国的要求，另一方面表明德国已无力支付更多赔偿。他希望保卫整个德国的利益，但仅凭个人的呼吁不可能改变战败国的命运。1948年，冷战愈演愈烈,战胜国与战败国的矛盾被东西方的冲突所掩盖,德国分裂的迹象更加明显,德国民众在赔偿问题上的呼声注定会被湮没。

(一) 东占区(苏占区)赔偿执行情况

波茨坦会议确定的"分区赔偿"原则使苏联完全能够按照自己的意愿在苏占区执行赔偿,而不必担心受到西方盟国的质疑或干涉。随之而来的是,苏联在雅尔塔会议上提出的100亿美元赔偿的来源,也从整个德国缩小到东德这片狭小的区域。与西占区相比,东占区执行赔偿表现出数量多、范围广、时间长的特点。苏联在东占区的赔偿政策执行的如此严厉,以至于后来德国《时代周刊》主编兼政治活动家西奥·佐默(Theo Sommer)感叹道:"西德人是幸运的,是东德人替希特勒承担了所有战争罪责。"[1]

如果战利品也可以算作赔偿,那么苏联甚至在1944年就开始从德国得到赔偿了。1945年召开的莫斯科赔偿委员会上,苏联代表团这样向美国方面解释"战利品"(War Trophies)的范围:"(1)德国的所有军事用品和设备,包括属于或曾经被敌人的军事和准军事单位或这些单位的成员所使用或必须使用的所有用品和军事设备。(2)敌方为满足其军事需要而使用的、盟军在战争结束前在进行军事行动的领土上缴获的所有用品和设备。"[2]在苏联红军前进的路上,所有可以移动或有使用价值的德国国家或私人财产都可以作为战利品予以没收。没收战利品的行动持续到1946年。由于这一行动既有集体没收的情况,也有苏军士兵的个人行为,对于苏联获取的战利品价值,甚至苏联政府也无从统计。西方国家一般估计在20亿至50亿马克之间。[3] 如同在波茨坦会议上一样,苏联官方认为赔偿的起始时间是在战争结束后,始终坚持不将战利品视为赔偿。

考虑到1945年柏林战役结束后东德地区一片混乱的实际情况,苏占区工业设备的拆迁工作实际上是与苏军没收战利品同步进行的。从苏军1945年进入德国境内(在此特指奥德—尼斯河一线以西的德国领土)开始,大规模的工厂拆迁持续了3年之久,其间在1945年6月、1946年3月和7月以及1947年11月陆续出现了几次拆迁的高潮。1945年下半年,工厂拆迁规模达到了顶峰,1946年以后拆迁范围逐渐缩小并更有针对性。苏联宣布共从苏占区拆迁了676家企业,德国学者的统计数字是2000家至2400

① Theo Sommer, *Die Zeit*, *Welt-und Kulturgeschichte*: *Epochen*, *Fakten*, *Hintergründe in 20 Bänden*. 14, *Zweiter Weltkrieg und Nachkriegszeit*, Hamburg: Zeitverlag, 2006, S.255.

② Foreign Relations of the United States, *Conferences at Malta and Yalta*, 1945, *Volume II*, Washington: United States Government Printing Office, 1960, p.847.

③ Jörg Fisch, *Reparationen nach dem Zweiten Weltkrieg*, München: C.H.Beck Verlag, 1992, S.188.

家企业①。双方统计的差别在于,苏联公布的是完全被拆迁企业数字,德国学者则将部分被拆迁的企业也统计在内。工业拆迁使苏占区损失了1945年5月战争结束时残存的生产能力的40%至55%。② 据当时管制委员会负责德国经济事务的官员金德伯格(Charles P.Kindleberger)的统计,苏联从东占区拆迁获得的赔偿占东占区所有资本设备的35%—45%。③ 在一些关键的工业领域,如钢铁、化工、飞机制造等,苏占区损失了几乎所有的工业设备。

设备拆迁的具体执行情况是异常混乱的,苏联已经不满足于从工业领域获取赔偿,拆迁范围扩展到了苏占区几乎所有的基础设施领域。据1945年到过苏占区的美国记者回忆,"凡是能拆走的都拆走了——管道设备、铁轨、电话机和交换机、汽车、市内发电站、有轨电车、机床乃至整座工厂——什么也逃不过俄国人的眼睛"④。杜鲁门也在波茨坦会议上提起他见到的苏占区拆卸活动,"我打算为赔偿委员会打开一条路,使他们能看到俄国人在他们所接管的区域里所缴获的任何东西。我曾经瞧见俄国人对待从德国夺取的物资的情况,在柏林的俄国占领区——该城的工业中心——我看到俄国人破坏了工厂,拿走了每一样东西。他们把工业装备装在货车里,而在许多情况下,车辆停在铁路支线上。这些物资已生锈剥落,很快地就要完全变成废物"⑤。

1945年7月17日,美国国务卿贝尔纳斯从他在德国的政治顾问罗伯特·墨菲(Robert Murphy)那里收到一份《向苏维埃俄国转移军事研究和科学机构》的秘密报告,记录了苏联对德国武器和科学实验室拆卸搬迁的彻底程度:"拆除和运走对生产秘密武器至关重要的实验室和工厂可以用两个例子来描述。例如,V—1和V—2的研究所和发明者,连同他们的仪器、实验室和图纸、助手和技术工人,以及现有的和新的、尚不清楚的专利,都被运到了俄国。这些军事研究所和工厂被立即任意拆开,并以最快的速度用俄国军用运输车完整地运往东方。凯撒—威廉物理研究所(Kaiser-Wilhelm-Institut für Physik)整个研究所连同其他部门的设备,例如高压和伦琴设备,都被搬走了。这次搬迁包括最原始的家具,如水龙头、洗脸盆、门

① Rainer Karlsch, *Allein Bezahlt? Die Reparationsleistungen der SBZ/DDR* 1945-53, Christoph Links Verlag,1993,S.233.
② Jörg Fisch,*Reparationen nach dem Zweiten Weltkrieg*,München:C.H.Beck Verlag,1992,S.189.
③ 田小惠:《简析战后德国分区赔偿政策的执行》,《国际论坛》2005年第1期。
④ [美]埃德温·哈特里奇:《第四帝国的崛起》,范益世译,世界知识出版社1982年版,第90页。
⑤ [美]哈里·杜鲁门:《杜鲁门回忆录》上卷,李石译,东方出版社2007年版,第311页。

把手等；甚至连马克斯—普朗克研究所这个名字也被带走了。"①

苏占区的拆迁过程中也出现了许多问题，最主要的就是一味强调速度而忽略了拆迁设备的存放和重新组装问题，导致设备拆卸和运输过程中出现了惊人的损失。很多设备遗失或被随意丢弃在路边，或者被运到了错误的地点。由于拆除工作不适当，或者由于运输和储存的困难，这些机器制造、精密机械和光学工业贵重设备在到达指定地点后往往已遭到巨大的损坏或者生锈。② 特别是由于缺乏合适的重型运输车辆，大量设备被搁置在户外生锈报废，去往东方的道路上到处散落着被拆下来却又运不走的大型机器。那些幸运到达指定地点的设备，很难在重新组装后达到原有的生产能力。由于缺少必要的建设和设计图纸，机器往往被错误地组装起来，导致这些拆除的工业设备在接受国的利用率相当低。据估计，真正被运送到苏联并被重新组装运转的设备，仅仅占苏占区被拆迁设备的1/3。

总而言之，拆迁工作的效率及其达到的经济效益是极低的。苏占区的工业因此而损失惨重，苏联自身的工业也没有因此得到多大提升。而在最终的赔偿统计中，苏联拒绝将拆迁过程中的损失——即最终未能运到苏联并重新组装的设备——计入赔偿，这对德国来讲是非常不公平的。从拆迁设备的种类来看，都是苏联战后重建所急需的，例如二战末期由于苏联国内交通运输设备的匮乏，所以要求苏占区提供12万台柴油机，这一数字明显超过了苏占区的供给能力。根据战后苏联官方公布的数字，苏联共从苏占区获得拆卸设备赔偿价值14.84亿美元（1938年价格），折合32.83亿马克。西方国家对该类赔偿的估计是40亿—50亿马克。③ 关于苏占区设备拆迁的相关俄国档案至今尚未解密，或许因为其极端的复杂性和不同的统计方法，已经永远无法确定此类赔偿的具体数字了。

随着大规模拆迁的进行，苏联政府发现这种赔偿方式其实对于经济是有害的。德国的工业设备尤其是精密机械在拆迁过程中损失严重，运到苏联重新组装后往往难以达到原有的生产水平。拆迁也没有给苏联带来甚至它最初的赔偿计划（100亿美元）所估计的一半的赔偿，这也促使苏联决定抽取产品作为赔偿。事实上，苏占区最重要的赔偿项目并非设备拆迁，而是"同期产品赔偿"（Lieferungen aus laufender Produktion）。这种赔偿持续到1953年底，涵盖了东德几乎所有行业，包括农产品、水产品、矿产等，当然最

---

① Foreign Relations of the United States, *The Conference of Berlin*(*The Potsdam Conference*),1945, *Volume II*,Washington：United States Government Printing Office,1960,p.839.

② ［德］卡尔·哈达赫：《二十世纪德国经济史》，杨绪译，商务印书馆1984年版，第114页。

③ Jörg Fisch, *Reparationen nach dem Zweiten Weltkrieg*, München：C.H.Beck Verlag,1992,S.190.

主要的还是工业产品。

1946年1月,斯大林告诉德国统一社会党领导人,拆迁将在2月底结束。7月10日,莫洛托夫宣布支持迅速提高德国的生产水平。其后经过几次工业拆迁的高潮后,到1948年4月,苏联才完全停止了在苏占区的拆卸活动,转而将苏占区赔偿的重心转移到同期产品赔偿上来。伴随着对苏占区经济的"苏维埃化"(Sowjetisierung)改造,工业产品赔偿的主要机构"苏维埃联合股份公司"(Sowjetische Aktien Gesellschaften,缩写SAG)应运而生。作为战胜国赔偿要求与强制性计划经济相结合的畸形产物,这种股份公司在世界范围内都是罕见的,但它却在战后苏占区乃至民主德国的经济生活中扮演了非常重要的角色。

1946年6月,苏联宣布将苏占区213家较大的工厂没收为苏联的财产,成为苏联的股份公司。因为这些企业占整个工业能力的1/3,它们顺利恢复生产显著地有助于苏占区工业生产迅速复苏。[1] 这些股份公司大部分涉及支柱型产业,它们拥有80%的矿物经济和钾矿山,50%的化学工业,40%的电子和汽车行业以及电力企业,大约1/3的煤矿、机器制造和冶金工业。[2] 40年代末期和50年代初期,东德大约每7个就业人员就有1人在"苏维埃联合股份公司"工作,他们是为了满足苏联经济利益而工作的。苏联控制下的"苏维埃联合股份公司"拥有众多特权:大范围的免税、外汇使用权、出口特权以及在原料、能源、运输工具和劳动力分配上的绝对优先权。这些企业名义上是股份公司,实际上已成为苏联政府所有的资产。它们的所有生产都是为了满足苏联国内的需要,苏联也为其提供一部分原材料。但这并不意味着苏占区或民主德国不再为这些企业承担任何责任。这些企业的盈利都归苏联所有,亏损却全由东德财政来承担。同时,这些企业也同等享有东德给予一般企业的财政资助。在民主德国建立的时候,这些企业已经成为东德经济的重心,其工业产值占到整个东德工业的20%—30%。更重要的是,这些企业超过2/3的产品都作为赔偿被运往苏联。例如,位于开姆尼茨市的苏联股份公司新纺织厂产品的80%都被运往苏联。支付产品赔偿的高潮从1946年持续到1950年,1950年以后苏联开始有计划地将这些"苏维埃联合股份公司"归还民主德国政府。

---

[1] 苏占区军政府并没有实行像美占区JCS1067号指令那样阻止恢复生产的命令。相反他们甚至违反波茨坦协定,在大规模拆迁的同时迅速重建工厂,生产合成橡胶和汽油。按1944年德国工业生产水平计算,1946年底苏占区工业生产指数达到大约30%,而同期西占区仅为25%。因此在1946年苏占区的经济水平并未落后于西占区。

[2] [德]卡尔·哈达赫:《二十世纪德国经济史》,杨绪译,商务印书馆1984年版,第114页。

苏联在整个赔偿过程中很大程度上只考虑到自身的需求而忽略了苏占区的实际赔偿能力。他们留给德国人的工厂、设备仅够用来防止当地经济发生崩溃。这对当时的苏占区产生了消极的影响。苏联索取产品赔偿的行为一直到1953年6月17日东柏林事件发生之后才结束。战后苏联官方公布的东德产品赔偿总值28.08亿美元（1938年价格），折合62.12亿马克。西方国家对此的估计是240亿—350亿马克。[①] 双方统计的差别在于，苏联认为"苏维埃联合股份公司"是苏联所有的企业，其生产的产品也属于苏联的资产，不能算作赔偿，而西方国家则将其计入赔偿总额。

苏占区及后来的民主德国支付的另一个重要赔偿项目是苏军的占领费。苏联官方公布的数字是1945年至1953年东德共支付了160亿马克的占领军费用（占领费）[②]，西方国家的计算大致相同。西方国家对该项目不愿如往常一样做过高评估是故意而为，因为西德支付的占领费甚至高于东德，西方国家一直极力避免引发诸如东西德占领费对比的讨论。

东德支付的其他赔偿项目林林总总，包括转交给苏联的商船，德国在东欧的国外资产，从东德获得的科学家、图纸、专利等知识财产，甚至拆迁设备运抵苏联边境前的运费和保险费都要东德支付。

根据《波茨坦协定》的规定，德国丧失了所有的商船，其中的1/3分给了苏联。根据盟国国际赔偿总署的报告，苏联获得的商船价值约2200万美元或8800万马克。[③] 苏联根据《波茨坦协定》没收的德国海外资产，集中在芬兰、匈牙利、罗马尼亚、保加利亚和奥地利东部，由于分布广泛且相关档案并未解密，已经无从统计。苏联还没收了奥德—尼斯河以东德国失去领土上的所有资产。1945年美国国务院曾经进行评估，可以作为参考："1938年奥德—尼斯河以东的动产价值约60亿帝国马克，这约占德国总量的12%。这不包括土地、矿物储备、固定工厂、住房、商业机构或商业和制造业库存的价值。1938年奥德—尼斯河以东的工业和矿业产值约为280亿帝国马克，这约占德国总量的7%。"[④]

战后对苏占区及民主德国支付赔偿总额的估算五花八门，种类繁多。

① Jörg Fisch, *Reparationen nach dem Zweiten Weltkrieg*, München: C.H.Beck Verlag, 1992, S.190.

② Ministerium für Auswärtige Angelegenheitender DDR, *Beziehungen DDR-UdSSR 1949 bis 1955*, Berlin: Staatsverlag der Deutschen Demokratischen Republik, 1975, S.482.

③ Inter Allied Reparation Agency, *Report of the Assembly of the Inter-Allied Reparation Agency to its member governments*, Brussels: Printed by The Inter Allied Reparation Agency, 1951, p.15.

④ Foreign Relations of the United States, *The Conference of Berlin (The Potsdam Conference)*, 1945, *Volume II*, Washington: United States Government Printing Office, 1960, p.842.

由于冷战时期互相敌视及意识形态的分歧,东西方国家和学者对该问题的统计数据相去甚远。这其中包含了统计对象和口径的差别,也有故意夸大或缩小的人为因素。总体上说,苏联努力缩小东德赔偿数字,美国倾向于夸大这一数字。如何求取最接近事实的赔偿数字,则需要做一番详细考证工作。下面将列举6种赔偿统计数据,3种来自官方,3种来自学者。希望通过对比权衡,从中发现最为客观翔实的东德赔偿数据。

(1)1948年11月15日,美国国务院发布评估报告,估算了1945年至1948年苏联从苏占区获得的赔偿(1938年价格)。[①]

表10:美国国务院对1945年至1948年苏占区支付赔偿评估统计表

Ⅰ.设备拆迁:	价值(亿马克)
a.从苏占区和柏林获取的工业设备	33—43
b.从西占区获取的工业设备	1.4
c.铁轨	1.7
d.船只	0.94
e.苏联股份公司的固定资产	16—20
f.其他工业财产及不动产	2
小计:	55—69
Ⅱ.同期产品:	
g.必须交付赔偿的工业及矿产产品	36
h.运送到苏联的其他产品	32
i.苏联提供的部分原材料	−4
j.铀矿	1.4
k.农产品	7
l.交通运输服务	3
小计	75.4
Ⅲ.海外资产:	5
总计:	135.4—149.4

(2)1953年8月,苏联政府发布官方统计数据(Offizielle sowjetische Rechnung von August 1953),宣布1945年至1953年东德支付赔偿总额42.92亿美元(1938年价格),其中14.84亿美元来自设备拆卸,28.08亿美元来自

[①] Operation Inherent Resolve Report No.4792,"Soviet Takings from Germany 1945-1948,Department of State",in *The Price of War*,Alec Cairncross,Division of Research for Europe,p.209.

产品赔偿。① 需要注意的是,苏联官方只把设备和产品计入了赔偿,没收的战利品、科研院所、海外资产都不在其中。

（3）联邦德国全德事务部（Bundesministerium für gesamtdeutsche Fragen）②于 1953 年发布苏占区赔偿统计报告,估算 1945 年至 1953 年东德赔偿共计531.79 亿马克（同期价格）,折算 163.13 亿美元（1938 年价格）③。

美、苏、德三国政府的统计数据大相径庭。按照美国国务院的估计,苏联从苏占区获取的赔偿物资折合 39 亿—43 亿美元④,看似与苏联官方公布的 42.92 亿美元赔偿总额持平。然而,美国国务院的统计截至 1948 年,而苏联公布的是截至 1953 年整个占领时期东德的赔偿总额。美国在苏占区赔偿进行到一半时公布的赔偿数字,竟然与苏联公布的东德赔偿总额持平,只能说明美国统计结构中的赔偿密度大大增加了。双方统计差别主要是参照汇率的不同和对赔偿物品的界定不同造成的。例如,美国将苏联强行没收组建的"苏维埃股份公司"的固定资产和德国在东欧的海外资产都列入赔偿,而苏联方面一向反对将这两种资产归入赔偿范畴。因此,美国的统计在时间上不完整,苏联的统计在内容上不完整。至于联邦德国全德事务部的统计是否合理,则需要参考学者的评估加以辨析。

占领时期的东德赔偿也是 20 世纪 90 年代德国学界热议的话题。争议的焦点是评估东德赔偿的总额,以及东西德赔偿的差距有多大。学者们只在一个问题上达成了共识,那就是 1945 年至 1953 年东德确实负担了非常高的赔偿,远超苏联公布的 42.92 亿美元。下面是 3 位学者或官员的统计数据（值得注意的是,他们都把东德支付给苏联的占领费计入了赔偿总额⑤）。

---

① Keesing-Archiv vom 23.8.1953, in *Allein bezahlt? Die Reparationsleistungen der SBZ/DDR 1945-53*, Rainer Karlsch, Christoph Links Verlag, 1993, S.229.

② "联邦德国全德事务部"是联邦德国致力于两德统一所设立的一个内阁部委,类似于中国政府的"国务院台湾事务办公室",1990 年两德统一后裁撤。

③ Bundesministerium für gesamtdeutsche Fragen, "Die Reparationen der Sowjetischen Besatzungszonen in den Jahren 1945 bis Ende 1953", in *Reparationen nach dem Zweiten Weltkrieg*, Jörg Fisch, S.196-197.

④ Alec Cairncross, *The Price of War*, British Policy on German Reparations 1941-1949, Oxford, 1986, p.210.

⑤ 占领费（Besatzungskosten）,是指在被占领土地上驻扎占领军所产生的财政支出。根据《海牙公约》,占领国可以在被占领土地上征收费用,以支付占领军和行政管理的费用。德国学者集体坚持将占领费计入东德赔偿,原因有二:1. 东德支付给苏联的占领费过高。1946 年苏占区的占领费用占当地国民生产总值的 49%。即使在 1949 年民主德国成立后直到 1953 年,占领费开支比例仍然达到 13%。东柏林事件后被降低到最高 5%,一直支付到 1989 年民主德国崩溃前夕。而同时期的西德支付给美、英、法的占领费占国民生产总值比重远低于东德,并且 1955 年联邦德国主权独立后完全取消了占领费,只需要分担很少一部分美国驻军费用。2. 苏联官方将高额占领费视为德国战争赔偿的一部分,因而是一种"正义合法"的索取。基于这两个原因,笔者也赞同将苏军占领费计入东德赔偿。

（1）前民主德国计划委员会副主席西格弗里德·温泽尔（Siegfried Wenzel）认为，东德的赔偿总额为991亿马克（1953年价格），西德的赔偿总额为21亿马克（1953年价格）。因此，东德承担了整个德国的97%到98%的赔偿负担，即东德人承担赔偿是西德人的130倍。[①]

（2）德国历史学家、柏林自由大学教授莱纳·卡尔施（Rainer Karlsch）认为，东德支付的赔偿和占领费约140亿美元（1938年价格）[②]，西德和东德因为赔偿拆卸造成的损失比例是1:10。

（3）德国经济学家约尔格·菲施（Jörg Fisch）认为，东德赔偿共计530亿—550亿马克（同期价格），详情如表11所示。[③]

表11：德国经济学家约尔格·菲施对占领时期东德赔偿统计表

赔偿类别	价值（亿马克）
产品赔偿	260
占领费	160
设备拆迁	40
战利品	20
其他项目（包括产品赔偿中未计算在内的"苏维埃股份公司"企业盈利、归还抢掠自苏联和东欧各国物品、海外资产、商船、赔偿附加费用等）	50—70
总计	530—550

上述3位学者的计算结果相差悬殊，也反映出东德赔偿的极端复杂性。很多赔偿物资无法测算价值，统计口径也大小不一。此外，在不同的时间段，美元兑德国马克的汇率就有"1:2.5（1945—1947）""1:3.33（1948—1950）""1:3.94（1951—1953）"[④]三种计算方法。如何把赔偿物资价值折算成1938年的美元，又是一个棘手的问题。温泽尔991亿马克的估值过高，明显夹带了他作为前民主德国官员有意强调东德赔偿贡献的因素。相对而言，卡尔施和菲施的估值接近联邦德国全德事务部163亿美元的赔偿估算，也证明了后者的可信度。

① Siegfried Wenzel, *Was War Die DDR Wert? Und wo ist Dieser Wert Geblieben?* Berlin: Das Neue Berlin, 2006, S.43f.

② Rainer Karlsch, *Allein Bezahlt? Die Reparationsleistungen der SBZ/DDR 1945–53*, Christoph Links Verlag, 1993, S.230.

③ Jörg Fisch, *Reparationen nach dem Zweiten Weltkrieg*, München: C.H.Beck Verlag, 1996, S.196.

④ Jörg Fisch, *Reparationen nach dem Zweiten Weltkrieg*, München: C.H.Beck Verlag, 1996, S.196.

约尔格·菲施还根据三种不同的统计数据——苏联公布赔偿数字、苏联公布赔偿数字附加占领费、联邦德国全德事务部统计数字制作了表12①，直观反映了1945年至1953年苏占区和民主德国支付赔偿情况、人均负担赔偿情况及赔偿在各个国民经济指标中所占比重，赔偿价值马克部分按同期价格计算，美元部分按1938年价格折算，具有较高的信度。

表12：苏联政府和联邦德国全德事务部对占领时期东德赔偿统计表

	赔偿总额		人均负担赔偿		每年人均负担赔偿(8年半)		占东德国民生产总值百分比（%）			占东德国家税收百分比（%）	占东德出口额百分比（%）
	亿马克	亿美元	马克	美元	马克	美元	联邦德国全德事务部统计	苏联公布赔偿	苏联公布赔偿附加占领费		
苏联官方公布赔偿数字	139.92	42.92	762.3	233.8	89.7	27.5					
苏联官方公布赔偿数字附加占领费	299.92	92	1634	501.2	192.2	59					
联邦德国全德事务部统计	531.79	163.13	2897.2	888.7	340.8	104.6					
1945年	56.32										
1946年	66.41									78.5	
1947年	57.7						33			64.2	
1948年	59.54									63.2	
1949年	58.75									54.9	423.6
1950年	56.93						28.6	8.9	19.7	42.2	333.9
1951年	59.42						25.1	8.1	17.9		198.5
1952年	62.04						23.2	7.5	16.7		260
1953年	54.68						18.4	7.1	15.7		134.5

---

① Jörg Fisch, *Reparationen nach dem Zweiten Weltkrieg*, München: C.H.Beck Verlag, 1996, S.199.

按照联邦德国全德事务部统计数据,东德人均承担了889美元的赔偿,平均到8年半的时间里,人均每年承担105美元。在战后初期艰难的岁月里,赔偿对普通东德民众来说已成为一个非常沉重的负担。在1947年,赔偿甚至占到苏占区国民生产总值的33%,这一惊人的比例即使与一战后的德国赔款相比也是有过之而无不及。1946年苏占区支付赔偿进入高潮,赔偿占同期苏占区税收的78.5%,也就是说可用于支持重建的财政资金大部分都被用于支付赔偿。从1946年起,东德支付的赔偿就远高于同期的出口收入。从1949年起,民主德国的出口额开始有了较为准确的记录,分别为1949年13.87亿美元、1950年17.05亿美元、1951年29.93亿美元、1953年40.64亿美元。[1] 虽然出口飞速增长,但仍低于同期支付的赔偿价值,换句话说,东德通过出口获得的收益远远不能弥补支付赔偿造成的损失。

持续多年的巨额赔偿对东德经济发展和人民生活造成了严重负面影响。1945年9月,萨克森州约有13.5万人因工厂被拆除而失业。[2] 与此同时,数以千计的德国人被雇用为拆卸工人。由于大量产品被无偿运往苏联,企业无法实现扩大再生产,整个东德的固定资产投资严重不足。1949年至1950年,至少25%的工业利润都被用于支付赔偿和苏联驻军费用(占领费)。[3] 在战争结束10年后的1955年,企业的再生产投资率甚至远低于战前1936年的水平。根据民主德国统计,东德的资本积累率在1950年为8.5%,1955年为9.8%,比同期捷克斯洛伐克、波兰和匈牙利都要低10%—15%。[4] 同期的西德由于较早结束了赔偿并推进重建,其人均固定资产投资比东德高出一倍。直到20世纪50年代中期,民主德国的大多数重要消费品(肉、蛋、黄油等)才恢复到1936年的水平。[5]

分区赔偿的执行也完全割裂了东德与易北河以西地区的传统经济联系,这也是19世纪中叶普鲁士组建关税同盟以来德国内部的经济联系第一次遭受如此剧烈的分割。德国东部传统的贸易对象主要是西部德国和西欧国家,现在转向了东欧。例如,东德一直是从西德购买非常廉价的煤炭,现在却必须从苏联购买来自遥远西伯利亚的昂贵煤炭。东德的工业生产必须

[1] Brian R. Mitchell, *European Historical Statistics* 1750 – 1970, London: Macmillan Pr., 1975, pp.514-518.

[2] Klaus Neitmann, *Demontagen in der Sowjetischen Besatzungszone und in Berlin 1945 bis 1948: Sachthematisches Archivinventar*, BWV Berliner Wissenschafts-Verlag, 2014, S.XXXVIII.

[3] Henry Ashby Turner, *Germany from Partition to Reunification*, New Haven: Yale University Press, 1992, p.68.

[4] Jörg Fisch, *Reparationen nach dem Zweiten Weltkrieg*, München: C.H.Beck Verlag, 1992, S.201.

[5] Rainer Karlsch, *Allein Bezahlt? Die Reparationsleistungen der SBZ/DDR 1945-53*, S.238.

适应苏联的需求,虽然它在与东方的贸易中并无优势可言。这一系列由赔偿直接或间接造成的恶果,导致了民主德国建立伊始,其经济就表现出深刻的结构性危机和对苏联的严重依赖。

（二）西占区赔偿执行情况

西占区各占领国,至少美英两国执行赔偿有一个共同的出发点,就是不追求一个固定的赔偿总额。这也是他们与苏联赔偿政策最明显的区别之一。总体上看,西占区的赔偿项目少于东占区,主要集中在拆卸设备、没收海外资产等几个方面,并且几个占领国经常通过内部或互相协商修正赔偿方案。

1946年1月14日,盟国国际赔偿总署正式开始运作。此后西占区的赔偿都是在该机构的主导和监督下进行的。赔偿总署可以视作西方国家执行赔偿政策的官方机构。尽管美、英、法三国在该机构内部拥有主导权,但赔偿总署并非单纯的大国利益代言人,它还要兼顾内部其他小国的利益。赔偿总署首任秘书长奈杰尔·萨顿(Nigel Sutton)在1946年工作报告的前言中明确表达了维护中小国家赔偿权益的意志:"许多盟国,特别是那些被战争破坏的国家,都迫切需要工业资本设备。由于经济困难和国际贸易中断,它们获得这些机器的主要希望是通过德国的赔偿。立即提供的工业设备赔偿可以大大帮助它们的恢复……德国既无权使用,在经济上也没有能力使用在纳粹政权下建造的大部分工业设备。如果迅速将这些设备转让给需要它们并且能够使用它们的国家,那么它们就可以在和平时期投入生产。受害国必须现在就采取行动,增加生产,提高人民的生活水平。因此,赔偿总署不能拖延其工作,德国的赔偿计划只有在迅速执行的情况下才会有助于世界经济的早日稳定。波茨坦会议后的一段时间里,赔偿的速度并没有达到协议签署方的预期,必须加快德国占领国向赔偿总署发放设备赔偿的速度。"[1]

作为一个拥有18个成员国的国际性机构,赔偿总署的任务就是为各成员国争取尽可能多的赔偿。然而,美、英、法占领当局占据着赔偿的上游和供应端,它们经常因为赔偿政策的调整而不那么支持和配合赔偿总署的行动。此外,所有关于拆除资本工业设备的决定在最后仍需得到各占领区最高军事长官的批准,他们可以因为占领军的需要而截流指定用于赔偿的资产。因此,尽管《波茨坦公告》强调了迅速交付工业资本设备用于赔偿的必要性,但公告发表14个月后,西占区仅有少量工厂设备可供赔偿总署分配。

---

[1]　Inter-Allied Reparation Agency, *First Report of the Secretary General for the Year* 1946, p.1.

在西占区赔偿执行中,经常出现赔偿总署对美英军政府擅自缩减赔偿物资表示抗议的状况。但赔偿总署无权对占领当局发号施令,因此这种抗议往往是无力和无效的。

在西占区赔偿执行期间,赔偿总署每年都会发布若干赔偿执行报告,相对其他史料更具权威性。根据1946年至1951年《盟国国际赔偿总署年度赔偿报告》(IARA Report)的记录,以下将对西占区赔偿执行情况进行概述。

1946年2月,西占区向赔偿总署发放了第一批德国赔偿物资,68.6万吨的德国商船被分配给14个在战争期间航运损失严重的国家。作为最容易没收和发放的赔偿物资,几乎整个德国的商船队都在1946年被分配了。1946年5月和6月,赔偿总署收到了第一批来自12家工厂的拆卸设备。然而,与此同时,1946年5月,美国驻柏林代表通知新闻界,在《波茨坦宣言》中设想的德国经济统一的总体问题得到解决之前,他们将不再拆解或从美占区交付尚未分配的工业资本设备。英占区当局也采取了类似的政策。在接受完第一批赔偿物资之后,赔偿总署的工作就陷入了停滞。为此,10月8日赔偿总署向四大占领国政府发函,要求将此问题列入其外交部长会议议程。11月初,西占区宣布将51家战争工厂的设备提供给赔偿总署,价值约4200万马克。此外,英占区和法占区分别独立向赔偿总署发放价值约7500万和1500万马克的机床和设备。[1]

战后初期德国经济的极度衰弱也阻碍了1946年西占区赔偿的顺利执行。自投降以来,德国的经济运行水平远低于维持同盟国规定的最低生活标准所需的水平。德国的领土减少了1/5(大约相当于1/4的可耕地),在其减少的边界内,德国不得不为从东部地区转移过来的大约400万到500万人口寻找空间。维持德国人的最低生活标准和支付物质赔偿成为一种不可调和的矛盾,直到"马歇尔计划"援助开始后才逐步缓解。

1947年11月14日,赔偿总署公布了西德各占领区可用于赔偿的工厂数量及估价:英占区496家工厂,价值约5亿至7亿马克;美占区186家工厂,价值近3亿马克;法占区176家工厂,价值约1亿马克。以上共计858家工厂,价值9亿至11亿马克。[2]按照《波茨坦协定》的规定,其中25%应转交给苏联和波兰,剩余的在赔偿总署18个成员国内部分配。截至1948年1月,在18个成员国中分配赔偿的工作已经取得了一些进展,但美、英、

---

[1]　Inter-Allied Reparation Agency, *First Report of the Secretary General for the Year* 1946, pp.1-2.

[2]　Inter-Allied Reparation Agency, International Organization, Vol.2, No.2, 1948, p.397.

法三国对德国政治经济前途的争论影响了巴黎赔偿会议决议的执行,可用于赔偿分配的德国资产也在减少。1947 年全年,经过赔偿总署核准可用于赔偿的工厂和设备共价值 1. 32 亿马克。到 1947 年底,已有 197 家工厂的设备被拆卸支付给各成员国。对德国商船的分配则迅速的多,到 1947 年中期所有的可用船只(274 艘)都已分配完毕,无法使用的船只被当作废品卖给出价最高的成员国。①

1947 年西占区赔偿执行达到了高潮,赔偿总署对自己的工作颇为满意。在 1948 年 2 月 18 日提交占领军政府的报告中,赔偿总署如此总结他的成就:"迄今提供的工业资本设备,尽管数量不足,但对遭受德国侵略的成员国政府的经济恢复作出了重大贡献。经验表明,这种设备从德国移出后,可以迅速成为这些国家生产设备的一部分。只有通过移出德国的剩余资本设备,才能在合理的时间内,在不花费美元的情况下,获得对欧洲恢复至关重要的设备。"②

然而,好景不长,1948 年以后,美国主导的欧洲复兴计划("马歇尔计划")压倒了战争赔偿计划。1948 年美国为"马歇尔计划"颁布的《经济合作法》(Economic Cooperation Act)第 119(f)条明确规定,"管理'马歇尔计划'的经济合作署(Economic Cooperation Administration)长官将要求国务卿征得有关国家的同意,将预定作为赔偿从德国西部三区运走的资本设备保留在德国,如果这种保留能最有效地达到欧洲复兴计划的目的"③。

随着美英两国不断缩减西占区工业拆卸计划,赔偿总署手中掌握的可用于赔偿的工厂名单日益减少。由于同美国扶植西德的大战略背道而驰,赔偿总署的官员在美国政府那里已经成为不受欢迎的人。1948 年 9 月 3 日,赔偿总署主席雅克·吕夫(Jacques Rueff)致信美、英、法驻赔偿总署代表,要求三国尽快提供西占区可用于赔偿工厂的最终名单。此时存在一个奇怪现象,赔偿总署内部各成员国申请赔偿都不甚积极。因为各国代表都不愿过早用尽本国的赔偿份额,希望在以后获得质量更好的赔偿设备。这也从侧面反映出西占区设备拆卸过程中损耗严重,机器价值受损。截至 1948 年 12 月,总计已有 367 家德国工厂被拆卸并分配,价值约 4. 35 亿马克。④

---

① Inter-Allied Reparation Agency, International Organization, Vol.2, No.2, 1948, p.396.

② Inter-Allied Reparation Agency, *Report of the Secretary General for the Year* 1948, Brussels: Printed for the Inter-allied Reparation Agency, 1949, p.1.

③ Inter-Allied Reparation Agency, *Report of the Secretary General for the Year* 1948, Brussels: Printed for the Inter-allied Reparation Agency, 1949, p.10.

④ Inter-Allied Reparation Agency, International Organization, Vol.3, No.1, 1949, p.183.

1948 年 12 月 3 日,赔偿总署致信美国国务卿马歇尔,抗议西占区经济事务管理处停止拆卸原计划用于赔偿的德国工厂,"美国违反了 1945 年巴黎赔偿会议的决议,将丧失在赔偿总署内部的威信"①。事情源于已被列入分配计划的 4 家德国工厂,美国出于自己的考虑硬生生将其保留下来。原计划这 4 家工厂的设备将被分配给比利时、希腊和卢森堡,前两国都同意放弃赔偿要求,卢森堡却拒绝放弃,使赔偿总署左右为难。至于赔偿总署中那些没有获得马歇尔计划援助的国家,更是对美国肆意剥夺它们的赔偿权利颇有微词。但在美国扶植西德工业的冷战战略下,赔偿总署的抗议无疑收效甚微。

值得注意的是,1948 年赔偿总署的工作越来越难以展开,不仅美国阻碍工厂的拆卸,德国地方官员也开始不合作,工厂主和管理人员甚至发动工人罢工来抵制拆卸。② 8 月 31 日,西占区 11 个州的地方长官发表联合声明,要求停止所有赔偿拆卸工作。德国政客和媒体的理由是,赔偿"剥夺了德国在和平时期的基本工业需求,与欧洲复兴计划背道而驰,并且阻止德国成为反对共产主义的强大堡垒"。③ 这番解释正中美国政府的痛点,同时也揭示了德国人在占领时期对物质赔偿强烈抵制的心态。

1949 年底,赔偿总署大致掌握了西德的最终赔偿数字,并且预见两种最重要的赔偿——工业设备和海外资产——将分别在 1950 年春季和 1951 年 1 月完成。到 1949 年底,根据《波茨坦协定》的规定,作为西占区交付给苏联价值 5000 万马克赔偿的抵偿,苏联本应支付全额的 60% 也就是 3000 万马克,但事实上赔偿总署只收到苏联价值 967885 马克的食品和原料。④

1951 年 5 月,赔偿总署发布报告,已从西占区共计获取赔偿物资折合 5.023 亿美元(1938 年价格),分别支付给 19 个受偿国(包括苏联)。预期未来将从中立国和日本获取价值 2700 万美元的德国海外资产,预期西占区赔偿总计 5.293 亿美元(1938 年价格)。西占区支付的赔偿主要分三部分:工业设备、海外资产和商船,具体类别和价值见表 13⑤。

① Inter-Allied Reparation Agency, International Organization, Vol.3, No.1, 1949, p.184.

② Inter-Allied Reparation Agency, International Organization, Vol.3, No.2, 1949, pp.381-382.

③ Inter-Allied Reparation Agency, *Report of the Secretary General for the Year* 1948, Brussels: Printed for the Inter-allied Reparation Agency, 1949, p.14.

④ Inter-Allied Reparation Agency, International Organization, Vol.4, No.3, 1950, pp.539-540.

⑤ "*Inter-Allied Reparation Agency Report*", Schedule 1 und 2(a), in *Reparationen nach dem Zweiten Weltkrieg*, Jörg Fisch, 1951, S.205.

表 13：盟国国际赔偿总署对西占区支付赔偿统计表

已经交付的赔偿	价值（美元）
赔偿总署成员国境内的德国海外资产	230236053
缴获德国储备物资	26519506
萨尔州隐蔽的拆卸设备价值	17500000
瑞典交付的德国资产	30255345
西班牙、摩洛哥、爱尔兰、阿富汗交付的德国资产	6278336
意大利和日本交付的德国资产	1800149
在德国发现的无主财产	659088
苏联交付的抵偿物资	1491971
工业设备拆卸	143514107
商船	44076047
小计	502330602
预期未来获得赔偿	
西班牙境内的德国资产	1582675
葡萄牙境内的德国资产	873200
瑞士境内的德国资产	20326426
日本境内的德国资产	4223606
小计	27005907
总计	529336509

　　表 13 是西方盟国关于西占区赔偿汇总的正式官方文件。掌握在战胜国和中立国手中的德国海外资产构成了西占区赔偿的最主要来源，占据了赔偿总数一半以上。同时也应该注意到，表 13 中的数据不包括战后各国获得的战利品、各种军事设备、黄金、原材料、专利及商业机密、战俘的劳动力价值以及大量实验设备。

　　从赔偿总署给出的仅 5 亿美元赔偿总额看，西占区的赔偿被明显低估了。比如，报告评估西占区拆卸设备价值仅 1.435 亿美元。赔偿总署的评估标准是，这些设备在受偿国重新运转投入生产产生的实用价值，而不是对德国而言因拆卸设备而损失的价值。前者较后者而言，明显减少了拆迁损耗和生产效率降低可能性的评估。这种评估方法明显有利于受偿国，对西德而言是不公平的。事实上，在东德发生的因野蛮拆迁造成惊人损耗在西德同样存在，只不过没有东德那么严重。尽管将轻巧、相对贵重的机器拆卸下来和运走还是有可能的，但在预定的拆迁工厂中占大部分的还是重型、操

作不方便的机器设备,一般而言拆迁是不经济的。因为拆卸、装箱和运输的
费用往往大大超过机器设备本身的价值。使一个工厂脱离原来的环境,又
在完全是另一种条件的新地方重新安装,在大多数情况下是不经济的,会造
成很大的亏损。此外,拆迁后设备的再使用率通常不超过其原来价值的
10%到15%。[1] 英国外交大臣贝文在一次与马歇尔的谈话中曾提到,据英
国一个贸易委员会的估计,西占区被拆迁设备因为损耗与环境变化损失了
其原有价值的70%—80%。[2] 杜鲁门总统的赔偿事务代表波利也表示,被
拆迁设备在西德的原始价值比赔偿总署计算的要高出70%。[3]

西占区拆迁设备价值被低估的另一个原因是汇率。赔偿总署在估价
时,先将设备价值折算为马克,然后折算为美元(均按1938年价格计算)。
赔偿总署摒弃了传统的美元与帝国马克1:2.5的汇率,采用1:4的高汇率
折算成美元,使赔偿价值被进一步削减。设备拆卸也不可避免地对西占区
工业实力造成了影响。在赔偿各个阶段,尤其是最初阶段,拆走的都是特别
值钱的新设备。拆走了"生产上具有战略意义"的机器不可避免要造成超
比例的停产。一项关于西占区拆卸结构的精确分析报告表明,主要是把
1936年至1944年恶性膨胀的工业部门搬走了。[4]

在赔偿总署的统计中,被没收的德国海外资产按照1美元(1948年)=
0.498美元(1938年)的比率折算仅价值2.68亿美元,也被明显低估了。[5]
特别是战胜国没收自己领土上的德国资产时,该行为已超出了赔偿总署所
能监视的范围。各战胜国上报给赔偿总署的统计数字,只具有象征性意义,
德国的资产都被冠以最低廉的价格加以汇总。而根据战后德国人的统计,
德国在赔偿中损失的海外资产价值要高得多。1969年联邦德国在起草《赔
偿损害法案》时曾统计,德国损失的海外资产总值13.042亿马克(1938年
价格)。[6] 德国一个民间学术团体在50年代甚至提出了德国损失的海外资
产达到惊人的200亿—300亿马克。与一战后相比,德国这一次真正失去

---

[1] [德]卡尔·哈达赫:《二十世纪德国经济史》,杨绪译,商务印书馆1984年版,第97页。

[2] Foreign Relations of the United States, *General*; *The United Nations*, 1947, *Volume I*, Washington: United States Government Printing Office, 1973, p.309.

[3] Foreign Relations of the United States, *Council of Foreign Ministers*; *Germany and Austria*, 1947, *Volume II*, Washington: United States Government Printing Office, 1972, p.718.

[4] [德]韦·阿贝尔斯豪泽:《德意志联邦共和国经济史1945—1980年》,张连根、吴衡康译,商务印书馆1988年版,第17页。

[5] Inter-Allied Reparation Agency, *Report of the Secretary General for the Year* 1948, Brussels: Printed for the Inter-allied Reparation Agency, 1949, p.31.

[6] Jörg Fisch, *Reparationen nach dem Zweiten Weltkrieg*, München: C.H.Beck Verlag, 1992, S.209.

了它在国界之外的一切。

总而言之,尽管赔偿总署的报告严重低估了西德的赔偿,但如果对比苏联官方发布的同样存在严重低估的东德赔偿报告,西德无疑是幸运的。苏联宣布的东德赔偿总额 42.92 亿美元,赔偿总署宣布的西德赔偿总额 5.29亿美元。西德人口是东德的 2.5 倍,却只承担了相当于东德 1/8 的赔偿。

赔偿总署在报告中将西德赔偿归纳为拆卸设备、海外资产和商船三个部分,这明显是不符合事实且不完整的。在赔偿总署的监视范围之外,法国人和英国人都曾私下在各自占领区进行过一些拆卸活动,对这方面的数据已无法统计。法国人在 1945 年 9 月 1 日之前还曾以"战利品"的名义从法占区抢掠了大量军用品以外的物资,保守估计价值 3000 万马克。此外,关于西占区是否存在从同期产品中提取赔偿的行为,也存在争议。美英在产品赔偿问题上始终坚定不移地持反对态度,法国却不愿与它的盟友保持一致。德国在战后统计,截至 1948 年 3 月 1 日,法国从法占区运走农产品总值 6.829 亿马克。法国官方统计也显示,1947 年和 1948 年法国从法占区提取工业产品赔偿总值 5.454 亿马克。[1] 事实上,法国政府从来没有像美英那样承诺不要求产品赔偿。1947 年 3 月召开的莫斯科外长会议上,美英曾就此问题向法国施压。当时法国外长乔治·皮杜尔(Georges Bidault)迫于压力表示,"法国从未从同期产品中获取赔偿。我们为所有从德国获得的产品支付了货款,特别是按市场价格向德国支付了美元以购买煤炭"[2]。法国外长的说法与法占区的事实是完全相悖的,政治家的外交辞令总是充斥着虚伪与欺骗。法占区是四个占领区中面积最小的,其范围只相当于今天德国莱茵兰—法尔茨和萨尔两个州,人口数量也是四个占领区中最少的。由于法国重建的需要和对德国的仇恨,法占区人均承受了西部三个占领区最高的赔偿。

尽管坚定不移地反对从工业产品获取赔偿,但美国和英国并非不想从中渔利。他们通过另一种更隐蔽的方法变相获取赔偿:人为操纵西占区产品出口价格。由于对占领区进出口贸易拥有完全的控制权,美英故意压低其占领区出口价格,使其低于世界市场正常价格。这一情况特别表现在德国煤炭出口上。1945 年 5 月至 1947 年 9 月,鲁尔区产煤的出口价格是10.5 美元/吨,同期世界市场的煤价是 25—30 美元/吨。这种以低廉价格出口的德国原材料大多销往英国和美国,它与国际市场之间的差价就应视

---

[1] Mathias Manz, *Stagnation und Aufschwung in der französischen Besatzungszone* 1945–1948, Hg. Werner Abelshauser, Ostfildern 1985, S.73.

[2] Foreign Relations of the United States, *Council of Foreign Ministers*; *Germany and Austria*, 1947, *Volume II*, Washington: United States Government Printing Office, 1972, p.262.

为德国变相支付的赔偿。据保守估计,这种"赔本的出口"给西德带来损失约 30 亿马克。[1]

西占区还承担了一项不太突出却不容忽视的赔偿项目。西方盟国战后从德国抢走了大量专利、商标、设计图纸和科学家,此类软性资产可以概括为"知识财富"。美国人尤其热衷此道,二战后从德国劫走大批科学家已经众所周知。这种"知识财富"的流失给一个国家软实力造成的损失往往非常巨大,并且无法用某个科学的标准来衡量或量化。就这种"知识财富"赔偿而言,西德比东德支付的要多得多。

综上所述,要寻求一个准确的西占区赔偿总额是异常困难的。除了1951 年盟国赔偿总署发布的一个明显缩水的 5.023 亿美元总额,无论德国还是美国政府都从未发布过占领时期西占区赔偿的评估报告。2016 年 10 月 6 日,德国联邦财政部根据《联邦信息自由法》回复公民安妮卡·海曼(Annika Heimann)关于"列出德国已经支付或仍在支付的所有赔偿金"的要求,表示"对于三个西部占领区的赔偿,官方估计(基于不完整的数据)接近 400 亿马克(1938 年价格)"[2]。财政部没有对 400 亿马克的来源做任何说明,也难以令人信服。

目前仅见德国经济学家约尔格·菲施(Jörg Fisch)对此做了详细考证,汇总如表 14 所示[3]。

表 14:德国经济学家约尔格·菲施对西占区赔偿统计表

赔偿类别	价值(亿马克)(1938 年价格)		价值(亿美元)(1938 年价格)
拆卸设备、海外资产和商船			27.5
归还抢掠物品	5	合计 46.5	20.93
占领货币[4]	10		
掠夺、没收工业产品、黑市贸易、汇率操纵、"知识财富"隐性赔偿	31.5		
总计			48.43

---

[1]　Jörg Fisch, *Reparationen nach dem Zweiten Weltkrieg*, München: C.H.Beck, 1992, S.212.

[2]　Bundesministerium der Finanzen, *Antwort zu Frau Annika Heimann*, *BETREFF Informationsfreiheitsgesetz des Bundes(IFG)*, *Reparationszahlungen*, 2016. 10. 6, S.2.

[3]　Jörg Fisch, *Reparationen nach dem Zweiten Weltkrieg*, München: C.H.Beck Verlag, 1992, S.216.

[4]　"占领货币"(Besatzungsgeld)是二战后盟国军政府在德国发行的一种货币,用于盟国和德国机构之间的交易,1948 年货币改革后废止。约尔格·菲施认为这种没有实际价值的货币也是盟国获取赔偿的一种形式。

约尔格·菲施考证出的西占区 48.43 亿美元赔偿总额,追加认定了美、英、法占领国从西占区获取的很多"隐秘赔偿"。对比联邦德国全德事务部统计的苏占区 163.13 亿美元赔偿总额,权衡东西占领区的赔偿执行情况之后,约尔格·菲施对西占区赔偿的评估应该更接近事实真相。

（三）德国海外资产赔偿

根据《波茨坦协定》规定,除罗马尼亚、保加利亚、匈牙利、芬兰和奥地利东部以外地区的德国海外资产(包括国家资产与私人财产),都应归入西占区赔偿的范畴。这些巨额德国海外资产构成了西占区赔偿一个重要组成部分,有必要将其执行情况做单独陈述。

1947 年 11 月 21 日,盟国赔偿总署召开成员国代表大会,通过了《德国外部资产的会计准则》(Rules of Accounting for German External Assets),对德国海外资产的内涵和范围做了严格界定。"德国"一词是指截至 1937 年 12 月 31 日该国疆域内的领土。那么,1936 年德国军队收复的莱茵兰区属于德国,1938 年德国吞并的奥地利和苏台德区不属于德国,后者占有的德国资产就属于"海外资产"。"资产"(assets)一词是指所有财产,无论是动产还是不动产,以及财产中的任何权利、所有权或利益。"扣押"(seizure)或"查封"(seized)是指对德国资产进行保管、扣押、封锁、归属或没收。海外资产的所有人包括 4 个群体:(1)德国国家、政府、市政和其他公共机关和组织,以及德国纳粹党;(2)任何在 1946 年 1 月 24 日拥有德国国籍,并且在该日身处德国境内或在德国有住所的个人;(3)任何作为德国国民,在 1946 年 1 月 24 日之后被强制遣返回德国的个人,或打算被强制遣返回德国的个人;(4)在德国境内并根据德国法律组织的任何法人或非法人团体。[①] 如此一来,德国国家和私人的几乎所有海外资产都被纳入赔偿征收的范畴,德国自近代以来几个世纪对外拓殖和投资积累的海外财富顷刻间荡然无存。

赔偿总署受命与持有德国海外资产的国家政府进行协商,并将索取到的德国财产分配给各成员国。同时,根据巴黎赔偿会议的规定,每个成员国都有权力没收各自领土内的德国海外资产归自己所有。德国在美国、法国、英国和挪威都有大量的海外资产,此类资产都已被所在国各自没收,不再赘述。特别需要注意的是,德国在大战中立国隐藏的大量财产,如何从这些中立手中追回德国资产,成为摆在赔偿总署面前的一道难题。赔偿总署与

---

① Inter-Allied Reparation Agency, *Report of the Secretary General for the Year* 1948, Brussels: Printed for the Inter-allied Reparation Agency, 1949, pp.91-92.

三个二战中立国(西班牙、瑞典和瑞士)的谈判及其成果,展示了德国海外资产清算、估值和索回的复杂性。

关于西班牙境内的德国资产的谈判从 1946 年持续到 1948 年。赔偿总署估计,德国在西班牙的官方和非官方资产的总价值在 5.25 亿至 5.5 亿西班牙比索塔之间。[①] 1948 年 5 月 10 日,赔偿总署与西班牙签订《与西班牙达成的关于德国外部资产的马德里协议》。西班牙同意没收 1945 年 5 月 5 日仍位于其境内(包括本土和殖民地)的价值约 8000 万比索塔的德国资产用于赔偿。西班牙政府从中抽取 26.5%用于抵充纳粹德国对其欠下的债务,美国和英国各从中获得 28%作为赔偿,法国获得 16%,剩余分给赔偿总署其他 15 国[②]。1949 年 5 月,西班牙政府又拨付了 5000 万比塞塔。

1946 年 5 月 29 日,赔偿总署与瑞典就瑞典境内德国财产移交问题在华盛顿展开谈判。瑞典从一开始就承认替纳粹藏匿资产使其用于纳粹复兴是非法的行为,但争论在于盟国要求接管纳粹资产的合法性。双方于 7 月 18 日签订《与瑞典达成的关于德国外部资产的华盛顿协议》,对瑞典境内 3.78 亿克朗(9070 万美元)的德国资产做如下分配:(1)5000 万克朗(1250 万美元)的德国财产交给国际难民委员会(即后来的国际难民组织)。(2)7500 万克朗(1800 万美元)扣除英、法、美三国的赔偿份额后交给赔偿总署。(3)1.5 亿克朗(3600 万美元)的德国财产用于援助德国,预防疾病和动乱的发生。(4)剩下的用于盟国从瑞典及其他国家购买必备品,以恢复德国经济。[③] 1948 年 6 月,瑞典要求只提供赔偿给欠有瑞典债务的国家,遭到赔偿总署的拒绝。瑞典后来向南斯拉夫提供了 1000 万瑞典克朗,但是没有其他进一步措施。[④]

众所周知,二战期间纳粹德国曾将大量抢掠的财物包括黄金转存在瑞士的银行,时至今日关于"纳粹黄金"的争论依然在继续。1943 年 6 月,《苏黎世金融时报》发表了一篇文章,全文刊登了盟国在 1943 年 1 月向瑞士银行界发出的震撼性警告:盟国宣布纳粹通过中立国收购或转移财产的交易

①　Inter-Allied Reparation Agency, *Report of the Secretary General for the Year* 1948, p.27.

②　Inter-Allied Reparation Agency, "The Madrid Accord with Spain On German External Assets", in *Report of the Secretary General for the Year* 1948, Brussels: Printed for the Inter-allied Reparation Agency, 1949, pp.84-89.

③　Inter-Allied Reparation Agency, "The Washington Accord with Sweden On External Assets", in *Report of the Secretary General for the Year* 1948, Brussels: Printed for the Inter-allied Reparation Agency, 1949, pp.79-80.

④　Inter-Allied Reparation Agency, *Report of the Secretary General for the Year* 1948, Brussels: Printed for the Inter-allied Reparation Agency, 1949, p.27.

为非法,并将在战后对此展开清算和索偿。1946 年盟国经济情报机构曾经对瑞士的纳粹资产进行了详细评估,得出结论是:纳粹拥有或控制了共计358 家瑞士企业。纳粹对其中 263 家企业的投资达 1.14 亿美元。这些企业遍及所有经济领域:纺织业 6 家、运输业 6 家、保险业 15 家、零售批发业67 家、化工业 15 家、机械制造业 11 家以及其他 7 类企业,每类至少 3 家。此外,还有 9 家银行、330 个持股和金融公司。对于这笔财富的总价值,美国财政部估价为 5 亿美元,国务院估价为 7.5 亿到 10 亿美元。另外,纳粹还将掠夺而来的巨额黄金、货币、宝石和艺术品藏在瑞士银行的保险库中。英国在战后对已追回的 53 幅绘画进行估价,其价值在 48 万美元左右。估计所有被掠夺的艺术品价值在 3.9 亿至 5.45 亿美元之间。①

　　战后盟国就德国资产清算问题与瑞士政府展开了长期谈判。早在盟国发布《波茨坦宣言》要求中立国归还纳粹财产时,瑞士就表示强烈抗议,声称这与瑞士的法律相矛盾。美国以冻结瑞士在美国的所有账户相威胁,迫使瑞士政府走上了谈判桌。1946 年 3 月,美、英、法与瑞士之间的正式会谈在华盛顿召开。瑞士代表依然坚称,盟国要求得到德国在境外的资产是违法的,侵犯了瑞士的主权。美国则不断施加压力,经过艰难的谈判,各方于5 月 26 日签署《与瑞士达成的关于德国外部资产的华盛顿协议》。协议规定:在德国境内的德国人在瑞士的财产清算收益,50%应归瑞士政府所有,50%应交由盟国处置用于赔偿;瑞士政府承诺将 2.5 亿瑞士法郎(折合5810 万美元)交由三个盟国政府处置,并从纽约联邦储备银行金库按要求以黄金支付。盟国政府方面声明,在接受这笔款项时,他们将以自己的名义和其发行银行的名义放弃对瑞士政府和瑞士国家银行提出的与瑞士在战争期间从德国获得的黄金有关的所有要求。②

　　但是,瑞士政府迟迟不愿全面履行协议,在赔偿问题上虚与委蛇百般推脱,以德国马克与瑞士法郎的汇率尚未固定为由拒绝支付。赔偿总署被迫于 1948 年 6 月 15 日发表声明,鉴于瑞士政府"合理的意见",要求瑞士预付1 亿瑞士法郎作为先期赔偿。瑞士政府依然拒绝并于 7 月 12 日提请国际仲裁。③ 7 月 14 日,赔偿总署报告称瑞士保存有纳粹德国从荷兰掠夺的价

①　卜晓沛:《纳粹黄金——二战中纳粹德国与中立国的黄金问题》,《战争史研究》2008 年第3 期。

②　Inter-Allied Reparation Agency,"The Washington Accord with Switzerland On External Assets",in *Report of the Secretary General for the Year* 1948,p.75.

③　Inter-Allied Reparation Agency,*Report of the Secretary General for the Year* 1948,Brussels:Printed for the Inter-allied Reparation Agency,1949,p.26.

值约 6000 万美元的黄金,但瑞士政府又拒绝同荷兰讨论归还问题。瑞士政府的顽固态度使赔偿总署与瑞士的交涉持续到 1952 年,结果也不尽如人意。直到今天,瑞士银行在二战犹太人无主财产问题上的消极态度仍然饱受国际社会的抨击。

小　结

　　"第一次世界大战后,盟国未能执行一项有效的德国赔偿方案,这种情况绝不能再发生了。"[①]盟国国际赔偿总署 1946 年工作报告的第一句话,展示了同盟国对待二战后德国赔偿事务的共同意志和逻辑起点。相比一战后的德国赔款政策,二战后盟国对德国战争索赔政策显然是相对成功的。美、英、苏三大国之间就德国赔偿问题进行了长期争论,基本上形成了美英与苏联相对立的局面。苏联的态度成为这场谈判中最大的变量,表现出强烈的实用主义色彩,美英对此无可奈何。同盟国领导人吸取了上次大战后赔款失败的教训,在雅尔塔和波茨坦会议上分别确定了"实物赔偿"和"分区赔偿"两个切实可行的基本原则,确保了赔偿政策能够迅速有效地实施。尽管结果并不尽如人意(尤其是"分区赔偿"原则),但这已是消除盟国内部分歧的最佳方案。美国刻意寻求在德国赔偿问题上甩开苏联,双方在赔偿问题上继续合作的任何可能性都已经不存在了。将德国赔偿问题纳入战后国际大背景中可以看出,盟国在赔偿问题上的争执第一次暴露了东西方盟国之间的裂隙,是苏联与美英从战时的精诚合作迈向战后的冷战对抗的第一步。从雅尔塔到波茨坦会议,苏联与美英虽然在表面上就赔偿问题达成了一致,但双方对赔偿理解的巨大差别已经暴露无遗并且日益扩大。特别是在两次会议之间召开的莫斯科赔偿委员会,西方特别是英国代表与苏联代表争吵不休,会议最终没有解决任何问题,被认为是一次完全失败的会议。波茨坦决议虽然允许苏联从西占区获取赔偿,但在具体执行过程中双方都是互相猜忌而非彼此信任,西方害怕苏联索取无度,苏联责怪西方有所保留。1946 年 5 月 3 日,克莱将军宣布美占区停止执行赔偿交付计划,这一明显针对苏联的行为使双方矛盾公开化了。这是美国在德国对抗苏联的第一个公开行动,克莱后来也表示"这是美国同苏联对德政策的第一次破裂"。从总体上说,1945 年到 1946 年甚至直到 1947 年 3 月"杜鲁门主义"提出之前,东西方都保持着至少表面上良好的盟友关系,双方在重大国际问

---

① 　Inter-Allied Reparation Agency, *First Report of the Secretary General for the Year* 1946, p. 1.

题上还能互相合作。但事实上,潜藏在表面下的裂痕正在逐渐上升到意识形态领域,在赔偿问题上的矛盾便是最初的也是最明显的表现。在美英政治家的眼里,苏联在占据了东欧的统治权之后又在赔偿问题上一味索取就具有了某种政治色彩(意图通过削弱德国向西方渗透)。而在斯大林看来,美英在赔偿问题上的不合作似乎是在保留德国的工业实力,以便将德国再度扶持成为对抗苏联的工具。互相之间的不信任只能使冷战的步伐加快到来。到1948年3月盟国管制委员会正式破裂,因此赔偿物资停止从西占区向东占区运送,至此标志着雅尔塔和波茨坦协议所规定关于德国赔偿问题的解决方式被彻底放弃了,盟国从此终结了在赔偿问题上的合作。

　　占领时期的德国赔偿并不是一个独立的事件,它是战后盟国处置德国问题的一个组成部分。赔偿的执行源于盟国不同的赔偿政策,赔偿事务本身又对战后德国的发展产生了积极和消极的影响,因此不能将其作为一个孤立事件来看待。从积极方面来看赔偿的执行是与德国"非工业化"改造紧密联系的,对德国重工业设备的大量拆卸彻底消除了德国短时期内在军事上重新崛起的可能,工厂和设备拆卸本身就成为"非工业化"改造的一个组成部分,在某种意义上两者互为手段和目的的关系。同时赔偿也对战后盟国在德国进行的"四化"改造——非纳粹化(Entnazifizierung)、非军事化(Entmilitärismus)、非卡特尔化(Entkartell)和政治民主化(Politische Demokratie)——起到了一定的促进作用。消灭军事工业,对基础工业进行"非卡特尔"化的改造,这些措施彻底摧毁了德国自19世纪末以来所固有的"军事垄断资本主义"经济体制,从而断绝了德国军国主义的经济根源。赔偿的执行甚至还导致了另外一种出乎盟国意料的积极结果——帮助了西德的现代化重建,因为"它清除了德国工厂、设备和管理中陈旧和过时的东西,从而为德国迅速成为欧洲最现代化、效率最高、经济实力最雄厚的国家奠定了基础"①。另一方面,战争赔偿的支付有助于让德国人更清醒地认识到其战争罪行的深重。在德国人的注视下夺走他们的工业设备和产品,对比单纯的政府支付赔款行为,这无疑能够给德国人的心灵带来更加强烈的震撼。战后历史的发展表明了德国人在认罪态度上一直表现出极大的诚意。从这一点上来说,占领时期的赔偿真正达到了它的目的。

　　但是,纵观战后德国和世界历史的发展,我们不难发现占领时期的德国赔偿也存在着重大的消极影响,从更加理性的角度来看,这些消极影响其至

---

① [美]埃德温·哈特里奇:《第四帝国的崛起》,范益世译,世界知识出版社1982年版,第83页。

超过了上述的积极影响。它们主要表现为以下两个方面：

首先，东西占区执行赔偿的巨大差别对战后德国经济产生了重要影响。随着冷战的到来，为了复兴德国对抗苏联，美英千方百计削减西占区的赔偿计划，不断调整工业水平计划。正是由于拆迁工厂数量的不断减少，西德的生产能力不但没有遭到严重削弱，甚至在一定程度上还得以保持和增长。尽管遭受战争的破坏，1945 年德国的股本（Stammkapital）甚至高于 1939 年的水平，而且从 1945 年到 1948 年，因贬值和维护不善所导致的损失都高于因拆迁所带来的损失。正是由于工业设备的大量保留和美国的援助，战后西德的重建就建立在一个较高的起点之上，为后来联邦德国创造经济奇迹打下了重要基础。相比之下，东德负担的赔偿是一个不成比例的巨大负担。苏联在占领时期不仅没有给予东德经济援助，而且采取了一切可能的手段索取赔偿。从拆迁工厂到提取工业产品，东德支付赔偿的范围之广、时间之长、数量之多都远远超过了西德。由于失去了大量工业设备，东德在战后经济发展的起跑线上就输给了西德。事实上在战后初期，苏占区工业的发展是较为迅速的。① 但主要是由于拆迁造成的后果，东德在工业劳动生产率上对西德保持的优势在 40 年代末不复存在。甚至在 1951 年到 1955 年民主德国第一个五年计划期间，苏联的赔偿要求也居于绝对优先地位首先予以满足。东德的工业生产水平直到 50 年代中期才超过纳粹德国 1944 年的最高水平。战后两个德国经济实力差距悬殊的情况一直存在，甚至直到今天，在德国统一多年后，德国东部的经济状况仍大大落后于西部。当然我们也不能将东部落后的责任完全归咎于赔偿的执行，工业基础差、自然资源匮乏也是东部落后于西部的重要原因。另一方面，苏联没收德国工业的行为使一些德国人对苏联及民德政府日益不满，以致大批东德人逃到了西方。莫洛托夫后来在回忆中也承认了这一点："我们一点一点地、静悄悄地创造出我们自己的德国——德意志民主共和国。如果我们把一切东西都从他们的国家拿走，这些人（东德人）会怎样看待我们……我们毕竟拿走了希望与我们合作的德国人的东西。"②

其次，分区赔偿的执行在事实上促成了东西德经济的分裂，为日后德国的分裂埋下了伏笔。无论美英还是苏联领导人在雅尔塔和波茨坦决定对德

---

① 战后初期苏占区和西占区工业生产指数（1936 年为 100）的对比情况是：1946 年分别为 42% 和 33%，1947 年为 54% 和 38%，1948 年为 71% 和 60%。苏占区工业生产恢复速度较西占区更快，但也应考虑苏占区工业规模较小的因素。

② ［俄］弗拉迪斯拉夫·祖博克、康斯坦丁·普列沙科夫：《克里姆林宫秘史》，徐芳夫译，世界知识出版社 2001 年版，第 69 页。

国实施分区占领和分区赔偿的时候,都没有想过要使德国分裂为两个国家。然而决策的客观结果是,分区赔偿的实施切断了各占领区之间原有的经济联系,使德国统一的经济基础遭到破坏。虽然盟国领导人表示要将德国作为一个统一的经济实体来对待,但在分区赔偿实施后这只能成为一个美好的愿望。特别是1946年5月3日美国违反《波茨坦会议公报》关于赔偿的规定,公开宣布西占区停止向苏联支付赔偿,不仅表现出西占区经济独立的企图,而且极大地刺激了苏联。此后,苏联拒绝了美英方面制定统一的德国经济政策的所有提议。各占领国特别是苏联和法国在自己的占领区内各行其是,实施互不相同的经济政策。工业的振兴需要原料和市场,然而现在这一切都需要在占领区内自行解决了。例如,英占区急需苏占区的粮食,苏占区的工业急需鲁尔的煤炭资源,这些原本在德国国内自由流通的资源现在往往需要获取者为之加倍付钱购买,甚至还根本得不到。在原来第三帝国的版图内,苏占区处于中心的位置,这一地区对传统的区域间经济联系依赖最为强烈。该地区缺乏基本的工业原料,在战争结束时,它的煤和生铁产量约占第三帝国的2%,钢产量约占7%,工业生产几乎完全依赖西部的原料供给。1945年以后,苏占区不仅和西方,而且和奥德—尼斯河以东地区的经济联系也被切断了。德国东部被割让领土占第三帝国面积的24%,是传统意义上的德国粮仓。该地区在数百年的时间里都向德国西部和中部输送粮食换取工业产品,这种天然的经济联系现在却变成了德国与波兰之间的国际贸易,德国内部的传统经济结构被完全破坏掉了。苏联从苏占区运走了大量粮食、机器和工业产品作为赔偿,使原本资源匮乏的东德工业雪上加霜。经济基础决定上层建筑,抛开东西占区经济制度的差异,分区赔偿的执行已经在事实上促成了德国的分裂。

第三章 冷战时期联邦德国政府 与企业的战争赔偿

尽管德国在1945年至1949年的占领期间已经被迫向战胜国支付了大量战争赔偿,但这种赔偿并不能彻底洗刷它在第二次世界大战中犯下的罪行,德国进行赔偿的历史使命并未完结。从某种意义上,赔偿代表了一种态度,体现了一种责任,赔偿也是向曾经的战争受害者赎罪的一种方式。1949年德意志联邦共和国(以下简称"联邦德国")建立后,主动接过了战争赔偿的历史重任,其赔偿的主要对象转向民间的战争受害者,因此这一阶段赔偿的主体、受体及执行方式都较前一阶段有了重大变化,德国战争赔偿进入了一个崭新的阶段。阿登纳政府以赔偿作为外交手段,积极同以色列政府和犹太人世界进行赔偿谈判,谋求重建德国的形象,重获国际社会的信任。不仅如此,联邦德国还创造性地将战争赔偿延伸到法律和企业领域,一方面通过立法从法律的高度确保战争受害者获取赔偿的权利,另一方面促使德国大企业对曾经奴役过的外国劳工进行赔偿,赔偿的力度和覆盖面都大大加强了。

在此还需要对冷战期间民主德国政府对待战争受害者赔偿的政策进行说明和解释。民主德国执政党"德国统一社会党"(Sozialistische Einheitspartei Deutschlands)原则上认为,在道德层面,民主德国继承了二战反法西斯主义者的精神和传统;在法律层面,民主德国是一个脱离了传统德国历史进程的全新的国家。因此,与"第三帝国"的合法继承者联邦德国相反,民主德国不需要对希特勒法西斯的罪行负责,也不背负二战受害者赔偿的义务。这种解释在事实上是有依据的。在苏联占领区,支持纳粹政权的大型工业大部分被没收,司法和行政部门也基本上清除了纳粹官员,其"非纳粹化"的程度比西部占领区和联邦德国要彻底得多。拒绝向以色列国或犹太人世界支付赔偿金,理由是民主德国已经履行了《波茨坦协定》规定的赔偿义务。通过拒绝以色列的赔偿要求,民主德国领导层还希望推动阿拉伯国家在国际上承认民主德国的合法地位。因此,冷战时期联邦德国承担了几乎所有的二战赔偿任务,本章不再单独陈述民主德国的战争赔偿政策。

第一节　阿登纳政府对犹太人世界的战争赔偿

反犹主义是人类历史上最深远的仇恨,这种仇恨在第二次世界大战中发展到了顶峰。希特勒上台后,纳粹德国对犹太民族犯下了滔天罪行,对犹太人实行残酷的种族灭绝政策并大肆掠夺犹太人的财产,在欧洲约有 600万犹太人死于纳粹屠刀之下,这段历史也成为犹太人历史上最为悲惨和血腥的一页。1948 年到 1949 年,以色列国和联邦德国相继建立,历史的悲剧带来的战争赔偿问题迫使这两个崭新的国家走到了一起,为各自的利益展开了一场艰苦的谈判,并最终在 1952 年 6 月 10 日签订了具有里程碑意义的《卢森堡条约》。该条约并非单纯的战争赔偿条约,它的签订凸显了新生的联邦德国长远的外交战略构想和西方国家集团内部的微妙关系,同时也开创了世界历史上战败国主动对战争受害者进行赔偿的先河。

一、阿登纳政府的"赎罪外交"和犹太人世界的索赔

（一）20 世纪 50 年代联邦德国支付赔偿的动力与困境

自从德国作为一个统一的大国崛起于欧洲大陆以后,它就成为危及欧洲乃至世界安全的最不稳定因素。20 世纪上半期,悬在欧洲人民头上的"达摩克利斯之剑"终于落下,德国强悍地发动了两次世界大战,将欧洲人民推入了灾难的深渊。二战结束后的欧洲残破不堪,人民生活贫困交加。回顾自德国统一到二战结束的这段历史,德国几乎是义无反顾地通过不断发动战争把自己推向了欧洲乃至世界人民的对立面,使自己几乎成为全人类的公敌,最终自食恶果。大肆侵略的历史使欧洲邻国对德国的印象积重难返——这是一个军国主义、极端民族主义和专制独裁的矛盾统一体。在两度遭受来自德国史无前例的侵略后,欧洲邻国无不以警惕和仇恨的目光注视着德国,同盟国也密切地审视着德国的一举一动,这就是联邦德国建立后面临的真实窘境。外交的孤独和道义的缺失使德国似乎注定要成为国际社会的弃儿。

综上所述,联邦德国是在极端困难的条件下开展外交活动的。具体表现为,联邦德国建立后,美、英、法三国仍然在西德保持军事占领,联邦德国并无主权独立和平等地位。更加伤害德国人民感情的是,冷战使德国陷入了长久的分裂,实现国家统一成为德国人民遥远的奢望。对于联邦德国的处境,上任伊始的康拉德·阿登纳（Konrad Adenauer）总理有着清醒地认

识，"我们的地理位置使我们处在生活理想完全对立的两大国家集团之间。如果我们不愿被碾碎的话，我们必须不是倒向这方，就要倒向那方。在两大国家集团之间采取一种中立态度，对我们民族来说是不现实的"①。在这种情况下，实行向以美国为首的西方世界"一边倒"的外交政策成为联邦德国唯一的选择。问题在于，重新融入国际社会并非联邦德国一厢情愿就能够实现的，如何化解欧洲乃至世界的不信任成为摆在以阿登纳为首的领导人面前最紧迫的任务。历史上德国暴力尚武的形象绝非一朝一夕就能够改变，如果期望获得欧洲和世界人民的谅解，联邦德国就必须为过去的罪行做出最诚挚的道歉。因此可以说，道歉和回归国际社会就是联邦德国建立后的外交第一要务，"建立对我们德国人的信任是最高的准则。对我们的这种信任增长的愈迅速、愈坚定，就将愈快地实现结成伙伴关系这一目标"②。恰在此时，以色列和犹太人世界组织向联邦德国发出了赔偿被掠夺的犹太人财产的要求，与犹太人的赔偿谈判就给德国表达战争反思、重回国际社会提供了一个绝佳的契机。

　　战后据专家估计，在整个纳粹统治期间，有高达 600 万犹太人惨遭杀害，高达上百亿美元的犹太人财产被掠夺、没收及征用。纳粹德国对犹太民族犯下的骇人听闻的罪行，在世界战争史上都是罕见的。尤其是纳粹残害犹太人的暴行在战后被逐步揭露，更激起了全世界人民的公愤。所以说，如果联邦德国要为过去的战争罪行道歉的话，那么向犹太民族道歉和赔偿就是义不容辞的责任。这不仅是道义上的责任，更是联邦德国民主化改造成败与否的标尺。

　　1949 年 7 月 31 日，美国驻德国高级专员约翰·麦克洛伊（John McCloy）在记者招待会上发表声明："德国人以何种方式对待犹太人，这是考验德国民主制度的试金石。"③在 1952 年联邦德国主权独立之前，麦克洛伊作为美国权力的代表，在某种程度上就是联邦德国的头号人物。这一声明传达的信息是，如果联邦德国试图重回西方世界，那么鉴于犹太人集团在美国政界的重要影响力，通过赔偿犹太人来取悦美国就不失为明智的选择。对此，阿登纳总理深谙其道。此后，阿登纳多次公开表示对纳粹暴行的谴

---

① ［德］康拉德·阿登纳：《阿登纳回忆录，1945—1953》，杨寿国译，上海人民出版社 2018 年版，第 76 页。

② ［德］康拉德·阿登纳：《阿登纳回忆录，1945—1953》，杨寿国译，上海人民出版社 2018 年版，第 212 页。

③ ［德］库仑特·比伦巴赫：《我的特殊使命》，潘琪昌、马灿荣译，上海译文出版社 1988 年版，第 76 页。

责,"再也没有比消灭犹太人这种勾当使德国更为名誉扫地而使我们不齿于别国人民的事情了"①。

联邦德国成立伊始,阿登纳就于 1949 年 11 月 11 日公开表示,新的德国政府决定"对施加于犹太人的错误行为进行赔偿……我们把这种赔偿看作是我们的义务"②。11 月 25 日,阿登纳接受《德国犹太人综合周刊》(Allgemeinen Wochenschrift der Juden in Deutschland)时表示,联邦政府打算向以色列国提供价值 1000 万马克的货物,作为德国人对全世界犹太人犯下的罪行得到纠正的第一个直接标志。③ 虽然这笔援助只有象征性意义,并且阿登纳政府的援助意愿没有得到以色列政府的回应,但它毕竟是新成立的联邦政府主动承担纳粹罪责迈出的第一步。阿登纳的声明代表了联邦德国第一代政治家的集体意志,社会民主党领导人库尔特·舒马赫(Kurt Schumacher)联邦德国第一任总统特奥多尔·豪斯(Theodor Heuss)联邦议员卡罗·施密特(Carlo Schmidt)等联邦德国政治精英都深刻认识到了德国人对犹太人背负的巨大道德责任。库尔特·舒马赫曾经被纳粹关押在布痕瓦尔德集中营 12 年,他在 1948 年初就坚定表示德国要向犹太人赔偿,并亲自到法兰克福的犹太人居住区访问以表明态度。这些联邦德国早期政治人物的态度表明,联邦政府已经做好了赔偿犹太人的思想准备。根据联邦德国外交档案的记录,联邦德国政府在 1951 年 1 月已经对赔偿问题的重要性有了清醒地认识:"联邦共和国与以色列关系的核心问题实质上就是,前德国公民,现在是以色列公民对德国的赔偿要求。"④

但是,真正要支付动辄几十亿马克的赔偿,仅有诚意是远远不够的。回顾 20 世纪 50 年代初期联邦德国面临的经济困境,才能深刻地理解德国领导人愿意支付赔偿需要的勇气与决心。

20 世纪 50 年代初期,西德经济虽然较此前占领时期已经有了很大改观,但仍然处于起步阶段。尽管美国尽力要把联邦德国拉入西方阵营,法国却由于对德国天然的恐惧而顾虑重重,对刚刚建立的联邦德国持怀疑甚至敌视态度。为了消除法国的恐惧,美国同意对德国战争的心脏——鲁尔区

---

① [德]康拉德·阿登纳:《阿登纳回忆录:1953—1955》,杨寿国译,上海人民出版社 2018 年版,第 103 页。

② Ronald Zweig, *German Reparations and the Jewish World: a History of the Claims Conference*, London: Frank Cass, 2001, p.18.

③ Akten zur Auswärtigen Politik der Bundesrepublik Deutschland 1949/50, München: Oldenbourg Verlag, 1997, S.75.

④ Akten zur Auswärtigen Politik der Bundesrepublik Deutschland 1951, München: Oldenbourg Verlag, 1999, S.21.

工业施行国际共管。1951年4月18日《欧洲煤钢联营条约》签订，"舒曼计划"开始实施，鲁尔区所有钢铁生产都被置于国际监督下，联邦德国才开始拥有经济上的平等地位。截至1950年中期，联邦德国接受美国"马歇尔计划"援助超过10亿美元，西德得到大量食物、工业原料和机械设备，工业发展逐渐走上正轨。虽然此时国内需求已逐步扩大，但出口形势仍不乐观。在1949年西德的人口比1936年同区域增长了21%，大量难民的涌入刺激了当地的消费，但1949年西德的出口只达到1936年40%的水平，出口物资中的20%还是原材料特别是煤。1950年朝鲜战争爆发导致全球范围的原材料短缺，西德进口原材料和半成品价格飞涨。1950年12月，西德进口原材料价格指数（对比1936年）为400%，出口制成品价格指数仅为251%，进出口价格波动趋势的严重偏差使西德对外贸易陷入困境。1951年西德出口增长放缓，各种工业原料和能源的短缺成为抑制出口增长的瓶颈。由于1951年用于支付进口的美元大大超过出口获得的美元盈利，联邦德国政府担心随着1952年"马歇尔计划"援助结束，西德对外贸易中的美元缺口将越来越大。这种美元短缺现象也将成为未来联邦德国对以色列赔偿的威胁。

联邦德国政府在赔偿问题上的积极举动，还应纳入50年代初联邦德国外交大局中考察，否则就不足以彰显以阿登纳为首的德国领导人在赔偿问题上的虔诚态度和深谋远虑。事实上，德以赔偿谈判正值联邦德国全力争取主权独立的时期，有很多更为重大的问题等待解决。1951年至1952年，事关联邦德国恢复主权与重新武装的谈判正在紧锣密鼓的进行。1951年9月，英、美、法三国外长在华盛顿举行会议，决定与联邦德国缔结《和平协定》以代替《占领法规》，决定通过与联邦德国谈判缔结四国协议，使联邦德国参加欧洲防务集团，结束其在政治、军事上的真空状态。从1951年9月开始，阿登纳和西方盟国经过9个月谈判，1952年5月26日在波恩签订了相互关系的"一般性条约"，即《波恩条约》。联邦德国获得了内部独立权，结束三国对联邦德国的军事占领（柏林除外），承认其是"国际社会中自由平等的一员"。5月27日，欧洲煤钢联营参加国在巴黎签订《欧洲防务集团条约》，联邦德国建立军队公开化、合法化。除了以上纷繁芜杂的外交事务，阿登纳政府还面临严重的财政困境。事实上，联邦德国当时还在接受马歇尔计划的援助，经济处于刚刚起步阶段，其即将参加欧洲防务集团又必将增加财政负担，是无法靠自身力量向以色列支付大规模赔偿的。尽管面对上述的众多重大外交事务和财政困难，阿登纳政府还是毅然将与犹太人的赔偿谈判放在很重要的位置上考虑，并没有选择退缩。可以说，没有长远的战略眼光是无法做到这一点的。阿登纳对此的感受是，"不管我们的财政状况如何，同犹太人代表进行谈判以取得圆满的结果，始终是最为重要的一项义务。在这种局面下，必须把政治放在经济和财政之前首先予以考虑"①。

（二）伦敦债务谈判

1951 年到 1953 年关于德国战前债务的伦敦债务谈判，与联邦德国和以色列的赔偿谈判几乎同期进行，并对后者乃至整个冷战期间的德国赔偿事务产生了重要影响。学界和坊间常常误认为伦敦债务谈判旨在解决遗留的德国一战赔款问题。事实上，此处的债务特指 20 世纪 20 年代魏玛德国向国外大量发行债券又无力偿还而形成的债务②，魏玛德国中央政府、州政府和市政府都是举债方，美、英、法等 20 多个国家则是债权国。希特勒上台后，纳粹德国拒绝偿还这笔债务。在联邦德国成立时，西方盟国就要求它作为纳粹德国的继承人，负有向外国政府或私人偿还德国战前债务的责任。美国政府要求，联邦德国政府"对德意志帝国的战前外债负有责任，承认由占领国援助联邦德国的开支所产生的债务，并肯定由这些援助引起的偿还要求优先于其他的对德国赔偿要求"③。此外，联邦德国还要偿还二战结束后美国和英国对西德援助和贷款产生的债务，包括 1946 年西占区的平民救济行动和 1948 年至 1951 年的"马歇尔计划"。联邦德国回到国际经济体系的最重要前提是信用的恢复，也就是说以结清各种公私外债为前提。偿还外债还关系到联邦德国能否获得完全的主权。但是，在联邦德国建立的最初几年，由于复杂的国际贸易形势和西德经济前景尚不明朗，无论外国政府还是经济学家均对此不抱太大希望。

1951 年 3 月 6 日，为了在联邦德国和其他国家之间尽快建立正常的经济关系，阿登纳要求财政部尽快起草一项偿还计划，"解决政府和私人对德国和德国公民的赔偿要求"④。需要注意的是，阿登纳在此处明确排除了对二战损害的赔偿要求并且得到了美国的支持。盟国成立了一个"德国外债问题三方委员会"（Tri-Partite Commission on German External Debt）进行对

①　［德］康拉德·阿登纳：《阿登纳回忆录：1953—1955》，杨寿国译，上海人民出版社 2018 年版，第 112 页。

②　魏玛德国债券的一部分确实用于支付一战赔款，本书第一章"一战后德国战争赔偿的'闹剧'"中已有详述。

③　Foreign Relations of the United States, *Central and Eastern Europe*；*The Soviet Union*, 1950, Washington：United States Government Printing Office, 1980, p.770.

④　［德］康拉德·阿登纳：《阿登纳回忆录，1945—1953》，杨寿国译，上海人民出版社 2018 年版，第 403 页。

接,双方在 6 月、7 月间讨论了德国偿还债务的总额和方式。

1952 年 2 月 28 日,联邦德国与美、英、法等 23 个国家在伦敦开始债务谈判,讨论联邦德国需要支付的外债总额和获取国外贷款的额度。联邦德国能否恢复信用、获得国外贷款在此一举。只有获得国外贷款,联邦德国才有能力向以色列和犹太人世界支付美元赔偿。德国方面首席谈判代表是时任德意志银行总裁赫尔曼·约瑟夫·阿布斯(Hermann Josef Abs)博士,此人作为银行家的谨慎态度对同期在瓦森纳尔举行的德国与以色列赔偿谈判产生了重要影响。联邦德国此时同时进行的两项国际活动看起来自相矛盾。阿布斯想尽办法要在伦敦债务谈判中减轻联邦德国背负的债务,阿登纳却准备通过瓦森纳尔谈判使联邦德国背上一项空前巨大的新债务——对犹太人的赔偿。阿布斯认为,向犹太人做出赔偿承诺的同时要求西方国家削减德国债务是不公平的。他始终怀疑联邦德国支付债务或赔偿的能力。作为一名经验丰富的银行家,阿布斯清醒认识到 1952 年联邦德国财政仍然面临着美元短缺,而对外的债务或赔偿都需要美元来支付。但是,银行家的眼光始终没有政治家高明,阿登纳看到的问题实质是,伦敦债务谈判首先处理的是纯粹债务的经济问题,而瓦森纳尔谈判首先处理的是更高层次有关道义的政治问题。两场谈判的结果对阿登纳政府都至关重要。伦敦债务协定重建了波恩政府在西方世界的财政信用,瓦森纳尔达成的协议则重建了德国在道义上的形象。

1953 年 2 月 27 日,各方最终达成《关于德国国外债务的协定》(Abkommen über deutsche Auslandsschulden),又称《伦敦债务协定》(Londoner Schuldenabkommen)。联邦德国的债务被大幅豁免近 50%——需要偿还的外债总额从 293 亿马克缩减到 145 亿马克,还款期限为 1953 年到 1994 年。美国基于占领区救济基金和"马歇尔计划"要求的 32 亿美元债务降低到 12 亿美元。英国的债务从 8.14 亿美元降到 6.05 亿美元,法国的债务从 1600 万美元削减到 1200 万美元。[①] 从 1951 年至 1952 年的经济状况来看,联邦德国似乎仍然负担不了这种重担。但几年以后的事实表明,西德可以毫不费劲地通过繁荣的对外贸易和日益增长的外汇收益来支付上述款项。《伦敦债务协定》规定的债款交付期限本来延长至 1994 年,但联邦德国在 1966 年就提前归还了全部债款。第一次世界大战后,赔款问题曾使国际关系受到极大阻碍,而这一次却以一种对联邦德国有利的方式解决了。联邦德国

---

① ［德］韦·阿贝尔斯豪泽:《德意志联邦共和国经济史 1945—1980 年》,张连根、吴衡康译,商务印书馆 1988 年版,第 122 页。

再次加入西方世界的金融体系,已经不再有什么障碍了。①

《伦敦债务协定》规定偿还的外债在严格意义上不属于本书讨论的范畴,其性质既不属于战胜国赔偿也不属于个人受害者赔偿,但它给联邦德国政府带来了与战争赔偿同期执行的一笔重要支出。更重要的是,《伦敦债务协定》虽然帮助联邦德国重返西方世界,却对其后的德国赔偿事务产生了深远的消极影响。协定文本第5款《协议不包括的索赔》第2条规定,"对与德国处于战争状态的国家或其领土被德国占领的国家以及这些国家的国民,对帝国和代表帝国行事的机构或个人因为第二次世界大战而进行的索赔,包括德国占领的费用、占领期间在清算账户中获得的信贷余额以及对帝国信贷银行的索赔,均应推迟到赔偿问题的最后解决"②。这一条款得到了美英法的支持,却在当时激起了其他参会国家的激烈抗议。将二战赔偿"推迟到赔偿问题的最后解决",却没有明确最终解决的时间。联邦德国方面的解释是,所谓"最后解决"的时间,就是德国与战胜国签订"和平条约"之时。因为冷战的延续,签订和平条约遥遥无期。如此一来,联邦德国就可以处于《伦敦债务协定》的保护之下,无限期地拖延所有源于二战的赔偿要求。整个冷战期间的事实表明,每当联邦德国政府和企业不愿受理受害国政府和人民赔偿申请的时候,《伦敦债务协定》都发挥了冠冕堂皇的挡箭牌作用。

特别需要说明的是,这一"赔偿问题推迟解决"条款是美国政府提出并强迫联邦德国接受的,目的是将赔偿问题切割出去尽快结束债务谈判,断绝所有东欧社会主义阵营国家的赔偿要求,进而掌控联邦德国的财政和外交。美国政府的这种行事逻辑,与1951年对日本媾和的旧金山会议如出一辙。在《旧金山和约》(Treaty of San Francisco)中,除了象征性的"劳务赔偿"之外,美国强迫各盟国及其国民放弃对日本的一切战争赔偿要求,同样是出于冷战需要的一己之私。至于美国政府为何又在20世纪50年代支持且帮助犹太人向联邦德国索取赔偿,则是因为犹太人在美国政界的巨大能量,以及犹太人世界索取赔偿的不懈努力。

（三）犹太人世界索取赔偿的努力

在犹太人世界,犹太民族蒙受的巨大灾难促使犹太人的战后赔偿问题被早早提上日程,在此方面最为积极的是美英的犹太活动家。1939年10

---

① ［德］韦·阿贝尔斯豪泽:《德意志联邦共和国经济史1945—1980年》,张连根、吴衡康译,商务印书馆1988年版,第123页。

② Abkommen über deutsche Auslandsschulden, in *Bundesgesetzblatt* 1953 *II*,S.340.

月,战争爆发后,从事难民救济的英国犹太社会工作者索洛蒙·阿德勒·鲁德尔(Shalom Adler Rudel)立即起草了一份备忘录,就搜集有关犹太人向德国索赔的准确信息提出了具体建议。[1] 1940 年春,美国犹太人委员会(American Jewish Committee)成立了由莫里斯·R.科恩(Morris R.Cohen)教授领导的和平研究委员会,首次提出了德国应在战后对欧洲犹太人进行赔偿的问题。1941 年 3 月,已经将总部从日内瓦迁到纽约的世界犹太人大会(World Jewish Congress)成立由雅各布·鲁滨逊(Jacob Robinson)博士领导的犹太人事务研究所(Institut für jüdische Angelegenheiten),集中精力研究在未来德国战败后如何为犹太人争取尽可能高的赔偿。

犹太人很早就意识到,要求战败国向受迫害的少数民族支付赔偿,这背离了以往的国际法惯例。要实施这样的计划,尤其要依靠犹太人掌控的舆论来刺激有关政府采取行动。为此,1941 年 11 月,世界犹太人大会在美国巴尔的摩召开年会。尽管此时纳粹德国正处于其权力的巅峰,但世界犹太人大会仍然讨论了德国战败、解放被占领国家、赔偿所有被盗抢财产等问题。世界犹太人大会主席纳胡姆·戈德曼(Nahum Goldmann)在开幕词中说:"谁会怀疑我们完全有权在战后为欧洲的犹太人提供国际援助? 如果支付赔偿,我们是第一个有权获得赔偿的人。"[2]

二战期间,大批遭到纳粹德国驱逐流亡到美国、英国和巴勒斯坦的犹太学者都在积极研究战后向德国索取赔偿的问题。1944 年,随着有关纳粹大规模屠杀的资料的积累,要求对犹太人民进行集体赔偿的呼声逐渐形成。1944 年,尼赫迈亚·鲁滨逊(Nehemiah Robinson)博士出版《补偿与赔偿》(*Indemnification and Reparations*)一书,指出犹太人世界应从多个方面向战后德国政府索取赔偿,德国应该归还没收的所有犹太人财产,并对整个犹太民族进行集体赔偿。他估算由于纳粹迫害导致犹太人损失高达 120 亿美元。鲁滨逊还建议成立一个继承组织,利用德国赔偿的财产来帮助全世界的犹太人受害者。[3]这些关于德国赔偿犹太人的道义责任的阐释,以及纳粹德国造成的犹太人物质损失的估计,都为战后犹太人的索赔提供了理论基础。

---

[1]　Nana Sagi, "Die Rolle der jüdischen Organisationen in den USA und die Claims Conference", in *Wiedergutmachung in der Bundesrepublik Deutschland*, Oldenbourg Wissenschaftsverlag, 1988, S.99.

[2]　Nahum Goldmann, *The Autobiography of Nahum Goldmann: Sixty Years of Jewish Life*, New York: Holt, Rinehart and Winston, 1969, p.216.

[3]　Nicholas Balabkins, *West German Reparations to Israel*, New Brunswick: Rutgers University Press, 1971, p.81.

　　1944 年 11 月 26 日至 30 日,世界犹太人大会在美国大西洋城召开年会。这是战争期间规模最大的一次国际犹太人会议,代表 40 个国家犹太社区的 269 名代表参加了会议。大西洋城会议重点讨论了战后重建问题,通过的决议中有两项涉及战后赔偿问题:"第 4 号决议:要求德国对幸存的犹太社区和纳粹谋杀及盗窃财产的犹太受害者所遭受的损失给予补偿和赔偿。第 5 号决议:承认犹太人民有权为他们自己及其机构所遭受的物质和精神损失,或为那些不能自己提出要求的犹太人(或其继承人)的损失获得集体赔偿的原则。这些赔偿用于巴勒斯坦的犹太人定居点建设。"①

　　二战结束后,整个德国被占领时期(1945—1949 年)犹太人世界一刻也没有停止要求德国赔偿,很多犹太活动家和学者为了犹太民族的利益在全世界奔走呼吁。但由于德国此时的无主权状态和四个占领国之间意见不合,犹太民族的愿望迟迟没有实现。1945 年欧洲战事结束后,犹太人世界中关于向德国索取赔偿的事务被迅速提上日程。凯姆·魏兹曼博士(Dr. Chaim Weizmann)是未来以色列国家的第一任总统,在 1945 年 9 月 20 日以巴勒斯坦犹太人办事处的名义向各战胜国发信,要求确保犹太人向德国索取赔偿的权力,被纳粹德国掠夺的所有犹太人房产、艺术品等一切有价物品都应归还给原主或其继承人,所有无主的犹太人财产都应由巴勒斯坦犹太人办事处继承。由于战后大批犹太人幸存者将迁往巴勒斯坦,安置难民需要的巨额费用应该由德国以赔偿的名义支付。他估算欧洲犹太人因纳粹迫害遭受的财产损失高达 80 亿美元。②

　　在 1945 年 12 月召开的盟国巴黎赔偿会议上,犹太人的赔偿要求正式被提出来。无奈此次会议是根据各战胜国在二战中的贡献分配赔偿,犹太民族并无一个主权国家代表其利益,无论个人或集体的赔偿要求都未得到重视。由于美国代表的强力支持,会议承认了犹太人索回自己财产的权利,此外从德国赔偿总额中提取 500 万美元用作犹太人难民安置基金,世界各地犹太人办事处可以获得最多价值 2500 万美元的德国在中立国的资产用于安置费用。这笔资金对于全世界上百万等待安置的犹太难民来说,无疑杯水车薪,而且不知何时才能兑现。除美国以外,英、法、苏三国对犹太人赔偿问题都态度消极,无意替犹太人火中取栗,谁也不愿从自己的既得赔偿中分一部分给犹太人。由于战后德国实行分区赔偿,任何一个占领国都视各

①　Nana Sagi,"Die Rolle der jüdischen Organisationen in den USA und die Claims Conference", in *Wiedergutmachung in der Bundesrepublik Deutschland*, S.102.

②　Nicholas Balabkins, *West German Reparations to Israel*, New Brunswick:Rutgers University Press, 1971, p.84.

自占领区内的赔偿为既得利益,不愿他国染指,连美国也不愿从美占区拆卸设备所得中分一杯羹给犹太人。由于 1948 年以前巴勒斯坦地区由英国托管统治,英国不希望大量欧洲犹太人难民移民巴勒斯坦,因此更不愿从英占区支付赔偿给犹太人世界用于难民安置。正因为这种国际上的孤立无援和犹太民族的无政府状态,截至 1948 年 5 月以色列国建立,犹太人向德国索取赔偿问题一直停留在理论构想阶段,并没有付诸实施。

1948 年 5 月 14 日,以色列宣布为一个独立的主权国家。以色列国的建立,使通过国家间谈判解决犹太人赔偿问题成为可能,以色列能够代表全世界犹太人以主权国家的身份向国际社会表达获取赔偿的愿望。然而,即便在以色列和犹太人世界内部,关于是否应与德国进行赔偿谈判也经历了激烈的争论。由于高达 1/3 的以色列人亲身经历过纳粹恐怖,几乎每个以色列人都有亲属死于纳粹集中营,很多人认为德国的罪行是无法通过赔偿洗清的,"就集体赔偿与德国人谈判是有罪孽的"①。还有人认为与德国人谈判是拿死去的亲人讨价还价,感情上无法接受。尽管阻力重重,以色列总理本·古里安(David Ben Gurion)和世界犹太人大会主席纳胡姆·戈德曼(Nahum Goldmann)仍力排众议,引导与联邦德国进行赔偿谈判。事实上,推动以色列与联邦德国进行谈判的是以色列的经济困境。以色列财政总监戴维·霍罗威茨的助手范妮·金诺尔后来曾表示,"假如以色列不处于这样严重的经济困难中,那么它很可能不会与联邦德国进行谈判,也不会签署卢森堡赔偿协定"②。

在此我们需要回顾以色列建国后面临的内外困境。1948 年至 1951 年,犹太移民以惊人的速度涌入以色列,移民密度之高在世界历史上都是罕见的。少数移民随身携带一些财务,大部分移民身无分文等待以色列政府和同胞的救助。由于来自世界各地的犹太移民持续不断的汇集到巴勒斯坦地区,"巴勒斯坦的犹太人口在 1948 年是 65 万人,1950 年的以色列人口超过 130 万人。移民以每年 20 万人的速度在增长"③。由于以色列实行无限制的移民政策,无条件接纳一切愿意移民以色列的世界各地的犹太人,到 1950 年底其人口已经比建国时翻了一番。日益增长的移民安置费用和对

---

① Nicholas Balabkins, *West German Reparations to Israel*, New Brunswick：Rutgers University Press, 1971, p.89.

② Lily G.Feldman, *The special Relationship between West Germany and Israel*, Boston：Allen & Unwin, 1984, p.66.

③ Foreign relations of the United States, *The Near East*, *South Asia*, *and Africa*, 1950, Washington：United States Government Printing Office, 1978, p.1078.

死难者遗属的救助使以色列财政不堪重负。

　　建国初期,以色列没有重工业,轻工业只能满足基本需求,农业方面只有柑橘产业脱颖而出。第一次中东战争的爆发使以色列与周边阿拉伯国家长期处于敌对状态,在支付沉重军费开支的同时陷入了阿拉伯国家的经济封锁。到 1950 年底,以色列财政濒于崩溃,外汇储备仅剩约 1000 万以色列镑。以色列人多地少,资源贫乏,基础工业建设刚刚开始,因此对国外援助的依赖相当严重。其获得外援的传统途径分别是世界犹太人的捐款(尤其是美国犹太人的联合募捐)和美国银行贷款及美国政府经济援助。到 1950 年底,无论国外捐款还是美国援助都急剧减少,根本无法满足以色列的经济需要。在 1950 年 10 月举行的以色列全国规划会议上,以色列要求美国提供 10 亿美元的贷款,而美国国会后来只批准了 3500 万美元的贷款。①

　　更加雪上加霜的是,随着朝鲜战争的爆发,迫于美国政府的压力,以色列放弃了建国以来在美苏间保持中立的外交政策,倒向了以美国为首的四方阵营。以色列与苏联关系的破裂,使来自苏联和东欧犹太人的援助完全断绝。在这种严峻的形势下,以色列领导人被迫开始寻求从德国获得赔偿,"没有其他国家能够给予以色列期望从德国得到的相同数量的资金,因为没有其他国家有相似的道义责任"②。

　　1949 年 12 月,作为对当年 11 月阿登纳政府发出对以色列赔偿试探的回应,在纽约召开的世界犹太人大会要求联邦德国议会接受 5 点要求:(1)承认对纳粹迫害犹太人负有道义上的责任;(2)物质赔偿;(3)进行禁止反犹主义的立法;(4)对德国青年人进行再教育;(5)遏制西德政府内部的民族主义情绪,③以此作为犹太人世界与联邦德国进行赔偿谈判的前提。1950 年 3 月,世界犹太人大会照会联邦德国政府,掏出了犹太人的"胡萝卜和大棒":"联邦德国有必要采取以下进一步措施,在联邦政府的要求下,以尽可能大的多数(包括社民党、中央党和可能的其他反对派团体)通过一项庄严的议会决议,谴责在纳粹统治下对犹太人犯下的罪行,并承认(至少在原则上)进行赔偿的义务。赔偿的具体实施可以留待专门的法律条例来解决。如果这两个条件得到满足,和解的道路就会很清晰。上述两项措施将在道义上和心理上大大加强联邦德国在世界上的地位,改善民主国家的舆

①　Akten zur Auswärtigen Politik der Bundesrepublik Deutschland 1951,S.21.

②　Lily G.Feldman,*The special Relationship between West Germany and Israel*,Boston:Allen & Unwin,1984,pp.71−72.

③　Nicholas Balabkins,*West German Reparations to Israel*,New Brunswick:Rutgers University Press,1971,p.86.

论和新闻界对德国的态度,并对国际犹太人的态度产生有利的影响。最后提到的事实对德国的对外贸易也很重要,因为国际贸易基本上掌握在犹太人手中。"①

从 1950 年春开始,联邦德国和以色列的代表进行了初步接触,但并未就赔偿问题取得实际成果。在这些接触中,联邦德国负责外交事务的国务秘书赫伯特·布兰肯霍恩(Herbert Blankenhorn)初步认可了上述 5 点声明作为双方谈判的基础,承认联邦德国负有赔偿犹太人的道义责任。尽管得到了布兰肯霍恩的明确答复,以色列政府仍不打算同联邦德国展开政府层面的正式会谈,而是转向其他大国寻求帮助。1950 年 1 月 18 日,以色列政府向德国的四个占领国美、苏、英、法递交备忘录,重申魏兹曼总统在 1945 年代表犹太人办事处提出的赔偿要求,要求德国归还犹太人财产并进行赔偿。

1951 年 3 月 12 日,以色列政府再次向四大国提交照会,全面阐述了以色列代表犹太人民要求德国支付赔偿的理由和赔偿的数额。以色列国吸收了 50 万曾受纳粹迫害的犹太人,安置融合移民的成本按人均 3000 美元计算,总计达 15 亿美元,其中联邦德国应分担 10 亿美元,民主德国分担 5 亿美元。② 以色列表示,赔偿要求是合情合理和刻不容缓的,希望四个占领国替以色列分别向联邦德国和民主德国索取赔偿。照会还提出了以色列代理犹太人赔偿的合法性:"以色列是犹太人民唯一的代言国家,这皆源于 600 万犹太人的死亡。以色列国的建立有个特定目的,就是为了给所有受迫害和无家可归的犹太人提供一个庇护所。联合国对重建犹太人国家的认可,也是对犹太人在过去漫长的岁月中遭受的不公待遇直至纳粹进行种族大屠杀的一种补偿。有鉴于此,以色列毅然担负起了对大屠杀幸存者的接受和安排工作。以色列因此有权利向德国要求赔偿作为对犹太人民的补偿。"③

遗憾的是,以色列从占领国那里除了同情,并没有得到什么实质性的帮助。美国政府表示不能通过外交手段强制联邦德国向以色列赔偿,也不能因为赔偿增加盟国的财政负担。美国建议,以色列应该直接与西德进行谈判。英国和法国同样持回避态度,它们以《巴黎赔偿协议》已经就德国赔偿达成决议为由,不愿再参与犹太人的赔偿事务。苏联甚至拒绝回答照会,以

---

①　Akten zur Auswärtigen Politik der Bundesrepublik Deutschland 1949/50, München: Oldenbourg Verlag, 1997, S.121.

②　Nana Sagi, "Die Rolle der jüdischen Organisationen in den USA und die Claims Conference", in *Wiedergutmachung in der Bundesrepublik Deutschland*, S.106.

③　Ronald W. Zweig, *German Reparations and the Jewish World*, p.20.

色列在朝鲜战争问题上倒向美国,使苏联对以色列日益冷漠。民主德国认为自身已经清除了所有纳粹残余,因此不对纳粹过去犯下的暴行负任何责任。苏联和东德的这种态度一直持续到德国统一和苏联解体。

以色列索取赔偿的努力在 1951 年陷入了困境,根本原因就在于以色列政府尚未抛弃对联邦德国的成见和仇恨,迟迟不愿与波恩政府直接对话,而将希望寄托于大国的斡旋和支持。直到寻求大国帮助的希望落空,以色列和犹太人世界中的一些精英人物才转变思想,寻求与联邦德国政府直接对话。

虽然美国政府收到以色列 1951 年 3 月 12 日照会后不愿提供直接帮助,但也希望能够减轻长期援助以色列的财政压力,因而支持以色列通过与联邦德国直接谈判解决犹太人赔偿问题,并且积极安排阿登纳总理与以色列财政总监戴维·霍洛维茨(David Horowitz)于 4 月 19 日在巴黎秘密会见,双方就赔偿问题交换了意见。霍洛维茨在会谈中提出了以色列与联邦德国举行赔偿谈判的两个前提条件,首先联邦德国政府必须发表正式声明谴责纳粹政权的暴行,其次以色列政府 3 月 12 日照会中提出的赔偿要求应作为双方谈判的基础。阿登纳答应尽一切努力对犹太人的物质损失进行赔偿,但对第二个条件不置可否。此后犹太人世界积极游说联邦德国国务秘书布兰肯霍恩,通过他劝说阿登纳接受集体赔偿犹太人的责任,并主动承担纳粹暴行的道义和政治责任。1951 年 8 月,在埃里希·吕特(Erich Lüth)和鲁道夫·屈斯特迈尔(Rudolf Küstermeier)的领导下,联邦德国国内爆发了声势浩大的"与以色列和平运动"(Friedemit Israel),面对以色列政府对德国政府不积极反思战争罪行的抗议,运动发起者喊出了"如果阿登纳不回答,那么其他人必须替他回答"的口号,要求政府主动寻求与犹太人和以色列和解。和平运动的集会、游行纷纷在全国各地举行,这也是德国普通民众反省二战的一次集中表现。

(四) 阿登纳的赔偿声明与"犹太人要求物质赔偿联合会"的组建

来自国际和国内的压力,迫使阿登纳政府在犹太人赔偿问题上表现出更加积极的态度。1951 年 9 月 27 日,在经过数月的准备后,阿登纳在联邦议院发表《德意志联邦共和国对犹太人态度的政府声明》,向国际社会和犹太人世界正式宣布,"联邦政府和绝大多数德国人民都意识到,在纳粹时期,德国和被占领土上的犹太人遭受了不可估量的痛苦。以德国人民的名义犯下的难以言表的罪行,这使我们有义务对犹太人遭受的个人损失和犹太人的财产进行道义和物质赔偿。联邦政府准备与犹太教和接纳了这么多无家可归的犹太难民的以色列国的代表一起努力,实现物质赔偿问题的解决,以便为洗刷精神上的无限痛苦铺平道路"①。

阿登纳的赔偿声明是一次振聋发聩的宣言。联邦德国政府认识到了德国曾对犹太民族犯下的罪行,愿意用尽一切办法弥补过错。虽然大多数德国人都没有参与迫害屠杀犹太人的罪行,他们也痛恨纳粹的暴行,但可怕的罪行是以全体德国人的名义犯下的,那么波恩政府就有义务从道义上和物质上给以色列和犹太人最大限度的补偿。②

阿登纳声明为联邦德国和以色列之间开启谈判铺平了道路。此时,西德尚未完全从战争的废墟中恢复过来,数百万的难民、退役军人和失业者都要靠救济金生活,德国总理却向德国人和全世界宣布,要用尽一切办法"洗刷精神上的痛苦"。他还宣布要无情打击国内的反犹主义者。除了少数极左和极右派,阿登纳得到了大多数议员的支持。联邦议院名誉议长(Alterspräsident)社民党议员保罗·吕贝(Paul Löbe)积极回应阿登纳的声明:"联邦议院社会民主党议会党团坚信,德国有道德义务全力争取与以色列国和全世界的犹太人和解。事实上,我们德国人应该在这条路上迈出第一步。因此,我们社会民主党人将全心全意地支持联邦政府刚刚宣布的这一步骤,如果能更早、更坚决地采取这一步骤,我们将表示欢迎。纳粹暴政的犯罪统治者惨无人道地迫害犹太裔德国人和欧洲的犹太人,杀害了六百万人,包括男人、女人、儿童、老人,只因为他们的犹太血统。我们不想忘记这种不可估量的痛苦。"③为了表现他们赎罪的诚意,当天会议结束时联邦议院全体起立为犹太人遇难者默哀。

阿登纳"9·27声明"获得了国内外普遍好评,纽约《时代周刊》认为阿登纳的演讲是一个"庄重的布告",《华盛顿邮报》称其为"1933年以来德国最好的消息"。西德所有主流报刊都对阿登纳此举给予积极评价,《南德意志报》希望阿登纳的演讲可以开创德国与以色列和平关系的新纪元,《汉堡回音报》认为波恩政府表现出的姿态是"德国人民内心转变的基石"。④　西

---

①　*Regierungserklärung des Bundeskanzlers in der 165. Sitzung des Deutschen Bundestages zur Haltung der Bundesrepublik Deutschland gegenüber den Juden*, Stenographische Berichte 1. Deutscher Bundestag, Bd.9,165. Sitzung, S.6697f.

②　Bundesministerium der Finanzen, *Entschädigung von NS-Unrecht, Regelungen zur Wiedergutmachung*, Mai 2020, S.6.

③　Ruth Kinet, 50 *Jahre deutsch-israelische Beziehungen: Auschwitz, Bonn, Jerusalem*, Deutschlandfunk Kultur, 2015.5.6, 见 https://www.deutschlandfunkkultur.de/50-jahre-deutsch-israelische-beziehungen-auschwitz-bonn.976.de.html? dram: article_id=318352。

④　Nicholas Balabkins, *West German Reparations to Israel*, New Brunswick: Rutgers University Press, 1971, p.92.

德的犹太人也欢呼这一声明,犹太人与德国人之间的紧张气氛得到缓和。

联邦德国的积极举动获得了成效,以色列对德国无比仇恨的态度逐渐起了变化。自从1949年11月阿登纳发表愿意援助以色列的声明以来,以色列内部对未来的对德政策就一直存在争议。对此次阿登纳国会声明,以色列方面尚不确信阿登纳基于道德层面表现出来的赔偿诚意,有人认为德国此举是为了赢取国际上的声誉,是为了一己私利。但也有人给予赞扬,著名犹太作家埃里希·温特(Erich Winter)在以色列最流行的报纸《大卫》上发表文章,表示以色列人对阿登纳演讲的动机和诚意都不应心存疑虑,德国已经告别了纳粹时代。

真正打破犹太人方面僵局的是世界犹太人大会主席戈德曼。考虑到以色列和联邦德国的直接谈判暂不可行,他号召全世界的犹太人组织为以色列的利益积极行动起来,组成一个联合会来捍卫犹太人的利益。戈德曼积极鼓吹与波恩方面直接谈判,他呼吁索回被纳粹抢去的犹太人财产,否则就是奖励了凶手,是不道德的。消极对待联邦德国的赔偿请求与其说唤起了人们对德国的仇恨和对犹太人的同情,不如说是愚蠢和可悲的,因为仇恨和同情完全于事无补。针对有些犹太人认为同阿登纳政府直接会谈将迫使以色列委曲求全,甚至原谅德国的过错,戈德曼公开表示:"我们不是在同德国人做赔偿交易。没有人会对德国人说,你赔偿我们,我们就原谅你。我们不承诺任何事情,我们也不给予对方任何东西。我们只是简单地要回道德上和法律上都原本属于我们自己的东西。"①戈德曼这种"取回自己的东西"的观点得到大批犹太人的支持。1951年12月6日,阿登纳与戈德曼在伦敦进行私人会晤,就德国赔偿问题达成了若干共识。戈德曼说服阿登纳接受以色列10亿美元作为谈判基础的要求,否则古里安总理就难以说服以色列议会批准与德国展开谈判。阿登纳表示联邦德国进行赔偿的愿望是真诚的,这是"为了新德国的荣誉而背负的一项债务"。他愿意尽自己最大的职责向戈德曼做出保证,努力促成谈判顺利进行。随后,阿登纳又以书信的形式同意了4月19日霍洛维茨提出的以色列参加赔偿谈判的两个前提条件,从而为德以谈判的举行扫清了障碍。戈德曼随即向以色列政府转达了阿登纳的承诺。

1952年1月7日,关于是否批准与德国的赔偿谈判,以色列议会爆发了可能是历史上最激烈的争论。右翼分子把1951年古里安与美国政府的

① Nicholas Balabkins, *West German Reparations to Israel*, New Brunswick: Rutgers University Press, 1971, p.94.

贷款谈判称作"出卖以色列的肉体",而这次与德国谈判则是"出卖以色列的灵魂"。

本·古里安总理向以色列议会警告说,如果议会否决了与联邦德国的谈判要求,以色列就将永远失去价值超过 10 亿美元的犹太人无主财产,"不要让他们既是杀害我们人民的凶手,又成为我们财产的继承人"①。反对派领袖、未来的以色列总理、时任"赫鲁特"(Herut)党主席的梅纳赫姆·贝京(Menachem Begin)则向古里安大声抗议说:"西德如今是一个民主国家的事实并不能免除它的纳粹历史。阿登纳外交部的一半雇员是纳粹党员。你要和这些人谈判——和那些为消灭我们数百万兄弟打下基础,同时告诉全世界对犹太人的迫害是'可怕的宣传'的凶手谈判?从犹太人的角度来看,没有一个德国人不是纳粹,也没有一个德国人不是杀人犯。而你们却去向这些人收钱?"贝京将以色列索赔的行为比喻为"失去父母的孤儿直接去找杀人犯,索要父母被烧死的房屋的赔偿",而关于赔偿谈判,"外邦人只能看到一个事实:你和杀害你人民的凶手坐在同一张桌子旁,已经承认他们有资格签署并履行赔偿协议"②。贝京甚至号召群众发动内战来阻止这场谈判。

激烈的争论充斥了整个会场,外面的群众示威升级为骚乱,贝京的支持者用石头砸碎了议会大楼的玻璃。赔偿谈判击中了犹太人最敏感的神经,甚至将以色列社会撕裂成两个阵营,揭示了犹太复国主义左派和右派对待二战历史的根本矛盾:克制与狂热;妥协与正义;理想与现实。

1 月 9 日,以色列议会以 61 票赞成、50 票反对、5 票弃权的微弱多数,批准以色列政府与联邦德国开展赔偿谈判。在联邦德国、以色列和犹太人世界三方领导人的共同努力下,德国和犹太人这对不共戴天的死敌最终坐在谈判桌前实属不易,其中来自犹太人内部的阻力之大是今天难以想象的。

此外,由于阿登纳总理在 9 月 27 日的政府声明中要求与以色列和世界犹太人的代表进行谈判,1951 年 10 月 25 日至 26 日,来自世界各地的 22 个犹太人组织代表齐聚纽约,筹建一个代表散居世界各地犹太人利益的世界性组织,以便参加赔偿谈判。犹太人大会表示只能向德国索取物质损失赔偿,但绝不能因此抵偿或减轻德国在道义上的罪行。为了表明谈判的性质,新成立的组织被命名为"犹太人向德国要求物质赔偿联合会"(The

---

① Nicholas Balabkins, *West German Reparations to Israel*, New Brunswick: Rutgers University Press, 1971, p.121.

② *Menachem Begin on Whether to Accept Reparations from Germany*, 见 https://israeled.org/resources/documents/menachem-begin-on-whether-to-accept-reparations-from-germany/。

Conference on Jewish Material Claims Against Germany,以下简称"赔偿联合会")。戈德曼被选举为赔偿联合会主席。虽然以色列政府必将在未来的谈判中占据主导地位,但赔偿联合会并不是完全依附于以色列的追随者,他们有一套自己的谈判方案。该组织为自己设定的目标是,既支持以色列的主张,又为生活在以色列境外的犹太人纳粹受害者提出索赔。因为更多的犹太人受害者将向联邦德国索取个人赔偿,联合会希望促使联邦德国修改国内的个人赔偿法和财产赔偿法,并为此制定了详细的修改方案。他们还决定以无法收回的无继承人的犹太人财产为基础,提出自己的总额5亿美元的赔偿要求。[①] 从此以后,赔偿联合会作为最坚定的犹太统一战线组织,在犹太人受害者赔偿事务中发挥了至关重要的中枢作用。值得注意的是,在犹太人数千年被迫害和流亡的历史上,这种统一战线从未出现过。对德国索取赔偿的强烈意志,让全世界犹太人第一次紧密地团结在一起。

为了在未来的谈判中协调一致,以色列政府和赔偿联合会就共同的对德谈判策略进行了协商,在1952年3月达成秘密协议。协议预测了联邦德国支付赔偿的两种方式:向以色列和赔偿联合会分别支付赔偿,或仅向以色列的总赔偿要求支付赔偿。在这两种情况下,以色列和赔偿联合会都将按照比例重新分配赔偿。联邦德国支付的所有赔款的2/3归以色列,1/3归赔偿联合会。归赔偿联合会的1/3(也即33.3%)赔款,15%将以外汇支付用作赔偿联合会在以色列国外的支出,18.3%将用作以色列国内的救济、恢复和重新安置工作。[②]

二、瓦森纳尔谈判与《卢森堡条约》

(一) 瓦森纳尔谈判的争论与中断

1952年3月20日至8月27日,联邦德国与以色列及"犹太人向德国要求物质赔偿联合会"之间的赔偿谈判在荷兰海牙附近的小城瓦森纳尔(Wassenaar)秘密举行。此次共有3个代表团参与赔偿谈判:由弗兰茨·伯姆教授(Franz Böhm,他一直致力于研究对犹太人的赔偿问题)领导的联邦德国代表团,以色列外交部"犹太人对德索赔办公室"主任费利克斯·辛纳(Felix Shinnar)和吉奥腊·约瑟费塔尔(Giora Josephthal)领导的以色列代表团,摩西·A.里维特(Moses A.Leavitt)和亚历克斯·L.伊斯特曼(Alex L. Easterman)领导的赔偿联合会代表团。

---

① 林国明:《犹太人世界对德国的战争索赔》,《世界历史》2005年第3期。

② Ronald W.Zweig, *German Reparations and the Jewish World*, pp.40-41.

由于激进的犹太复国主义者和一些阿拉伯国家对此次谈判强烈反对并发出威胁，媒体对外宣称谈判地点是在布鲁塞尔。以色列议会是在耶路撒冷议会大楼外发生类似内战的抗议背景下批准这次会谈的。会谈似乎注定不会一帆风顺，在谈判开始的当天就发生了犹太极端分子企图暗杀阿登纳总理破坏赔偿谈判的事件。他们通过邮包将炸弹从慕尼黑寄到阿登纳办公室，所幸炸弹提前爆炸，暗杀失败，会谈因此始终被一种恐惧和不安的情绪所笼罩。在谈判桌上，会谈一直在冷漠的气氛中进行，犹太人对德国人始终无好感可言，在私下里犹太人代表也不愿与德国代表做任何个人接触。双方从不在公开的会谈场合握手，取而代之的是轻微的点头致意。这种冰冷的气氛也意味着犹太人代表不准备在会谈中做任何让步，他们无法容忍跟杀害自己同胞的刽子手讨价还价，德国代表团面对的是一群冷酷无情的谈判对手。

阿登纳在1951年9月27日的声明为谈判打好了一个基础——联邦德国的道义责任，联邦德国代表是带着负罪的态度参与谈判的。在此基础上，犹太人方面提出一系列要求，联邦德国代表团讨论能否接受。犹太人代表提出的要求可以归纳如下：(1)给予以色列国作为安置难民之用的总赔偿额为10亿美元；(2)给予赔偿联合会作为犹太人无继承人财产的总赔偿额为5亿美元；(3)修订和统一德国国内赔偿法以解决受害者的个人要求，这些个人要求不应受总解决的影响。[①] 以色列代表提出，截至1951年以色列共接收了50万犹太移民，这些移民的大量迁徙都是由于纳粹的迫害直接或间接所致，联邦德国应该负责这些移民的接纳和安置费用。以色列估算每个移民的安置费用约3000美元。但后来的事实表明，这些要求都是犹太人方面一厢情愿，德方代表在瓦森纳尔的决策受到了海峡对岸伦敦举行的另一场会议的制约。尽管阿登纳曾接受了以色列提出的10亿美元作为谈判的基础，但当时正在召开的伦敦债务会议却使德国代表不敢对此数额做出保证。因为此次会议将决定联邦德国获得国外贷款的最高额度，而美、英、法三个占领国依然控制着西德的外汇支出，这促使联邦德国代表坚称只拥有有限的支付能力，要求以色列降低赔偿数额，延长赔偿期限。

1952年3月20日，赔偿谈判第一天，联邦德国代表指出了让犹太人感到消极沮丧的三个情况：(1)伦敦债务会议将决定西德的对外债务；(2)美、英、法控制了西德的外汇收支；(3)西德能够支付的赔偿是有限的。3月24

---

① ［德］康拉德·阿登纳：《阿登纳回忆录：1953—1955》，杨寿国译，上海人民出版社2018年版，第110页。

日的第二轮会谈中,以色列方面提出了具体的赔偿要求:联邦德国支付 10 亿美元,1/3 用美元或英镑等硬通货支付,2/3 用货物支付,支付期限为 5 年到 6 年。联邦德国代表同意支付赔偿,但反对这一赔偿数额和期限。受同期举行的伦敦债务会议德方代表赫尔曼·约瑟夫·阿布斯的影响,西德财政部长弗里茨·舍费尔(Fritz Schäffer)屡次向瓦森纳尔德方代表施加压力,表示西德在财政尤其是外汇和贷款上受到的束缚。事情并没有按阿登纳预想的那样发展,德国负责经济事务的官员考虑更加实际,他们宣称的"有限的支付能力"成为此次三方会谈面临的最大障碍。此后德方代表转告以色列政府,瓦森纳尔谈判必须同伦敦债务会议的进程捆绑起来,伦敦债务会议决定了西德能赔偿多少。在伦敦债务会议没有发表声明的情况下,联邦德国不能对以色列和犹太世界组织的要求作出任何明确的承诺。① 联邦德国方面的态度使以色列代表大失所望,他们强烈反对将此次谈判与伦敦会议联系起来,阿登纳总理此前对犹太人世界的承诺并未提到任何联邦德国外债的干扰因素,对 50 万犹太移民的安置费用是不容讨价还价的。双方因此争执不下,3 月 31 日会谈一度中断。

4 月 7 日根据阿登纳和阿布斯的指示,德国代表伯姆向以色列代表提出建议,联邦德国向以色列提供 30 亿马克(折合 7.5 亿美元)赔偿,代替以色列提出的 42 亿马克(折合 10.5 亿美元)赔偿要求,而且具体的赔偿方案要等伦敦债务会议结束后才能决定。此举遭到以色列方面强烈反对,双方谈判陷入僵局。5 月 6 日,以色列议会决定暂时停止谈判,直到联邦德国拿出更有诚意的赔偿方案。

在同一时期,赔偿联合会与联邦德国就个人赔偿问题的谈判却成果颇丰。4 月 8 日,双方签署了谈判纪要,在个人赔偿法领域就 21 条修改建议、在财产赔偿法领域就 7 条修改建议达成共识,已经在一定程度上实现了让联邦德国修改国内赔偿法的目的。但为了支持以色列的谈判要求,赔偿联合会决定和以色列一道停止与联邦德国的谈判。

(二) 瓦森纳尔谈判的重启

犹太人代表单方面决定中止谈判,骤然将所有的压力都堆到了阿登纳政府头上。此刻在联邦德国政府内部也对赔偿谈判产生了激烈争执。阿布斯依然担心伦敦债务会议的结果和西德支付赔偿的能力,他要求德国代表在瓦森纳尔讨价还价尽力减少赔偿总额。财政部长舍费尔认为,"目前在

---

① Akten zur Auswärtigen Politik der Bundesrepublik Deutschland 1952, München: Oldenbourg Verlag, 2000, S.212.

联邦预算中财政情况极度紧张,实际上无钱支付给以色列和犹太人世界组织。只有一项解决办法,即联邦政府借到一笔外债"①。而瓦森纳尔德方代表伯姆及其助手奥托·屈斯特(Otto Küster)则同情以色列的赔偿要求,如果阿登纳中途变卦完全受制于伦敦债务会议,将使联邦德国在世界舆论面前蒙羞。最终的决定权掌握在阿登纳手中,瓦森纳尔的会谈僵局对他个人乃至联邦政府的国际声誉都是一个打击。

　　1952 年 4 月 20 日,阿登纳与戈德曼秘密会见。戈德曼提醒他,德国负担的道义债务是不能通过财务上讨价还价的方式来解决的,"犹太人的要求不仅是一个商业要求,而且是一个道德要求。道义上的要求比纯粹的商业债务具有优先权"②。阿登纳回应说,他已经认识到对新生的联邦德国来说,政治命运比经济和财政更重要。美国犹太人集团也开始向美国政府施压,赔偿联合会领导人雅各布·布劳施泰因(Jacob Blaustein)请求杜鲁门总统帮助打破瓦森纳尔的会谈僵局。此人对战后数届美国总统的影响力都非同一般。美国政府也力促阿登纳重启谈判,警告不要使瓦森纳尔的谈判失败。5 月 25 日,美国国务卿迪安·艾奇逊(Dean Gooderham Acheson)在波恩签署《三国与联邦德国关系公约》和《欧洲防务共同体条约》时会见了阿登纳。艾奇逊明确表示,美国对一个"令双方都满意"的德以谈判的解决方案感兴趣,并"强调了这主要是一个道德问题的事实"。他还对希望美国援助德国解决索赔问题的报道表示失望,并指出德国人如果依赖这样的解决方案,就会逃避道德责任。③

　　联邦德国内部也出现了反对中断谈判的声音。5 月 10 日,社民党主席舒马赫在给阿登纳的信中表示,"将两个谈判联系起来,不仅是对共同基础的改变,不符合联邦政府和联邦议院所有民主议会团体的共同意愿,而且还将把两个没有联系的任务联系起来。因为赔偿作为对理性和平等的道德要求的实现,与伦敦讨论的商业债务的解决完全不同"④。舒马赫劝告阿登纳,"德国的道德和政治复兴在很大程度上取决于,通过展示我们的善意来

---

①　[德]康拉德·阿登纳:《阿登纳回忆录:1953—1955》,杨寿国译,上海人民出版社 2018 年版,第 112 页。

②　Akten zur Auswärtigen Politik der Bundesrepublik Deutschland 1952, München: Oldenbourg verlag, 2000, S.299.

③　Foreign relations of the United States, *The Near and Middle East*, Volume 9, Part 1, 1952–1954, Washington: United States Government Printing Office, 1986, p.938.

④　Akten zur Auswärtigen Politik der Bundesrepublik Deutschland 1952, München: Oldenbourg verlag, 2000, S.363.

引导与以色列国的谈判取得双方都满意的成功"①。

5月19日,阿布斯与以色列代表费利克斯·辛纳在伦敦会晤,双方再次就赔偿金额爆发争吵,阿布斯甚至提出了8亿马克的赔偿数字。会后戈德曼措辞强硬地给阿登纳写信表示,阿布斯的态度是对犹太人的侮辱。阿登纳意识到,如果任由赔偿谈判的僵局发展下去,联邦政府一直以来处心积虑重建德国声誉的努力将前功尽弃。同时,无论以色列国家面临多大的经济困难,他们都不愿为同胞的血债同德国代表讨价还价。

上述各方面的压力迫使阿登纳总理采取主动行动,把对犹太人赔偿的道义责任凌驾于各种实际困难之上。5月20日,联邦德国议会下属对外政策委员会宣布,基于以色列和犹太人民道义上的权利,应该优先于伦敦债务谈判向他们支付赔偿。这其实是将伦敦和瓦森纳尔的两场谈判分隔开了,对犹太人的赔偿不再受制于伦敦谈判的结果。5月23日和28日,伯姆教授和阿登纳总理先后在巴黎与戈德曼进行会谈,表示德方愿意提高赔偿总额,尽力满足犹太人方面的要求。6月10日,德以双方代表在波恩秘密会晤,商议重启谈判。阿登纳同意联邦德国支付价值34亿—35亿马克赔偿,期限最长10年,在1954年3月31日之前应支付价值4亿马克的物资。②这一数字也是双方互相妥协的结果。联邦德国和赔偿联合会一致同意,把赔偿首先交给以色列,其后再在以色列和赔偿联合会内部协商分配。一向坚持削减赔偿的阿布斯态度也开始转变,从伦敦债务会议上努力恢复联邦德国的财政信用转为积极支持通过赔偿谈判恢复德国的道德信用。阿登纳称这次会议"产生了一个决定性的转折"③,为瓦森纳尔谈判重新开始铺平了道路。6月28日,瓦森纳尔谈判正式恢复。因为有此前秘密会谈的铺垫,谈判再无障碍,只剩下制定赔偿的技术细节。德国代表还接受了为赔偿受害者而立法的要求。

(三)《卢森堡条约》的内容

1952年9月10日,同样是出于安全考虑,德以双方选择在卢森堡议会大厦签订赔偿条约,史称《卢森堡条约》(Luxemburger Abkommen),以色列和犹太人世界称之为《希路悃协议》(Shilumim Agreement,希伯来

---

① Akten zur Auswärtigen Politik der Bundesrepublik Deutschland 1952, München: Oldenbourg verlag, 2000, S.364.

② Nicholas Balabkins, *West German Reparations to Israel*, New Brunswick: Rutgers University Press, 1971, p.134.

③ [德]康拉德·阿登纳:《阿登纳回忆录:1953—1955》,杨寿国译,上海人民出版社2018年版,第121页。

语），联邦德国总理阿登纳、以色列外交部长沙雷特、赔偿联合会主席戈德曼分别在条约上签字，赔偿谈判宣告顺利结束。签约时间和地点严格保密，因为犹太激进分子声称要杀死所有参与谈判的犹太人。因为赔偿联合会不具备国际法意义上的主体地位，只能以议定书的方式与德方签约。

《卢森堡条约》的前言这样表述赔偿的合理性："考虑到纳粹暴政期间对犹太人犯下了难以言表的罪行，而且德意志联邦共和国政府在 1951 年 9 月 27 日联邦议院发表的声明中表示，它愿意在德国能力范围内弥补这些行为造成的物质损失。鉴于以色列国承担了在以色列重新安置如此多来自德国和以前德国统治区的背井离乡和赤贫的犹太难民的沉重负担，因此向德意志联邦共和国提出要求，要求全面偿还所发生的安置和融合费用，以色列国和德意志联邦共和国达成以下协议。"也就是说，此次赔偿名义上用于犹太移民的安置费用。规模更大的物质损失和人身伤害赔偿，要留待作为附属协议的赔偿立法去完成。

条约正文由 3 个部分组成：(1)联邦德国向以色列政府支付价值 30 亿马克的赔偿；(2)为了保障战争受害者个人获得赔偿，联邦德国承诺颁布一部赔偿法律，对犹太人遭遇的生命损失、剥夺自由、健康和身体伤害、财产和收入损失、教育损害和预期收入损害提供赔偿，承诺修改财产赔偿法以确保犹太人尽可能多地收回失去的财产(第一海牙议定书)；(3)联邦德国向赔偿联合会支付价值 4.5 亿马克的赔偿用于救助世界各地遭受纳粹迫害的犹太人(第二海牙议定书)。[①] 以上总计 34.5 亿马克(约 8.2 亿美元)，都直接支付给以色列，以色列再向纽约的赔偿联合会转移支付其中 4.5 亿马克。联邦德国支付赔偿的年限为 12 年至 14 年。1953 年 3 月 31 日之前联邦德国须完成首次偿付 2 亿马克，1953 年 4 月 1 日至 1954 年 3 月 31 日再支付 2 亿马克，1954 年 4 月 1 日至 1963 年 3 月 31 日共 9 年每年支付 3.1 亿马克，1963 年 4 月 1 日至 1964 年 3 月 31 日支付最后 2.6 亿马克。每年分两次在 4 月 15 日和 8 月 15 日支付同等数额赔偿。

条约中也附加了保障联邦德国的条款：如果联邦德国财政无力负担每年的赔偿，则 1954 年 4 月 1 日以后可以降低每年支付的赔偿额最低至 2.5 亿马克。后来联邦德国财政部长舍费尔在 1954 年援引这一条款，将每年对以色列的赔偿降至 2.5 亿马克，从而使赔偿支付期限延长了两年，

---

① Abkommen zwischen der Bundesrepublik Deutschland und dem Staate Israel, 10. September 1952, in: Bundesgesetzblatt, 1953, Nr.5, S.35-54.

至 1966 年 3 月 31 日历时 14 年结束,共计支付《卢森堡条约》规定的
34.5 亿马克赔偿。

需要注意的是,联邦德国向以色列支付赔偿大部分是以货物和劳务的
形式而非现金,通常情况是以色列从西德工厂取走货物,联邦政府为此买
单。但联邦德国在赔偿头两年内也支付了折合 0.75 亿马克的英镑外汇,用
于以色列支付从英国壳牌石油公司购买的石油。所有向以色列提供货物的
联邦德国企业都可以获得出口退税,德国提供的货物主要分为 4 个部分:铁
矿石、钢铁产品、化工产品和农产品。

1952 年签订的《卢森堡条约》使犹太人世界与联邦德国实现了历史性的和解

以色列在《卢森堡条约》中也承担了相应的义务。首先,以色列保证不
将获得的赔偿物资用于出口,除非其对这些物资进行了深加工。这一条款
旨在保护联邦德国的出口。但以色列可以从联邦德国进口原材料并将其加
工成制成品出口。以色列如违反规定,则由会后成立的仲裁委员会(Arbi-
tration Commission)给予处罚,削减以色列次年的赔偿所得。其次,以色列
不得支付超出德国边界之外的赔偿物资运输费用,除非这些物资运输是由
联邦德国航运公司通过海运承担的。这其实是让联邦德国航运公司垄断了
赔偿物资的运输。

由于当时德以两国并未建立正式外交关系(两国直到 1965 年夏才正式
建交),条约规定组建一个以色列代表团(Israel Mission)作为以色列派驻联
邦德国的全权机构。代表团一方面负责起草年度协议的提案清单,另一方
面,它有权根据授权的货物清单自行管理货物的购买和服务的挑选,并为此

目的与德国公司签订相应的供货合同。① 代表团长驻科隆,其成员享有联邦德国司法豁免权和免税的特殊待遇。

（四）《卢森堡条约》的通过

由于《卢森堡条约》是德以两国政府签订的,该条约还需双方议会批准方能生效。但是,德国联邦议院和参议院批准通过《卢森堡条约》却经历了一个艰难过程。阿拉伯国家联盟(Arab League)发出威胁,如果联邦德国批准了该条约,将对其进行联合抵制,这引起了德国商界的恐慌。因为以色列在第一次中东战争中取胜,阿拉伯国家宣称联邦德国的赔偿是在"助长侵略者的气焰",以色列不配得到任何赔偿,因为它没有对近百万流离失所的巴勒斯坦难民提供任何帮助。如果联邦德国批准条约,所有德国公司从阿拉伯国家的进口许可都将被取消。1952 年 11 月,沙特阿拉伯政府命令境内所有西德企业停止业务活动。德国的一些报纸开始表现出对阿拉伯国家的同情,一家德国商报认为通过海运发往以色列的赔偿物资对所有阿拉伯国家都是一个坏消息,既然大部分犹太人受害者都已流落海外,为何所有赔偿都要支付给聚集了少数犹太人的以色列。联邦德国国内质疑的声音也不绝于耳。纳粹德国时代的经济部长雅尔玛·沙赫特(Hjalmar Schacht)断言波恩政府是受到西方盟国的压力才被迫签订条约。联邦议院关于批准《卢森堡条约》的表决一直拖延下来,令阿登纳政府和以色列政府都感到焦急恼火。犹太人媒体狡猾的宣称,阿拉伯世界的抗议是在虚张声势,他们虚弱的经济注定离不开德国这个重要的出口市场,德国人不必惊慌失措。为了缓和阿拉伯国家的情绪,联邦德国临时安排了一批对阿拉伯国家的援建项目。

1953 年 3 月 4 日,阿登纳在联邦议院讲话,催促议会表决通过《卢森堡条约》。他宣称,通过该条约意味着德国历史上最悲剧一幕的终结,即使是未曾伤害过犹太人的普通德国民众也应该为弥补民族的罪行贡献力量。因为德以两国从未交战过,向以色列提供的物资并非真正的战争赔偿,而是用于弥补以色列吸收成千上万犹太人移民的安置费用。为了节省联邦德国的外汇,大多数赔偿都是货物的形式。最后阿登纳声称,德国政府担负的道义责任已经超过了法律责任,批准该条约是不容置疑的。3 月 18 日,联邦议院就是否批准《卢森堡条约》举行辩论,大多数议会和内阁成员,甚至包括

---

① Günter Könke, *Wiedergutmachung und Modernisierung*, *Der Beitrag des Luxemburger Abkommens von 1952 zur wirtschaftlichen Entwicklung Israels*, Vierteljahrschrift für Sozial-und Wirtschaftsgeschichte, 75. Bd, H.4, 1988, S.517.

反对派社民党议员,都赞同迅速通过该条约,只有共产党和新纳粹德意志党议员表示反对。共产党议员德普第·米勒(Deputy Müller)表示,这是帝国主义美国在利用德国的资源将以色列建造成它在中东的战争基地。[1] 但由于议会中两个大党基民盟和社民党都支持通过该条约,特别是社民党主席库尔特·舒马赫(Kurt Schumacher)的全力支持,议会最终以压倒性多数批准通过《卢森堡条约》。除了西柏林议员未能参加,共计 238 票赞成,34 票反对,86 票弃权。

在得知以色列政府正式解除禁止德国船只入港的禁令后,德国联邦参议院于 3 月 20 日批准通过《卢森堡条约》,联邦总统特奥多尔·豪斯(Theodor Heuss)同一天签署通过该条约。3 月 22 日,以色列议会批准《卢森堡条约》。3 月 27 日,德以双方代表在纽约联合国秘书处交换条约文本。至此,漫长的德以赔偿谈判尘埃落定,最终达成了一个圆满的结果。以色列握住了联邦德国主动伸出的和解之手,虽然物质赔偿永远无法抚平历史的创伤,但德国认识到自身担负的道义责任并迈出了主动赔偿战争受害者的第一步,这无论对犹太人还是国际社会都是一件幸事。34.5 亿马克(约合8.2 亿美元)的赔偿总额虽然并未达到早前戈德曼预期的 10 亿美元,但已接近这一数额,何况此时联邦德国的经济刚刚起步。以色列和犹太人世界领导人都对《卢森堡条约》做出了高度评价。以色列财政部长摩西·夏里特(Moshe Sharett)表示,《卢森堡条约》开创了主动对战争受害者进行赔偿的先例,"这是一个历史性的行为,它为战后自由的德国带来了荣誉,它已经成为以色列最重要的、建设性的帮助的来源"[2]。以色列总理本·古里安在条约签订后激动的向戈德曼表示,"你我都如此幸运能够亲眼见证两次奇迹:以色列国的建立和德以赔偿条约的签订。我对前者负责,而你成就了后者。唯一的不同是,我面对第一场奇迹时始终充满信心,但对第二场奇迹直到最后一刻才敢相信"[3]。

无论在世界历史的进程中,还是近代以来的国际法领域,《卢森堡条约》都是一个伟大的创新和范例。以色列国成立于 1948 年,联邦德国成立

---

[1] Nicholas Balabkins, *West German Reparations to Israel*, New Brunswick: Rutgers University Press, 1971, p.182.

[2] Ruth Kinet, 50 *Jahre deutsch - israelische Beziehungen: Auschwitz, Bonn, Jerusalem*, Deutschlandfunk Kultur, 2015.5.6, 见 https://www.deutschlandfunkkultur.de/50-jahre-deutsch-israelische-beziehungen-auschwitz-bonn.976.de.html? dram: article_id=318352。

[3] Nicholas Balabkins, *West German Reparations to Israel*, New Brunswick: Rutgers University Press, 1971, p.139.

于 1949 年,两者并非战胜国与战败国的关系,联邦德国在法律上并不存在对以色列的赔偿义务。联邦德国以"第三帝国"法定继承人的身份向另一个二战时尚未存在的国家支付了赔偿。两国彼此相去甚远,在 1952 年以前的国际舞台上甚至无法找到两者的交集。两者之间存在的唯一联系,同时也是促成赔偿谈判的直接原因,是历史造成的德国对犹太人世界背负的道义责任。这种道义责任导致的道义性质的赔偿,已经超越了传统意义上战败国对战胜国的战争赔偿。另一方面,传统的战争赔偿是战败国基于军事占领或武力威胁强迫战败国支付赔偿,而此次则是联邦德国主动对以色列提供赔偿,已经完全颠覆了传统的赔偿模式。最直观的表现是,在瓦森纳尔谈判中,并不存在强迫或暴力的因素,双方(尤其是联邦德国)都在自愿的基础上讨价还价。以色列的军事力量对联邦德国构不成任何威胁,后者纯粹以第三帝国继任者的身份参与谈判,是要弥补第三帝国而非自身犯下的过错。阿登纳是将与以色列和犹太人世界的和解看作联邦政府最迫切和必需的外交任务。同一时期,1952 年 9 月联邦德国还在积极筹划建立"欧洲煤钢联营",将煤钢生产这一德国战争工业的基础置于国际共管之下。以上两件具有划时代意义的大事,都可以看作联邦德国领导人为重新赢得欧洲和世界的信任做出的努力。

在近代以来的国际关系史中,《卢森堡条约》没有先例。自 1952 年以来的半个多世纪里,也没有类似的条约再次出现。它的出现给国际社会中的弱者以希望,给军国主义国家以警示。尤其对犹太民族来说,这是他们在两千多年的流浪岁月中首次从曾经的迫害者那里得到物质赔偿。联邦德国开创了世界历史上战败国主动对战争受害者个人进行赔偿的先河。

三、《卢森堡条约》的执行及影响

(一)《卢森堡条约》的执行情况

1952 年至 1966 年,也就是《卢森堡条约》执行的 14 年间,正是联邦德国经济发展的黄金时期。由于强大的工业实力和巨额出口利润做后盾,联邦政府没有承受多少负担就顺利完成了对以色列的赔偿任务。照此看来,瓦森纳尔谈判期间阿布斯和舍费尔对联邦德国财政和外汇压力的担心都是多余的。联邦德国国民生产总值(Gross National Product,GNP)实际增长率在 1952—1958 年间平均为 7.6%,而失业率从 6.4%下降到 1.7%,在劳动力市场上几乎找不到闲散劳动力。[①] 在此期间,欧洲煤钢联营(1952 年)和

---

① [德]卡尔·哈达赫:《二十世纪德国经济史》,杨绪译,商务印书馆 1984 年版,第 197 页。

欧洲经济共同体(1958年)相继成立,德国工业从中获益匪浅。1959—1966年间联邦德国国民生产总值实际增长率略有下降,依然保持在平均6.2%的高水平,失业率1961—1966年一直保持在0.8%以下。在《卢森堡条约》执行的14年间,西德出口增长迅猛(年均增长13%),出口顺差年均51亿马克,德国马克在世界金融市场日益坚挺。1953年黄金储备仅为13.67亿马克,1966年黄金储备已达到171.67亿马克。[1] 以上数据展示了20世纪50、60年代联邦德国经济发展取得的惊人成就,正是这一经济奇迹确保了联邦德国能够按照《卢森堡条约》不打折扣地顺利完成对以色列的赔偿。对比20世纪20年代《凡尔赛条约》的执行情况,更知此次赔偿中凸显的道义与诚意。

此次赔偿执行的一般方式是,以色列驻科隆代表团(Israel Mission)根据以色列政府指令向联邦德国的工厂出具订单,联邦政府为此付款,货物最终由德国航运公司运往以色列。联邦政府在每年4月15日和8月15日分两次拨款,经过财政部长同意后,款项汇入以色列代表团在德意志联邦银行(Deutsche Bundesbank)的账户。以下为联邦德国财政部和联邦银行分别统计的1952年至1966年年度赔偿支付明细表[2]。

表15:联邦德国财政部和联邦银行对1952年至1966年年度
向以色列支付赔偿的明细统计表

(单位:德国马克)

财政年度	联邦政府预算统计	德意志联邦银行统计
1952—1953年	80005000	
1953—1954年	237863000	268000000
1954—1955年	331221000	354000000
1955—1956年	250180000	267000000
1956—1957年	250000000	245000000
1957—1958年	246656000	225000000
1958—1959年	253000000	261000000
1959—1960年	251436000	266000000
1960—1961年	244884000	259000000

---

[1] Nicholas Balabkins, *West German Reparations to Israel*, New Brunswick: Rutgers University Press, 1971, p.167.

[2] Nicholas Balabkins, *West German Reparations to Israel*, New Brunswick: Rutgers University Press, 1971, p.176.

续表

财政年度	联邦政府预算统计	德意志联邦银行统计
1961—1962 年	255116000	255000000
1962—1963 年	250000000	250000000
1963—1964 年	250000000	250000000
1964—1965 年	250000000	250000000
1965—1966 年	300000000	300000000
总计	3449705000	3450000000

联邦政府与德意志联邦银行统计总额接近,误差可以忽略不计。两者年度统计偏差原因在于,联邦政府统计的是每年从财政预算中支付给以色列的赔偿额度,联邦银行统计的是每年存入以色列代表团赔偿账户的现金流量。在 14 年内,联邦德国总计向以色列支付了价值 24 亿马克的货物和劳务,支付给英国壳牌石油公司外汇折合 10.5 亿马克用于以色列向其购买石油。以色列代表团根据国内需要下达采购命令并拨款,购买的具体货物和劳务项目(Goods and Services)见表 16[①]。

表 16:以色列代表团使用赔偿款向德国采购的货物和劳务项目统计表

货物和劳务项目	价值(单位:亿马克)	百分比(%)
第一类:钢铁和有色金属		
钢铁生产物资	2.74292	11.5
铸造工业产品	0.20814	0.8
定制和冷轧钢铁产品	0.28866	1.2
有色金属工业产品	0.66815	2.8
小计	3.90787	16.3
第二类:钢和金属加工工业		
机械制造	3.15385	13.2
汽车工业	0.24582	1.0
钢结构	1.29949	5.4
造船业	5.85572	24.4
电力设备工业	2.23125	9.3

---

① Nicholas Balabkins, *West German Reparations to Israel*, New Brunswick: Rutgers University Press, 1971, p.184.

续表

货物和劳务项目	价值(单位:亿马克)	百分比(%)
精密光学工业	0.20321	0.9
铁、钢和锡	0.27501	1.1
小计	13.26944	55.3
第三类:化学和其他工业		
橡胶和石棉	0.18106	0.7
化工和医药产品	1.59629	6.7
纺织品	0.74766	3.1
木材加工业	0.35766	1.5
皮革制品	0.12583	0.5
土石加工产品	0.13877	0.6
陶瓷和玻璃制品	0.14	0.6
矿物油和采矿业	0.08198	0.3
小计	3.36925	14.0
第四类:农产品	0.91217	3.8
第五类:服务业(保险、货运等)	2.54127	10.6
以上总计(第一类至第五类)	24	100.0
进口英国石油支出	10.5	
以色列代表团采购总计	34.5	

值得注意的是,德国向以色列提供的船舶是所有赔偿项目中最大的一项,价值约5.86亿马克,占所有赔偿货物的24.4%。据统计,3家大型德国造船厂共为以色列生产了59条船只和1个移动码头,其中包括:41条货船,4条油轮,2条地中海游轮,2条大西洋游轮,8条捕鱼船,2条游艇。这些船只极大地满足了以色列的海运需求,助力以色列成为贸易强国。

(二)《卢森堡条约》对联邦德国的影响

《卢森堡条约》是新生的联邦德国在追求政治和经济"平权"(Gleich-berechtigung)道路上迈出的重要一步。所谓"平权",就是希望通过赔偿犹太人改善德国的国际形象,恢复德国在国外的信用和信誉,重新赢取西方盟国和世界人民的信任,最终获得外界在政治经济上的平等对待。历史证明,通过瓦森纳尔谈判中的主动让步和《卢森堡条约》的签订,阿登纳政府达到了他们的目的,证明了联邦德国与过去决裂的决心,得到了世界舆论的普遍赞赏。

阿登纳总理称该条约的签订是"一件可以同德国条约或欧洲防务集团条约相提并论的大事"①。这是联邦德国建国后第一次在战争赔偿问题上与他国签订条约,把德国人民道义上的义务变成一种法律上的义务。条约的签订促使德国人民自上而下对过去的战争罪责进行反思,其警醒的作用不可低估。条约签订后,联邦德国与犹太人世界的关系明显缓和,同时其国内赔偿法的修订为日后犹太人受害者以个人身份向联邦德国索取赔偿奠定了法律基础。事实上,从1957年起,受害者个人赔偿的支出已经超过对以色列国家的赔偿,直至今日尚未结束。

1952年条约签订之时,世界经济深受朝鲜战争的影响,美国和欧洲的经济学家都对未来经济发出了悲观论调,德国人对自己的前途也不甚乐观。联邦德国的经济学家担心西德偿还战前债务的能力和如何赚得外汇支付必要的进口,谁也没有想到未来联邦德国的出口猛增和经济奇迹。正是由于联邦德国在20世纪50、60年代的经济腾飞,《卢森堡条约》的执行对西德经济并未带来什么消极影响,表17反映了对以色列的赔偿占联邦德国国民生产总值(GNP)和财政支出比重的情况②。

表17:对以色列的赔偿占联邦德国国民生产总值和财政支出比重统计表

年份	(1)西德 GNP	(2)西德财政支出	(3)对以色列的赔偿	赔偿占西德GNP 比重(3):(1)	赔偿占西德财政支出比重(3):(2)
		(单位:亿马克)			
1952	1370	204			
1953	1470	197	2.68	0.18	1.35
1954	1580	210	3.54	0.22	1.69
1955	1800	224	2.67	0.14	1.19
1956	1990	277	2.45	0.12	0.88
1957	2160	315	2.25	0.10	0.71
1958	2320	334	2.61	0.11	0.78
1959	2510	365	2.66	0.10	0.72
1960	2970	312	2.59	0.08	0.85
1961	3260	450	2.55	0.07	0.56

① [德]康拉德·阿登纳:《阿登纳回忆录:1953—1955》,杨寿国译,上海人民出版社2018年版,第126页。

② Nicholas Balabkins, *West German Reparations to Israel*, New Brunswick:Rutgers University Press, 1971, p.192.

续表

年份	(1)西德GNP	(2)西德财政支出	(3)对以色列的赔偿	赔偿占西德GNP比重(3):(1)	赔偿占西德财政支出比重(3):(2)
	（单位：亿马克）				
1962	3540	499	2.50	0.07	0.50
1963	3780	544	2.50	0.06	0.45
1964	4140	578	2.50	0.06	0.43
1965	4530	642	3.00	0.06	0.46
1966	4810	673			

　　由表17可以看出，《卢森堡条约》并未给联邦德国财政带来太大负担，在西德经济准备起飞的1954年，按《卢森堡条约》支付的赔偿占西德GNP和财政支出的比例达到最大值，分别为0.22%和1.69%。这种比重远低于1945—1949年占领时期德国各占领区承担的赔偿占当时GNP和财政支出的比重，也就是说，联邦德国时期赔偿的强度与占领时期是不可同日而语的。

　　1953年至1965年，由费利克斯·辛纳博士（Felix Shinnar）领导的以色列驻科隆代表团共向联邦德国联邦工商业管理局（Bundesamt für gewerbliche Wirtschaft）提交了50165份采购订单，这些订单分别指向4570家西德（包括西柏林在内）企业。来自以色列的订单促进了德国工业生产的增长，在西德造船业表现尤为明显。1953年西德超过1/4的造船厂都陷入停产，大量船坞处于闲置状态。但1954年以后西德造船业设备利用率迅速上升，1955年达到95.5%，1956年达到98.3%，1957年和1958年达到了100%的满负荷状态。[1] 在《卢森堡条约》执行的14年间，以色列代表团大约1/4的订单都投入了造船业。在此，有必要简短回顾德国造船工业的历史。

　　二战前的德国造船工业非常发达，年造船能力达到了50万吨的规模。但战争的破坏和战后赔偿的执行（德国商船被战胜国瓜分一空）使德国造船业遭遇重创。直到1949年西德才被允许建造吨位有限的船只。1950年西德的船舶生产能力恢复到1939年1/4的水平，1951年同盟国解除了所有对西德造船业的限制，德国造船业开始快速发展。1953年至1965年，联邦德国建造商船总计1350万吨，其中作为赔偿为以色列生产船只总计45

---

① Nicholas Balabkins, *West German Reparations to Israel*, New Brunswick：Rutgers University Press, 1971, p.199.

万吨。虽然来自以色列的订单占造船总量份额甚小,但它却为西德船舶工业的发展做出了不可忽视的贡献。

1953年朝鲜战争结束,大量远洋货轮闲置,全世界的造船业都陷入不景气状态,西德造船厂更面临来自英国同行的压价竞争,对方在国际市场承诺在更短的期限内建造更廉价的船只。而此时以色列代表团首次发出了3艘船只共计14000吨的订单,无疑是给困境中的西德造船厂雪中送炭。1954年以色列又订购了共计58656吨的11艘船,西德造船业的设备利用率从1953年的73.2%上升到1955年的95.5%。由于1956年"苏伊士运河危机"的影响,这一指标更上升到100%直至1958年。1961年世界船运业再度进入低谷,德国马克升值5%,德国造船厂在国际竞争中再度处于劣势。当时,西德工业各行各业都发展迅猛,唯独造船业是个例外。一些对造船业依赖严重的城市因此受到影响,例如汉堡每7个产业工人中就有1个在造船厂工作、2个在船厂的配件供应厂工作。类似的城市还有不来梅、基尔和吕贝克。恰在此时,来自以色列的大批远洋货轮订单拯救了这些造船厂,使它们得以开工维持正常生产,减少了这些城市的失业率。在赔偿协议框架内,德国建造并交付以色列共60艘新船,总吨位达45万吨,让以色列商船队的运输能力增加了10倍①。1953年至1962年西德出口船只价值总额202亿马克,其中属于赔偿给以色列的部分只占2.9%。虽然在整个《卢森堡条约》执行的14年间以色列的船只订单只占西德庞大造船业的很小一部分,但它却往往在关键时刻起到四两拨千斤的作用。

为以色列生产大量赔偿物资也促进了联邦德国就业率的上升。1957年西德失业率降到4%以下,使西德企业饱受折磨的劳动力短缺时代来临了。由于1954年西德财政部长弗里茨·舍费尔削减年度赔偿计划至2.5亿马克,大量的以色列订单被积压并推迟到1956年之后,给已经火热的西德经济又添了一把火。以色列代表团还特别照顾西柏林地区的企业,尽管这一狭小的区域并无多少重工业。1955年以色列代表团向一家西柏林企业发出一份价值8000万马克的订单,订购一整套大型发电设备,仅这一个订单就维持了该企业数年的生产。此外,以色列订购的船只也有大量部件被转包给西柏林企业生产,以色列的采购计划大大改善了20世纪50年代西柏林地区严重的失业状况。

《卢森堡条约》是在沉默中签订和实施的,没有鲜花也没有掌声,没有

---

① Günter Könke, *Wiedergutmachung und Modernisierung*, *Der Beitrag des Luxemburger Abkommens von 1952 zur wirtschaftlichen Entwicklung Israels*, S.520.

媒体对它进行大肆宣传,但这并不妨碍该条约的高效执行。联邦德国政府安排了 10 位职员配合驻科隆以色列代表团的工作,双方配合默契,德国方面尽力满足以色列代表提出的所有要求。赔偿的顺利执行带动了德以双边贸易的发展。1953 年至 1965 年,除了《卢森堡条约》的赔偿物资外,联邦德国从以色列进口了价值 11 亿马克的物资,出口价值 12.6 亿马克的物资。1966 年赔偿执行完毕后,联邦德国又开始向以色列提供经济援助,加强两国的经济联系。赔偿带动的以色列工业进步,为德国商品创造了一个额外的销售市场。从长远的眼光看,德国从以色列市场获得的收益在一定程度上抵消了赔偿的支出。这场赔偿越来越像是一个合理的政治经济合作机制,参与其中的两个国家是在顶着压力带着犹豫的情况下加入,但却给双方带来了长期利益。战争赔偿第一次成为一种"双赢"的事业。

《卢森堡条约》在政治层面也让联邦德国受益匪浅。《卢森堡条约》不是战争赔偿或德以关系中一个孤立的存在,它必须被视为联邦德国外交、安全和经济政策的一个组成部分。1952 年 5 月 26 日,美、英、法与联邦德国缔结《波恩条约》,赋予联邦德国充分的主权,但仍有权派驻军队。1952 年 5 月 27 日,法国、联邦德国、意大利、荷兰、比利时、卢森堡六国外长在巴黎签订《欧洲防务集团条约》,希望六国共建一支"欧洲军"。两个条约的签署都发生在联邦德国与以色列赔偿谈判期间,德国人赔偿的努力和诚意无疑推动了西方大国和欧洲邻国对德国的接纳。1954 年 10 月 23 日签署的《伦敦—巴黎协定》,不仅使联邦德国获得了独立主权国家的地位,而且接纳联邦德国加入西欧联盟和北大西洋军事集团,联邦德国成为以美国为盟主的西方政治军事集团的重要支柱。至此,阿登纳 1951 年心心念念的"赎罪外交"正式达到了它的目的。抛开美国的冷战需要这一外部因素,联邦德国能在二战结束不到十年就完全融入西方世界,《卢森堡条约》功不可没。

1966 年春,《卢森堡条约》规定的赔偿正式完成。在过去的十几年里,德国人以他们严谨认真的作风一丝不苟地履行了对以色列的所有赔偿义务。对犹太人受害者的个人赔偿也在继续,联邦德国正在积极同以色列政府酝酿一个协议以便使后者能够体面地接受新一轮经济援助。没有任何外国政府或国际法迫使波恩政府这样做,连犹太人赔偿的发起者戈德曼博士后来都表示,"我们当年在瓦森纳尔提出的赔偿要求并无任何国际法的支撑"①。德国早在 1945 年至 1949 年占领时期就完成了它对于战胜国的战争赔偿义务,联邦德国主动承认对犹太民族的道义责任并为弥补罪行付出

---

① Lily G.Feldman,*The special Relationship between West Germany and Israel*,p.135.

持之以恒的努力，这种精神感动了全世界。德以赔偿问题虽然没有太多宣传报道，但一直处于西方国家的注视中。一位英国观察员赞叹道："根据西方世界的民意调查，对以色列和犹太人的赔偿已经成为波恩政府帽子上最美丽的羽毛。"

联邦德国在赔偿问题上的态度也获得了犹太人世界的认同，并为德国和以色列发展长久的友好关系打下了基础。《卢森堡条约》执行的过程见证了德国与犹太人世界的逐步和解。

1949 年底，以色列外交部发言人表示，以色列和德国政府之间"永远不会"有外交或领事关系，任何德国人都不会获得进入以色列的许可证。① 1952 年《卢森堡条约》签订时，联邦德国外交档案中留下了这样的记录："遗憾的是，由于令人信服的心理原因，以色列不得不拒绝我们在 1952 年秋季签署《赔偿协议》的同时在联邦德国和以色列之间建立正常外交关系的建议，因为不能指望以色列的公众舆论会接受这一点。当然，我们对这种观点表示理解。"②此后，德以关系长期停留在互设常驻代表的层面。1963 年 1 月 21 日，以色列常驻联邦德国代表费利克斯·辛纳向联邦德国外交部国务秘书罗尔夫·奥托·拉尔（Rolf Otto Lahr）表达了以色列政府对德国政府在双边和多边领域（以色列与欧共体的谈判）的帮助行为的感激之情，随后主动提出要推动建立两国正式的外交关系。③

1965 年 5 月 12 日，联邦德国与以色列正式建交。此后，德以关系在官方层面和民间社会领域不断加强和深化。1966 年 5 月，已经卸任联邦总理的阿登纳访问以色列，被授予魏兹曼研究所（Weizmann Institute）荣誉顾问的头衔。以色列人对这位曾给予他们无私援助的前任德国总理以热烈欢迎。

1966 年 8 月，在布鲁塞尔召开的第 5 届世界犹太人大会上，大会主席戈德曼表示："如何处理与德国人的关系是我们这一代人面临的最复杂和最重要的问题，既然忽视德国在国际社会的存在是不切实际的，犹太人应该寻求与德国人和平共处发展新的关系。"④他重申，与德国的和平共处并不

①　Akten zur Auswärtigen Politik der Bundesrepublik Deutschland 1951，München：Oldenbourg Verlag，1999，S.21.

②　Akten zur Auswärtigen Politik der Bundesrepublik Deutschland 1963，München：Oldenbourg Verlag，1994，S.660.

③　Akten zur Auswärtigen Politik der Bundesrepublik Deutschland 1963，München：Oldenbourg Verlag，1994，S.656.

④　Max Melamet，*Goldmann：A Profile*，B' nai B' rith Messenger，5 August 1966，p.24.

意味着原谅、和解甚至忘记过去,犹太人将永远在德国问题上保持敏感。多数与会者都对联邦德国的赔偿行为表示了肯定,虽然他们仍然因大屠杀而仇恨德国。

1967 年第三次中东战争爆发,美国力图防止事态扩大唯恐被卷入其中,联邦德国此时毅然对以色列伸出援手。对比美国人的冷漠,西德人民自发组织起来对以色列提供援助。他们为以色列募集资金,购买以色列债券,提供各种人力服务,献血并组织药品供应。西德的媒体也完全倒向以色列一边,他们向全世界宣布"援助以色列是我们的道义责任"。尽管联邦德国已经完成对以色列的赔偿义务,但历任领导人从未中断对以色列的支持与援助。每当以色列处境危难并遭到几乎所有国家甚至美国的漠视时,联邦德国总是坚定地站在以色列一边。

由阿登纳和古里安等领导人缔造的特殊德以关系一直延续到今天,成为世界上独一无二的"历史责任驱动式"国家关系。2008 年以色列建国 60 周年之际,德国总理安格拉·默克尔(Angela Merkel)访问以色列,成为第一个在以色列议会发言的外国政府首脑。她面对以色列议会表示:"在我之前的每一届联邦政府和每一位联邦总理都致力于履行德国对以色列安全的特殊历史责任。德国的这种历史责任是我国存在的理由的一部分。"①德国外长弗兰克·施泰因迈尔(Frank Steinmeiner)也表示:"德国对于保护以色列国的存在以及捍卫其存在的权利有着特殊的义务,对以色列国的存在和安全的承诺必须是德国外交政策的一个固定要素。"②

美国人对德国的印象在 20 世纪经历了几次巨大变化。在 20 世纪初德国是令美国公众倾慕的国家,他们羡慕德国的文化和技术,成千上万的美国年轻人赴德国求学。但在两次世界大战中,德国变成了美国的敌人,德国成为军国主义的代名词,德国人也被称为面目可憎的"德国佬"(Hun)。冷战来临后,美国扶植西德并通过"马歇尔计划"对其进行援助,西德内部也学习西方进行了"全盘西化"(Verwestlichung)改造,德国摇身一变又成了美国的盟友。尽管如此,德国要想重获美国社会的认可与支持,远非那么简单。联邦德国要想真正重返西方世界,美国的态度是最关键的因素,美国政府的态度最终取决于美国人民。众所周知,犹太民族和犹太人集团在美国社会

---

① Ina Rottscheid,50 *Jahre deutsch-israelische Beziehungen*:*Gegen alle Widerstände*,Deutschlandfunk Kultur, 2015. 5. 6, 见 https://www. deutschlandfunk. de/50 - jahre - deutsch - israelische - beziehungen-gegen-alle.724. de.html? dram;article_id=319119。

② 参见 https://www. auswaertiges - amt. de/en/newsroom/news/080529 - sechzig - jahre - israel - steinmeier-bt/232834。

有着巨大的影响力,他们的态度至关重要,联邦德国 14 年如一日地对以色列和犹太人受害者进行赔偿,正是打动了这些人的心。

虽然国际形象得到了改善,但《卢森堡条约》也给联邦德国带来了一些消极影响。联邦德国向以色列提供大量赔偿援助对德国与阿拉伯国家间的传统友好关系造成了致命打击。自 19 世纪末以来,阿拉伯国家就同德国发展了友好关系,20 世纪 50 年代初联邦德国和新兴的阿拉伯国家重新发展了经济关系和文化交流。但因为与以色列的敌对关系,阿拉伯国家对《卢森堡条约》的签订表示了强烈抗议。联邦德国迟迟不与以色列建交,在很大程度上是出于忌惮阿拉伯国家的联合抵制,更何况阿拉伯国家背后还有苏联撑腰。联邦德国外交档案记录了 1956 年推迟在以色列建立德国代表处的原因:"自从苏联在中东地区进行干预以来,德以关系问题已经具有了国际性质,它已经成为东西方对立的问题。如果我们现在在以色列开设代表处,我们将是在水中投下一块石头,而无法控制这一行动的后果。"①随着联邦德国对以色列援助的不断增长,德阿外交逐渐陷入了绝境。1960 年,阿拉伯联盟决定向其成员国建议,根据第三国对犹太"复国主义和帝国主义"的政策来决定自己对它的态度。② 1965 年 5 月 12 日,联邦德国与以色列正式建立外交关系,以埃及为首的绝大多数阿拉伯国家当即与联邦德国断交,德国的中东外交损失惨重。

冷战时代的外交事务似乎都能直接或间接地找到超级大国的影子。德以赔偿谈判从筹备阶段到最终签订条约,都能看到幕后推动者美国的影子。美国政府从自身利益出发,凭借其对联邦德国政府的巨大影响力,不断推动阿登纳政府向以色列和犹太人世界妥协。一旦联邦德国表现出些许顾虑,美国就通过外交或舆论手段对其进行敲打,迫使其不断做出让步。美国这种支配性地位的后果是,后来联邦德国对以色列的政策长期受到美国的影响和制约,无法根据自身利益做出适时的调整。联邦德国扮演的这种傀儡角色,对其外交战略产生了深远影响。

(三)《卢森堡条约》对以色列和犹太人世界的影响

以色列国建立后,1948 年至 1952 年,共有约 70 万名一贫如洗的犹太移民抵达该国。为了对他们进行安置和供应,以色列大部分投资用于住房、农业、灌溉和基础设施建设,而国家长期发展需要的工业投资则捉襟见肘。

---

① Akten zur Auswärtigen Politik der Bundesrepublik Deutschland 1963, München: Oldenbourg Verlag, 1994, S.657.

② [德]库仑特·比伦巴赫:《我的特殊使命》,潘琪昌、马灿荣译,上海译文出版社 1988 年版,第 83 页。

1950 年至 1954 年,所有投资中只有 19%用于工业部门。1949 年至 1953 年,国家公共发展预算中只有 11%用于工业目的。[1]

1952 年《卢森堡条约》签订后,以色列政府内部开始对德国赔偿的用途进行规划,力图用最优的方案带来最大的效益。美国通用电气公司工程师所罗门·特朗博士(Solomon Trone)和以色列工会负责人希勒尔·丹(Hillel Dan)受邀负责这项计划。以色列财政部长以利泽尔·卡普兰(Eliezer Kaplan)要求他们运用德国赔偿制订一个十年发展计划。两人都主张将德国赔偿用于交通、电力、灌溉、水资源等基础设施建设,而非救助难民。但特朗博士反对希勒尔将大部分赔偿投入重工业的计划,由于意见不合愤而回国。

1953 年希勒尔被授权领导赔偿规划,《卢森堡条约》的赔偿将主要被用于促进经济发展而非消费。这笔赔偿将会专款专用,任何官员都不得私自干涉。以色列专门成立了一个"希路悯赔偿公司"(Shilumim Corporation)进行规划,初期主要运作项目有:创建新的化学工业,扩建发电站,发展采矿业和灌溉工程,修建现代化的公路、铁路和港口,建造一只商船队。希勒尔敲定某个项目并经政府批准后,再由驻德国的以色列代表团向西德各企业提交订单。对于采购项目还有一个硬性规定,任何可以在以色列当地生产的物品都不能列入赔偿订单。希勒尔个人的工作口号是:"不要吃光它们!大力发展以色列的基础设施和重工业"[2],使以色列经济走上独立自主的道路。1955 年以色列劳工部长平那斯·萨皮尔(Pinhas Sapir)接替希勒尔的职务,对联邦德国赔偿的使用方针也起了变化:(1)增加以色列的生产;(2)促进工业多样化和减少进口;(3)发展例如钢铁和采矿等新工业;(4)在最短时间内收回所有《卢森堡条约》赔偿资金。至此,"以色列经济的每个部门都感受到了赔偿的影响"[3]。

通过德国赔偿,以色列还在工业技术领域获益良多。由于西德提供了大量机器设备作为赔偿,而以色列国内并无相关技术人员能够组装并操作这些机器使其顺利转化为生产力。1955 年,以色列政府顶住国内激进犹太分子的压力,从联邦德国邀请了大量专家和技工组装德国设备并教授操作课程,直到以色列技术人员完全掌握。这些德国专家为以色列带来了工业

---

[1] Günter Könke, *Wiedergutmachung und Modernisierung*, *Der Beitrag des Luxemburger Abkommens von 1952 zur wirtschaftlichen Entwicklung Israels*, S.507.

[2] Nicholas Balabkins, *West German Reparations to Israel*, New Brunswick: Rutgers University Press, 1971, p.223.

[3] Nana Sagi, *Wiedergutmachung für Israel*, *Die deutschen Zahlungen und Leistungen*, Stuttgart, 1981, S.203.

生产的丰富经验和技巧,经过培训的技术人员成为后来支撑以色列工业发展的中坚力量,以色列工业界可谓接受了一场免费的职业教育。对比同时代的例子,则更能凸显这种经验的宝贵。印度尼西亚和菲律宾在战后也从日本接收了大量工业设备作为战争赔偿,但两国政府迫于国内激进的民族主义情绪拒绝日本技术人员入境指导,结果大量日本设备因为无法组装或错误安装成为废铁。

联邦德国向以色列支付的赔偿无疑是雪中送炭,迅速改善了以色列建国以来极为艰难的处境,并促进了以色列经济的起飞。1954年,德国赔偿占以色列全部投资的1/3和以色列财政总收入的1/8,1960年的赔偿额占全年流入以色列外资的48.5%。[①] 与此相比,作为以色列长期盟友的美国在1952—1961年间也仅向以色列提供了3.74亿美元的无偿和有偿援助。到1966年赔偿结束时,以色列各项基础设施基本完备,一系列新的工业部门建立并发展起来,以色列的工业产品以其优良的品质和高科技含量远销海外。1950年到1967年,以色列经济增长率高达9.3%。世界犹太人大会主席戈德曼后来评价说,“德国在赔偿协议框架内的交付已成为建设以色列的决定性经济因素”[②]。长期关注德犹和解的美国记者库尔特·格罗斯曼(Kurt Grossmann)也在《卢森堡条约》有效期过半时得出了以下结论:“以色列物质发展的快速步伐在很大程度上取决于赔偿协议的顺利履行。如果没有赔偿,以色列在工业、农业和通信方面的扩张和现代化计划将受到严重限制。”[③]德国赔偿成了以色列经济增长的重要基础,因为《卢森堡条约》的执行,联邦德国也成为以色列长期稳定的经济伙伴和政治盟友。

在赔偿执行的10余年间,以色列环顾强敌且资源匮乏,其对于国外援助的依赖程度之强远远大于其他国家。没有这些援助,以色列要想在炮火中发展壮大起来是难以想象的。以色列接受国外援助的主要来源有三个:联邦德国对以色列政府和居住在以色列犹太人受害者的赔偿、犹太人世界给以色列的捐款、美国政府的援助。1953年至1965年以色列接受国外援助统计情况见表18[④]。

---

①　[美]纳达夫·萨弗兰:《以色列的历史和概况》(下),北京大学历史系翻译小组译,人民出版社1973年版,第316页。

②　Nahum Goldmann, *Mein Leben als deutscher Jude*, Frankfurt am Main, 1983, S.409.

③　Kurt R.Grossmann, *Germany and Israel: Six Years Luxemburg Agreement*, New York, 1958, p.14.

④　Lily G.Feldman, *The special Relationship between West Germany and Israel*, p.96.

表18:1953年至1965年以色列接受国外援助统计表

（单位:亿美元）

赔偿来源 年份	联邦德国对以色列政府的赔偿(a)	联邦德国对以色列犹太人个人的赔偿(b)	联邦德国对以色列援助总计(a+b)<1>	美国政府无偿援助<2>	犹太人世界捐款<3>	以色列获得国外援助总计<1>+<2>+<3>
1953	0.407		0.407	0.473	0.846	1.726
1954	0.794	0.08	0.874	0.39	1.332	2.596
1955	0.845	0.188	1.033	0.205	0.832	2.07
1956	0.792	0.257	1.049	0.068	1.284	2.401
1957	0.77	0.459	1.229	0.241	0.98	2.4
1958	0.688	0.663	1.351	0.164	1.118	2.633
1959	0.663	0.708	1.371	0.095	1.041	2.507
1960	0.729	1.005	1.734	0.139	1.235	3.108
1961	0.873	1.113	1.986	0.104	1.37	3.46
1962	0.43	1.375	1.805	0.08	1.418	3.303
1963	0.246	1.416	1.662	0.059	1.732	3.453
1964	0.169	1.326	1.495	0.082	1.918	3.495
1965	0.167	1.114	1.281	0.047	2.063	3.391
总计	7.573	9.704	17.277	2.147	17.169	36.593

综合1953—1965年以色列接受国外援助（无偿援助）情况,来自联邦德国以"赔偿"为名义的援助比例最高占到47.2%,来自犹太人世界捐款占到46.9%,美国政府援助仅占5.9%。只有1953年美国对以色列的援助超过联邦德国,此后联邦德国对以色列的援助都远远超过美国数倍甚至数十倍,这一数据足以让那些坚称以色列是靠美国扶植壮大的评论家感到诧异。冷战岁月里,如果说美国是在为以色列打气,联邦德国就是在向以色列输血。

关于联邦德国赔偿对以色列经济产生的影响,已有很多专家进行了研究,其中犹太学者范妮·基诺(Fanny Ginor)和J.提什勒(J.Tishler)在1965年为以色列国家银行写了一份报告,对此进行了十分透彻的分析。他们是战后以色列发展的亲历者,站在犹太人立场上总结报告,因此是较为客观公正的。该报告归纳为9个要点①。

---

① Lily G.Feldman,*The special Relationship between West Germany and Israel*,p.98.

（1）来自联邦德国对以色列政府和个人的赔偿，占 19 年来以色列地区外来资本的 1/4，占附加资本投资的 16%；

（2）来自联邦德国的赔偿，38% 被用于投资，24% 的原材料、工业品和农产品，8% 的运输费和银行费用，30% 被用于购买英国公司的石油，但事实上以上总额的 80% 最终都被用于投资；

（3）联邦德国实际上包办了以色列的商业船队，这对于四面环敌的以色列意义重大；

（4）按照《卢森堡条约》支付的工业设备占到以色列工业设备总投资的 14%；

（5）1954—1964 年联邦德国提供了以色列新建动力设施的 1/4，为工业化打好了基础；

（6）1954—1961 年以色列 Mekorot 公司（Mekorot Water Co.）实施大规模农业灌溉工程，其进口设备的 1/5 来自德国赔偿；

（7）1954—1959 年德国提供了以色列铁路建设总投资的一半；

（8）1954—1959 年以色列海法港口建设投资的 1/4 来自德国赔偿；

（9）1962 年以色列电信资产的 12% 来自德国赔偿。

由此可见，联邦德国的赔偿及其影响已经渗透到以色列经济尤其是基础设施建设的各个角落。基诺在评估报告结尾写到，如果没有这些赔偿，以色列经济增长的步伐无疑会大大减缓，"在其他条件保持不变的情况下，如果缺少德国赔偿，1966 年以色列的 GNP 数值将比实际减少 12%"。赔偿最直接的作用表现在，由于德国马克的长期坚挺，赔偿为以色列解决了外汇短缺危机，而不需要从国外大举借贷。

事情的发展都有其两面性，我们也不能一厢情愿地赞美《卢森堡条约》给以色列带来的变化。联邦德国对以色列的赔偿也许是以色列和犹太人世界的福音，但却是中东阿拉伯国家和全球和平主义者的噩梦。尽管《卢森堡条约》使德以双方实现了某种程度的双赢，但该条约给中东乃至世界带来的负面影响也是不容小视的。最直接的影响表现在联邦德国的赔偿援助大大加强了以色列的经济军事实力，中东地区陷入长期的动荡。以色列建国之初在中东立足未稳，四面环敌，单靠自身的力量是无法与周边阿拉伯国家对抗的。联邦德国的赔偿帮助以色列建立起稳固的基础工业，从 1959 年起又秘密向以色列提供武器。没有联邦德国在背后倾力支持，以色列在第二次和第三次中东战争中轻易取胜是难以想象的。[1]

---

[1]　孙文沛：《浅析德以〈卢森堡条约〉的背景及影响》，《经济与社会发展》2009 年第 3 期。

根据《卢森堡条约》第二议定书的规定,联邦德国要向赔偿联合会支付价值 4.5 亿马克的赔偿用于救助世界各地遭受纳粹迫害的犹太人。联邦德国将这笔赔偿一并支付给以色列,然后由以色列政府和赔偿联合会根据犹太人世界的需要权宜划分。双方协商的最终结果是,将《卢森堡条约》赔偿总额 34.5 亿马克的 15% 划归赔偿联合会自由支配,也即 5.17 亿马克。1953 年 10 月,以色列财政部长列维·埃斯科尔(Levi Eshkol)通知联合会领取第一笔 15% 份额的赔偿。由于联邦德国向以色列提供的是实物形式的赔偿,以色列需要将其转化为货币形式支付给赔偿联合会,这对外汇严重短缺的以色列不啻为一大难题。犹太人世界内部通过协商,最终的解决办法是,美国犹太人联合分配委员会(American Jewish Joint Distribution Committee,缩写 AJJDC)将自己每年用于以色列国内福利项目的约 700 万美元转交给赔偿联合会作为以色列政府支付赔偿资金的一部分,该项福利项目的缺口则由以色列财政部等价填补。剩余部分则由以色列政府支付外汇现金。

赔偿联合会掌握的 5.17 亿马克赔偿绝大部分都被用于社团项目,并未用于犹太人受害者的善后救济,因为这些个人受害者可以依据联邦德国"联邦赔偿法"向波恩政府申请个人赔偿。赔偿联合会支配的赔偿资金主要用途有 4 类:福利事业、纪念大屠杀项目、文化项目和公共设施建设。福利事业方面,联合会着力解决欧洲犹太人难民的重新安置问题。1954 年联合会与联邦德国政府共同出资,转移安置西德福痕瓦尔德难民营(Foehrenwald Camp,欧洲最后一个犹太人难民营)内的犹太难民,随后关闭了这个难民营。这批难民移居澳大利亚,赔偿联合会继续出资解决他们的安置问题。此外,联合会还拨款救济东欧犹太人,重建欧洲各地的犹太人社团,将一盘散沙的欧洲犹太人重新组织起来。为了让全世界都关注大屠杀的悲惨历史,资助各种大屠杀纪念项目成为赔偿联合会的重要任务,最典型的例子是对耶路撒冷亚德瓦谢姆(Yad Vashem)机构的资助。在以色列政府和联合会的大力支持下,该机构收集了大量有关大屠杀的资料,出版了一系列有关大屠杀的著作,将 20 世纪最悲惨的一幕完整地展现在世人面前,犹太人用大量事实铁证赢得了世界舆论的同情,同时也对后世起到警醒作用。赔偿联合会还在全世界资助建立了众多犹太人社团文化和教育项目,兴建学校改善犹太人的教育状况,同时也新建了一批青年中心、医院、教堂等公共设施。这些项目的资金都直接或间接来源于联邦德国的赔偿,虽然还不足以让犹太人世界消除对德国的仇恨,但已经大大改善了德国在犹太人世界的形象。这至少可以让犹太人确信,新的联邦德国已经完全不同于以前那个凶残暴虐的纳粹德国,德国人正在他们的赎罪之路上稳步前行。

第二节　《联邦赔偿法》的制定与执行

在战后初期的岁月里,并非只有犹太人仇恨德国,德国因过去的暴行招致了整个欧洲乃至全世界人民的仇恨。德国在二战中对所有欧洲占领区都进行了疯狂掠夺,给占领区人民带来肉体的伤害和财产的损失。除此以外,纳粹德国还强制奴役大量外国劳工为德国企业无偿劳动。截至 1944 年 9 月底,为第三帝国做苦工的外国平民共约 750 万人。这些人几乎都是用武力逮捕来的。在这些外国劳动力之外还有 200 万战俘,其中至少有 50 万人被分配到兵工厂和军火厂劳动。这种做法公然违反海牙公约和日内瓦公约,这两个公约都规定了不能用战俘从事这些劳动。[①] 这些遭受掠夺和奴役的个人受害者,在道义上应该得到德国的赔偿。但战争结束后,并没有哪个战胜国愿意出面为这些民间受害者索取赔偿,直到 1952 年《卢森堡条约》签订,数百万战争受害者才看到了获取个人赔偿的希望。更有意义的是,战败国立法保护战争受害者这一弱势群体获取赔偿的权利,这在人类历史上还是第一次。

一、从《赔偿补充法》到《联邦赔偿法》

1952 年犹太人赔偿联合会与联邦德国代表在瓦森纳尔就个人赔偿问题进行了谈判,最终决定由联邦政府起草、经联邦议院批准通过相关的"赔偿法"(Entschädigungsgesetz)和"归还法"(Rückerstattungsgesetz),并体现在《卢森堡条约》的"第一议定书"中。"赔偿法"用于补偿个人受害者遭受的人身伤害,"归还法"用于补偿被纳粹德国强行没收的财产。然而,因为没有前人的经验可以复制或模仿,这一决议的最终落实经历了一个漫长且艰辛的立法过程。

关于"归还法"的部分,首先需要关注战后德国大量存在的"无继承人财产"(erblose Vermögen)问题。二战结束后,各占领国在清查德国境内财产时发现,大量无主犹太人财产没有或找不到继承人。这是大屠杀的后遗症,很多犹太人家庭所有成员都死于屠杀,因此他们遗留的财产无人认领,很多不动产都被德国人占据。为此,在西部三个占领区先后成立了继承人

---

① ［美］威廉·夏伊勒:《第三帝国的兴亡》下卷,董乐山等译,世界知识出版社 2005 年版,第 1112 页。

组织,美占区组织名为"犹太人赔偿继承人组织"(Jewish Restitution Successor Organization,缩写 JRSO),英占区组织名为"犹太托管公司"(Jewish Trust Corporation,缩写 JTC),法占区组织名为"托管公司"(Treuhandgesellschaft)。这些继承人组织尝试通过法律手段获取无继承人的犹太财产,包括房屋、银行账户、有价证券等。但是想要索回这些财产并不容易,这些财产的占有者——德国人宣称,他们并非抢掠而是通过完全"合法"的手段获得这些财产。由于缺少法律依据,继承人组织束手无策,转而寻求在各州境内向这些财产的受益者索回部分财产。

联邦德国成立后,在西德的德国人中间成立了要求归还犹太人财产的组织,还编写了一份期刊《归还》(Die Restitution),抨击强占犹太人财产的可耻行为。1953 年 3 月 18 日,联邦议院讨论是否批准《卢森堡条约》,自民党(Die Freie Demokratische Partei)向议会提交了一份决议案,敦促联邦政府制订一部法律,改变"对犹太人财产归还申请者的不合理态度"[①]。随后,联邦德国出台了一系列法律支持继承人组织追回无继承人财产的行为,但这种被追回的无主财产从严格意义上说不属于战争赔偿的范畴,故不在本书重点讨论之列。根据统计,截至 1965 年,三家继承人组织分别追回如下数额价值的犹太人财产:"犹太人赔偿继承人组织"得到 2.49 亿马克财产,"犹太托管公司"得到 1.36 亿马克财产,法占区"托管公司"得到 0.13 亿马克财产。[②] 这些财产大部分被用于犹太人世界的福利事业,还有一部分流入以色列。

本节重点陈述联邦德国纳粹受害者"赔偿法"的立法经过。人身伤害、剥夺人身自由、劳动伤害和抢夺财产构成了纳粹受害者赔偿的几个主要依据。这种对战争受害者个人的赔偿有别于传统的政府之间的战争赔偿(如 1949 年之前占领时期的赔偿或联邦德国对以色列的赔偿,德语称为 Reparation),在德语中被称为 Entschädigung 或 Wiedergutmachung,英语称为 Indemnification。这种赔偿不仅仅针对犹太人受害者,而是理论上涵盖了欧洲乃至全世界曾受到纳粹德国迫害的个人受害者。

(一)前奏

早在 1944 年 11 月,美国犹太学者尼赫迈亚·罗宾逊(Nehemiah Robinson)就出版了一部著作,研究发生在欧洲的大规模迫害和财产掠夺,并指

---

① Kurt R.Grossmann, *Die Ehrenschuld: Kurzgeschichte der Wiedergutmachung*, Frankfurt am Main: Ullstein Verlag, 1967, S.62.

② Kurt R.Grossmann, *Die Ehrenschuld: Kurzgeschichte der Wiedergutmachung*, Frankfurt am Main: Ullstein Verlag, 1967, S.63-64.

出根据国际法这些伤害和损失都应得到赔偿。文明国家的法律规定,不予补偿就强行没收私人财产是违法的。德国不仅要补偿损失的财产,还应对纳粹受害者及其遗属进行赔偿。这是关于受害者个人赔偿的最早构想。

二战结束后,1946 年美国占领区就颁布了各州的法律,规定为恢复健康、职业培训、建立经济生存或避免紧急情况而提供临时款项和福利,以及向受迫害者及其家属提供养恤金。① 1949 年 4 月 26 日,南德意志州议会②(Süddeutschen Länderrat)发布《纳粹不公正待遇赔偿法》(Gesetz zur Wiedergutmachung nationalsozialistischen Unrechts),当年 8 月开始在拜恩、不来梅、巴登—符腾堡和黑森 4 个州实施③。联邦德国建立后,根据《基本法》(Grundgesetz)第 125 条的规定,《纳粹不公正待遇赔偿法》被纳入联邦法律(Bundesrecht)体系。然而,这一法律只针对联邦德国境内因纳粹暴政导致的人身伤害和财产损失赔偿,赔偿对象是联邦德国公民(也包括仍然居住在德国的犹太裔德国公民),因此其司法实践并不属于战争赔偿的范畴,也不能满足联邦德国之外的纳粹受害者赔偿需求。

1951 年成立的"犹太人向德国要求物质赔偿联合会"正式将索取犹太人受害者个人赔偿作为瓦森纳尔谈判中的一项重要目标,敦促联邦德国修改国内的个人赔偿法和财产赔偿法。1952 年 9 月 10 日签订的《卢森堡条约》第一议定书规定,为了保障战争受害者个人获得赔偿,联邦德国承诺重新起草一部个人赔偿法律,同时修改财产赔偿法以确保犹太人尽可能多地收回失去的财产。1953 年阿登纳政府将制定个人赔偿法的工作提上日程,全世界的战争受害者在二战结束 8 年后终于看到了获得货币赔偿的希望。1953 年 4 月,阿登纳总理第一次出访美国,受到美国人和美国犹太人的热烈欢迎,这得益于他一个月前在联邦议院上极力推动通过了《卢森堡条约》,从而为个人赔偿立法铺平了道路。阿登纳作为新德国的首脑给美国人带来了震撼,他们惊异于阿登纳政府如此重视执行《卢森堡条约》并将其放到与《欧洲防务条约》同样重要的地位④。当时纽约的媒体询问《卢森堡条约》中关于个人赔偿部分的执行情况,阿登纳保证在第一届联邦议会任

①　Bundesministerium der Finanzen, *Entschädigung von NS-Unrecht*, *Regelungen zur Wiedergutmachung*, Mai 2020, S.6.

②　1946—1949 年占领时期的西占区地方议会。

③　Gesetz Nr.951 zur Wiedergutmachung nationalsozialistischen Unrechts, 见 http://www.verfassungen.de/bw/wuerttemberg-baden/entschaedigungsgesetz49.htm。

④　Günter Könke, *Wiedergutmachung und Modernisierung*, *Der Beitrag des Luxemburger Abkommens von 1952 zur wirtschaftlichen Entwicklung Israels*, S.506.

期内(1953 年 9 月选举第二届联邦议会),推动通过一部联邦赔偿法律。

(二) 立法

《卢森堡条约》通过后,西德联邦参议院(Bundesrat)和联邦财政部(Bundesfinanzministerium)分别着手制定新的个人赔偿法。财政部在 1953 年 5 月 8 日完成了首个联邦赔偿法草案,但种种原因导致议会迟迟不能通过。第一届联邦议会任期只剩几个星期,却积压了 80 件法律草案等待讨论通过,其中就包括赔偿法草案。此外,制订赔偿法将要带来的财政负担在联邦政府和州政府之间如何分配也尚未确定。时任联邦交通部长汉斯·克里斯托夫·泽博姆(Hans-Christoph Seebohm)在内阁反对这一草案,认为以前的战俘无权获得赔偿,世界上从来也没有哪个国家对战俘进行赔偿。5 月 29 日,赔偿法草案提交联邦议会法院。联邦议院尚未成立专门的赔偿委员会,暂由下属的法律委员会和预算委员会审议这一草案。6 月 11 日,联邦德国各州政府的财政部长聚集讨论,希望就如何分配新赔偿法带来的财政负担达成一致。地方官员大多对执行这项法律的前景持悲观态度,阿登纳政府却急于在第一届议会任期结束前通过这项法律,以向全世界证明德国的赔偿诚意,展示新政府在法制建设和尊重人权方面做出的努力。

尽管仍然有很多质疑声,在阿登纳政府的极力推动下,1953 年 7 月 1 日(第一届联邦议会解散前一天),联邦议院和联邦参议院批准通过了《联邦纳粹受害者赔偿补充法》(Bundesergänzungsgesetz zur Entschädigung für Opfer der nationalsozialistischen Verfolgung,缩写 BEG,以下简称《赔偿补充法》)。在议会表决中,社民党和基民盟一致支持通过,自民党和德意志党部分反对。巴伐利亚党在 1953 年 3 月 18 日议会表决通过《卢森堡条约》时认为个人赔偿应优先于对以色列赔偿而弃权,但此次却投了反对票,代表了德国议会中一小股顽固守旧势力。巴伐利亚党在议会中的盟友中央党投了赞成票。这说明制订个人赔偿法虽然是联邦德国政界精英的共识,但还是遇到了一些阻力。

《赔偿补充法》是一部未经仔细加工仓促发布的法律,3 年后为修订版《联邦赔偿法》所取代。基民盟议员卡尔·韦伯(Karl Weber)表示,此次发布的《赔偿补充法》将个人赔偿覆盖面从美占区扩大到整个联邦德国,但具体内容还有待完善。此前,根据联邦议院 1952 年 9 月 11 日的决议,二战时期各种纳粹抵抗运动的成员也被纳入赔偿对象,各种被驱逐者、流亡者都可以申请赔偿。这部个人赔偿法中最重要的问题已经解决,剩下赔偿支付金额等需要细化。

1953 年 7 月 17 日,联邦参议院开会讨论《赔偿补充法》第 77 条的负担分配问题。该法第 77 条规定,除一些特殊情况外,大部分个人赔偿都由各州财政负担。这招致各州参议员的激烈反对,最终改为由联邦政府承担大部分个人赔偿。1953 年 10 月 1 日,《赔偿补充法》正式生效。财政部长弗里茨·舍费尔在该法公布之日表示,"德国人民要偿还他们名誉上的债务,要向全世界展示一个全新的法制国家"①。舍费尔估计,联邦德国将要支付个人赔偿共计 40 亿马克,但后来的实际情况远远超出了他的想象。

（三）修订

《赔偿补充法》公布不久,就在实践中暴露出诸多不足。因为烦琐的申请程序、漫长的等待时间、联邦和州政府之间权责划分不明,联邦德国研究赔偿问题的法学家纷纷表示,该法需要修订,否则很大程度上就会形同虚设。1954 年初,赔偿法还未能付诸实施。社民党议员认为此事关系重大,将会损害德国的声誉,于 1954 年 5 月 28 日在联邦议院提出质问。社民党议员赫伯特·豪费（Herbert Hauffe）疾呼,如果不尽快发布赔偿执行命令,那些年老的战争受害者可能连 1 芬尼都看不到。社民党议员阿道夫·阿恩特（Adolf Arndt）第一次提出了"名誉债务"（Ehrenschuld）的概念——纳粹受害者赔偿是德国人民的"名誉债务"。② 议员们把批评的矛头指向了财政部长舍费尔,指责正在筹备的赔偿法执行条例存在诸多漏洞。面对议员的指责,财政部长的辩护显得苍白无力,他声称相关条例正在准备当中并将以最快速度呈报参议院。5 月底议会对改进和完善个人赔偿法集中讨论,决定在《赔偿补充法》生效后 9 个月之内必须开始新一轮的修订工作。

尽管舍费尔在议会中给出了明确答复,但 1954 年联邦政府对赔偿法的修订工作还是进展缓慢,国内外的不满声音日渐增多。纽约一份犹太人创办的德文周报《创造》（Aufbau）在 9 月 17 日发表一篇文章题为《联邦政府醒悟了吗》,记录了一系列等待向德国索取个人赔偿的美国申请者的控诉。由于向联邦德国提交的赔偿申请等待处理的时间太久,每天都有衰老的战争受害者死去,他们在死前连 1 芬尼的赔偿都没有看到。时间不等人,受纳粹德国迫害而逃亡到美国的移民中,67 岁以上者约 23000 人,其中约 7%已经死亡。③ 1954 年 9 月,巴登—符腾堡州的赔偿事务领导者奥托·屈斯特博士（Otto Küster）突然被免职。自从瓦森纳尔谈判以来,屈斯特博士一直是执行赔偿的倡导者和坚定支持者,他的离职也说明了战争受害者赔偿在

---

①　Kurt R.Grossmann, *Die Ehrenschuld:Kurzgeschichte der Wiedergutmachung*, S.69.

②　Deutscher Bundestag, 2. Wahlperiode, *Protokoll der 32. Sitzung des 2. Deutschen Bundestages*, 1954. 5. 28, S.1534.

③　"Besinnt sich die Bundesregierung?", *AUFBAU Wochenzeitung*, New York, 1954. 9. 17.

联邦德国国内存在一定阻力。

　　1954 年 10 月 28 日,因为联邦赔偿法的修订工作长期拖延,社民党在联邦议院再度向政府提出质问。社民党发言人阿道夫·阿恩特博士(Adolf Arndt)甚至激进地批评,这是政府中"老旧的反犹主义思想在作怪"①。社民党要求财政部长在 1955/56 财政年度拨款 2.5 亿马克用于个人赔偿(几乎是上一财年的 4 倍),这一建议得到了议会中基民盟的支持。几天后,犹太人赔偿联合会主席戈德曼与阿登纳总理会见,并交给他一份备忘录,主要包括犹太人世界 5 点不满意见:(1)赔偿执行法令缺失;(2)对索赔人举证要求烦琐、赔偿案件处理时间过长;(3)缺乏协助处理赔偿事务的志愿者;(4)缺少赔偿法补充条例;(5)迟迟未能通过《卢森堡条约》第一议定书规定的"归还法"(Rückerstattungsgesetz)。

　　由于联邦政府在个人赔偿问题上动作迟缓,1954 年末敦促政府拿出方案成为联邦议院一项重要议程。12 月 10 日,议会讨论一致通过对联邦政府提出以下要求:(1)阿登纳总理和各州总理要对依照个人赔偿法实施的赔偿事务承担个人责任;(2)委派更多尽职尽责的职员处理赔偿事务;(3)放宽赔偿申请的条件并将其细化明确;(4)已经做出的承诺必须立刻执行;(5)所有的赔偿申请必须立即着手处理,优先处理那些财务困难、生活困顿者的个人申请。②

　　联邦议院还专门成立一个赔偿委员会进行相关立法和修订工作,汉诺威的社民党议员奥托·海因里希博士(Otto Heinrich)担任主席,此前瓦森纳尔谈判德国首席代表弗兰茨·伯姆教授③担任副职。伯姆认为,关键在于联邦和各州都不愿出钱负担赔偿,各层面的政府机构在承担赔偿责任问题上已经分裂了,"每次我们在联邦议院讨论这个问题,无论这个大厅里各方的意见多么一致,但结果总像人拍打着海浪一样无济于事"④。还有议员指责联邦会计总署反感一切可能增加国库开支的活动,政府过于强调减少财政支出。看来真正的问题不在立法层面,而在政府的执行力上。

　　按《赔偿补充法》执行的个人赔偿在实践过程中也遇到不少问题。为

①　Kurt R.Grossmann, *Die Ehrenschuld:Kurzgeschichte der Wiedergutmachung*,S.71.

②　Helga und Hermann Fischer-Hübner, *Die Kehrseite der Wiedergutmachung:das Leiden von NS-Verfolgten in den Entschädigungsverfahren*,Gerlingen:Bleicher Verlag,1990,S.56.

③　伯姆教授因为在赔偿事务中的积极努力获得犹太人世界的广泛好评,于 1956 年在纽约被"美国犹太人大会"授予斯蒂芬·S.怀兹奖(Stephen S.Wise Prize)以表彰他为犹太人世界做出的杰出贡献,成为获此殊荣的第一个德国人。

④　Kurt R.Grossmann, *Die Ehrenschuld:Kurzgeschichte der Wiedergutmachung*,S.72.

了保护德国马克在国际金融市场的地位,联邦德国发布了一系列外汇条例进行外汇管制。这导致受害者依照《赔偿补充法》申请的赔偿只能用于在联邦德国消费,而不能依照外汇行情兑换其他货币汇往国外。由于大多数战争受害者都移居国外,这对他们明显是不合适的。如果申请人急需这笔赔偿,只能以损失 30% 金额的代价将其作为"施佩尔马克"(Sperrmark)①卖给德国政府换取外汇,这意味着他们实际只得到了大约 2/3 的赔偿金额。另一个问题是赔偿不均衡问题。在计算一个申请者因劳动伤害或健康损害得到的赔偿金额时,其依据是该申请人在遭受伤害之前 3 年的年平均收入、他的社会地位和受教育程度。但是,国外申请人在遭受伤害之前大多收入是美元或英镑,国内申请人收入是马克,汇率换算导致了赔偿结果的不均衡。1957 年 5 月 23 日,联邦政府出台赔偿执行条令对此进行修正,将汇率换算固定在 1 美元兑 2.5 马克,而且优先考虑生活贫困、丧失劳动能力或者畸形的申请人。

除以上个人伤害和财产损失赔偿外,联邦议院还在 1951 年 5 月 11 日通过了《公职人员联邦赔偿法》(Bundeswiedergutmachungsgesetz für Angehörige des öffentlichen Dienstes,缩写 BWGöD),对因为政治或种族原因遭到纳粹迫害的官员和职员进行赔偿,恢复所有他们应当得到的权利,吸纳他们重新进入公务员体系。年老的官员和职员则可以长期领取退休金,这其中包括很多当年受纳粹罢免驱逐的犹太人。该法在 1952 年、1956 年、1961 年和 1964 年被联邦议院不断修订和完善,并将覆盖面延伸到候补官员领域。在 1933 年纳粹党上台之前,有一批犹太年轻人已经通过德国国家考试准备担任公职,但由于种族原因被纳粹排除在外,这些人被称为"公职人员法律候选人"(Rechtskandidaten)。如果他们愿意的话,根据修订后的《公职人员赔偿法》这批人中的幸存者都可以进入公务员行列,同时享受和政府其他候补官员同样的薪水待遇。这种对受迫害公职人员的补偿,在全世界都是罕见的。

纳粹受害者赔偿法的修订工作是一项长期且艰巨的任务。自 1953 年 9 月第二届联邦议会召开以来,它就承担着制定一部更加完善、易于执行的联邦赔偿法的任务。对《赔偿补充法》的动议权得到了议会中所有党派的一致支持。议会通告财政部长舍费尔编写新法的计划,伯姆教授在该计划最后写道:"至今为止还从来没有哪个提案得到联邦议院中所有党派的代

---

① "施佩尔马克"是一种不能自由兑换的货币标记,存在于 1949 年至 1958 年联邦德国外汇管制时期。

表参与制订,也很少有哪个法律草案得到联邦政府甚至地方州政府代表如此细心的合作。"①

第二版联邦赔偿法能够发布,归功于联邦议院和联邦各职能部门,包括联邦财政部、外交部和内政部,以及各州政府的通力合作。1954 年夏,这些部门代表聚在一起开始修订工作,整整持续了一年。从几千页的记录来看,繁重的工作占据了几名联邦议员的所有时间,他们分别是伯姆教授和他的助手韦伯(Weber)基民盟议员施瓦茨豪普特博士(Schwarzhaupt)社民党议员奥托·海因里希·格雷韦(Otto Heinrich Greve)和阿道夫·阿恩特(Adolf Arndt)自民党议员赫塔·伊尔克(Herta Ilk)。他们也是此次立法的主要组织者和起草人。

在此次第二版赔偿法草案在政府内部宣读时,财政部要求参与制定的各州代表对该法案即将带来的开支进行评估,结论是联邦和各州财力尚能承受。1955 年秋经过各方协商,联邦政府将这份草案进行细微修改后呈送联邦议院和参议院。议会两院对此次赔偿法修正案极为重视,成立了赔偿工作小组对方案进行细致整理,并召集联邦各部门专家提出修改完善意见。此外,赔偿工作小组还主动联系世界各地战争受害者组织,听取他们的建议,主要有"犹太人向德国要求物质赔偿联合会"和"从德国流亡犹太人利益代办处"(Interessenvertretung der aus Deutschland geflüchteten Juden)。1956 年 6 月 29 日,联邦议院召开全体会议,正式通过《联邦纳粹受害者赔偿法》(德语为 Bundesgesetz zur Entschädigung für Opfer der nationalsozialistischen Verfolgung,简写 Bundesentschädigungsgesetz,缩写 BEG,以下简称《联邦赔偿法》)。议员阿恩特表示,"这一刻全世界的目光都聚焦到了联邦德国"。

《联邦赔偿法》在前言中明确表示,"在二战期间,因反对纳粹或因种族、信仰及世界观不同而受到纳粹德国迫害,并在生命、肉体、健康、自由、财产等方面遭受损失的人,均有权向德国提出赔偿要求"②。战争受害者符合下列条件之一者,均可以向联邦德国申请赔偿:(1)1952 年 12 月 31 日之前长期居住在联邦德国境内(包括西柏林,下同);(2)1952 年 12 月 31 日之前去世,但最后的定居地点在联邦德国境内;(3)1952 年 12 月 31 日之前移居国外,但移民前最后定居地在第三帝国境内(按 1937 年 12 月 31 日边界)或

① Kurt R.Grossmann,*Die Ehrenschuld:Kurzgeschichte der Wiedergutmachung*,S.76.

② Bundesgesetz zur Entschädigung für Opfer der nationalsozialistischen Verfolgung(Bundesentschä-digungsgesetz-BEG),Bundesgesetzblatt Jahrgang 1956 Teil I Nr.31,Bonn,1956,S.563.

但泽自由市;(4)从二战时纳粹德国东方占领区移居国外;(5)由苏占区或民主德国逃亡进入联邦德国定居或获得避难许可。[1] 受害者个人赔偿带来的财政负担由联邦政府和各州政府共同承担,联邦承担其中50%,各州共同承担50%。各州承担的赔偿与该州人口数量成正比,人口越多承担份额越大。西柏林地区的赔偿由联邦政府承担60%,各州承担25%,西柏林政府承担15%。[2]

与1953年版《赔偿补充法》相比,《联邦赔偿法》已经相当完善,成为当代德国民法体系中的一部成功典范。但是,《联邦赔偿法》确立了个人赔偿的"属地原则"(Territorialitätsprinzip),即一个纳粹受害者能否得到赔偿取决于他在1952年之前是否生活在联邦德国境内,或者二战期间是否生活在1937年纳粹德国边界之内。如此一来就产生了一个明显的缺陷——二战时期生活在1937年纳粹德国边界之外的纳粹受害者无权申请赔偿。联邦德国政府的解释是,《赔偿法》作为国内法只适用于居住或曾经居住在本国的纳粹受害者,外国纳粹受害者的赔偿在原则上不属于国内赔偿法的范围。外国纳粹受害者的赔偿将通过政府间代位赔偿的方式逐步解决。

(四) 完善

20世纪50年代后期,犹太人世界不断敦促联邦德国对《赔偿法》进行补充修订,并推动美国政府和舆论向德国施加压力。在联邦议院内部,赔偿委员会主席长期由社民党议员担任,社民党也不断推动修订和扩大《赔偿法》。1965年5月26日,联邦议院就《联邦赔偿法》的修正案进行最终讨论,财政部长罗尔夫·达尔格伦(Rolf Dahlgrün)表示,联邦和各州政府已经为《联邦赔偿法》支付了180亿马克,而新法律预计需要进一步支出100亿马克。[3]

1965年9月14日,联邦议院通过了《联邦赔偿法最终修正案》(Zweites Gesetzzur Änderung des Bundesentschädigungsgesetzes,缩写 BEG - Schlußgesetz)。《最终修正案》保留了个人赔偿的"属地原则",原则上只有那些生活在纳粹德国或联邦德国领土上的纳粹受害者才有权获得赔偿。但

① Bundesgesetz zur Entschädigung für Opfer der nationalsozialistischen Verfolgung(Bundesentschä-digungsgesetz-BEG),Bundesgesetzblatt Jahrgang 1956 Teil I Nr.31,Bonn,1956,S.563-564.

② Bundesgesetz zur Entschädigung für Opfer der nationalsozialistischen Verfolgung(Bundesentschä-digungsgesetz-BEG),Bundesgesetzblatt Jahrgang 1956 Teil I Nr.31,Bonn,1956,S.587-588.

③ Akten zur Auswärtigen Politik der Bundesrepublik Deutschland 1964,München:Oldenbourg Ver-lag,1995,S.1131.

是,该案增加了两个特殊的受害者群体可以申请赔偿——"因国籍原因而受纳粹迫害者"和"《日内瓦公约》意义上的难民"。其他重要改进包括:向1953年10月1日之前已经死亡的纳粹受害者的遗孀发放遗属抚恤金;采用一种推定,即在集中营监禁一年之后,收入能力下降25%的健康损害与迫害有关;将职业损害抚恤金和教育损害津贴从5000马克提高到10000马克;改进对有永久性健康损害的受害者的赔偿;根据新的法律调整以前裁决的身体和职业损害案件。① 现在,不仅受害者本人可以申请赔偿,而且已经死亡的受害者的遗属也可以申请赔偿。

《最终修正案》进一步扩大了《联邦赔偿法》的适用范围,提高了赔偿金额,延长了赔偿申请时限。法案规定,不是因为自己的过错而没有在1958年4月1日的最后期限之前提出索赔的纳粹受害者,都可以依据该补充法案继续向联邦德国政府索取赔偿。索赔的窗口期截止到1969年12月31日,此后将不接受任何新的纳粹受害者赔偿申请。②

由于1956年《联邦赔偿法》不适用1952年12月31日以后离开东欧的犹太人,《最终修正案》还设立了一笔12亿马克的特别基金,作为1953年至1965年12月31日期间离开东欧的犹太人纳粹受害者赔偿基金。至此,赔偿覆盖面之广几乎没有死角。但由于东西方冷战的形势,东欧和苏联地区的战争受害者索取赔偿则要曲折艰难得多。

为了弥补《联邦赔偿法》不能覆盖所有赔偿领域的缺陷,1957年7月18日联邦议院通过了《联邦财产返还法》(Bundesgesetz zur Regelung der rückerstattungsrechtlichen Geldverbindlichkeiten des Deutschen Reichs und gleichgestellter Rechtsträger,缩写 Bundesrückerstattungsgesetz),为战争受害者通过德国法庭收回自己失去的财产③提供了法律依据。根据《财产返还法》,人们可以向联邦德国提出财产退赔要求,其中包括对国家铁路和邮政等特别财产的退赔要求。此外,依据该法,人们还可向原普鲁士邦、国家高速公路公司、前纳粹党及有关团体,以及向业已解散的其他各种纳粹机构提出财产偿还要求。④

---

① Zweites Gesetz zur Änderung des Bundesentschädigungsgesetzes(BEG-Schlußgesetz),Ausfertigungsdatum:14. 09. 1965,S.1-6.

② Zweites Gesetz zur Änderung des Bundesentschädigungsgesetzes(BEG-Schlußgesetz),Ausfertigungsdatum:14. 09. 1965,S.6.

③ 此处的财产不同于前述的犹太人"无继承人财产"。

④ Bundesgesetz zur Regelung der rückerstattungsrechtlichen Geldverbindlichkeiten des Deutschen Reichs und gleichgestellter Rechtsträger(Bundesrückerstattungsgesetz-BRüG),Ausfertigungsdatum:1957.7.19.

在实践中,《联邦赔偿法》大多服务于穷困的受害者,《财产返还法》则服务于那些战前的"有产者"。前者赔偿自由损失、健康伤害、抚养人死亡、职业伤害、财产损失、教育损失、运输损失等多个方面;后者赔偿可以确定的被抢夺或没收财产,包括银行存款、有价证券、首饰、贵金属、房产、图书馆、图画等,最初估计需要返还财产总值 15 亿马克。《财产返还法》执行标准较为严厉,要求申请者对西德和西柏林境内被没收或抢夺的财产进行举证,而对于第三帝国东部非联邦德国境内的财产损失则不予支持,这导致很多战后从东部逃难到西德的难民失去了财产返还的机会。

1957 年 11 月 5 日,联邦议院又通过了《关于战争和德意志帝国崩溃造成损失的一般解决法》(Gesetzzurallgemeinen Regelungdurch den Krieg und den Zusammenbruch des Deutschen Reichesentstandener Schäden,缩写 Allgemeines Kriegsfolgengesetz,简称《战争后果法》),规定了不具备《联邦赔偿法》前言意义上的纳粹政权受害者的索赔权利。《战争后果法》专为"其他纳粹不公正"的受害者提供对生命、身体或健康以及自由损害的赔偿[1],主要包括纳粹时期的强制绝育者、安乐死受害者、同性恋者等群体,还包括那些被纳粹国家或党的机关认为是"怕工作"、"拒绝工作"、"非社会人"、"罪犯"或"流浪汉"并因此受到纳粹不公正措施对待的人。[2]《战争后果法》的赔偿金一般支付给拥有德国国籍的受害者。

从 1953 年到 1965 年,从《赔偿补充法》到《联邦赔偿法》再到《最终修正案》,联邦德国的纳粹受害者赔偿法律文本不断修改完善,其覆盖范围、资格认定和赔偿金额都不断趋向公平和公正,最终形成了一个庞大且严谨的"赔偿法系"。它们不仅为当时和其后半个世纪纳粹受害者向德国申请赔偿提供了法律依据,而且开创了人类历史上战败国通过立法来赔偿民间战争受害者的先河。

二、《联邦赔偿法》的执行

与《卢森堡条约》由联邦政府负责履行义务不同,依照《联邦赔偿法》执行的个人赔偿工作是在各州分别开展的。在具体执行方法上,各州不尽相同。对于赔偿申请的否决率在各州区别明显。例如,对于生活伤害(Lebensschäden)这一赔偿申请项目的否决率,北莱茵—威斯特法伦州和

---

[1]　Bundesministerium der Finanzen, *Wiedergutmachung*, *Regelungen zur Entschädigung von NS-Unrecht*, Juni 2021, S.8.

[2]　Bundesministerium der Finanzen, *Wiedergutmachung*, *Regelungen zur Entschädigung von NS-Unrecht*, Juni 2021, S.19.

拜恩州达 40%,西柏林 30%,黑森州 27%,莱茵兰—普法尔茨州只有
25%。健康伤害(Gesundheitsschäden)项目的赔偿申请在北莱茵—威斯特
法伦州、拜恩州、莱茵兰—普法尔茨州、黑森州的否决率高达 45% 至
50%,而在西柏林只有 25%。[1] 这说明对于个人赔偿申请审核的严厉程
度,在各州都是不同的。由于一些申请的受理审核时间较长,战争受害者
都在不断老去甚至可能在拿到赔偿前病故,因此《联邦赔偿法》的执行经
常成为"正义和死亡的赛跑"。联邦德国的工作人员本着德国人特有的
严谨认真精神进行审核,并尽力保持工作的高效率,总体上较好地完成了
他们的使命。

黑森州内政部在 1957 年 6 月统计了各州赔偿受理情况,如表 19 所示[2]。

表 19:联邦德国各联邦州受理二战受害者赔偿申请案件统计表

联邦州和自由市	处理每万份赔偿申请需要的工作人员数量	每位工作人员完成的赔偿案件数量
黑森	22	134
巴登—符腾堡	50	45
拜恩	23	62
西柏林	32	38
不来梅	41	42
汉堡	27	49
下萨克森	48	34
北莱茵—威斯特法伦	18	106
莱茵兰—普法尔茨	6	149
石勒苏益格—荷尔斯泰因	71	46

截至 1960 年 6 月,各州累计完成赔偿支付 90296 人次,在各州分布情
况如表 20 所示[3]。

[1]　Kurt R.Grossmann, *Die Ehrenschuld*: *Kurzgeschichte der Wiedergutmachung*, Frankfurt am Main:
Ullstein Verlag,1967,S.81.

[2]　Kurt R.Grossmann, *Die Ehrenschuld*: *Kurzgeschichte der Wiedergutmachung*, Frankfurt am Main:
Ullstein Verlag,1967,S.81.

[3]　Kurt R.Grossmann, *Die Ehrenschuld*: *Kurzgeschichte der Wiedergutmachung*, Frankfurt am Main:
Ullstein Verlag,1967,S.82.

表 20:1953 年至 1960 年联邦德国各联邦州完成二战受害者赔偿支付统计表

联邦州和自由市	已完成赔偿支付人次	平均每位工作人员工作量
巴登—符腾堡	7923	23
拜恩	8200	13
不来梅	539	11.8
汉堡	3829	17.2
黑森	4566	15.7
下萨克森	4879	9.7
北莱茵—威斯特法伦	28296	54
莱茵兰—普法尔茨	19100	49
石勒苏益格—荷尔斯泰因	755	8
萨尔	869	22
西柏林	11340	13

　　联邦德国政府曾多次对包括以色列赔偿和个人赔偿在内的整个赔偿支出进行预测,但计划始终赶不上变化。个人赔偿申请者的数量之多,已经超出了《联邦赔偿法》立法者的预计,因此联邦德国最终支付的赔偿总额远远超出了此前的各种预期。1953 年 6 月,奥托·屈斯特在《卢森堡条约》于议会通过后预计联邦德国共需支付 90 亿马克赔偿,其中 35 亿马克支付给以色列和各种犹太人社团,55 亿马克支付给个人受害者。1953 年以后赔偿实际支出激增,波恩政府不断提高赔偿预算,联邦财政部在 1953 年预计赔偿总支出为 40 亿马克,1955 年提高到 70 亿马克,1957 年 6 月提高到 120 亿至 170 亿马克。1959 年 6 月 26 日,在波恩召开的总理会议上,时任财政部长弗朗茨·埃策尔(Franz Etzel)表示,他曾经预计联邦德国赔偿总支出可能达到 240 亿—270 亿马克,但联邦政府和各州对此数字的准确预计是 172 亿马克。[1] 为了以专款保证赔偿持续进行,联邦政府设立了"负担平衡"(Lastenausgleich)拨款项目,解释为"对战时受害者从税收中支付赔偿费",体现出全体国民在赔偿问题上都负有纳税赎罪的责任。

　　表 21 为 1953 年至 1966 年联邦德国二战受害者赔偿受理工作统计情况[2]。

---

[1]　Helga und Hermann Fischer‐Hübner, *Die Kehrseite der Wiedergutmachung*:*das Leiden von NS‐Verfolgten in den Entschädigungsverfahren*,S.108.

[2]　Kurt R.Grossmann,*Die Ehrenschuld*:*Kurzgeschichte der Wiedergutmachung*,Frankfurt am Main: Ullstein Verlag,1967,S.109.

表 21：1953 年至 1966 年联邦德国二战受害者赔偿受理工作统计表

时间	累计索赔申请总量	截至年底完成工作总量	年初已有索赔申请总量	当年新增申请数量	当年完成工作量	当年赔偿总金额（单位：亿马克）
1953.10.1—1956.6.30	1354586	272088				10.62153
1956.7.1—1956.12.31	1225846	100650	1003145	222701	100650	5.93456
1957.12.31	1718912	378971	1125196	493066	278321	16.41695
1958.12.31	2542233	655752	1337941	823321	276781	15.49677
1959.12.31	2674328	996403	1886481	130095	340651	16.69912
1960.12.31	2703254	1469599	1677925	28991	473196	20.59856
1961.12.31	2799574	1908680	1233660	96315	439081	22.41251
1962.12.31	2899540	2294308	890894	99966	385628	22.65564
1963.12.31	3002117	2547845	454272	102577	253357	20.07
1964.12.31	3078669	2731391	347278	76552	183546	18.2
1965.9.17	3116721	2841621	276108	38052	110230	12.82038
1966.6.30	3565971	2946998	269723	349250	186300	15.76156
以上总计						197.68758
1953 年 9 月 30 日之前的赔偿						7.38183
截至 1966 年 6 月 30 日已完成个人赔偿总额						205.06941

　　从表 21 可以看出，1956 年 7 月 1 日至 1965 年 9 月 17 日（《联邦赔偿法》原定有效期为 10 年）联邦德国共收到 3116721 份赔偿申请，其中 2292504 份来自国外的受害者，824217 份来自国内的受害者。这些赔偿申请中，有 2841621 份被各州的赔偿局接受并处理完毕，其中 2040569 份来自国外的受害者，801052 份来自国内的受害者。国外受害者的处理结果是：1113302 份申请通过审核得到赔偿，466413 份申请被否决，460854 份申请以其他方式处理。国内受害者的处理结果是：323229 份申请通过审核得到赔偿，309391 份申请被否决，168432 份申请以其他方式处理。截至 1965 年 9 月 17 日，已经通过审核支付的个人赔偿总额达到 182.47571 亿马克，其中约 144 亿马克支付给国外受害者，38 亿马克支付给国内受害者。如果除以案件申请数量，则国外申请者平均每人得到 13000 马克赔偿，国内申请者平均每人得到 12000 马克赔偿。

　　在受害者申请的赔偿种类方面，国外申请者中自由伤害（Freiheitsschäden）赔偿申请最多（789000 份），其次依次是职业伤害

（Berufsschäden，364000 份）、健康伤害（Gesundheitsschäden，358000 份）、财产损失（Vermögensschäden，226000 份）、生活伤害（Lebensschäden，171000份）、经济损失（Wirtschaftsschäden，103000 份）。在联邦德国境内居住的受害者申请最多的是职业伤害赔偿（224000 份），其次依次为自由伤害（134000 份）、健康伤害（127000 份）、财产损失（82000 份）。

各州的州立法院（Landgericht）共接受了 308853 份有争议的赔偿案件，其中 31783 份判决申请人胜诉，103934 份判决申请人败诉，90930 份实现和解，82209 份以其他方式解决。各州的州高级法院（Oberlandesgericht）共接受了 59239 份赔偿案件，其中 4496 份判决申请人胜诉，18656 份判决申请人败诉，10197 份实现和解，11015 份以其他方式解决。各州相关机构在处理赔偿纠纷时，共提出 5627 份上诉，其中 1834 份胜诉。联邦德国最高法院也即联邦法院（Bundesgericht）收到 2787 份赔偿案件，其中 807 份判决申请人胜诉，981 份判决申请人败诉，43 份实现和解，273 份被撤销。①

《联邦赔偿法》的执行是一个庞大的工程，联邦德国根据该法支付给战争受害者的个人赔偿已经远远超过《卢森堡条约》规定的赔偿，这种情况甚至让当年《卢森堡条约》的推动者和德国赔偿法的立法者感到吃惊。1952年《卢森堡条约》签订后戈德曼估计联邦德国共需支付赔偿 60 亿—80 亿马克（包括个人赔偿），到 1968 年戈德曼个人估计联邦德国已经支付赔偿共计 500 亿—600 亿马克，其中大多数都支付给了犹太人受害者。② 从 1957年起，以色列战争受害者从联邦德国获得的个人赔偿已经超过以色列政府通过《卢森堡条约》获得的赔偿。1953 年至 1965 年，以色列通过《卢森堡条约》获得 34. 5 亿马克赔偿，通过联邦德国《联邦赔偿法》获得 43 亿马克战争受害者个人赔偿。对以色列国家来说，后者可能比前者更有意义，因为联邦德国依照《卢森堡条约》支付给以色列政府货物形式的赔偿，依照《联邦赔偿法》支付的却是坚挺的货币——德国马克，以色列获得了弥足珍贵的大量外汇。

表 22 反映了联邦德国在 20 世纪 50、60 年代对全世界战争受害者的赔偿造成的财政负担统计情况③（此表为德国联邦银行的统计结果，其年度赔偿数据与前文库特·R.格罗斯曼《1953—1966 年联邦德国个人赔偿受理工

---

① Kurt R.Grossmann，*Die Ehrenschuld*：*Kurzgeschichte der Wiedergutmachung*，Frankfurt am Main：Ullstein Verlag，1967，S.110.

② Nicholas Balabkins，*West German Reparations to Israel*，p.153.

③ Hans Günter Hockerts，*Grenzen der Wiedergutmachung*：*Die Entschädigung für NS - Verfolgte in West - und Osteuropa* 1945—2000，Göttingen：Wallstein Verlag，2006，S.153.

作统计》数据有偏差,联邦银行的统计应该更为可信)。

表 22:德国联邦银行对 1954 年至 1966 年二战受害者赔偿支出
及其造成的财政负担统计表

年份	二战受害者赔偿支出 (单位:亿马克)	赔偿占联邦德国 国民生产总值比重 (单位:百分比)	赔偿占联邦德国 财政支出比重 (单位:百分比)
1954	5.08	0.32	2.42
1955	6.17	0.34	2.75
1956	9.24	0.46	3.34
1957	13.96	0.64	4.43
1958	15.05	0.64	4.5
1959	17.38	0.69	4.75
1960	22.59	0.76	7.48
1961	27.5	0.84	6.11
1962	27.4	0.77	5.49
1963	25.3	0.66	4.65
1964	21.04	0.5	3.64
1965	22.23	0.49	3.46
1966	16.53	0.3	2.45

　　由表 22 可见,对战争受害者的个人赔偿还是给联邦德国带来了较大的财政负担,1960 年对受害者的赔偿甚至占到西德财政支出的 7.48%,这是一个相当惊人的数字。但是,借助 20 世纪 50、60 年代的经济奇迹和财政收入的快速增长,联邦德国再次较为顺利地完成了赔偿使命,其经济发展并未因此受到拖累停滞不前。联邦德国再次用实际行动证明了财政困难不能成为逃避战争罪责的借口。

　　自古以来,作为个体的人在强大的国家机器面前显得如此渺小和无助,统治者能够找到任何借口摧毁个人的幸福,战争年代个人的财产甚至生命都显得无足轻重。邪恶的纳粹德国发动第二次世界大战摧毁了欧洲人民的幸福,在战争废墟上建立起来的联邦德国却要用铁一般的法律来弥补全世界曾受德国战争之苦的受害者的创伤,这一举动不仅闻所未闻,更足以令世界惊愕。欧洲的战争受害者虽然创伤不可磨灭,但面对昔日作恶者的幡然悔悟,心灵已得到了安抚,《联邦赔偿法》实现了它的终极价值。

第三节　冷战后期联邦德国战争赔偿
政策的演变

1959 年至 1964 年期间,联邦德国与奥地利、比利时、丹麦、法国、英国、意大利、卢森堡、荷兰、挪威、瑞典、瑞士和希腊共 12 个同属西方阵营的欧洲国家缔结了向这些国家的纳粹受害者支付一次性赔偿金的总体协议（Globalabkommen）。受害者获取赔偿金的条件是,因纳粹迫害而遭受人身伤害（对生命、健康或自由的损害）,却不符合《联邦赔偿法》规定的时间窗口和居住地要求而无法获得德国法定赔偿。根据这些协议,联邦德国共提供了 9.71 亿德国马克,由相关国家政府负责向本国受害者发放。① 这些受害者不能直接向联邦德国提出赔偿要求,而是必须根据联邦德国颁布的条例向其本国政府提出申请。请注意,上述签约国都属于冷战时期资本主义阵营的国家,东欧社会主义阵营的国家均被排斥在外。对联邦德国来说,这一系列总体赔偿协议的缔结有力地推动了其外交事业的进步。它成功地消除了欧洲一体化道路上的一块可能的绊脚石。就西部的邻国而言,它甚至成功地将解决开放边界问题纳入协议,在冷战时期向"东方"展示了"西方"的团结,特别是在耶路撒冷的艾希曼审判期间（1961 年）改善了德国的国际形象。

20 世纪 60 年代中叶,联邦德国与西方国家和犹太人世界的战争赔偿问题看起来已经圆满解决了。此后,直到冷战结束,大规模的政府间赔偿谈判逐渐平息,联邦德国政府希望早日结束"战后时代",其战争赔偿政策也陷入停滞。然而,来自东欧国家的赔偿要求开始出现,犹太人世界开始为来自东欧的犹太人受害者索取赔偿,此前被长期忽视的其他受纳粹政权迫害群体——"被遗忘的受害者"也浮出水面,冷战后期联邦德国战争赔偿的覆盖面因此不可避免地大大拓宽了。

一、赔偿政策停滞与社会文化变革

德国政治学家赫尔穆特·科尼格（Helmut König）在分析联邦德国如何处理纳粹和二战历史时,将 1960 年至 1990 年之间的岁月描述为一段"长波"（langeWelle）,既有高潮也有低谷。在这一阶段,"对纳粹历史,特别是

---

① Bundesministerium der Finanzen, *Entschädigung von NS-Unrecht, Regelungen zur Wiedergutmachung*, Mai 2020, S.11.

对大屠杀的否定和批判成为解释联邦德国政治文化的主要模式"①。同样，在战争赔偿政策方面，我们可以观察到这样一个"长波"，持续了 20 世纪 60 年代中期到 20 世纪 80 年代末整个社会民主党执政时期。这一阶段的战争赔偿政策充满了矛盾和张力：一方面，尽管面临种种批评，联邦德国始终坚持 1965 年确定的赔偿原则，只有特定情况下才能破例，赔偿政策变革总体陷入了停滞状态；另一方面，20 世纪 60 年代以来联邦德国社会文化和代际变化对战争赔偿事务的影响越来越明显，特别是在 20 世纪 80 年代，这一变化日益塑造了赔偿政策的风格。

20 世纪 60 年代中期在联邦德国盛行的政府和社会共识成为这一阶段赔偿政策的出发点。该共识认为，现在对二战后果（包括战争赔偿）的讨论应该结束了。1965 年 11 月 10 日，路德维希·艾哈德（Ludwig Erhard）在连任后的政府宣言中说："我们几代人都要承担 1933 年至 1945 年以德国名义实行的政策的后果。然而，德国第五届联邦议院的工作和联邦政府的政策的参照点决不能还是战争和战后时期。他们不在我们后面，而是在我们前面。战后时期已经结束了。"②1966 年库尔特·基辛格（Kurt Kiesinger）和维利·勃兰特（Willy Brandt）领导的大联合政府和 1969 年勃兰特领导的社会民主党政府对待历史问题的态度则是"一切向前看"。联邦总理基辛格在 1966 年的政府声明中呼吁就战争遗留问题进行立法，因为"如果未来几年还要因历史问题而巨额支付，则未来的重要任务将被严重耽误"。1973 年 6 月，勃兰特前往以色列访问期间也描绘了联邦政府与赔偿问题之间的关系变化：历史已经过去，新一代人应该"展望新的未来"。因此，人们已经准备好为未来的项目"投资"，关于过去的战争赔偿问题也必须"找到确定的结论"③。然而，勃兰特在政治上明显背离了阿登纳时代以来把德国作为"战争受害者"的官方自我设定，转而承认纳粹对欧洲人民的迫害。1970 年，他访问波兰时在华沙犹太人受害者纪念碑前的砰然一跪，成为这一变化的标志性象征。1974 年 5 月 17 日，赫尔穆特·施密特（Helmut Schmidt）总理在联邦议院发表政府声明，宣称"联邦政府认为所有战争后果负担（Kriegsfolgelast），特别是战俘赔偿、战争损失赔偿和受害者赔偿都结束了。联邦德

① Helmut König, *Die Zukunft der Vergangenheit, Der Nationalsozialismus im politischen Bewußtsein der Bundesrepublik*, Frankfurt am Main, 2003, S.17.

② Peter Borowsky, "Das Ende der 'Ära Adenauer'", in: *Zeiten des Wandels*, Informationen zur politischen Bildung (Heft 258), Bonn, 1998, S.10.

③ Constantin Goschler, *Schuld und Schulden: Die Politik der Wiedergutmachung für NS-Verfolgte seit 1945*, Wallstein Verlag, 2005, S.294.

国的纳税人过去已经为此支付了 2200 亿马克,根据现行法律,他们今后还必须为战争后果的负担再筹集 1740 亿马克。除此之外,联邦政府认为不可能再将任何负担转嫁给纳税人"①。该声明表示联邦政府在 1974 年决心彻底关闭战争赔偿的大门。

在上述共识的背景下,20 世纪 60 年代中后期,即艾哈德宣称的"战后时期结束"之后,联邦德国的社会优先事项越来越多地转向战后长期被忽视的领域。随后,阿登纳时代的政治格局瓦解,反对党社会民主党坚持延长赔偿期限,而保守党联盟则主要致力于限制赔偿。但双方都认识到,在财政预算日益困难的情况下维持"模范德国"的形象需要付出高昂的代价。如果说,在战后重建期间,纳粹受害者的赔偿要求曾与德国人民的福利开支相竞争,那么现在,这些主张正与联邦政府的深远改革项目相竞争。正如社民党在 1969 年议会竞选活动中承诺的那样,他们将带来"更多的民主"作为竞选承诺,同时意味着削减对不受欢迎项目的资助,其中就包括战争赔偿。20 世纪 70 年代,与犹太人和解并为此支付赔偿不再是外交政策的高度优先事项。赔偿问题只被当作抽象的法律问题来处理。波恩政府的公务员对此漠不关心是德国人民对赔偿问题态度的忠实反映。年轻一代的德国人越来越迫切地质问,他们还要为父母的罪行付出多长时间的代价。例如,出生于 1932 年的联邦财政部长汉斯·阿佩尔(Hans Apel)向戈德曼宣称,希特勒上台时他还是个孩子,他不知道"为什么他那一代人仍然应该为纳粹造成的灾难负责"②。

总体而言,1966 年至 20 世纪 80 年代末联邦德国没有从根本上改变阿登纳时代确立的以《联邦赔偿法》为核心的赔偿法律体系,只是偶尔为了弥补在政治上不可接受的赤字而做了小范围修改。不同于冷战前期阿登纳时代的大规模赔偿立法,联邦政府建立了一个叫作"困难基金"的紧急援助系统,以此缓解因修改《联邦赔偿法》而产生的国内外政治压力。这包括处理迄今为止受到压制的来自东方社会主义阵营国家的赔偿要求,这些国家在20 世纪 60 年代末以来由于"新东方政策"(neuen Ostpolitik)的施行而在联邦德国外交事务中日益重要。20 世纪 80 年代则开始涉及"被遗忘的受害者"及其赔偿。

《联邦赔偿法》在这一阶段实现了按期执行,主要是处理已确认的索

①　Helmut Schmidt, Regierungserklärung vom 17. Mai 1974, Presse - und Informationsamt der Bundesregierung, 1988, S.602.

②　Habbo Knoch, *Bürgersinn mit Weltgefühl: Politische Kultur und solidarischer Protest in den sechziger und siebziger Jahren*, Wallstein Verlag, 2007, S.152.

赔,特别是 1969 年到期的索赔申报期之前累积的申请。到冷战结束时,战争受害者根据《赔偿法》共提出了约 430 万份赔偿申请,相当于约 150 万申请人,其中约 100 万人能够成功地执行一项或多项损害赔偿要求。申请者约 2/3 曾经被监禁在集中营或难民营,其余 1/3 是移民身份。1966 年和1967 年,联邦和州政府共同提供的年度赔偿约 19 亿马克。20 世纪 70 年代,这一数字增长到年平均 22 亿马克,20 世纪 80 年代下降到 18 亿马克。①总计大约有 36 万受害者领取了养老金,相对较高的职业伤害赔偿金通常足以维持他们的生活,而较低的人身伤害赔偿金则往往不敷开支。此外,约有65 万人根据《赔偿法》获得一次性法律福利,例如自由损害、教育损害、财产损害或暂时健康损害的赔偿。赔偿的核心往往是对身体和健康造成的损害,约占 50%。大约 80% 的赔偿金流向国外,主要是美国和以色列的受害者。随着越来越多的受害者达到了退休年龄,德国赔偿金甚至在流入国的社会保障体系中发挥了日益重要的作用。

1981 年,德国法律杂志《赔偿法判决》(Rechtsprechung zum Wiedergutmachungsrecht)停刊,标志着战争赔偿从政治事务向行政事务的明显转变。该杂志的出版商沃尔特·施瓦茨(Walter Schwarz)表示,"德国的赔偿现在已成为一个学术问题。联邦法院已完成其解释性和创造性工作。联邦法院赔偿委员会已解散。引发争论的法律问题几乎不存在了。现在只有事实存在争议,赔偿事务成了计算机控制的养老金支付机器"②。

20 世纪 80 年代联邦德国的政治进程似乎印证了旨在将赔偿问题历史化的倾向。1982 年,施密特政府下台,一个保守的自由主义政府上台。赫尔穆特·科尔(Helmut Kohl)上台之初就声称要进行保守地"精神和道德变革"(geistig-moralischen Wende)。就像其社会民主党的前任一样,科尔对重新开放赔偿话题不感兴趣,专注于社会政治整合。他积极宣扬联邦德国继承了德国历史上最积极和进步的传统,从而抵消德国主要基于奥斯威辛的消极身份。1984 年 1 月 24 日科尔在以色列国会演说时公开宣称"对后代当行宽恕"(Gnade der spätengeburt),并感觉自己不属于任何横向或垂直的德国内疚群体。1985 年科尔与美国总统罗纳德·里根向比特堡二战士兵墓地敬献花圈(当时有舆论认为科尔有意"诱骗"了美国总统去拜访这一墓地),因为这座士兵墓地也埋葬有党卫军的尸首,从而达到将纳粹受害者

---

① Hermann Berié, *Statistische Übersichten zur Sozialpolitik in Deutschland seit 1945 – Band West*, Bonn:Bundesministerium für Arbeit und Sozialordnung,1999,S.276.

② Walter Schwarz, "Zum letzten Kapitel der Wiedergutmachung", in *Aufbau*,14 January 1983.

和德国战死者扯平的目的。在此背景下,战争赔偿的合理性和连续性面临挑战。

在科尔主政的 20 世纪 80 年代,谁才是有资格获取赔偿的纳粹受害者,日益成为涉及社会公正标准的辩论焦点问题。这场争论聚焦于赔偿是否构成"第二次伤害"(zweite Verfolgung),以及承认"被遗忘的受害者"(Vergessener Opfer)的存在。至此,对战争赔偿的政治讨论终于从 20 世纪 50 年代至 20 世纪 60 年代初"恢复德国荣誉"的话语中转向,在政治辩论中浓缩为某种"名誉债务"(Ehrenschuld)的概念。

20 世纪 80 年代联邦德国社会价值观的变化带动了"被遗忘的受害者"进入人们的视线,其中包括二战强制劳工、吉卜赛人、同性恋者、强迫绝育受害者、国防军逃亡者。对于德国社会的某些群体来说,赔偿迄今被排除在外的纳粹受害者不仅是必要的,而且是可持续的。主张延长赔偿的政治人士倾向于认为,至少在强制劳工方面,德国应承担重任。呼吁赔偿的声音往往伴随着反资本主义的冲动,它们通过回忆德国工业强迫劳动的历史而助长了对其现状的批评。

20 世纪 80 年代,德国公众对纳粹政权及其受害者的看法也发生了变化。随着社会史学和微观史学的兴起,人们越来越关注"第三帝国"的日常历史,这种历史也成为历史研究以及地方历史研讨会和学生竞赛的主题。此外,纳粹受害者团体的自发活动日渐增多,而此前他们的意见很少在公众场合公开表达。20 世纪 80 年代下半叶,"第三帝国"的"被遗忘的受害者"的命运开始频繁出现在许多活动和出版物中。除了围绕绿党形成的左翼政治环境外,新教组织也在其中发挥了重要作用。

1983 年,巴德波尔福音学院(Evangelischen Akademie in Bad Boll)组织了一次会议,成为公众讨论"被遗忘的受害者"的典型事件。除了一些传统的赔偿问题发言人外,非犹太受迫害群体的代表也被安排发言。围绕这次会议,德国《时代周报》(Zeit)发表文章《赔偿了吗》,批评 20 世纪 50 年代以来德国赔偿政策对弱势群体的遗忘。[①] 该文又引发了德国社会的热烈讨论。至此,战争赔偿问题成为划分对待纳粹和二战历史的不同立场或阵营的一把尺子,它甚至间接引发了 1986 年轰动一时的"历史学家之争"(Historikerstreit)。同时,犹太人受害者和非犹太人受害者之间的严格界限被打破了,20 世纪 80 年代德国赔偿政策又发生了一次结构性变化:德国政府与受害者代表团(主要是"犹太人要求赔偿联合会")之间秘密谨慎的赔偿谈

---

① Dörte von Westernhagen,"Wiedergutgemacht?",in *Die Zeit*,1984.10.5.

判,开始让位于公众的大规模参与和讨论。因此,以沃尔特·施瓦茨为代表的"专家话语"越来越多地被"公众话语"所取代。战争赔偿被德国社会的文化变革所驱动,日益成为一项饱受关注的公众事务。

二、对南斯拉夫和波兰的"间接赔偿"

在纳粹德国的对外侵略中,战争烈度最高、罪行最严重的当数东欧战场。然而,在整个冷战期间,对东欧各国政府和战争受害者的赔偿始终是联邦德国政治家最不愿提起的战争遗留话题之一。冷战格局为联邦德国政府拒绝赔偿提供了合理性——联邦德国没有理由向东方敌对阵营的国家支付赔偿,否则就是用战争赔偿在经济上资助了东欧社会主义阵营。20世纪50年代以来的"哈尔斯坦主义"(Hallstein-Doktrin)外交方针又为联邦德国政府拒绝赔偿提供了合法性。根据该外交方针,联邦德国不同与民主德国建交的任何国家建立或保持外交关系。其背后还有一个逻辑,即只有承认联邦德国为德意志帝国的唯一合法继承人的国家才有权索取赔偿。而东欧社会主义国家普遍承认民主德国的合法性和国际地位,认为德意志帝国与两个继承国之间没有连续性。因此,联邦德国政府认为,东欧国家单方面要求联邦德国承担纳粹时代的债务和违法责任是一种歧视。《联邦赔偿法》第238a条规定:"只有当该人在本法生效时或1963年1月1日与德意志联邦共和国保持外交关系的国家拥有住所或永久居留权的情况下,才有资格根据本法获得赔偿。对于法人、机构、团体或其法定继承人、目的继承人,以住所代替所在地,以行政管理地代替常住地。"[①]1956年《赔偿法》通过后,联邦德国政府长期这样理解和解释:东欧纳粹受害者的要求被明确排除在外,是因为他们的外国国籍。作为"国家受害者"而非"种族受害者",除非他们迁居与联邦德国建交的西方国家,否则就无权获得赔偿。1959年至1964年期间,联邦德国与奥地利、比利时等国缔结总体协议以赔偿这些国家的纳粹受害者时,也有意将铁幕以东的国家及其纳粹受害者排除出去。此外,联邦德国政府还经常使用1953年《伦敦债务协定》确立的原则来拒绝一切来自东方的债务要求,因为根据该原则,所有外国基于战争损失的债务要求都要推迟到它们与联邦德国签订和平条约后才予以讨论。换而言之,联邦德国在国际法层面甚至与东欧国家还处于战争状态。

联邦德国政府借助冷战格局和德国的分裂而拒绝或拖延对东欧国家支付赔偿的策略,最终在20世纪70年代初随着外交政策的剧变而难以为继。

---

① Bundesgesetz zur Entschädigung für Opfer der nationalsozialistischen Verfolgung, S.63.

20 世纪 60 年代,战争赔偿和"哈尔斯坦主义"的结合日益导致联邦德国在中东地区的外交濒临崩溃。例如,叙利亚和伊拉克转而议论并威胁要承认德意志民主共和国,以回应联邦德国对以色列的持续赔偿。与此同时,民主德国反而能够在外交上赢得阿拉伯国家的好感,仅仅因为它没有向以色列支付赔偿。因此,如何协调赔偿事务和联邦德国作为德意志帝国唯一合法继承人的身份,让联邦德国外交政策陷入僵局,社会民主党政府的"新东方政策"应运而生。但是,在努力与东部邻国和解的过程中,勃兰特和他的继任者施密特政府都遇到了过去曾被压制的赔偿问题。联邦德国政府内部成立了"东欧赔偿"(Wiedergutmachung Osteuropa)部委工作组,该工作组于1970 年 11 月 24 日提交了最终报告。它指出:"联邦政府一方面必须努力与东欧各国人民和解,另一方面要保持本国经济稳定,不损害国内改革"。[①]工作组设计了五种备选方案作为决策参考:第一,"大规模赔偿计划",对象包括"民族受害者"(Nationalverfolgten)抵抗战士、游击队和强制劳工;第二,拒绝任何一次性补偿;第三,基于与西方国家达成的总体协议的模式并且至少部分考虑到受害者的要求;第四,"小额赔偿计划",仅"典型的纳粹受害者"应得到赔偿;第五,提供经济援助代替赔偿,或与赔偿一起进行。1971年 5 月 5 日,勃兰特与联盟党领导人就东欧赔偿问题进行讨论并决定,除了纳粹医学实验受害者和作为绝对特例的南斯拉夫,东方的赔偿要求将一律被拒绝。对东欧国家关闭已久的"赔偿之门"自此打开了一条缝隙。

但是,20 世纪 70 年代联邦德国对南斯拉夫和波兰的赔偿只属于某种特例,不具备普遍性和可持续性。联邦政府试图实施复杂的平衡法案,担心与外国签订新的赔偿协议可能导致多米诺骨牌效应,最终导致迄今为止《伦敦债务协议》对杜绝新索赔提供的保护失效。因此,在这一时期,联邦德国的赔偿政策介于一方面基本承认东欧受害者的索赔在道义上是正当的,另一方面也审慎地担心为此即将支付的赔偿额度。具体操作层面也体现了实用主义的原则:对东欧国家受害者的赔偿不是基于纳粹迫害的程度和数量层面,而是主要基于外交政策层面的考虑。

（一）南斯拉夫

约瑟普·布罗兹·铁托(Josip Broz Tito)领导下的南斯拉夫人民共和国不仅敢于同苏联决裂对抗并在社会主义阵营中保留了完整的"政治独立

---

① "Bericht des interministeriellen Arbeitskreises zur Prüfung der Wiedergutmachung im Verhältnis zu den osteuropäischen Staaten vom 24. 11. 1970", in *Schuld und Schulden: Die Politik der Wiedergutmachung für NS-Verfolgte seit* 1945, Constantin Goschler, S.310.

性",而且扮演了东欧国家向德国索取战争赔偿的领头羊角色。尽管 1957 年南斯拉夫已承认民主德国,联邦德国与南斯拉夫的外交关系因此中断了数年,但由于南斯拉夫在冷战期间的"不结盟运动"中起着领导作用,因此在战略上具有重要地位,某种程度上成为东西方阵营之外的"第三方代表",联邦德国也不能无视其诉求和国际影响力。南斯拉夫利用其在冷战中的地位,曾在 1962 年以联邦德国与以色列和西方国家达成总体赔偿协议为由,要求联邦德国赔偿约 5 亿美元,同时也对民主德国提出赔偿要求。当南斯拉夫与民主德国在 1963 年达成一项合作协议时,波恩政府对这一赔偿要求极力反对。1963 年 9 月 20 日,"德国—南斯拉夫经济谈判代表团"团长柳博米尔·德尔迪奇(Ljubomir E.Drndic)与联邦德国外交部国务秘书罗尔夫·奥托·拉尔(Rolf Otto Lahr)谈话时表示,"如果出于政治原因,目前不可能直接解决赔偿问题,那么肯定有间接的办法,例如通过优惠贷款的方式,使南斯拉夫政府能够为其受害同胞做些事情"。拉尔回应说,"我们的赔偿政策使我们付出了数十亿的代价,其基础是我们认为自己是德意志帝国的继承者;但这恰恰是南斯拉夫放弃了直到 1957 年还存在的双边关系的原因。南斯拉夫不能讨好德国的一部分,却要求另一部分履行德国的所有义务"。①

与此同时,在纳粹集中营进行的伪医学实验的受害者赔偿开始引起国际社会关注。自 1960 年以来,红十字国际委员会(Internationale Komiteevom Roten Kreuz)一直在日内瓦处理具有东欧国籍并居住在东欧国家的相关申请人的诉讼。在此背景下,联邦德国与南斯拉夫最终达成了妥协,波恩政府宣布愿意为"南斯拉夫纳粹伪医学实验受害者提供 800 万马克的总体付款"②,但不能满足任何进一步的赔偿要求。本着"哈尔斯坦主义"的精神,联邦政府重申,这种谈判只能与那些承认联邦德国专属代表权的国家进行。

然而,南斯拉夫政府并不满足于 800 万的赔偿金额,此后不断在国际社会批评联邦德国缺乏赔偿诚意。1964 年,贝尔格莱德还得到了华盛顿的支持:美国国务卿迪安·罗斯克(Dean Rusk)写信给西德外交部长格哈德·施罗德(Gerhard Schroeder),要求他考虑南斯拉夫在共产主义世界中的特殊地位,履行南斯拉夫提出的 4 亿马克的赔偿要求。德国媒体对这些要求

---

① *Aufzeichnung des Staatssekretärs Lahr*, Akten zur Auswärtigen Politik der Bundesrepublik Deutschland, Band 1963, Herausgegeben im Auftrag des Auswärtigen Amts vom Institut für Zeitgeschichte, S.1175.

② *Aufzeichnung des Botschafters Emmel*, Akten zur Auswärtigen Politik der Bundesrepublik Deutschland, Band 1967, Herausgegeben im Auftrag des Auswärtigen Amts vom Institut für Zeitgeschichte, S.701.

的反应与往常一样,在赔偿问题上是一致否定的:"人们似乎觉得只要站在道德的制高点上,联邦德国就是个容易捞到钱的国家。"①

1966年,联邦德国政府爆发危机,艾哈德政府宣布辞职。1966年12月组成的大联合政府使社会民主党首次获得参政机会,勃兰特担任副总理兼外交部长,开始在政治舞台上展示其灵活的外交手腕。波恩政府提出了东欧外交的"先天缺陷理论"(Geburtsfehler theorie)——东欧国家在二战结束后被苏联占领并强制建立社会主义政权是一种"先天缺陷",以替代僵化过时的"哈尔斯坦主义"。联邦德国不能再以强硬立场要求这些具有"先天缺陷"的国家,而应逐步转入关系的正常化。在这种外交思想主导下,1967年联邦德国先与罗马尼亚建立了外交关系,又和南斯拉夫恢复了外交关系。

在恢复建交的外交和解过程中,赔偿问题再次浮出水面。1968年6月召开的两国外长会议上,南斯拉夫外长马尔科·尼克吉奇(Marko Nikezic)指出,战争赔偿不仅具有经济意义,最重要的是具有政治意义,不应该被排除在会议议题之外。面对南斯拉夫的强烈赔偿要求,波恩政府最终提出妥协提议,即"搁置政治和法律上的争端,转而作出对未来有利的安排"②。同时期,波恩政府对联邦德国外交困境的内部分析得出的结论是,坚持"无限制拒绝"将给南斯拉夫的关系带来压力,并损害德国的政治声誉。但是,对南斯拉夫支付赔偿将对其他东欧国家形成偏见,引起更加棘手的问题并削弱德国在"可能的谈判中争取欧洲和平秩序"的立场。报告最后说,在这种情况下,如果说服南斯拉夫,让他们不再提出索赔要求,就可以解放自己。③

1969年,55岁的勃兰特当选为联邦德国第四任总理。在正式告别"哈尔斯坦主义"之后,面对南斯拉夫的赔偿要求,联邦德国的谈判立场终于变得脆弱。基于二战德国占领下约95万人的死亡,南斯拉夫索赔约20亿马克。勃兰特政府理解赔偿行为在道德层面的必要性,并对德国在二战期间对南斯拉夫所犯下的罪行做了新的历史调查和责任评估。在1971年举行的专家会谈中,德方最初提供了1亿马克的补偿金和3亿马克的有息贷款,南斯拉夫认为这些贷款完全不够并予以拒绝。1973年勃兰特总理和南斯

① Die Welt, "Bonn - Belgrad", 1964. 6. 13. in *Schuld und Schulden: Die Politik der Wiedergutmachung für NS-Verfolgte seit* 1945, S.313.

② *Ministerialdirektor Ruete, z. Z. Belgrad, an das Auswärtige Amt*, Akten zur Auswärtigen Politik der Bundesrepublik Deutschland, Band 1968, Herausgegeben im Auftrag des Auswärtigen Amts vom Institut für Zeitgeschichte, S.719.

③ *Aufzeichnung des Ministerialdirektors Ruete*, Akten zur Auswärtigen Politik der Bundesrepublik Deutschland, Band 1968, Herausgegeben im Auftrag des Auswärtigen Amts vom Institut für Zeitgeschichte, S.1164.

拉夫总统约西普·布罗兹·蒂托(Josip Broz Tito)在亚得里亚海布里奥尼岛的会谈最终达成了一项协议,南斯拉夫联盟共和国以发展中国家的身份,以极其优惠的条件获得了 10 亿马克的贷款援助。这次谈判开创了一种"间接赔偿"(indirekte Wiedergutmachung)的全新模式,即通过在经济和其他领域的长期合作来解决"过去悬而未决的问题"。这种模式后来也被联邦德国用于处理东欧其他国家特别是波兰和捷克斯洛伐克的赔偿要求。

作为东西方阵营之间的不结盟国家,南斯拉夫是第一个成功突破联邦德国战争赔偿"东部封锁"的国家,这绝非偶然。首先,只有承认联邦德国"唯一合法继承人地位"才能获得赔偿的潜规则被打破了,出于联邦德国与民主德国制度竞争的目的而将赔偿工具化的倾向也终结了。其次,勃兰特政府试图与东欧国家和解,又不想做出不适当的承诺,因此在赔偿谈判中采用了全新的"向前看"的战略——通过低息贷款和经济援助提供赔偿。这种折中方案打破了阿登纳时代赔偿谈判中惯用的"行为人—受害者"关系模式和"认罪—赎罪"的逻辑闭环,而是致力于建立"未来伙伴关系"。

但是,"间接赔偿"模式在实质上还停留在政府间赔偿阶段,没有考虑和满足到东欧纳粹受害者的个人要求,他们此时身处铁幕之下尚无独立的话语权。这不仅忽视了受害者个人能否从中受益的问题,而且给受害者个人在未来发出新的赔偿申请埋下了伏笔。

（二）波兰

波兰是二战中受纳粹侵害最为深重的东欧国家之一。虽然 1953 年 8 月苏联与民主德国的赔偿协议规定:波兰政府自 1954 年起放弃对德国的赔偿要求,但战争赔偿问题在二战后波兰的政治事务中一直享有特别优先权。冷战时期,波兰政府和人民倾向于这样理解对德索赔的权利——波兰在 1954 年放弃了对民主德国的赔偿要求,却从未放弃对联邦德国的赔偿要求。

反观联邦德国方面,二战末期德国东部领地的丧失、苏联红军和波兰政府对东部德国人的驱逐运动导致了西德内部强烈的不满情绪,直到 20 世纪 70 年代仍是西德政界和民间的重要话题。很多保守团体和政客坚持认为,基于二战最终和平条约尚未签订,德国东部领土损失是暂时性的,更不能与铁幕后的波兰或其他国家进行赔偿谈判。

1970 年,勃兰特政府开始积极推进与波兰关系的正常化。12 月 7 日,波兰统一工人党第一书记瓦迪斯瓦夫·哥穆尔卡(Wladyslaw Gomulka)与勃兰特会见并签署《联邦德国与波兰关系正常化基础条约》(Warschauer-Vertrag,以下简称《华沙条约》)。条约正式承认"奥德—尼斯河"为两国间的边界,重申现在和将来它们现有边界的不可侵犯性,并相互承诺充分尊重领土完整,宣布双方"彼此没有领土要求,今后也不会再提出领土要求"①。就在此次会见中,哥穆尔卡第一次正式提出了对波兰纳粹受害者的赔偿问题。他表示,根据德国《联邦赔偿法》的标准,共有 1000 万波兰人有权获得赔偿,波兰专家计算出的赔偿额为 1800 亿马克。然而,与其追求这些乌托邦式的数字结果,不如寻求一个政治解决方案,比如联邦德国给予波兰更多信贷资金和签署更多经济合作协议。勃兰特根据《伦敦债务协议》(波兰当时尚未批准该协议)和德国东部领土损失明确拒绝了此类索赔。但哥穆尔卡以经济援助解决赔偿问题的想法,在很大程度上与勃兰特通过前瞻性政策解决二战历史问题的愿景相一致。

1972 年 5 月,《华沙条约》在联邦德国议院获得批准后,波兰政府再次提出赔偿要求。1972 年 9 月,波兰外交部长斯特凡·奥尔索夫斯基(Stefan Olszowski)首次访问波恩时,正式要求就前集中营囚犯和强制劳工的赔偿进行谈判。为此,德国特别部长埃贡·巴尔(Egon Bahr)与波兰统一工人党中央委员会成员弗朗西斯泽克·斯拉奇契奇(Franciszek Szlachcic)之间进行了秘密谈判。《华沙条约》中关于"人道主义措施"(humanitäre Maßnahmen)的部分为谈判提供了政治框架,但两国对如何实践"人道主义"的理解各有不同。波恩呼吁波兰政府放松对德裔居民向联邦德国移民的限制,但对于华沙来说,波兰纳粹受害者的赔偿是首要的人道主义问题。双方达成初步协议,联邦德国以低息贷款和纳粹受害者养老金的方式向波兰提供"间接赔偿",而波兰政府许诺允许波兰境内一定数量的德裔居民离境向联邦德国移民。

《华沙条约》和秘密谈判在联邦德国内部引发了激烈争议。联邦议院中的反对党基民盟和基社盟议员批评勃兰特政府放弃东部领土是"出卖德国利益",甚至将其视为自 1970 年以来联邦政府失败的东方外交政策的进一步证据。关于赔偿问题,反对党批评政府是在进行"以钱换人"(Geld gegen Menschen)的不正当交易,该协议将为不可预见的其他东欧国家索赔创造一个参考案例。他们还认为,联邦德国提供的服务是在正式的国际条约中规定的,而波兰提供的离境许可只是在一项议定书中说明,没有足够的约束力。协议并没有起到实际改善所有留在波兰的德国人处境的作用,没

---

① Vertrag zwischen der Bundesrepublik Deutschland und der Volksrepublik Polen über die Grundlagen der Normalisierung ihrer gegenseitigen Beziehungen 1970.12.7, in: Bundesgesetzblatt 1972 II, S.362.

有保证生效的约束力。德国是在没有必要的情况下付款,钱款在波兰如何使用是没有保障的。外交部长汉斯—迪特里希·根舍(Hans-Dietrich Gen-scher)反驳说:"在离境议定书中,波兰方面保证在四年内有 12 万至 12.5 万德国人离境。这一保证根据国际法具有约束力。"①

勃兰特执政时期,议院中的争论导致波兰赔偿问题长期悬而不决。反对派坚持使用《伦敦债务协定》作为挡箭牌,或者提出 1953 年波兰政府已官方声明放弃对德国的赔偿要求。但波兰政府始终坚持认为只是放弃了对民主德国的赔偿要求,而且政府间赔偿和受害者个人赔偿之间存在严格的区别,波兰纳粹受害者的个人赔偿要求必须得到满足。

勃兰特辞去总理职务后,1974 年 5 月,施密特当选联邦德国总理。秉着务实的态度,施密特再次与波兰统一工人党第一书记爱德华·吉瑞克(Edward Gierek)就赔偿问题展开书信协商。波兰领导人要求 10 多亿马克的低息贷款和近 10 亿马克的养老金,以赔偿前集中营囚犯和其他波兰纳粹受害者。施密特表示,愿意提供 10 亿德国马克的贷款外加约 5 亿德国马克的养老金,但拒绝承认这属于战争赔偿行为。较大的分歧依然存在,以至于这一年冬天两国关系达到了低谷。

1975 年 8 月 2 日,施密特与吉瑞克在赫尔辛基会谈以求彻底解决赔偿问题。双方签订《德意志联邦共和国和波兰人民共和国关于养老金和意外保险的协定》。作为对波兰同意在未来四年内让 12 万至 12.5 万名德裔居民移民到联邦德国的回报,联邦德国给予波兰政府 13 亿马克的一次性补助以解决"波兰公民在养恤金和事故保险领域的所有索赔"。协议文本特别强调,"本协定涉及两国与保险机构之间的养老金和事故保险索赔的解决,不涉及这些保险项下的个人索赔"②。除此之外,联邦德国还提供 10 亿马克的低息贷款(年利息 2.5%),波兰自 1980 年起分 20 年分期偿还。

可以看出,面对国内强烈的反对声音,联邦德国政府在协议文本中依然极力避免出现"战争赔偿"或"个人赔偿"的字眼,否认协议与波兰的赔偿要求有任何联系。联邦政府遵循了对南斯拉夫的"间接赔偿"模式,希望通过面向未来的低息贷款取代基于历史的战争赔偿。但文本的掩饰并不能阻止外界的第三方窥见这一事件的本质,《纽约时报》当时如此评价德波两国达成的协议:"养老金索赔协议标志着西德对二战中占领波兰的补偿和对战

---

① Kristin Lenz, *Vor 40 Jahren : Bundestag billigt die Polenverträge*, Deutscher Bundestag Textarchiv, 2016.2.12.

② Abkommen zwischen der Bundesrepublik Deutschland und der Volksrepublik Polen über Renten-und Unfallversicherung vom 9. Oktober 1975, Bundesgesetzblatt, 1976, S.401.

时在德国就业的波兰人索赔的解决达到了高潮"①。这项协议的签订也意味着 1970 年勃兰特开启的德波关系正常化在推进 5 年后才最终实现。

　　然而,根据波兰的统计,大约 470 万波兰人在二战期间为波兰领土上的德国占领当局服务,第三帝国境内还使用了约 290 万名波兰强制劳工。无论知情或不知情,无论主动或被动,这些人员和劳工在二战期间都曾向第三帝国缴纳社会保险或养老保险,因此有权利向"自认第三帝国继承人"的联邦德国保险机构索取养恤金。联邦德国希望通过这笔由保险公司支付的 13 亿马克款项一次性解决波兰公民对德国社会保险制度的所有索赔,事实上是远远不够的。此前曾有波兰公民起诉联邦德国社会保障体系要求支付养老金的案例并成为卡塞尔联邦社会法院待审的案件,波恩当局希望作出有利于波兰养恤金领取者的明确判决。德国《明镜周刊》援引联邦劳动部专家的预测说,如果要满足所有来自波兰的类似要求,养老基金在未来 15 年内至少要支付 80 亿马克,最多支付 120 亿马克。仅 1975 年,联邦德国就必须支付约 12 亿马克的养恤金。② 因此,从长期来看,波兰纳粹受害者的赔偿要求在 1975 年远未得到满足,战争赔偿却从此成为德波关系中的一个焦点问题长期存在。

　　在某种程度上,20 世纪 70 年代社会民主党政府通过对南斯拉夫和波兰的"间接赔偿"成功地解决了基民盟执政时代将"哈尔斯坦主义"与战争赔偿联系起来而造成的外交困境。但是,新的矛盾又出现了。1972 年,联邦德国在《关于德意志联邦共和国与德意志民主共和国之间关系的基础条约》中放弃其对德国的唯一代表权之后,更加强调它不再对第三帝国的遗留问题负全部责任。由此产生了联邦德国在赔偿问题上的自相矛盾:一方面,它谴责民主德国拒绝为东德以外的犹太人提供赔偿;另一方面,联邦财政部希望民主德国继续遵守这一政策,否则可能会鼓励其他东方国家对联邦德国提出类似要求。因此,尽管冷战后期联邦德国政府对东欧国家的赔偿政策有所松动,但东欧纳粹受害者的赔偿依然是一项悬而未决的任务,直到 20 世纪 90 年代德国统一后才被大范围解决。

三、对犹太人世界的"最终赔偿"

　　以 1952 年瓦森纳尔谈判为标志,联邦德国与犹太人世界在 20 世纪 50

---

①　Craig W.Whitney, *Gierek to Permit* 120,000 *Germans to Leave Poland*, The New York Times, 1975.8.3, p.1.

②　*Polen-Verträge, Alle vier Jahre*, Der Spiegel 33/1975, 1975.8.11, S.23.

年代达成了和解。犹太人世界看起来默许了德国人要求用经济方式解决二战大屠杀罪责的愿望,1965 年通过的《联邦赔偿法最终法案》被联邦德国方面在心理上视为赔偿的终点。然而,从 20 世纪 60 年代末到 20 世纪 70 年代中期,随着美国和苏联领导人的频繁互访和《美苏限制战略核武器条约》(Strategic Arms Limitation Treaties)的签署,美国和苏联之间关系的缓和导致大量犹太人被允许离开东欧国家①移民到西方国家和以色列,他们开始享有向联邦德国索取战争赔偿的权利,并成为"犹太人要求赔偿联合会"中的新鲜力量。因此,对东欧纳粹受害者的赔偿要求,不仅是东欧社会主义国家提出的,还来自西方犹太人世界。即使在 1965 年《联邦赔偿法最终法案》发布之后,犹太人世界要求联邦德国进一步改进现有赔偿计划的呼吁也没有平息。

（一）20 世纪 70 年代联邦德国与以色列外交关系的变化

20 世纪 70 年代,联邦德国与以色列的外交关系经历了"关系正常化"(Normalisierung)的风波。"关系正常化"意味着联邦德国与以色列之间的关系可以或应该像联邦德国与所有其他国家之间的关系一样,不受纳粹历史这一黑暗篇章的影响,不再反复强调德国的罪责以及对以色列犹太人背负的特殊义务——这种义务不会因为"受害者一代"的逐渐逝去而变得多余。曾任巴伐利亚州州长的德国右翼政治家弗朗茨·约瑟夫·施特劳斯(Franz Josef Strauß)在 1977 年接受采访时的讲话代表了一批德国人的心态:"我们德国人因为过去的阴影而无法承担世界政治责任的时代现在必须结束了。我们不想再被任何人,无论华盛顿还是莫斯科,甚至特拉维夫,不断提醒我们的过去。"②这种心态当然也影响了联邦德国对犹太人世界的赔偿政策。

20 世纪 60 年代后期,以埃及为首的 9 个阿拉伯国家在 1965 年联邦德国与以色列建立外交关系后与波恩断绝了联系。1969 年勃兰特执政后,其中东外交政策的核心理念转变为"和平平衡"(friedlicher Ausgleich)和"均衡"(Ausgewogenheit)。1969 年 10 月 28 日发表的第一份政府公告中,勃兰特强调:"我们希望与该地区所有国家保持良好关系,同时确认我们不向紧张地区提供武器的决心。"这无疑是针对阿拉伯国家的。勃兰特希望修复与阿拉伯世界之间严重受损的关系,并保证说,自 1965 年 2 月以来一直实

---

① 苏联和罗马尼亚是当时允许境内犹太人向外移民的两个典型东欧国家。

② Deutscher Bundestag Wissenschaftliche Dienste, *Zur Entwicklung des deutsch‐israelischen Verhältnisses*, 2007, S.20.

行的冻结向以色列运送武器的政策将继续适用。

联邦德国与阿拉伯世界的和解引起了以色列的担心,即波恩的新路线将以牺牲犹太国家为代价,联邦德国与以色列的"特殊关系"将不复存在。来自自由民主党的联邦德国外交部长瓦尔特·谢尔(Walter Scheel)多次公开谈论德以关系的"正常化"(Normalisierung),更引起了犹太人方面的不满。在1970年2月11日的内阁会议上,勃兰特表示,"我们的中东政策应该是平衡的,但这并不意味着对以色列的命运漠不关心。我们宣称的与以色列关系的正常化也并不意味着贬低这种关系,而是一个需要努力的目标"。勃兰特总结他的立场是,"我们应该奉行一种没有情结的对以色列政策"①。这次会议上,波恩政府拒绝了向以色列提供新的贷款和增加外汇援助,担心以色列会用它来向美国购买武器。

但是,勃兰特并未忘记德国人对以色列的特殊道德义务,并采取了相应的行动。在以色列多年的强大压力下,联邦德国于1970年2月6日在一项秘密协议(《丁施坦因协议》Dinstein-Abkommen,以签署该协议的以色列财政部副部长的名字命名)中同意提供1亿马克,用于向生活在以色列的纳粹受害者支付健康损害的养恤金。赔偿联合会和世界犹太人大会主席戈德曼也参与促成了这一协议。因此,20世纪70年代初勃兰特政府的新中东政策并不是以牺牲以色列为代价的。在1970年2月底访问以色列期间,谢尔外长还强调,与阿拉伯国家的和解"决不能针对以色列……决不能破坏与以色列的良好关系"②。以色列外长则公开宣称,他认为联邦德国对以色列的政策没有改变,波恩仍然是以色列利益最重要的欧洲维护者。波恩还致力于推动欧洲经济共同体与以色列达成贸易优惠协议。1970年6月29日,双方在卢森堡签署了新的优惠协议:1970年10月1日至1973年12月31日期间,欧共体逐步将以色列工业品的关税降低到全额关税的50%。欧共体从以色列进口的农产品约有80%得到了优惠待遇,共同关税税率降低了30%至70%。③

然而,20世纪70年代发生的一系列"黑天鹅事件"给德以关系制造了严重障碍。1972年慕尼黑奥运会期间,巴勒斯坦恐怖组织"黑色九月"于9

---

① Wolfgang Schmidt, *Aus historischer Verantwortung, moralischer Verpflichtung und politischer Überzeugung. Wie sich Bundeskanzler Willy Brandt um Israel und den Frieden im Nahen Osten bemühte*, Bundeskanzler-Willy-Brandt-Stiftung, 2018, S.12.

② Markus Weingardt, *Deutsche Israel-und Nahostpolitik, Die Geschichte einer Gratwanderung seit 1949*, Frankfurt am Main, 2002, S.213.

③ *EC/Israel Relations*, 见 https://ec.europa.eu/commission/presscorner/detail/en/MEMO_93_38。

月 5 日袭击并绑架以色列奥运代表队。由于联邦德国当局的错误指挥和失败的营救行动,11 名以色列人质全部遇害。当以色列总理戈尔达·梅厄(Golda Meir)得知德国安全部队的行动无能最终酿成灾难后,德以关系进入了最严重的危机。10 月 29 日,联邦德国释放了三名幸存下来并被关押在巴伐利亚监狱的慕尼黑事件恐怖分子,以满足巴解组织恐怖分子的要求,他们在几小时前劫持了一架载有 20 人的汉莎航空公司的飞机。对此,以色列梅尔总理和外长严厉指责联邦德国"变心",对恐怖主义"草率投降"①。以色列媒体甚至将其与纳粹时代相提并论,攻击波恩政府以及德国大法官个人。为了缓和两国关系和中东局势,1973 年 6 月勃兰特开展了联邦德国现任总理对以色列的首次访问,并在此次访问中创造了一个新的外交概念——"具有特殊性质的正常关系"(normalen Beziehungen mit besonderem Charakter)。勃兰特在会谈中强调了纳粹历史的独特性并表示:"必须在纳粹主义恐怖统治的黑暗背景下看待德以关系,这就是我们所说的德以正常关系具有特殊性质的意思。"②以色列方面对此表示认可,关于德以关系"正常化"和"特殊性"的概念之争至此已经在官方层面上解决了。

好景不长,1973 年 10 月 6 日,埃及和叙利亚在苏联的支持下对以色列发动突然袭击,第四次中东战争爆发。联邦德国政府虽然采取中立立场,但也向以色列提供了一些秘密援助,例如向以色列军队提供一个重要的电子装置。11 月 9 日,勃兰特总理在联邦议院宣布:"我经常强调并急于在此确认,对我们来说,心灵和良心没有也不可能有中立性。"③然而,当战争形势转向对以色列有利时,阿拉伯产油国于 10 月 17 日决定以减少石油产量为手段,对西方世界和以色列施加压力,从而导致战后"第一次石油危机"。严重依赖阿拉伯石油供应的欧洲各国被迫从阿拉伯国家的利益出发,纠正他们的中东政策。1973 年 11 月 6 日,欧共体各国外长在布鲁塞尔通过的《九国宣言》使德以关系进一步紧张:一方面,以色列要从 1967 年以来所有新占领土上撤出;另一方面,宣言认为,"建立公正和持久的和平必须考虑到巴勒斯坦人的合法权利"。这是欧共体在承认巴勒斯坦自决权的道路上迈出的第一步。从此,欧共体国家不再把巴勒斯坦问题仅仅看作是一个难民问题。1974 年,联邦德国驻联合国第一任代表吕迪格·冯·韦希马尔

---

① Wolfgang Schmidt, *Aus historischer Verantwortung, moralischer Verpflichtung und politischer Überzeugung. Wie sich Bundeskanzler Willy Brandt um Israel und den Frieden im Nahen Osten bemühte*, Bundeskanzler-Willy-Brandt-Stiftung, 2018, S.25.

② Alexander Roizen, *Deutsch-Israelische Beziehungen*, Diplomarbeiten Agentur, 2004, S.52.

③ Plenarprotokoll der 65. Sitzung des Deutschen Bundestages vom 9. November 1973, S.3849.

(Rüdiger von Wechmar)支持接纳"巴勒斯坦解放组织"为联合国观察员,并表示支持巴勒斯坦人民的自决权。德以关系再次进入低谷。同时,石油危机引发了资本主义世界经济危机,联邦德国结束了经济发展的黄金时代,失业人数猛增、通货膨胀加剧等现象持续到20世纪80年代。复杂的中东外交、内部经济困难和不断增加的社会保障支出让联邦德国政府愈加抗拒西方世界特别是犹太人的赔偿要求。

（二）勃兰特时代关于犹太人"最终赔偿"的构想

自1956年《联邦赔偿法》公布后,"犹太人要求赔偿联合会"不仅参与了德国赔偿金的分配和发放,而且将自己定位成一个不断观察和评论这项法律执行情况及其不足的国际监督机构,不断与联邦德国政府谈判如何扩展这部法律以赔偿更多的犹太人受害者,从而对联邦德国战争赔偿立法产生了重要影响。由于冷战初期联邦德国坚决拒绝向东欧国家战争受害者支付赔偿,1954年至1964年,"犹太人要求赔偿联合会"通过名为"过境救济"（Relief in Transit)的方案秘密向生活在东欧国家的几十万犹太人战争受害者支付了约4400万美元援助金,资金来源于联邦德国根据《卢森堡条约》支付的赔偿。[1] 然而,随着20世纪60年代中期之后离开东欧国家移民到西方国家和以色列的犹太人数量急速增加,棘手的问题出现了。1965年发布的《联邦赔偿法最终法案》设立了一笔12亿马克的特别基金,作为1953年至1965年12月31日期间离开东欧的犹太人赔偿基金。这意味着1965年后离开东欧的犹太人将无法得到这笔赔偿金。《最终法案》还明确规定,向联邦德国政府索赔的窗口期截止到1969年12月31日,此后将不接受任何新的纳粹受害者索赔申请。也就是说,从1970年开始,任何犹太人受害者发起新的赔偿申请都将被联邦德国政府拒之门外。犹太人受害者赔偿如果这样结束,显然有失公允,也是犹太人世界和赔偿联合会无法接受的。

1971年,赔偿联合会背离了它在1965年向波恩做出的承诺——专注于解决"1953后案件"（《卢森堡条约》签订后的赔偿案件),不会为此后离开东欧的犹太人索赔。现在,它迫切地寻找解决"1965后案件"（Post-65er Fälle)的办法,即1965年之后从东欧移民到西方和以色列的犹太人的赔偿。联合会希望将"1965后案件"纳入《联邦赔偿法》覆盖范围。对此,联邦德国政府在1971年明确表示反对,主要出于外交方面的担忧——对到达西方的东欧受害者的赔偿将不可避免地导致东欧国家要求对留在本国的纳粹受害者进行赔偿,因为此时勃兰特正致力于推动与东欧国家的关系正常化。

---

[1]　Dan Diner, *Enzyklopädie jüdischer Geschichte und Kultur*, Springer Verlag,2016,S.513.

此外,联邦财政部认为 1952 年《卢森堡条约》中授予赔偿联合会的 4.5 亿美元资金使用不尽如人意。后者的处理不符合波恩的期望,没有将这些资金用于救助《联邦赔偿法》无法覆盖的西方纳粹受害者。在波恩看来,赔偿联合会过分追求某种"政治目标",导致很大一部分资金以援助犹太受害者的形式流入了东方社会主义阵营。从联邦德国的角度来看,这意味着减少了向西方纳粹受害者的赔偿。由于以"过境救济"为掩护的援助方案以及联邦德国在其中贡献的份额没有被东欧各国政府公开,联邦德国支付赔偿金的宣传目的也没有实现。

因此,虽然联邦经济事务和财政部长的议会秘书汉斯·赫姆斯多夫(Hans Hermsdorf)表示,"1972 年我们必须处理在赔偿领域仍需纠正的小问题",但联邦财政部赔偿司仍然对犹太人新的赔偿运动敲响了警钟。赔偿联合会秘书费奥·德·拉·克鲁瓦(Feaux de la Croix)也在备忘录中写道,"无法付款,这已是最终法律。无论何时,赔偿都需要一个终点"①。可以看出,1972 年双方都默认对犹太人世界的大规模赔偿在法律上已经完成了。这也成为冷战后期犹太人受害者赔偿的一个基本面和出发点,即立法赔偿作为一种行为和路径已经结束,赔偿的依据和方式开始转向人道主义救助。

1973 年 6 月勃兰特总理对以色列的访问让犹太人世界看到了重启赔偿的希望。8 月 30 日,赔偿联合会主席戈德曼拜访勃兰特,对赔偿现状进行了严厉批评,认为赔偿将遭受某种"无意识的破坏"(unbewussten Sabotage)。勃兰特坚决否认有关指控,但承认不能无视"1965 后案件"的合理性,关键在于必须找到一种办法使"1965 后案件"与东方赔偿问题脱钩。他还接受戈德曼的提议,绕开持反对态度的联邦财政部,成立一个由联邦议院所有党派共建的机构(或小组)与赔偿联合会讨论一个"最终姿态"(Abschlussgeste)②,已彻底解决《联邦赔偿法》无法覆盖的犹太人赔偿问题。不过,勃兰特还指出,他的外交部长沃尔特·谢尔(Walter Scheel)鉴于德阿关系不希望以色列得到任何进一步的赔偿。此时,勃兰特考虑的不是修改赔偿立法,而是建立一个赔偿基金会。社民党议员团主席赫伯特·韦纳(Herbert Wehner)提议根据国际法设立一个基金会,名为"贫困犹太人纳粹暴政受害者基金"(Stiftung für notleidende jüdische Opfer nationalsozialistischer Gewaltmaßnahmen)。联邦德国政界一度看好这种基金会式的解决方案,它的优势不仅在于已有

① Constantin Goschler, *Schuld und Schulden: Die Politik der Wiedergutmachung für NS-Verfolgte seit* 1945, S.328.

② Michael Brenner, *A History of Jews in Germany Since 1945: Politics, Culture, and Society*, Indiana University Press, 2018, p.326.

先例,例如为来自民主德国的政治避难者设立基金会,而且最重要的是,人道主义优先于法律义务成为赔偿的理由。

　　然而,在当时由赫尔穆特·施密特(Helmut Schmidt)领导的联邦德国财政部看来,这种最终方案早就在《联邦赔偿法最终法案》中体现了,该案在1965年已经设立了一笔12亿马克的特别基金。施密特认为,"联邦议院这样一个机构的成立将被理解为开启一个新的赔偿时代及其所有不可预见的后果的标志"①。扩大赔偿不仅会挤占联邦德国其他领域的财政开支,而且"不可避免地会激起东欧国家以关系正常化为由提出新的赔偿要求"。进一步设想,施密特指出:"如果联邦德国被迫满足东欧国家的赔偿要求,它不仅会面临财政上无法解决的问题,而且它的东方政策概念也会受到威胁。根据这一概念,与东欧国家关系的正常化不应通过基于过去的战争赔偿来促进,而应通过面向未来的经济、技术和文化方面的合作来推动。"②简而言之,财政部认为对犹太人扩大赔偿不仅会带来财政危机,而且会反噬勃兰特新东方政策的外交成果。因此,当施密特在1974年5月收到戈德曼的赔偿要求时,他提出了两个严苛要求:赔偿联合会和以色列政府再次公开宣布放弃任何进一步的赔偿要求,而且由于联邦德国经济的急剧下滑,只能满足戈德曼提出的赔偿金额的一半,即5亿马克,其中10%将分配给非犹太人受害者。③ 戈德曼在与以色列政府磋商后,拒绝了这两个要求。

　　联邦议院中的执政党"社会自由联盟"(Sozialliberale Koalition,由社会民主党和自由民主党组成)大部分议员也不愿重新讨论赔偿问题,更不用说作为在野党的基民盟议员。因此,当联合国和"德国抵抗战士和受害者协会联盟"(Union Deutscher Widerstandskämpfer und Verfolgtenverbände)于1973年10月25日提出一项旨在修改《联邦赔偿法最终法案》的申请时,联邦议院迅速予以驳回。1974年3月12日,联邦议院内政委员会(Bundestags Innenausschuss)要求联邦政府提交一份报告,说明现有的因二战遗留问题而对各种法律进行修正的需求,并估算执行这些法律修正案所需费用。根据内政部长和财政部长的一份联合报告估计,实施所需的改进

---

① Auskunft von Schmidt-Bleibtreu, in *Grenzen der Wiedergutmachung*: *die Entschädigung für NS-Verfolgte in West-und Osteuropa* 1945-2000, Hans Günter Hockerts, Wallstein Verlag, 2006, S.108.

② Schmidt-Bleibtreu an den Petitionsausschuss des Deutschen Bundestages, in *Schuld und Schulden*: *Die Politik der Wiedergutmachung für NS-Verfolgte seit* 1945, S.330.

③ Raphael Gross, Jahrbuch des Simon-Dubnow-Instituts, XV/2016, Vandenhoeck & Ruprecht GmbH, 2017, S.299.

措施将产生约 800 亿马克的额外费用,其中仅《赔偿法》修正案(BEG-Novelle)就需要支付约 350 亿马克。① 议院对此难以接受,要求政府研究目前的困难在多大程度上可以通过"困难条例"(Härteregelungen)来缓解。推行"困难条例"的策略是,所有的索赔要求都将被拒绝,然后以赔偿联合会管理的困难基金的形式为犹太人的索赔要求提供例外。这标志着今后所有进一步的赔偿都将走向"基金"而非"立法"的途径。困难基金不是修改现行赔偿法律,而是有选择地设立,并不改变现有的赔偿法律结构。这不仅是为了坚持 1965 年《联邦赔偿法最终法案》的"最终性"权威,也意在使赔偿事务非政治化,从而使赔偿尽量远离议会的争论,成为行政部门的事情。至此,成立一个受害者赔偿基金来解决犹太人受害者的"最终赔偿",成为联邦德国政界的共识,也成为 1974 年 5 月 16 日因间谍丑闻骤然下台的勃兰特留给犹太人世界的一个承诺。

（三）施密特时代关于犹太人"最终赔偿"的争议与进展

联邦德国继任总理施密特虽然曾经反对扩大赔偿,但仍然接过了勃兰特的承诺,决心彻底解决"1965 后案件"的问题。在 1974 年 10 月 8 日与戈德曼的秘密会谈中,施密特提出建立一个 6 亿马克的援助基金,其中 10%将分配给来自东欧的非犹太人受害者移民。这笔钱将在 5 年到 6 年付清,由赔偿联合会管理。但赔偿联合会必须发表正式声明,放弃对联邦德国的任何进一步要求。施密特强调了联邦德国严峻的财政状况以及此次援助基金的特殊性。仍担任社民党主席的勃兰特也敦促戈德曼尽快接受这一安排。然而,10 月 24 日联邦德国《快报》(Quick)杂志突然发表一篇报道《波恩向纳粹受害者支付 6 亿马克》,披露了施密特政府计划向赔偿联合会支付 6 亿马克的细节②,引起举国哗然并使谈判再度陷入僵局。

在联邦德国内部,除了财政部和外交部表示反对,联邦议院中以弗朗茨·约瑟夫·施特劳斯(Franz Josef Strauss)为代表的基民盟、基社盟在野党也坚决反对向犹太受害者支付更多的赔偿款项,并警告因此可能产生的国际负面影响。"德国犹太人中央理事会"(Zentralrat der Juden in Deutschland)主席维尔纳·纳赫曼(Werner Nachmann)要求他领导的委员会在这次的赔偿基金中发挥决定性作用,并威胁说,如果不这样做就会破坏谈判。1975 年 1 月,《法兰克福汇报》《世界报》等报刊纷纷跟进报道此次赔偿事

---

① Féaux de la Croix, *Die Wiedergutmachung nationalsozialistischen Unrechts durch die Bundesrepublik Deutschland*, Bd.3, München: Oldenburg Verlag, 1985, S.111.

② Constantin Goschler, *Schuld und Schulden: Die Politik der Wiedergutmachung für NS-Verfolgte seit 1945*, S.333.

件并提出质疑或批评，认为这会开启一个令人担心的先例。① 在舆论影响下，一大批二战受害者群体——流离失所者、强迫绝育者、"131 条款涉及者"②、战争伤残者和其他群体纷纷提出了抚恤要求，并且得到了基民盟的部分支持。

在国际社会，最激烈的反应来自波兰。他们恼怒地认为，波恩显然采用了双重标准，对从波兰移民的犹太人提供赔偿，却对继续生活在那里的犹太人置之不理。因此，在消息曝光的几天后，波兰人又提出了与赔偿联合会同等的 6 亿马克赔偿要求，用于赔偿二战时期的波兰集中营囚犯③。波兰政府还中止了刚刚达成的协议，不再允许德裔居民离开波兰移民联邦德国。抗议不仅来自东欧，还来自中东阿拉伯世界。埃及、约旦、利比亚、叙利亚和科威特都表示抗议，"巴勒斯坦解放组织"还威胁联邦德国，如果它要向犹太人支付更多的赔偿金，就会采取"进一步措施"。在慕尼黑奥运会恐怖暗杀事件几年后，没有人能够轻视这些抗议。《明镜周刊》如此评论施密特政府因与赔偿联合会的赔偿基金项目而陷入的外交危机："社会民主党现在必须认识到，过去的抵押贷款不可能在没有冲突的情况下还清。勃兰特承诺德国人要做一个'睦邻友好的民族'，但似乎很难兑现。"④

面对国内外的巨大压力，施密特决定暂时搁置这个赔偿基金项目。犹太人方面，戈德曼不断尝试在波恩的政客中游说，却屡受冷遇。1975 年底，联邦德国外长根舍对以色列进行国事访问期间，赔偿要求再次成为话题。根舍表示："联邦共和国的经济和财政状况极为紧张，使我们目前不可能推行为特别困难的情况制定额外赔偿计划的项目。早在今年年初联邦政府就

① *Neue Gespräche über die Wiedergutmachung*, Frankfurter Allgemeine Zeitung, 1975.1.17.

② 联邦德国《基本法》第 131 条"公共服务的原在职人员"规定，"凡在 1945 年 5 月 8 日在公共服务业任职者，包括难民和被驱逐者，因公务员法或劳资合同法以外的原因离职且迄今未复职或就任岗位与他们原来的地位不相当的，其法律关系应由联邦法律予以规定。凡在 1945 年 5 月 8 日享有公职退休金权利的人员，包括难民和被驱逐者，因公务员法或劳资合同法以外的原因现在未能领取退休金或类似退休待遇的退休人员，上述规定相应适用。除各州法律另有规定外，在联邦德国法律实施前，不得主张权利"。1945 年之后的"非纳粹化运动"中，大批"第三帝国"的公职人员被清洗失业，故《基本法》设置 131 条款对该类人群再就业进行法律保障。根据该条规定，所有在除名过程中没有被列为主犯（战犯）或被定罪（纳粹活动分子、军事人员和受益人）的公务员都可以复职。但在联邦德国历史上，对此类人群的抗拒和歧视长期存在，他们的就业并未得到很好保障或恢复。因此，此类人群自称"131 条款涉及者"（131er），也向联邦政府索取失业赔偿。

③ *Polen bekräftigt Forderung auf Entschädigung der KZ - Häftlinge*, Frankfurter Allgemeine Zeitung, 1975.1.25.

④ "Ich weiß nicht, wie man Helmut helfen kann", Der Spiegel, Nr.9, 1975, S.19–21.

认为,由于涉及大量的财政支出——设想为此目的设立一个 6 亿马克的基金会——这一计划只能在德国联邦议院所有议会小组联合倡议的基础上实现。联邦议院各党派还没有达成必要的协议。"①1976 年到 1977 年,赔偿谈判完全中断,犹太人世界在赔偿问题上遭遇了前所未有的困境。

此外,犹太人内部对于赔偿的分歧也急剧增加。首先,一些犹太人受害者否认赔偿联合会与联邦德国缔结这种协议的合法性。总部设在以色列的"纳粹政权受害者世界犹太人联合会"(World Jewish Federation of Victims of the Nazi Regime)主席图维娅·弗里德曼(Tuvija Friedmann)批评赔偿联合会对迄今收到的资金使用不够透明和规范,进而引发犹太人世界内部关于赔偿联合会是在为个人还是集体索赔的争议。1977 年 1 月 11 日,《耶路撒冷邮报》(Jerusalem Post)发表《数十亿赔偿金用错了地方》②,指责赔偿联合会把很多赔偿金用于机构建设和文化事业。其次,因为以色列政府在《卢森堡条约》签订后已经正式放弃进一步的赔偿要求,以色列外交部长摩西·达扬(Moshe Dayan)和财政部长西姆哈·埃利希(Simha Ehrlich)代表以色列政府对赔偿联合会管理资金的使用提出了要求。以色列政府要求如此分配纸面上的 6 亿马克,其中 1.4 亿用于以色列境内的犹太机构,4 亿用于以色列境内的纳粹受害者,6000 万用于以色列境外的受害者。这与戈德曼的分配计划差异巨大。最后,纳赫曼仍在积极策划加强德国犹太人中央理事会的作用,他认为波恩对居住在联邦德国的犹太人的利益会有一定的照顾。赔偿联合会德国地区领导人恩斯特·卡岑施泰因(Ernst Katzenstein)在 1978 年初对这种情况作了绝望的评论:"当熊还在森林里自由自在地游荡时,犹太人内部关于其毛皮分配的斗争已经全面展开,而且这种斗争是在德国人的眼皮底下公开进行的。"③

发生在大西洋彼岸的一场纪念运动及其引发的蝴蝶效应,最终打破了这场赔偿谈判的僵局。1977 年,为了反制"犹太人大屠杀没有发生过"的历史修正主义言论,美国社会兴起了一股纪念二战犹太人大屠杀的思潮。纽约市教育委员会建议将纳粹对犹太人的大规模屠杀作为该市高中的必修课程主题。《纽约时报》发文指出,犹太人大屠杀与人类历史中的所有其他暴

---

① Remko Leemhuis,"*Ich muß deshalb dringend von jeder zusätzlichen Aktion für Israel abraten.*": *Das Auswärtige Amt und Israel zwischen 1967 und 1979*,LIT Verlag Münster,2020,S.101.

② Sarah Honig,*Billions in reparations went to wrong places*,Jerusalem Post,1977.1.11.

③ *Katzenstein an Kagan*,1978.1.11,in *Schuld und Schulden:Die Politik der Wiedergutmachung für NS-Verfolgte seit 1945*,Constantin Goschler,Wallstein Verlag,2005,S.337.

行有着本质不同①。大屠杀幸存者西蒙·维森塔尔(Simon Wiesenthal)在洛杉矶创办了"宽容博物馆"(The Museum of Tolerance),并以自己的名字成立了"西蒙·维森塔尔中心",目的是促进对大屠杀的纪念、捍卫人权和犹太民族。1978年4月,四集迷你电视剧《大屠杀》(Holocaust)在美国播出,通过两个虚拟的德国犹太人家庭的二战经历来探讨犹太人大屠杀。估计有1.2亿美国人在1978年观看了这一剧集。1979年,该剧在联邦德国播放,约有2000万人观看,约占全国人口的1/3②。对许多年轻德国人来说,这是一场关于德国平民背负的大屠杀罪责的再教育。播出数月后,联邦议院取消了对纳粹战争罪行追诉的时效规定。该剧带动西方世界对犹太人大屠杀的纪念活动在70年代末达到高潮,为联邦德国对犹太人赔偿政策的转变做好了铺垫。

　　1978年11月,联邦议院各党派达成共识,正式要求联邦政府研究措施来完善赔偿立法。总理府国务大臣汉斯·于尔根·维施纽斯基(Hans-Jürgen Wischnewski)开始负责犹太人赔偿谈判工作,他被认为是施密特意志的忠实执行者。1979年1月11日,在维施纽斯基与戈德曼和纳赫曼的会谈中,三方最终达成协议:赔偿联合会获得4亿马克用于救助犹太人受害者,德国犹太人中央理事会获得4000万马克用于救助联邦德国境内的犹太人受害者。12月14日,联邦议院通过一项决议,在不改变现有赔偿法律的前提下,为所有犹太人和非犹太人受害者制定赔偿法之外的困难补助条例。决议要求联邦政府创造条件,"通过提交1980年财政年度的追加预算,为最后支付个人困难补偿金创造条件",在5年内向赔偿联合会和德国犹太人中央理事会支付4.4亿马克,用于对犹太人"1965后案件"进行"最终赔偿"(Abschlussgeste Wiedergutmachung)③。该决议罕见地得到了所有议会党派的支持。

　　然而,在"最终赔偿"协议文本的最终确定阶段,德以双方仍然分歧明显。戈德曼希望"将资金的相当一部分用于文化用途",因此希望在资金分配上能自由发挥,尽量采用模糊的文本表述④。纳赫曼计划将支付给德国犹太人中央理事会的4000万马克用于犹太社区机构建设,而非救助生活在联邦

①　Teaching the Holocaust,The New York Times,Nov.9,1977.

②　Damien McGuinness,"Holocaust:How a US TV series changed Germany",BBC News,30 January 2019.

③　Deutscher Bundestag,8. Wahlperiode,Entschließungsantrag der Fraktionen der CDU/CSU,SPD und FDP,Drucksache 8/3511,1979.12.14.

④　Constantin Goschler,Schuld und Schulden:Die Politik der Wiedergutmachung für NS-Verfolgte seit 1945,Wallstein Verlag,2005,S.340.

德国的犹太人受害者。他的理由是,在联邦德国,贫困的犹太受害者可能不超过 10 人。波恩方面对这种随意使用赔偿资金的倾向难以容忍,因为他们已收到很多犹太人受害者关于赔偿联合会错误地拒绝个人索赔要求的申诉。这一次,波恩要确保 4.4 亿马克全额用于贫困的犹太受害者个人救助。

1980 年 5 月 2 日,联邦德国政府提出了赔偿基金的分配门槛:要想获得最高达 5000 马克的一次性补助金,必须同时具备紧急状况和重大健康损害。犹太人方面最终表示妥协。10 月 3 日,《联邦公报》公布最终协议——《在赔偿框架内向犹太受害者分配资金以补偿个别案件中的困难的准则》①。准则规定,为 1965 年后从东欧移民到西方的犹太人受害者设立一个"困难基金"(Härtefonds),从该基金中分批向德国犹太人中央理事会划拨资金。中央理事会则负责在申请者符合准则标准的情况下,将资金转交给赔偿联合会。准则严格限制了有权获得救助的人员资格。迄今为止尚未得到德国赔偿的受害者、生活困难的受害者、因受纳粹迫害而遭受明显的严重健康损害的受害者、被剥夺自由至少两年的受害者,在拿出有效证明的情况下(60 岁以上的妇女和 65 岁以上的男子不需要这种证明),方可申请 5000 马克的一次性救助金。最多只能将 5% 的资金用于机构建设,比如为纳粹受害者建立养老院和类似的专项任务。截至 1986 年 7 月 30 日,全球各地的犹太人按照"最终赔偿"协议向赔偿联合会提交了约 124000 份申请,联合会已就约 98400 份申请作出处理。其中约 64000 份申请(约占 65%)获批发放了救助金,34400 份申请(约占 35%)被拒绝。② 相比于 20 世纪 60 年代,此次赔偿对象的识别要更加精准,也更加符合波恩的初衷。

值得注意的是,20 世纪 70 年代之后社会保障(Sozialversicherung)在西方犹太人受害者的抚恤中也发挥了日益重要的作用。1973 年和 1979 年,联邦德国分别与以色列和美国签署社会保障协议,使曾经在纳粹德国工作又因驱逐或在战后移居以色列和美国的犹太人享有与在联邦德国一样的社会保障,包括养老金、意外和医疗保险。社会保障金的发放部门是较为宽裕的联邦德国劳动和社会事务部(Bundesministerium für Arbeit und Sozialordnung),而非在战争赔偿问题上捉襟见肘的联邦财政部。一方面,这是 20 世

---

① "Richtlinien für die Vergabe von Mitteln an jüdische Verfolgte zur Abgeltung von weiteren Härten in Einzelfällen in Rahmen der Wiedergutmachung vom 3. 10. 1980", in Bundesanzeiger Nr.192 vom 1980.10.14.

② Deutscher Bundestag, 10. Wahlperiode, *Bericht der Bundesregierung über Wiedergutmachung und Entschädigung für nationalsozialistisches Unrecht sowie über die Lage der Sinti, Roma und verwandter Gruppen*, Drucksache 10/6287, 1986.10.31, S.21.

纪 70 年代联邦德国社会民主党大规模推进社会福利改革的结果。另一方面,随着纳粹受害者年龄的不断增长,相对于一次性发放的战争赔偿金,稳定按期发放的养老金对他们来说往往更为重要。

1980 年 7 月,施密特总理在阿姆斯特丹举行的世界犹太人大会上被授予纳胡姆·戈德曼奖章(Nahum-Goldmann-Medaille),以表彰他对和平和人权的贡献。施密特是第一位获此殊荣的德国政治家,他在讲话中也对戈德曼一生的奉献——首先是为受纳粹政权迫害的犹太人索取赔偿的谈判——表示敬意。世界犹太人大会代理主席埃德加·布朗夫曼(Edgar Bronfman)向施密特感谢道:"这枚奖章是为了表彰您和像您这样带领德国人民从黑暗的深渊走向光明的人。"①经历了漫长的争论和谈判之后,联邦德国社会民主党政府顶着巨大的财政和外交压力,向因为《联邦赔偿法》条文规定而无法获得赔偿的犹太人受害者支付了一笔"法外赔偿金"。冷战时期联邦德国与犹太人世界的这场"赔偿大戏"就此落下帷幕,但德意志民族对犹太人的赔偿义务还远未结束。

四、对吉卜赛人的赔偿

吉卜赛人是当今欧洲人口最多的少数民族②,享有自由奔放的音乐民族的美誉。然而,在欧洲历史上,"反吉卜赛主义"(Antiziganism)几乎拥有和"反犹主义"一样久远的历史和传承。自中世纪以来,他们被看成流浪汉和小偷的代名词,与犹太人一样成为种族歧视的受害者。在当代西方的政治历史话语中,吉卜赛人更多地被称为"辛提人"(Sinti)和"罗姆人"(Roma)。辛提人是罗姆人对已经在欧洲和北美定居的吉卜赛人的称呼,认为他们已放弃了真正的吉卜赛生活。吉卜赛人则自称为罗姆人(Romani),在吉卜赛语中,"罗姆"的原意是"人"。大部分吉卜赛人聚集在欧洲,他们流浪而居、没有固定的职业,却保有强烈的民族传统、独特的民族文化和亘古不变的生活方式,因此和所属国其他民族的生活方式格格不入,难以融入现代社会,到处招致敌意。15 世纪末,神圣罗马帝国就曾宣布他们是"基督教国家的叛徒"和"黑死病的携带者",无情加以迫害。

纳粹统治期间,在 1935 年《纽伦堡法案》(Nürnberger Gesetze)通过后,吉卜赛人和犹太人一样开始受到种族迫害。吉卜赛人被界定为劣等人种并

---

① *Ehrung*,*Helmut Schmidt*,*Der Spiegel* 29/1980,1980.7.14.

② 据欧洲委员会估计,2004 年欧洲的吉卜赛人数量约为 1000 万。参见 European Commission,*The Situation of Roma in an Enlarged European Union*,Luxembourg:Office for Official Publications ofthe European Communities,2004,p.9.

剥夺了所有政治权利,排除在公共生活之外。二战爆发后,纳粹德国策动克罗地亚独立国及匈牙利王国,试图彻底消灭欧洲吉卜赛人。吉卜赛人将此过程称作"吞灭"(罗姆语 Porajmos)。由于吉卜赛人社群不像犹太人一样有一定的组织,因此"吞灭"并未得到充分记录。根据美国大屠杀纪念馆(United States Holocaust Memorial Museum)的估计,二战中约有 50 万吉卜赛人死于纳粹迫害。① 然而,在战后的纽伦堡审判中,虽然法庭为战争罪审判收集的许多资料已明确记录了纳粹出于种族动机对吉卜赛人的种族灭绝,一些纳粹罪犯也在审判过程中承认吉卜赛人也是纳粹种族灭绝的受害者,但来自美、苏、英、法四大国的检察官和法官既没有在起诉书中提及这场"吉卜赛人大屠杀",也没有在最终判决中对吉卜赛人的施害者作出惩罚。纽伦堡审判对吉卜赛人苦难的无视或忽视影响至今。如果战胜国认为没有必要处理对吉卜赛人的种族灭绝问题,那么战败的德国人当然也不认为应该承认这一罪行并对受害者进行赔偿。战后直到 20 世纪 80 年代初,德国民众几乎不知道吉卜赛人也受到过纳粹的系统迫害和谋杀。当 20 世纪 80年代德语媒体再度提起此事时,它们称之为"被遗忘的大屠杀"(vergessener Holocaust)。

在被国际舆论长期无视的背景下,吉卜赛人索取战争赔偿的过程和结果与犹太人差若天渊,其中存在若干客观和主观方面的原因。与犹太人不同的是,吉卜赛人在西方政界缺少政治影响力和利益代言人,特别是没有得到美国政府的关注和支持。吉卜赛人内部缺乏凝聚力、组织力和强烈的集体认同感也是他们集体索取赔偿的障碍,德国一些同化程度较高的辛提人甚至由于东欧罗姆人的偷窃行为而与之保持距离。吉卜赛人习惯集体生活,具有某种内向的世界观,这使他们往往不敢或不愿寻求第三方的援助。因此,作为弱势群体的代表,吉卜赛人争取赔偿的过程和结果集中展现了二战后德国战争赔偿史中消极的一面。

20 世纪 50 年代发布的《卢森堡条约》和《联邦赔偿法》中,都约定只有居住在前德意志帝国境内(按照 1937 年边界)或至少属于"德国语言和文化圈"(deutschen Sprach und Kulturkreis)的纳粹受害者才有资格提出索赔②。后者的权限被授予东欧犹太人,理由是他们的语言"意第绪语"(Yiddish)属于西日耳曼语支,因此他们也属于"德国语言圈"。几乎所有东欧罗

---

① "Holocaust Encyclopedia – Genocide of European Roma (Gypsies), 1939 – 1945 ",参见 https://encyclopedia.ushmm.org/content/en/article/genocide – of – european – roma – gypsies – 1939–1945。

② Bundesgesetz zur Entschädigung für Opfer der nationalsozialistischen Verfolgung,S.5.

姆人都被剥夺了申请赔偿的权利,理由是他们既没有在 1937 年的帝国边界内居住,也不属于"德国语言和文化圈"。《联邦赔偿法》还规定,只有那些因"政治、宗教或种族原因"(politischen,religiösen oder rassischen Gründen)而受到纳粹迫害的人才属于"纳粹迫害的受害者"(Opfer nationalsozialistischer Verfolgung)。吉卜赛人再次被排除在外,因为法庭认为他们不属于上述任何一类受害者。联邦德国法官对此是这样理解和解释的:生活在德国的所有吉卜赛人都是基督徒,其中大多数属于天主教会,因此不存在因信仰或意识形态而受到迫害的问题。吉卜赛人是一个民族而非种族,他们的祖先来自印度,他们的语言罗曼语属于印欧语系,所以即使按照纳粹的种族理论,也应该把他们视为像日耳曼人一样的"雅利安人"[1]。

　　将吉卜赛人荒谬的归类为雅利安人以逃避赔偿责任,本质上仍然是一种种族歧视思想。二战结束后相当长一段时间,联邦德国司法、警察和卫生服务等机构中依然延续着种族主义思想,导致少数民族受害者的赔偿申请屡屡受阻。1950 年 2 月 22 日,巴登—符腾堡州内政部长下令,所有吉卜赛人和吉卜赛混血儿提出的赔偿申请应首先转交给斯图加特的州刑事鉴定局(Landfahrerzentrale)审查[2]。言外之意,接受一个吉卜赛人赔偿申请的前提是考察他过去是不是一个小偷。1953 年,《赔偿补充法》发布后,吉卜赛人没有被明确排除在之外,但也没有被明确列入。由于立法上的这种模糊状态,在此后几年里,负责处理索赔的主管当局或官员往往根据个人判断决定是否赔偿纳粹受害者。起初,如果吉卜赛人被纳粹监禁的理由是他们的犯罪行为或流浪而居,其赔偿要求就会被拒绝,理由是他们不是种族迫害的受害者。在多数情况下,吉卜赛受害者会对被驳回的索赔要求提出上诉。因此,从地方法院、州法院直到联邦最高法院围绕吉卜赛人历史问题展开了长期讨论,例如:1940 年纳粹将吉卜赛人驱逐到波兰是否出于种族歧视的动机。讨论的普遍结论是,在 1943 年希姆莱下令将所有德国吉卜赛人关押到集中营之前,吉卜赛人作为一个群体并不一定受到了种族歧视和迫害。

　　1956 年 1 月 7 日,联邦最高法院做出裁定:只有从 1943 年 3 月 1 日希姆莱发布《奥斯威辛法令》(Auschwitz-Erlass)之后纳粹德国对吉卜赛人的拘留才可假定为种族迫害,在此之前的一切政策措施都是"警方的预防和安全措施"(polizeiliche Vorbeugungs und Sicherungsmaßnahme),因为"经验

①　Wolfgang Wippermann, *Verweigerte Wiedergutmachung*, *Die Deutschen und der Völkermord an den Sinti und Roma*, in: Standpunkte, 14/2012, S.3.

②　Ursula Körber, *Die Wiedergutmachung und die "Zigeuner"*, Beiträge zur nationalsozialistischen Gesundheits-und Sozialpolitik, 1988(6), S.170.

表明,他们倾向于犯罪,特别是盗窃和欺诈,他们往往缺乏尊重他人财产的道德冲动,因为他们像原始人一样,有一种不受约束的占领本能"。纳粹德国对吉卜赛人的限制和迫害不是出于种族或意识形态方面的原因,而是因为吉卜赛人的"反社会特征"(asozialen Eigenschaften)。因此,1943 年之前纳粹对吉卜赛人的迫害属于"预防性的特别措施"(vorbeugende Sondermaßnahmen),不能为此向吉卜赛人支付赔偿①。"asozial"在德语中意为"孤僻的、反社会的","反社会特征"正是纳粹给予吉卜赛人的歧视性定义,却在 20 世纪 50 年代被联邦德国执法部门继承下来以拒绝赔偿。不分青红皂白地将犯罪和"反社会"等特征归于一个族裔群体,这种判决本身就是一种种族迫害,是联邦法院历史上最丑陋的判决之一,在 20 世纪 80 年代被联邦德国社会称为"第二次迫害"。

1956 年联邦最高法院的裁定导致了一些荒唐的判决,例如 1941 年至 1943 年一直被关押在布痕瓦尔德集中营的吉卜赛人只能得到 1943 年至 1945 年期间的赔偿,尽管他的处境在 1943 年没有任何改变。② 这个裁定还包庇了曾经虐杀吉卜赛人囚犯的党卫军看守,对肇事者的刑事诉讼多年被压制。吉卜赛人对此强烈不满并不断上诉。随着 1961 年耶路撒冷"艾希曼审判"和 1963 年法兰克福"奥斯威辛审判"的进行和大规模报道,联邦德国社会对大屠杀罪行的认识有所提高。联邦最高法院于 1963 年纠正了它的意见:纳粹德国从 1935 年开始,或至少从 1938 年开始了对吉卜赛人的"集体迫害"(Kollektivverfolgung)。③ 1965 年发布的《最后联邦赔偿法》进一步扩大了《联邦赔偿法》的适用范围并提高了赔偿数额,该法为 1943 年后被监禁而未获得赔偿的吉卜赛受害者提供了重新申请赔偿的机会,但赔偿理由仍然是"监禁造成的人身伤害"而非"种族迫害"。当犹太人受害者大规模赔偿接近尾声的时候,吉卜赛人仍在为争取"纳粹种族迫害受害者"的身份认定而抗争。

在这种背景下,西方世界吉卜赛人争取民族平等地位的民权运动(Bürgerrechtsbewegung)在 20 世纪 70 年代应运而生。1971 年 4 月,第一次

---

① Klaus Detlev, GodauSchüttke, "Von der Entnazifizierung zur Renazifizierung der Justiz in Westdeutschland", In *forumhistoriaeiuris*, 6. Juni 2001, S.21.

② Julia von dem Knesebeck, *The Roma Struggle for Compensation in Post-War Germany*, University of Hertfordshire Press, 2011, p.10.

③ Deutscher Bundestag, 10. Wahlperiode, *Bericht der Bundesregierung über Wiedergutmachung und Entschädigung für nationalsozialistisches Unrecht sowie über die Lage der Sinti*, Roma und verwandter Gruppen, Drucksache 10/6287, 1986.10.31, S.34.

"世界罗姆人大会"（World Romani Congress）在伦敦举行。会议确立了国际罗姆人联盟纲领,并将每年 4 月 8 日定为"国际罗姆人日"（International Roma Day）。大会公开要求两个德语国家——联邦德国和奥地利对吉卜赛受害者作出赔偿,但均遭无视。直到 1978 年,联邦德国政府才同意与世界罗姆人大会代表会面以听取赔偿要求。被激怒的德国吉卜赛人开始公开抗议这种歧视,要求公正地获取赔偿。1980 年 4 月 4 日,从二战集中营中幸存的弗朗茨·维尔贝尔（Franz Wirbel）雅各布·班贝格（Jakob Bamberger）等吉卜赛受害者在巴伐利亚州前达豪集中营的场地上开始绝食抗议,引发国际关注。几天后,绝食者的身体濒临崩溃,但仍然在坚持。绝食引发了联邦德国广泛的公众声援浪潮。每天约有 100 名国内外记者报道达豪事件。许多市民支持绝食者,在达豪、慕尼黑和汉堡组织了慰问示威活动。随后,社民党和绿党的代表以及新教教会也给予了进一步的支持和调解。4 月 11 日,在舆论压力下,巴伐利亚州内务部终于就绝食者的要求与对方进行了谈判。巴伐利亚州政府公开承认,必须减少对吉卜赛人的偏见和歧视,呼吁政治家和公众对吉卜赛人予以宽容和理解。①

1981 年 8 月 26 日,联邦德国政府发布《在赔偿框架内向非犹太人受害者发放艰苦条件津贴的准则》,吉卜赛人的赔偿要求也应从这一"困难基金"中满足。吉卜赛受害者可以申请最高 5000 马克的赔偿。在实际执行过程中,截至 1986 年 8 月 31 日,共有约 4000 名吉卜赛人提交申请,占申请者总数的比例约 15%。当吉卜赛受害者按照规定向科隆市政府和"赔偿处置基金"提交申请时,相当一部分因为"明显不符合从该基金中受益的条件,特别是没有提供特别严重的迫害遭遇证明（如长期的集中营监禁或类似的命运）或曾在德国居住的德国国籍或种族证明"而受到拒绝。②

赔偿问题迟迟得不到实质性解决,刺激了德国吉卜赛民权运动再度风起云涌。20 世纪 80 年代初西德社会关于"被遗忘的受害者"的讨论也助推了这一运动。1982 年 2 月,"德国辛提人和罗姆人中央委员会"（Zentralrat Deutscher Sinti und Roma）成立,总部设在海德堡。"中央委员会"成为德国吉卜赛人的政治代表,它的成立改善了吉卜赛人与地方团体之间的联系,也加强了吉卜赛人与政府对话的能力。3 月 17 日,联邦总理施密特接见了刚

---

① Julia von dem Knesebeck, *The Roma Struggle for Compensation in Post-War Germany*, University of Hertfordshire Press, 2011, p.232.

② Deutscher Bundestag, 10. Wahlperiode, *Bericht der Bundesregierung über Wiedergutmachung und Entschädigung für nationalsozialistisches Unrecht sowie über die Lage der Sinti, Roma und verwandter Gruppen*, Drucksache 10/6287, 1986.10.31, S.36.

成立的"德国辛提人和罗姆人中央委员会"代表团,首次正式承认了纳粹对吉卜赛人的种族灭绝。施密特表示,"纳粹独裁统治对辛提人和罗姆人造成了严重的伤害,这是'因为种族原因而进行的种族灭绝'(Völkermord aus Gründen der Rasse)"①。中央委员会向施密特表示,吉卜赛人多年来在赔偿方面处于不利地位,部分源于联邦政府不承认纳粹对吉卜赛人的种族屠杀,但最重要的原因是 1956 年联邦最高法院的歧视性判决。联邦德国应该承认德国吉卜赛人是一个具有独立文化、传统和语言的少数民族,应该像对待犹太人一样,对吉卜赛民族承担起特殊责任。对此,施密特强调联邦德国有义务改善吉卜赛人的社会状况,并承诺将在议会和政府内部敦促对吉卜赛受害者进行道义上的赔偿。最后,中央委员会向施密特赠送了一把老式小提琴,这把琴已经在一个历史悠久的德国辛提人家族中流传了四代。

　　然而,好景不长。1982 年 10 月,联邦议院通过不信任动议弹劾了施密特,继任总理科尔并没有延续施密特对吉卜赛人的赔偿政策。20 世纪 80 年代中后期,吉卜赛受害者赔偿事务仍没有实质性的进步。1986 年,联邦政府在提交议会的《关于纳粹暴政的赔偿以及吉卜赛人和有关团体情况报告》中表示,1956 年联邦最高法院的错误判决对吉卜赛人"只产生了相对较小的实际影响"②,这是一种近乎冷酷的表态。1988 年 3 月 7 日,联邦政府发布修订版的《在赔偿框架内向非犹太人受害者发放艰苦条件津贴的准则》,增加了对没有德国公民身份的海外吉卜赛受害者的赔偿条例——他们最多可以一次性领取折合 2556 欧元的赔偿金。与此形成鲜明对比的是,根据这一条例,同时期非德国籍的犹太受害者可以获得每月折合 336 欧元的赔偿金。③

　　联邦德国对吉卜赛受害者的赔偿不仅太少,而且来的太迟。很多受害者在获得赔偿金之前就已经去世。吉卜赛人的境遇深刻说明了战争受害者

---

① Zentralrats Deutscher Sinti und Roma, *Zum Gespräch des Bundeskanzlers mit dem Zentralrat Deutscher Sinti und Roma*, Archiv Pressemitteilung des Zentralrats Deutscher Sinti und Roma, 18. März 1982, S.1.

② Deutscher Bundestag, 10. Wahlperiode, *Bericht der Bundesregierung über Wiedergutmachung und Entschädigung für nationalsozialistisches Unrecht sowie über die Lage der Sinti, Roma und verwandter Gruppen*, Drucksache 10/6287, 1986.10.31, S.34.

③ 折算成欧元的赔偿金数据源于 2019 年德国联邦议院印刷资料《联邦政府的答复:改善对辛提人和罗姆人中的纳粹受害者的赔偿支付》,参见 Deutscher Bundestag, 19. Wahlperiode, *Antwort der Bundesregierung: Verbesserung von Entschädigungsleistungen für NS-Opfer unter Sinti und Roma*, Drucksache 19/7545, 2019.2.5, S.2。

"集体索赔"和"个人索赔"两种模式在过程和结果上的巨大差异。相较于犹太人大规模、有组织、有代理人的集体索赔模式,吉卜赛人零星的、无组织、无代理人的个人索赔在申诉、取证、收款等各个环节都显得尤为艰辛曲折,而且难以获得国际舆论的关注和支持。

五、关于"被遗忘的受害者"赔偿的争论

在二战后的西方世界,由于犹太人世界齐心协力不断索赔、联邦德国主动背负的道德义务以及国际舆论对犹太民族的普遍同情,无论联邦德国政府还是企业向纳粹受害者支付的赔偿中,犹太人都是主要赔偿对象。在此背景下,东欧强制劳工①、吉卜赛人、同性恋者、强迫绝育者(Zwangssterilisierte)、"安乐死"受害者(Opfer der Euthanasie)、"耶和华见证人"(Zeugen Jehovas)、拒服兵役者(Kriegsdienstverweigerern)和苏联战俘等一大批非犹太人纳粹受害者获取赔偿和抚恤的权利被长期无视或掩盖了。他们遭受的肉体、精神伤害和财产损失并不少于犹太人,他们的人数总和甚至超过了犹太人受害者。例如,约40万在纳粹统治期间被强制绝育的人就不在《联邦赔偿法》的覆盖范围之内。直到20世纪70年代,他们才进入联邦德国公共讨论的视线,并获得了一个共同的群体称谓——"被遗忘的受害者"(Vergessener Opfer)。他们在20世纪80年代被列入战争赔偿对象,既是他们团结起来不断抗争的成果,也是联邦德国对纳粹受害者群体的认定政策和赔偿政策日趋公平公正使然。

在20世纪70年代波恩与犹太人就"最后的赔偿"进行漫长的赔偿谈判时,特别是1974年波恩的赔偿计划被媒体泄露给公众之后,其他纳粹受害者群体的赔偿呼声也越来越高。来自联邦德国内部的、以德国人为主的受害者群体最先对赔偿事务发出了"宁予外邦、不予家奴"式的批评。"德国抵抗运动"(Deutscher Widerstand)——以"1944年7月20日施陶芬贝格刺杀希特勒"为标志性事件——的参与者,也开始以纳粹受害者的身份向联邦政府索取赔偿②。1971年成立的"德国抵抗战士和受害者协会联盟"(Union Deutscher Widerstandskämpfer und Verfolgtenverbände)为延长《联邦赔偿法》的最后期限做了长期而徒劳的抗争。1974年12月,在"巴伐利亚州受害者组织工作小组"(Arbeitsgemeinschaft Bayerischer Verfolgtenorganisationen)

---

① 下文将单列一节陈述冷战时期德国大企业对二战强制劳工的赔偿,但其赔偿对象只是犹太人强制劳工,不包括犹太人之外的强制劳工,特别是东欧国家强制劳工。

② 二战后德国政府对"抵抗运动战士"的赔偿或抚恤不属于战争赔偿的范畴,故本书不做详细陈述。

的推动下,社民党议员鲁道夫·舍夫贝格(Rudolf Schöfberger)在联邦议院向政府发表质疑:"为纳粹非正义国家服务到最后一天的人得到了职位聘用和优厚的养老金,而受迫害者及其幸存者却部分地生活在痛苦之中。多年前通过了一项关于赔偿的最后法律,但对有权获得赔偿的所有其他群体却无法适用这项法律,这是一种站不住脚的歧视。"①当联邦政府再次以已支付巨额赔偿金为由予以拒绝之后,社民党下属的咨询组织"受(纳粹)迫害的社会民主党人工作组"(Arbeitsgemeinschaftverfolgter Sozialdemokraten)开始积极推动为德国内部的所有纳粹受害者(甚至包括民主德国的纳粹受害者)发放赔偿。从那时起,"所有纳粹受害者都应该不分族裔和国别地得到平等的赔偿"开始成为联邦议院的一个热门话题,一直持续到现在。一般来说,社民党和绿党在其中发挥了倡导者和推动者的角色。

1978 年 11 月 14 日,社民党议会党团在联邦议院赔偿委员会(Bundestags Wiedergutmachungsausschuss)主席格哈德·雅恩(Gerhard Jahn)的支持下提交建立"赔偿基金会"(Wiedergutmachung Stiftung)的报告。报告呼吁联邦政府审查赔偿的实施是否"在所有情况下都能公正地履行赔偿法律的最初愿景",审查现有的关于赔偿时限和排除的规定是否符合纳粹受害者的实际状况。报告建议,为补偿根据现行法律无法满足的合理诉求,应设立新的"赔偿基金会",对受害者的困难情况给予适当补偿。②然而,在联邦议院内部立即出现了与社民党针锋相对的提议。基民盟要求成立一个"前公务员和国防军成员基金会"(Stiftung für ehemalige Angehörige des öffentlichen Dienstes und der Wehrmacht),该基金会将获得约 2 亿马克注资。这明显是为了维护"131 条款涉及者"的利益。自由民主党也认为,社民党和基民盟的举措迫使其采取行动,因此也主张进行有利于"131 条款涉及者"的改进。也就是说,议会中的反对党要求制定一个一揽子计划,如果社民党要赔偿国内的"抵抗运动战士""受迫害的社会民主党人"等纳粹受害者,那么反对党就要求对"第三帝国"的公职人员进行对等的补偿。各党派经过长期争论后达成妥协,1979 年 12 月 14 日联邦议院通过决议,在不改变现有赔偿法律的前提下,为所有犹太人和非犹太人受害者制定赔偿法外的困难补助条例。最初的预算是为犹太人受害者提供 4.4 亿

---

① Deutscher Bundestag,7. Wahlperiode,*Fragen für die Fragestunden der Sitzungen des Deutschen Bundestages*,Drucksache 7/2982,1974.12.13,S.5.

② Vorlage für die Fraktionssitzung am 1978.11.14.Beschluss des Fraktionsvorstandes:Entschließung der SPD–Bundestagsfraktion,AsD,Bestand SPD–Bundes–tagsfraktion,in:Constantin Goschler,*Schuld und Schulden:Die Politik der Wiedergutmachung für NS–Verfolgte seit* 1945,S.346.

马克,为非犹太人受害者提供 1 亿马克。后者的预算已经超过了施密特早先的承诺——原定付给赔偿联合会款项的 10% 将转付给非犹太人受害者。

1981 年 8 月 26 日,联邦政府发布《在赔偿框架内向非犹太人受害者发放艰苦条件津贴的准则》。波恩为非犹太人受害者准备了 1 亿马克赔偿金,其中 8000 万马克由科隆市政府负责分配发放。此外,"对于必须提供援助的特殊情况,将在联邦财政部设立一个赔偿处置基金(Wiedergutmachungs-Dispositions-Fonds)并注资 2000 万马克。财政部长应在咨询委员会的协助下自行决定这些资金的分配。咨询委员会的成员一半由联邦政府从受害者中任命,另一半由德国联邦议院推荐任命"①。《准则》规定,受害者及其遗属只有在"无法在最后期限内提出申请或无法满足《联邦赔偿法》最后期限和居住要求"而且特别困难的情况下,才能申请最高 5000 马克的一次性赔偿。对于过去已经提出申请并因此获得法定赔偿金的受害者,无论其赔偿种类和数额如何,都不能再次获得赔偿。然而,这一赔偿基金的实际执行情况出乎波恩的意料之外。在科隆市政府对非犹太人受害者发放赔偿时发现,最大的申请群体是"西班牙共和党人"②(Republikanische Spanier)。截至 1986 年 8 月 31 日,共收到 26473 份非犹太人受害者赔偿申请,其中"西班牙共和党人"提交了 13080 份。其他申请者主要有吉卜赛人和不信教的犹太人(因为不信犹太教而不在"赔偿联合会"管辖范围内),共提交了 13393 份申请。共有 19908 人获批发放赔偿金,占到申请总数的约 75%。③ 可以看出,东欧强制劳工、战俘等群体此时仍然因为冷战铁幕的阻隔而无法申请赔偿。

20 世纪 80 年代,联邦德国社会关于"被遗忘的受害者"的讨论日益密集,以至于犹太人受害者在赔偿事务中至高无上的地位也受到了质疑。一部分人认为,现行的赔偿制度已经不需要在个案中纠正,而是需要从根本上扩大。这种民间讨论在某种程度上改变了以往纯粹依靠议会讨论推动赔偿政策变革的局面,自下而上地倒闭议员们积极行动起来。1979 年成立并于

---

① Deutscher Bundestag Wissenschaftliche Dienste, *Beirat des Wiedergutmachungs-Dispositions-Fonds*, WD 4-3000-173/18, 2018, S.4.

② 纳粹称西班牙内战期间在共和政府一方作战以反抗弗朗哥叛军的西班牙人为"西班牙共和党人"或"红色西班牙人"(Rotspanier)。内战后他们很多逃往法国。在德国入侵法国的过程中,数万名被关押在法国的西班牙内战难民沦为德国人的俘虏。约有 15000 人被驱逐到集中营,其中 4200 多人丧生。参见 https://www. mauthausen-memorial. org/de/Gusen/Das-Konzentrationslager/Haeftlinge/Republikanische-Spanier。

③ Richtlinien für die Vergabe von Mitteln an Verfolgte nicht-jüdischer Abstammung zur Abgeltung von Härten in Einzelfällen im Rahmen der Wiedergutmachung vom 26. 8. 1981, in: Deutscher Bundestag, Drucksache 10/6287, 1986.10.31, S.42-45.

1983 年进入联邦议院的德国绿党(Die Grünen)逐步代替社会民主党成为赔偿改革的引领者。20 世纪 80 年代中期,绿党下属组织"绿色替代名单"(Grün-Alternative Liste)发起了改善纳粹受害者处境的政治倡议,从而推动在州一级制定了新的赔偿条例。1987 年,在柏林成立了"援助纳粹专制主义受害者"(Hilfe für Opfer der NS-Willkürherrschaft)基金会,次年又在汉堡以同样的模式成立了"援助纳粹受害者"(Hilfe für NS-Verfolgte)基金会。在随后的几年里,不来梅、石勒苏益格—荷尔斯泰因、下萨克森、黑森和北莱茵—威斯特法伦相继出台新的州法规以援助"被遗忘的受害者"。一般来说,这些补助只是补充而非取代联邦政府的赔偿条例。

在联邦议院,绿党也要求制定新的赔偿条例。1982 年科尔出任总理后,作为反对党的社民党也加入了绿党的倡议行列。两党的要求不仅涉及对受害者获取赔偿资格的认定,还涉及该由哪个机构负责处理索赔,从而涉及赔偿实践。他们不信任联邦财政部和赔偿机构的执行力,甚至认为现行赔偿政策对受害者构成了"二次伤害"。他们要求采取新的赔偿管理形式,让受害者代表更多地参与其中。这些要求意味着在许多方面彻底背离现行赔偿政策的基本原则,当然受到科尔领导的基民盟政府的强烈抵制。

1986 年,绿党提出的两项动议拉开了这场争端的序幕。首先,绿党要求对所有以前没有得到赔偿的纳粹政权受害者,不论其居住地在哪里,都给予一次性的养恤金待遇。这完全背离了《联邦赔偿法》确定的受害者属地原则,将全世界的受害者纳入其中。其次,绿党要求建立一个由工业界出资的全国性的纳粹强制劳工赔偿基金,对纳粹德国战争经济中的强制劳工进行赔偿,反对以 1953 年《伦敦债务协议》为借口逃避向东欧强制劳工支付赔偿。绿党的要求得到了同年 1 月 16 日斯特拉斯堡欧洲议会一项决议的支持,该决议呼吁"所有雇用奴工的德国公司建立一个向强迫劳动受害者支付赔偿金的基金"①。11 月 13 日,联邦政府向议会提交《关于纳粹暴政的赔偿以及吉卜赛人和有关团体情况报告》,认为自《联邦赔偿法》发布以来对纳粹受害者的赔偿已足够全面,而且联邦德国吉卜赛人的就业、教育和生活状况已经得到较大的改善,进而拒绝了绿党的两项动议。② 社民党议

---

① Entschließung zu Entschädigungsleistungen für ehemalige Sklavenarbeiter der deutschen Industrie, 16. 1. 1986, Europäisches Parlament. 2. WP, Texte vom Europäischen Parlament angenommen, Heft 1/86, Januar 1986, S.29.

② Deutscher Bundestag, 10. Wahlperiode, *Bericht der Bundesregierung über Wiedergutmachung und Entschädigung für nationalsozialistisches Unrecht sowie über die Lage der Sinti, Roma und verwandter Gruppen*, Drucksache 10/6287, 1986.10.31.

员雷纳特·施密特（Renate Schmidt）尖锐地批评了报告中"深深的自我满足"——"我们用赔偿总数来衡量自己的工作，却忘记了在个别情况下，对可能影响和毁掉一生的可怕的不公正待遇的赔偿和养恤金支付是多么微不足道"①。

在下一个议会任期内，绿党和社民党重新提交了各自的立法提案，以改善对"被遗忘的受害者"的赔偿。1987 年 6 月 24 日，两党推动联邦议院内政委员会举行了一次"纳粹暴政的赔偿和补偿"（Wiedergutmachung und Entschädigung für nationalsozialistisches Unrecht）纳粹受害者听证会。此前长期被忽视的受害者首次直接出现在德国议员面前，他们描述的迫害场景和悲惨命运给在场议员留下了深刻的印象。② 这推动联邦议院决定再提供 3 亿马克成立一个"困难基金"（Härtefonds）以救助"被遗忘的受害者"。为了监督该基金的执行情况，联邦议院还成立了"纳粹暴政赔偿"（Wiedergutmachung nationalsozialistischen Unrechts）小组委员会。然而，困难基金的实际执行情况令支持者感到沮丧。委员会在 1988 年调查发现，新的困难基金执行第一年只发放了 160 万马克。在调查期间，仅有 10 个案例正在发放救助金，其中一个案例的发放金额为每月 23 马克。委员会将其归咎于执行机构的官僚主义作风——申请人要填写 23 页的调查表并接受多达 6 次专家检查③。到了这个时候，负责发放赔偿的官员实际上已经处于懈怠、厌倦甚至反感的情绪当中，他们想方设法证明申请人不符合《联邦赔偿法》对"纳粹受害者"的定义，或者申请人身患疾病的原因不是纳粹迫害而是自然衰老。如果没有外界重大刺激，纯粹依靠联邦议院无休止地争论，对"被遗忘的受害者"的赔偿就很难改观。

20 世纪 80 年代联邦德国内部关于"被遗忘的受害者"赔偿问题的公开辩论越来越多，不仅表现了德国民众对纳粹受害者的苦难更加敏感，而且见证了联邦德国自我标榜的"反省罪责的样板国家"形象与实用主义政治价值观的冲突。虽然对"被遗忘的受害者"的赔偿没有达到改变赔偿基本政策和法律的程度，但它至少带来了赔偿事务的三重突破：首先，从"困难户"

①　Constantin Goschler, *Schuld und Schulden: Die Politik der Wiedergutmachung für NS - Verfolgte seit* 1945, Wallstein Verlag, 2005, S.353.

②　Deutscher Bundestag, *Wiedergutmachung und Entschädigung für nationalsozialistisches Unrecht: Öffentliche Anhörung des Innenausschusses des Deutschen Bundestages am 24. Juni 1987*, Themen parlamentarischer Beratung 3/1987, Bonn, 1987.

③　Deutscher Bundestag, 11. Wahlperiode, 151. Sitzung. Bonn, Mittwoch, den 21. Juni 1989, Plenarprotokoll 11/151, S.11340.

到"被遗忘的受害者"的概念变化,标志着对赔偿问题的审查从制度内涵型向制度批判型过渡;其次,赔偿政治的"神秘性"在 20 世纪 80 年代也终结了,这一政策领域的讨论正在日益公开化;最后,赔偿政策实现了多边化,犹太人赔偿联合会以前对纳粹受害者代表权的垄断局面结束了。对犹太人的赔偿不再是唯一的受害者赔偿话题,此前一直默默无闻的受害者群体现在也可以有效地表达自己的遭遇和诉求。特别值得肯定的是,虽然东欧强制劳工这一最大的"被遗忘的受害者"群体并未在 20 世纪 80 年代得到赔偿,但联邦议院中绿党和社民党为此付出的努力仍然可以被视为在法律上为未来的大规模强制劳工赔偿迈出的第一步。

第四节　德国大企业对犹太人强制劳工的赔偿

德国一些享誉世界的知名大企业,无论汽车工业的奔驰、宝马和大众,电气工业的西门子,化学工业的巴斯夫和拜尔,钢铁工业的克虏伯和莱茵金属,都有着悠久且辉煌的历史,支撑起德国在欧洲第一工业强国的地位。然而,在其骄人历史的背后,也有着极不光彩的一面。这些公司在二战期间都曾使用过被德国军队掳掠来的强制劳工,从这些人几乎无偿的劳动中敲骨吸髓,积累财富。对于犹太人,党卫军领袖希姆莱的处理方式是"通过劳动灭绝"(Vernichtung durch Arbeit),首先杀掉孩子、老人和病残者,有劳动能力的人则逼迫他们拼命劳动致死。在此过程中,德国大量企业充当了大屠杀的帮凶。战后统计,大约有 2000 多家德国公司、企业使用过强制劳工,其中大部分是从占领区抓来的犹太人、吉卜赛人和东欧人。纳粹强制劳工总数约为 1000 万至 1400 万人,他们大部分是"强迫劳工",在第三帝国的军工厂、矿山、企业和农场被管制劳动,许多人被折磨致死,但也有一些人侥幸存活。而关在集中营里的"奴役劳工",则由于工作、生活条件特别恶劣,绝大多数累死或病死在集中营里。① 联邦德国成立后,从 1951 年沃尔海姆起诉IG 法本公司开始,昔日的犹太强制劳工纷纷向曾经奴役压榨过他们的德国大企业发起诉讼,要求它们支付赔偿。来自国内外舆论的强大压力也迫使这些大企业以赔偿的形式来洗刷自己的罪恶。

但是,德国企业对二战强制劳工的赔偿绝非一帆风顺。在面对劳工索赔时,这些企业最初都表现出抗拒和不合作态度,这种态度是有其历史原因

---

① 彭玉龙:《谢罪与翻案:德国和日本对第二次世界大战侵略罪行反省的差异及其根源》,解放军出版社 2001 年版,第 191 页。

的。1948 年,在审讯纳粹战犯的纽伦堡国际法庭上,纳粹强征苦工的行为被判为"反人类罪",被包括在战后德国的赔偿问题之中,一些助纣为虐沦为纳粹帮凶的工业家也被判入狱。然而,战后初期很多德国人拒绝将曾经的德国经济领军人物视为普通的战争罪犯,并把纽伦堡判决视为某种出于政治动机的"胜利者正义"。德国工业联合会副主席威廉·亚历山大·门内(Wilhelm Alexander Menne)在得知纽伦堡法庭判决 IG 法本公司领导人入狱后如此评价:"他们将无辜的工业家在由勤奋和自觉、生活的严肃性和不容置疑的道德所引领的成功生活的尽头送进了牢房。"①这股民意助长了20 世纪 50 年代德国大企业抗拒赔偿强制劳工的底气。

1953 年签订的《伦敦债务协定》把二战强制劳工赔偿列入了战争赔偿的范围。但是,战争赔偿有两个前提:一是双方订立标明战争结束的和约;二是国家对国家,不对个人。因此,德国工业界纷纷以"纳粹德国政府强迫这些企业使用劳工,所以联邦德国作为纳粹国家的继承者才是索赔对象"为借口拒绝进行赔偿。对那些冷战期间尚未与联邦德国缔结和约的国家,如苏联和东欧国家,德国企业更以《伦敦债务协定》为由拒绝向这些国家的劳工支付赔偿。联邦德国政治家和法院也将强迫劳动描述为战争和占领的衍生现象,不承认其为纳粹的具体罪行。

在上述背景下,冷战期间犹太人强制劳工向德国大企业索取赔偿经历了一个艰难的过程,其曲折和复杂程度不亚于联邦德国与以色列的瓦森纳尔谈判。美国犹太人律师本杰明·贝雷尔·费伦茨(Benjamin Berell Frencz)是冷战时期犹太强制劳工赔偿的重要见证者。他是第二次世界大战后纳粹战争罪的调查员,在二战末期曾负责收集纳粹德国残暴罪行的证据。战后又担任纽伦堡后续法庭的美国陆军首席检察官,负责对党卫军"特别行动队"(Einsatzgruppen)残杀东欧 100 多万犹太人的罪行进行起诉。他还是国际法治和建立国际刑事法院的倡导者。冷战期间,他长期担任"犹太人向德国要求物质赔偿联合会"理事等职务,先后与奴役过犹太人劳工的 IG 法本公司、克虏伯公司、通用电气公司、西门子公司、莱茵金属公司进行过赔偿交涉。因此,本节将在采信本杰明·费伦茨的专著《恐怖的代价——战后德国对犹太人劳工赔偿简史》②和"犹太人的历史和文化档案"

---

① Eine Dokumentation des Arbeitskreises I.G.Farben der Bundesfachtagung der Chemiefachschaften, *von Anilin bis Zwangsarbeit, Der Weg eines Monopols durch die Geschichte Zur Entstehung und Entwicklung der deutschen chemischen Industrie*, AStA TU Berlin, 1994, S.113.

② Benjamin B.Frencz, *Lohn des Grauens: die Entschädigung jüdischer Zwangsarbeiter - ein offenes Kapitel deutscher Nachkriegsgeschichte*, Frankfurt: Suhrkamp, 1986.

项目出版的本杰明·费伦茨书信集《战争罪、赔偿和预防，来自本杰明·B.费伦茨的遗赠》①的基础上，尽量还原冷战期间这一段隐秘的历史。

一、IG 法本公司的赔偿

自 19 世纪末以来，德国一直保持着世界化学工业强国的地位，IG 法本公司②在其中扮演了重要角色。IG 法本公司成立于 1925 年并迅速发展成为当时欧洲规模最大的企业和世界上最大的化工企业，是一个典型的巨无霸式康采恩垄断组织。在相当长的时期内，IG 法本就是德国化学工业的代名词。希特勒上台后，IG 法本公司与纳粹政权关系非常密切，逐步发展为一家国家垄断集团和战争机器。二战爆发后，IG 法本公司跟随纳粹的铁蹄在欧洲大肆扩张掠夺。当德军占领一个新地区后，IG 法本就负责接管该地区的化工厂并据为己有。同时，IG 法本公司对德国侵略战争又起了非常重要的推动作用。它大量生产合成汽油和橡胶这两种关键性的战略物资，使德国不再依赖从国外进口天然橡胶，大大缓解了德军的燃料短缺。

IG 法本公司在二战期间最臭名昭著的罪行莫过于为大屠杀提供毒气和建立集中营工厂。1941 年秋，奥斯维辛集中营首次试验用齐克隆 B（Zyklon B，一种用氢氰酸生产的杀虫剂）进行屠杀，它是由 IG 法本公司下属的一家杀虫剂公司德克士（Degesch）生产并销售给党卫军的。由于这种毒气使屠杀速度大大加快，二战中它被推广到德国几乎所有参与屠杀的集中营，数百万人因此丧命。1942 年，IG 法本公司利用与党卫军的特殊关系，在波兰奥斯维辛附近的 3 号营地莫诺维茨（Monowitz）修建了一家集中营工厂，IG 法本也因此成为第三帝国唯一拥有自己的集中营的企业。该工厂驱使集中营囚犯生产人造橡胶（Buna）和合成燃料，暗中实行"通过工作灭绝"的计划。极其恶劣的生活条件和繁重的劳动使囚犯死亡率极高，工人在该工厂的平均寿命为 3 个月。据战后统计，党卫军为 IG 法本公司提供了约 30 万人的免费劳动力以供驱使，至少有 3 万名劳工因苦役死于 IG 法本的集中营工厂。③

为了惩治战争罪犯，1947—1948 年美国军事法庭在纽伦堡对 23 名 IG 法本公司前领导人进行审判，13 名被告获刑。1952 年 IG 法本公司被拆解为 12 家公司，其中包括巴斯夫、拜尔和赫希斯特 3 家核心公司。IG 法本公

---

① *Kriegsverbrechen, Restitution, Prävention, Aus dem Vorlass von Benjamin B. Ferencz*, Archiv jüdischer Geschichte und Kultur, Band 4, Vandenhoeck & Ruprecht Verlage, 2019.

② 公司全称为"染料工业利益集团"（Interessen-Gemeinschaft Farbenindustrie AG，缩写 IG Farben AG），简称 IG 法本公司。

③ 孙文沛：《德国化学工业的重生》，《德国研究》2009 年第 2 期。

司被拆解后,其股票仍在德国证券市场上交易,"IG 法本破产清算股份公司"(IG Farbenindustrie AG in Liquidation,缩写 IG Farben i.L.)成为原有财产的控股人,同时负责对 IG 法本海外资产和部分国内剩余资产进行破产清算。这一清算本应尽可能快地完成,却因种种原因持续了几十年。负责执行这一任务的官员表示,这是 20 世纪 50 年代联邦德国政府的一项政治决定,政府不强制 IG 法本停止其股票交易,因此公众也不希望 IG 法本破产清算被严格执行(这样他们可以继续买卖 IG 法本的股票)。经济上的背景是,由 IG 法本拆分出来的众多化工企业,对联邦德国的经济奇迹做出了重大贡献,它们的成功促进了包括 IG 法本在内的化工类股票市场的繁荣。尽管经济形势喜人,IG 法本的大股东们却并未因此高枕无忧。历史的发展表明,德国并没有因为战后的经济奇迹就使人们忘记了它罪恶的过去,同样 IG 法本也不可能因为巴斯夫等公司的巨大成就而被抹杀了二战期间的罪行。事实上,从拆解 IG 法本公司的那天起,来自德国乃至全世界民间对 IG 法本公司逃避赔偿二战劳工的质疑和谴责就没有停止过。

1951 年,曾在 IG 法本莫诺维茨工厂服苦役的犹太人劳工诺伯特·沃尔海姆(Norbert Wollheim)向法兰克福地方法院起诉 IG 法本公司,正式拉开了二战强制劳工与德国工业界赔偿诉讼的序幕。他的妻子和儿子死于奥斯维辛集中营的毒气室,他自己被送进 IG 法本在莫诺维茨的集中营工厂遭奴役工作了 22 个月。沃尔海姆控告 IG 法本公司对他的虐待并致使其受到严重身心伤害,要求对方为他过去的工作和受到的伤害赔偿 1 万马克。IG 法本的律师辩护说,应该为此负责的是党卫军和纳粹党,接收集中营的劳工不是该公司要求的,而是党卫军摊派的,所以该公司没有任何责任。相反,IG 法本公司尽力拯救了集中营的犹太人,如果不是被送到 IG 法本的工厂做工,沃尔海姆可能早已死于奥斯维辛集中营。但后来各种证据表明,IG 法本公司领导人曾积极活动要求党卫军把健壮的劳工优先供应给 IG 法本工厂。

法兰克福地方法院经过一年的审理,于 1953 年 6 月 10 日发布了长达 43 页判决书,判决全额支持沃尔海姆的索赔:"居住在文明国度的所有人都清楚平等、正义、人道这一基本原则,IG 法本公司同公民个人一样,也要负起自己相应的责任。被告肯定知道'挑选'①的事实,因为被告一定会搞清楚进入本公司职工的身体状况。被告自称完全不知情,只能证明他们对犹

①　对于刚到奥斯维辛集中营的因犯,党卫军挑选健康的成年男子送进德国工厂做工,妇女、儿童、老弱病残者直接送进毒气室,德国人称这一过程为"挑选"(Selektionen)。

太人劳工生命的漠视。当原告处于被告力所能及的范围内,就有权利得到被告的保护。被告对维护原告的生命和健康有着不可推卸的义务,不能以党卫军为理由不履行这些义务,但事实上被告没有承担责任。这至少构成了玩忽职守,因此被告对原告负有赔偿责任。"①

法兰克福法院的判决引发了德国工业界的巨大恐慌。《法兰克福汇报》警告说,"雪崩式的赔偿要求将达到数十亿",并指出"几乎有 700 家德国企业在战争期间雇用了集中营的囚犯"。《时代》周刊评论道,这种普遍的赔偿要求甚至有可能"动摇国家和社会秩序"。②

沃尔海姆胜诉的新闻报道,燃起了更多 IG 法本强制劳工的希望,引发了一轮索取赔偿的浪潮。但法律诉讼是一个相当复杂的过程,没有哪个律师愿意为众多劳工代理如此耗时费力的案件,战后德国重新组建的犹太人团体也缺乏组织性难以单独抗衡德国大企业。占领时期美占区军政府成立的"犹太人赔偿继承人组织"(Jewish Restitution Successor Organization,缩写 JRSO)负责收回无继承人的犹太人财产,但无权代理犹太人劳工的索赔要求。"犹太人向德国要求物质赔偿联合会"的工作重心在于敦促联邦德国政府通过一部个人赔偿法,没有多余人员来处理劳工问题。

IG 法本公司被拆解后进入资产清算阶段,盟国方面指派的"清算人"(Liquidator)是瓦尔特·施密特(Walter Schmidt)。由于法兰克福法院判决 IG 法本公司有义务对二战劳工支付赔偿,突如其来的赔偿义务干扰了正常的资产清算,施密特求助于波恩政府。联邦政府明确表示不会对 IG 法本的债务承担任何责任,也就是不在劳工赔偿问题上提供任何帮助,同时也不干涉 IG 法本的劳工赔偿事务。施密特转而寻求与赔偿联合会协商该问题。他的设想是,不承认 IG 法本对强制劳工的任何法律责任,但可以支付一笔钱给赔偿联合会,由后者分发给向 IG 法本索取赔偿的劳工。作为回报,赔偿联合会应当承诺不会再有犹太人劳工向 IG 法本提出新的赔偿要求。施密特计划支付给每个劳工 5000 马克赔偿,估计 IG 法本劳工幸存者尚有约 2000 人,总计支付劳工赔偿约 1000 万马克。赔偿联合会方面提出,向 1 万名 IG 法本劳工每人支付 1 万马克赔偿,总额约 1 亿马克,远远超出了施密特的预期。

---

① Benjamin B. Frencz, *Lohn des Grauen: die Entschädigung jüdischer Zwangsarbeiter - ein offenes Kapitel deutscher Nachkriegsgeschichte*, Frankfurt: Suhrkamp, 1986, S.63.

② Peer Heinelt, *Die Entschädigung der NS - Zwangsarbeiterinnen und - Zwangsarbeiter*, Norbert Wollheim Memorial, Frankfurt am Main, 2008, S.19.

1954 年 11 月 15 日,施密特与赔偿联合会在法兰克福会谈赔偿事宜。后者承诺,索赔人将限于受害者本人、寡妇或鳏夫、未成年子女和父母。双方各自降低标准,施密特愿意将赔偿总额提高到 2000 万马克。赔偿联合会根据以色列方面的情报认为,IG 法本莫诺维茨集中营工厂幸存者约 6000人,每人赔偿 1 万马克①附加 10% 的额外补助,总额 6600 万马克。② 在赔偿总额上,双方依然分歧巨大。

1955 年 3 月,IG 法本劳工索赔案再度在法兰克福法院开庭,一向倡导对犹太人赔偿的奥托·屈斯特(瓦森纳尔谈判德方代表)也加入此次审判,为 IG 法本劳工辩护。屈斯特认为,IG 法本公司不仅要为劳工曾付出的劳动买单,还要为其领导人漠视人性、使劳工陷入"集体恐慌"付出代价,也就是精神损失赔偿。当时《纽约时报》盛赞屈斯特是"奴隶劳工的代言人",作为一个德国人敢于公开指控 IG 法本公司,代表了"德国的良知"。③ 在劳工赔偿案审理期间,IG 法本的股东们也有种种顾虑,力图缩小事态。当时很多德国大公司都想收回二战期间被美国政府没收的在美国的资产,如果劳工赔偿案不能达成和解而传召美国的证人,美国媒体就会大肆渲染二战强制劳工在德国工厂的遭遇激起公愤,则任何收回海外资产的希望都将成为泡影。

1956 年 9 月,IG 法本股东大会在法兰克福召开。一些股东以其他德国公司也没有向二战劳工支付赔偿为由反对支付赔偿,没有股东公开支持与犹太人劳工达成赔偿协议。但由于 IG 法本公司已处于破产清算的状态,股东们的反对意见并不能产生决定性的影响,只是反映了这些富有的股东在面对劳工赔偿问题时表现出来的麻木和抵触情绪。"清算人"施密特在1956 年将 IG 法本的赔偿总额提高到 3000 万马克,其中 300 万马克支付给非犹太人劳工,300 万马克作为储备资金应付以后的赔偿申请,也就是赔偿联合会将得到 2400 万马克分配给犹太人劳工。犹太人方面不反对非犹太人劳工的赔偿,但坚决拒绝从本属于犹太人的赔偿总额中扣除一部分用于非犹太人劳工赔偿。

1957 年 2 月,IG 法本公司"清算人"给出了最后的赔偿方案:总额不超

---

① 赔偿联合会代表本杰明·费伦茨的计算方法是,强制劳工每个月工资 500 马克,每人平均被奴役劳动 20 个月,应得到 1 万马克赔偿。

② *Kriegsverbrechen*, *Restitution*, *Prävention*, *Aus dem Vorlass von Benjamin B. Ferencz*, Archiv jüdischer Geschichte und Kultur, Band 4, Vandenhoeck & Ruprecht Verlage, 2019, S.251.

③ Benjamin B. Ferencz, *Less Than Slaves*: *Jewish Forced Labor and the Quest for Compensation*, Indiana University Press, 2002, p.44.

过 3000 万马克,其中 300 万马克支付给非犹太人劳工①。只有 1942 年 10 月 1 日到 1945 年 1 月 18 日期间,在莫诺维茨集中营工厂至少有一个月劳动经历的人才能得到赔偿。② 所有对 IG 法本的赔偿要求最迟必须在 1957 年 12 月 31 日前提出。赔偿联合会负责搜寻莫诺维茨的幸存者,并召集这些人到德国商讨赔偿事宜。犹太人方面原则上接受了这个方案,赔偿谈判到此结束。

1957 年 2 月 7 日,《纽约时报》刊登文章《法本赔偿奴隶劳工——德国大康采恩清算人与犹太人委员会达成协议》。2 月 10 日《密尔沃基哨兵报》(Milwaukee Sentinel) 写道:"上周在德国发生了自二战结束以来最具意义、最振奋人心的事件,虽然只是发生在法兰克福一个偏僻的角落。化学康采恩 IG 法本公司的管理人和'犹太人要求赔偿联合会'签署了一项历史性的协议"。美国众议院议员赫伯特·泽伦科(Herbert Zelenko) 评价此次赔偿协议"对自由世界有着巨大的道德意义",IG 法本的管理人"抓住机会对纳粹时代的不公正行为进行了补偿"。③ 事实上,这也是战后德国大企业与犹太人组织就强制劳工问题达成的第一个协议,为以后的劳工赔偿问题指明了方向。

但是,施密特与犹太人达成的赔偿协议在 1957 年 IG 法本股东大会上再次遇到了阻碍。一些股东认为,联邦政府已经向以色列国家支付了巨额赔偿,依据《联邦赔偿法》对个人受害者的赔偿也正在实施,这些人没有理由再向 IG 法本公司要求赔偿,否则他们就会得到 3 次赔偿。掌握 IG 法本多数股票的是几家大银行,在这些银行股东的赞同下,协议得以通过。IG 法本方面要求劳工在 1957 年 12 月 31 日之前提交赔偿申请,逾期将不予受理。为了对 IG 法本劳工的赔偿申请进行审批,赔偿联合会专门成立了一家信托公司(Treuhandgesellschaft mbH),负责此项事务。申请者需填写一张详细的调查表,信托公司据此判断其是否符合获取赔偿的条件。大量调查表被寄望以色列、纽约、巴黎等地。书面的证明材料往往没有足够的说服力,还需要组织人力与申请者进行面对面的交谈。赔偿联合会在纽约设立了一家办公室对美国和加拿大的申请者进行审核,工作人员均为以前 IG 法

---

① 这 300 万马克大部分支付给了与联邦德国有外交关系国家的非犹太人劳工,如西欧国家和美国,东欧国家的非犹太人劳工未能享受此项赔偿。

② *Kriegsverbrechen*, *Restitution*, *Prävention*, *Aus dem Vorlass von Benjamin B. Ferencz*, Archiv jüdischer Geschichte und Kultur, Band 4, Vandenhoeck & Ruprecht Verlage, 2019, S.254.

③ Benjamin B. Frencz, *Lohn des Grauen: die Entschädigung jüdischer Zwangsarbeiter - ein offenes Kapitel deutscher Nachkriegsgeschichte*, Frankfurt: Suhrkamp, 1986, S.77.

本莫诺维茨工厂的工人,这样可以轻易辨别申请者身份的真伪。他们往往询问申请者莫诺维茨工厂暴发伤寒传染病的时间或厕所的位置之类问题,很多滥竽充数企图冒领赔偿的人就此被排除。审核结果汇总到法兰克福赔偿联合会办事处后,还要同国际红十字会"寻人组织"(Suchdienst)保存在黑森州阿罗尔森的数百万计集中营档案进行比照,最大限度避免出现冒领赔偿的情况。由于申请者众多,赔偿联合会需要等到确定赔偿获取者总数后,再算出每人可以得到多少赔偿(可支配赔偿总额为 2700 万马克)。在此之前,向莫诺维茨工厂工作低于 6 个月的申请者预付 1500 马克,向工作超出 6 个月的申请者预付 2500 马克。

由于冷战的原因,20 世纪 50 年代很多东欧国家同联邦德国并未建立外交关系,联邦德国的赔偿项目名单上并不包含这些国家的战争受害者,这对他们是非常不公平的。赔偿联合会在执行此次 IG 法本赔偿时改变了这种情况,对居住各国的犹太人劳工一视同仁,特意同波兰、匈牙利和捷克斯洛伐克的财政当局建立联系,帮助这些国家的 IG 法本犹太人劳工获得赔偿。但必须说明的是,犹太人组织对其他种族的劳工却不能同等对待。IG 法本公司在 1941 年至 1942 年建设莫诺维茨集中营工厂的时候,曾征用大量波兰劳工服役。1958 年,2295 名当年参与建设 IG 法本工厂的波兰劳工联名向 IG 法本公司索取赔偿,德国联邦高等法院搬出《伦敦债务协定》的规定,表示联邦德国在同一个国家正式签订和约之前,不会接受来自这个国家的任何赔偿要求。IG 法本公司将波兰劳工赔偿问题推诿给赔偿联合会,结果犹太人方面也断然拒绝了任何从他们手中瓜分赔偿的企图,只同意提供给这些波兰建筑劳工一些津贴。

赔偿联合会预计每位 IG 法本犹太人劳工可以得到平均 5000 马克赔偿,这一目标后来基本实现,大部分劳工都获得了 5000 马克赔偿。在 IG 法本工厂工作时间少于 6 个月的劳工大部分得到 2500 马克赔偿,少数人得到 5000 马克赔偿。截至 1962 年初共有 2956 名非犹太人劳工向 IG 法本公司提交了赔偿申请,已有 1118 份申请审查完毕,404 份申请批准通过,已支付赔偿总额 1410500 马克。犹太人方面,赔偿联合会已向 5855 名犹太人劳工支付赔偿总额 27841500 马克。[①] 这些犹太人劳工来自 42 个国家,以色列劳工得到约 800 万马克,美国的 3713 名劳工得到约 660 万马克,899 名来自法国的劳工得到 347.2 万马克,加拿大、西德、匈牙利和捷克斯洛伐克的犹

---

① *Nach dem Wollheim-Abkommen:Zahlungen an die Überlebenden*,见 http://www.wollheim-memorial.de/。

太人劳工分别得到约 100 万马克。这些幸存的劳工从提交赔偿申请到拿到赔偿金，往往要经历一个漫长的过程。

对那些死于 IG 法本工厂犹太人劳工的遗属，赔偿联合会还设立了一个救助基金，资金来源于 IG 法本公司支付的 2700 万马克。基金花了很大力气在各国搜寻遇难者遗属，给予寡妇、孩子和老人 2000 马克、3000 马克、4000 马克几个档次的资助。此外对那些生活非常穷困的犹太人劳工还会给予额外补助。来自 21 个国家的劳工或遗属超过 1800 人得到了此类救助，总额约 350 万马克。其中约一半资金都流入了以色列，法国、匈牙利和捷克斯洛伐克的劳工或遗属也得到了大量救助。

二战期间大约 3 万名犹太人死于 IG 法本的集中营工厂。为了表示对他们的怀念，1958 年诺伯特·沃尔海姆①提议建立一座纪念碑，他希望每位从 IG 法本得到赔偿的犹太人劳工拿出赔偿金的 2% 用于这项事业。但是，他的建议没有得到支持，在赔偿联合会与 IG 法本公司签订的赔偿协议中并不允许赔偿资金用于此类事务。1960 年，沃尔海姆在私下里募集奥斯维辛集中营幸存者的捐款，在纽约建立了一个"奥斯维辛基金"（Buna-Auschwitz Stipendien Fonds），希望以此资金建立一个大屠杀纪念馆。该基金请来纽约州议员赫伯特·H.莱曼（Herbert H.Lehman）和雅各布·K.贾维茨（Jacob K. Javits）担任名誉主席，著名犹太人活动家内厄姆·戈德曼担任首席顾问，一时名声大噪。戈德曼在 1963 年专门飞往波兰奥斯维辛，同波兰政府讨论建立犹太人纪念馆的问题。但是，大部分 IG 法本幸存劳工并不富裕，有的甚至非常贫困，从他们中间募捐所得甚少。戈德曼建议赔偿联合会为此拨款 25 万马克，这不到 IG 法本支付给犹太人赔偿金的 1%。

犹太人原计划在奥斯维辛遗址上建立一座纪念馆，但国际局势大大延缓了这一进程。1967 年 6 月第三次中东战争（"六日战争"）爆发，波兰中断了与以色列的外交关系，犹太人建设纪念馆的计划搁浅。1968 年波兰独自建成一座奥斯维辛大屠杀纪念馆，在 4 月 21 日的揭幕典礼上只有 6 名波兰犹太人被邀请参加。这座纪念馆在名义上成了纪念波兰人死难者的纪念馆。赔偿联合会只好将原计划用于纪念馆建设的 25 万马克转移到以色列，建立了一项资助基金，用于向贫困的奥斯维辛幸存者提供借款。

20 世纪 50 年代末，作为一个成功的样板，赔偿联合会代理的 IG 法本强制劳工赔偿案件在全世界犹太人当中产生了强烈的示范效应。1957 年 2

---

① 诺伯特·沃尔海姆在第一个向 IG 法本发起赔偿诉讼并成功后，逐渐成为著名的犹太人活动家，积极参与战后犹太人的赔偿事务。

月赔偿联合会与IG法本公司签署赔偿协议并被广泛宣传后,很多犹太人纷纷致信赔偿联合会,要求协助他们向其他德国公司提出索赔。他们的理由是,他们的索赔与为IG法本公司工作的奥斯威辛囚犯的索赔一样合理,他们有权获得赔偿联合会同样的援助。① 为此,赔偿联合会在纽约成立了"前德国犹太奴隶劳工委员会"(Committee of Former Jewish Slave Laborers in Germany),以便集中处理任何犹太组织可能收到的有关这一问题的索赔和信件。同时,在意第绪报刊(Yiddish press)上发布公告,呼吁二战强制劳工如果认为他们对任何德国公司有索赔权,请通知委员会。委员会决定,在可能存在大量索赔者和可能证明责任的地方,对德国公司启动一个或多个"试验案件"(test cases)。犹太人的策略是,聘请柏林和法兰克福当地律师事务所的德国律师,向德国电信、西门子、克虏伯等大企业发起强制劳工赔偿诉讼。德国律师能否拿到律师费取决于个人案件能否胜诉,法庭费用则由犹太人方面集中支付。1958年形成的这一股强制劳工赔偿诉讼浪潮,立刻让曾经使用二战奴工的德国大企业感到了巨大压力。

二、克虏伯公司的赔偿

克虏伯公司是二战以前德国乃至全世界最富盛名的军工企业,也是德国最大的以钢铁业为主的重工业公司。与其他德国大企业不同的是,这是一家庞大的家族企业。自19世纪末以来,克虏伯家族一直是德意志军国主义的柱石,受到国家最高当局的垂青。同IG法本公司一样,克虏伯公司同纳粹党也有着非常亲密的关系。1933年2月20日,戈林在家中宴请一批德国工业巨头,在希特勒的演讲煽动下,克虏伯企业的领袖古斯塔夫·克虏伯(Gustav Krupp von Bohlen und Halbach)带领其他工业巨头为纳粹党捐款300万马克作为竞选基金。古斯塔夫的儿子阿尔弗雷德·克虏伯(Alfried Krupp)先后加入纳粹党和党卫军,尽心尽力为纳粹德国战争机器服务,成为二战期间名噪一时的"军火大王"。克虏伯公司是二战期间德国最大的军火供应商,为德军提供了大量大炮、装甲车、坦克、潜艇和各种轻武器。该公司还跟随德军的推进在欧洲大肆扩张,接收了被占领国家的大量工矿企业,控制了许多矿山和高炉。战争开始后,克虏伯工厂的德国工人大量应征入伍开赴前线,工业生产出现劳动力紧缺。克虏伯领导人利用与纳粹党和党卫军的密切关系,吸收了大量战俘和集中营囚犯充当奴隶劳工,仅在克虏

---

① *Kriegsverbrechen*, *Restitution*, *Prävention*, *Aus dem Vorlass von Benjamin B. Ferencz*, Archiv jüdischer Geschichte und Kultur, S.260.

伯工厂工作的苏军战俘就达 1.5 万人。1944 年夏天,党卫军向克虏伯各地的工厂输送了几万名集中营囚犯,大多数是犹太人。这些强制劳工工作和生活条件极度恶劣,处境悲惨,同 IG 法本工厂一样出现了大量死亡的情况。

战争结束后,克虏伯在各地的工厂纷纷被接管,企业领导人均遭逮捕。1946 年美占区军政府将阿尔弗雷德·克虏伯和其他 12 名克虏伯企业领导人送上纽伦堡法庭接受审判,指控他们支持纳粹的侵略战争犯下"反和平罪"、大肆抢掠欧洲占领区的财产和资源、强迫战俘和集中营囚犯为企业劳动。阿尔弗雷德·克虏伯于 1948 年被判处 12 年监禁,罪名是"反人道、掠夺被占领地区和阴谋反对和平",没收个人所有财产。但"柏林危机"后美国急于扶植西德,希望重新武装联邦德国对抗来自东方的威胁,纳粹时代的大工业家纷纷复出,作为德国最重要的军工企业克虏伯公司也成为这种政治实用主义的受益者。1950 年"舒曼计划"的提出使德国鲁尔区重现生机,钢铁工业开始重整旗鼓。1951 年 1 月 31 日,在盟国高级专员约翰·J.麦克洛伊(John Jay McCloy)的主导下,阿尔弗雷德·克虏伯跟 60 位囚犯一块被释放,他在监狱中待了不足 4 年。克虏伯企业重归他的名下,1953 年阿尔弗雷德·克虏伯授予职业经理人贝特霍尔德·拜茨(Berthold Beitz)全权管理克虏伯公司。这个老牌企业跟随 50 年代联邦德国经济奇迹的步伐,逐步复兴和发展起来。

1954 年 1 月,二战犹太人劳工莫迪凯·S.①(Mordechai S.)在埃森地方法院控告克虏伯公司对他的压榨并索取赔偿。根据起诉书记载,莫迪凯来自波兰一座小城,1941 年同他的妻子和 3 个孩子一起被德国人抓获并送往奥斯维辛,他的妻子和孩子在集中营死于非命。纳粹在他手臂上刺上编号135936,他于 1943 年 9 月被送往西里西亚的克虏伯工厂充当奴隶劳工。在这座弹药厂,工人们每天早上 4 点集合开始工作,在工头的监视下一直工作到精疲力尽,还时常受到鞭打。莫迪凯在工作中被车床轧断了两根手指。当苏联红军逼近时,党卫军守卫强迫这些劳工向西转移,途中大量身体虚弱的劳工被枪决。莫迪凯最终被美军解救。他在起诉书中要求克虏伯公司对他的肉体和精神损失承担责任并赔偿 2000 马克。

与庞大的克虏伯企业相比,莫迪凯个人的力量显得微不足道,赔偿联合会再次介入这一赔偿诉讼。本杰明·费伦茨给赔偿联合会的信中展示了犹太人如何制造司法压力、形成索赔合力:"根据我作为检察官的经验,纽伦堡审判包含了大量针对克虏伯公司的文件,这些文件在任何未决诉讼中都

---

① 该人姓氏不可考。

没有被触及或提及。该公司必须知道,关于他们处理集中营劳工的丑陋真相将被披露,并被迫在法庭上进行司法裁决。必须将幸存的受害者(其中数千人已被提醒)组织起来,以便他们的索赔能够得到适当的评估和满足,并且必须以这一目的为前提,收集和处理已经存在的大量材料。必须委托以色列、德国和纽约的有能力的人员与犹太人组织合作,并负责以严肃和务实的方式完成这项工作。"①

1957 年,在副主席雅各布·布劳施泰因(Jacob Blaustein)的积极主导下,赔偿联合会在美国召集了大量曾在克虏伯工厂工作的劳工记录他们的口述。劳工们的悲惨遭遇和赔偿要求被记录成册,转交给前盟国驻联邦德国高级专员麦克洛伊。麦克洛伊曾一手将阿尔弗雷德·克虏伯从兰茨贝格的监狱中解放出来,他希望能对克虏伯企业施加影响,敦促后者满足劳工的赔偿要求。1958 年,克虏伯公司经理贝特霍尔德·拜茨与麦克洛伊在纽约会谈,联合会副主席布劳施泰因以 IG 法本公司的赔偿协议为蓝本,当即拟订了一份赔偿草案给拜茨。犹太人方面估计,二战期间为克虏伯企业工作过的犹太人劳工幸存者大约有 2000 人,如果每人赔偿 5000 马克,则克虏伯共需支付赔偿 1000 万马克。如果克虏伯企业希望通过一次性支付免除犹太人的所有其他要求,则赔偿总额还要提高,但不会超过 2000 万马克。阿尔弗雷德·克虏伯表示对此草案很感兴趣,并希望在劳工赔偿问题上采取主动。

然而,这其实是克虏伯公司打出的幌子,他们迟迟不采取实际行动支付赔偿,而是观望其他德国企业的劳工赔偿诉讼。同 IG 法本公司不同的是,克虏伯公司并不在赔偿金额问题上斤斤计较,而是纠结于劳工赔偿究竟是联邦政府还是德国企业的责任。克虏伯经理拜茨甚至提出,二战中有约 400 名强制劳工因为在克虏伯工作而免于被纳粹屠杀,克虏伯至少有权在世人眼中得到道德上的补偿。本杰明·费伦茨斥之为谋杀未遂,就像谋杀父母的男孩恳求宽大处理,理由是自己是个孤儿。② 简而言之,克虏伯不愿背负劳工赔偿的道义责任。冷战期间很多德国企业拿出的理由如出一辙——它们在二战期间是依据德国政府的命令、为德国的战争机器进行生产,因此劳工赔偿也属于德国政府的义务。如果法庭上的赔偿诉讼经年累月地拖延下去,则会对劳工越来越不利,他们没有太多时间等待下去。

---

① *Kriegsverbrechen*, *Restitution*, *Prävention*, *Aus dem Vorlass von Benjamin B. Ferencz*, Archiv jüdischer Geschichte und Kultur, S.264.

② *Kriegsverbrechen*, *Restitution*, *Prävention*, *Aus dem Vorlass von Benjamin B. Ferencz*, Archiv jüdischer Geschichte und Kultur, S.302.

　　面对克虏伯公司的缓兵之计,赔偿联合会开始积极活动,对阿尔弗雷德·克虏伯本人施加影响。一方面,他们找到麦克洛伊和戈德曼等人,通过联邦德国政府施压或个人沟通等渠道敦促克虏伯早日达成赔偿协议。另一方面,威胁克虏伯如果不妥善处理此事,则会有损于克虏伯企业的全球扩张和经营,他将为自己的短视付出代价。犹太人找出当年纽伦堡法庭上的证词,指出二战时克虏伯掌控着企业全局,他个人十分清楚使用集中营囚犯充当劳工的事实并且支持这样做,因此他应当为此罪行承担责任。在各种压力下克虏伯的态度逐渐转变。1959 年 8 月与克虏伯私交甚好的美国驻德国大使布鲁斯·大卫(David Bruce)宴请克虏伯和麦克洛伊等人,克虏伯承认了自己和克虏伯企业背负的道义责任,但由于联邦政府和其他德国企业的请求,希望不要将这种道义责任写进最后的赔偿协议。他特意说明,为了改善自己所处的道德困境,即使二战劳工同其他德国企业的赔偿诉讼败诉了,克虏伯企业依然愿意与劳工达成赔偿协议。10 月,克虏伯派遣其经埋拜茨飞往纽约与麦克洛伊及赔偿联合会领导人签订一份劳工赔偿协议,作为回报克虏伯要求犹太人保证不再发起针对他本人的诉讼。拜茨直截了当地告诉赔偿联合会主席戈德曼,克虏伯准备赔偿 500 万至 600 万马克,每位克虏伯劳工可得到 5000 马克,能够接受的最高赔偿总额是 1000 万马克。犹太人方面表示同意,双方很快达成一个备忘录。最终协议还需要赔偿联合会和克虏伯公司双方律师商议起草,提交赔偿联合会领导人和阿尔弗雷德·克虏伯本人批准后方可公布。

　　1959 年 12 月,克虏伯公司与赔偿联合会达成正式的劳工赔偿协议。协议书开头写道,"克虏伯公司不承认法律上的一切责任,也不观望其他德国企业的决定。为了减少关押在集中营里的犹太人在克虏伯公司及其分公司的工厂劳动期间因民族社会主义的暴政而忍受的痛苦,才提供资金的"[①]。克虏伯公司似乎是出于同情而非责任才支付了这些赔偿。协议规定,克虏伯公司共支付犹太人劳工 600 万马克,如果这不足以支付每位劳工 5000 马克赔偿,则克虏伯公司还将支付最多 400 万马克,即总额不超过 1000 万马克。赔偿联合会保证不会再以劳工及其遗属的名义向克虏伯及其下属企业索要任何赔偿。这一协议公布后得到世界媒体的普遍好评,《纽约时报》在 1959 年 12 月 24 日发表文章《克虏伯将要赔偿奴隶劳工》,克虏伯公司将赔偿二战中的犹太人劳工 238 万美元,每位劳工有望得到

---

① ［日］内田雅敏:《战后补偿的思考》,骆为龙等译,学苑出版社 1999 年版,第 128 页。

1190 美元。①

在赔偿的具体操作过程中,来自 33 个国家的超过 7000 名犹太人劳工向克虏伯公司提交了赔偿申请,甚至有来自新西兰和巴基斯坦的申请者,人数远远超过此前赔偿联合会和克虏伯公司的预计。每位通过审核的劳工可得到 3000 马克预支款,其余款项留待赔偿人数确定后再行分配。相对于 IG 法本公司对获取赔偿劳工的复杂审核,克虏伯劳工的审核要简单得多,因为二战期间克虏伯工厂主要集中在盖森海姆、新克尔恩和埃森这几个地方,只需比照克虏伯公司保存的战时工人名单即可辨别申请者的身份真伪。由于赔偿协议中规定,最多给予 2000 名劳工每人 5000 马克赔偿,克虏伯公司最多支付赔偿 1000 万马克。面对 7000 多名赔偿申请者,如果最终有超过 2000 人有权得到赔偿,则不能保证每人都能得到 5000 马克。克虏伯公司拒绝任何追加赔偿提高赔偿总额的要求,即使犹太人一度推动美国政府向克虏伯施压,威胁要没收他的多处产业,但克虏伯仍然坚持不愿支付更多赔偿。赔偿金的具体分发工作由赔偿联合会负责,因为无法及时估算每名劳工最终可得赔偿金额,联合会一度中止了预付 3000 马克赔偿的行动,招致劳工的强烈不满。

赔偿联合会最终统计结果显示,来自 33 个国家共计 3090 名克虏伯劳工通过审核,得到总计 10050900 马克赔偿(超出 1000 万的部分为利息,也被用于赔偿)。来自以色列的申请者得到超过 400 万马克赔偿,美国申请者得到 300 万马克,瑞典、西德和加拿大的申请者得到约 150 万马克。由于领取赔偿的人数过多,原定人均 5000 马克的目标已经无法实现,实际操作中单人获得赔偿的最高金额是 3300 马克②,折合起来尚不到 1000 美元,这大大少于 IG 法本劳工获得的人均 5000 马克赔偿。

据战后统计,二战期间共有将近 7 万名外国平民和 23000 名战俘在克虏伯企业下属的 81 个工厂工作。但是,战后仅有 3090 名劳工通过赔偿联合会的努力得到了赔偿,并且这些劳工都是犹太人。也就是说,大部分曾经为克虏伯的战争机器无偿或廉价工作过的工人都没能获得赔偿,这对他们是非常不公平的。与 IG 法本公司的劳工赔偿不同的是,20 世纪 50 年代 IG 法本公司被拆解后处于破产清算的状态,盟国指派的资产清算人掌控着这个破产公司的财政大权,可以根据实际情况尽力满足犹太人劳工的赔偿要求,并不存在偏袒哪一方的行为。克虏伯公司作为一个老牌家族企业,在名

---

① *The New York Times*, December 24, 1959.

② Benjamin B. Frencz, *Lohn des Grauen*, S.135.

义上属于阿尔弗雷德·克虏伯的私人产业,其财政权力由克虏伯本人掌握。克虏伯此前身为纳粹党和党卫军成员,深受纳粹思想熏陶,其本人并无什么高尚的情操可言。在犹太人团体和世界舆论的压力下,克虏伯纯粹为了逃避法律的惩罚和改变自身道义上的困境,才愿意出资对犹太人劳工进行赔偿。同一时期,还有匈牙利和苏联的战时劳工向克虏伯公司索取赔偿,却一律被置之不理。这种选择性的赔偿,说明冷战期间德国企业家对二战期间助纣为虐的罪责还没有彻底的认识,赔偿被他们简单地当作逃避惩罚和赚取声誉的工具。

三、通用电气公司的赔偿

德国通用电气公司(Allgemeine Elektrizitäts-Gesellschaft,缩写 AEG)创建于 1883 年,前身是德国爱迪生应用电气公司(Deutsche Edison Gesell-schaft),是世界上最大的电子电气企业之一。20 世纪 20 年代到 30 年代,它的产业囊括了不断发展中的电力工程各个领域,占据德国汽车、飞机和铁路电气设备市场相当大的份额。1941 年,通用电气从西门子—哈斯克公司手中承接了其在德律风根公司的全部股份,改名为"通用电气—德律风根"(AEG-TelefunKen)公司。同 IG 法本和克虏伯公司一样,通用电气公司在第三帝国时期也同纳粹党有着千丝万缕的联系。在 1933 年 2 月 20 日召开的企业家会议上,通用电气领导人向纳粹党捐助 6 万马克资助其竞选。二战期间,通用电气在里加(今拉脱维亚首都)附近建立工厂,使用了大量女性奴隶劳工。

1957 年 10 月,5 名二战期间曾遭受通用电气公司奴役的德国犹太人求助于德国犹太人委员会秘书长亨利·方丹博士(Dr.Henry Van Dam),请求帮助她们向通用电气公司索取劳工赔偿。这 5 名犹太人女工在 1943 年与其他 1500 名集中营囚犯一起被送进通用电气的里加工厂,受尽凌辱和虐待。曾经有立陶宛工人送给她们一些食物,立即被德国看守扔掉并骂道:"宁愿给猪吃也不要送给犹太人。"方丹向通用电气公司申诉此事,该公司法律部门的回信冷酷的否认了所有罪责,拒不赔偿。方丹在 1957 年先后三次致信通用电气公司要求认真考虑此事,均遭拒绝。对方拒绝的理由是,他们在战争期间是遵照纳粹政府的命令进行生产,并未参与强迫集中营囚犯充当劳工,这些劳工是纳粹政府和党卫军分派过来的。无奈之下,方丹遂将此事转交法兰克福的犹太律师马丁·古特曼(Martin Gur-Guttmann)处理,后者当即将通用电气公司上诉到法兰克福劳工法庭(Frankfurt Arbeits-gericht),要求执行赔偿。同时期还有 116 名二战劳工向曾经奴役过他们的德律风根公司(TelefunKen)发起赔偿诉讼。赔偿案件最后辗转移交到柏林高等法院(Berlin Kammergericht),通用电气—德律风根公司的态度依然顽固并声称:二战期间集中营囚犯被政府调往军备工业充当劳工,公司别无选择没有拒绝的权利。但是,赔偿联合会找到了一些当年纽伦堡审判党卫军领导人的口供,他们的供述与通用电气公司的说法完全不同。党卫军一级突击中队长卡尔·佐默(Karl Sommer)曾负责向德国企业分派集中营囚犯做苦力,他供认这种劳工分配的一般程序是:如果一家企业需要劳工则需向集中营指挥官或党卫军经济管理处(SS Wirtschaftsverwaltungshauptamt)提交申请,党卫军官员将这家企业领导人引见给集中营指挥官,双方商定使用囚犯的细节问题。当该企业做好一些住房、伙食、警卫方面的准备后,柏林的党卫军总部发来指令,协议规定数量的囚犯就被押解到指定的工厂开始工作。1944年6月以后,此类程序还需经过军备部长施佩尔的同意方可实施。① 根据佐默的统计,二战期间将近200家德国企业从十几个集中营得到了50多万名囚犯充当劳工。所有证据都证明,德国企业必须主动提交获取劳动力的书面申请,并向党卫军保证做好警戒措施防止劳工逃跑,最后才能得到集中营囚犯充当工人。通用电气公司的无责任声明是在无耻地隐瞒真相。

1960年3月25日,赔偿联合会领导人恩斯特·卡岑施泰因(Ernst Katzenstein)拜访通用电气的法兰克福总部,与通用电气的董事会主席汉斯·博登(Hans Boden)博士商讨劳工赔偿问题。博登在魏玛共和国时期曾担任外交官,被德国媒体称作"从来不会说不的绅士"②。他声称自己在二战期间曾经努力阻止公司接受集中营囚犯做劳工,他很担心德国企业这样做将会受到惩罚,但1944年他被纳粹开除出通用电气的董事会,他个人已无力阻止企业使用奴隶劳工的行为。博登的法律顾问海伦布罗赫(Hellenbroich)极力为公司辩护,称通用电气使用的犹太人劳工最多不超过750名。但所有狡辩都阻挡不了犹太人索取赔偿的决心,此时IG法本和克虏伯公司都已同赔偿联合会达成劳工赔偿协议,通用电气公司于情于理都无法再逃避责任了。

4月21日,海伦布罗赫在苏黎世同赔偿联合会主席戈德曼接洽,提出通用电气愿意考虑支付100万马克的赔偿金,戈德曼则要求对方支付500万至600万马克。与此同时,卡岑施泰因在法兰克福提出1000万马克的赔偿数字,并出具了一份曾为通用电气和德律风根公司工作的1200名强制劳

① Benjamin B.Frencz,*Lohn des Grauen*,S.145.

② *Frankfurter Allgemeine Zeitung*,Juli 27,1963.

工名单。面对无可否认的事实,海伦布罗赫又拿出了另一套说辞。他声称,二战期间通用电气是被纳粹强迫雇用囚犯,而且对待强制劳工很有礼貌。通用电气保护了强制劳工,因此拯救了生命。另外,里加工厂已经被俄国人占领而不复存在,通用电气也遭受了损失。①

在对这份强制劳工名单的具体审查过程中,通用电气公司也想尽办法掩盖事实。例如,赔偿联合会收到来自世界各地100多名劳工的赔偿申请,这些劳工都声称他们在一个名叫安克(Anker)的地方为通用电气公司工作,但任何一张地图上都找不到这个地方,通用公司也矢口否认曾经在这个地方设立过工厂,拒不承认这100多名劳工曾为通用电气工作过的事实。赔偿联合会仔细调查后发现,Anker其实是电力器械上一个部件的名称——“电枢”,并非一个地名。通用电气公司在奴役这些劳工时只告诉他们是在Anker工作,由于警卫森严与外界隔绝,劳工并不能分辨这是一个地名还是器械名称。这个工厂实际位于拉脱维亚的里加附近。

经过卡岑施泰因与博登的激烈争论后,博登表示,通用电气公司最多愿意提供400万马克用于劳工赔偿,条件是犹太人保证减少此事在媒体上的曝光以免损害企业形象。400万马克仅折合100万美元,卡岑施泰因认为这些钱对于穷困的劳工来说实在太少。但最终会有多少劳工向通用电气公司索取赔偿尚未确定,联合会也无法预计劳工人均可以得到多少赔偿。此外,犹太人方面还担心,如果接受通用电气如此吝啬的赔偿金额会对今后同其他德国企业的赔偿谈判产生不良影响,规模庞大的通用电气只支付400万马克的话,其他公司愿意支付的赔偿可能更少。但如果拒绝400万马克赔偿的话,可能导致通用电气公司不再合作,赔偿前景更难预料。权衡再三后,赔偿联合会决定接受博登400万马克的方案,双方在1960年达成劳工赔偿协议。通用电气公司同克虏伯公司的态度相似,在不承认法律责任的前提下,支付400万马克用于“减轻二战期间通用电气和德律风根公司犹太人劳工的痛苦”。赔偿联合会保证不再以犹太人劳工的名义向公司提出任何其他要求,不再通过报纸向公司施加压力,向劳工分发赔偿金也要秘密进行。

通用电气公司力图不引人注意的履行赔偿,在协议达成后即将400万马克汇入赔偿联合会的账户,并在账本上将这笔费用归类为“非生产性费用”(Gemeinkosten)。为了吸引更多二战犹太人劳工来领取赔偿,赔偿联合会在媒体上发布告示,在不指明通用电气公司的前提下,号召二战期间曾经

---

① *Kriegsverbrechen*, *Restitution*, *Prävention*, *Aus dem Vorlass von Benjamin B. Ferencz*, Archiv jüdischer Geschichte und Kultur, S.283.

在任何一家德国企业做过奴隶劳工的犹太人提交赔偿申请。最终有4000人提交了针对通用电气—德律风根公司的赔偿申请。由于赔偿总额太少，联合会此次对劳工获取赔偿资格审查更加严格。不能切实证明曾在通用电气或德律风根公司工作的申请被退回，那些在通用电气或德律风根公司只从事文职或后勤工作的人员无权获得赔偿，在通用电气下属子公司工作的人也不能得到赔偿。最后有2223份申请通过审查，平均每人得到约2000马克折合500美元赔偿，提交申请太晚的甚至只得到375美元。包括利息在内的最终支付赔偿总额为4312500马克。获得通用电气赔偿的劳工来自31个国家，885人来自以色列，456人来自美国，300人来自匈牙利，近200人来自荷兰。虽然他们得到的赔偿金只有区区几百美元，远低于IG法本和克虏伯公司劳工获得的赔偿，但对他们曾遭受通用电气公司的奴役和剥削而言，起码是个心理上的安慰。

四、西门子公司的赔偿

相对于以上几家德国大企业，西门子公司（Siemens AG）在中国的知名度要高得多。西门子公司历史悠久，是全球最大的电气和电子公司之一，以其优良的产品和服务享誉全球。然而，即便这样一家名声显赫的跨国企业，在第三帝国时期也有着十分阴暗的历史。在二战期间，西门子约有20万职工，其中约1/3是被德国纳粹押来充当劳工的外国人。这些劳工主要是来自东欧和苏联的犹太人、战俘及被押在德国集中营里的无辜受害者。战争结束后，西门子公司却对二战劳工问题表现冷淡，刻意隐瞒事实。1946年1月，时任西门子公司总裁赫尔曼·冯·西门子（Hermann von Siemens）公开承认公司在二战期间曾使用过集中营囚犯充当劳工。他证实这些劳工主要来自奥斯维辛和布痕瓦尔德两个集中营，但具体人数已无法查明。赫尔曼极力让人们相信，这些劳工非常乐于为西门子工作，在西门子工厂里既没有营养不良也没有虐待劳工的事情发生。他还厚颜地表示，来自柏林的犹太人女工在他的工厂里适应得很好，当盖世太保抓走这些女工的时候，西门子公司还表示过抗议。① 公司内部刊物《西门子家族的历史》（*Geschichte des Hauses Siemens*）也一再强调西门子公司在二战期间曾经保护过大批犹太雇员，却绝口不提奥斯维辛、布痕瓦尔德等集中营提供劳工的情况，似乎西门子公司与集中营毫无关联。但是，丑陋的真相往往欲盖弥彰，赔偿联合会仔细调查后得出的结论同西门子公司的说法相去甚远。

---

① Benjamin B.Frencz, *Lohn des Grauen*, S.153.

奥斯维辛集中营指挥官鲁道夫·赫斯(Rudolf Höss)曾经在纽伦堡法庭供认,他在1943年和1944年分别向西门子公司提供了1200名和1500名劳工,这些劳工在一家化肥厂秘密生产飞机上的电路部件,该工厂距离奥斯维辛集中营仅8公里。当时空军司令戈林向希姆莱抱怨没有足够的集中营囚犯投入飞机制造厂进行生产,希姆莱则以西门子公司在奥斯维辛附近的工厂为例向他反驳。西门子在纽伦堡的工厂接收了550名犹太人女劳工,这些劳工每天的伙食预算仅为65芬尼(1马克等于100芬尼)。此外,西门子公司在波兰、南斯拉夫、匈牙利等地的工厂也使用了大量犹太人劳工。犹太人调查发现,赫尔曼·冯·西门子本人同党卫军和各地集中营指挥官也保持着密切的联系。在这些调查结果和大量犹太人幸存者证词面前,西门子公司的领导人再也无法回避应负的责任。

1961年5月,赔偿联合会代表卡岑施泰因赴西门子公司总部讨论劳工赔偿问题。犹太人方面提出的方案是,西门子公司向曾经奴役过的犹太人劳工每人赔偿5000马克,赔偿总额600万马克,如有必要再增加400万马克。西门子公司的律师瓦尔特·博特曼(Walther Bottermann)起初还试图完全拒绝赔偿,卡岑施泰因拿出大量证据证明了西门子公司奴役犹太人劳工的事实。西门子公司解释说,它被迫雇用集中营的囚犯并善待他们,因此囚犯们最终都很乐意为公司工作。

谈判期间,以色列政府正在耶路撒冷审判犹太人大屠杀的主要负责人阿道夫·艾希曼(Adolf Eichmann),引发各类报刊连篇累牍的报道,给西门子公司领导人造成了巨大的心理压力。西门子公司正准备扩展纽约一家子公司的经营,改善在美国的营销和服务,也不得不顾忌犹太人在美国的影响力。种种压力迫使西门子领导人态度缓和,开始与犹太人代表讨论赔偿金额问题。经过反复讨价还价,西门子公司向赔偿联合会提出了两种赔偿方案:一种是一次性支付600万马克,另一种是预付500万马克其后视申请赔偿人数增加200万马克。联合会接受了后者。但西门子的律师要求在赔偿协议中加入一条,西门子公司不承认自己负担的"法律和道义责任",而是出于"道德考虑"尽力减少二战劳工承受的痛苦。[1]

1962年5月24日,西门子公司与赔偿联合会正式签署劳工赔偿协议,协议文本与克虏伯公司劳工赔偿协议大体相似。每位劳工最多可以得到5000马克赔偿,西门子公司预支500万马克给赔偿联合会用于赔偿。如果这一数字不足以保证每位劳工领取5000马克,西门子公司将增加最多200

---

① Peer Heinelt, *Die Entschädigung der NS-Zwangsarbeiterinnen und-Zwangsarbeiter*, S.24.

万马克用于赔偿。联合会保证对每位赔偿申请者进行严格审核,同时保证不会代表犹太人劳工及其遗属再向西门子公司提出任何赔偿要求。在赔偿执行过程中,联合会掌握了大量二战期间西门子公司劳工从集中营到工厂的转运记录,依照这些记录核实赔偿申请人的身份,过程相对简便。赔偿联合会最终支付给二战西门子公司犹太人劳工 7184100 马克(包括利息)。来自以色列的 831 名劳工领取了 270 多万马克,474 名来自匈牙利的劳工领取了 150 万马克,371 名来自美国的劳工领取了 120 万马克,还有来自捷克斯洛伐克、加拿大、澳大利亚等地的劳工都获得了赔偿。由于申请赔偿并通过审核的劳工人数太多,人均获得赔偿并未达到预期的 5000 马克,而是 3300 马克。①

五、莱茵金属公司的赔偿

莱茵金属公司(Rheinmetall GmbH)是德国一家战斗车辆武器配件及防卫产品制造商,成立于 1889 年,同克虏伯一样也是一家老牌的军工企业。在纳粹德国时期莱茵金属公司兼并了其他几家军工企业,发展成为仅次于克虏伯的德国第二大军工企业,二战中德军豹式坦克的主炮、88 毫米高射炮即出自这家公司。同前面几家德国大企业一样,这家公司也得到了纳粹党的大力支持,使用了大量奴隶劳工。1950 年盟国对莱茵金属公司进行了全面改造,随着联邦德国的重新武装,该公司的业务也快速发展起来。时至今日,莱茵金属公司已经成为德国国内最大的军工企业集团,业务遍及全世界。

1957 年 12 月,两名来自纽约的犹太人海伦(Helen R.)和拉赫尔(Rachel B.)向柏林地方法院控告莱茵金属公司。她们在 1944 年 7 月到 1945 年 3 月之间被强迫为莱茵金属公司在布痕瓦尔德集中营附近的工厂工作,每天工作 12 个小时且没有休息日,却得不到任何报酬。奴隶劳工不仅要忍受饥饿和劳累,而且经常受到鞭打。她们指控莱茵金属公司领导人了解并且支持纳粹党对犹太人的种族灭绝计划,对犹太人劳工极尽虐待,应该为此支付赔偿。柏林法院在审查一系列证据后却提出此案上诉日期太晚,此类劳资纠纷的上诉截止日期是 1951 年底。1958 年,赔偿联合会无奈只好将此案上诉到德国联邦法院,此时联合会已经累计收到超过 800 份针对莱茵金属公司的赔偿要求。不幸的是,联邦法院同期正在受理波兰非犹太人劳工向 IG 法本公司索取赔偿案件,联邦法院根据《伦敦债务协定》驳回了波兰劳工的赔偿请求。这一事件殃及池鱼,犹太人劳工对莱茵金属公司的索赔要求也因此被连累,联邦法院以同样理由驳回了他们的上诉。与

---

① 　Benjamin B.Frencz,*Lohn des Grauen*,S.164.

此同时,犹太人也积极寻求同莱茵金属公司直接对话解决赔偿问题。犹太人代表恩斯特·卡岑施泰因私下里同莱茵金属法律部门主管科尔内留斯(Dr.Cornelius)在汉堡会见,向对方提出总额300万至500万马克、人均5000马克的赔偿方案,却遭到莱茵金属领导层的一致拒绝。至此,劳工赔偿陷入了长达数年的僵局。

1964年11月,事情出现了转机。美国政府为了越南战争的需要,计划向德国莱茵金属公司提供一份价值5000万美元的武器订购合同。此事被敏锐的美国媒体发觉并大肆报道,《纽约时报》和《华尔街日报》都刊登了这个消息。莱茵金属公司当然急于抓住这份利润丰厚的订单。犹太人抓住这个机会积极在美国政府内部公关,大张旗鼓地宣传莱茵金属公司及其董事的纳粹背景,并表示,"只要强制劳工的问题没有得到解决,他们就很有兴趣抗议向莱茵金属公司提供任何美国订单"①。赔偿联合会推动美国国防次长塞鲁斯·万斯(Cyrus Vance)向莱茵金属公司施压,敦促其早日解决犹太人劳工赔偿问题。

然而,与前述德国企业经受敲打后纷纷服软不同的是,莱茵金属公司拒绝赔偿的意志和他们的产品一样坚硬。1965年本杰明·费伦茨在写给赔偿联合会德国领导人卡岑施泰因的信中如此表述他的心情:"早在7月21日,莱茵金属公司就叫我们去跳湖。我不打算听从他们的好心建议。"②犹太人方面彻底失去了耐心,他们转向利用媒体批评五角大楼向一家前纳粹分子管理且拒绝赔偿二战强制劳工的德国公司购买武器,进而发起了一场高调的反对军火交易的运动。

1966年2月6日,《纽约时报》在首页刊登文章《五角大楼因武器交易受到激烈批评——五角大楼计划购买德国武器而备受斥责》。《基督教科学箴言报》(The Christian Science Monitor)引用了军方给约翰逊总统的电报,指出在阿伯丁(地名)进行的对计划购买的德国大炮进行的测试失败了。这些报道使五角大楼和美国国务院遭受了国会议员的猛烈批评,也达到了本杰明·费伦茨的预期目的——证明强制劳工问题可以成为美国的头版新闻,其他德国公司如果拒绝赔偿也会受到类似待遇。③

---

① *Kriegsverbrechen*, *Restitution*, *Prävention*, *Aus dem Vorlass von Benjamin B. Ferencz*, Archiv jüdischer Geschichte und Kultur, S.312.

② *Kriegsverbrechen*, *Restitution*, *Prävention*, *Aus dem Vorlass von Benjamin B. Ferencz*, Archiv jüdischer Geschichte und Kultur, S.320.

③ *Kriegsverbrechen*, *Restitution*, *Prävention*, *Aus dem Vorlass von Benjamin B. Ferencz*, Archiv jüdischer Geschichte und Kultur, S.325.

纽约议员伦纳德·法布斯坦（Leonard Farbstein）表示，美国政府的经费有一部分来自犹太人缴纳的税款，坚决反对用这些经费从那些拒绝对二战奴隶劳工进行赔偿的德国企业购买武器。两名议员给国防部长罗伯特·麦克拉马拉（Robert McNamara）写了一封抗议信，"我们对美国政府与莱茵金属公司的交易感到非常担忧。为什么政府偏爱同一个曾使用奴隶劳工、而且至今不愿承认错误的公司打交道，我们感到很不解。在它改变对待劳工的顽固态度之前，不应交给它任何订单"①。美国国防部和莱茵金属公司因为武器合同与劳工赔偿被牵扯到一起而承受了巨大压力。莱茵金属公司终于提出，如果同美国政府的武器采购合同顺利达成，则愿意向犹太人劳工支付250万马克的赔偿。赔偿联合会坚决反对将劳工赔偿协议建立在武器交易合同的基础上，要求莱茵金属公司无条件地执行赔偿。

此次关于赔偿的争议中，美国的军事需要最终占了上风。1966年5月13日，美国国防部长麦克拉马拉与联邦德国国防部长凯—乌维·冯·哈塞尔（Kai-Uwe von Hassel）在华盛顿签订了此次武器采购合同，犹太人的抗议丝毫阻挡不了美国政府购买德国大炮的决心。合同签订后，莱茵金属公司依照此前承诺向赔偿联合会的账户汇款250万马克（约合62.5万美元）用于劳工赔偿，这笔赔偿金仅相当于此次5000万美元武器采购合同的一个零头。犹太人方面只好无奈地接收了这个事实，无论法律手段还是游说都已经无法迫使莱茵金属公司拿出更多的赔偿金。

250万马克的总额使赔偿分配陷入了捉襟见肘的局面，赔偿联合会不得不精打细算，尽可能使最需要帮助的劳工领到赔偿。对劳工身份的审查也更加严格，无法有效证明曾经在莱茵金属公司的工厂工作过的申请者都无权领取赔偿。根据党卫军集中营看守留下的一些记录，1944年纳粹从匈牙利和捷克斯洛伐克抓获了2000名犹太人女孩送往奥斯维辛集中营，其中一部分被送往毒气室处死，一部分被送往德国弹药厂充当奴隶劳工。其中一批犹太人女囚犯被送到索默达（Sömmerda）的莱茵金属工厂做工并幸存下来，人数为1214人。赔偿联合会决心在全世界寻找这些幸存者，使她们得到慰藉。最终有992人被找到并获得赔偿。此外，二战期间莱茵金属公司翁特吕斯（Unterlüss）工厂的约900名犹太人劳工中，有261人得到了赔偿。莱茵金属公司洪德菲尔德（Hundsfeld）工厂的约1000名犹太人劳工中，有262人得到了赔偿。以上三家工厂的犹太人劳工，没有得到赔偿的都

---

① "Brief der Kongressabgeordneten Emanuel Celler und Jonathan B.Bingham an Verteidigungsminister McNamara"，9. Feb.1966，in Lohn des Grauen，Benjamin B.Frencz，S.177.

是已经去世或无迹可寻。联合会并未收到来自东德或苏联犹太人劳工的赔偿申请,冷战使这些国家当局禁止犹太人向国外提交赔偿申请。联合会考虑到这些情况,根据一些幸存者提供的地址向这些犹太人劳工寄去等值的卢布或物品,使他们得到出乎意料的惊喜。

根据最终的统计,来自20个国家的莱茵金属犹太人强制劳工领取了总计254万马克赔偿(包括利息),平均每人得到1700马克。领取赔偿的劳工中,有806人来自以色列,380人来自美国,65人来自加拿大,29人来自瑞典,其他来自澳大利亚、巴西、英国等地。莱茵金属公司强制劳工人均获得赔偿远远少于IG法本和克虏伯公司的赔偿标准,标志着纯粹依靠外力敲打式的赔偿诉讼已经难以为继了。冷战前期德国企业对二战强制劳工的赔偿,到20世纪60年代中期基本陷入停滞。

纵观20世纪50年代至60年代IG法本到莱茵金属等德国大企业对二战强制劳工的赔偿,尤一不是出于海外市场利益和声誉的考虑而迫不得已的行为。他们大都否认赔偿强制劳工的法律和道德义务,只是迫于压力对强制劳工曾经受到的伤害进行补偿。对这些企业家来说,赔偿是一种消除麻烦的必要手段,而不是救赎罪责的良知之路。他们甚至得到了联邦德国官员的支持和撑腰。1961年,联邦财政部的一位高级官员汉斯·古尔斯基(Hans Gurski)公开表示,《伦敦债务协议》的目的是促进"繁荣的国际社会的发展",为了让联邦德国参与其中,德国必须得到"国内安全的生活标准和社会福利"的保证。纳粹强制劳工的要求,无论是针对国家还是私人公司,一方面阻碍了这个"繁荣的国际社会"的出现,另一方面也消除了"联邦德国能够参与自由世界的防御工作,以及后来参与发展援助"的前提条件。[1] 言外之意,索赔的二战强制劳工是一群不识大体的麻烦制造者。

犹太人强制劳工代理律师本杰明·费伦茨在1970年11月11日给以色列文献研究所主任图维亚·弗里德曼(Tuviah Friedmann)的信中也表达了类似的观点:"如果你研究一下德国法院的裁决,你会发现,尽管我们通过最高法院进行了许多试验性的案例,但得出的结论是,德国公司没有法律义务赔偿他们以前的奴隶劳工。你我都同意这种决定是无耻且无用的。但决定就在那里。它们具有约束力,而且是最终的。尽管多年来我们以及德国和美国的高层人士不断施加压力,但德国公司拒绝承认任何道德义务。"[2]

---

① Hans Gurski, *Kriegsforderungen*, In Ludolf Herbst, Wiedergutmachung in der Bundesrepublik Deutschland, Oldenbourg, 1989, S.284.

② *Kriegsverbrechen, Restitution, Prävention, Aus dem Vorlass von Benjamin B. Ferencz*, Archiv jüdischer Geschichte und Kultur, S.348.

这一时期德国企业始终拒绝承认赔偿强制劳工的道德和法律义务,其根本原因在于德国社会对二战强制劳工这一特殊群体权利的集体漠视。他们严格对照1956年通过的《联邦赔偿法》对纳粹受害者的定义——"因种族、信仰及世界观不同而受到纳粹德国迫害",因而将强制劳工排除出有权依法获得赔偿的群体之外。强制劳工因此成为"被遗忘的受害者"。要彻底改变这一状况,有待联邦德国社会文化和价值观念的转变。

犹太人赔偿联合会曾建立一个"赔偿信托公司"(Kompensations-Treu-hand)负责专职处理所有劳工赔偿的分配事务,20世纪50年代至70年代德国大企业支付的劳工赔偿都是由这个公司具体核算分配给世界各地的劳工。该公司的审计员统计了截至1973年12月31日所有犹太人强制劳工赔偿在世界各地的发放情况并制成表23①,该表清晰反映了冷战前期获得德国赔偿的犹太人强制劳工在世界各地的分布情况。

表23:犹太人赔偿联合会对1973年前犹太人强制劳工赔偿全球支付情况统计表

(赔偿金额单位:德国马克)

国家	总计		IG法本		克虏伯		通用电气		西门子		莱茵金属	
	人数	金额	人数	金额	人数	金额	人数	金额	人数	金额	人数	金额
阿根廷	103	388000	51	241500	19	62700	12	22500	16	52800	5	8500
澳大利亚	334	1184300	134	619500	104	339300	38	72500	38	119000	20	34000
比利时	235	1032700	166	825500	24	79200	8	15500	31	102300	6	10200
玻利维亚	12	51700	8	38500	4	13200						
巴西	90	312500	41	181000	24	76300	12	23500	6	19800	7	11900
联邦德国	526	2205800	320	1598500	138	451500	29	56000	30	84500	9	15300
智利	18	56000	8	34000	1	3300	6	12000	1	3300	2	3400
哥斯达黎加	3	12000	2	10000			1	2000				
丹麦	7	19700	1	2500	3	9900	2	4000	1	3300		
多米尼克	3	7300			1	3300	2	4000				
法国	899	3805900	783	3472000	47	148600	27	51500	39	128700	3	5100
希腊	77	420600	51	340000	22	72600	4	8000				
英国	104	355500	44	192000	16	52800	16	29500	21	69300	7	11900
危地马拉	2	8300	1	5000	1	3300						

---

① Benjamin B.Frencz, *Lohn des Grauen*, S.265.

续表

国家	总计		IG 法本		克虏伯		通用电气		西门子		莱茵金属	
	人数	金额	人数	金额	人数	金额	人数	金额	人数	金额	人数	金额
以色列	5295	17814000	1540	7978000	1232	4012700	884	1716500	831	2734600	808	1372200
意大利	34	135800	25	114000	3	9900	2	3500	1	3300	3	5100
南斯拉夫	50	180800	18	81500	11	36300	2	3500	17	56100	2	3400
加拿大	630	2157000	269	1197000	129	423100	86	166000	81	261100	65	109800
哥伦比亚	1	2000					1	2000				
古巴	1	3300			1	3300						
卢森堡	5	23300	4	20000					1	3300		
墨西哥	7	30000	5	25000					1	3300	1	1700
新西兰	3	7300			1	3300	2	4000				
荷兰	376	1275600	191	879000	5	16500	159	316500	19	60200	2	3400
挪威	19	80200	15	67000	2	6600			2	6600		
奥地利	79	319700	42	216500	5	16500	12	24000	19	62700		
巴基斯坦	1	3300			1	3300						
巴拉圭	1	5000	1	5000								
秘鲁	1	5000	1	5000								
菲律宾	1	2500	1	2500								
波兰	75	305800	59	259500	14	41000	1	2000	1	3300		
津巴布韦	1	3300			1	3300						
罗马尼亚	94	155400	6	12000	7	11000	22	27000	26	50000	33	55400
瑞典	294	973900	56	291000	147	483800	41	80500	21	69300	29	49300
瑞士	24	73800	11	37000	6	19800	1	2000	3	9900	3	5100
南非	20	59700	7	29000	2	6600	9	17500	2	6600		
捷克斯洛伐克	491	1843900	222	1119500	11	36300	83	157000	146	481800	29	49300
苏联	16	24595	3	15500							13	9095
匈牙利	1184	3849700	225	1209500	109	355800	296	585500	474	1562900	80	136000
乌拉圭	44	148400	18	73000	15	49500	8	16000	3	9900		
美国	3709	1255580	1521	6622500	981	3186400	456	888000	371	1212900	380	646000
委内瑞拉	9	35700	5	22500	3	9900			1	3300		
总计	14878	51935095	5855	27841500	3090	10050900	2223	4312500	2203	7184100	1507	2546095

六、奔驰和大众公司的赔偿

梅赛德斯—奔驰公司(Mercedes-Benz)和大众汽车公司(Volkswagen)是享誉全球的两家德国汽车制造公司。二战期间这两家公司都曾沦为纳粹的帮凶,积极生产为纳粹的侵略战争服务,也曾经利用与纳粹党的密切关系使用了大量奴隶劳工。1944年奔驰公司共有10万名工人,其中约5万人都属于强制劳工,由来自波兰和苏联的平民、犹太人囚犯和战俘组成。① 大众公司是在希特勒上台后"要让每个德国人都有一辆大众汽车"的口号下建立的,由于同纳粹党的密切关系,可以轻松从党卫军那里得到集中营囚犯配额。1944年大众公司所有职工中有70%都是强制劳工。战后相当长一段时期内奔驰和大众公司都逃避了劳工赔偿的责任,直到20世纪80年代末,随着国际局势的剧变,犹太人向这两家公司发出了赔偿的要求。与前述IG法本到莱茵金属公司的消极态度不同的是,奔驰和大众公司对待强制劳工赔偿更加积极和主动。他们承认这一段不光彩的强迫劳动历史,积极处理并将其作为企业文化的一部分。奔驰和大众公司的转变,离不开20世纪80年代联邦德国政界和社会对"被遗忘的受害者——强制劳工"的关注和讨论。

德国绿党和社会民主党是处理纳粹强迫劳动问题的积极推动者。1986年1月16日,欧洲议会通过了一项决议,呼吁所有曾雇用强制劳工的德国公司建立一个基金,向强迫劳动的受害者支付赔偿金。② 1987年4月6日,德国绿党向联邦议院提交议案《对纳粹时期的强迫劳动进行赔偿》,犀利地批判了德国企业逃避责任的事实:"德国公司企业中的强迫劳动事实被排除在法律和国际条约之外。只有因种族、意识形态或宗教原因造成的迫害损害才被承认。强迫劳动的现象在很大程度上被忽视了。个别的解决尝试,如1969年波兰政府在《华沙条约》初步谈判时的努力,或犹太人赔偿联合会与IG法本、克虏伯、西门子、通用电气和莱茵金属的继承人的谈判,都不能掩盖对纳粹独裁时期奴隶劳动的赔偿问题没有得到充分澄清的事实。德国工业界成功地对公众隐瞒了它对强制劳工的罪责。"③为了对抗这种明显的不公,1989年9月,绿党和社民党议会团体提议建立一个"强迫劳动赔

---

① *Vor 20 Jahren: Daimler-Benz entschädigt Zwangsarbeiter*, 见 https://www1.wdr.de/stichtag/stichtag3738.html。

② Deutscher Bundestag 13. Wahlperiode, *Errichtung einer Bundesstiftung "Entschädigung für NS-Zwangsarbeit"*, Drucksache 13/8956, 1997.11.11, S.7.

③ Deutscher Bundestag 11. Wahlperiode, *Entschädigung für Zwangsarbeit während der Nazi-Zeit*, Drucksache 11/142, 1987.4.6, S.6.

偿"(Entschädigung für Zwangsarbeit)基金会。这个基金会将从雇用强制劳工的公司和市政当局那里获得 2.5 亿到 3 亿马克的资金捐赠,以前拒绝支付任何赔偿的企业也必须捐资,这些资金将不分国籍地支付给二战强制劳工。① 这是第一个主张德国政府和企业共同出资赔偿强制劳工的计划。

在绿党和社民党推动下,1989 年 12 月 14 日,联邦议院举行公开听证会,专门讨论"纳粹强迫劳动赔偿"的议题。作为社民党请来的专家,不来梅大学法学教授格哈德·斯图比(Gerhard Stuby)指出,之前拒绝向波兰强制劳工支付赔偿的做法在法律上是站不住脚的。波兰不是《伦敦债务协定》的签约国,却以该协约为由被拒绝赔偿。根据"国际条约不得为第三国创造义务或权利"的国际法规定,德国这种利用协议损害第三方的做法是不允许的。②

如此一来,拒绝赔偿强制劳工在法律上已经站不住脚了。与此同时,20世纪 80 年代联邦德国一些学者也开始研究德国企业在二战期间使用奴隶劳工的问题,一些此前一直隐瞒使用过奴隶劳工的企业都被揭露出来,如德国最大的私人家族垄断公司弗利克财团、戴姆勒—奔驰公司、大众公司等。犹太人世界闻风而动,掀起了新一轮向德国企业索取劳工赔偿的浪潮。1986 年 1 月 8 日,德意志银行的股东、弗利克康采恩(Flick-Konzern)宣布要对二战期间曾奴役过的劳工赔偿 500 万马克,此举带给奔驰和大众公司更大的压力。

1986 年 1 月,戴姆勒—奔驰公司在庆祝奔驰汽车诞生 100 周年之际宣布,要聘请独立的专家委员会对其在纳粹时期的历史进行科学调查和重新评估,同时寻求与二战强制劳工进行定期交流。③ 赔偿联合会立刻介入,借机要求奔驰公司向犹太强制劳工支付赔偿。双方的赔偿谈判十分顺利。1988 年 6 月 13 日,奔驰公司发布公告:"奔驰汽车制造公司决定以 1986 年庆祝'汽车制造 100 周年纪念日'为契机,用今天的观点回顾本公司的历史,显然应该特别关注本公司 1933 年至 1945 年的历史。应该有公正、客观地评价这段历史意义的第三者研究机构。为此,委托设在科隆市的德国社会史协会对该公司当时的历史进行调查研究。社会史协会提出的中间报告

---

① Deutscher Bundestag 11. Wahlperiode, *Errichtung einer Stiftung"Entschädigung für Zwangsarbeit"*, Drucksache 11/5176, 1989. 9. 14, S.2.

② Gerhard Stuby, *Völkerrechtliche Probleme zur Frage der Entschädigung polnischer Zwangsarbeiter unter dem NS-Regime*, Zeitschrift für Rechtspolitik, H.8, 1990, S.317.

③ Unsere Geschichte, Unsere Verantwortung, 参见 https://www.daimler.com/magazin/kultur/75-jahre-2-weltkrieg.html。

详细地作了如下介绍：在第二次世界大战中，奔驰汽车制造公司不是在整个大战期间，而是限定在一定的天数之内强迫工人进行强制性劳动。上述的受强制劳动者包括自己自愿来德国后被（当局）拘留的外国人以及在集中营关押人员，甚至包括战俘。从国籍来看，有比利时、法国、荷兰等（西方的近邻各国），也有波兰等东欧国家。被强制劳动的人们不仅是犹太人，也包括受政治迫害的人。关于他们的生活状态，因他们的出身和被强制劳动地区的不同而存在很大差别。劳动条件也是多种多样的，在这里不可能全面概括地加以叙述。奔驰汽车制造公司董事会在了解了上述情况之后，感到有必要给予物质的补偿。为了不忘残害受害者们的事件，决定对帮助纳粹统治下的牺牲者——尤其是帮助被强制劳动的人们的各种机构提供相当金额的援助。我们提供的补偿总额为 2000 万马克。"①

奔驰公司 2000 万马克的赔偿金分配如下：1000 万马克支付给赔偿联合会直接分配给全球各地的犹太人强制劳工，500 万马克支付给德国、法国、比利时和荷兰的红十字会，500 万马克支付给波兰的卫生机构，后二者都用于强制劳工的福利和医疗事业。值得注意的是，这是生活在东欧国家的非犹太人强制劳工首次被纳入德国企业赔偿的受益者之列，尽管他们只得到了间接的福利和医疗帮助。

奔驰公司还决定在斯图加特总部奔驰汽车博物馆正门前竖立起一座雕塑，用以纪念二战中曾经奴役过的劳工，教育员工和游客毋忘历史。按照该公司董事会的见解，"这一雕塑的建立，是为了使人们不忘记在第二次世界大战中在该公司被强制劳动的人们的事实，它将唤起今天所有有责任心的人们认识到维持和平和维护自由尊严的重要性"②。这种标志性建筑及其背后的理念并非奔驰独有，它同样出现在德国西北部的大众"狼堡"——沃尔夫斯堡市。

1983 年，大众汽车委托沃尔夫斯堡市档案馆馆长约格·齐格弗里德（Jörg Siegfried）博士对二战期间大众汽车的军备生产和强迫劳动开展专项研究。齐格弗里德对大众汽车使用过的强制劳工和集中营囚犯做了大量采访，征集并公开的当事人证词进一步带动了沃尔夫斯堡市民反省本地纳粹历史的情绪。1986 年，沃尔夫斯堡的 52 名历史教师介入有关保时捷纳粹历史的辩论，并呼吁大众汽车董事会开放工厂档案，对二战强迫劳动和军备生产进行科学研究。1988 年，大众汽车公司组织人力编写公司创立 50 周

---

① ［日］内田雅敏：《战后补偿的思考》，骆为龙等译，学苑出版社 1999 年版，第 131—132 页。

② ［日］内田雅敏：《战后补偿的思考》，骆为龙等译，学苑出版社 1999 年版，第 135 页。

年历史的纪念册,特别委托历史学家调查二战期间集中营囚犯强制性劳动
的事实,并将调查结果编入公司历史。公司领导人表示,在纳粹政权统治8
年期间发生的情况,决不能成为空白点。此后,大众公司花费了2500万马
克用于前强制劳工所在国的慈善机构,以及关于强迫劳动问题的科学研究
和公共关系工作。

两德统一后,30名犹太人强制劳工向大众汽车发起了赔偿诉讼。1998
年7月7日,大众公司决定出资1200万马克设立一个"私人援助基金"
(privaten Hilfsfonds),用于赔偿1944年到1945年在大众汽车工作过的约
15000名强制劳工。①

为了不忘过去,大众公司在沃尔夫斯堡工厂旧址防空洞内建立了一座
"大众汽车厂区强制劳动纪念馆",并在门口竖立了一块纪念碑:"纪念政治
的、种族的受害者,纪念战时俘虏,纪念来自欧洲各国强制集中营的受害者,
纪念在大众工厂因军需和战争而备受残酷虐待的数千名劳工。"该公司每
年有20名年轻职工被送往波兰的奥斯维辛集中营,他们在那里用两周的时
间从事历史学习、维修建筑物、扫除等工作。

20世纪80年代奔驰和大众公司勇于正视自己的黑暗历史,承认强迫
劳动的事实,在劳工赔偿问题上采取了积极配合的态度,赔偿成为公司反省
过去、凝聚员工和塑造企业文化的一个手段。德国企业对待强制劳工态度
的变化,既是20世纪80年代联邦德国社会关注"被遗忘的受害者"的结
果,又是德国企业日益国际化而重视国际声誉使然。

小　　结

德国历史学家莱纳·卡尔施(Rainer Karlsch)曾经这样评价东德和西
德对德国二战赔偿做出的贡献:"在战后的困难条件下,德国向苏联和波兰
人民作出赔偿的任务,几乎全部落在了东德人民的肩上。西德在战后的几
年中幸免于难,反过来又承担起了确保恢复德国在国外的信用的责任——尽
管是在更为有利的经济条件下——民主德国也从中受益。对以色列的赔偿
和对纳粹政权受害者的广泛的个人赔偿也只由联邦德国支付,它还能保证对
战争受害者、难民、流离失所者和物质受损的公民提供好得多的个人保护。"②

---

① VW entschädigt Zwangsarbeiter,参见 https://taz. de/VW - entschaedigt - Zwangsarbeiter/!
1336176/。

② Rainer Karlsch, *Allein Bezahlt? Die Reparationsleistungen der SBZ/DDR* 1945 - 53, Christoph
Links Verlag, 1993, S.238-239.

在强大的战争机器面前,平民百姓处于绝对的弱势地位。自古以来,平民只能默默忍受战争带来的痛苦,却从未奢望战争结束后得到物质的补偿。冷战时期联邦德国执行的一系列赔偿,开创性的将战争受害者个人赔偿纳入到整个国家的施政计划中来,这种转变在人类历史上都有着非常强烈的感召意义。为了彻底改变自20世纪初以来德国给全世界留下的强悍好战的印象,重新赢得西方国家的信任,联邦德国需要通过对犹太人赔偿这一手段表达对二战罪责的反省,"重建对德国人的信任"成为阿登纳政府50年代初外交第一要务。在经济尚未完全恢复、外汇存在巨额缺口的情况下,阿登纳政府主动向以色列政府表达赔偿意愿,德以双方最终签订《卢森堡条约》,德国尽最大限度满足了以色列和犹太人世界的赔偿要求。对联邦德国来说,赔偿在某种程度上固化为德国重返西方世界的一种外交手段。

与此同时,我们也应该认识到,犹太人世界和美国政府构成了联邦德国支付赔偿的最大外部动力和压力。阿登纳内阁中担任赔偿部门负责人的恩斯特·福克斯·德拉克鲁瓦(Ernst Feaux de la Croix)如此评价联邦德国支付赔偿的外部推力:"赔偿常常被描述为美国犹太人为允许其总统接受联邦共和国作为西方国家共同体中的一个伙伴而付出的代价。它被作为世界上的犹太人愿意接受德国经济及其商品作为世界贸易的参与者的先决条件而被同声提及。这种声明——往往是由明显的反犹太主义倾向形成的——在绝对性方面肯定被大大夸大了。然而,不可否认的是,它们背后有一个真理的内核。"[1]如果把德国战争赔偿比喻成一场漫长的民事诉讼案件,那么犹太人要求物质赔偿联合会和美国政府大概分别扮演了检察官和监督员的角色。赔偿联合会不断搜集证据向德国政府和企业发起一轮又一轮赔偿诉讼,如果德方拒绝、拖延或缩减赔偿的话,美国政府就会通过外交、媒体等途径对德国政府和企业进行敲打。微妙之处在于,这场诉讼的检察官和监督员之间本来就存在千丝万缕的联系,因此德国政府和企业作为被告,看起来没有多少反抗的权利和空间。

既然谈到了德国赔偿的内因和外因,此处必须厘清的一个关键问题就是:1952年德国赔偿以色列的主要原因,到底出于联邦德国政府的自愿,还是美国政府和犹太人世界的强迫? 也就是说,内因和外因谁发挥的作用更

---

[1] Feaux de la Croix, *Vom Unrecht zur Entschädigung: Der Werdegang des Entschädigungsrechts*, München: Beck, 1985, S.10.

大。认为美国和犹太人的压力发挥了主要作用的中①外②学者并不鲜见，他们一般都是站在犹太人的立场上，根据美国档案资料得出这种结论。但是，如果站在第三方的他者立场上审慎观察，就能够得出这样的结论：如果没有 1951 年阿登纳赔偿声明和联邦德国政府在赔偿谈判中的努力和诚意，《卢森堡条约》就不可能签署成功并完整实践。阿登纳在回忆录中展露了他的意志，"联邦政府和德国人民决心履行我们道义上的义务，在支付能力所及的范围内，减轻由德国前任政府的罪恶所造成的难民的苦难和不幸"③。联邦德国国务秘书布兰肯霍恩和以色列赔偿谈判首席谈判代表费利克斯·辛纳也在他们的回忆录中证明了这一点——"赔偿倡议来自德国本身，而绝非来自美国"④。

1953 年《联邦赔偿法》开始施行，以法律的形式保障了战争受害者及其遗属索取赔偿的权利，这种做法在世界历史上都是罕见的，开创了战争赔偿史的先河。为了扩大赔偿的覆盖面和保障公平公正，《联邦赔偿法》又经历多次修订，联邦德国根据此项法律又支付了巨额赔偿。赔偿已经不是被动执行的强制行为，它超越了人类历史上战争赔偿的固定模式，演变成战败国主动赔偿战争受害者这一弱势群体的法定义务。虽然冷战后期联邦德国的赔偿政策陷入停滞，但战争赔偿法律体系的存在让赔偿支付一直稳步进行。

冷战期间德国大企业成为赔偿主体，大大拓宽了战争赔偿的覆盖面。犹太人团体索取赔偿的不懈努力迫使这些财大气粗的企业直面过去，以赔偿二战劳工来维护企业形象。从政府层面到企业层面的赔偿，使德国人民经受了一次至上而下的洗礼，对民族性的战争反思功不可没。但不足之处

---

① 中国学者林国明认为，《卢森堡条约》最终签署主要因为犹太人世界锲而不舍的索赔信念、明智的谈判策略和美国政府的影响。参见林国明：《犹太人世界对德国的战争索赔》，《世界历史》2005 年第 3 期。

② 埃及历史学家瓦吉·阿特克（Wageh Atek）就明确提出，"德国政府是被外国势力强迫向以色列支付这些赔偿金的"。参见 Michael Wolffsohn, *Das Deutsch-israelische Wiedergutmachungsabkommen von* 1952 *im Internationalen Zusammenhang*, Vierteljahrshefte für Zeitgeschichte, Jahrgang 36, Heft 4, 1988, S.693。以色列历史学家耶沙亚胡·A.耶利内克（Yeshayahu A.Jelinek）也认为，在德国的美国军政府和高级委员会，特别是美国驻德国高级专员约翰·麦克洛伊，对德国赔偿以色列发挥了持续且关键的作用。参见 Yeshayahu A.Jelinek, John J.McCloy, "Jacob Blaustein, and the Shilumim: A Chapter in American Foreign Affairs", in *Holocaust and Shilumim, The Policy of Wiedergutmachung in the Early* 1950s, Washington: German Historical Institute, 1991, pp.29-46。

③ ［德］康拉德·阿登纳：《阿登纳回忆录，1953—1955》，杨寿国译，上海人民出版社 2018 年版，第 127 页。

④ Michael Wolffsohn, *Das Deutsch-israelische Wiedergutmachungsabkommen von* 1952 *im Internationalen Zusammenhang*, Vierteljahrshefte für Zeitgeschichte, Jahrgang 36, Heft 4, 1988, S.694.

在于,这一时期支付赔偿的企业都拒绝承认它们在法律上的责任,而是出于一种道义和同情的心态支付赔偿。德国大企业都是在犹太人以法律为武器发起诉讼后才愿意赔偿,表现不够主动。

1986 年 10 月 31 日,联邦德国政府向联邦议院提交《联邦政府关于对纳粹暴政的赔偿以及辛提人、罗姆人和相关群体状况的报告》,对联邦德国建国以来基于《联邦赔偿法》、《卢森堡条约》、"困难基金"以及"政府间赔偿协议"等名目支付的赔偿做了权威统计:截至 1986 年 1 月 1 日,联邦德国已支付各类赔偿总计 770.66 亿马克,按照当前速度测算,1986 年至 2000 年还要支付 255.87 亿马克,预计德国二战赔偿总额将高达 1026.53 亿马克。[1] 值得注意的是,这一统计尚不包括占领时期同盟国获取的实物赔偿,以及冷战期间德国大企业对犹太人强制劳工的赔偿。德国二战赔偿已经积累成了天文数字,而且还要继续向前延伸。

半个世纪的冷战在联邦德国和东欧之间竖起了巨大的屏障,战争受害者赔偿也因为这道屏障而受到严重阻碍。由于种种政治原因,东欧国家战争受害者往往无法向联邦德国政府或企业提交申请索取赔偿。《联邦赔偿法》虽然适用于全球的纳粹受害者,但东欧人民从中受益甚少。这不能不说是一个巨大的遗憾,数以百万记的东欧和苏联战争受害者因为冷战的铁幕失去了领取赔偿安度晚年的机会。在企业赔偿方面也是如此,一系列的索赔要求主要是由犹太人赔偿联合会发起的,所以主要的赔偿对象局限于犹太人。非犹太人劳工尤其是数量巨大的东欧劳工都没有得到赔偿,这是非常不公平的,也为 20 世纪 90 年代大规模的劳工索赔浪潮埋下了伏笔。随着德国的统一和冷战的结束,一个崭新的德国即将迎来新一轮的赔偿使命。

---

[1] Deutscher Bundestag 10. Wahlperiode, *Bericht der Bundesregierung über Wiedergutmachung und Entschädigung für nationalsozialistisches Unrecht sowie über die Lage der Sinti, Roma und verwandter Gruppen*, Drucksache 10/6287, 1986. 10. 31, S.30.

第四章　德国统一后战争赔偿的延续

1990 年 10 月 3 日,通过民主德国加入联邦德国的方式,德国实现了再度统一。法国历史学家埃蒂安·弗朗索瓦(Etienne Francois)如此评价两德统一的意义:"从现在起,国家是一个既定的实体,国家与民族、政治与文化之间几乎完美对应——这在德国历史上也许是独一无二的事实。"①作为冷战结束的标志性事件,柏林墙倒塌和两德统一的影响超越了德国的边界。对德国自身而言,作为一个崭新的统一的欧洲大国,既站在了新的历史起点,又面临着新的历史责任。

两德统一之后 30 年的历史表明,新的德国没有逃避新的责任。面对众多新生的或过去长期被掩盖而未曾解决的二战历史遗留问题,德国政府、企业和社会团体积极主动谋求解决之道,并在此过程中展示了他们的勇气、智慧和团结。以牵涉甚广的"记忆、责任与未来"赔偿基金为代表,通过 30 年持续不断的努力,德国基本完成了二战赔偿的任务。

第一节　20 世纪 90 年代德国对纳粹受害者的赔偿

两德统一后,德国政治家最初期望民主德国"专制"的历史进入大众视野成为焦点,最终将"第三帝国"的历史掩盖起来。然而,德国民众和国际舆论关注的东西却恰恰相反——冷战的结束不仅使东西欧之间的铁幕瓦解,而且导致阻挡解决"第三帝国"众多历史遗留问题的大坝垮塌了。1990年的两德统一对德国战争赔偿问题产生了两个直接影响。

首先,在法律方面,拿《伦敦债务协定》作为拒绝赔偿东欧受害者的托词已经难以为继了。1953 年《伦敦债务协定》签订时,各方相信德国的分裂将是长期持续的状态,因而将彻底解决纳粹德国债务和赔偿的工作推迟到未来战胜国与统一的德国缔结和平条约之后。1990 年 9 月 12 日,通过"2+4"外长会议决议的方式签订的《最终解决德国问题的条约》(Vertrag

---

① Etienne Francois, "Von der wiedererlangten Nation zur Nation wider Willen", in *Nation und E-motion. Deutschland und Frankreich im Vergleich 19. und 20. Jahrhundert*, Hannes Siegrist, Göttingen: Vandenhoeck & Ruprecht, 1995, S.100.

über die abschließende Regelung in Bezug auf Deutschland,也称"2+4 条约")
尽管是一部关于解决德国统一的"外部问题"的条约,其中也没有提到赔偿
问题(各签约国都认为德国战争赔偿已经完成),但国际社会普遍认为该条
约就是实质上的各战胜国与德国和平条约。因此,1990 年之后,难以想象
的情况已经变成了现实,统一的德国必须再度承担起它的责任。

其次,在舆论方面,两德统一也标志着一种历史屏蔽的结束。此前,出
于冷战的需要,发生在二战东线战场的暴行在很大程度上被联邦德国宣传
和教育部门从西德人民的意识中屏蔽掉了,这些事件看起来发生在一个
"黑暗的大陆"。冷战结束后,这种屏蔽看起来既没有必要也不可能持续
了。对纳粹东欧暴行的大量解密和报道,为东欧战争受害者向德国索取赔
偿提供了合法性。与此同时,犹太人世界也在两德统一后发现了新的赔偿
需求——居住在原民主德国境内的犹太人战争受害者的赔偿权益必须得到
实现。

一、20 世纪 90 年代德国战争赔偿面临的新形势

东西方冲突的结束和德国的统一标志着德国战争赔偿进入了一个划时
代的转折点。① 与阿登纳时代、勃兰特时代和施密特时代相比,20 世纪 90
年代德国战争赔偿面临的形势发生了根本的变化。以战争赔偿为手段,融
入西方世界以保护冷战局势下的国家安全,或者与犹太人世界达成和解以
恢复德国的国际声誉,这些需求在 1990 年之后都不复存在了。德国二战赔
偿看似要进入尾声了。但是,以"记忆文化"、经济全球化和美国外交转向
为代表,更多此前难以预见的国内外因素在 20 世纪 90 年代纷纷出现,推动
赔偿事务进入了一个新的高潮。

20 世纪 90 年代,围绕二战大屠杀的"记忆文化"(Erinnerungskultur)在
德国社会蓬勃发展,德国民众乃至历史学家的历史观念也发生了相应的变
化。在这一阶段,大屠杀亲历者的"交流记忆"开始向其后人的"文化记忆"
过渡。20 世纪 90 年代发展到顶峰的后现代主义史学对待历史不再强调
"客观性"(Objektivität),而是注重"同理心"(Empathie)。荷兰作家伊恩·
布鲁玛在其散文《苦难的奥林匹克》中如此评价 20 世纪 90 年代冷战结束
后欧洲史学界对待二战大屠杀的心态:"这种共同的痛苦塑造了我们今天
对历史的认知。历史学越来越少地去寻找真正发生了什么,或者为什么会

---

① 　Hans Günter Hockerts, *Wiedergutmachung in Deutschland*, *Eine historische Bilanz* 1945–2000,
Vierteljahrshefte für Zeitgeschichte, 2001. 4, Oldenbourg Wissenschaftsverlag GmbH, S.209.

发生那样的事情。历史真相不仅变得无关紧要,很多人还认为根本就没有
这回事。一切都是主观的,或者说是一种社会政治的建构。而在学校里,我
们要学会尊重'不同的真相'。我们今天研究的是记忆,也就是历史的认
知,尤其是受害者的认知。通过分享他人的痛苦,我们学会了理解他人的
感受。"①

　　在 1986 年至 1987 年那场沸沸扬扬的"历史学家之争"
(Historikerstreit)当中,以恩斯特·诺尔特(Ernst Nolte)为代表的右翼历史
修正主义者希望通过淡化、相对化纳粹罪行(特别是"犹太人大屠杀")来淡
化甚至否认德国对二战应该承担的罪责,遭到了以哲学家尤尔根·哈贝马
斯(Jürgen Habermas)为代表的主流学者的迎头痛击②。此后,颠覆二战历
史逻辑的历史修正主义思潮逐渐衰微。到了 20 世纪 90 年代,关于二战大
屠杀的辩论不再是关于事件的真实性,而是关于纳粹政权罪行的深度和广
度,即人屠杀的过程和规模。这样的辩论不再是德国独有的现象,而是一种
国际性的现象,至少是欧洲的普遍现象。冷战结束后的一个重要变化就是,
欧洲人对欧洲反犹主义的历史有了新的认识和评价。在此之前,欧洲各国
一直保持着某种纯粹被动的形象——它们在二战期间被纳粹德国占领因而
对纳粹屠犹暴行无能为力。然而,这种"清白的神话"在 20 世纪 90 年代难
以为继,越来越多的史料表明,很多欧洲被占领国及其人民在迫害、剥削和
灭绝犹太人方面扮演了帮凶的角色。犹太人大屠杀越来越被理解为欧洲共
同历史的一部分。很多欧洲国家都开始深入讨论他们的祖辈协助纳粹迫害
犹太人的历史,进而发出了道歉和赔偿的倡议。这种舆论给东欧犹太人财
产的归还问题和纳粹强制劳工的赔偿问题提供了有力支持。

　　受"记忆文化"的影响,20 世纪 90 年代德国民间团体日益频繁地参与
到纳粹受害者的抚恤和赔偿工作中。以下几个组织就通过它们自发的努力
推动了赔偿工作继续向前。

　　1992 年,"纳粹受害者信息和咨询联邦协会"(Bundesverband
Information und Beratung für NS-Verfolgte)在科隆成立。该协会最初致力于
为北莱茵—威斯特法伦州的纳粹受害者提供免费帮扶和咨询服务。1995
年,协会与美国犹太人委员会一起组织了一场为东欧和中欧大屠杀幸存者
服务的运动。在战争赔偿领域,协会推动了更加广泛的纳粹受害者身份认

---

① Ian Buruma, *Olympiade des Leidens*, *Globalisierung der Vergangenheitspolitik*; *Die Minderheiten der Welt fordern die Anerkennung ihrer historischen Unterdrückung*, in: Frankfurter Allgemeine Zeitung, 1999. 6. 1.

② 孙文沛:《战后德国历史修正主义思潮评析》,《马克思主义研究》2020 年第 3 期。

定,特别是纳粹军事司法和强迫劳动的受害者,并争取为他们设立困难援助基金。

1993 年,"反对遗忘——争取民主"(Gegen Vergessen—Für Demokratie)协会在柏林成立。该协会致力于保持对纳粹罪行的公共记忆,促进多元、宽容和民主,反对种族主义偏见以及右翼和左翼极端主义。该协会在第一任主席汉斯·约亨·沃格尔(Hans-Jochen Vogel)的领导下,积极参与强制劳工赔偿的讨论,其推动建立的"强制劳动 1939—1945,记忆与历史"(Zwangsarbeit 1939-1945, Erinnerungen und Geschichte)在线数据库①记录了来自 27 个国家二战强制劳工的亲历叙事,为后来的强制劳工大规模赔偿提供了有力支持。

1994 年,"归还基金会"(Zurückgegeben Stiftung)在柏林成立,其目的是鼓励德国公民自愿地、象征性地归还犹太财产中超出德国赔偿法律范围的物品。"归还"(Zurückgeben)这一名称回应的是,纳粹执政期间许多德国人乃至整个德意志民族通过"雅利安化"(Arisierung)直接或间接地、有意或无意地从纳粹对欧洲犹太人的掠夺和屠杀中获利。基金会发起者认为,很多德国人从祖辈获得的遗产事实上是被掠夺的犹太人财产。这些财产经过深入调查,仍无法找到其原主人。大屠杀的幸存者所剩无几。即使是当时的肇事者,大部分也已不在人世。因此,基金会呼吁德国民众出于洞察力和责任感,即使自己的家族在二战期间没有参与迫害犹太人,也应该以捐款的形式象征性地"归还"犹太人财产。该基金会后来发展为德国唯一明确支持犹太妇女从事艺术和科学工作的基金会,至今已为犹太妇女的约 180 个项目提供了 50 多万欧元的资助。②

20 世纪 90 年代,冷战结束、新技术革命和互联网的迅速发展共同推动了经济全球化的浪潮。在世界范围内,经济、科学、文化、社会和政治联系日益紧密,这些联系又使人民、国家和机构之间的交流更加密集和多样化。作为 20 世纪 90 年代时代特征的核心范畴,"全球化"不仅具有描述功能,而且出人意料地对德国二战赔偿事务产生了道德性和规范性影响。

东欧剧变和苏联解体后,美国基于霸权主义的思维强行在欧洲推广美国式的经济发展模式。东欧各国包括俄罗斯掀起了大规模的私有化运动,社会价值观也相应地发生了变化,"私有财产神圣不可侵犯"比以往任何时候都要响亮。对犹太人世界和东欧纳粹受害者来说,向德国索取战争赔偿

① 参见 https://www.zwangsarbeit-archiv.de/。

② 参见 https://www.stiftung-zurueckgeben.de/。

就有了新自由主义的口吻,基于人身伤害和财产损失的赔偿是天经地义且没有截止期限的。

20 世纪 90 年代,由于新的任务和资金的涌入,赔偿联合会再度活跃并继续在维护犹太人纳粹受害者的利益方面担任核心角色。老布什和克林顿政府都给予了它密切的政治支持。1997 年,关于纳粹黄金的往事及其最终处置成为西方舆论关注的对象,进而推动犹太人大屠杀历史遗留问题成为"9·11 事件"之前美国外交中的一项重要事务。

二战期间,纳粹掠夺的黄金不仅来自各占领国中央银行,还来自个人,包括死于集中营的大屠杀受害者。纳粹不仅没收了他们的黄金、珠宝等资产,还会敲下受害者的金牙。根据 1945 年巴黎赔偿会议决议的精神,1946 年 9 月,美、英、法三国成立了"三方黄金委员会"(Tripartite Gold Commission),负责从欧洲各处追回被纳粹德国掠夺的黄金,并将其放入"黄金池",然后按照损失比例分配给欧洲各纳粹占领国。1946 年以后,该委员会共分发近 337 吨纳粹黄金给 15 个国家,包括奥地利、比利时、捷克、希腊、意大利、卢森堡、荷兰、波兰、斯洛伐克以及南斯拉夫的继承国。实际分配量占各国索赔额的 64%,而且只考虑了各国政府的索赔,不受理纳粹受害者个人的索赔①。到 1997 年,还有约 5.5 吨黄金(价值约 6000 万美元)尚待分配②。在此情况下,1997 年 12 月,英国、美国和法国召集举行了"纳粹黄金问题伦敦会议"(London Conference on Nazi Gold),41 个国家的代表参加了会议,其中包括犹太民族和吉卜赛民族的代表。会议讨论了"三方黄金委员会"持有的剩余纳粹黄金的处置问题,委员会建议将剩余纳粹黄金中的一部分成立一个基金,用于救助贫困的大屠杀幸存者。伦敦会议决定成立一个纳粹受害者救助基金(Nazi Persecutee Relief Fund),主要用于救助中欧和东欧的"双重受害者"③(double victims)。1998 年 2 月,克林顿总统签署《纳粹迫害者救济法案》(Nazi Persecutees Relief Act),授权美国国会在 3 年内向该基金拨款 2500 万美元,另有 500 万美元用于相关的档案研究。

1998 年 11 月 4 日,"大屠杀时期资产问题华盛顿委员会"(Washington Conference on Holocaust-Era Assets)主任詹姆斯·宾登纳格尔(James D. Bindenagel)在美国犹太人委员会年度会议上发言时表示,"美国政府对解

---

① Barry James,"A Final Settlement for 7 Tons of Nazi Gold",*The New York Times*,1996. 10. 28.

② Tripartite Gold Commission(TGC),Released by the Bureau of European and Canadian Affairs, U.S. Department of State,February 24,1997,见 https://1997-2001. state. gov/regions/eur/tripartite_gold_commission. html。

③ "双重受害者"意指纳粹和共产主义统治的受害者,带有浓厚冷战思维和意识形态偏见。

决围绕大屠杀时期资产的未解之谜的兴趣可以追溯到战后不久的年代,当时它发挥了领导作用,因为认识到它对战时悲惨的难民政策和集中营的恐怖所担负的责任……现在随着冷战的结束,责任又转移到了美国政府身上。"①12 月 3 日,关于犹太人大屠杀资产遗留问题的会议在美国华盛顿举行。包括德国在内的 44 国政府和 13 个国际非政府组织都派代表团参加了会议。会议专门讨论犹太人在大屠杀期间的资产损失问题,包括艺术品、书籍、档案,以及保险索赔和其他类型资产,最终通过了《关于纳粹没收艺术品的华盛顿原则》(Washington Principles on Nazi-Confiscated Art)。原则共 11 条,其中第五条规定:应尽一切努力公布被纳粹没收但后来没有归还的艺术品,以便找到其战前所有者或其继承人;第七条规定:应鼓励战前所有人及其继承人站出来,公布他们对被纳粹没收但后来没有归还的艺术品的权利主张;第八条规定:如果能够确定被纳粹没收但后来没有归还的艺术品的战前所有人或其继承人,应迅速采取行动以达成公正和公平的解决方案。②

　　1997 年和 1998 年关于纳粹没收黄金和艺术品处置问题的两次国际会议的召开,充分说明了 20 世纪 90 年代后半期二战大屠杀再度成为西方舆论的焦点。美国政府在其中扮演了积极角色,也说明大屠杀成为美国外交政策中的一个重要问题。美国政府之所以如此热心,除了美国犹太人组织的强力推动之外,还因为冷战结束到 2001 年"9·11 事件"之间,美国外交政策的核心话题一直是"人权"问题。二战犹太人大屠杀作为衡量邪恶的普遍标准得到全球公认,美国政府自然热衷于通过推动补偿犹太人来强化自身"人权卫道士"的国际角色。美国媒体也和政府一起,在赔偿问题上给德国政府施加了巨大压力。1997 年,美国犹太人委员会在美国杂志上投放了一则广告:一个来自东欧的贫穷的大屠杀幸存者(穿着夏威夷衬衫)的形象被放在一位二战拉脱维亚党卫军士兵(穿着制服行希特勒礼)的形象旁边,广告标题是:"猜猜这两个人谁从德国政府那里领取了战争受害者抚恤金"。③

---

①　James D. Bindenagel, *Presentation on panel at the annual meeting of the American Jewish Committee*, Washington, 1998. 11. 4, 见 https://1997-2001. state. gov/policy_remarks/1998/981104_binden_ajc.html。

②　Washington Conference Principles on Nazi - Confiscated Art, 见 https://www. state. gov/washington-conference-principles-on-nazi-confiscated-art/。

③　Constantin Goschler, *Schuld und Schulden*: *Die Politik der Wiedergutmachung für NS - Verfolgte seit* 1945, S. 419.

　　除此之外,德国大企业对美国市场的日益重视以及美国独特的法律体制也让欧洲纳粹受害者发现了新的索赔契机。全球化使大型跨国企业越来越多地进入国际政治的聚光灯下。在美国设立子公司或在美国股票市场上市的德国企业,或者在德国设立了子公司的美国企业(如福特德国分公司),无论它们是否在二战期间使用过强制劳工,甚至二战期间它们还未曾出现,它们都会发现自己在 20 世纪 90 年代后期陷入严重的道德困境。面临二战强制劳工对德国企业的跨国集体诉讼时,这些企业在法律上、经济上和道德上都处于弱势地位,进而牵连到它们在美国市场的声誉和美国股市的行情。

　　更令德国政府和企业难以预料的是,在最早可以追溯到 1789 年的《外国人侵权索赔法》(Alien Tort Claims Act)的帮助下,纳粹政权的迫害在 20 世纪 90 年代突然成为一种可以在美国法院审理的案件。《外国人侵权索赔法》是美国法典的一个部分,允许美国本土的外国人在被告违反美国签署的国际标准、条约或法律的情况下提起民事诉讼。《美国法典》第 28 篇第 1350 条规定,联邦地区法院对"外国人就违反美国法律或条约的所有侵权行为提起的诉讼"拥有管辖权①。从广义上讲,它是对违反国际法行为获得普遍管辖权的法定文书。作为美国最古老的联邦法律之一,该条文原本用于起诉美国境外的海盗行为。20 世纪 80 年代,美国法院开始将《外国人侵权索赔法》解释为允许外国国民就在美国境外发生的侵犯人权行为在美国法院寻求补救办法。② 只要原告在美国领土上递交诉讼文书,就可以根据该法对违反国际法造成的任何损害提起诉讼,无论损害发生在哪里,或谁造成了损害。20 世纪 90 年代中期,它开始被用来打击跨国公司的侵犯人权和环境破坏。

　　这样一来,原本用于起诉美国境外海盗行为的法律就找到了新的适用领域,欧洲的纳粹受害者开始组团在美国法院向德国企业发起索赔诉讼。美国在 20 世纪 90 年代末俨然变成了一个全球性的司法管辖区,其背后散发出一种美式霸权主义气息。在美国发起的赔偿诉讼比在欧洲更受重视。虽然最初是犹太人发现并充分利用了这一点,但在 20 世纪末的强制劳工赔偿纠纷中,即使是波兰的受害者,也学会了利用集体诉讼这一工具。

---

① 参见 https://www.law.cornell.edu/wex/alien_tort_statute。
② Stephen Mulligan, *The Alien Tort Statute* (*ATS*)*: A Primer*, Washington: Congressional Research Service, 2018.1, p.7.

二、东德地区犹太人财产归还与《纳粹受害者补偿法》

对犹太人世界来说,在整个冷战时期,东德地区犹太人受害者财产的归还和赔偿事务已成为鸡肋一样的存在。首先,民主德国政府基于社会制度、意识形态和外交战略的原因,加上占领时期东占区已经支付了巨额赔偿,因而始终拒绝向犹太人支付赔偿。其次,客观上存在这样的案例:一个居住在东德地区的犹太人企业家,他的财产被纳粹德国和民主德国两次没收,第一次因为他是犹太人,第二次是因为他是资本家。赔偿这个企业家的损失,事实上就是对民主德国社会主义制度的否定。因此,民主德国对赔偿话题的反感和抗拒,在某种程度上是一种本能反应。但是,纵然困难重重希望渺茫,犹太人世界也从未放弃过向民主德国索赔的努力。在此过程中,犹太人充分展示了他们的坚韧、智慧和毅力。

早在1951年,以色列政府就向第二次世界大战的战胜国提出了对两个德国国家的赔偿要求。以色列政府在1951年1月和3月的两份外交照会中明确了自己的要求,并将这两份照会发给了四大占领国,因为当时以色列不想与德国人直接接触。以色列政府最初要求的德国赔偿总金额为15亿美元,联邦德国承担2/3,民主德国承担1/3。[①] 苏联外交部当时给以色列驻莫斯科大使的答复是,"苏联政府认为这个问题是与德国签订和平条约时必须谈判的问题之一"。[②] 于是,整个问题被推迟到一个遥远的、不确定的未来。民主德国政府的外交政策也从根本上否定了以色列国的索赔资格。根据东柏林的解释,1948年才建立的国家不可能属于"有权获得赔偿"的国家,因为在纳粹时期它还不存在。20世纪50年代犹太人向民主德国的第一次集体索赔以失败告终。

1973年,两个德国迫切希望加入联合国,以色列看到了机会,再次游说民主德国进行赔偿,要求东德支付《卢森堡条约》中所谓的"三分之一债务",否则以色列就会投票反对民主德国加入联合国。然而,当时民主德国的外交政策紧跟苏联,自1967年第三次中东战争以来坚定支持阿拉伯国家与以色列对抗。时任外交部长奥托·温泽(Otto Winzer)评价以色列是"种族主义、扩张主义、侵略主义,是帝国主义入侵阿拉伯世界的先锋"[③]。以色

---

① Nana Sagi, *German Reparations. A History of the Negotiations*, Jerusalem, 1986, p.57.

② Angelika Timm, *Jewish Claims Against East Germany*, Central European University Press, 1998, p.84.

③ Wolfgang Schwanitz, "' Israel ja, Zionismus nein '.Zum Israel-Bild in den SED Akten über Arabien(1948-1968)", in *Antisemitismus und Arbeiterbewegung*, Mario Keßler, Entwicklungslinien im 20. Jahrhundert, Bonn 1993, S.142.

列的赔偿要挟未能奏效,1973 年 9 月 18 日,联邦德国和民主德国同时加入联合国。

此后,民主德国积极寻求与美国建立外交关系。在民主德国代表第一次参加联合国会议时,美国驻联合国大使公开表示,民主德国不应该对犹太人源自纳粹时代的合理要求置之不理。民主德国和美国建立外交关系的前提之一是,民主德国同意就财产归还和赔偿问题与犹太人进行谈判。民主德国政府的态度因此有所松动,推进"反法西斯抵抗战士委员会"(Komitee der Antifaschistischen Widerstandskämpfer)与犹太人赔偿联合会举行了初步的探索性会谈,但仍然拒绝政府层面的正式谈判。

1976 年,应"反法西斯抵抗战士委员会"的邀请,"赔偿联合会"代表本杰明·费伦茨来到东柏林讨论赔偿问题。犹太人方面的预期是 5 亿马克,民主德国真正愿意支付的却只有 100 万美元。当这笔钱在没有通知的情况下以电汇的方式到达纽约时,"赔偿联合会"主席戈德曼立即将钱原路寄回。1977 年,"赔偿联合会"将赔偿要求降低到 1 亿美元,并承诺,如果民主德国同意支付,就将利用犹太人的影响力推动美国政府同意与民主德国实现"贸易便利化"(Handelserleichterungen)。然而,在经济困难的情况下,民主德国不愿支付 1 亿美元以换取美国的最惠国待遇。美国政府也提出,是否给予民主德国贸易优惠不仅要看赔偿问题,还要看难民和边境问题,最终还要看"柏林墙"的状况。

1989 年,犹太人谈判代表本杰明·费伦茨在收到参加民主德国成立 40 周年庆祝活动的邀请后,在谈判备忘录中写下了这样一段话:"我们已经从要求到主张到请求到乞求,现在又到卑躬屈膝。我看不出犹太人有什么理由在民主德国 40 年没有为幸存者做任何事情之后还加入庆祝它的行列。"[1]然而,不久之后,两德统一进程的开启让赔偿事务迎来了犹太人意想不到的转折。

1989 年 11 月 9 日晚,当柏林墙倒塌时,很少有人会想到,这一事件也会导致人们重新关注东德犹太人资产的归还问题。柏林墙倒塌让民主德国政治家产生了强烈的危机和忧患意识,进而希望通过与以色列和解来缓和与美国的关系,并且展示民主德国在国际舞台上保持着独立行动的能力。民主德国作为一个独立国家的存在受到威胁的迹象越明显,这种努力就显得越重要。民主德国外交部长奥斯卡·菲舍尔(Oskar Fischer)在 1989 年

---

[1]　Angelika Timm, *Jewish Claims Against East Germany*, Central European University Press, 1998, p.157.

12 月接受以色列《国土报》(Ha´aretz)采访时表示,民主德国准备再次解决赔偿问题。① 12 月 18 日,新任总理汉斯·莫德罗(Hans Modrow)公开提出要与以色列建立正式外交关系。② 如此一来,民主德国以前在赔偿问题上采取的所有立场都难以为继了。犹太人赔偿问题的解决成了与德国统一进程平行发展的事务,虽然民主德国解决赔偿问题的初衷是反对德国统一。

1990 年 1 月 30 日,两国代表团在哥本哈根开始了建立外交关系的谈判。这一次,主动权显然转移到了以色列手中。以色列代表提出,两国能否建交取决于民主德国是否正式认罪和向以色列国支付赔偿。2 月 10 日,汉斯·莫德罗总理在《法兰克福汇报》发表声明:民主德国承认"整个德国人民对历史的责任",这源于"对希特勒法西斯主义的深刻内疚"。虽然民主德国"充分履行了《波茨坦协定》规定的国际法义务",但仍然"继续坚持其义务,尽一切努力反对种族主义、纳粹主义、反犹太主义和民族仇恨,以便在未来,战争和法西斯主义也不会再从德国土地上发出,而只有和平和国际谅解。民主德国承认对遭受纳粹压迫的犹太人民的幸存者负有人道主义义务,并重申愿意向犹太血统的前纳粹政权迫害者提供物质支持以示声援"③。莫德罗为此致函世界犹太人大会和以色列政府,这在耶路撒冷被视为"朝着正确方向迈出的积极一步"。莫德罗总理的声明彻底终结了民主德国建国以来在赔偿问题上的拒绝原则。然而,混乱的局势和快速发展的统一进程留给民主德国实质性解决赔偿问题的时间不多了,犹太人世界对此也持怀疑态度。3 月 18 日即将举行民主德国首次也是唯一一次议会选举,"莫德罗时代"行将结束,犹太人担心赔偿希望再次落空。

3 月 18 日,民主德国人民议院选举(Volkskammerwahlen)如期举行,基民盟领导的"德国联盟"(Allianz für Deutschland)在选举中脱颖而出得到48.1%的选票,原执政党统一社会党的后继政党"德国民主社会主义党"只得到 16.4%的选票。选举结果意味着两德统一已成定局。4 月 12 日,基民盟领导人洛塔尔·德梅齐埃(Lothar de Maizière)当选民主德国最后一任总理。此刻,民主德国议会所有派别一致通过了一项动议,其中包含对以色列和全世界犹太人的宣言:"东德第一个自由选举产生的议会代表本国公民承认对羞辱、驱逐和谋杀犹太妇女、男子和儿童负有责任。我们感到悲哀和耻辱并愿意承认这一历史的责任。我们请求全世界的犹太人宽恕。我们请

① *Wiedergutmachung erneut ein Thema*, in: *Aufbau*, 1989.12.22.

② *Modrow bietet Israel offiziell Beziehungen an*, in: Hamburger Abendblatt, 1990.12.18.

③ *Modrow anerkennt die Verantwortung des gesamten deutschen Volkes*, Frankfurter Allgemeine Zeitung, 1990.2.10.

求以色列人民原谅东德对以色列国的官方政策的虚伪和敌意,以及甚至在1945年之后对我国犹太同胞的迫害和侮辱。我们宣布,我们将尽一切力量帮助治愈幸存者的身心痛苦,并倡导对物质损失进行公正赔偿。"①赔偿联合会当天就回应表示赞赏,希望尽快重启赔偿谈判,这一宣言也成为谈判的基本参照物。

6月11日,德梅齐埃出访华盛顿,并成为世界犹太人大会的座上宾。德梅齐埃承诺将尽快为具体的赔偿谈判建立框架,犹太人方面则再次根据《卢森堡条约》提出民主德国有义务支付2.25亿马克的赔偿。6月15日,德梅齐埃回国后,两个德国政府发表《德意志联邦共和国和德意志民主共和国政府关于解决开放财产问题的联合声明》。声明规定,1945年至1949年占领时期基于占领法或占领主权的财产征用不可逆转、继续有效,但1949年以后的征用,只要是出于政治迫害、歧视、逃亡和迁移的原因,都应该根据尚待起草的法律规定予以撤销。② 但是,宣言没有提到1933年至1945年纳粹时期被没收的犹太人财产,犹太人方面对此甚为不满。6月25日,民主德国与赔偿联合会在东柏林举行为期两天的专家会谈。联合会再次要求民主德国支付《卢森堡条约》中1/3的债务,民主德国声称将尽可能地履行其义务,但财政状况已经捉襟见肘。简单地说,民主德国在其存在的最后几个月里,面对犹太人的索赔要求已经完全陷入有心无力的境地。东德地区的赔偿还是要等到未来统一的德国来完成。

1990年8月31日,两个德国政府签署《统一条约》(Einigungsvertrag)。作为统一条约的附件,双方共同发布了《公开财产问题解决法》(Gesetz zur Regelung offener Vermögensfragen),也称《财产法》(Vermögensgesetz)。该法旨在履行西方盟国在"2+4"谈判中要求联邦德国承担的赔偿义务,其中涉及纳粹时代犹太人被没收财产的归还和赔偿问题。也就是说,如果德国不立法解决赔偿问题,西方盟国就不允许两德统一。《财产法》第1章第6条规定,"本法适用于1933年1月30日至1945年5月8日期间因种族、政治、宗教或意识形态原因受到迫害,并因强制出售、征用或以其他方式失去财产的公民和社团的财产索赔。为了权利人的利益,根据1949年7月26

---

① Charles S. Maier, *Das Verschwinden der DDR und der Untergang des Kommunismus*, Fischer Taschenbuch, 2016, S. 23.

② "Gemeinsame Erklärung der Regierungen der Bundesrepublik Deutschland und der Deutschen DemokratischenRepublik zur Regelung offener Vermögensfragen", vom 15. Juni 1990, Bundesgesetzblatt 1990 II, S. 1237.

日柏林盟军司令部180号命令第二节，推定因迫害而造成的资产损失"①。如果财产所有人已经死亡，其合法继承人可以提出索赔。如果没有任何在世的继承人，则由赔偿联合会担任法定继承人提出索赔。索赔权可以转让或出售。这意味着，原索赔人可以将自己的索赔权卖给第三方，然后由第三方接手他的法律地位，而不需要扣除任何费用。如果索赔的成功率有一定的风险，而财产所有人或其继承人又怕程序冗长，就会出现这种情况。个人提出索赔的最后期限是1992年12月31日。《财产法》还特别考虑到一种特殊的情况：一名犹太业主的房屋或企业在1933年至1945年期间被"雅利安化"，然后该"雅利安化受益者"的房屋或企业在1949年后再度被民主德国征用。这种情况下，犹太前业主或其继承人有权要求归还，但"雅利安化受益者"则无权要求归还。《财产法》还确立了"先归还后补偿"（Prinzip Rückgabe vor Entschädigung）的原则。法律规定所有被占财产，无论是土地、房屋、不动产、艺术品还是证券，都可以要求归还实物。1990年10月3日，德国全境开始向前犹太所有者的合法继承人全面归还财产。在归还的实际执行过程中，关于犹太人在纳粹时期资产交易属于"自愿"还是"强迫"的认定出现了争议。1992年，联邦议院发布了《财产法》修正案，提出了有利于犹太人索赔者的"扣押推定"（Entziehungsvermutung）原则：由于犹太人在纳粹统治下受到集体迫害的压力，因此任何将财产从犹太人转移到非犹太人的所谓合法交易都是不合理的扣押。②

　　虽然两个德国政府在《联合声明》中提出了"归还"原则，但同时也强调，必须以社会可接受和法律上合理的方式解决这个问题。为了不让财产归还引发社会动荡，《财产法》规定两种情况取得的财产不用归还："不可能归还"（Unmöglichkeit der Rückgabe）和"善意取得"（redlichen Erwerb）。"不可能归还"是指，财产已经消失或严重受损，或者财产已被专用于公共用途、已被纳入综合住房建设或已被大幅改建，且其当前的继续使用具有公共利益，则不可能归还。"善意取得"是指，在1989年10月18日之前，民主德国公民"在没有受到操纵的情况下获得财产，并且当时假定民主德国的国家、法律和社会秩序继续存在，则不能因为政治和法律环境发生了当时无法预见的根本变化，而让他对获得的财产继续存在的合理信心受到打击"③。例如，一个民主德国公民在他居住的城市合法购买了以前"雅利安化"的房

①　Gesetz zur Regelung offener Vermögensfragen，Nr.26，Bundesgesetzblatt 1991 I，S.958.

②　Franz Jürgen Säcker，*Vermögensrecht：Kommentar zu §§ 1 bis 21 Vermögensgesetz*，C. H. Beck，1995，S.126.

③　Gesetz zur Regelung offener Vermögensfragen，Nr.26，Bundesgesetzblatt 1991 I，S.961.

子,这被认为是一种善意的收购而无须归还。但"继承"则不能算作善意取得,一个德国人从他的父亲或祖父那里继承了纳粹时代非法占据的犹太人财产,也有归还的义务。

另外,在 1945 年至 1949 年期间根据占领法规进行的没收,如果最初涉及的是纳粹时代的没收,则不能作为排除归还的理由。也就是说,如果一份犹太人财产在 1933 年至 1945 年期间被"雅利安化",然后在 1945 年至 1949 年期间再度成为占领法的征收对象,那么考虑到时间上的先后顺序,依然要归还犹太人原主。1992 年 4 月 3 日,联邦政府专门为此发布关于修正《财产法》的解释性备忘录,表示犹太人财产归还并非"纠正苏联占领主权下的措施",而是"纠正纳粹统治的不公正"[1]。

1992 年《财产法》修正案大规模推行之后,又出现了棘手的状况。如果犹太人财产原主或继承人根据《财产法》提出了合理的归还要求,但由于"不可能归还"、"善意取得"或其他不可抗原因导致财产无法归还,或者申请人选择领取一笔现金赔款替代财产归还,则会产生"补偿"的需求。针对这种需求,德国联邦议院在 1994 年 9 月 27 日通过了《补偿法》(Entschädigungsgesetz,缩写 EntschG)和《纳粹受害者补偿法》(NS-Verfolgtenentschädigungsgesetz,缩写 NS-VEntschG)予以裁定和满足。《补偿法》对东德地区新联邦州在纳粹时期和民主德国时期被没收财产补偿的评估依据、补偿标准和支付方式做了规定,《纳粹受害者补偿法》则在前者基础上补充规定了纳粹受害者财产补偿的申请期限、补偿标准和主管机关。

此处的"补偿"与此前的"赔偿"虽然都是法律上一方给予另一方在经济上的抚慰,但区别主要在于德国政府作为当事人有没有过错。《纳粹受害者补偿法》第一条写道,"如果在《财产法》第 1(6)条的情况下排除了归还可能,或者如果权利人选择了补偿,则可以向补偿基金提出货币补偿要求"[2]。也就是说,"补偿"是因为权利人财产依法无法归还,或权利人主动选择领取现金代替实物,德国政府在其中并无过错。《联邦赔偿法》则明确表示,"在二战期间,因反对纳粹或因种族、信仰及世界观不同而受到纳粹德国迫害,并在生命、肉体、健康、自由、财产等方面遭受损失的人,均有权向德国提出赔偿要求"。也就是说,"赔偿"是因为纳粹德国迫害平民的过错。但是,无论赔偿还是补偿,既然都发布了明文法律,二者在执行过程中都具

---

[1]　Deutscher Bundestag, 12. Wahlperiode, Entwurf eines Gesetzes zur Änderung des Vermögensgesetzes und anderer Vorschriften, Drucksache 12/2480, 1992.4.28, S.39.

[2]　NS-Verfolgtenentschädigungsgesetz(NS-VEntschG), Bundesgesetzblatt 1994 Teil I, S.2632.

有强制性。

　　关于纳粹没收财产补偿的金额,《纳粹受害者补偿法》第 2 节确定了
"按原价 4 倍补偿"的基本标准:"如果是确定了评估价值的资产,赔偿金额
按损害发生前最后确定的评估价值的 4 倍计算"①。根据赔偿联合会《1999
年年度工作报告》的推算和统计,在东德地区约有 45000 处犹太人财产和约
10000 犹太人家企业(从大公司到医疗机构或律师事务所等)被没收。截至
1999 年 12 月 31 日,德国各级政府收到的财产归还申请大概在 12.5 万到
15 万之间,其中赔偿联合会作为代理人提交了 81326 项不动产或商业财产
的归还要求,个人提出的申请数量约为 45000 份至 70000 份②。因为很多
财产已经找不到任何继承人,只能由赔偿联合会代理申请。与此同时,还经
常出现了一个继承人群体的几个成员就同一资产提出重复申请。

　　20 世纪 90 年代,德国为犹太人受害者财产归还诉讼支付的补偿金构
成了赔偿联合会的主要收入来源。1996 年至 1999 年,联合会来自这一途
径的总收入折合 5.057 亿美元。1999 年,联合会的财产补偿收入达到 3.75
亿马克的最高峰,其中 1.72 亿马克来自出售归还的无继承人资产(通常是
不动产),1.92 亿马克来自补偿金。③ 1995 年至 1999 年间,联合会将 3.235
亿美元分发给全世界的犹太人受害者及其亲属后代,分配份额最多的 5 个
国家及其所占比例为:以色列占 54.6%、乌克兰占 15.4%、美国占 9.7%、俄
罗斯占 7.5%、白俄罗斯占 3.7%。④

三、"大屠杀幸存者"新概念与犹太人"2 号赔偿协议"

　　两德统一让犹太人世界不仅迎来了"财产补偿"的契机,而且看到了进
一步扩大"迫害赔偿"的希望。20 世纪 80 年代联邦德国建立的"困难基
金"和 5000 马克的一次性救助金显然不能满足赔偿联合会的要求,后者希
望将贫困犹太人受害者的赔偿变成一项长期的可持续的抚恤计划,甚至变
成一种可以被后代继承的权利。1982 年以色列·米勒(Israel Miller)接替
戈德曼担任赔偿联合会主席,他在任期内把帮助那些没有被德国赔偿法覆
盖的犹太人受害者向德国索取赔偿当作中心工作。

　　1990 年 8 月 31 日两个德国签署《统一条约》后,米勒向科尔总理抗议
说,《统一条约》没有考虑到纳粹受害者的利益。米勒要求科尔承诺将财产

---

① NS-Verfolgtenentschädigungsgesetz(NS-VEntschG),Bundesgesetzblatt 1994 Teil I,S.2632.

② Conference on Jewish Material Claims Against Germany Annual Report,1999,New York,p.22.

③ Conference on Jewish Material Claims Against Germany Annual Report,1999,New York,p.22.

④ Conference on Jewish Material Claims Against Germany Annual Report,1998,New York,p.27.

归还法扩大到整个德国,并对以前没有得到或只得到最低限度赔偿以及生活困难需要救助的犹太人大屠杀幸存者给予适当补偿。当科尔以刚刚颁布的《财产法》中已有归还条款和联邦德国业已支付巨额赔偿为由拒绝时,米勒迅速向美国政府寻求帮助。在美国国务卿詹姆斯·贝克(James Baker)和德国外长根舍做了几次交流之后,德国政府的态度很快发生了软化。犹太人努力的成果体现在 9 月 18 日两个德国签署的《关于执行和解释统一条约的协定》第 2 条当中:"统一后的德国承诺要对纳粹政权的受害者所遭受的物质损失进行公正的赔偿。为了与联邦德国的政策保持一致,德国政府准备与赔偿联合会就额外的基金解决方案达成协议,向那些迄今为止没有根据联邦德国的法定条款获得赔偿或只获得少量赔偿的受害者提供困难补助。"①

1991 年 6 月 21 日,米勒与科尔会晤,后者承诺迅速推进上述第 2 条协议的实践。随后,赔偿联合会与德国代表团进行了 7 轮艰难的谈判,争论焦点仍然在于赔偿范围的扩大与缩小。当双方相持不下时,赔偿联合会甚至向美国最高法院大法官提出上诉以威逼。美国政府也在外交层面多次向德国政府表达希望谈判取得成功的愿望。1992 年 10 月 29 日,德国财政部和赔偿联合会签署了一项关于向犹太人受害者提供困难补助的协议,也被称作"2 号协议"(Artikel 2 Vereinbarung)。德国方面满心认为这个协议是对犹太人赔偿的终点,但出乎意料的是,1992 年只是又一轮大规模赔偿的起点。

1992 年的"2 号赔偿协议"最初确立了 3 项原则:(1)1980 年联邦德国设立的"困难基金"将继续存在,符合其标准的一次性 5000 马克救助金也将继续发放。预计截至 1999 年,赔偿联合会将从这一基金总共获得约 2 亿马克赔偿金。(2)启动对《联邦赔偿法》和 1980 年"困难基金"覆盖范围之外的犹太人受害者的赔偿。能够证明自己在纳粹集中营被监禁 6 个月以上,或在犹太人隔离区遭受 18 个月以上的不人道对待,并因此受到严重健康损害的犹太人受害者,可以获得每个月 500 马克的持续性救助。该救助金可以和"监禁补偿金"(Haftentschädigung)②以及"困难基金"的一次性

① Bundesministerium der Finanzen, *Die Artikel 2-Vereinbarung Hintergrund, Zustandekommen und Entwicklung*, Berlin, 2012, S.6.

② "监禁补偿金"是指被错误监禁的人所获得的监禁赔偿,一般以集中营里每天 5 马克计算。早在 1949 年 2 月,英占区的北莱茵—威斯特法伦区就曾经出台《监禁赔偿法》(Haftentschädigungsgesetz),对本区曾被纳粹集中营监禁的受害者,按照监禁时长给予每月 150 马克的赔偿。但这种补偿仅在占领时期的英占区短暂执行,且赔偿主体是英占区政府,因此未被纳入本书的研究对象。

5000 马克救助金叠加发放。（3）德国提供 3300 万马克资金用于为贫困犹太人受害者建设福利机构。可以看出，该协议最大的作用就在于大大扩展了获取赔偿的犹太人受害者资格范围。"2 号赔偿协议"于 1993 年 1 月 1 日生效，计划 1993 年至 1999 年预算年度支出总金额为 9.75 亿马克。① 赔偿金完全由赔偿联合会管理和发放。

　　然而，犹太人方面很快就发现了"2 号协议"存在一个覆盖的死角：东欧国家的犹太人受害者只有在他们离开祖国且目前生活在"西方国家"的情况下才能申请赔偿。1993 年，赔偿联合会明确将对居住在东欧的犹太人受害者的赔偿问题列入其政治议程，并积极拉拢美国政府向德国施压。在此过程中，美国国务院提出了一个富有争议的新概念——"大屠杀幸存者"（Holocaust-Überlebende），以区分以前德国赔偿法界定的"纳粹受害者"（Nazi-Verfolgter）。看似无差别的概念转换，却通过语义的解释创造了全新的赔偿对象群体，进而创造出更大的赔偿空间。

　　事实上，没有任何一个权威机构可以确定一个人能否被视为犹太人大屠杀的幸存者。如果从历史学上讲，经过严谨的田野调查和实证研究，只有二战末期被盟军从纳粹集中营解救出来幸免于难的犹太人才能被称作"大屠杀幸存者"。但是，如果从哲学上讲，1945 年纳粹德国灭亡时仍然在世的所有犹太人都能被视为"大屠杀幸存者"，因为他们都逃脱了纳粹的种族灭绝而"幸存"下来。从目前西方世界的解读来看，无论学者还是纪念机构都倾向于将其内涵扩大化。

　　犹太历史学家罗伯特·罗泽特（Robert Rozett）在《大屠杀百科全书》（Encyclopedia Of The Holocaust）中认为，"大屠杀幸存者"一词显然适用于那些在纳粹大屠杀中幸存下来的犹太人。然而，这个词也适用于那些不在纳粹德国或欧洲的纳粹占领区，但却受到大屠杀实质性影响的人，例如为了躲避纳粹而逃离德国或纳粹占领区的犹太人，或者没有受到纳粹迫害，但在纳粹仆从国和占领国受到其盟友或合作者迫害的犹太人。②

　　以色列纪念大屠杀的官方纪念馆"亚德瓦希姆大屠杀纪念馆"（Yad Vashem Memorial）在其官方网页上如此定义"大屠杀幸存者"："从哲学上讲，人们可以说，世界上任何地方的所有犹太人，只要到 1945 年底还活着，都是纳粹种族灭绝的幸存者。然而，这个定义过于宽泛，因为它缺乏对那些

---

① Deutscher Bundestag, 12. Wahlperiode, Bericht der Bundesregierung über den Stand der Abwicklung des Fonds für Wiedergutmachungsleistungen an jüdische Verfolgte, Drucksache 12/8542, 1994.9.27, S.1.

② Robert Rozett, *Encyclopedia of The Holocaust*, Jerusalem Publishing House, 2000, pp.427-428.

遭受纳粹暴政'靴子踩在他们脖子上'的人和那些假设反纳粹战争失败后有可能遭遇纳粹迫害的人的区分。在亚德瓦希姆,我们将纳粹大屠杀幸存者定义为,无论直接还是间接地在纳粹统治下生活过并幸存下来的犹太人。这包括法国、保加利亚和罗马尼亚的犹太人,他们在整个战争期间都生活在反犹主义的恐怖政权下,但没有全部被驱逐出境,以及在 20 世纪 30 年代末被强行驱离德国的犹太人。从更广的角度来看,其他为躲避入侵的德国军队而逃离本国的赤贫犹太难民,包括那些在苏联内地度过多年并死于各种状况的犹太人,也可以被视为大屠杀幸存者。"①

美国纪念大屠杀的官方纪念馆"大屠杀纪念馆"(Holocaust Memorial Museum)则对"大屠杀幸存者"给出了更广泛的定义:"纪念馆将任何在 1933 年至 1945 年期间因纳粹及其合作者的种族、宗教、民族、社会和政治政策而流离失所、受到迫害或歧视的人,无论是犹太人还是非犹太人,都视为幸存者。除了集中营、贫民区和监狱的前囚犯之外,这一定义还包括难民或躲藏起来的人。"②

上述定义都属于记忆文化层面的讨论,并不会对政治生活产生什么现实影响。然而,20 世纪 90 年代中期美国国务院将"大屠杀幸存者"的概念用于德国赔偿事务,却实实在在地迫使德国大规模地扩大了赔偿的范围。受美国政府的鼓舞,赔偿联合会开始频繁与德国财政部展开谈判,不断扩大犹太人受害者的赔偿人数,并且追求对受害者的全面护理,也就是从"质"和"量"上对赔偿提出了更高要求。"2 号赔偿协议"因此变成了一个不断修订的动态协议。

下面将根据赔偿联合会官方网站的记录③,列举"2 号赔偿协议"的后续修订成果:

1995 年,提高申请者年收入上限。此前的要求是,单身人士的收入上限为 16000 美元,已婚夫妇的收入上限为 21000 美元。赔偿联合会要求,70 岁以上的受害者领取的社会保障金(包括养老金等)不再计入年收入。由于放宽资格标准,增加了 25000 个申请人。

1999 年,放宽对纳粹监禁地点的限制,不再局限于纳粹集中营和犹太

---

① How do you define a Shoah survivor? 见 https://www.yadvashem.org/archive/hall-of-names/database/faq.html。

② How is a Holocaust survivor defined? 见 https://www.ushmm.org/remember/resources-holocaust-survivors-victims/individual-research/registry-faq。

③ 参见 https://www.claimscon.de/unsere-taetigkeit/individuelle-entschaedigungsprogramme/erfahren-sie-mehr-ueber-individuelle-entschaedigungsprogramme/artikel-2-fonds.html。

人隔离区。例如，在奥地利的特殊营地、南斯拉夫的博尔铜矿（Kupferminen von Bor）或乌克兰前线的匈牙利劳工突击队中被监禁的犹太人，也可以申请赔偿。这一变化导致德国政府赔偿支出每年增加了4500万马克。

2002年，德国政府同意，来自罗马尼亚等纳粹仆从国的劳动营的犹太人，也可以申请赔偿。

2003年，增加"2号协议"的支付额度并与《联邦赔偿法》规定的养老金额度相挂钩，增加匈牙利此前未被承认的劳动营。某些此前因为受迫害时是西方国家公民身份而无法索赔的犹太人，现在可以申请"2号协议"赔偿。

2004年，二战保加利亚难民营中的犹太人，纳粹时期年满18岁却被迫非法居住、使用假身份或持有假证件的犹太人，如果符合"2号协议"的迫害标准，也可以申请赔偿。

2005年，在匈牙利、突尼斯、摩洛哥和阿尔及利亚的某些劳动营中被监禁至少6个月的大屠杀幸存者，如果符合"2号协议"的迫害标准，也可以申请赔偿。

2006年，突尼斯三个拘留营的大屠杀幸存者，如果符合"2号协议"的迫害标准，也可以申请赔偿。

2007年，对申请者年收入上限的要求完全由赔偿联合会自由认定。

2008年，来自西欧的曾经被囚禁在集中营或贫民区或失去了家人的大屠杀幸存者，如果此前曾经从德国与其邻国签订的许多赔偿协议中获得过赔偿，现在可以通过"2号协议"申请二次赔偿。

2010年，德国政府同意对在集中营中被监禁不到6个月的大屠杀幸存者的赔偿申请进行逐案审查。

2011年，在犹太人隔离区遭受不人道对待的时长从18个月减少到12个月。此外，75岁以上的大屠杀幸存者，如果在犹太人隔离区被监禁超过3个月，就有资格领取特别养老金。

2012年，德国政府同意向所有被囚禁在犹太人隔离区3个月至11个月的大屠杀幸存者支付每月320欧元的养老金赔偿，取消75岁的年龄限制。对于以假身份生活或在德国占领区躲藏的大屠杀幸存者，将监禁期要求从12个月减少到6个月。遭遇纳粹迫害却至今没有获得赔偿的犹太人受害者，可以一次性获得2556欧元的赔偿金。①

2013年，赔偿联合会将单身申请者的收入上限从16000美元提高到

---

① 参见 https://santiago.diplo.de/cl-de/service/03-wiedergutmachung/1133290。

25000 美元。德国政府同意，从 2014 年 1 月 1 日起某些"开放式犹太区"①（offene Ghettos）的犹太人也可以申请赔偿。

　　2020 年，赔偿联合会在其官方网站对于"申请 2 号协议赔偿的资格标准和准则"是如此规定的："虽然'2 号协议'赔偿是由赔偿联合会管理的，但它必须符合德国政府制定的资格标准。赔偿联合会鼓励认为自己有索赔可能的个人提出申请。如果你对自己的资格有疑问，请你联系当地的赔偿联合会办公室。根据该计划，符合条件的索赔者每月可获得 415 欧元的付款，按季度分期支付。根据'2 号协议'，只有作为犹太人受到迫害并符合以下资格标准之一的犹太裔纳粹受害者才有资格提出申请：（1）在德国财政部在其网站上定义的某些时间段内被监禁在某个集中营、营地或劳工组织；（2）在德国财政部定义的犹太区被监禁了至少 3 个月；（3）在德国财政部定义的某些'开放式犹太区'中被监禁了至少 3 个月；（4）因为德国方面的原因，在纳粹占领区和纳粹仆从国的非人道条件下躲藏生活了至少 4 个月并与外界没有联系；（5）因为德国方面的原因，在纳粹占领区和纳粹仆从国以假名或假证件在非人道条件下非法生活了至少 4 个月；（6）你的母亲在受到上述迫害时怀上了你。"②

　　综上所述，可以看出"2 号协议"对赔偿申请者的监禁时长、地点和收入水平上限要求都在趋向于无限制的放宽。上述的第 6 条规定——"你的母亲在受到上述迫害时怀上了你"，更是将索赔权利全面赋予了犹太人受害者的子女，即使他们是在二战结束后出生的。随之而来的是，德国政府根据"2 号协议"支付的赔偿金不断增长。根据赔偿联合会的统计，截至 2020 年，"2 号协议"认证通过了 10 万多份大屠杀幸存者的申请并共计支付了约 49 亿美元。③ 这一数字远远超过了 1992 年德国最初计划的 9.75 亿马克赔偿总额。

---

①　"犹太区"（Ghettos）一词源于 1516 年意大利威尼斯市政府建立了欧洲第一个犹太人居住区，并将其命名为"Ghettos"。此后，欧洲众多城市都建立了这种犹太人居住区。二战期间，纳粹在欧洲建立了 1000 多个"犹太区"，按照禁锢的程度可以划分为"开放式犹太区"（offene Ghettos）"封闭式犹太区"（geschlossene Ghettos）和"集中营"（Sammellager）。"开放式犹太区"一般无人看守，没有栅栏或墙壁包围，仅在边界张贴标志并禁止非犹太人进入。相比而言，严密封锁的华沙犹太人隔离区就是一个典型的"封闭式犹太区"。

②　Artikel 2 – Fonds Berechtigungskriterien und – richtlinien，见 https://www.claimscon.de/unsere – taetigkeit/individuelle – entschaedigungsprogramme/erfahren – sie – mehr – ueber – individuelle-entschaedigungsprogramme/artikel-2-fonds/artikel-2-berechtigungskriterien.html。

③　参见 https://www.claimscon.de/unsere-taetigkeit/individuelle-entschaedigungsprogramme/erfahren-sie-mehr-ueber-individuelle-entschaedigungsprogramme/artikel-2-fonds.html。

四、德国与东欧国家的纳粹受害者赔偿协议

两德统一进程不仅让犹太人意外地迎来了解决财产归还问题的契机，而且让一些卷入其中的东欧国家政府看到了解决长期以来悬而不决的东欧纳粹受害者赔偿问题的曙光。战争赔偿与两德统一连接到一起并构成某种制约关系的重要原因是，德国统一必须得到两个关键东欧国家的同意——苏联和波兰。为了对苏联和波兰支持德国统一进行回报，或是履行统一进程中的某些承诺，20 世纪 90 年代前期，德国与苏联各加盟共和国及波兰政府签订了一系列纳粹受害者赔偿协议，通过在各国建立基金会的方式赔偿受害者。20 世纪 90 年代后期，这一赔偿模式扩展并覆盖了大部分东欧国家。

（一）德国与波兰的纳粹受害者赔偿协议

德国问题是冷战期间最为敏感的国际政治问题之一，两个德国的出现是冷战的产物，而且两个德国分处北约和华约集团对峙的最前沿，这决定了两德统一绝不是德国的内部事务，而是一场令全世界敏感的国际事务。对德国统一最敏感的国家莫过于邻国波兰。

波兰不仅害怕一个统一的德国再度崛起成为主宰欧洲的"德意志第四帝国"，而且更直接的担忧在于德国统一后会要求改变德波边界的现状。为满足苏联在第二次世界大战期间获得的利益，二战后波兰疆界整体向西移动 200 多公里，也就是波兰失去了西白俄罗斯和西乌克兰，但获得了原属德国的西里西亚和波美拉尼亚。1945 年 8 月发布的《波茨坦会议公报》明确指出，"波兰西部边界的最后划定应待和会解决"。① 但是，二战后波兰与德国迟迟没有签订和平条约来确认这一"领土西移"的既成事实，波兰高度警惕德国有朝一日会通过外交乃至武力手段索取奥德—尼斯河边界以东的故土。1970 年，联邦德国勃兰特政府积极推进与波兰关系的正常化，两国签署了《联邦德国与波兰关系正常化基础条约》，正式承认"奥德—尼斯河"为两国间的边界，宣布双方"彼此没有领土要求，今后也不会再提出领土要求"。这一条约暂时缓解了波兰的焦虑，直到 1989 年末柏林墙倒塌后德国统一成为无可阻挡的趋势之后，一个重大问题再次摆在波兰政府面前——一个统一的德国是否还会信守此前联邦德国签署的条约？

基于上述背景，当 1990 年 2 月两个德国和美、苏、英、法六国外长就德

---

① ［俄］萨纳柯耶夫、崔布列夫斯基编：《德黑兰、雅尔塔、波茨坦会议文件集》，北京外语学院俄语、德语专业 1971 届工农兵学院译，生活·读书·新知三联书店 1978 年版，第 516 页。

国统一问题磋商决定实行"2+4"方案①时,波兰政府表示强烈反对。在西方国家的支持下,波兰被获准参加有关德波边界问题的六国会谈,使德国统一谈判在某种程度上践行了"2+4+1"方案。7月17日,第三次六国外长会议在巴黎举行,重点讨论德波边界问题。波兰外长应邀参加会议。七国外长一致确认,统一后的德国以目前的奥德—尼斯河边界为德波永久边界。会议就解决德波边界的原则、方式和时间表达成了全面协议,从而结束了二战后德波边界纷争的历史,使德国统一进程又向前迈进了一步。②

在关于德国统一的一系列外长会议中,波兰政府不仅要求保证德波边界,而且再次提出,德国要对受到纳粹伤害的80万波兰公民进行赔偿。科尔总理最初对波兰的赔偿要求给予本能的拒绝,理由是波兰在1953年宣布放弃赔偿的声明,以及联邦德国已经为1975年德波《关于养老金和意外保险的协定》支付了保障金。科尔在2月24日同美国布什总统会谈时表示,"波兰在70年代收到了大量资金,但这些资金被腐败政权挥霍,而不是用于造福人民。在战争结束50年后再开始一轮赔偿是不可能的"③。战争赔偿事实上成为联邦德国政府在关于德国统一的国际谈判中最担心的问题之一,如果谈判结果是签订一个解决二战遗留问题的和平条约,那么一直被推迟的巨额赔偿要求就会随之而来且难以拒绝。这解释了科尔政府为何在两德统一进程中始终拒绝缔结一个正式的和平条约,美国政府对此也表示支持。科尔试图只享受统一的成果,却逃避解决几十年来因分裂而束之高阁的许多问题,这对纳粹受害者的索赔是很不利的。

波兰政府对此的策略是,强调应该区分波兰国家根据国际法提出的赔偿要求和受害波兰公民根据民法提出的赔偿要求,批评科尔政府依据国际法和政府间协定来拒绝波兰公民的索赔是在混淆视听。波兰对待赔偿问题如此强硬,以至于科尔不得不承诺解决赔偿问题以换取波兰在外长会议上的支持。两德统一后不久,1991年6月17日,德国与波兰签署《德意志联邦共和国和波兰共和国关于睦邻友好合作的条约》(Vertrag zwischen der Bundesrepublik Deutschland und der Republik Polen über gute Nachbarschaft

---

① 即先由两个德国的代表讨论德国统一的内部问题,再由苏、美、英、法四国代表参加讨论有关德国统一的外部问题。

② 吴友法等:《德国通史》第六卷,《重新崛起时代(1945—2010)》,江苏人民出版社2019年版,第466页。

③ *Gespräch des Bundeskanzlers Kohl mit Präsident Bush*, Camp David, 24. 2. 1990, in: Dokumente zur Deutschlandpolitik, Deutsche Einheit, Sonderedition aus den Akten des Bundeskanzleramtes 1989/90, München: R. Oldenbourg, 1998, S. 864.

und freundschaftliche Zusammenarbeit）。在条约序言中，双方宣布要"结束过去的悲惨篇章"，并继续保持两国人民共处的"良好传统"，"实现两国人民对持久谅解与和解的愿望"。① 在围绕《德波睦邻友好合作条约》进行的双边谈判中，赔偿再次成为一个关键议题。

作为条约的附属协定，德国同意成立"波兰—德国和解基金"（Stiftung Polnisch-Deutsche Aussöhnung）并为此提供 5 亿马克人道主义援助金，用于救助那些在二战期间因纳粹迫害而健康受损且生活困难的波兰公民。② 1992 年至 2004 年，该基金共向 584745 名纳粹受害者支付了总计 7.32 亿兹罗提（波兰货币）救助金③，受益者包括集中营囚犯、强制劳工、被迫从事强迫劳动的孤儿童工、在集中营或德意志帝国境内出生的强制劳工后代，平均每人分配 500 马克至 700 马克。④ 这个数字远低于犹太人受害者此前根据《联邦赔偿法》得到的赔偿金，也给后来波兰不断发起新的赔偿要求埋下了伏笔。

（二）德国与苏联各加盟共和国的纳粹受害者赔偿协议

苏联是制约德国统一的关键国家。两德统一进程中，来自苏联领导人戈尔巴乔夫的支持至关重要。如果不是戈尔巴乔夫公开支持科尔的统一方案，多次敦促民主德国领导人"德国人有权统一"，承诺撤回苏联驻民主德国军队，联邦德国以"吞并"民主德国的方式实现统一是难以想象的。因此，德国统一刚刚完成，就与苏联签订了《苏德睦邻伙伴合作条约》。苏联解体后，德国不顾美国的反对，积极发展与俄罗斯的友好伙伴关系，向俄罗斯提供了大量经济和财政援助。出于道德义务和回报心理，按照 20 世纪 60 年代联邦德国与 12 个西方国家签订纳粹受害者赔偿协议的模式，德国政府在 20 世纪 90 年代与俄罗斯、乌克兰、白俄罗斯等苏联各加盟共和国签订了一系列纳粹受害者赔偿协议。这标志着自冷战以来德国逃避赔偿东欧战争受害者的政策基本结束，二战最激烈的东线战争的受害者终于看到了赔偿的希望。

1992 年 12 月 14 日至 16 日，德国总理科尔访问俄罗斯。当时俄罗斯正

---

① Vertrag zwischen der Bundesrepublik Deutschland und der Republik Polen über gute Nachbarschaft und freundschaftliche Zusammenarbeit vom 17. Juni 1991, Politisches Archiv des Auswärtigen Amts, BILAT-POL 56, S.2.

② Bundesministerium der Finanzen, *Entschädigung von NS-Unrecht, Regelungen zur Wiedergutmachung*, Mai 2020, S.11.

③ Juliane Preiss, *Verbotene Freundschaft*, In: Hamburger Abendblatt vom 10. April 2013, S.6.

④ 参见 http://www.demokratiezentrum.org/wissen/wissenslexikon/stiftung-polnisch-deutsche-aussoehnung.html。

在推动以开放价格和国企大规模私有化为主要内容的"休克疗法",目的是以短期的经济下降为代价,换得资本主义经济制度的建立。俄罗斯国民经济因此濒临崩溃,社会贫富分化严重,人民生活水平急剧下降。科尔之行对俄罗斯来说不啻为雪中送炭。12 月 16 日,科尔总理与俄罗斯总统叶利钦发表联合声明。在声明第 6 节"人道主义条例"(Humanitäre Regelungen)中,科尔承诺为苏联各加盟共和国的纳粹受害者提供 10 亿马克"救助金"。① 可以看出,科尔强调这种救助是基于人道主义理由的自愿行为,而不是基于任何法律义务。作风粗犷的俄国人并没有像波兰人那样纠结于德国赔偿的动因或性质,他们倾向于将赔偿视为德国大规模经济援助的一个部分,有助于拯救濒临破产的政府和人民。双方遇到的现实问题是,苏联解体后如何向广袤国土上的纳粹受害者分配赔偿金。协商结果是,10 亿马克赔偿金分配给 3 个独联体国家——俄罗斯和乌克兰各 4 亿马克,白俄罗斯 2 亿马克。② 这个分配比例基本符合苏德战争期间当地遭遇的损害程度。

　　1993 年,莫斯科、明斯克和基辅都建立了"理解与和解"(Verständigung und Aussöhnung)基金会,负责德国赔偿金的管理和支付工作。③ 基金会的董事会一般由所在国政府官员和受害者代表组成,德国并不干预具体的工作。但在执行过程中,德国政府对基金会的运作不尽满意,认为可能存在普遍的贪污腐败和滥用资金情况。以白俄罗斯为例,1994 年出现了大量上访信件,反映"理解与和解"基金会存在资金发放迟缓和大量不必要的公务旅行开支,迫使新任总统卢卡申科下令对基金会工作进行审查。白俄罗斯将赔偿称作"一次性人道主义援助",使用了一个复杂的公式计算个人发放金额,该公式考虑了监禁地点以及迫害时间、受害者的年龄和纳粹迫害造成的健康损害程度。此外,还确定了一定的支付顺序,根据这一顺序,集中营幸存者、最高级别的残疾人、80 岁以上的人以及遭受切尔诺贝利灾难或居住在放射性污染地区的人拥有优先赔偿的权利。④ 据统计,白俄罗斯基金会向 14.7 万名纳粹受害者支付了总计 9760 万欧元。如此计算,人均分配的

① 参见 https://www.bundesregierung. de/breg-de/service/bulletin/besuch-des-bundeskanzlers-in-der-russischen-foederation-vom-14-bis-16-dezember-1992-791660。

② Bundesministerium der Finanzen, *Entschädigung von NS-Unrecht*, *Regelungen zur Wiedergutmachung*, Mai 2020, S.11.

③ Entschädigung von NS-Unrecht Regelungen zur Wiedergutmachung, Bundesministerium der Finanzen, Berlin, 2006, S.11-12.

④ Tanja Penter, Die belarussische Stiftung "Verständigung und Aussöhnung", Zwangsarbeiterentschädigung im Schatten der Lukasenka-Herrschaft, in: Constantin Goschler, *Die Entschädigung von NS-Zwangsarbeit am Anfang des 21. Jahrhunderts*, Wallstein Verlag, 2012, S.113.

赔偿金就很低。据华沙、莫斯科、明斯克和基辅的基金统计,截至 1997 年约有 140 万纳粹受害者收到了 500 马克至 1400 马克的一次性赔偿,损害特别严重的受害者可能拿到最高 6000 马克①。因此,受偿国政府对德国赔偿的力度和效果也不尽满意。1995 年,莫斯科"理解与和解"基金会主席米哈伊尔·克尼亚斯耶夫(Michailovie Knjasev)在一次经验交流会上宣布,"德国提供的资金不能理解为赔偿。这笔钱不足以改善受害者的健康状况,也不足以补偿他们恶劣的生活水平"②。

德国支付赔偿时还考虑到了二战时损失严重但在苏联解体后并未加入"独联体"的 3 个波罗的海国家——爱沙尼亚、立陶宛和拉脱维亚。最初的计划是,3 个国家的纳粹受害者赔偿由俄罗斯和白俄罗斯的赔偿基金负责处理。但德国政府很快发现,因为俄罗斯和波罗的海国家之间的紧张关系,3 国受害者向俄罗斯申请赔偿金面临很大的困难。德国政府决定以人道主义援助的方式,如建设疗养院、医院、供应药品等方式向 3 国纳粹受害者提供"间接赔偿",并将这一项目称作"面向未来的实物支付"(Zukunftsorientierter Sachleistungen)。1995 年至 1998 年,德国向波罗的海 3 国各提供 200 万马克的一次性援助金。③ 根据协议,这些资金全部用于纳粹受害者的抚恤工作。爱沙尼亚有 40 个社会机构得到了资助,其中 6 万马克专门用于塔林的小型犹太社区建设。在立陶宛,100 万马克用于老人疗养院,50 万马克用于维尔纽斯大学医院建设。④

(三)　德国与其他东欧国家的纳粹受害者赔偿协议

德国统一后,科尔政府逐渐改变以往在外交上唯美国马首是瞻的"追随者"形象,开始推行全方位自主性的大国外交,积极谋求成为联合国常任理事国,争取获得与德国经济实力相称的政治大国地位。与此同时,科尔在德国统一后继续不遗余力地积极推动欧洲的联合,把建立"欧洲大厦"(Europaische Gebäude)作为德国外交的首要任务。⑤ 为了拉拢属于前社会主义

---

① Deutscher Bundestag, 13. Wahlperiode, *Opfer des Nationalsozialismus in Mittel- und Osteuropa und die Politik der Bundesregierung*, Drucksache 13/8454, 1997. 9. 4, S.4.

② Hans Günter Hockerts, *Grenzen der Wiedergutmachung: Die Entschädigung für NS-Verfolgte in West- und Osteuropa 1945-2000*, Göttingen, 2006, S.120.

③ Bundesministerium der Finanzen, *Entschädigung von NS-Unrecht, Regelungen zur Wiedergutmachung*, Mai 2020, S.11.

④ Deutscher Bundestag, 13. Wahlperiode, *Opfer des Nationalsozialismus in Mittel- und Osteuropa und die Politik der Bundesregierung*, Drucksache 13/8454, 1997. 9. 4, S.6.

⑤ 吴友法等:《德国通史》第六卷,《重新崛起时代(1945—2010)》,江苏人民出版社 2019 年版,第 493 页。

阵营的东欧国家"重回欧洲",战争赔偿也成为一种拉近双方关系的手段。1996 年底,依照对苏联各加盟共和国赔偿的模式,德国联邦议院决定从1998 年到 2000 年在匈牙利、罗马尼亚、保加利亚、斯洛伐克、阿尔巴尼亚和前南斯拉夫国家建立同样的"理解与和解"基金会,并为此提供总计 8000 万马克赔偿金。①

　　1997 年 1 月 21 日,德国与独立后的捷克共和国发布了《关于相互关系及其未来发展的宣言》。宣言中,除了向 1938 年《慕尼黑协定》后纳粹德国吞并捷克斯洛伐克以及由此给当地人民带来的苦难致歉外,双方还决定建立一个"德国—捷克未来基金"(Deutsch-Tschechischen Zukunftsfonds)。德国方面为该基金提供 1.4 亿马克,捷克方面为该基金提供 4.4 亿克朗的资金。这一联合基金将用于资助符合双边利益的项目,如青年聚会、照顾老人、疗养院的建设和运营、维护和修缮纪念碑和坟墓、促进少数民族、伙伴关系项目、德国—捷克讨论论坛、联合科学和生态项目、语言教学、跨境合作等。德国方面承认其对所有纳粹受害者的义务和责任。出于这个原因,这一基金应特别关注并援助纳粹受害者。②

　　1997 年 9 月,德国政府在联邦议院发表答议员问《中欧和东欧的纳粹受害者与联邦政府的政策》,全面陈述了 20 世纪 90 年代德国对东欧纳粹受害者赔偿的动因:"纳粹的灭绝战争主要在波兰和当时的苏联境内肆虐。基辅、明斯克、卢布林、里加和维尔纽斯之间的前贫民区和谋杀地点的数量是无法估量的。即使在 50 多年后,许多乱葬岗仍未被记录下来,更不用说使之有尊严了。在东西方冲突时期,大屠杀和纳粹恐怖统治的东欧幸存者在西方基本上是'被遗忘的受害者'。他们被德意志联邦共和国排除在赔偿对象范围之外……联邦政府意识到生活在中欧和东欧的纳粹受害者的艰难命运。提问者在评论中提到的举措具有人道主义援助的性质,只能缓解目前的需求。联邦政府关心的是如何缓解中欧和东欧纳粹暴政幸存者的困境。在这样做的时候,联邦政府意识到,任何形式的赔偿都无法弥补纳粹迫害所造成的痛苦。"③

　　上述陈述说明,20 世纪 80 年代联邦德国社会广泛讨论的"被遗忘的受

---

① Deutscher Bundestag, 13. Wahlperiode, *Opfer des Nationalsozialismus in Mittel - und Osteuropa und die Politik der Bundesregierung*, Drucksache 13/8317,1997. 7. 24,S.1.

② Deutscher Bundestag, 13. Wahlperiode, *Deutsch - tschechische Erklärung über die gegenseitigen Beziehungen und deren künftige Entwicklung*, Drucksache 13/6787,1997. 1. 22,S.4-5.

③ Deutscher Bundestag, 13. Wahlperiode, *Opfer des Nationalsozialismus in Mittel - und Osteuropa und die Politik der Bundesregierung*, Drucksache 13/8454,1997. 9. 4,S.1-3.

害者"在20世纪90年代得到了德国政府的正式认可,并被纳入受害者赔偿的对象范围。与此同时,至少在战争赔偿问题上,德国政府已经抛弃了冷战思维,将东欧的纳粹受害者置于与犹太人受害者平等的地位上。在这种理性、客观的思维方式推动下,20世纪90年代中期德国战争赔偿的覆盖面达到了最大值,已经不存在被遗漏或遗忘的死角了。

五、"雨果·普林茨案"与美国纳粹受害者赔偿

1995年9月21日,美国《华盛顿邮报》(*Washington Post*)刊发了一篇报道《大屠杀幸存者来之不易的胜利》,引起国际舆论广泛关注。报道如此描述"来之不易的胜利":"在纳粹没收他的护照并将他和他的家人送往集中营50多年后,雨果·普林茨站在美国国会大厦并被国会议员包围着,含泪宣布德国政府已同意为他的痛苦支付赔偿。这个仪式标志着他40多年来为迫使德国人向奴役自己和杀害其父母、妹妹和两个弟弟而支付赔偿的斗争终于结束了……新泽西州海兰帕克72岁的普林茨先生是当地唯一的大屠杀幸存者,他是二战期间被囚禁在德国的美国人。在协议中,德国人同意向普林茨先生和其他10名大屠杀幸存者支付210万美元。根据上周二(1995年9月19日)在波恩签署的协议,普林茨先生和其他未透露姓名的幸存者将分享赔偿金,其中最大部分归普林茨先生。普林茨先生还将从四家德国公司获得一笔钱,数额不详,这些公司的前身曾把普林茨作为奴隶劳工使用"。[1] 这篇报道及其背后的"雨果·普林茨案",在某种程度上开启了德国对二战强制劳工大规模赔偿的序幕。

雨果·普林茨(Hugo Princz),1922年生于捷克斯洛伐克,是一名犹太人。与当地其他犹太人不同的是,他的父亲是一名移居当地的美国犹太人,因此雨果·普林茨也自然被赋予了美国公民的身份。1939年,纳粹德国吞并捷克斯洛伐克,普林茨一家开始陷入厄运之中。1942年3月,他们被捷克斯洛伐克警察移交给德国党卫军,党卫军没收了他们的美国护照和其他证明其美国公民身份的文件。他们一家没有像其他大多数美国平民那样在红十字会发起的交换囚犯的活动中被交换,而是被送往纳粹集中营。他的父母和一个妹妹在特雷布林卡集中营被杀害,另一个妹妹死于奥斯威辛集中营"医师"约瑟夫·门格尔(Josef Mengele)的人体医学实验。普林茨与他的两个弟弟一起被送入奥斯威辛集中营,随后成为IG法本公司的强制劳

---

① Toni Locy, *Holocaust Survivor's Hard-Won Triumph, Germany to Pay American Who Lost Family in Death Camps*, The Washington Post(Washington D.C.), 1995.9.20, A01.

工,普林茨的囚犯编号是 36707。两个弟弟死于繁重的劳动,普林茨随后被送往华沙犹太人隔离区,充当"塔楼清洁员"(Postentürme-Reiniger)。华沙起义失败后,他在一次死亡行军后被带到达豪集中营,成为梅塞施密特(Messerschmitt)飞机制造厂的强制劳工。战争结束前不久,其营地被疏散,之后于1945 年 5 月 1 日被美国士兵解救。普林茨在战争结束后才逐渐确信,他的家人没有一个在大屠杀中幸存下来。普林茨决意为家人和自己的遭遇向德国政府和企业索取赔偿,但他没有想到的是,索赔经历了漫长的 40 年。

1955 年,普林茨依据 1953 年发布的《赔偿补充法》首次向联邦德国政府提交赔偿申请。申请很快被驳回,联邦德国方面的理由是,普林茨在1937 年没有生活在德国境内,属于美国公民而非《日内瓦公约》意义上的难民。① 此后,美国一些议员和律师纷纷支持帮助普林茨,但都被联邦德国依据"主权豁免权"(sovereign immunity)拒绝支付赔偿。冷战结束后,事情有了转机。1992 年,普林茨在美国地方法院起诉德国政府、要求支付 1700 万美元,引发美国公众关注和支持。1994 年 7 月,哥伦比亚特区联邦上诉法院以主权豁免为由,驳回了该诉讼。1995 年 1 月,美国最高法院维持了上诉法院的判决。在律师的帮助下,普林茨随后改变策略,起诉曾经奴役过他的德国 IG 法本和梅塞施密特公司的法定继承者——巴斯夫、拜尔、赫希斯特和戴姆勒—奔驰公司。同时,他还向美国国会寻求帮助,以使此类案件今后可以在美国审判。面对美国市场的利益和美国公众的压力,奔驰和 3 家化工公司都选择与普林茨和解,通过美国犹太人委员会向普林茨转交了 80万美元赔偿金。这一事件引起了克林顿总统的注意,他亲自致电德国总理科尔,建议妥善解决"普林茨案"。科尔政府最终同意彻底解决美国的纳粹受害者赔偿问题。

1995 年 9 月 19 日,德国与美国政府签订了一项秘密赔偿协议。德国政府提供 310 万马克,用于赔偿包括普林茨在内的 11 名曾经历纳粹迫害和强制劳动的美国公民。德国政府在答复议员时这样解释获取赔偿的资格限制——"此前没有获得赔偿的《联邦赔偿法》意义上的受害者,且在迫害发生时属于美国公民"②。1995 年赔偿金在美国的发放产生了示范效应,更多曾被关押在纳粹集中营的美国公民提出了赔偿要求。1999 年 1 月 25日,德国与美国达成第二个赔偿协议。德国提供 1760 万欧元(合计 3450 万

① Ulrich Schiller, *Ohne Gnade*, Die Zeit, 1995.2.24.

② Deutscher Bundestag, 13. Wahlperiode, *Antwort der Bundesregierung auf die Kleine Anfrage der Abgeordneten Dr. Winfried Wolf, Ulla Jelpke und der Gruppe der PDS*, Drucksache 13/3019, 1995. 12.4, S.2.

马克）作为一次性赔偿金，支付给 240 名曾被关押在纳粹集中营的美国公民[1]。美国政府承诺，所有美国纳粹受害者的赔偿要求就此得到满足，不再提出新的赔偿要求。根据事后统计，平均每名受害者领取到的赔偿金惊人地达到了 10 万美元，普林茨可能得到了上百万美元。[2]

值得玩味的是，20 世纪 90 年代德国对东欧和美国纳粹受害者的赔偿发生在同一时期，虽然冷战已经结束，东欧国家已经普遍完成了私有化改革、变身为资本主义国家，但大西洋两岸的纳粹受害者却因为同样的痛苦获取了完全不同、相差悬殊的赔偿金。"普林茨案"以及德国政府支付的高额赔偿金引起了德国媒体的广泛报道，部分原因是支付给美国受害者的金额远远高于此前支付给犹太人和东欧受害者的金额。1995 年 11 月，联邦议院的民主社会主义党议会小组向德国政府发出质疑，特别要求了解"为什么普林茨先生获得了数百万的赔偿，而波兰的强制劳工等却被剥夺了个人赔偿"。德国政府的答复避重就轻，声称"德美赔偿协议是一个总体性的赔偿协议，适用于所有根据《联邦赔偿法》第 1 条还没有得到赔偿的美国公民"，而赔偿金分配由美国政府自行决定，德国政府无权干涉。[3]

第二节　"记忆、责任与未来"强制劳工赔偿基金

自 1949 年建国以来，联邦德国举国上下为赔偿战争受害者做出的巨大努力有目共睹。冷战期间，联邦德国政府向以色列和犹太人世界支付了巨额赔偿，颁布《联邦赔偿法》将纳粹受害者赔偿变成一种法律义务，二战期间使用过强制劳工的德国大企业迫于压力也向犹太强制劳工支付了赔偿。但是，作为最大的"被遗忘的受害者"群体[4]，1300 万二战强制劳工得到的赔偿显然与他们曾遭受的奴役程度不成正比。冷战时期联邦德国赔偿政策和法律的受益者几乎全部是犹太人和西欧、美国的纳粹受害者，东欧地区的数百万强制劳工被人为地从德国赔偿视域中屏蔽了。

---

[1] Entschädigung von NS-Unrecht Regelungen zur Wiedergutmachung, Bundesministerium der Finanzen, Berlin, 2006, S.11.

[2] Bundesministerium der Finanzen, *Entschädigung von NS-Unrecht*, *Regelungen zur Wiedergutmachung*, Mai 2020, S.12.

[3] Deutscher Bundestag, 13. Wahlperiode, *Antwort der Bundesregierung auf die Kleine Anfrage der Abgeordneten Dr. Winfried Wolf*, *Ulla Jelpke und der Gruppe der PDS*, Drucksache 13/3019, 1995. 12.4, S.2-3.

[4] 1944 年 8 月强制劳工数量达到顶峰时，来自几乎整个欧洲的约 1300 万人被强迫为第三帝国劳动服务。

　　两德统一后,德国与各东欧国家签订了一系列纳粹受害者赔偿协议,通过"理解与和解"基金会的形式向东欧纳粹受害者支付赔偿,强制劳工理论上也属于赔偿对象。但问题在于,这一系列政府间赔偿协议不能保证强制劳工拿到足额的赔偿金。劳工所在国政府往往以福利事业的形式使用赔偿金,分配过程中的官僚作风反而加剧了强制劳工幸存者的不满情绪。与此同时,与犹太人世界的"2号赔偿协议"相比,东欧强制劳工拿到的赔偿可谓杯水车薪,赔偿覆盖面更难以望其项背。

　　随着两德统一和冷战结束,横亘在东欧强制劳工面前的"铁幕"障碍不复存在,积蓄了几十年的不满情绪终于在世纪之交喷发,形成了一股国际性的索赔浪潮。德国举国上下不得不再一次面对历史的责任、履行赔偿的义务,"记忆、责任与未来"基金应运而生。

、20 世纪 90 年代后期东欧强制劳工的索赔浪潮

　　第二次世界大战结束后到 20 世纪 80 年代,联邦德国政府内部关于强制劳工赔偿问题一直没有提上议事日程,只有一些大企业自行同犹太人世界签订协议支付了赔偿,而更多德国企业拒绝了劳工提出的赔偿要求。企业的理由是,纳粹德国政府强迫这些企业使用强制劳工,所以联邦德国作为纳粹德国的继承者才是索赔对象。另一个借口是,冷战时期联邦德国政府和企业以 1953 年《伦敦债务协定》为由,拒绝向尚未同联邦德国签订和平条约的东欧国家支付战争受害者赔偿。冷战期间东西方对峙形势严峻,西德与东欧国家分属两个完全对立的阵营,这决定了双方不可能签订和平条约,自第二次世界大战以来名义上的战争状态一直延续下来,东欧地区的战争受害者赔偿也就一直停留在呼吁阶段而没有下文。在 1989 年 12 月 14 日联邦议院关于"纳粹强迫劳动赔偿"的听证会上,不来梅大学法学教授格哈德·斯图比犀利地表示,1989 年时二战强制劳工的平均年龄为 67 岁,因此存在着这样一种危险,"受苦最深的纳粹受害者群体将两手空空,波兰的强迫劳动问题将以一种'生物'方式得到解决"。[①]

　　冷战结束给东欧强制劳工索取赔偿带来了绝佳的契机,劳工们在二战结束半个世纪后终于见到了获取赔偿的曙光,这也是在二战劳工去世之前抚慰他们战争创伤的最后机会。东欧剧变、两德统一、苏联解体,三件举世震惊的大事彻底扫清了东欧强制劳工向德国索赔的障碍,冷战期间的一切

---

① Gerhard Stuby, *Völkerrechtliche Probleme zur Frage der Entschädigung polnischer Zwangsarbeiter unter dem NS-Regime*, Zeitschrift für Rechtspolitik, H.8, 1990, S.318.

人为障碍都不复存在。德国统一后,大量二战档案被解密,二战劳工的遭遇被大量披露,社会公众对强制劳工的历史有了更深刻的了解。20世纪90年代后期,以"大卫·菲舍尔案"为起点,波兰、美国、俄罗斯的强制劳工纷纷向本国或德国法院提出诉讼,起诉德国企业在二战期间使用和奴役他们,要求对强迫劳工的薪酬以及健康精神伤害进行赔偿。

大卫·菲舍尔(David Fishel)是生活在波兰的犹太人。1942年,13岁的菲舍尔全家被驱逐到奥斯威辛集中营。他的母亲和兄弟姐妹都在那里被纳粹杀害。这个犹太男孩幸存下来是因为他成为党卫军的奴隶劳工。二战期间,他先后被送往IG法本、克虏伯、梅塞施密特(战斗机制造厂)的工厂,为纳粹德国的军工生产被榨干了力量。可能是因为他居住在波兰的缘故,冷战期间他没有从犹太人赔偿联合会那里得到德国企业的任何赔偿。

1996年6月12日,大卫·菲舍尔在美国爱荷华州地方法院起诉纳粹德国军工企业的5个合法继承公司——拜耳、赫希斯特、巴斯夫、克虏伯和戴姆勒—奔驰,要求对二战期间的强迫劳动赔偿"损失和罚款"(Schadensersatz und Buße)。华盛顿律师史蒂文·佩尔斯(Steven Perles)是代理此类案件的专业律师。他向媒体表示,大约有5万名纳粹集中营囚犯仍然生活在美国并等待赔偿,如果菲舍尔的诉讼获胜的话,此案可能成为"德国工业界的噩梦"。[1]

德国政府闻讯积极介入此案,希望避免强制劳工索赔的连锁反应。尽管1998年6月美国爱荷华州地方法院遵循被告德国企业及其背后联邦政府的论证,即美国法院对此类案件没有管辖权,驳回了大卫·菲舍尔的上诉。[2] 但是,德国政府也因此案陷入被动。

1997年7月3日,德国电视一台《监测器》(Monitor)栏目披露了联邦政府对"菲舍尔案"的跨国秘密干预,引发德国内部对政府的广泛批评。7月23日,民主社会党[3]议会党团在联邦议院发表《联邦政府在抵制一名前集中营强制劳工赔偿要求方面的作用》指出,"如果菲舍尔的诉讼获得成功,可以预见,其他强制劳工也将对德国公司提起赔偿诉讼。联邦政府显然正

① Manfred Ertel, *Ticket zum Überleben*, Der Spiegel, 48/1997,见 https://www.spiegel.de/politik/ticket-zum-ueberleben-a-24bb465b-0002-0001-0000-000008830110? context=issue。

② Jörg Osterloh, *Unternehmer und NS-Verbrechen: Wirtschaftseliten im"Dritten Reich" und in der Bundesrepublik Deutschland*, Frankfurt am Main: Campus Verlag, 2014, S.376.

③ 民主社会党前身是民主德国执政党"统一社会党",2007年后改名为"左翼党"(Die Linke)。

在努力防止这种情况"①。联邦政府的解释是,政府参与该案的目的是确保德国法院对此类案件的专属管辖权。德国现行法规没有规定对强迫劳动本身的赔偿,而是对监禁期或健康损害的赔偿。"许多强制劳工作为《联邦赔偿法》意义上的受害者,参与了近1000亿马克赔偿金的分配。据估计,这些资金约80%流向了国外。受益人没有得到强迫劳动的工资,但他们确实得到了监禁以及健康和职业损害赔偿。"②

德国政府的解释具有一定的合理性。当时可能确实存在一些强制劳工,已经在冷战期间通过《赔偿法》获得人身伤害赔偿,又在德国统一后寻求对于强迫劳动工资的"叠加式赔偿"。然而,更普遍的情况是,100多万在世的东欧非犹太人强制劳工从未得到过任何赔偿,他们的意志汇聚在一起,决定了世纪之交德国战争赔偿的走向。

1998年,犹太人组织通过向美国法院指控瑞士银行在二战中的"无主账户"③问题,成功获得瑞士银行12.5亿美元的赔偿。美国法院的判决启发了东欧非犹太人强制劳工,引发了多米诺骨牌效应。

3月15日,美国纽约有名的集团利益诉讼律师梅尔文·怀斯(Melvyn Weiss)向法院提交一系列上诉案件,指控美国福特汽车德国科隆分公司在二战期间曾经奴役数千名强制劳工并从中获利,在美国引发轰动。

8月,怀斯律师代理指控大众汽车在二战期间使用强制劳工,爱德华·费根(Edward Fagen)律师向宝马、大众、西门子、克虏伯、曼(MAN)和莱卡(Leica)六家德国公司发起类似代理诉讼。美国总统克林顿和一些美国议员也开始呼吁德国尽快解决强制劳工赔偿问题。

1999年1月,1000多名波兰强制劳工向德国波恩地方法院提起集体诉讼,指控德累斯顿银行、西门子、宝马、奔驰、克虏伯、德国铁路等企业在二战期间剥削压榨波兰劳工,并向纳粹战争机器供应战争物资从中牟取暴利。

面对这一波索赔浪潮,德国政府再也无法通过秘密干预司法来"保护德国的工业"了。一次性地彻底解决东欧强制劳工赔偿势在必行,东欧强制劳工的数量决定了这将是又一轮巨额赔偿。对此时的德国政府和社会来

---

① Deutscher Bundestag 13. Wahlperiode, *Die Rolle der Bundesregierung bei der Abwehr von Entschädigungsforderungen eines ehemaligen KZ - Zwangsarbeiters*, Drucksache 13/8289, 1997. 7. 23, S.2.

② Deutscher Bundestag 13. Wahlperiode, *Die Rolle der Bundesregierung bei der Abwehr von Entschädigungsforderungen eines ehemaligen KZ - Zwangsarbeiters*, Drucksache 13/8381, 1997. 8. 8, S.3.

③ 二战期间,有不少犹太人秘密地把金银珠宝和现金存入瑞士银行并且未留下真实姓名,这些犹太人被纳粹杀害后其账户就成为"无主账户"。

说,赔偿的方式和赔偿的决心一样重要。是像 20 世纪 50 年代那样制定一部《强制劳工赔偿法》,还是像 20 世纪 80 年代那样建立一个"困难基金"?这一次,德国政府和企业没有因循守旧,经历一番曲折之后,他们开辟了人类历史上一条战争赔偿的全新路径。

二、"记忆、责任与未来"基金的筹备与建立

(一) 基金筹备的曲折过程

20 世纪 90 年代前期,德国与苏联各加盟共和国和波兰签订了一系列政府间赔偿协议,通过在各国建立基金会的方式赔偿纳粹受害者。经历了半个世纪以政府为主体的战争赔偿之后,出于道德和财政层面的考虑,德国政界开始重视工业界应该背负的赔偿责任。

推动德国工业界赔偿强制劳工的主要力量是作为议会反对党的社会民主党和绿党。我们注意到,自从 20 世纪 70 年代以来,社民党和绿党议会党团一直是"被遗忘的受害者"赔偿的倡导者和推动者,而议会党团又是联邦议院政治权力的中心和主要驱动力量。如果没有他们在联邦议院数十年来不断发表批评性和建设性的赔偿提案,德国二战赔偿就会失去很大一部分内在动力。两党在赔偿问题上的坚持,与他们的政治理念有很大关系。

德国社会民主党在 1959 年通过的《哥德斯堡纲领》中放弃了马克思主义作为指导思想,实现了从工人党向人民党的重大转变,转而将社会福利和社会正义作为主要政见,寻求全体德国人民的支持。德国绿党源于 1968 年联邦德国大学生运动中的"议会外反对党"(Außerparlamentarische Opposition),当时自认为是与政府抗衡的唯一中坚力量。施密特执政期间,一些社民党党员离开社民党并帮助筹建了绿党。1980 年 1 月,德国"68 一代"(68er-Generation)的精英分子在环保的旗帜下走到了一起,成立了德国绿党。绿党的政治光谱光怪陆离,拥有反核主义、生态主义、和平主义、女权主义等派别和主张。但是,绿党的成员为了一个共同目的走到了一起,即建立一个"反政党之党"(Anti-Parteien-Partei)以反抗基民盟代表的保守政党的统治。1980 年绿党第一份《基本纲领》(Bundesprogramm)确立党的宗旨是"生态(ökologisch)公益(sozial)基层民主(basisdemokratisch)和非暴力(gewaltfrei)"①。

20 世纪 80 年代以来,社民党和绿党在战争赔偿议题上拥有共同的目标——对所有纳粹受害者给予平等的赔偿。无论犹太人还是强制劳工,无

---

① BÜNDNIS 90/DIE GRÜNEN, *Zeiten Ändern Sich*, *Wir Ändern Sie Mit*, Dierichs Druck + Media GmbH, 2019, S.6.

论居住在以色列、美国、西欧还是东欧，无论申请期限是否已经过期，都应该得到德国公平的赔偿。两党对"赔偿公平和正义"的追求，也是他们建党宗旨的体现。20世纪80年代中期开始，两党在联邦议院不断提出议案，批评科尔政府对东欧强制劳工赔偿的消极态度。但直到1998年两党在大选中获胜并上台执政后，东欧强制劳工赔偿才真正大规模付诸实践。

1994年2月24日，社民党和绿党推动德国联邦议院各党派达成共识，发布《关于向第二次世界大战中的强制劳工支付赔偿金的基金解决方案的可能性报告》，督促联邦政府对德国工业界施加影响，推动那些自己或其合法前身在二战期间使用过来自独联体国家、波兰、捷克、斯洛伐克、匈牙利和波罗的海国家强制劳工的企业，向华沙、明斯克、莫斯科和基辅设立的"理解与和解"基金会提供资金捐助，从而履行对强迫劳动受害者的历史责任。①

然而，联邦政府没有执行议会的这一建议，而是以危及就业为由，警告不要用这种额外的费用给德国经济带来负担。1996年6月3日，联邦政府发布《关于德国公司迄今赔偿支付的综合报告》，从三个方面回复了联邦议院的要求。首先，20世纪50年代以来IG法本、克虏伯、奔驰等公司已经向强制劳工总共支付了5550万马克赔偿金。其次，因为年代久远且缺乏记录，不可能查明在二战期间雇用过东欧强制劳工的公司及其合法继承人。最后，"就外国强迫劳动者在第二次世界大战期间被雇用和使用而言，他们不能对交战国或其公司提出任何直接索赔。根据公认的国际法原则，这种要求不能由个人提出，也不能根据私法对个人或法律实体提出，而只能由国家对国家提出赔偿要求。解决此类索赔需要有关国家之间根据国际法达成协议"②。报告最后总结道，"除了德国公司已经被战争和赔偿的后果所累，而且还不得不面对重建的困难之外，还应该注意到，在目前的情况下，进一步的赔偿会导致负担，至少会对就业状况产生不利影响"③。

科尔政府处心积虑地维护德国资本家的利益，激起了左翼党派的愤怒。1997年11月11日，绿党议会党团在联邦议院尖锐批评政府对强制劳工赔

① Deutscher Bundestag 12. Wahlperiode, *Bericht über die Möglichkeit einer Fondslösung für Entschädigungsleistungen an Zwangsarbeiter aus dem Zweiten Weltkrieg*, Drucksache 12/6725, 1994. 2. 2, S.3.

② Deutscher Bundestag 13. Wahlperiode, *Umfassender Bericht über bisherige Wiedergutmachungsleistungen deutscher Unternehmen*, Drucksache 13/4787, 1996. 6. 3, S.2.

③ Deutscher Bundestag 13. Wahlperiode, *Umfassender Bericht über bisherige Wiedergutmachungsleistungen deutscher Unternehmen*, S.3.

偿的消极态度,提出建立一个"纳粹强迫劳动赔偿"联邦基金会
("Entschädigung für NS-Zwangsarbeit"Bundesstiftung)的解决方案。

在直指德国企业"可耻"的基础上,绿党指出了强制劳工赔偿的紧迫
性:"以前对受害者不利的判例法是因为,德国法院裁定,使用强制劳工的
各公司不是自愿的,而是被纳粹国家强迫的。但是,在所有由公司自己或委
托独立历史学家对自己的历史进行全心全意的重新评估的情况下,这种可
耻的推理都可以被推翻。联邦议院呼吁纳粹强迫劳动的公司和其他受益者
做出适当的努力,与历史达成和解。指望大多数非常年老和贫穷的受害者
走上在德国法院起诉的无望之路,是不合理的。"

绿党主张通过非官方途径解决这一问题,即立法建立一个联邦基金会。
联邦政府和纳粹强迫劳动的受益者,首先是德国工业界,必须向该基金会捐
款。该基金会的唯一目的是,"为纳粹强迫劳动本身的工资损失提供赔偿,
并为那些根据德国赔偿法无法赔偿的强迫劳动连带损失(恶劣待遇、殴打、
营养不良等)提供一次性赔偿"[①]。为了减少官僚主义的工作,并让受害者
在活着的时候就能得到赔偿,基金会有必要以一次性付款的方式开展工作。
赔偿金要按照迫害程度差额发放,对农业中的强迫劳动给予较低赔偿,对工
业中的强迫劳动给予较高赔偿,对监狱条件下的强迫劳动,特别是集中营的
监禁劳动给予最高赔偿。

1997年底绿党的提案事实上为解决强制劳工赔偿描绘了一幅蓝图。
1998年,在德国第14届联邦议院选举中,社民党与绿党组成的"红绿联盟"
击败连续执政16年之久的基民盟和科尔总理,组建联合政府,也带来了强
制劳工赔偿的关键转折。德国社会民主党总理候选人格哈德·施罗德
(Gerhand Schröder)在竞选期间就宣布,如果竞选成功,他领导的下一届政
府将为二战强制劳工设立一项赔偿基金。施罗德上任之后,这一工作立刻
驶入了快车道。

1998年10月9日,施罗德当选后首次访问美国。他与克林顿总统的
话题,除了科索沃危机,还谈到了在经济问题和金融市场监管问题上进行国
际合作的重要性,其中就包括强制劳工赔偿问题。德美首脑会谈之后,德国
政府、美国政府、德国企业、犹太人组织、强制劳工代表开始频繁会谈,共同
商讨一个赔偿方案。

1999年2月8日,德国特别事务部部长博多·洪巴赫(Bodo

---

① Deutscher Bundestag 13. Wahlperiode, *Errichtung einer Bundesstiftung "Entschädigung für NS-Zwangsarbeit"*, Drucksache 13/8956, 1997. 11. 11, S. 3.

Hombach)和德意志银行董事会发言人罗尔夫·布罗伊尔(Rolf Breuer)在华盛顿与美国政府、世界犹太人大会及强制劳工代表共同商讨筹建赔偿基金会的事宜。洪巴赫表示,"我们不想接受雪崩式的诉讼,将德国的名字拖入泥潭","对于联邦政府来说,解决纳粹强迫劳动问题具有特别重要的政治意义"①。

1999年2月16日,德国政府首次召集12家德国大公司(安联、拜耳、巴斯夫、赫希斯特、德固赛—赫斯、宝马、戴姆勒—克莱斯勒、大众汽车、德累斯顿银行、德意志银行、蒂森—克虏伯、西门子)的代表,开会讨论强制劳工赔偿事宜。会议的目的是"避免诉讼,特别是美国的集体诉讼,并从损害我国声誉和经济的运动中解脱出来"②。根据"理解与和解"基金会在华沙、莫斯科、明斯克和基辅进行的调查,大约150万名二战强制劳工仍然在世。③ 施罗德总理与12家德国大公司领导人达成一致,决定建立一个名为"记忆、责任与未来"("Erinnerung, Verantwortung und Zukunft"Stiftung)的基金会,以处理过去、面向未来的姿态寻求彻底解决强制劳工赔偿问题。德国政府与大企业会后发表联合声明,向德国所有企业(约22万家)发出呼吁,号召它们出资参与基金会。

1999年5月,洪巴赫与美国财政部副部长斯图亚特·埃森斯塔特(Stuart Eizenstat)召集政府、企业、犹太人组织和东欧强制劳工代表,讨论赔偿标准和分配方案等事项。随后关于建立基金会的谈判轮流在波恩、柏林和华盛顿进行。德方建议赔偿基金的数额为17亿美元,且只有一半用于赔偿幸存的强制劳工。而强制劳工代表提出200亿美元的赔偿总额,远远超出德方预期。由于各方在赔偿数额、分配原则等问题上分歧很大,谈判拖延了半年之久,国内外媒体的批评接踵而至。

1999年10月初,美国媒体及时地大量推送关于二战强制劳工的报道。《纽约时报》等媒体上出现了大幅广告,指责拜耳和奔驰从二战对强制劳工的剥削中获利。其中一则《拜耳最大的头痛》(Bayers biggest headache)指出,这家化学公司的"头痛"无法用其产品阿司匹林治愈,因为其病因是纳

---

① Manfred Ertel, Schuld und Schlußstrich, Der Spiegel 49/1998, 见 https://www.spiegel.de/politik/schuld-und-schlussstrich-a-329f2f5e-0002-0001-0000-000008039107。

② Ulla Jelpke, "Geblieben ist der Skandal—ein Gesetz zum Schutz der deutschen Wirtschaft", in NS-Zwangsarbeit und Entschädigungsdebatte, Ulrike Winkler, Stiften gehen, PapyRossa, 2000, S. 246-247.

③ Deutscher Bundestag 14. Wahlperiode, Entschädigung von Zwangsarbeiterinnen und Zwangsarbeitern für erlittenes Unrecht durch Verbrechen von Betrieben der deutschen Wirtschaft im NS-Regime, Drucksache 14/1786, 1999. 10. 13, S.3.

粹时代的"奴隶劳动和人体实验"。① 德国媒体在关键时刻也献上"助攻"。12 月 8 日,德国《日报》(Tageszeitung)发表头版文章《最后的提醒》,公布了一份来自美国犹太人委员会透露的名单,其中包括 267 家拒绝向赔偿基金捐款的德国公司。文章结尾做了这样的呼吁,"我们所有对拒绝者感到羞耻的人应该考虑是否仍然从那些坚持对基金会倡议说不的公司购买产品"。② 是否捐助强制劳工赔偿俨然成为考验德国企业良心和市场敏锐度的试金石。

1999 年 12 月 17 日,在国内外舆论压力下,德方代表同意了战争受害者的美国代理律师提出的 100 亿马克赔偿数字。德国政府和企业承诺将为赔偿基金注资 100 亿马克,并将平均分担这笔资金。

2000 年 7 月 17 日,来自美国、以色列以及俄罗斯、波兰、捷克、乌克兰、白俄罗斯等东欧国家的代表齐聚柏林,与德国联邦政府和企业界代表签署了具有历史性意义的强制劳工赔偿协议。根据协议,德国将成立"记忆、责任与未来"基金会,向二战期间被纳粹奴役的强制劳工幸存者及其后代发放总额为 100 亿马克(约合 48 亿美元)的赔偿。大约 90 万受迫害最严重的集中营劳工将获得每人最多 1.5 万马克的赔偿金,待遇稍好的强制劳工将获得每人 5000 马克的赔偿金。这将是德国政府向纳粹受害者提供的最后一次赔偿。作为回报,美国政府保证,德国企业界将免遭进一步法律索赔,美国法院以后也不再受理第三方因第二次世界大战或纳粹迫害而提出的任何新的赔偿要求。

在这个历史性的时刻,美国财政部副部长埃森斯塔特在记者招待会上表示,"这对德国来说是一个重要的日子,它再一次向世界表明一个国家是如何承担起它的责任的"。一同出席的德国总理施罗德表示,"德国的历史可能是我们无法治愈的伤疤,但我们也许能略微减轻它所带来的痛苦"。③德国总统约翰内斯·劳(Johannes Rau)发表讲话,代表德国人民请求二战强制劳工的宽恕。德国财政部长汉斯·艾歇尔(Hans Eichel)甚至表示,将考虑变卖国家资产以弥补资金的不足。

沉寂了半个世纪的二战强制劳工赔偿问题,终于在 2000 年有了明确的答案。有人认为,2000 年是 20 世纪的最后一年。也有人认为,2000 年是 21 世纪的第一年。无论如何,"记忆、责任与未来"基金会的成立都足以成

---

① Peer Heinelt, *Die Entschädigung der NS-Zwangsarbeiterinnen und -Zwangsarbeiter*, Norbert Wollheim Memorial, Frankfurt am Main, 2008, S. 35.

② *Letzte Mahnung*, in Die Tageszeitung, 1999.12.8, S.1.

③ 金铎:《二战后德国的战争赔偿与反省》,《团结》2005 年第 5 期。

为人类追求和平道路上的一个标志性事件。基金的名称及其成立的时间也构成了一种深刻的隐喻——"德国作为 20 世纪上半叶人类记忆中的动荡之源,愿意背负起历史的责任,并找到了一条通往 21 世纪美好未来的和解之路"。

（二）《关于建立"记忆、责任与未来"基金会的法律》

在外部的多方赔偿谈判艰难推进的同时,德国内部也在紧锣密鼓地制订一部法律,用于"记忆、责任与未来"基金会的运行规范。有别于 20 世纪80 年代"困难基金"和 90 年代"理解与和解"基金的粗放式外包管理①,这一次德国人准备用法治精神对 100 亿马克的强制劳工赔偿进行严谨的全流程管理。

2000 年 8 月 2 日,德国联邦议院通过《关于建立"记忆、责任与未来"基金会的法律》(Gesetz zur Errichtung einer Stiftung "Erinnerung, Verantwortung und Zukunft",缩写 EVZStiftG,以下简称《基金会法》)。该法少见地得到了所有议会团体的一致通过,在强制劳工赔偿问题上一向保守消极的基民盟也选择支持。通过解读《基金会法》文本,可以探究"记忆、责任与未来"基金会的价值观念、组织架构和运作模式,进而领会德国政治家是如何用面向未来的姿态去解决历史遗留问题的。

《基金会法》序言第一次在德国法律文本中明确承认了对二战强制劳工这一群体的集体罪责:"我们认识到纳粹德国通过驱逐、监禁、剥削直至劳动灭绝以及大量其他侵犯人权的行为,对奴隶和强迫劳动者造成了严重的不公。参与纳粹不公正行为的德国公司负有历史责任,必须履行这一责任,加入德国企业基金会倡议的公司已经承认这一责任。对于那些作为纳粹政权的受害者而丧生的人,或在战后期间死亡的人来说,法律来得太晚了,德国联邦议院承认其对纳粹受害者的政治和道德责任。它希望为子孙后代保留对他们所受不公正待遇的记忆。"②

基于上述责任,应以"记忆、责任与未来"的名义成立一个具有公法规制的基金会,其目的是通过伙伴组织提供的资金,向二战强制劳工和其他纳粹受害者发放福利。除了联邦政府和德国企业各捐赠 50 亿马克,基金会有权接受第三方的捐赠。它将努力获得更多的捐赠,这些捐赠可免征遗产税

---

① 80 年代"困难基金"外包给犹太人赔偿联合会发放赔偿金,90 年代"理解与和解"外包给东欧各国政府发放赔偿金,德国政府很难对赔偿金支付给受害者的过程进行监督和制约,赔偿基金的效率和声誉也因此受到影响。

② *Gesetz zur Errichtung einer Stiftung "Erinnerung, Verantwortung und Zukunft"*, Bundesgesetzblatt 2000 Teil I Nr.38, Bonn, 2000, S.1263.

和赠与税。

"记忆、责任与未来"基金董事会由 27 名成员组成,除 12 名德国政府代表外,还有来自犹太人、吉卜赛人、以色列、美国、波兰、俄罗斯、乌克兰、白俄罗斯、捷克、联合国难民事务署提名和任命的代表,共同决定基金会责任领域有关的所有基本问题。基金会受联邦财政部的法律监督,还要接受联邦审计署的审计。基金会应在每个财政年度开始前及时制定预算,预算须经联邦财政部批准。

《基金会法》规定 100 亿马克资金的分配方案是:81 亿马克用于强制劳工赔偿,10 亿马克用于财产损失赔偿,7 亿马克用于"记忆、责任与未来"基金项目,剩余用于基金运营费用。[①] 对赔偿申请人的资格要求是:必须由受害者个人如实申请,"如果有权享受福利的人在 1999 年 2 月 15 日之后死亡,尚存的配偶和仍然活着的子女应有权平分利益。如果受益人既没有留下配偶,也没有留下子女,那么孙子女也可以平分利益,如果他们也不在世了,也可以由兄弟姐妹来索取利益"[②]。

按照申请人受纳粹迫害程度,赔偿对象分 3 种类型,赔偿金额分 2 个档次[③]。

(1)被囚禁在《联邦赔偿法》第 42 条款意义上的集中营,或现今奥地利共和国领土外的另一个拘留所,或在类似条件下的犹太区,并被迫工作。此类受害者最多可获得 15000 马克赔偿。

(2)从本国被驱逐到德意志帝国 1937 年边界内的领土或被德意志帝国占领的领土,被迫在商业企业或公共部门工作,并被监禁或遭受类似于监禁的条件或类似于特别恶劣的生活条件。此类受害者最多可获得 5000 马克赔偿。

(3)在德国公司大量、直接和因果参与的种族迫害过程中,遭受了《联邦赔偿法》意义上的经济损失,并且还没有因此而获得赔偿,因为他/她不符合《联邦赔偿法》规定的居住要求,或者由于他/她居住或长期停留在与德意志联邦共和国政府没有保持外交关系的领土上而无法及时提出归还或赔偿的要求,或者因为他/她无法证明在德意志帝国(按照 1937 年边界)境

---

① *Gesetz zur Errichtung einer Stiftung"Erinnerung, Verantwortung und Zukunft"*, Bundesgesetzblatt 2000 Teil I Nr.38, S.1265–1266.

② *Gesetz zur Errichtung einer Stiftung"Erinnerung, Verantwortung und Zukunft"*, Bundesgesetzblatt 2000 Teil I Nr.38, S.1267–1268.

③ *Gesetz zur Errichtung einer Stiftung"Erinnerung, Verantwortung und Zukunft"*, Bundesgesetzblatt 2000 Teil I Nr.38, S.1267.

外因迫害而被扣押的物品（在当地已经找不到了）被转移到了德意志联邦共和国。此类受害者也可以向"记忆、责任与未来"基金申请赔偿。

从《基金会法》的赔偿对象分类可以看出，"记忆、责任与未来"基金是一个总体性的赔偿方案。它不仅要完成上百万二战强制劳工的赔偿任务，而且希望一次性解决所有遗留的纳粹受害者个人赔偿问题，包括1956年《联邦赔偿法》实施以来没有覆盖到的所有合理赔偿要求，力求"应赔尽赔"，从而彻底终结德国的二战赔偿事务。

（三）基金完成注资

2000年10月18日，发起赔偿倡议的德国企业代表齐聚柏林。此时已有4200家企业宣布出资参与基金会，但企业界承诺的50亿马克尚缺18亿马克未到账。德国国有企业如德国电信（Deutsche Telekom）、德国邮政（Deutsche Post）、德国铁路（Deutsche Bahn）共出资4亿马克，但这笔资金计入了联邦政府承担的50亿马克份额。会议讨论要尽力调动中型企业（年销售额5.2亿至20亿马克的企业）的积极性，说服这一大批私人企业主动参与赔偿基金会承担份额。

在基金会筹集资金过程中，德国大企业表现积极，而中小企业不太热心于分担赔偿，其原因是多方面的。大企业大多历史悠久，在二战期间确实使用过强制劳工，而中小企业大部分是二战后才建立的，从未与纳粹政权或强制劳工发生过关联，因此不愿为"与自己无关的罪行"承担责任。一些德国跨国公司还有维护在美国声誉的考虑。20世纪90年代末，二战强制劳工赔偿诉讼在美国被媒体炒得沸沸扬扬，美国的民意倾向于同情强制劳工这一弱势群体、谴责德国企业在此问题上的不作为。德国大企业为了维护自身在美国市场的形象，避免激起公愤，都积极表态愿意支付赔偿。而德国中小企业则无此顾虑，它们的营销市场局限在欧洲甚至德国，在美国市场没有利益存在，因此缺少赔偿的动力。

2000年，德国各类报刊媒体全年都在大规模宣传"记忆、责任与未来"基金会，向众多德国企业施加压力，动员他们出资加入该基金会。联邦总统约翰内斯·劳声称，德国企业界的踌躇不决是"对民主的巨大损害"，德国人应该"言必行，行必果"，失信于人无异于犯罪。社民党主席彼得·施特鲁克（Peter Struck）称其为一桩"轰动的丑闻"，他建议将不愿参与赔偿支付的企业列入一份"耻辱名单"并予以公开。[1]"西德广播电台"（WDR Online）将北莱茵—威斯特法伦州参加了赔偿基金会的企业名单公布在网

---

① *Struck droht Unternehmen*, Frankfurter Allgemeine Zeitung, 2000. 11. 2, S.6.

站上,这些企业受到网民一致好评。基民盟主席克里斯蒂安·武尔夫(Christian Wulff)呼吁那些并未使用过强制劳工的德国企业也来分担赔偿,起码要做出象征性的表示,因为这是德意志民族的集体责任,企业加入赔偿基金会是自愿的,并不取决于该企业是否参与了纳粹的战争经济。这种自上而下的全民动员促使越来越多的中小企业出资加入了赔偿基金会。

2001 年是"记忆、责任与未来"基金会执行赔偿使命的第一年,然而好事多磨再现波折。3 月 7 日,美国联邦法官谢丽·克拉姆(Shirley Kram)表示不会驳回针对德国银行的赔偿诉讼,这与 2000 年 7 月各方达成赔偿协议时美国的表态相违背。她的理由是德国企业界承诺用于赔偿基金的 50 亿马克尚有 14 亿马克还未到账,此举意在敦促德国企业加紧行动筹措资金。3 月 13 日,德国企业负担的 50 亿马克赔偿资金全部到位,17 家大企业联手出资完成了此前亏欠的 14 亿马克。此后,美国法庭按照承诺驳回了针对德国银行的赔偿诉讼,以后的所有赔偿都由"记忆、责任与未来"基金会承担。

2001 年 5 月 30 日,联邦议院以绝对多数票通过了一项由全部议会党团联署的决议,批准支付 100 亿马克赔偿金。该决议确定了《基金会法》之"法律确定性"(Rechtssicherheit),德国经济界要求的在美国免受起诉的法律保障得以实现,进而为向强制劳工幸存者支付赔偿铺平了道路。① 持续 3 年之久的有关谈判和复杂的司法程序就此宣告结束。德国议会终于批准了劳工赔偿方案,立即受到了各方好评。强制劳工幸存者、俄罗斯人吉哈特·鲍姆(Gerhard Baum)在接受德国 ZDF 电视台采访时感慨地说:"虽然我很穷,德国政府和企业最终赔偿的数额也就区区几千美元,但意义却非常重大。这一天对于所有的强制劳工和德国企业来说都是个好日子。"②德方谈判代表拉姆多夫也清醒地表示,通过对强制劳工的赔偿,德国历史这黑暗的一章从财政方面一劳永逸地解决了,但在道德上却不会,也不能一劳永逸地解决,因为德国侵犯了苦工们的尊严,夺走了他们的青春。③

纵观"记忆、责任与未来"基金的集资过程,这是对几乎所有德国企业家的一次关于"道德义务"(moralische Verpflichtung)的大考。企业的社会责任在这里表现为对纳粹受害者的道德义务,尽管纳粹受害者跟自己可能毫无关联。企业的社会责任还被转化为法律和经济语言,转化为损害

---

① Deutscher Bundestag 14. Wahlperiode, *Feststellung ausreichender Rechtssicherheit für deutsche Unternehmen nach § 17 Abs. 2 des Gesetzes zur Errichtung einer Stiftung " Erinnerung , Verantwortung und Zukunft"* , Drucksache 14/6158, 2001. 5. 29, S. 1.

② 徐冰川:《德国要还历史的债》,《信息日报》2001 年 6 月 1 日。

③ 江建国:《纳粹劳工赔偿问题画句号》,《人民日报》2001 年 6 月 7 日。

赔偿和金钱要求。自二战结束以来,民族集体罪责首次成为一种可以量化的指标摆在德国企业家面前,德国媒体和大众无形中在一个企业家的捐助金和他的良知之间构建了一种正比关系,压力可想而知。"记忆、责任与未来"基金运行的实践证明,大部分德国企业家在这次大考中交出了暖心的答卷。

三、"记忆、责任与未来"基金履行的使命

(一) 强制劳工赔偿

2000 年 9 月,"记忆、责任与未来"基金正式启动赔偿工作。基金会要求所有索赔人在 16 个月内向所在国相应机构提出索赔申请,申请人必须提供在二战期间被纳粹德国强征为劳工、从事奴役性劳动的证明材料。德国科隆市有一座纳粹历史档案馆,这里珍藏了所有二战时期的各种档案资料,只要受害者的名字、照片出现在某个档案中,就可视为索赔人。一些查不到任何证据的人可以前往科隆档案馆,向掌握这一历史的有关人员叙述自己当年的经历,如在哪个城市或哪个企业干活,从事了什么工作等。如果所述情况与历史相符,档案馆也会出具相应证明。

2001 年 6 月 15 日,"记忆、责任与未来"基金会向犹太人赔偿联合会和波兰、捷克的强制劳工组织汇出第一笔赔偿款 2.13 亿马克,用于满足 3 万名强制劳工的赔偿要求。赔偿支付就此全面展开。

"记忆、责任与未来"基金会实际掌握了 101 亿马克(约 52 亿欧元)资金,其中 51 亿马克来自约 6500 家德国企业①的募捐,另外 50 亿马克由德国联邦政府承担。出资的德国企业有 40% 是在二战后才建立的,与纳粹德国并无关联也未曾使用过强制劳工。它们出资参与基金会,更多是出于公众压力和集体罪责带来的使命感。

根据 2008 年 7 月 9 日德国政府发布的《联邦政府关于付款完成情况以及"记忆、责任和未来"基金会与伙伴组织合作情况的最终报告》,截至 2007 年底,44 亿欧元用于向强制劳工及其遗属支付赔偿,5100 万欧元用于支付人身伤害赔偿,8800 万欧元用于支付财产损失赔偿。② 166.5 万名强制劳工及其合法继承人得到了赔偿,他们大部分来自波兰、乌克兰、俄罗斯、白俄

---

① 出资企业名单参见 https://www.stiftung-evz.de/stiftung/geschichte/entstehung/praeambel.html。

② Deutscher Bundestag 16. Wahlperiode, *Sechster und abschließender Bericht der Bundesregierung über den Abschluss der Auszahlungen und die Zusammenarbeit der Stiftung"Erinnerung, Verantwortung und Zukunft"mit den Partnerorganisationen*, Drucksache 16/9963, 2008.7.9, S.5.

罗斯等东欧国家,还有部分是犹太人。具体的强制劳工赔偿分布情况见表24①。

表24:"记忆、责任和未来"基金会对二战强制劳工支付赔偿统计表

国家或组织	得到赔偿的强制劳工人数	赔偿总额（亿欧元）
白俄罗斯	129000	3.45
—白俄罗斯	120000	3.25
—爱沙尼亚	9000	0.21
国家移民组织（IOM）	90000	3.86
犹太人要求赔偿联合会（JCC）	159000	0.01149
波兰	484000	9.79
俄罗斯	256000	4.26
—俄罗斯	228000	3.8
—拉脱维亚	13000	0.23
—立陶宛	12000	0.18
—其他独联体国家	3000	0.05
捷克	76000	2.1
乌克兰	471000	8.67
总计	1665000	44

　　"记忆、责任与未来"基金会主要依据3个标准决定强制劳工的赔偿额度:(1)监禁场所的性质和拘留条件;(2)强迫劳动的强度;(3)被纳粹德国驱逐的事实。实际执行中,那些在集中营、被封闭的犹太人居住区或类似环境中遭受奴役的强制劳工,最多可以得到7670欧元赔偿。那些从自己的祖国被运送到纳粹德国或德国占领区、在受监视的情况下从事日常工作的劳工,最多可以得到2560欧元赔偿。被强制从事农业劳动的劳工,最多可以得到2500欧元赔偿。② 但是,战俘这一群体被继续排除在赔偿对象之外,即使他们曾经被纳粹大规模用于强迫劳动。

---

① Deutscher Bundestag 16. Wahlperiode, *Sechster und abschließender Bericht der Bundesregierung über den Abschluss der Auszahlungen und die Zusammenarbeit der Stiftung"Erinnerung, Verantwortung und Zukunft" mit den Partnerorganisationen*, S.6-7.

② Information on payments to former forced labourers, 见 https://www.stiftung-evz.de/eng/the-foundation/facts-and-figures.html。

（二）"记忆与未来"基金

根据《基金会法》的规定，"记忆、责任与未来"基金会还下设一项"记忆与未来"基金（"Erinnerung und Zukunft"Fonds）。1999年6月10日，戴姆勒—克莱斯勒公司的财务总监曼弗雷德·根茨（Manfred Gentz）首次提出建立这个基金的想法，当时引起了一些战争受害者团体的反对，他们主张将所有资金都用于赔偿强制劳工。但德国政府坚持要从100亿马克中拿出一部分，用于更有意义的人道救助和青年交流计划。2000年8月2日，"记忆与未来"基金得到了7亿马克（3.58亿欧元）启动资金，但理论上只能使用其中6亿马克，如果不敷使用则可以使用剩下的1亿马克。

顾名思义，"记忆与未来"基金的使命是在过去与未来之间架起一座沟通的桥梁，通过解决若干历史遗留问题来创造德国乃至欧洲更加美好的未来。在成立之时，其使命是对以下项目进行资助：（1）民族和解；（2）纳粹迫害幸存者的生活；（3）青年交流；（4）社会公平；（5）极权政治和独裁统治的危害研究；（6）人道主义事业的国际合作。① 由此可见，德国不仅要一次性解决强制劳工赔偿问题，更着眼于长远的未来，维护德国的声誉，并且体现了当代德国人的核心价值情结。2001年，"记忆与未来"基金资助了首批人道主义救助项目，对象都是曾遭受纳粹迫害的幸存者。这批项目包括：（1）对以色列的大屠杀幸存者进行家庭访问，41.4万欧元；（2）对乌克兰、俄罗斯、白俄罗斯的战争受害者进行医疗救助，21.4万欧元；（3）对俄罗斯、白俄罗斯、捷克三国战争受害者进行救助的35名志愿者活动经费，14.1万欧元；（4）波兰的移动医疗救助服务，21.4万欧元；（5）波兰集中营和犹太难民营幸存者的疗养，19.8万欧元；（6）白俄罗斯的医疗援助，9.5万欧元。

2001年至2005年，"记忆与未来"基金主要资助了以下几个项目②。

（1）历史见证人计划。邀请二战强制劳工和其他纳粹受害者作为历史见证人，参加各种会谈、知识竞赛、文献记录，推动几代人之间的交流，鼓励年轻人去感悟他们当年遭受的创伤。2002年4月，开展名为"与历史见证人的对话——劳工生涯"的访谈活动，2005年号召青年和市民在二战胜利60周年纪念日访问幸存的战争受害者。2004年开展知识竞赛"欧洲的和平，和平的欧洲"（Frieden für Europa-Europa für den Frieden），推动国际学生和青年团体访问战争受害者接受历史教育。2004年资助"记录奴隶劳工

---

① Fonds "Erinnerung und Zukunft" der Stiftung "Erinnerung, Verantwortung und Zukunft", Tätigkeitsbericht 2001-2005, Berlin, 2006, S.10.

② Fonds "Erinnerung und Zukunft" der Stiftung "Erinnerung, Verantwortung und Zukunft", Tätigkeitsbericht 2001-2005, S.19-20.

的生活"研究项目,并将研究成果于 2005 年公布。在华沙、布拉格、明斯克和莫斯科先后举办名为"纳粹时代的强制劳工"的主题展览。此类项目共计花费 745 万欧元。

(2)资助世界各地的青年和学者,对纳粹主义、专制统治和人权问题进行研究。2003 年 4 月开始资助名为"历史与人权"的研究项目,推动青年学者深入研究纳粹主义与反纳粹力量的历史,并从中得出教训指导现实。2004 年发起"中欧和东欧青年国际辩论赛",2005 年在赫蒂基金会(Hertie-Stiftung)和歌德学院(Goethe-Institut)的组织下分别在波兰和捷克举行辩论赛。2005 年与罗伯特·博世基金会(Robert Bosch Stiftung)合作建立"欧洲历史研究室",致力于推动一体化的欧洲历史研究。2005 年与德国博物馆协会联合出资创立"20 世纪世界史"国际奖学金。此类项目共花费341 万欧元。

(3)资助世界各地慈善事业,特别是对中欧、东欧和以色列二战受害者的救助,通过国际合作加强对这些地区老年人的护理工作。2002 年 4 月 18 日,创立慈善项目"对纳粹受害者的精神关怀和医疗护理",鼓励青年亲自参加对战争受害者的护理工作。2005 年开展"热心的资助——帮助老人的国际合作",致力于长期改善二战受害者中老年人的生活,特别是加强了中欧、东欧和以色列地区城市和乡镇的老年救助活动。此类项目共花费 645万欧元。

(4)2005 年开始资助青年志愿者在社会和文化领域开展国际交流,增进彼此了解,加强集体责任感。开展的两个项目名为"社会领域的国际志愿者"和"加强国际志愿者服务的基础设施"。此类项目共花费 123 万欧元。

(5)"利奥·拜克计划"(Leo Baeck Programm)——在中学和高校里讲授德国犹太人的历史及其文化。这项计划以著名犹太宗教哲学家利奥·拜克(Leo Baeck)的名字命名,联邦总统霍斯特·克勒(Horst Köhler)亲自倡导实施该计划。还有弗里茨·蒂森基金会(Fritz Thyssen Stiftung)、罗伯特·博世基金会等机构也为这一计划出资。为实施这一计划,纽约的"利奥·拜克研究所"开展"将犹太难民遗产搬上银幕"活动,还在柏林建立了"利奥·拜克档案馆"。开展教师进修计划"德国犹太人的生活——教育和深造"。"国际利奥·拜克协会计划"资助青年学者对讲德语的犹太人群体进行研究。此类项目共花费 106 万欧元。

(6)奖学金计划——为国际青年交流提供资助,优先考虑二战强制劳工的后代和亲属。2002 年基金制定了 4 项奖学金计划:①与洪堡大学合作,面向所有专业方向大学生的"柏林奖学金计划";②"伊格纳茨·布比斯纪念奖学金"(Ignatz-Bubis-Gedenkstipendien),资助中欧和东欧的大学生和博士生到以色列特拉维夫大学做访问交流;③与 AFS 国际文化交流组织和德国 YFU 文化交流协会共同建立"中小学留学生交流奖学金";④与布达佩斯的开放社会研究所合作创立"罗马法律奖学金"。2005 年基金又创立了"为来自苏联的青年犹太移民架起历史的桥梁"奖学金。此类项目共花费 314 万欧元。

(三) 基金的意义与价值

2007 年,"记忆、责任与未来"基金会赔偿强制劳工的主要使命基本完成。6 月 12 日,柏林总理府举行仪式,宣布历时 7 年的对二战纳粹强制劳工的赔偿工作正式结束。德国总统和总理在当天的讲话彰显了这项事业的意义与价值。

德国总统霍斯特·克勒在贺词中说道:"今天是德国历史上一个具有重大意义的好日子,我们终于完成了对过去强制劳工的赔偿。超过 150 万名纳粹统治的受害者现在都得到了象征性的经济赔偿,受害者所经受的苦难在被遗忘数十年后,已经得到公开承认。战争结束几十年以后,德国人终于能在这个问题上齐心协力,约翰内斯·劳(前任总统)曾对此充满感激。他当年明确指出,出资参加赔偿基金的国家和企业,都已经认识到由于纳粹暴行而使它们集体承担的责任和道德义务。他以德国人民的名义请求战争受害者的宽恕。今天我充满感激和愉悦的心情,基金会在成立 7 年之后终于圆满完成了使命。"①

德国总理安吉拉·默克尔(Angela Merkel)在贺词中说道,"我们都知道,金钱永远无法弥补人们肉体和心灵受到的创伤。但我们也不能以此为借口,拒绝对纳粹受害者提供人道主义救助。因此自从战争结束以来,我们按照各种法律、规章和协议已经支付了大约 640 亿欧元赔偿,但强制劳工却没有得到全面赔偿。这主要涉及中欧和东欧的劳工,相对于西欧难友他们没有机会得到赔偿。冷战结束后我们终于有机会结束这种不公正的状况,由此带来了众多艰苦的国际谈判。我们必须调和各种利益和诉求达成谅解,找到一个各方都满意的解决方案,当然首先要考虑战争受害者的利益。'记忆、责任与未来'基金会实现了这一愿望。我希望这个基金会继续致力于扩大慈善事业的国际合作。联邦德国永远担负着揭露纳粹暴

---

① Stiftung"Erinnerung, Verantwortung und Zukunft", *Tätigkeitsbericht* 2006-2007, Berlin, 2008, S.10.

行的义务,并将继续抵抗当今世界极权主义的发展。我祝愿基金会在未来取得更多成就"①。

完成对强制劳工的赔偿使命,并不意味着"记忆、责任与未来"基金会使命的终结。该基金会将利用它成立以来积攒的利息和企业的继续捐资,支持民族和解、社会公正和青年交流等项目。这些项目主要在德国和美国、以色列以及中东欧国家之间展开。直到今天这个基金会依然在无声地运作,它展示了德国以实际行动在国际上承担更大责任的勇气和信心。

在更加深远的历史和价值层面上来说,作为一种"集体伤害案件"的处理方案,"记忆、责任与未来"基金可以被视为人类社会处理过去和面向未来的典范和样板。它甚至给其他国家跨越法律障碍去处理历史遗留问题提供了一幅蓝图。从"记忆、责任与未来"基金的实践中,我们也能感受到一句当代德国社会格言的力量:"我们德国人不仅从我们的历史中学习,而且还找到了处理历史的方法,使我们能够成为其他人的榜样。"②

第三节　战争赔偿没有终点

2007 年"记忆、责任与未来"基金完成对二战强制劳工的赔偿工作后,德国举国上下普遍认为,二战战争赔偿就此画上了句号,德意志民族在道德和法律上都完成了对二战纳粹受害者的"赎罪",历史罪恶感转化而来的债务至此一笔勾销。从那以后,德国政治家多次在公开场合表示,德国战争赔偿已经走到终点。最具标志性和影响力的声明发生在 2015 年 3 月 18 日,面对希腊政府提出的千亿欧元巨额战争索赔,德国外长弗兰克·瓦尔特·施泰因迈尔(Frank Walter Steinmeier)和联邦政府发言人斯特芬·塞伯特(Steffen Seibert)在同一天发表声明——德国战争赔偿"在法律和政治上都结束了"(rechtlich und politisch abgeschlossen)。③

然而,直到 2020 年的历史表明,德国二战赔偿仍未走到它的终点。战争赔偿不再是一个可以在法律上依照赔偿法律独立审判执行的案件,或政

---

① Stiftung"Erinnerung, Verantwortung und Zukunft", *Tätigkeitsbericht* 2006–2007, S.11.

② 德语原文是"Wir Deutschen haben nicht nur aus unserer Geschichte gelernt, sondern auch einen Umgang damit gefunden, der uns zum Vorbild für andere werden lässt."参见 Peer Heinelt, *Die Entschädigung der NS-Zwangsarbeiterinnen und-Zwangsarbeiter*, Norbert Wollheim Memorial, Frankfurt am Main, 2008, S.48。

③ NS-Verbrechen in Griechenland: Steinmeier nennt Debatte über Reparationen "gefährlich", Spiegel Online, 2015.3.18, 见 https://www.spiegel.de/politik/deutschland/reparationen-an-griechenland-steinmeier-nennt-debatte-gefaehrlich-a-1024158.html。

治上通过双边谈判达成一揽子协议来解决的问题。首先,各种纳粹受害者组织及其政治代言人不断"发现"新的此前没有得到赔偿的受害者群体,并在媒体和法庭上提出对德国政府的索赔要求。其次,欧元时代德国经济在欧盟内部一枝独秀并获得巨额顺差,波兰和希腊这样高度依赖德国财政援助的经济弱国一旦无法从德国得到满足,就会重启赔偿话题,置德国政府于道德困境当中。最后,2020年暴发并肆虐全球的新冠肺炎疫情,让德国政府出于道义责任又支出了一大笔纳粹受害者救济金,也在事实上延续了战争赔偿。可以看出,无论德国政府和人民愿意与否,战争赔偿都将成为他们漫长的责任。

一、犹太人"孤儿基金"与苏联战俘赔偿

"孤儿"和"战俘",两个毫不相干的群体却在21世纪前10年同时被德国政府列入战争受害者的范畴和战争赔偿的对象,这就不仅是一个可供观察的外交事务,而且是一个具有哲学深度的话题。

战争中失去双亲的儿童代表了战争对人性终极的扭曲——最弱小最无辜的人却受到了最严重最深远的伤害。战争孤儿受到的更多是隐秘却终其一生的心理创伤。然而,因为他们年龄幼小且对战争伤害缺乏记忆难以复述,成年之后也能成家立业,看似与常人无异,所以外界一般不会关注他们的心理创伤和人格缺失。

战俘是"战争或武装冲突中落于敌方权力之下的合法交战者"[1],这是1929年《关于战俘待遇的日内瓦公约》的定义。人们对战俘的印象大概与孤儿是完全相反的,他们凶残且罪有应得。正因为如此,在人类大部分的历史中,战俘都是战争中最缺少人权的群体,任由战胜方处置。在原始社会和奴隶时代,战俘甚至是战争中最重要的战利品,构成了奴隶阶级最初和最主要的来源。直到1929年才出现的第一个要求给予战俘人道待遇的《日内瓦公约》,却在第二次世界大战中被视同废纸,大规模虐待和残杀战俘事件在东西方战场都频繁出现。战俘最基本的生存权利尚且无从保障,想要为非人道待遇索取赔偿无异于天方夜谭。

因此,当孤儿和战俘这两个最容易被忽视或轻视的战争受害者边缘群体从德国政府得到赔偿时,这一行动本身就意味着德国对二战罪责的理性反思进入了一个全新的高度。

---

[1]　邵津:《国际法》(第五版),北京大学出版社2014年版,第530页。

（一）犹太人"孤儿基金"

战争应该让孩子走开，战争却从未让孩子走开。心理学家安娜·弗洛伊德（Anna Freud）对二战孤儿的一项心理学研究，揭示了这个群体悲惨的命运。早在二战期间弗洛伊德就开始研究德军轰炸给英国儿童带来的心理创伤问题。在汉普斯特德托儿所（Hampstead Nurseries）的"儿童之家"，弗洛伊德深入研究了那些失去父母并被安置在这里的儿童，分析战争经历（空袭、防空洞里的夜晚、与父母分离和疏散等）对他们的身体和心理产生了什么影响。二战结束后，弗洛伊德又对6名从捷克特莱西恩施塔特集中营幸存下来的年龄在3岁至4岁之间的儿童进行精神分析，他们的父母都在他们6个月至12个月大时被杀害。在这么小的时候就成了孤儿，他们应该对战争没有记忆。1951年，弗洛伊德发表了她的研究结果：这些孩子非常敏感、烦躁不安并具有攻击性。他们表现出越来越多的自体情欲，其中一些人的神经质症状初露端倪。[①] 20世纪80年代，一项对这些孤儿的追踪研究显示，尽管已经建立了家庭并有了自己的孩子，成年的孤儿仍然感到没有归属感，并时常因大屠杀中失去的亲人而痛苦不已。[②]

二战结束后很长一段时间，在犹太人大屠杀中失去父母的"儿童幸存者"（Child Survivors）都是在战争赔偿事务中被长期忽视的一个群体。一方面，他们可能已经因为父母的遭遇，以法定继承人的身份从德国得到了"迫害赔偿"或"财产补偿"。另一方面，德国政府认为，这些孤儿在二战时还很幼小，因此不记得纳粹的暴行，也不可能从这些暴行中"受罪"。21世纪初，当"大屠杀幸存者"和强制劳工赔偿都得到解决之后，犹太人开始意识到，"犹太孤儿"这一特殊的群体遭遇了独特的"二次创伤"（Sekundäre Traumatisierung），影响了他们的一生，他们也应该并且必须得到赔偿。当德国政府宣布"记忆、责任与未来"基金完成强制劳工赔偿使命后，犹太人马上启动了这项工作。

2007年，旨在帮助大屠杀幸存者的以色列慈善机构"费希尔基金"（Fisher Fund）首次尝试为遭受二次创伤的犹太人受害者向德国申请经济赔偿。该基金总干事巴鲁克·马佐尔（Baruch Mazor）与德国财政部接洽，要求每年支付1000万至2000万美元用于二次创伤者的精神治疗费用。费希尔基金会宣布，如果不能达成友好的解决方案，将采取法律行动。德国财政

---

① Anna Freud, Sophie Dann, "An Experiment in Group Upbringing", in *Psychoanalytic Study of the Child*, 1951. 6, pp.127-168.

② Benjamin Bloch, *Psychosoziale und medizinische Auswirkungen der Shoah auf die Generation der Child Survivors*, Tagungsband 2011, S.16.

部的回应是,费希尔基金的呼吁无法得到满足,因为根据目前的法律状况,只有纳粹暴政的直接受害者才能要求赔偿,而他们的后代则不能。①

在被德国拒绝之后,犹太人世界开始深入讨论并研究纳粹间接受害者的心理创伤问题,并争取舆论的支持。迫于压力,德国政府内部也开始积极关注这一问题。2012 年,联邦议院科学服务部出版《纳粹间接受害者的二次心理创伤》,对二次心理创伤的医学发现过程、事实和规模、治疗建议等做了深入调查,为联邦议院内部讨论提供了科学依据。2013 年 1 月 30 日,联邦议院举行纳粹受害者纪念日活动,来自不同国家的 80 名年轻人受邀参加并讲述了纳粹对他们祖辈的迫害带给他们的二次创伤。② 此后不久,在2013 年 5 月与赔偿联合会的谈判中,德国政府承诺在 2014 年的讨论中"同情地考虑"这一问题。③ 双方决定成立一个工作组,审查 1928 年以后出生的犹太孤儿的特殊困境,研究他们的独特创伤及其晚期症状。

2014 年 8 月 28 日,德国财政部与赔偿联合会在柏林举行"2 号赔偿协议"的修订谈判。双方同意设立一个金额为 2.5 亿美元的联合基金,为犹太人大屠杀的儿童幸存者提供赔偿。④ 1928 年 1 月 1 日之后出生的犹太人幸存者,如果他们童年时因为犹太人的身份被囚禁在集中营、犹太区或劳动营,或在纳粹德国及其占领区躲藏或以假身份生活了 6 个月以上,就有权申请 2500 欧元的一次性赔偿金,用于心理和医疗治疗。⑤ 这一基金名为"儿童幸存者基金"(Child Survivor Fund),也被称作"孤儿基金"(Orphan Fund)。全世界符合条件的犹太人幸存者,即使他们已经通过其他赔偿法律或基金领取过赔偿金,也可以因他们的童年遭遇再次申请"孤儿赔偿"。

2015 年 5 月 3 日,德国总理默克尔在纪念达豪集中营解放 70 周年的典礼上表示,德国人永远不会忘记纳粹在死亡集中营所造成的"令人难以置信的恐怖"。与此同时,赔偿联合会向大屠杀儿童幸存者支付了首批总额为 6000 万美元的赔偿金。赔偿联合会主席朱利叶斯·伯曼(Julius Ber-

① Deutscher Bundestag Wissenschaftliche Dienste, *Sekundäre Traumatisierung mittelbarer NS-Opfer*, Berlin, 2012, S.14-15.

② Deutscher Bundestag Referat Öffentlichkeitsarbeit, *Tag des Gedenkens an die Opfer des Nationalsozialismus*, Berlin, 2013, S.10-27.

③ Conference on Jewish Material Claims Against Germany, 2012/2013 Annual Report, Board of Directors & Senior Staff, p.18.

④ 虽然签约时没有明确双方的出资比例,但 2015 年赔偿联合会在新闻发布会上承认"孤儿基金"大部分(至少 75%)由德国财政部资助。

⑤ Deutscher Bundestag, 19. Wahlperiode, *Antwort der Bundesregierung：Verbesserung von Entschädigungsleistungen für NS-Opfer unter Sinti und Roma*, Drucksache 19/7545, 2019.2.5, S.5.

man)在新闻发布会上说:"这些儿童忍受着与父母分离的毁灭性打击,目睹了难以想象的暴行,遭受着营养不良和饥饿,并经历了夺去他们童年的其他迫害。所有这些都产生了累积效应,并导致晚期问题,直到现在才在幸存者的晚年表现为身体和心理症状"①。在战争结束 70 年后还能够因为童年的遭遇获取赔偿,这在人类历史上还是第一次。

截至 2020 年 12 月,赔偿联合会已审查通过 69145 项对"孤儿基金"的申请,并支付了约 1.85 亿美元。② 根据 20 世纪 80 年代以来德国政府与赔偿联合会的协议,截至 2020 年仍然有 3 个赔偿项目正在运作——"困难基金"(Hardship Fund)、"2 号协议基金"(Artikel 2 fonds)和"孤儿基金"(Child Survivor Fund),全世界的犹太人纳粹受害者仍然可以根据自身状况从中申请赔偿援助。除此之外,赔偿联合会已经成为向世界各地的犹太人大屠杀幸存者提供包括家庭护理、饥饿救济、医疗、交通和其他各种形式的援助在内的综合服务机构。相对于其他纳粹受害者群体,犹太人纳粹受害者的赔偿和抚恤在战争结束后的 75 年间得到了圆满的解决。

(二) 苏联战俘赔偿

伊曼努尔·康德(Immanuel Kant)在他的名著《道德形而上学奠基》中认为,人的尊严具有绝对的价值。康德如此表述"人是目的本身"的观点:"人,以及一般的每一个理性存在者,都作为自在的目的本身而实存,而不仅仅作为这个或那个意志随意使用的手段。人,在他的一切不管指向自己还是其他理性存在者的行动中,都必须总是同时被看作目的。"③由此,康德得出结论:"实践命令将是如下所述:你要这样行动,把不论是你的人格中的人性,还是任何其他人的人格中的人性,任何时候都同时用作目的,而绝不只是用作手段。"④康德"人永远是目的而不是手段"的观点,意味着尊重所有人的自主权和尊严,任何时候任何人甚至上帝都不能把人只是当作工具来加以利用。康德的人道主义理想在很大程度上影响了其后战争国际法的立法精神。

1929 年《关于战俘待遇的日内瓦公约》(Abkommen über die Behandlung der Kriegsgefangenen)在一定程度上吸纳了康德的人道主义和伦理思想。

① Jewish Telegraphic Agency, *Child Holocaust survivors get ＄60 million in a single day*,见 https://www.jta.org/2015/05/29/global/child-holocaust-survivors-get-60-million-in-a-single-day。
② Child Survivor Fund,见 https://www.claimscon.de/unsere-taetigkeit/individuelle-entschaedigungsprogramme/entschaedigungsprogramme-erfahren-sie-mehr/child-survivor-fund.html。
③ [德]康德:《道德形而上学奠基》,杨云飞译,人民出版社 2013 年版,第 62 页。
④ [德]康德:《道德形而上学奠基》,杨云飞译,人民出版社 2013 年版,第 64 页。

公约在第 2 条就强调了战俘尊严的不可侵犯："战俘受敌国的暴力侵害,但不受俘虏他们的人或单位的暴力侵害。他们在任何时候都必须得到人道的对待,特别是受到保护,不受暴力、侮辱和公众好奇心的影响。禁止对他们进行报复。"公约第 3 条规定,"战俘的人身和名誉应受尊重。战俘应保留其全部公民权利"。此外,公约第 9 至 13 条规定,囚犯的基本人类需求必须得到充分满足:住宿和食物供应的性质应与本国预备役部队的条件相似,并应达到足够的卫生和医疗标准,以防止大规模疾病,并能够为病人和伤员提供医疗服务。①

　　然而,二战期间苏联战俘在纳粹德国的遭遇,不仅是对《日内瓦公约》的粗暴践踏,更体现了德国法西斯势力把战争中的弱者当作"纯粹的手段"的反人类本质。在 1942 年 1 月 15 日东部第四战区司令官提交的《关于根据实际需求对苏联战俘进行劳动调配的必要性的备忘录》中有这样的记录:"应该把从事劳动的俄国人的数量限制在尽可能低的水平上,而单个俄国人的劳动产出及其质量应该提高到尽可能高的水平。"苏联战俘的生命价值在这里被置于他们的劳动能力和纳粹战争经济的需求之间。指挥官总结说:"如果把不适当的饮食放入'人类工作机器',只能获得不适当的工作产出。"②从"人类工作机器"(menschliche Arbeitsmaschine)的称呼中可以看出,苏联战俘在纳粹领导层眼中只是一种手段,本身没有目的。德国国防军军需处处长爱德华·瓦格纳更加直白——"不干活的战俘必须饿死"③。

　　纳粹对苏联战俘的野蛮对待,只能在整个东方灭绝战争的背景下理解。希特勒对苏联的侵略战争具有经济和意识形态的双重目标——既要扩展东方生存空间和资源基地,又要消灭"犹太布尔什维克主义"和"低等"的斯拉夫人。纳粹的种族主义意识形态决定了,他们把苏联战俘列入所谓"亚人类"(Untermenschen)的行列。正是在这种种族和意识形态双重歧视叠加的思想主导下,继欧洲犹太人之后,苏联战俘(sowjetische Kriegsgefangene)成为二战期间纳粹统治的第二大受害者群体。共有 570 万苏联红军将士成为德国战俘,其中 330 万人死于强迫劳动、饥饿、寒冷、疾病和大规模处决,死

① Bundesrechtkonsolidiert, *GesamteRechtsvorschrift für Schutz der Opfer des Krieges*(1929), 见 https://www.ris. bka. gv. at/GeltendeFassung. wxe? Abfrage = bundesnormen&Gesetzesnummer = 10000191。

② Verena Meier, "Menschliche Arbeitsmaschinen", Philosophische Überlegungen zum Diskurs des NS‒Regimes über sowjetische Kriegsgefangene im Arbeitseinsatz, in *Minderheiten und Arbeit im 19. und 20. Jahrhundert*, Daniela Gress, Universitätsbibliothek Heidelberg, 2019, S.128.

③ Deutscher Bundestag, 18. Wahlperiode, *Finanzielle Anerkennung von NS‒Unrecht für sowjetische Kriegsgefangene*, Drucksache 18/3316, 2014. 11. 25, S.1.

亡率达到了惊人的 60%。如果这个数字还不够骇人的话,请注意同时期其他盟军战俘的死亡率是 3.5%。① 造成苏联战俘大量死亡的根本原因并非战后联邦德国政府长期解释的食物和药品匮乏,而是纳粹领导层的蓄意政策。纳粹领导层把整个东方战争,特别是对苏联的战争作为一场灭绝性的战争来进行,希望有针对性地彻底消灭"种族低劣"的斯拉夫人。②

综上所述,二战苏联战俘不仅是 1929 年《日内瓦公约》定义的"合法交战者",而且是事实上的纳粹受害者,理应和犹太人一样得到赔偿。然而,整个冷战期间他们的权利都被忽略了。很多战后返回苏联的战俘甚至被视为懦夫和祖国的叛徒而面临惩罚,苏联政府从未想过为他们争取赔偿。在联邦德国的记忆文化中,苏联战俘属于"被遗忘的受害者",纳粹针对他们的罪行长期被忽略。德国统一后,苏联战俘自发的零散的赔偿申请无一例外被驳回,因为他们不具有法定的"纳粹受害者"身份。2000 年成立的"记忆、责任与未来"强制劳工赔偿基金也全面排除了苏联战俘,尽管苏联战俘是二战强制劳工主要来源之一。这种情况直到 2014 年之后才出现转变。

2013 年 12 月,默克尔开启了她的第三个总理任期。相对于此前两个任期的"价值观外交"——主张通过欧美国家的"共同价值观"来凝聚力量应对新挑战和其他安全威胁,默克尔的外交政策在 2014 年后出现了重大调整,放弃了以价值观为唯一导向的外交政策,提出了现实利益与价值观二元并重的政策导向原则。③ 在与非西方大国的交往中,德国显得更加务实。两德统一后,德国对俄罗斯的外交一直是其外交政策的中心点之一。尤其在能源领域,默克尔把与俄罗斯的合作置于"中心地位"。因为在 2011 年日本福岛核电站事故之后,德国政府决定彻底放弃核能,宣布将于 2022 年前关闭国内所有的核电站,使德国成为首个不再使用核能的主要工业国家。由此导致德国将高度依赖俄罗斯的天然气能源以及承载这一能源运输的海底天然气管道项目——"北溪 1 号"(Nord Stream 1)和"北溪 2 号"(Nord Stream 2)。默克尔政府推动建立与俄罗斯的战略伙伴关系,为苏联战俘寻求赔偿提供了可能。

2014 年 9 月,绿党议会党团首次在联邦议院提出《承认对苏联战俘犯下的罪行并给予经济援助》的议案:"德国联邦议院明确承认,对苏联战俘

---

① Jan Korte, "Die vergessenen Opfer: Sowjetische Kriegsgefangene", in *Befreiung und Befreier, Vernichtungskrieg in Osteuropa und das Schicksal der sowjetischen Kriegsgefangenen im deutschen Bewusstsein*, Fraktion DIE LINKE im Bundestag, 2015, S.6.

② Deutscher Bundestag, 18. Wahlperiode, *Finanzielle Anerkennung von NS-Unrecht für sowjetische Kriegsgefangene*, Drucksache 18/3316, 2014. 11. 25, S.1.

③ 朱瑞清、张健:《默克尔的"德式"风格外交》,《人民论坛》2016 年第 8 期。

犯下的严重罪行是纳粹主义的不法行为。"①绿党要求在赔偿法律框架外，向幸存的苏联战俘提供一次性的 2500 欧元援助金，以补偿他们遭受的纳粹不公正待遇。绿党还建议加强对苏联战俘和其他斯拉夫纳粹受害者的纪念文化建设，甚至为他们修建一座纪念馆。

11 月，左翼党议会党团也在联邦议院提出《在财政上承认纳粹对苏联战俘犯下的罪行》议案："时至今日，苏联战俘仍被排除在任何形式的物质补偿之外，在联邦议院看来，这一事实是可耻的。"②左翼党建议，按照"记忆、责任与未来"基金赔偿强制劳工的最高标准，向仍然在世的苏联战俘提供 7670 欧元的一次性个人赔偿。

应反对党的要求，德国联邦议院于 2015 年 2 月 5 日就苏联战俘的财政补偿问题进行了辩论。社会民主党也加入了支持赔偿的行列，最终促使联邦议院决定将这些动议提交给预算委员会制订一个解决方案。5 月 6 日，德国总统约阿希姆·高克（Joachim Gauck）选择在曾经关押苏联战俘的北威州小镇施洛斯霍尔特—施图肯布罗克（Schloß Holte-Stukenbrock）发表纪念二战结束 70 周年的重要演讲："我们正在纪念这场战争中最大的罪行之一：数百万红军士兵作为战俘在德国丧生。他们惨死于疾病，被饿死，被杀害。我们要完成一项在战争结束 70 年后仍然存在的任务：让苏联战俘的命运走出记忆的阴影。"③这是二战后德国元首第一次在战俘营公开谢罪，高克的演讲对推动联邦议院尽快落实苏联战俘赔偿发挥了关键作用。

2015 年 5 月 21 日，德国联邦议院决定拨出 1000 万欧元预算用于赔偿苏联战俘。具体要求是，1941 年 6 月 22 日至 1945 年 5 月 8 日苏德战争期间，作为战俘被德国关押的苏联武装部队成员，最迟可在 2017 年 9 月 30 日前申请一次性赔偿金 2500 欧元。赔偿并非法律义务，而是救助性质。只有当事人或一个被授权人可以提出申请，且赔偿权利不可转让、不可继承。④

① Deutscher Bundestag, 18. Wahlperiode, *Anerkennung der an den ehemaligen sowjetischen Kriegsgefange-nen begangenen Verbrechen als nationalsozialistisches Unrecht und Gewährung eines symbolischen fi-nanziellen Anerkennungsbetrages für diese Opfergruppe*, Drucksache 18/2694, 2014.9.29, S.1-3.

② Deutscher Bundestag, 18. Wahlperiode, *Finanzielle Anerkennung von NS-Unrecht für soujetische Kriegsgefangene*, Drucksache 18/3316, 2014. 11. 25, S.1.

③ Joachim Gauck, "*Wir vergessen nicht*", *Reden zum Gedenken an die Opfer des Nationalsozialismus und des Zweiten Weltkrieges in Bergen-Belsen*, Berlin, Dresden, Lebus, Schloß Holte-Stukenbrock 2015, Bundespräsidialamt Presse-und Öffentlichkeitsarbeit, 2015, S.34-42.

④ Bundesministerium der Finanzen, *BekanntmachungderRichtlinieüber eine Anerkennungsleistung an ehemalige sowjetische Kriegsgefangene (ASK - Anerkennungsrichtlinie)*, Bundesanzeiger, 2015. 10. 14, S.1-2.

当时估计约有 4000 名苏联战俘仍然在世。截至 2017 年 9 月 30 日，德国政府共收到 2025 份申请，批准了 1175 份。① 仍然有一些战俘因为条件不符或程序烦琐被拒之门外。

可以看出，德国对苏联战俘的赔偿存在 3 个缺陷。首先，申请赔偿的窗口期很短，只有大约 2 年时间。其次，赔偿权利不可继承，而且是一次性付款。最后，赔偿对象局限于仍然在世的约 4000 名苏联战俘，他们只占 570 万苏联战俘很小一部分，死于纳粹迫害和战后岁月的苏联战俘的继承人无权申请赔偿。相对于犹太人来说，这种赔偿方案显然非常不公，在很大程度上是一种象征性姿态。

以左翼党议会党团副主席扬·科尔特（Jan Korte）为代表的一批在野党议员显然也发现了苏联战俘赔偿方案的巨大缺陷。2016 年以来，他们不断在联邦议院发表提案，要求承认苏联战俘作为"纳粹受害者"的法律地位，并延长苏联战俘赔偿申请的期限。② 可以预见的是，如果未来苏联战俘成为德国法律认可的"纳粹受害者"，那么战争中被虐待而死的 330 万苏联战俘的后代将有可能像犹太人那样，发起新一轮的索取赔偿运动。我们也可以看出，左翼党正在代替和扮演社民党和绿党的传统角色，成为联邦议院和德国内部推动"被遗忘的受害者"赔偿的主要力量。

二、波兰和希腊向德国重新索赔事件

2000 年以来，有两个国家在德国赔偿问题上特别活跃。波兰和希腊频繁地在政府层面向德国索取天文数字的战争赔偿，并毫不掩饰地将他们的要求公之于世，让德国政府陷入巨大的尴尬和困境当中。在国际社会看来，他们让德国赔偿日益成为一个话题而不是事务。天文数字的赔偿要求和双方政治家激烈的嘴仗，看起来更像是一场令人瞠目结舌的闹剧。德国政府当然不愿让 70 多年来的战争赔偿努力以及因此积累起来的国际声誉因为两国的攻击而化为虚无，从 2003 年开始，德国财政部不断发布二战后战争赔偿的报告——《对纳粹不法行为的赔偿，关于赔偿的规定》（Entschädigung von NS-Unrecht, Regelungen zur Wiedergutmachung）③，向国

---

① Deutscher Bundestag, 19. Wahlperiode, *Bilanz der Anerkennungsleistung für sowjetische Kriegsgefangene*, Drucksache 19/374, 2018. 1. 5, S.1.

② Deutscher Bundestag, 18. Wahlperiode, *Anerkennung der sowjetischen Kriegsgefangenen als NS-Opfer*, Drucksache 18/8422, 2016. 5. 11, S.1.

③ 该报告至今已发布 7 次，分别是 2003 年、2006 年、2011 年、2012 年、2019 年、2020 年、2021年，每一版都在之前的基础上进行了修订。

际社会"公示"德国 70 多年来主动赔偿纳粹受害者的诚意和巨额的赔偿支出。然而,这番开诚布公看起来没能平息波兰和希腊的怒火,赔偿仍然是一个悬而未决的问题。重新索赔事件展示出欧盟内部将赔偿问题"政治工具化"的危险倾向,其背后是欧洲一体化进程的深刻危机。

（一）波兰

尽管冷战时期和 20 世纪 90 年代德国已经通过"养老金补贴"和"和解基金"的方式对波兰纳粹受害者进行了赔偿,但这仍然不能满足波兰民间的心理预期。在此有必要回顾战后初期苏联解决波兰赔偿问题的过程,否则就不能理解 2000 年后波兰重提赔偿的逻辑。

1945 年 8 月 2 日同盟国发布的《波茨坦会议公报》第 4 章"德国的赔偿"中明确规定,德国被划分为东部和西部的赔偿区,"苏联所提的赔偿要求,将以没收德国境内苏占区内的资产及相应的德国国外投资予以满足。苏联将从其所得的赔偿额中,解决波兰的赔偿要求"①。

1945 年 8 月 16 日,苏联和波兰缔结了一项关于满足波兰赔偿要求的协议,苏联放弃了对波兰境内原德国东部领土上德国财产和企业资产的要求。也就是说,波兰政府没收的境内德国资产都归自己所有。此外,苏联还将苏占区物质赔偿的 15% 分配给波兰。作为回报,波兰向苏联交付了 800 万至 1200 万吨"德国煤"。根据 1938 年的世界市场价格,德国向苏联和波兰支付的赔款总额的数字在 60 亿至 317 亿美元之间②,这还不包括奥德尼斯河以东被没收的德国资产的价值。

1953 年 8 月 22 日,苏联宣布将于 1953 年底停止向民主德国收取赔偿。第二天,波兰政府发表《波兰人民共和国政府关于苏联政府对德国的决定的声明》,宣布从 1954 年 1 月 1 日起放弃对德国进一步的赔偿要求。事实上,因为波兰的赔偿权利被强行与苏联赔偿权利捆绑在一起,波兰政府是被苏联强制要求放弃赔偿的。这就给后来波兰政府和民间屡次提出新的赔偿要求埋下了伏笔。

两德统一后,德国社会在 20 世纪 90 年代兴起了一股记忆文化的潮流,纪念盟军轰炸战争和东部领土驱逐运动的德国受害者。这股思潮很大程度上激化了德波关系。2000 年 12 月,部分德国被驱逐者及其后代注册成立了一家"普鲁士托管事务股份有限公司"（GmbH Preußische Treuhand）。这

① [俄]萨纳柯耶夫、崔布列夫斯基编:《德黑兰、雅尔塔、波茨坦会议文件集》,北京外语学院俄语、德语专业 1971 届工农兵学员译,生活·读书·新知三联书店 1978 年版,第 513 页。

② Theodor Schweisfurth, *Polnische Forderungen Reparationen an Polen?* Frankfurter Allgemeine Zeitung, 2004. 9. 16, Nr.216, S.10.

家公司以"犹太人要求物质赔偿联合会"为样板,试图为德国前东部领土损失的居民财产索赔,要求二战末期和战后驱逐了德国居民的国家退还"违反国际法没收的德国人财产"。成立股份公司的目的是,被驱逐者通过社会机构来起诉要求个人赔偿,从而避开欧洲国家不接受德国公民个人对另一国家政府战争赔偿要求的现实。① 这家公司成立后,开始向波兰法院甚至欧洲人权法院提起诉讼,迅速激起了波兰举国上下的愤怒。波兰社会普遍认为,相对于德国居民在东部领土的损失,纳粹德国给波兰国家和人民带来的损失要大得多,并且(与犹太人相比)远未得到公正的赔偿。

为了对德国民间的索赔活动进行反制,2004 年,时任华沙市长莱赫·卡钦斯基(Lech Kaczyński)委托一个专家小组估算二战期间华沙被摧毁造成的损失,计算结果是 453 亿美元。9 月 10 日,波兰议会发表声明:"波兰尚未得到足够的经济补偿和战争赔偿,以弥补德国侵略、占领、种族灭绝和波兰丧失独立所造成的全部破坏和物质及非物质损失",进而呼吁政府"在这一问题上对德国政府采取适当的行动"。② 当波兰议会表决这项决议时,除 130 多名议员响应总统号召没有参加表决外,在场的各政党共 329 名议员,除一票保留之外竟然全部投了赞成票,显示出波兰政治体制转轨以来前所未有的"同仇敌忾"。③

波兰议会还从法律和外交层面解释了赔偿要求的合理性。首先,根据国际法规定,对战争罪的赔偿要求没有时效限制,否则就不能真正实现对战争罪的惩罚。④ 其次,1953 年 8 月 23 日波兰政府放弃赔偿的声明无效。因为,该声明不仅是在苏联领导层的压力下做出的,而且违反了当时有效的1952 年发布的波兰人民共和国宪法。根据宪法规定,负责批准和终止国际条约的机构不是部长会议而是国务委员会。⑤ 1953 年部长会议放弃赔偿的声明不仅违宪,而且在国际法上无效。它是在苏联胁迫下产生的,而且只是向民主德国宣布。1990 年两德统一的关键性外部条约《最终解决德国问题的条约》是由"2+4"外长会议决议签订的,波兰并不是缔约国,因此不受该条约的约束。

---

① 郭小沙:《2006—2007 德国盘点与发展趋势》,《德国研究》2007 年第 1 期。

② Wortlaut des polnischen Beschlusses von 10. 9. 2004 zur Kriegsentschädigung, Welt, 2004. 9. 13.

③ 江建国:《波兰议会为何重提战争赔偿》,《人民日报》2004 年 10 月 18 日。

④ Deutscher Bundestag Wissenschaftliche Dienste, *Griechische und polnische Reparationsforderungen gegen Deutschland*, WD 2-3000-066/19, 2019. 6. 14, S.9.

⑤ Deutscher Bundestag Wissenschaftliche Dienste, *Griechische und polnische Reparationsforderungen gegen Deutschland*, S.10.

德国政界闻讯作出强烈反应。社会民主党主席弗朗茨·明特费林（Franz Müntefering）斥之为"挑衅"，从社民党到联盟党的议员都对这个决议表示"愤怒""震惊""遗憾"。① 德国政府支持一批学者在媒体上发出了反对的声音。"赔偿的界限和空间"（Grenzen und Räume der Wiedergutmachung）研究项目负责人、慕尼黑大学教授汉斯·京特·霍克茨（Hans Günter Hockerts）认为，波兰议会"落入了过去的陷阱"，"而对过去进行历史澄清和分类是当代历史的重大任务之一"②。法学家西奥多·施韦斯富特（Theodor Schweisfurth）在《法兰克福汇报》发文认为，"任何国家都可以放弃索赔。根据国际法，弃权是一种单边法律交易。一旦某项权利要求因弃权而消灭，旧的权利要求就不能通过'撤销'弃权而得到恢复。波兰的赔偿要求就属于这种情况"。他还指出，1970 年 12 月 7 日联邦德国和波兰缔结两国关系正常化的《华沙条约》时，波兰曾向西德政府确认，1953 年 8 月 23 日的赔偿豁免是指整个德国的赔偿。③

幸运的是，波兰政府在 2004 年没有响应议会的呼吁。当德国政界纷纷反对后，波兰政府外交部发言人旋即表示，战争赔偿问题已经结束。事实上，1990 年两德统一以来，波兰通过"德波和解基金"已得到了 5 亿马克赔偿，通过"记忆、责任与未来"基金得到了 9.79 亿欧元的强制劳工赔偿。波兰政府对此是很明确的。德波赔偿纷争因此告一段落。但是，引发波兰赔偿要求的内部情绪和外部矛盾一个也没有解决，赔偿话题长期蛰伏在波兰少数学者专家圈子里，只待一个时机再度重启。

2015 年 10 月，波兰法律与公正党在选举中获胜，成为议会第一大党，并获得独立组阁资格。该党是一个右翼保守主义政党，主张波兰民族利益、国家利益高于一切，甚至为此不惜与传统友好国家公开冲突。该党反对欧盟制定的难民安置计划，反对欧盟被德、法等大国主导。法律与公正党的上台，让德波关系进入了一个充满不确定性的新阶段。

2017 年夏，赔偿话题在波兰意外地重新启动，其倡议来自于法律与公正党党魁雅罗斯瓦夫·卡钦斯基（Jaroslaw Kaczyński）。7 月 1 日，卡钦斯基在党代会上宣布，波兰从来没有对二战期间遭受的巨大损失提出赔偿要求，但幸运的是，波兰"从未放弃过赔偿要求"。现在有必要采取行动进行"历

---

① 江建国：《波兰议会为何重提战争赔偿》，《人民日报》2004 年 10 月 18 日。

② Hans Günter Hockerts, *Grenzen und Räume der Wiedergutmachung. Die Entschädigung für NS Verfolgte in West-und Osteuropa*, Tagungsbericht, H-Soz-Kult, 2004.11.15.

③ Theodor Schweisfurth, *Polnische Forderungen Reparationen an Polen? Frankfurter Allgemeine Zeitung*, 2004. 9. 16, Nr.216, S.10.

史性的反攻",这涉及"巨额资金"和"德国长期以来拒绝为第二次世界大战承担责任"的事实。① 卡钦斯基的讲话公开后,波兰《新闻》(*Sieci*)周刊在最新一期的封面上印上了这样的标题——"德国人因战争恐怖欠我们6万亿美元",背景是希特勒的大图,旁边可以看到燃烧的华沙皇家城堡和德军士兵。② 波兰各地纷纷举行纪念活动,以纪念1944年8月1日开始的华沙起义。

8月2日,德国政府发言人乌尔丽克·德默(Ulrike Demmer)表示,"德国在政治、道义和财政上都承担了历史责任,已经为包括波兰在内的一般战争损失作出了重大赔偿,并且仍在为纳粹的不法行为支付大量赔偿。德国对波兰的赔偿问题过去在法律和政治上都得到了最终解决。1953年8月,波兰宣布放弃对整个德国索取进一步赔偿,并在随后一再确认这一点"③。德国联邦议院科学服务部也发布报告《德国与波兰局势特别审视下的战争赔偿国际法基础与边界》,依据国际法规定的索取赔偿的条件限制,对波兰的赔偿要求进行反驳。

德国政府的强硬态度点燃了波兰政治家的怒火,人类历史上要求战争赔偿的最高纪录就此出现。9月4日,波兰外长维托尔德·瓦什奇科夫斯基(Wytold Waszczykowski)接受波兰电视台采访时表示,波兰和德国应该就二战赔偿进行"认真的谈判",波兰政府的赔偿要求是1万亿美元(约8300亿欧元),甚至1万亿欧元的金额也是"可以想象的"。9月7日,波兰总理贝娅塔·希德沃(Beata Szydlo)在接受波兰火星电台(RMF FM)采访时表示,波兰政府有权对德提出赔偿要求,"一旦作出决定,波兰政府将正式提出其在赔偿问题上的立场"④。波兰政府提出了一个天文数字的赔偿要求,虽然其事实和法理依据无从谈起,但却成功吸引了全球舆论的关注。只是在外界看来,原本严肃沉重的赔偿事务却变成了一出活脱脱的闹剧,不免贻笑大方。

2018年后,德国政府尝试改变策略以缓和波兰的情绪。2月8日,基民盟、基社盟和社民党签署名为"欧洲的新起点、德国的新活力、我们国家的

① Ivo Mijnssen, *Warschau will Reparationen aus Berlin*, Neue Züricher Zeitung, 2017.8.9, S.5.
② Eigene Regierungsmitarbeiter widersprechen polnischen Reparationsforderungen, 见 https://www.mdr.de/heute-im-osten/reparation-deutschland-polen-100.html。
③ Deutscher Bundestag Wissenschaftliche Dienste, *Völkerrechtliche Grundlagen und Grenzen kriegsbedingter Reparationen unter besonderer Berücksichtigung der deutsch-polnischen Situation*, WD 2-3000-071/17, 2017.8.28, S.4-5.
④ 参见 https://world.huanqiu.com/article/9CaKrnK56v7。

新凝聚力"的联合协议。协议中展望了未来的"德国和波兰的伙伴关系",提出要通过建设"德波青年办公室"、"德国波兰研究所"、奥斯威辛青年聚会场所来进一步加强基于"德波和解"和"欧洲的共同责任"的德波友谊。①此后,波兰赔偿问题再度陷入停滞状态。

纵观 2004 年和 2017 年波兰重新索赔事件,波兰内部对重启赔偿的呼声呈现出明显的上升态势——从议会决议上升到政府声明。这是一个危险的信号,而德国政府主观地将赔偿问题排除在未来德波关系的视野之外,也并非明智的选择。可以预见的是,只要波兰的战争受害者没有获得与犹太人同等的赔偿待遇,赔偿问题作为德波关系中的一大痛点就将长期存在。

（二）希腊

1941 年 4 月到 1944 年 9 月,在纳粹德国占领下大约有 30 万希腊公民被杀害。纳粹在林加德斯(Lingiades)迪斯托莫(Distomo)等城镇实施了多次屠杀。此外,纳粹在 1942 年从希腊中央银行以借款名义强行掠夺了约 4.76 亿帝国马克,事实上就是占领费。二战结束后,1960 年 3 月 18 日,联邦德国与希腊缔结了一项赔偿受到纳粹迫害的希腊国民的协议,并为此向同属西方阵营的希腊支付了 1.15 亿马克赔偿金。

与波兰不同的是,希腊政府从未明确表示放弃进一步的赔偿权利。在 1960 年两国缔约后,希腊政府的记录显示,它保留"根据 1953 年 2 月《伦敦债务协定》第 5 条的规定,在一般性审查中要求解决因战争和占领期间的纳粹迫害而产生的进一步索赔的权利"。同时,希腊政府认为,二战期间"借给"德国的 4.76 亿帝国马克也应该得到偿还。在"2+4 条约"生效之前和之后,希腊政府在 1990 年和 1991 年多次公开表示,从希腊的角度来看,赔偿问题还没有得到最终解决。② 但是,希腊国内并不存在像波兰那样对于赔偿不公长期不满的浓厚情绪。令德国政府意想不到的是,一场主权债务危机触发了希腊重新索赔事件。

2009 年 10 月 20 日,希腊政府突然宣布,2009 年政府财政赤字和公共债务占国内生产总值的比例预计将分别达到 12.7% 和 113%,远超欧盟《马斯特里赫特条约》规定的 3% 和 60% 的上限。鉴于希腊政府财政状况显著恶化,全球三大信用评级机构惠誉、标准普尔和穆迪相继调低希腊主权信用

① Koalitionsvertrag zwischen CDU, CSU und SPD, 2018, S.9, 见 https://www.bundesregierung.de/breg-de/themen/koalitionsvertrag-zwischen-cdu-csu-und-spd-195906。

② Deutscher Bundestag 19. Wahlperiode, 80 *Jahre Überfall der Wehrmacht auf Griechenland - Europas Zusammenhalt stärken und die erinnerungspolitische Zusammenarbeit zwischen Deutschland und Griechenland intensivieren*, Drucksache 19/27827, 2021. 3. 23, S.2.

评级,希腊国债被降级至垃圾债券评级,希腊债务危机正式拉开序幕。2010年5月2日,欧元区国家和国际货币基金组织同意向希腊提供1100亿欧元纾困贷款,条件是实行财政紧缩政策。希腊政府实行紧缩政策的后果是国民工资减少、福利萎缩、税负飙涨,引发罢工浪潮和严重骚乱,国民经济遭受重创更加依赖外国援助,进而陷入恶性循环。希腊在谈判中辩称这些紧缩措施令该国陷入贫困,必须放松这些紧缩要求,但是这一请求遭到德国及其他欧元区债权人的反对。

2011年,面对希腊债务危机愈演愈烈,德国拒绝提供贷款援助并要求希腊政府进一步紧缩开支。为了进行反制,希腊议会成立了一个专家委员会,对德国未履行的赔偿义务进行研究。2014年,专家委员会向议会提交了一个高达2900亿欧元的赔偿建议报告。

2015年1月,激进左翼联盟党(Coalition of the Radical Left)在希腊议会选举中获胜并上台执政。该党的竞选口号就是拒绝执行欧盟救助协议中的紧缩改革要求,大幅提高希腊最低工资水平,为低收入人员提供津贴和免费医疗。为了迫使德国削减希腊债务,停止对希腊的"压榨",总理亚历克西斯·齐普拉斯(Alexis Tsipras)首次在议会发表讲话时就表示,纳粹德国在二战期间给希腊造成巨大损失,希腊将向德国追讨赔偿金,索取赔偿将成为本届政府的优先事项。根据希腊政府的说法,德国应赔偿1620亿欧元(约合1830亿美元),超过希腊所欠债务总和的一半。3月12日,希腊司法部长尼克斯·帕拉斯基佛普洛斯(Nikos Paraskevopoulos)发出警告称,可能没收德国在希腊境内的资产以作为二战的赔偿,甚至德国歌德学院都在没收对象当中。3月23日,齐普拉斯总理访问德国,希望德国扩大对希腊的援助,并以停止还款甚至退出欧元区相威胁。正是在这次会面中,齐普拉斯当面向德国总理默克尔提出了二战赔偿问题。齐普拉斯表示,希腊要求战争赔偿与目前希腊与债权人进行的债务危机谈判没有关系,因为"这不是一个物质问题,而是一个道德问题"。默克尔给予了强硬回绝,"在德国政府看来,赔偿问题在政治上和法律上都结束了"。英国《卫报》当时如此评价齐普拉斯的言行——"这是外国领导人第一次前往统一后的德国首都提出这样的要求"①。

2019年4月17日,希腊议会首次就战争赔偿作出正式决议,要求政府

---

① Tsipras raises Nazi war reparations claim at Berlin press conference with Merkel,见 https://www.theguardian.com/business/2015/mar/23/tsipras-raises-nazi-war-reparations-claim-at-berlin-press-conference-with-merkel。

采取"一切恰当的法律和外交行动"满足希腊国民要求,向德国寻求 3000 亿欧元赔偿以弥补二战期间希腊遭占领和劫掠而遭受的可能数千亿欧元损失。① 6 月,希腊政府以口头照会的形式正式要求德国就赔偿问题进行双边谈判。针对希腊方面的索赔要求,德国政府多次重申,对希腊的赔偿问题在法律和政治上都已经得到最终解决,分别是 1960 年的赔偿协议和 1990 年的"2+4 条约"。希腊政府最终选择向海牙国际法院提起赔偿申诉,后者至今尚未做出裁决。

波兰和希腊都是在民粹主义政党上台执政之后,从政府层面正式向德国重新提出赔偿要求。赔偿问题被当作工具,以实现"以弱克强"迫使德国提供财政援助的政治目的。波兰和希腊重新索赔事件都以各自的方式象征着欧洲一体化进程的深刻危机。

波兰是 2004 年欧盟东扩以来,与德国经济结合最紧密的东欧国家。波兰从德国获得大量投资的同时,也被德国公司赚走了大量利润。但多年之后,波兰的人均收入和工业水平仍然与德国相去甚远。自债务危机爆发以来,希腊人民倾向于认为自己是德国"金融霸权"的受害者——在大多数希腊人急剧贫困的同时,德国金融机构年复一年地从其一揽子贷款的利息中获取数十亿美元的收入。德国总理默克尔和她的财政部长沃尔夫冈·朔伊布勒(Wolfgang Schäuble)曾多次以身着纳粹制服的形象出现在希腊媒体当中。

无论是通过债务还是投资的方式,波兰和希腊都到达了同样的不利位置——沦为欧盟内部不平等发展的受害国。赔偿只是两国政府希望对这种不平等进行根本性纠正的工具。因此,只要欧盟内部德国经济一枝独秀的情况长期持续,赔偿话题就不可能平息。

三、新冠肺炎疫情时期德国对纳粹受害者的援助

灾难最能考验人性,灾难面前最能彰显责任与担当。2020 年初,突如其来的新冠肺炎疫情冲击并改变了人类的生活轨迹。在民生层面,新冠肺炎疫情加剧了两极分化和社会断裂。在西方各国经济严重下行的背景下,困囿于物理隔离且大量失业的低收入人群受到的压力尤为显著。作为欧洲福利国家的代表,德国出台了一系列新冠肺炎救灾救助计划,不仅覆盖了本国的低收入人群,而且及时对全球幸存的纳粹受害者进行了救助。

---

① Deutscher Bundestag Wissenschaftliche Dienste, *Griechische und polnische Reparationsforderungen gegen Deutschland*, WD 2-3000-066/19, 2019.6.14, S.4.

2020 年初,新冠肺炎疫情开始全球传播后,"犹太人要求物质赔偿联合会"积极组织对全球的犹太人大屠杀幸存者的援助工作,特别是发放救济金和提供家庭医疗护理。赔偿联合会也在第一时间提醒德国政府,注意大屠杀幸存者的处境和德国背负的责任。经过谈判,10 月 17 日,双方达成关于"额外的新冠疫情援助金"(Zusätzliche Covid-19-Unterstützung)的支付协议。德国政府承诺,将为犹太人大屠杀幸存者提供总额超过 5 亿欧元的援助金,以帮助他们度过新冠疫情危机。这一援助计划独立于此前任何犹太人赔偿基金项目之外。根据协议,德国政府将为那些迄今为止只从各种赔偿项目或困难基金中获得了一次性赔偿的犹太人纳粹受害者提供 2400 欧元的特别救济,分两年两次发放。估计全球约有 24 万名纳粹受害者拥有申请资格。①

随着时间的推移,大屠杀的老年幸存者对家庭护理和医疗援助的需求非常大,而且增长迅速。新冠肺炎疫情导致的物理隔离,让大屠杀幸存者的护理和医疗变得更加困难。因此,德国政府支持赔偿联合会将 2021 年大屠杀幸存者"家庭护理计划"②(Homecare-Programm)的资金再增加 3000 万欧元,使之总额达到 5.54 亿欧元。这是为了使当地护理机构"在短时间内提供适当的帮助,以便能够在目前的危急情况下以最佳方式帮助大屠杀幸存者"。德国财政部在签约后向媒体表示,新冠肺炎疫情"以一种特别艰难的方式"打击了纳粹独裁政权的幸存者。但是,即使在疫情危机时期,德国也要"因为对纳粹受害者的特殊历史责任而坚定地站在他们身后"。③ 2021年 1 月 18 日,德国财政部宣布,非犹太裔纳粹受害者也将获得与犹太人同等的 2400 欧元援助金,从而帮助全世界的纳粹受害者共同度过新冠肺炎疫情危机。④

---

① Zusätzliche Covid-19-Unterstützung für Holocaust-Überlebende,见 https://www.bundesfinanzminis-terium.de/Content/DE/Standardartikel/Themen/Oeffentliche_Finanzen/Vermoegensrecht_und_En-tschaedigungen/2020-10-19-covid-19-unterstuetzung-fuer-holocaust-ueberlebende.html。

② "家庭护理计划"也称"家庭护理"(Häusliche Betreuung),是赔偿联合会向犹太人纳粹受害者中的老人、残疾人或病人提供的家庭护理服务,具体包括:家庭护理、居家协助、病人咨询、转院、日间护理、紧急现金、送餐服务、医疗设备和方案、社交方案。这些护理服务能够帮助纳粹受害者尽可能长时间地在家里生活,其资金大部分来源于"困难基金""2 号协议基金"等德国赔偿项目支付的赔偿金。

③ Über eine halbe Milliarde Euro Corona-Hilfen für Holocaust-Überlebende,见 https://www.zdf.de/nachrichten/politik/coronavirus-holocaust-ueberlebende-sonderzahlung-100.html。

④ Corona-Sonderzahlung für NS-Verfolgte erweitert,见 https://www.bundesfinanzministerium.de/Content/DE/Standardartikel/Themen/Oeffentliche_Finanzen/Vermoegensrecht_und_Entschaedi-gungen/2021-02-08-corona-sonderzahlung-fuer-ns-verfolgte.html。

　　新冠肺炎疫情时期德国政府对纳粹受害者的特别援助，既是突发卫生事件背景下的国际人道主义援助，更是几十年来对纳粹受害者赔偿的惯性使然。一方面，此次援助给二战结束以来持续了75年的德国战争赔偿史画上了一个圆满的句号。另一方面，此次援助本质上已经超出了战争赔偿的范畴，成为战争赔偿的延续。以纳粹受害者援助形式延续的战争赔偿，将成为德国长期背负的历史责任。

小　　结

　　站在今天回看过往，两德统一和冷战结束堪称二战后德国战争赔偿史上最大的"黑天鹅事件"。欢庆统一的喜悦气氛尚未散去，德国人民骤然发现，自阿登纳时代以来历任德国政治家苦心经营的战争赔偿屏障，无论是对东欧国家政府还是东欧纳粹受害者，都在一瞬间随着柏林墙一起倒塌了。20世纪90年代，对德国政府和企业的赔偿诉讼铺天盖地而来，形成了一股声势浩大的索赔浪潮，将德国的国际声誉再度置于全球媒体的聚光灯下。更令德国人民难以接受的是，这场赔偿斗争的主场竟然匪夷所思的定格在作为德国盟友的美国。当德国政府和企业作为"罪犯"站上美国地方法院被告席的那一刻，仿佛冷战期间联邦德国战争赔偿的所有成果和诚意都归零了。不得不说，这对德国人民来说既是一种巨大的屈辱，又是一次空前的考验。

　　两德统一30年以来的历史表明，德国人民通过了这次考验，并再次把民族罪责转化成他们的良好声誉。与冷战期间联邦德国的战争赔偿"前高后低、前紧后松"的格局不同的是，德国统一后的战争赔偿呈现明显的连续性和递增性，其中最大的亮点就是赔偿对象的扩大化。

　　对犹太人世界来说，通过20世纪90年代"纳粹受害者"到"大屠杀幸存者"的概念转换，犹太人赔偿对象被近乎无限地扩大化了，因为1945年纳粹德国灭亡时仍然在世的所有犹太人都能被视为"大屠杀幸存者"。犹太人"2号赔偿协议"还把索赔权利全面赋予了犹太人受害者的子女，即使他们是在二战结束后出生的。根据《联邦赔偿法》《纳粹受害者补偿法》、"困难基金"、"2号赔偿协议"、"孤儿基金"等令人眼花缭乱的赔偿法律或协议，犹太人受害者及其遗属可以因为不同的理由（肉体伤害、心理创伤、财产损失、强迫劳动等）向德国多次申请赔偿。这种叠加性的赔偿不仅让犹太人赔偿总额达到了天文数字，而且大大增加了德国二战赔偿的复杂性。无论德国政府、犹太人赔偿联合会还是各国学者，至今都没能计算出一个哪怕是模糊的犹太人赔偿总额。

对非犹太人纳粹受害者来说,20 世纪 90 年代德国对他们的赔偿不断趋向于公开公平公正,"被遗忘的受害者"逐渐取代犹太人成为德国战争赔偿舞台上的主角。以强制劳工为代表的受害者赔偿,不再是政府间秘密谈判期间虚虚实实的小道消息,而是对簿公堂并被媒体广泛报道的公共事件。他们以法律为武器,追求与犹太人受害者同等的赔偿待遇,无论是作为平等的赔偿对象,还是同等的赔偿金额。在社民党和绿党议会党团的推动下,德国政界终于在 20 世纪 90 年代就"被遗忘的受害者"获得赔偿的合理性和合法性达成了共识,为又一轮大规模赔偿做好了准备。但是,赔偿也是一场国际政治中的现实主义博弈。博弈结果不仅取决于纳粹受害者的损害程度,还受制于彼此背后的支持力量。由于缺少犹太人赔偿联合会那样精干的代理人组织,美国政府也从未像支持犹太人那样支持东欧的纳粹受害者索赔,"被遗忘的受害者"最终得到的赔偿金额和护理质量都和犹太人受害者有很大差距。

我们观察德国如何处理纳粹和二战历史时,不妨将 1990 年至 2020 年之间的岁月描述为又一段"长波"。这段长波的波峰就是"记忆、责任与未来"基金,它把二战后德国战争赔偿史推向了又一个高潮,也把人类战争赔偿带到了一个全新的高度。与冷战期间联邦德国的赔偿显著不同的是,此次赔偿开创性地以赔偿基金会的形式来组织和实施。建立专门的基金会来运作赔偿事务,在保证公平、公开的同时也提高了赔偿金发放的效率。2001年至 2007 年仅 7 年时间,就有 160 多万名二战劳工领取了赔偿,这种效率明显高于冷战期间的赔偿。基金一次性地基本解决了东欧纳粹受害者赔偿问题,而且彻底终结了 20 世纪 90 年代以后发生在美国法院的对德国企业赔偿诉讼的浪潮。德国政府和企业共同出资进行赔偿,则是另一项开创性举措。这大大减轻了联邦政府承担赔偿的压力,而且能够动员全民族的力量参与进来。尤其值得称赞的是,此次赔偿基金得到了约 6500 家德国企业的资助,大部分企业是二战后建立的,并未使用过强制劳工。这真正体现了德意志民族承担战争罪责的勇气与决心,赔偿再也不是与普通德国民众毫无关联的上层政治事务了。除此之外,"记忆、责任与未来"基金会还承担着资助国际青年交流和慈善事业的任务,在某种程度上也可以看作是赔偿的延伸,德国人把赔偿扩展到了更具前瞻性的领域。因此,此次赔偿带动了德国新一轮的战争反思,是对德国人民心灵的又一次洗礼。

如果我们跳出德国战争赔偿这个吵吵闹闹的圈子,从既不是赔偿主体也不是赔偿对象而是第三方的他者视角观察,客观地说,德国对二战罪行的赔偿在2007年"记忆、责任与未来"基金完成使命后就应该结束了。然而，2007年以后的历史表明，德国战争赔偿不仅没有走到终点，反而另辟蹊径继续向前。"孤儿"和"战俘"这两个人类战争赔偿史中从未出现过的赔偿对象，因为"心理创伤"和"强迫劳动"这两个人类战争赔偿史中从未出现过的赔偿理由，成为德国赔偿舞台上的主角。与此同时，波兰和希腊两个欧盟经济弱国对德国发起了令人瞠目结舌的重新索赔，通过对历史的滥用把原本严肃的战争赔偿话题变成了可以随时掏出来的政治炸弹。虽然这种闹剧并不能从本质上削弱德国的国际声誉，但战争赔偿的"政治工具化"显然又给二战后德国战争赔偿史增加了一个新的分支。最后，作为本书记录的终点，2020年新冠肺炎疫情暴发后德国对纳粹受害者的人道主义援助展示了战争赔偿温情的一面。毕竟，赔偿的根本目的不是赎买过去的罪恶，而是创建未来的和谐。

第五章 "反省罪责"视阈下的
二战赔偿问题反思

　　战争赔偿是德国对二战历史罪责进行"赎罪"的主要经济手段。二战后德国战争赔偿史是一段用物质和金钱补偿战胜国政府和受害者个人的经济史、用经济手段和外交政策重新建立德国国际声誉和地位的政治史、用巨额赔偿推动德国民众集体反省并构建"二战史观"的社会史。它漫长而曲折，始于1945年而至今尚未结束，经历了多次主体、客体、手段和途径的转变，见证了二战后德国历界政府和数代民众反省历史罪责的历程。

　　二战后的德国战争赔偿至今已持续75年，早已超越了德国内政的范围，成为一件牵涉影响广泛的国际事务，其复杂程度丝毫不亚于一战后的德国赔款问题。战后美英和东欧学者对该问题的研究较为深入，却难免有意识形态的偏见和烙印。德国学者更乐于用数字表明德国已支付的巨额赔偿，却又往往将激愤的民族情绪带到最后的结论中。正所谓"当局者迷，旁观者清"，作为中国学者，我们虽然不能事无巨细地洞察二战后德国赔偿的全过程，但在对这一历史事件的研究中，我们可以从第三方的他者视角站在客观公正的立场上分析和评价德国战争赔偿问题，不会因意识形态或民族感情陷入偏执。二战后德国战争赔偿不同阶段内的赔偿对象和形式都有很大不同，这源于不同的时代背景和赔偿目的。而联邦德国能持续赔偿半个多世纪，必然存在某种强大的内在或外在动力。巨额赔偿在弥补战胜国损失、抚慰战争受害者的同时，也对德国自身产生了重要影响。赔偿对德国和犹太人而言，到底是利大于弊，还是弊大于利，都有待我们细细解读。最后，虽然中国政府已放弃了对日本国政府的政府间赔偿要求，但犹太人世界的索赔经验仍然能够给包括中国在内的东亚战争受害者对日索赔提供重要启示和借鉴。

第一节　二战后德国战争赔偿的演变路径
与历史意义

　　谁输掉了战争，就要付出代价。战争结束后，战胜国往往通过强迫战败国支付赔偿，达到削弱对方实力和弥补战争损耗的双重目的。古代的战争赔偿具有随意性和偶然性。进入近代后,欧洲各国在连绵不断的战争中开始尝试将战争赔偿行为规范化,战争赔偿逐渐被纳入国际公法的范畴。1648年《威斯特伐利亚和约》确立的欧洲政治秩序下,战争赔偿不再是战胜国随心所欲的惩罚或勒索行为,而是战败国根据国际法必须付出的代价。19世纪末20世纪初,从《法兰克福和约》到《辛丑条约》,"战争赔款"(War Indemnity)日益成为西方列强战后政治安排的核心甚至首要问题。直到第一次世界大战后,才出现区分战争双方的"正义与非正义""侵略与被侵略"属性,在罪责判断的基础上索取的现代意义上的"战争赔偿"(War Reparations)①。

战争赔偿的历史演变和一战后德国赔款的失败经历为二战后同盟国处理德国战争赔偿问题提供了经验和教训。然而,斯大林、罗斯福等战胜国领导人难以预见的是,二战后德国战争赔偿漫长而曲折,持续了3/4个世纪尚未结束。相对于以往的战争赔偿,二战后德国战争赔偿在主体意愿、赔偿对象和支付方式上发生了重大变化,其发展演变经历了从"被动赔偿"到"主动赔偿"、从"战胜国赔偿"到"受害者赔偿"、从"实物赔偿"到"货币赔偿"的三重路径,并因此成为世界历史上迄今为止持续时间最长、覆盖范围最广、支付金额最高的战争赔偿事件,把人类战争赔偿史推向了一个全新的高度。

一、从"被动赔偿"到"主动赔偿"

二战后德国进行战争赔偿的主体意愿经历了从"被动赔偿"到"主动赔偿"的转变。"被动赔偿"是指占领时期德国按照同盟国意志被迫进行的强制性赔付,其目的是补偿战胜国的损失和消除德国再战的能力。"主动赔偿"是指联邦德国建立后自愿对纳粹暴政受害者进行的持续性赔偿,其目

---

① 一战期间,因为德国军队多在远离国境的外线作战,西线战场法国和比利时的领土上一片废墟,导致一战后出现了不同于以往的新现象——战胜国的损失高于战败国的损失。因此,协约国领导人不满足于索取传统的物质损失赔偿,就在《凡尔赛条约》中增加了一项全新的"战争罪责条款"(War Guilt Clause)——"第231条款",规定"协约及参战各国政府及其国民因德国及其各盟国之侵略,以致酿成战争之后果,所受一切损失与损害,德国承认由德国及其各盟国负担责任"。该条款相当于迫使德国承担引发战争的全部责任,并将其作为要求德国支付巨额战争赔偿的法律依据。《凡尔赛条约》的另一个创新在于首次明确提出了"战争受害者赔偿"的要求。"第232条款"规定:"凡协约及参战各国之普通人民及其财产,在该协约及参战国对德交战时期内,因德国陆上、海上及空中侵略所受之一切损害,德国应担任赔偿。"条款第八部第一篇的附件中详细罗列了10种战争受害者(包括平民、战俘、伤残军人、强制劳工等)赔偿要求。由此可见,一战后的战争赔偿较以往更加理性,不仅强调"罪责判断"作为赔偿的合法性来源,而且重视受害国人民的生命和财产损失赔偿。参见《国际条约集(1917—1923)》,世界知识出版社1961年版,第158、162、163页。

的是"消除道德上的罪恶感"。这种转变过程伴随着赔偿主体的扩大化和赔偿责任的法律化,导致德国二战赔偿持续了 75 年尚未结束。

早在二战期间,苏联和美国就制订了严厉的战后对德索赔计划,希望通过赔偿实现对德国的非工业化、非军事化改造。1944 年 1 月 10 日,苏联赔偿事务委员会主席伊万·迈斯基(Ivan Maisky)提交《关于未来和平的最佳原则》报告,认为战后苏联面临的首要问题是经济重建,国内资源、德国赔偿与美国援助将是战后苏联经济重建的三个支柱,主张对德国执行严厉的赔偿政策,通过赔偿实现德国非纳粹化、非工业化的目的。[①] 1944 年 9 月 9 日,美国财政部长亨利·摩根索(Henry Morgenthau)提交《防止德国发动第三次世界大战的计划》(史称"摩根索计划"),提出"欧洲需要强大的工业德国是一种谬论……德国的经济复苏是德国人民的问题,而不是盟军军事当局的问题。德国人民必须承担自己行为的后果……有权获得赔偿的国家将从德国获得一笔以德国物质资源、人力资源和领土为形式的一次性付款,以取代持续性的赔款"[②]。摩根索建议,拆除德国所有可能用于战争的重工业工厂和设备并转移到欧洲邻国作为战争赔偿,关闭并淹没德国的经济命脉鲁尔煤矿,只允许德国生产日常消费品。虽然苏联和美国对德国赔偿的需求程度差别很大,但两国规划的赔偿政策却高度一致,这决定了德国二战赔偿在起点上就超越了传统的"惩戒"和"修复"目的,肩负着剥夺德国工业能力、改变欧洲力量格局的使命。

在 1945 年决定战后德国命运的雅尔塔和波茨坦会议上,德国赔偿问题和德波边界问题始终是争论最激烈的话题。在 1945 年 8 月 2 日发布的《波茨坦会议公报》中,除了"应迫使德国对于使联合国家所蒙受的损失与苦难[③]尽最大可能予以赔偿"的共识外,苏、美、英领导人制定了"分区赔偿"原则——各大国在自己的占领区内获取赔偿,从而回避了像一战后那样制定一个统一的德国赔偿政策。1946 年 3 月 28 日,同盟国公布"赔偿与战后德国经济水平计划",预期将德国工业水平降低到 1938 年战前水平的 50%

---

① Vladimir OlegovichPechatnov, *The Big Three after World War II: New documents on Soviet thinking about post war relations with the United States and Great Britain*, Washington: Cold War International History Project, 1995, pp.2–3.

② Foreign Relations of the United States, *Conference at Quebec*, 1944, Washington: United States Government Printing Office, 1972, pp.128–143.

③ 与《凡尔赛条约》第 231 条款"德国要为侵略造成的损失与损害而赔偿"相比,《波茨坦公报》首次提出了德国要对各国蒙受的"损失与苦难"进行赔偿。"苦难"是一个非常广泛的定义和状态,其主体完全是人民而非政府。《波茨坦公报》对战争赔偿对象的这一扩大化定义,为二战后 75 年旷日持久的德国战争赔偿埋下了伏笔。

到55%之间(不包括建筑业和建筑材料业)①,多余的部分则拆卸用于赔偿。尽管此时美英与苏联在德国赔偿事务上已经停止合作,但三方在通过赔偿尽量削弱德国工业实力上仍然保持一致。

基于分区赔偿的原则,德国东部和西部占领区的战争赔偿是独立进行的。因为20世纪上半叶两次遭受德国史无前例的侵略,苏联决不允许德国再度成长为新的威胁,因而决心通过大规模赔偿尽力削弱德国的经济实力,帮助国内重建。1945年后,苏联在东德境内大规模拆卸了战后重建急需的工厂、设备和基础设施,又组建"苏维埃联合股份公司"(Sowjetische Aktieng-esellschaften)并没收其大部分产品作为赔偿,直到1953年受"东柏林事件"影响才停止向民主德国索取赔偿,导致东德的经济实力受到严重削弱。相对而言,美英并不迫切需要通过赔偿弥补损失,西德境内的赔偿执行力度要温和得多。经过战后初期的工厂拆卸高潮后,随着1947年"杜鲁门主义"和"马歇尔计划"的出台,战争赔偿逐步让位于西德复兴计划,西德工厂拆卸赔偿计划被大规模削减,到1949年基本结束。总体而言,占领时期的赔偿达到了断绝德国军国主义经济根源的目的,消除了德国再战的可能。然而,在德国人民看来,这种强制执行的"被动赔偿"虽是战败必然的代价,却充斥着蛮横和低效。1948年8月31日,西占区11个州的地方长官发表联合声明,要求停止所有赔偿拆卸工作,理由是"赔偿剥夺了德国在和平时期的基本工业需求,与欧洲复兴计划背道而驰,并且阻止德国成为反对共产主义的强大堡垒"②,表现出占领时期德国人民对战争赔偿的反感和抵制心态。难以想象的是,仅仅3年之后,新建的联邦德国政府就将二战赔偿带入了"主动赔偿"阶段。

1951年阿登纳总理对犹太人世界的赔偿声明是德国"主动赔偿"的第一个标志性事件。联邦德国建国伊始就自认为德意志帝国的合法继承者,愿意承担德国的所有历史责任。1949年7月,美国驻德国高级专员约翰·麦克洛伊(John McCloy)在记者招待会上发表声明:"德国人以何种方式对待犹太人,这是考验德国民主制度的试金石。"③为了改善德国的国际形象,帮助联邦德国重回西方世界,阿登纳总理决心将战争赔偿上升为一种外交

---

① Inter-Allied Reparation Agency, *First Report of the Secretary General for the Year* 1946, Brussels: Printed for the Inter-allied Reparation Agency, 1947, p.26.

② Inter-Allied Reparation Agency, *Report of the Secretary General for the Year* 1948, Brussels: Printed for the Inter-allied Reparation Agency, 1949, p.14.

③ [德]库仑特·比伦巴赫:《我的特殊使命》,潘琪昌、马灿荣译,上海译文出版社1988年版,第76页。

手段,通过赔偿以色列和犹太人实现"赎罪外交"。1951年9月27日,阿登纳在联邦议院发表《德意志联邦共和国对犹太人态度的政府声明》,向国际社会和犹太人世界宣布,"以德国人民的名义犯下的难以言表的罪行,这使我们有义务对犹太人遭受的个人损失和犹太人的财产进行道义和物质赔偿。联邦政府准备与犹太教和接纳了这么多无家可归的犹太难民的以色列国的代表一起努力,实现物质赔偿问题的解决,以便为洗刷精神上的无限痛苦铺平道路"[1]。阿登纳赔偿声明不仅开启了联邦德国赔偿犹太人受害者的漫长历程,而且奠定了此后德国战争赔偿政策的基调——"赔偿不是国际法的义务而是道义的责任"。在勃兰特总理20世纪70年代推行的"新东方政策"当中,战争赔偿仍然作为一种重要的外交手段促进了西德与东欧国家的和解。1974年,联邦财政部出版了一套《联邦德国对纳粹暴政的赔偿》丛书,旨在记录这方面的努力。勃兰特总理在第一卷的前言中写道:"联邦德国成立后不久,所有民主力量都把纠正纳粹主义的不公正视为一项具有最大道德和人类意义的任务去执行"[2]。整个冷战期间,虽然赔偿行动既有高潮也有低谷,但联邦德国主流政治家始终将纳粹受害者赔偿视为一种责任而非负担,这确保了赔偿事务在政治、经济、法律和外交等多个领域一直属于优先事项。

两德统一后,德国政府和企业于2000年共同出资建立的"记忆、责任与未来"基金会("Erinnerung, Verantwortung und Zukunft"Stiftung)是德国"主动赔偿"的第二个标志性事件。为了彻底解决因冷战阻碍遗留的东欧纳粹受害者赔偿问题,德国政府和企业开创了联合组建基金主动赔偿受害者的模式,从而避免了来自美国的集体诉讼,并"从损害德国声誉和经济的运动中解脱出来"[3]。更重要的是,德国政府和12家德国大公司倡议组建的"记忆、责任与未来"基金会在实际注资过程中实现了战争赔偿主体的扩大化和战争赔偿责任的社会化。"记忆、责任与未来"基金会实际掌握了101亿

[1] *Regierungserklärung des Bundeskanzlers in der 165. Sitzung des Deutschen Bundestages zur Haltung der Bundesrepublik Deutschland gegenüber den Juden*, Stenographische Berichte 1. Deutscher Bundestag, Bd.9, 165. Sitzung, S.6697f.

[2] Willy Brandt, "Geleitwort des Bundeskanzlers", in *Die Wiedergutmachung nationalsozialistischen Unrechts durch die Bundesrepublik Deutschland*, hrsg. vom Bundesminister der Finanzen in Zusammenarbeit mit Walter Schwarz, Band 1: *Rückerstattung nach den Gesetzen der alliierten Mächte*, München: C.H.Beck, 1974, S.5.

[3] Ulla Jelpke, "*Geblieben ist der Skandal – ein Gesetz zum Schutz der deutschen Wirtschaft*". In *NS-Zwangsarbeit und Entschädigungsdebatte*, Ulrike Winkler, Stiften gehen, Papy Rossa, 2000, S.246–247.

马克资金,其中 51 亿马克来自约 6500 家德国企业①的募捐,另外 50 亿马克由联邦政府承担。出资的德国企业有 40% 是在二战后才建立的,与纳粹德国并无关联也未曾使用过强制劳工。他们自愿出资对纳粹受害者进行赔偿,不仅拓宽了赔偿的来源,而且标志着德国二战赔偿从"政府责任"向"社会责任"的转变。

除此之外,德国的法制传统和完备的纳粹受害者赔偿法律体系使战争赔偿客观上成为一种主动行为。

1900 年生效的《德国民法典》规定,公民受到不公正待遇,有权获得赔偿。根据《德国民法典》,必须恢复受害者的原状,如果无法恢复,则必须支付赔偿。它还承认,非物质性损害,特别是死亡,是不能逆转的,因此创立了补偿(Schadensersatz)原则。《德国民法典》第 823 至 853 款对"非法行为"(unerlaubte Handlungen)进行了规定,该条第一款非常明确地指出,"凡故意或过失非法伤害他人的生命、身体、健康、自由、财产或任何其他权利的人,有义务对所造成的损害进行赔偿"②。1949 年颁布的联邦德国宪法《基本法》(Grundgesetz)第 1 条规定:"人的尊严不可侵犯,尊重和保护人的尊严是所有国家权力的义务",第 3 条规定:"法律面前人人平等,任何人不得因性别、血统、种族、语言、籍贯和出身、信仰、宗教或政治见解而受歧视或优待"③。以上为德国纳粹受害者赔偿立法提供了法理依据。

德国联邦议院在二战后的立法实践中制订了以《联邦赔偿法》为中心的一系列纳粹受害者赔偿专门法,包括:《联邦纳粹受害者赔偿补充法》(1953)、《联邦纳粹受害者赔偿法》(1956)、《联邦财产返还法》(1957)、《一般战争后果法》(1957)、《联邦赔偿法最终修正案》(1965)、《公开财产问题解决法》(1990)、《补偿养老金法》(1992)、《纳粹受害者补偿法》(1994)、《关于建立"记忆、责任与未来"基金会的法律》(2000),形成了一个严谨而完善的赔偿法律体系。既然发布了明文法律,战争赔偿的执行就具有强制性,不以德国政府的意志为转移。在某种程度上,德国联邦议院推动联邦政府进行了"主动赔偿"。

二战结束至今,德国政府至少有两次正式宣布二战赔偿结束。1974 年

---

① 出资企业名单参见 https://www.stiftung-evz.de/stiftung/geschichte/entstehung/praeambel.html。

② *Burgerliches Gesetzbuch vom 18. August 1896, Faksimileausgabe anläßlich der Verkundung des BGB vor 100 Jahren*, München:C.H.Beck,1996,S.194.

③ [德]克里斯托夫·默勒斯:《德国基本法:历史与内容》,中国法制出版社 2014 年版,第 151—152 页。

5 月 17 日,施密特总理在联邦议院发表政府声明,宣布"联邦政府认为所有战争后果负担(Kriegsfolgelast),特别是战俘赔偿、战争损失赔偿和受害者赔偿都结束了。联邦德国的纳税人过去已经为此支付了 2200 亿马克,根据现行法律,他们今后还必须为战争后果的负担再筹集 1740 亿马克。除此之外,联邦政府认为不可能再将任何负担转嫁给纳税人"①。2015 年 3 月 18 日,面对希腊政府提出的千亿欧元巨额战争索赔,德国外长弗兰克·瓦尔特·施泰因迈尔(Frank Walter Steinmeier)和联邦政府发言人斯特芬·塞伯特(Steffen Seibert)在同一天发表声明——德国战争赔偿"在法律和政治上都结束了"(rechtlich und politisch abgeschlossen)。②

然而,根据 2021 年德国财政部发布的《对纳粹不法行为的赔偿》报道,德国在 2020 年仍然为纳粹在二战中的暴行支付了 13.68 亿欧元赔偿,其中包括"困难基金"10.37 亿欧元,《联邦赔偿法》1.31 亿欧元,《纳粹受害者补偿法》0.12 亿欧元。③ 这一数据有助于理解德国二战赔偿迟迟不能结束的原因:二战后德国战争赔偿的主体意愿经历了从"被动赔偿"到"主动赔偿"的转变,德国赔偿政策的连续性和赔偿法律的强制性导致二战赔偿持续了 75 年从未中断,进而成为世界历史上持续时间最长④的战争赔偿事件。

二、从"战胜国赔偿"到"受害者赔偿"

二战后德国战争赔偿的赔偿对象经历了从"战胜国赔偿"到"受害者赔偿"的转变。"战胜国赔偿"是指,德国因对二战造成的损失承担责任而以钱款或实物支付给战胜国的赔偿,属于传统意义上的战争赔偿,德语常以 Reparation 表述。"受害者赔偿"是指,德国要对二战德军占领区内遭受纳粹迫害和奴役的受害者个人及其遗属进行赔偿,属于现代意义上的战争赔

① Helmut Schmidt, Regierungserklärung vom 17. Mai 1974, Presse – und Informationsamt der Bundesregierung,1988,S.602.

② NS- Verbrechen in Griechenland: Steinmeier nennt Debatte über Reparationen „ gefährlich ", Spiegel Online, 2015.3.18, 见 https://www. spiegel. de/politik/deutschland/reparationen – an-griechenland-steinmeier-nennt-debatte-gefaehrlich-a-1024158. html。

③ Bundesministerium der Finanzen, *Wiedergutmachung, Regelungen zur Entschädigung von NS-Unrecht*,Juni 2021,S.25.

④ 世界历史上的战争赔偿大部分都是一次性赔偿,直到 20 世纪才因为赔偿金额过大出现分期赔偿。中国政府根据《辛丑条约》支付的"庚子赔款"从 1902 年持续到 1938 年,赔偿历时 37 年。一战后德国战争赔款到 2010 年才付完尾款,但实际支付集中在 1919 年至 1932 年,希特勒上台后即拒绝支付中断了赔款,直到 1990 年德国统一后才恢复支付。因此,德国二战赔偿堪称持续时间最长的战争赔偿事件。

偿,德语常以 Wiedergutmachung 或 Entschädigung 表述。具体而言,德国的二战赔偿对象经历了"战胜国政府→以色列政府→纳粹受害者→大屠杀幸存者→被遗忘的受害者"五次转变,导致赔偿的覆盖面空前扩大。

在国际法中,战争损害的赔偿一般是通过战败国政府向战胜国政府支付赔偿(Reparation)来实现的,战败国无权干涉战胜国如何分配或使用这些赔偿。1939 年德国进攻波兰挑起二战,违反了 1928 年美、法、德、英、意、日、比等 15 个国家在巴黎签订的《关于废弃战争作为国家政策工具的普遍公约》(又称《巴黎非战公约》(Pact of Paris)或《白里安—凯洛格公约》(Kellogg-Briand Pact),因而根据国际法是非法的,注定要向战胜国支付赔偿。1945 年 2 月 11 日签署的《雅尔塔会议议定书》规定,德国应首先向那些"承受了战争的主要负担、蒙受了最大损失和组织了对敌斗争胜利的国家"[1]支付赔偿,也就是首先赔偿苏、美、英主要战胜国。《波茨坦会议公报》规定,波兰的赔偿要求由苏联从苏占区满足,美、英、法三国需要共同满足除波兰外其他战胜国对德国的赔偿要求。1946 年 1 月 14 日签署的《巴黎赔偿协议》确立了西占区赔偿物资在全球 18 个战胜国[2]内部的分配比例,成立"盟国国际赔偿总署"(Inter Allied Reparations Agency)负责赔偿分配。《巴黎赔偿协议》还明确了德国赔偿的事实依据:"本协议所确定的各自的赔偿份额,应被各自视为包括它和它的国民因战争而对前德国政府及其机构提出的所有政府或私人性质的索赔,还包括对德国勒索的占领费用、占领期间以结算账户获得的信贷和对帝国信贷银行的索赔。"[3]可见,占领时期德国赔偿主要用于弥补战胜国的战争损耗以及纳粹德国破坏和掠夺造成的损失,只向战胜国政府支付,仍属于传统的"战胜国赔偿"范畴。20 世纪 50 年代初,联邦德国与所有战胜国政府之间的赔偿问题都得到了解决。作为各战胜国与德国事实上的和平条约,1990 年 9 月 12 日"2+4"外长会议签订的《最终解决德国问题的条约》中根本没有提及战争赔偿问题,这说明各方都认同"战胜国赔偿"已经彻底结束了。

①　[俄]萨纳柯耶夫、崔布列夫斯基编:《德黑兰、雅尔塔、波茨坦会议文件集》,北京外语学院俄语、德语专业 1971 届工农兵学院译,生活·读书·新知三联书店 1978 年版,第 254 页。
②　18 个战胜国分别是:阿尔巴尼亚、美国、澳大利亚、比利时、加拿大、丹麦、埃及、法国、英国、希腊、印度、卢森堡、挪威、新西兰、荷兰、捷克斯洛伐克、南非、南斯拉夫。
③　*United States*, *France*, *United Kingdom*, *Netherlands*, *Belgium*, *Yugoslavia*, *Luxembourg*: *Final Act and Annex of the Pairs Conference on Reparation*, The American Journal of International Law, Vol. 40, 1946, p.120.

　　1951 年阿登纳总理的"9·27 赔偿声明"把德国二战赔偿带入到创新性的"受害者赔偿"阶段。1952 年,联邦德国和以色列这两个二战期间并不存在的国家在荷兰小城瓦森纳尔(Wassenaar)展开秘密赔偿谈判并签订《卢森堡条约》(Luxemburger Abkommen),联邦德国以犹太移民安置费用的名义向作为犹太人民合法代表的以色列政府支付价值 30 亿马克的赔偿。值得注意的是,德国对以色列的赔偿已经超越了"战胜国以武力强加给战败国的义务"传统属性,开创了一种"战败国自愿赔偿战争受害者"的全新战争赔偿模式。这一赔偿不仅缓解了第一次中东战争后以色列的财政困难,推动了以色列经济的现代化,而且开创了德国与以色列之间独一无二的"历史责任驱动型"国家关系。对犹太人来说,这是他们 2000 多年的流浪岁月里首次从迫害者那里得到赔偿。对德国来说,《卢森堡条约》是"西德进入民主国家价值共同体的门票,恢复了德国的政治声誉和道德信用"①。战争赔偿第一次成为一种"双赢"的事业。

　　根据《卢森堡条约》的附属协议,联邦德国需要制定一部全新的个人赔偿法,对二战期间纳粹暴政受害者遭遇的人身伤害和财产损失进行赔偿。从 1953 年颁布的《联邦纳粹受害者赔偿补充法》到 1956 年修订完成的《联邦纳粹迫害受害者赔偿法》,联邦德国通过立法正式将"纳粹受害者"(NS-Verfolger)这一庞大的群体列入二战赔偿的对象。《联邦纳粹受害者赔偿补充法》在第一款中对"纳粹受害者"概念的内涵作了精确描述:"凡因在政治上反对纳粹主义,或因种族、宗教信仰或意识形态而受到纳粹主义恐怖行为的迫害,并因此丧失生命、身体伤害或健康损害、丧失自由、财产损失或损害、资本资源损失、事业或经济受损的人,应被视为纳粹迫害的受害者。"②《联邦纳粹迫害受害者赔偿法》在前言中表示,"在二战期间,因反对纳粹或因种族、信仰及世界观不同而受到纳粹德国迫害,并在生命、肉体、健康、自由、财产等方面遭受损失的人,均有权向德国提出赔偿要求"③。《联邦赔偿法》主导了 20 世纪50、60 年代联邦德国的赔偿事务,其确立的"纳粹受害者"概念则被联邦

---

① 德国学术界普遍高度评价《卢森堡条约》对德国重回西方阵营的意义,参见 Michael Wolff-sohn, *Das Deutsch-israelische Wiedergutmachungsabkommen von 1952 im Internationalen Zusammenhang*, Vierteljahrshefte für Zeitgeschichte, Jahrgang 36, Heft 4, 1988, S.691.

② Bundesergänzungsgesetz zur Entschädigung für Opfer der nationalsozialistischen Verfolgung, Bundesgesetzblatt, Jahrgang 1953, Teil I, Nr.31, Bonn, 1953, S.1388.

③ Bundesgesetz zur Entschädigung für Opfer der nationalsozialistischen Verfolgung (Bundesentschädigungsgesetz-BEG), Bundesgesetzblatt, Jahrgang 1956, Teil I, Nr.31, Bonn, 1956, S.563.

政府当作鉴别个人索赔资格的标准，一直坚守到冷战结束。1959 年至 1964 年联邦德国向 12 个欧洲国家①支付的一次性赔偿金、80 年代对犹太人和吉卜赛人的"困难基金"赔偿，都严格遵循了赔偿法规定的"纳粹受害者"识别标准。

两德统一和冷战结束，使东欧地区二战受害者向德国索取赔偿的各种政治法律障碍都不复存在。20 世纪 90 年代初，犹太人世界不断争取德国赔偿对象的扩大化和赔偿支付的持续化，并在美国政府的支持下用"大屠杀幸存者"（Holocaust-Überlebende）新概念取代了德国赔偿法界定的"纳粹受害者"，创造了全新的赔偿对象群体和更大的赔偿空间。1992 年德国政府与"犹太人要求物质赔偿联合会"签订的"2 号赔偿协议"（Artikel 2 Vereinbarung），原本旨在对《联邦赔偿法》和"困难基金"覆盖不到的犹太人受害者进行赔偿，却在实践过程中不断放宽对申请人二战期间被隔离或监禁地点和时长的要求，其赔偿对象已经无限接近美国"大屠杀纪念馆"（Holocaust Memorial Museum）对"大屠杀幸存者"的定义："任何在 1933 年至 1945 年期间因纳粹及其合作者的种族、宗教、民族、社会和政治政策而流离失所、受到迫害或歧视的人，无论是犹太人还是非犹太人，都视为幸存者。除了集中营、贫民区和监狱的前囚犯之外，这一定义还包括难民或躲藏起来的人。"②截至 2020 年，"2 号赔偿协议"不断修订的结果是，所有二战期间在欧洲"犹太区"③生活 3 个月以上，或在德国占领区和纳粹仆从国以难民状态生活 4 个月以上的犹太人及其子女，均可以向德国政府申请赔偿④。更有甚者，索赔权利被赋予了二战时尚未出生的犹太人受害者子女。德国政府明确规定，"在困难基金的框架内，也可以考虑那些在遭受迫害时尚未

---

① 12 个国家分别是：奥地利、比利时、丹麦、法国、英国、意大利、卢森堡、荷兰、挪威、瑞典、瑞士、希腊。联邦德国向这些国家政府支付一次性赔偿金，各国政府再将赔偿金分发给本国纳粹受害者，属于代位赔偿。

② How is a Holocaust survivor defined? 见 https://www.ushmm.org/remember/resources-holocaust-survivors-victims/individual-research/registry-faq。

③ "犹太区"（Ghettos）一词源于 1516 年意大利威尼斯市政府建立了欧洲第一个犹太人居住区，并将其命名为"Ghettos"。此后，欧洲众多城市都建立了这种犹太人居住区。二战期间，纳粹在欧洲建立了 1000 多个"犹太区"，按照禁锢的程度可以划分为"开放式犹太区"（offene Ghettos）、"封闭式犹太区"（geschlossene Ghettos）和"集中营"（Sammellager）。"开放式犹太区"一般无人看守，没有栅栏或墙壁包围，仅在边界张贴标志并禁止非犹太人进入。相比而言，严密封锁的华沙犹太人隔离区就是一个典型的"封闭式犹太区"。

④ Artikel 2-Fonds Berechtigungskriterien und -richtlinien，见 https://www.claimscon.de/unsere-taetigkeit/individuelle-entschaedigungsprogramme/erfahren-sie-mehr-ueber-individuelle-entschaedigungsprogramme/artikel-2-fonds/artikel-2-berechtigungskriterien.html。

出生,但在子宫内就与母亲一起遭受迫害的人的申请"①。概括地说,所有二战期间以生命或胚胎形式在欧洲纳粹占领区存续 4 个月以上的犹太人,都可以从德国申请赔偿。

从以色列政府到"大屠杀幸存者",犹太人都是主要赔偿对象。在犹太人领取赔偿的同时,东欧强制劳工、苏联战俘、吉卜赛人、强制绝育者等一大批非犹太人受害者获取赔偿的权利被长期遗忘了,而他们的人数和遭遇的人身伤害不亚于犹太人。虽然 20 世纪 80 年代德国内部就开始讨论这些"被遗忘的受害者"(Vergessener Opfer)赔偿问题,但直到 21 世纪初,这一群体才真正取代犹太人成为德国二战赔偿的焦点对象。2001 年至 2007 年,德国政企共建的"记忆、责任与未来"基金向 166.5 万名二战强制劳工及其遗属支付了 44 亿欧元赔偿,其中大部分来自波兰、乌克兰、俄罗斯、白俄罗斯等东欧国家。② 此后,德国赔偿继续向二战的边缘受害者群体扩散。2014 年 8 月 28 日,德国政府出资 2.5 亿美元建立"孤儿基金"(Orphan Fund),用于向大屠杀中失去双亲的犹太孤儿支付赔偿。③ 2015 年 5 月 21 日,德国联邦议院决定拨出 1000 万欧元预算用于赔偿仍然在世的约 4000 名苏联战俘。④ 二战结束 70 年之后,孤儿和战俘作为最容易被忽视的战争受害者仍然可以从德国得到赔偿,充分说明了德国二战赔偿覆盖范围之广。

综上所述,在德国政府和社会主动承担"名誉债务"(Ehrenschuld)、德国社会记忆文化变迁、犹太人锲而不舍索取赔偿、美国法院的赔偿诉讼等国内外因素共同作用下,德国二战赔偿的对象经历了从"战胜国赔偿"到"受害者赔偿"、从"政府赔偿"到"个人赔偿"、不断突破"属地原则"⑤和降低索赔门槛的扩大化过程。其中,德国"主动赔偿"的意志起到了决定性作用。国

① Bundesministerium der Finanzen, *Wiedergutmachung*, *Regelungen zur Entschädigung von NS-Unrecht*, Juni 2021, S.16-17.

② Deutscher Bundestag 16. Wahlperiode, *Sechster und abschließender Bericht der Bundesregierung über den Abschluss der Auszahlungen und die Zusammenarbeit der Stiftung* "*Erinnerung, Verantwortung und Zukunft*" *mit den Partnerorganisationen*, Drucksache 16/9963, 2008.7.9, S.5.

③ Deutscher Bundestag, 19. Wahlperiode, *Antwort der Bundesregierung*: *Verbesserung von Entschädigungsleistungen für NS-Opfer unter Sinti und Roma*, Drucksache 19/7545, 2019.2.5, S.5.

④ Bundesministerium der Finanzen, *Bekanntmachung der Richtlinie über eine Anerkennungsleistung an ehemalige sowjetische Kriegsgefangene* (ASK – Anerkennungsrichtlinie), Bundesanzeiger, 2015.10.14, S.1-2.

⑤ 1956 年《联邦赔偿法》确立了个人赔偿的"属地原则"(Territorialitätsprinzip),即一个纳粹受害者能否得到赔偿取决于他在 1952 年之前是否生活在联邦德国境内,或者二战期间是否生活在 1937 年纳粹德国边界之内。依据赔偿法,二战时期生活在 1937 年纳粹德国边界之外的纳粹受害者就无权申请赔偿。

际社会对此高度评价,2012 年 11 月 17 日,《纽约时报》刊文《德国履行对大屠杀受害者的赔偿义务 60 年》认为,"德国的战后赔偿计划已成为事实,许多德国人甚至都不知道自己的国家在过去 60 年中向纳粹罪行的犹太受害者支付了 890 亿美元的赔偿后,仍然定期开会修改和扩大资格认定准则,目的是使数以万计从未得到任何形式补偿的老年幸存者尽可能多地从中受益"①。截至 2020 年,德国已向遍布欧、亚、美、非和大洋洲的 20 个二战战胜国和以色列国政府支付赔偿,已向全球② 381 万人次③纳粹受害者支付赔偿(仅计算了赔偿对象最多的 3 个项目:《联邦赔偿法》④、"2 号赔偿协议"⑤和"记忆、责任与未来"基金⑥),因而造就了世界历史上覆盖范围最广⑦的战争赔偿。

三、从"实物赔偿"到"货币赔偿"

二战后德国战争赔偿的支付方式经历了从"实物赔偿"到"货币赔偿"的转变。"实物赔偿"是指,根据《雅尔塔会议公报》和《卢森堡条约》规定,德国在占领时期和 20 世纪 50 年代以工业设备、海外资产、产品、轮船、劳务等形式向战胜国和以色列支付的赔偿。"货币赔偿"是指,自 20 世纪 50 年

① Melissa Eddy, *For 60th Year, Germany Honors Duty to Pay Holocaust Victims*, The New York Times, 2012. 11. 17.

② 2020 年德国财政部《纳粹不公正赔偿报告》显示:《联邦赔偿法》支付的一次性赔偿(损失赔偿)有 17% 留在德国,40% 流向以色列,43% 流向其他国家;《联邦赔偿法》支付的持续性赔偿(抚恤赔偿)有 15% 留在德国,85% 流向国外。参见 Bundesministerium der Finanzen, *Entschädigung von NS-Unrecht*, *Regelungen zur Wiedergutmachung*, Mai 2020, S.27。

③ 因为存在同一名纳粹受害者向多个赔偿项目申请赔偿的情况,故此处计算为人次。

④ 2020 年德国财政部《纳粹不公正赔偿报告》显示:1953 年 10 月 1 日至 1987 年 12 月 31 日期间,德国政府根据《联邦赔偿法》受理了 4384138 份赔偿申请,其中批准赔偿 2014142 份,拒绝赔偿 1246571 份,其他情况(如撤销申请)1123425 份。也就是说,联邦德国在冷战期间根据《联邦赔偿法》向约 201 万纳粹受害者支付了赔偿。参见 Bundesministerium der Finanzen, *Entschädigung von NS-Unrecht*, *Regelungen zur Wiedergutmachung*, Mai 2020, S.27。

⑤ 根据"犹太人要求物质赔偿联合会"官方统计,截至 2020 年,"2 号赔偿协议"基金认证通过了 10 万多份大屠杀幸存者的申请。参见 https://www.claimscon.de/unsere-taetigkeit/individuelle-entschaedigungsprogramme/erfahren-sie-mehr-ueber-individuelle-entschaedigungsprogramme/artikel-2-fonds.html。

⑥ 2020 年德国财政部《纳粹不公正赔偿报告》显示:"纪念、责任和未来"在 2001 年至 2007 年向约 170 万纳粹受害者(主要是强制劳工)支付了超过 47 亿欧元赔偿。参见 Bundesministerium der Finanzen, *Entschädigung von NS-Unrecht*, *Regelungen zur Wiedergutmachung*, Mai 2020, S.28。

⑦ 二战之前所有的战争赔偿都是战败国向战胜国支付的政府间赔偿。二战之后,日本政府利用 1951 年《旧金山和约》和 1972 年《中日联合声明》,削减或逃脱了对大部分战胜国的赔偿义务,又拒绝了几乎所有东亚战争受害者的赔偿要求。相较而言,德国成为迄今为止唯一同时向战胜国政府和战争受害者个人大规模支付赔偿的战败国。

代《联邦赔偿法》发布之后,德国根据各种赔偿法律、协议、基金以德国马克、美元、欧元等货币向二战受害者支付的赔偿。通过动用一切可能的手段来索取或执行赔偿,德国二战赔偿在无形中积累成了天文数字。

一战后德国战争赔偿的失败经验直接影响了二战后同盟国对德国的索赔政策。20世纪20年代协约国向德国索取巨额战争赔款,不仅导致了德国经济崩溃,煽动了德国社会的复仇情绪,而且没有从根本上削弱德国的战争潜力。魏玛德国外交部长古斯塔夫·施特雷泽曼(Gustav Stresemann)等人充分利用协约国之间的矛盾及其对苏联的恐惧,不仅最大限度地减少了德国支付的赔款,而且通过大量贷款让美英两国陷入替德国支付赔偿的怪圈并损失惨重。可以说,德国一战赔偿的所有后果,都与战胜国的初衷背道而驰。关于这种失败经验对德国二战赔偿的影响,德国经济学家韦尔纳·阿贝尔斯豪泽(Werner Abelshauser)评价道:"第一次世界大战以来的赔偿史是一部对一切有关方面都十分痛苦的学习过程史。当雅尔塔会议用秘密附加协定书规定德国赔偿的方式和范围时,同盟国从20世纪20年代的坏经验中只汲取了一个教训。两次大战之间,不愉快的转账问题对国际金融系统曾经是个沉重负担,为了避免这类问题的重现,同盟国决定,德国以实物代替金钱来赔偿由它造成的损失。"[1]

基于上述经验和通过赔偿削弱德国的决心,"实物赔偿"成了同盟国领导人在1945年雅尔塔会议上关于德国赔偿问题达成的唯一共识。《雅尔塔会议议定书》规定,"德国必须以实物偿付它在战争中给同盟国造成的损失。向德国索取的赔偿有三种形式:(甲)在德国投降或停止有组织抵抗两年内对德国本土上及国外的德国国民财富(设备、机床、船舶、机车车辆、德国在国外的投资以及德国工业、运输业、航运业和其他企业的股票等)进行一次没收,其主要目的在于摧毁德国的战争潜力;(乙)在规定的时期内,每年交付当年产品;(丙)使用德国劳动力"[2]。在其后的《波茨坦协定》中,同盟国为德国赔偿商定了以下事项:大规模拆除工业设备,没收工业产品,没收德国拥有的所有黄金和外汇,没收德国的所有版权、专利和商船,没收德国的所有外国资产,割让奥德—尼斯河以东领土给波兰。用于赔偿的实物种类基本确定下来。

然而,因为其后召开的莫斯科赔偿委员会没能确定一个德国赔偿总额,波茨坦会议又确立了"分区赔偿"原则,导致占领时期的赔偿没有统一标准

① [德]韦·阿贝尔斯豪泽:《德意志联邦共和国经济史1945—1980年》,张连根、吴衡康译,商务印书馆1988年版,第15页。

② [俄]萨纳柯耶夫、崔布列夫斯基编:《德黑兰、雅尔塔、波茨坦会议文件集》,北京外语学院俄语、德语专业1971届工农兵学院译,生活·读书·新知三联书店1978年版,第254页。

和制约机制,实物赔偿的种类和额度成为各占领区的内政。实际执行过程中,如果说苏联在东占区索取的赔偿是"涸泽而渔",那么美、英、法在西占区的赔偿执行无异于"三天打鱼两天晒网"。

苏联从东占区没收的赔偿物资包括工业设备、基础设施、工业产品、科研院所、商船等,以及东欧各国的所有德国资产。东占区赔偿范围之广,可以从 1945 年美国国务院一份秘密报告《向苏维埃俄国转移军事研究和科学机构》中窥见一二:"凯撒—威廉物理研究所整个研究所连同其他部门的设备,例如高压和伦琴设备,都被搬走了。这次搬迁包括最原始的家具,如水龙头、洗脸盆、门把手等,甚至连马克斯—普朗克研究所这个名字也被带走了。"[1]根据 1953 年联邦德国全德事务部(Bundesministerium für gesamtdeutsche Fragen)[2]发布的苏占区赔偿统计报告,估算 1945 年至 1953 年东德赔偿共计 531. 79 亿马克(同期价格),折算 163. 13 亿美元(1938 年价格[3])。[4]

美、英、法从西占区没收的赔偿物资主要是工业设备和商船,以及东欧之外的德国海外资产。虽然工业设备拆卸赔偿逐步让位于西德复兴计划,在 1948 年后被大规模削减,但海外资产和商船没收被快速执行,德国国家和私人的几乎所有海外资产都被纳入赔偿征收的范畴,德国近代以来几个世纪对外拓殖和投资积累的海外财富荡然无存。1951 年盟国国际赔偿总署估算的 5. 29 亿美元[5](1938 年价格)西占区赔偿总额,存在明显的价值低估[6]。德国经济学家约尔格·菲施(Jörg Fisch)详细考证并叠加法占区没收工业产品、汇率操纵、"知识财富"等隐性赔偿之后,得出西占区 48. 43 亿

[1]　Foreign Relations of the United States, *The Conference of Berlin*(*The Potsdam Conference*) ,1945, *Volume II*,United States Government Printing Office,Washington,1960,p.839.

[2]　"联邦德国全德事务部"是联邦德国致力于两德统一所设立的一个内阁部委,类似于中国政府的"国务院台湾事务办公室",1990 年两德统一后裁撤。

[3]　二战后战胜国对德国赔偿大多采用 1938 年价格计算,因为 1939 年是二战爆发的年份,战争期间不可避免会发生通货膨胀、物价上涨,到战争结束时帝国马克(Reichsmark,缩写 RM)已经严重贬值。战胜国采用战争爆发前一年的价格,相对于 1945 年的价格,将会大大降低赔偿物品折算的金额。

[4]　Bundesministerium für gesamtdeutsche Fragen,Die Reparationen der Sowjetischen Besatzungszonen in den Jahren 1945 bis Ende 1953,in:Jörg Fisch,Reparationen nach dem Zweiten Weltkrieg, München:C.H.Beck Verlag,1992,S.199.

[5]　Inter Allied Reparation Agency Report,1951,Schedule 1 und 2(a) ,in Jörg Fisch, *Reparationen nach dem Zweiten Weltkrieg*,S.205.

[6]　比如,赔偿总署在估价时,先将设备价值折算为马克,然后折算为美元(均按 1938 年价格计算)。赔偿总署摒弃了传统的美元与帝国马克 1:2.5 的汇率,采用 1:4 的高汇率折算成美元,使赔偿价值被进一步削减。

美元(1938年价格)的赔偿总额①,具有更高的信度。

联邦德国成立后,根据《卢森堡条约》向以色列支付赔偿时,出于对国家财力和外汇储备的担忧,阿登纳政府决定继续进行"实物赔偿"。但是,此次赔偿的执行方式与占领时期那种"强制没收式实物赔偿"是完全不同的,联邦德国创造了一种全新的"订单服务式实物赔偿"并实现了双赢的结果。一般情况下,以色列驻科隆代表团根据以色列政府指令向联邦德国的工厂出具订单,联邦政府为此付款,货物最终由德国航运公司运往以色列。1952年至1966年,联邦德国向以色列支付了价值24亿马克的货物(铁矿石、钢铁产品、化工产品、农产品)和劳务,支付给英国壳牌石油公司外汇折合10.5亿马克用于以色列向其购买石油,共计34.5亿马克。②

自20世纪50年代《联邦赔偿法》颁布并实施后,德国二战赔偿转入了更加便捷高效的"货币赔偿"轨道。这种转变的原因,一方面是联邦德国财力特别是外汇储备的增长,另一方面是"受害者赔偿"的现实需求,即对分布在全世界的战争受害者进行赔偿,支付现金是方便快捷又不失公平的最佳方法。冷战后期和两德统一后,德国政府和企业根据各种赔偿法律、政府间赔偿协议、"困难基金"(Hardship Fund)、"和解基金"(Aussöhnung Stiftung)、"2号协议基金"(Artikel 2 fonds)、"记忆、责任与未来基金"、"孤儿基金"(Child Survivor Fund)向全球二战受害者支付的财产损失赔偿金,或以养老金、抚恤金、救助金等名义支付的人身和精神伤害赔偿金,全部使用德国马克、美元或欧元等货币支付。货币赔偿的一般流程是,受害者及其遗属依据赔偿法律或基金对受害人资格认定条款,向德国联邦政府、州政府或"犹太人要求物质赔偿联合会"等代理组织提交赔偿申请资料,审核通过后获得一次性赔偿金或持续性养老金、救助金等。很多犹太人受害者可以通过不同的赔偿项目多次申请赔偿金。③

从2003年开始,德国财政部不断发布二战赔偿报告——《对纳粹不法行为的赔偿,关于赔偿的规定》(Entschädigung von NS-Unrecht,Regelungen zur Wiedergutmachung)④,向国际社会"公示"德国70多年来主动赔偿纳粹受害

---

① Jörg Fisch,*Reparationen nach dem Zweiten Weltkrieg*,München:Beck,1992,S.216.

② Nicholas Balabkins,*West German Reparations to Israel*,New Brunswick:Rutgers University Press,1971,p.184.

③ 比如,一名犹太人受害者可以因为《联邦赔偿法》规定的财产损失和人身伤害向德国政府申请赔偿,也可以因为二战期间在"犹太区"的监禁或难民生活向"2号协议基金"申请赔偿,还可以因为父母在大屠杀中遇难导致的精神伤害向"孤儿基金"申请赔偿。

④ 该报告至今已发布7次,分别是2003年、2006年、2011年、2012年、2019年、2020年、2021年,每一版都在之前的基础上进行了修订。

者的诚意和巨额的赔偿支出。根据 2021 年 6 月德国财政部最新赔偿报告,截至 2020 年 12 月 31 日德国政府已向二战纳粹受害者支付赔偿金共计 790 亿欧元,其中最高的 3 项支出是:《联邦赔偿法》485.85 亿欧元、"困难救助条例"101.85 亿欧元、《纳粹受害者补偿法》25.76 亿欧元。[1] 所有受害者平均每月领取了 742 欧元赔偿金,其中部分受害者领取了更高的平均每月 1009 欧元人身伤害赔偿金。[2]

　　虽然二战结束至今,从来没有一个机构或学者估算过一个囊括所有"战胜国赔偿"和"受害者赔偿"的德国二战赔偿总额,但这不妨碍中国学者作为中立的第三方进行这种尝试。在德国财政部 2021 年版赔偿报告基础上,结合前述占领时期的赔偿价值评估,笔者制作了下表,希望能够客观公正地呈现二战结束 75 年来德国政府、企业和国民被动和主动支付的战争赔偿概况。

表 25　本书作者对德国二战赔偿总额评估表

赔偿对象	赔偿项目	赔偿价值或金额	总计
战胜国赔偿	东占区赔偿	163.13 亿美元	211.56 亿美元(1938 年价格)
	西占区赔偿	48.43 亿美元	
受害者赔偿	《联邦赔偿法》	485.85 亿欧元	1001.22 亿美元(2020 年价格)[4]
	《联邦财产返还法》	20.23 亿欧元	
	《补偿养老金法》	8.13 亿欧元	
	《纳粹受害者补偿法》	25.76 亿欧元	
	以色列赔偿条约	17.64 亿欧元	
	12 个欧洲国家纳粹受害者赔偿总体协议	14.89 亿欧元	
	联邦政府其他赔偿开支[3]	69.44 亿欧元	

---

[1]　Bundesministerium der Finanzen, *Wiedergutmachung, Regelungen zur Entschädigung von NS-Unrecht*, Juni 2021, S.25.

[2]　Bundesministerium der Finanzen, *Wiedergutmachung, Regelungen zur Entschädigung von NS-Unrecht*, Juni 2021, S.27.

[3]　"其他赔偿开支"包括公共服务、罗马尼亚瓦普尼亚卡集中营(Wapniarka)受害者专项赔偿、《纽伦堡法》非犹太人受害者专项赔偿(NGJ-Fonds)、人体实验受害者赔偿等。参见 Bundesministerium der Finanzen, *Wiedergutmachung, Regelungen zur Entschädigung von NS-Unrecht*, Juni 2021, S.25.

[4]　"受害者赔偿"共计 815.898 亿欧元。按照 2020 年 12 月 31 日外汇牌价(1 美元=0.8149 欧元)计算,折合 1001.22 亿美元。外汇牌价参见 https://fxtop.com/de/historische-wechselkurse.php?A=1&C1=USD&C2=EUR&DD1=&MM1=&YYYY1=&B=1&P=&I=1&DD2=31&MM2=12&YYYY2=2020&btnOK=Gehen.

续表

赔偿对象	赔偿项目	赔偿价值或金额	总计
受害者赔偿	各州根据《联邦赔偿法》支付赔偿	20.65亿欧元	
	"困难救助条例"①	101.85亿欧元	
	"记忆、责任与未来"基金	51亿欧元②	
	苏联战俘赔偿	0.029亿欧元③	
	冷战前期5家德国大企业对强制劳工赔偿④	0.519亿马克⑤	
	奔驰⑥和大众⑦公司对强制劳工赔偿	0.32亿马克⑧	
总计(美元)			1212.78亿美元

德国历史学家、柏林自由大学教授莱纳·卡尔施(Rainer Karlsch)曾经认为,仅1945年至1953年东德向苏联支付的赔偿,已是20世纪最高数额

---

① "困难救助条例"涵盖了"困难基金""2号协议基金""孤儿基金"等以困难救助名义设立的赔偿基金的支出。

② "记忆、责任与未来"基金的捐赠总额为51亿欧元,其中联邦政府承担了25.56亿欧元,其余部分由6000多家德国企业共同承担。

③ 根据2018年德国联邦议院印刷资料记录,截至2017年9月30日,德国政府共批准了1175份苏联战俘赔偿申请,每人可获得一次性赔偿金2500欧元,共计0.029亿欧元。参见Deutscher Bundestag, 19. Wahlperiode, *Bilanz der Anerkennungsleistung für sowjetische Kriegsgefangene*, Drucksache 19/374, 2018. 1. 5, S.1。

④ 美国犹太人律师本杰明·贝雷尔·费伦茨(Benjamin BerellFrencz)是冷战时期犹太强制劳工赔偿的重要见证者,长期担任"犹太人向德国要求物质赔偿联合会"理事等职务,先与奴役过犹太人劳工的IG法本公司、克虏伯公司、通用电气公司、西门子公司、莱茵金属公司进行过赔偿交涉。根据他在回忆录中的统计,截至1973年12月31日,上述5家德国大企业共向二战强制劳工支付51935095马克。参见Benjamin B. Frencz, *Lohn des Grauens: die Entschädigung jüdischer Zwangsarbeiter - ein offenes Kapitel deutscher Nachkriegsgeschichte*, Frankfurt: Suhrkamp, 1986, S.265。

⑤ 德国马克使用德国央行无限期兑换旧马克的汇率"1欧元 = 1.95583德国马克"换算成欧元,然后折算入赔偿总额。此处折算为0.265亿欧元。

⑥ 1988年6月13日,奔驰公司发布公告以庆祝"汽车制造100周年纪念日"为契机,向奴役过的二战强制劳工提供2000万马克赔偿。参见[日]内田雅敏:《战后补偿的思考》,骆为龙等译,学苑出版社1999年版,第131—132页。

⑦ 1998年7月7日,大众公司决定出资1200万马克设立一个"私人援助基金"(privaten Hilfsfonds),用于赔偿1944到1945年在大众汽车工作过的约15000名强制劳工。参见 *VW entschädigt Zwangsarbeiter*, https://taz.de/VW-entschaedigt-Zwangsarbeiter/!1336176/。

⑧ 计算方法同上,此处折算为0.164亿欧元。

的战争赔偿。① 卡尔施难以预见的是,德国支付给二战受害者的赔偿远远超过了对战胜国的赔偿,并以每年十几亿美元的速度日益成为德国政府的一项固定财政支出。实物赔偿平息了战胜国的愤怒,货币赔偿安抚了受害者的心灵。而1212亿美元的实际赔偿总额,让德国二战赔偿毫无悬念地成为世界历史上支付金额最高②的战争赔偿事件。

四、德国二战赔偿的历史意义

人类历史上,战争赔偿是一个古老的话题,战败国总要为军事上的失败付出代价。二战后德国的战争赔偿事务超越了过去"因为战败而赔偿"的一般历史逻辑,其主要的合法性和驱动力变成了"因为罪责而赔偿"。1945年至1949年的占领时期,同盟国通过分区占领和行政命令强行从德国运走了大量物资作为赔偿,达到了既弥补战胜国损失又削弱战败国实力的传统目的。1949年联邦德国成立后,战争赔偿则成为德国政府和企业为二战历史罪责向国际社会和受害者群体"赎罪"的主要经济手段,也是世界历史上首次对"战争受害者"这一弱势群体进行大规模赔偿。75年来的历史表明,德国二战赔偿在主体的多元性、客体的广泛性、支付手段的多样性以及赔偿金额上都达到了战争赔偿史上的空前高度。

对德国来说,二战赔偿史既是一段用物质和金钱补偿战胜国政府和受害者个人的经济史,又是一段用经济手段和外交政策重新建立德国国际声誉和地位的政治史,还是一段用巨额赔偿推动德国民众集体反省并构建"二战史观"的社会史。对世界来说,德国二战赔偿因为若干突破和创新而产生了非凡的历史意义。它不仅推动人类战争赔偿史到达了全新的领域和高度,而且为彻底解决战争遗留问题的真正可能性提供了历史证明。它在悬置一切以往的赔偿规则的同时,找到了使不可能之事(比如德国与犹太人世界的和解)变为可能的新的实践形式。这一解决方式不仅使德国对二战受害者的赔偿成为前所未有的历史创举,而且对于那些认真思考如何化

---

① Rainer Karlsch, *Allein bezahlt? Die Reparationsleistungen der SBZ/DDR 1945 – 53*, Christoph Links Verlag,1993,S.228.

② 对比20世纪的两次巨额战争赔款:(1)中国按照《辛丑条约》实际支付"庚子赔款"共计6.69亿两白银,按当时每两官银折0.742美元计算,折合4.96亿美元。参见买群:《庚子赔款偿付情况简介》,《历史教学》1986年第11期。(2)德国联邦议院科学服务部在2008年发表《联邦德国与凡尔赛条约关联的财政义务》,评估魏玛德国为一战战败实际支付了250亿金马克赔款。参见 Deutscher Bundestag Wissenschaftliche Dienste, *Finanzielle Verpflichtungen der Bundesrepublik Deutschland im Zusammenhang mit dem Versailler Vertrag*, Deutscher Bundestag,WD 1-3000-088/08,2008,S.9。

解"战争后延续的仇恨"的人而言,又具有直接的当下性。从这个意义上说,德国二战赔偿为世界各国处理战争遗留问题树立了一个样板。

（一）推动"受害者赔偿"成为战争赔偿的重心

在人类大部分历史上,战争赔偿都被认为是一种简单的战胜国对战败国的惩戒行动。这种理解在近代得到了国际法的进一步固化。18世纪末,国际法明确了"战争赔偿"这一法律概念,即"战败国由于战争原因,根据和约规定付给战胜国一定数量的实物或现款（如外汇、黄金或白银）"①。索取尽可能多的赔偿成了战胜国天经地义且合乎法律的权利,这一权利在二战后的德国也得到了完整的实践。

然而,历史一再证明,这种强制勒索的赔偿只能引发战败国人民的愤怒乃至复仇情绪,让战胜国与战败国之间陷入"战争→赔偿→仇恨→战争"的怪圈,无助于实现永久的和平。人类社会需要探索一条新的战争赔偿路径,来避免"战争赔偿"和"新的战争"之间的恶性循环。在这样的大背景下,持续75年的德国二战赔偿就因其"破旧立新"而具有了里程碑式的意义。德国从"被动赔偿战胜国"走向"主动赔偿受害者",既赢得了声誉又教化了人民,不仅没有重蹈覆辙,而且促进了欧洲和解与一体化进程。在"破旧"成功的同时,德国二战赔偿还产生了"立新"的效果。德国推动"战争受害者赔偿"从文本跨越到实践并成为战争赔偿的重心,开辟了战争赔偿的新领域,树立了战争赔偿的新坐标。

欧洲在"三十年战争"后首次出现了赔偿战争受害者的倡议。战争期间天主教徒和新教徒大量向各自阵营逃亡,造成了大批现代意义上的难民。为了让他们重新融入社会和归还他们被没收的财产,1648年的《威斯特伐利亚和约》中达成了一项协议:"所有文职和军事人员,从最高级到最低级,他们的子女和继承人,毫无例外,在他们的人身和财产方面,双方都应恢复他们在动乱前实际拥有的或他们可能合法拥有的同样的生活、名誉、自由、权利和特权。"②但是,这一最初的倡议并没有演变成为"受害者赔偿"的惯例,勒索巨额"战胜国赔偿"反而成为18、19世纪必不可少的战后事项。

1907年通过的海牙第四公约《陆战法规和惯例公约》（Convention respecting the Laws and Customs of War on Land）首次提出了战争应该区别和

① 袁成毅:《国际法视野中的战争赔偿及历史演变》,《浙江社会科学》2007年第3期。
② Bruno Weil, *Review*, The American Journal of International Law, Vol. 40, No. 1（Jan., 1946）, p.222.

不伤害平民的原则,违反者应对平民进行赔偿。公约第 46 条款规定:"家庭的荣誉和权利、个人的生命和私有财产以及宗教信仰和活动,应受到尊重。私有财产不得没收。"公约还特别强调,即使本公约未作规定,平民和战斗员仍受"来源于文明国家间制定的惯例,人道主义法规和公众良知的要求"的国际法原则的保护和管辖,"违反该章程规定的交战一方在需要时应负责赔偿,该方应对自己军队的组成人员做出的一切行为负责"。① 德国和日本都是《海牙第四公约》的缔约国,这就为此后的战争罪责判断和受害者赔偿提供了国际法依据。

因为一战期间交战区平民的惨重损失,1919 年《凡尔赛条约》中增加了一项全新的"战争罪责条款"(War Guilt Clause)——"第 231 条款",并将其作为迫使德国支付巨额战争赔偿的法律依据。"第 231 条款"明确规定,"协约及参战各国政府及其国民因德国及其各盟国之侵略,以致酿成战争之后果,所受一切损失与损害,德国承认由德国及其各盟国负担责任"②。《凡尔赛条约》"第 232 条款"首次明确提出了"战争受害者赔偿"的要求:"凡协约及参战各国之普通人民及其财产,在该协约及参战国对德交战时期内,因德国陆上、海上及空中侵略所受之一切损害,德国应担任赔偿。"③条约第八部第一篇的附件中详细罗列了 10 种战争受害者(包括平民、战俘、伤残军人、强制劳工等)赔偿要求。这是世界历史上第一次将"受害者赔偿"写进战后和平条约。遗憾的是,因为 20 世纪 20、30 年代的混乱局势,这种赔偿无从付诸实践,只能停留在纸面上。

以 1952 年《卢森堡条约》为标志,德国二战赔偿进入了实质性的"受害者赔偿"阶段。在近代以来的国际关系史中,《卢森堡条约》没有先例。自 1952 年以来的半个多世纪里,也再没有类似的条约出现。它的出现给国际社会中的弱者以希望,给极权主义国家以警示。尤其对犹太民族来说,这是他们在 2000 多年的流浪岁月中首次从曾经的迫害者那里得到物质赔偿。时任世界犹太人大会主席纳胡姆·戈德曼(Nahum Goldmann)评价说,"对以色列来说,特别是在那些财政困难时期,该条约实际上是一种救赎。对于成千上万的犹太人,即纳粹主义的受害者,该条约使他们有机会开始新的生活,或者在任何情况下,使他们的处境得到重大改善。

---

① 参见"红十字国际委员会"网站 https://www.icrc.org/zh/doc/resources/documents/misc/hagueconvention4-18101907.htm。
② 世界知识出版社编:《国际条约集(1917—1923)》,世界知识出版社 1961 年版,第 158 页。
③ 世界知识出版社编:《国际条约集(1917—1923)》,世界知识出版社 1961 年版,第 162—163 页。

从历史上看,也许最大的意义就在于此,该条约开创了一个独特的先例。通过签署该条约,德国在更高的道德层面上创造了新的国际法,这对今后其他少数民族、受迫害群体来说可能是最重要的"①。某种意义上说,《卢森堡条约》将《凡尔赛条约》中的理想转化为现实,堪称战争赔偿史上的重要转折点。

事实上,只有当德国对二战受害者进行全覆盖式的赔偿之后,受害者赔偿才在实践层面被正式纳入战争赔偿的范畴。而德国支付的"受害者赔偿"(1001亿美元)远超"战胜国赔偿"(211亿美元)的事实,又进一步强化了现代战争赔偿的新规则——"受害者赔偿"已经取代"战胜国赔偿"成为战争赔偿的重心,给当下和未来的战争赔偿树立了新的坐标。

(二) 树立了承担国家责任的典范

在国际法领域,"国家责任"(State Responsibility)是指一国对其国际不法行为或损害行为所应承担的国际法律责任。国家责任一般是对外的,如1930年国际联盟主持召开的海牙国际法编纂会议给"国家责任"下的定义是:"如果由于国家的机关未能履行国家的国际义务,而在其领土内造成对外国人的人身或财产的损害,则引起该国的国家责任。"②二战结束以来,随着国际法的修订完善,"国家责任"的形式一般包括:(1)继续履约和停止不法行为(continued duty to perform and cessation);(2)保证不重犯(non-repatition);(3)恢复原状(restitution);(4)赔偿(compensation);(5)道歉(satisfaction)。③

以20世纪50年代发布的《联邦赔偿法》为标志,德国不仅开创了战败国立法赔偿战争受害者的先河,而且在国际社会树立了承担国家责任的典范。若要深入理解德国《联邦赔偿法》的历史意义,还要从更加久远和宏观的"战时平民保护"和"国际人道法"视野下考察。

古今中外,"战争不伤平民"都是一种遥不可及的理想状态。在人类大部分的历史中,平民都是战争中绝对的弱势群体。平民财产任由胜利者抢掠瓜分,生命安全无从保障,甚至平民本身也成为重要的战利品,任由占领者奴役驱使。与中国3000年前就在《司马法》中出现"以仁为本""攻其国,爱其民"的战争思想不同的是,西方世界直到启蒙运动期间才

---

① Ruth Kinet,50 *Jahre deutsch-israelische Beziehungen:Auschwitz,Bonn,Jerusalem*,Deutschlandfunk Kultur,2015.5.6,见 https://www.deutschlandfunkkultur.de/50-jahre-deutsch-israelische-beziehungen-auschwitz-bonn.976.de.html?dram:article_id=318352。

② 林灿铃:《国际法的"国家责任"之我见》,《中国政法大学学报》2015年第5期。

③ 邵津主编:《国际法》(第五版),北京大学出版社2014年版,第431—433页。

兴起交战国无权屠杀平民的思想。在自由和人权的旗帜下,卢梭在《社会契约论》中深刻批判了格老秀斯"战争是奴役权的根源,战胜者有权处死战败者"的理论①,指出战胜国对平民既没有生杀权也没有奴役权,因为"战争的目的是摧毁敌国,战争不能产生与它的目的无关的权利"②。受此影响,1868 年 17 国代表签订的《圣彼得堡宣言》提出,"考虑到文明的进步,应尽可能减轻战争的灾难。各国在战争中应尽力实现的唯一合法目标是削弱敌人的军事力量"③。然而事与愿违,随着武器技术的发展,19世纪末之后的战争愈发残酷,并在两次世界大战中出现了人类近代以来最严重的人道主义灾难——大规模屠杀平民。在这种情况下,"国际人道法"应运而生。

国际人道法是为处于武装冲突中的人们提供最低限度人权保障的法律,它在发展过程中形成了"日内瓦法体系"和"海牙法体系"。前者强调从人道主义出发给予战争受难者(武装部队伤病员、战俘和平民)以必要的保护,后者强调规范作战行为和手段。海牙法体系发端于 1868 年《圣彼得堡宣言》,并在 1907 年《海牙第四公约》中明确了交战国对无辜受害平民的赔偿义务。日内瓦法体系发端于 1864 年《改善战地伤病境遇的公约》,经过 1906 年、1929 年、1949 年多次立约后,发展为国际人道法的集大成者——1949 年《日内瓦公约》。《日内瓦公约》明确了"战时平民保护"的细则,规定:"在军事占领下,占领当局不得剥夺平民的生存权,对平民的人格、荣誉、家庭、宗教信仰应给予尊重,不得对平民施行暴行、恐吓和侮辱,不得用武力驱逐平民……"④在国际人道法渐趋完善的背景下,对于那些公然违反国际人道法的国家,20 世纪国际法庭逐渐发展出两种处罚手段:一是惩罚严重的违法者,追究其国际刑事责任以维护国际正义的秩序;二是责成违法者向受害者赔偿其不法行为导致的损害结果,以达成对战争受害者的救济。⑤ 作为违反国际人道法而必须承担的"国家责任",两种手段犹如一机两翼,任何一翼的缺失都是对人类正义的损害。

回看二战结束以来德国对纳粹战犯的审判和对战争受害者的赔偿,就

---

① [法]卢梭:《社会契约论》,商务印书馆 2014 年版,第 13 页。
② [法]卢梭:《社会契约论》,商务印书馆 2014 年版,第 15 页。
③ 世界知识出版社编辑:《关于在战争中放弃使用某些爆炸性弹丸的宣言》,《国际条约集(1648—1871)》,世界知识出版社 1984 年版,第 457 页。
④ 邵津主编:《国际法》(第五版),北京大学出版社 2014 年版,第 531 页。
⑤ 管建强:《中日战争历史遗留问题的国际法研究》,法律出版社 2016 年版,第 254 页。

是一个完整实践"国际人道法"的过程。一方面,从 1945 年国际军事法庭强制审判纳粹首恶的"纽伦堡审判",到 1963 年法兰克福地方法院依据德国刑法对奥斯威辛集中营看守进行的"法兰克福审判",再到 2020 年 93 岁的前党卫军集中营警卫布鲁诺·戴伊(Bruno Dey)被汉堡地方法院判处两年缓刑,德国经历了一个由外而内、由表及里、逐层深入地清除纳粹残余的过程。另一方面,以 1951 年阿登纳"9·27 赔偿声明"和 1956 年确定的《联邦赔偿法》为标志,德国把自愿的赔偿承诺转化成强制的法律义务,制订了一系列纳粹受害者赔偿专门法,这在世界历史上都是绝无仅有的。1986 年,联邦德国政府在提交给联邦议院的报告《联邦政府关于对纳粹暴政的赔偿以及吉卜赛人和相关群体状况的报告》中这样解释德国"战争赔偿的特殊性"(Der besondere Charakter der Wiedergutmachung):"联邦德国与建国前的各州和各市一样,将对纳粹政权所犯下的暴政进行道义和财政赔偿作为一项优先任务。它与所有有关各方,特别是受迫害者组织合作,努力制定赔偿条例,这些条例应在财政上可能的范围内全面设计,并在合理的时间内在行政上可行。这给立法、行政和司法带来了前所未有的任务,没有任何模式或经验可以借鉴。尽管存在这些困难,但有一套法律成功地涵盖了纳粹暴政造成的几乎所有损害。因此,至少在物质领域,可以帮助纳粹受害者。立法机关制定的所有规定,都是根据损害的原因和程度相互平衡的关系。从整体上看,赔偿可以说是历史上独一无二的成就,也得到了国内外受害者协会的认可。"[1]这并非自我标榜的溢美之词。对比日本拒绝赔偿二战东亚受害者、美国拒绝赔偿阿富汗和伊拉克战争受害者,德国堪称以实际行动承担国家责任的典范。

(三) 探索出全新的战争遗留问题处理模式

"战争遗留问题"(War Legacies)是指,战争结束后经过战胜国处置仍未解决的有形的、暴力的后果。一般来说,战争赔偿、领土争议、战犯追究、炸弹清除、辐射污染等都是常见的现代战争遗留问题,它们对和平状态的全面恢复构成了很大障碍。无论两次世界大战还是其后的朝鲜战争、越南战争、伊拉克战争和阿富汗战争,都给受害国政府和人民留下大量悬而未决的遗留问题,其根本原因还在于肇事者拒绝或逃避承担责任。两德统一后,以"记忆、责任与未来"基金为标志,德国政府和社会在处理二战受害者赔偿

① Deutscher Bundestag, 10. Wahlperiode, *Bericht der Bundesregierung über Wiedergutmachung und Entschädigung für nationalsozialistisches Unrecht sowie über die Lage der Sinti, Roma und verwandter Gruppen*, Drucksache 10/6287, 1986.10.31, S.11.

过程中探索出一种全新的战争遗留问题处理模式,为当下和未来人类社会处理类似问题提供了示范样板和操作范式。

　　20世纪90年代末,面对汹涌而来的东欧二战强制劳工赴美国法院起诉德国企业的浪潮,是像20世纪50年代那样制订一部《强制劳工赔偿法》,还是像20世纪80年代那样建立一个"困难基金",德国政府陷入了两难困境。一方面,强制劳工并不适用《联邦赔偿法》对纳粹受害者的定义——"因反对纳粹或因种族、信仰及世界观不同而受到纳粹德国迫害",无权通过《联邦赔偿法》申请赔偿,而德国政府和议院早已宣布,不可能再制订新的受害者赔偿法。另一方面,数百万强制劳工赔偿必将耗费巨资,如果沿用联邦政府全额出资建立"困难基金"的方式支付赔偿,而让涉案的德国企业置身事外,必将引发德国纳税人的愤怒和抗议。为了"不让雪崩式的诉讼将德国的名字拖入泥潭"①,1999年施罗德政府毅然决定开辟第三条道路——政企出资共建赔偿基金,发动媒体制造舆论向全德国的企业施压,动员他们出资参与基金会。2000年"记忆、责任与未来"基金的成功组建,向全世界展示了如何跨越法律和财政障碍去处理战争遗留问题。2000年是20世纪的最后一年,也可以是21世纪的第一年。基金的名称及其成立的时间也构成了一种深刻的隐喻——"德国作为20世纪上半叶人类记忆中的动荡之源,愿意背负起历史的责任,并找到了一条通往21世纪美好未来的和解之路。"

　　德国政府还坚持在"记忆、责任与未来"基金中下设一项"记忆与未来"基金("Erinnerung und Zukunft"Fonds)并注资7亿马克。基金的使命是在过去与未来之间架起一座沟通的桥梁,通过解决若干历史遗留问题来创造德国乃至欧洲更加美好的未来。具体而言,基金要对以下项目进行资助:(1)民族和解;(2)纳粹迫害幸存者的生活;(3)青年交流;(4)社会公平;(5)极权政治和独裁统治的危害研究;(6)人道主义事业的国际合作。②"记忆与未来"基金利用成立以来积攒的利息和企业的继续捐资,至今仍在德国和美国、以色列以及中东欧国家之间开展工作。

　　2007年"记忆、责任与未来"基金完成使命的时候,绝大部分二战德国强制劳工及其遗属都领取到了一份令人满意的赔偿金,"强制劳工赔偿"这一二战遗留问题得到了圆满解决。与以往战争赔偿一般会导致战败国财政

---

①　Manfred Ertel, Schuld und Schlußstrich, Der Spiegel 49/1998, 见 https://www.spiegel.de/politik/schuld-und-schlussstrich-a-329f2f5e-0002-0001-0000-000008039107。

②　Fonds "Erinnerung und Zukunft 'der Stiftung' Erinnerung, Verantwortung und Zukunft", Tätigkeitsbericht 2001-2005, Berlin, 2006, S.10.

紧缩并陷入经济衰退不同的是,德国依靠雄厚的经济实力和外汇储备顺利支付了赔偿①。受害者赔偿提高了德国企业在世界市场的声誉,帮助德国重获欧洲邻国信任、进而引领欧洲一体化进程并成为最大的赢家。与一战后德国赔偿的失败结局相反,德国二战赔偿取得了"共赢"的结果。通过梳理"记忆、责任与未来"基金的组建和工作流程,我们可以总结出一种也许适用于其他国家和地区战争受害者赔偿问题的处理模式——"政企共建,基金运作,面向未来,和解共赢"。

总而言之,二战后战胜国在德国强制执行的实物赔偿,既弥补了自身的战争损耗,又摧毁了近代以来德国军国主义的经济基础,实现了战争赔偿的传统目的。相比而言,德国主动支付的"受害者赔偿"更具历史意义和时代价值。德国历史学家康斯坦丁·戈施勒尔(Constantin Goschler)评价说,"自20世纪90年代以来,德国对纳粹受害者的赔偿已成为全世界要求对历史不公正进行赔偿的样板。正如1945年后对纳粹罪行的谴责为国际刑事司法的新理念提供了基础一样,赔偿似乎也能为制定处理历史不公受害者的新国际标准提供动力"②。受害者赔偿是一个"申请→举证→查证→支付"的动态过程,赔偿主体和客体都要对不堪回首的黑暗历史进行回忆和陈述。在此过程中,"赔偿"在无意中发挥了这样的作用:通过建立一个关于困扰双方的事件的共同叙述,来克服受害者和肇事者的分裂记忆,进而将受害者和肇事者之间的关系置于一个根本性的新基础上,并克服旧的冲突。对繁重的过去形成共同的看法,是积极塑造未来的先决条件。在这方面,德国通过"受害者赔偿"塑造未来的做法堪称典范。从德国赔偿二战受害者的实践中,我们也能感受到一句当代德国社会格言的力量:"我们德国人不仅从我们的历史中学习,而且还找到了处理历史的方法,使我们能够成为其他人的榜样。"③

---

① 1955年至1959年间,联邦德国政府和各州的年度财政预算中,有2.4%至5.5%是留作赔偿金的。从20世纪60年代中期开始,由于联邦德国经济的高速增长,这一比例逐渐下降。20世纪80年代后,赔偿金只占联邦支出的0.5%左右。

② Constantin Goschler, *Schuld und Schulden: Die Politik der Wiedergutmachung für NS‐Verfolgte seit* 1945, Wallstein Verlag, 2005, S.488.

③ 德语原文是"Wir Deutschen haben nicht nur aus unserer Geschichte gelernt, sondern auch einen Umgang damit gefunden, der uns zum Vorbild für andere werden lässt." 参见 Peer Heinelt, *Die Entschädigung der NS‐Zwangsarbeiterinnen und‐Zwangsarbeiter*, Norbert Wollheim Memorial, Frankfurt am Main, 2008, S.48。

第二节　犹太人视角下的德国二战赔偿价值评估

1945 年 5 月 8 日,纳粹德国宣布无条件投降,巴勒斯坦一份《希伯来日报》(*hebräische Tageszeitung*)发出了这样悲伤的文字:"在这个世界上所有民族都取得胜利的日子里,对我们犹太人来说,不可能再有欢乐的时刻了。即使我们最好的儿子在与盟国的联合战斗中为这场胜利做出了贡献,我们今天也必须感到,我们犹太人在这场战争中的失败是世界上其他国家所没有的……对英国人的怨恨不能与巴勒斯坦的犹太人对德国人的感情相提并论。我不知道这是否可以称为仇恨。这更多的是一种深深的反感,一种对这些非人暴行的全面蔑视,希望永远不要再见到德国人。"①一种难以名状的憎恨之情跃然纸上,它代表了二战结束至今犹太人对待德国人的基本态度。正因为这种基本态度的客观存在,从犹太人视角下对德国二战赔偿进行价值评估就别具意义。这种评估不仅避免了对德国二战赔偿的片面观察和过度赞誉,而且有助于处理全世界战争受害者都面临的一个心理障碍——接受赔偿意味着原谅杀害自己父母的凶手吗?犹太人的答案显然是否定的。

一、"永不宽恕"

金钱不是万能的,赔偿只是战争结束后尽力弥补战争创伤的补救措施。当战争受害者因为他们在战争中逝去的亲人领到一份赔偿金的时候,亲人早已离他们而去的事实却无法改变,心灵上的创痛无法用金钱来弥补。从这个意义上来说,战争只会带来永远的痛苦,这种痛苦是赔偿永远无法弥补的。而对于以虔诚的信仰著称于世的犹太民族来说,这种痛苦可能是加倍的。从宗教层面上说,接受赔偿意味着背弃了《圣经·旧约》中摩西带来的"以眼还眼,以牙还牙"的神谕,这是一种巨大的屈辱。从心理层面上说,普遍存在的"幸存者内疚"构成了申请赔偿难以逾越的障碍。如同很多从战场上侥幸生还的士兵选择隐姓埋名拒绝表彰一样,幸存的犹太人很难接受以死去的亲人为由申请一笔赔偿金改善自己的生活。

二战结束后很长一段时间,德国被许多犹太人视为非法国家。德语作

---

① Ruth Kinet, 50 *Jahre deutsch - israelische Beziehungen*: *Auschwitz*, *Bonn*, *Jerusalem*, Deutschlandfunk Kultur, 2015. 5. 6, 见 https://www. deutschlandfunkkultur. de/50 - jahre - deutsch-israelische-beziehungen-auschwitz-bonn.976. de.html? dram:article_id = 318352。

为"纳粹语言"被以色列的学校、剧院和电台禁止,以色列公民的护照上写着:"对除德国外的所有国家有效"。在这种氛围下,当阿登纳总理在1951年9月27日发表对犹太人赔偿声明的时候,犹太人内部的情绪是复杂的。大部分犹太人认为,德国此举假定了一种联系——金钱和痛苦之间的直接交换,并强迫犹太人接受,因此产生了本能的抗拒心理。而从大屠杀中幸存并占据以色列1/3人口的犹太人则激烈反对赔偿,要求以色列政府拒绝与联邦德国谈判。时任以色列议会议长约瑟夫·斯普林扎克(Joseph Sprinzak)认为,"犹太民族的荣誉不允许接受德国的赔偿,即使它是自愿和自发的"①。《纽约犹太先驱报》也发文表示,以色列不应接受"血钱"(Blutgeld)。最激烈的场景当数前文所述以色列总理本·古里安和反对派领袖梅纳赫姆·贝京之间的冲突。古里安辩称,赔偿可以帮助吸收和安置大屠杀幸存者,德国不应保留他们在战争期间从犹太人那里掠夺的财富。贝京则将赔偿比喻为"失去父母的孤儿直接去找杀人犯,索要父母被烧死的房屋的赔偿",并号召群众发动内战来阻止赔偿谈判。贝京着眼于受害者,古里安着眼于幸存者。贝京铭记痛苦的犹太过去,古里安放眼光明的犹太未来。犹太人在接受德国赔偿问题上两种大相径庭的意见,根本就是一个硬币的两面。在大屠杀结束不久的时候就强迫犹太人做这样"抛硬币"的选择题,无疑是残酷的。

20世纪50年代,联邦德国阿登纳政府承诺对犹太人做出赔偿,意在恢复德国的道德声誉。然而,对很多犹太人来说,通过接受德国人为杀害他们亲属而支付的"血钱"来宽恕德国人,是难以想象的。这一阶段联邦德国政府和社会对于二战罪责并未广泛公开认罪并承担责任,而部分贫穷犹太人又需要获得赔偿金以维持生计。很多犹太人认为联邦德国希望通过金钱换取"宽恕",却又在赔偿金申请过程中设置烦琐要求。因此,犹太人世界始终拒绝在"赔偿"和"宽恕"之间画上等号。在这种情绪支配下,1951年成立了"犹太人向德国要求物质赔偿联合会",这个代理人组织的名称本身就强调,与德国的接触将只涉及物质问题——归还被掠夺的财产,不可能为纳粹罪行赎罪。

纵观犹太人接受赔偿的历史,他们始终强烈抗拒这样的一种观念——"因暴力而受损或丧失的生命可以通过金钱得到补偿",甚至因此将其上升为某种"德国阴谋论"。在犹太人世界对德国赔偿的反馈意见中,有"自我

① Susan Slyomovics, *How to Accept German Reparations*, University of Pennsylvania Press, 2014, p.3.

反省"——"难道我们要为祖父和祖母的死同他们谈个好价钱吗",有"勿忘历史"——每月收到的德国赔偿支票意味着"对父母被谋杀的持续提醒"①,有"警惕德国"——"赔偿计划只不过是聪明的律师和养老金骗子的游戏"②,却从来没有"感激涕零"或"谅解宽恕"。

犹太人不愿宽恕德国的另一个重要原因是,他们始终认为德国的赔偿金远远不能弥补 1933 年至 1945 年犹太人因纳粹迫害遭受的损失。2005年 4 月 20 日,经过财政部官员阿哈隆·莫尔(Aharon Mor)领导的委员会 7年调查工作之后,以色列政府发布了关于二战犹太人遭受损失的调查报告。报告认为,600 万犹太人在大屠杀中遇难,但 900 万犹太人的财产被掠夺或摧毁。被掠夺的贵重物品包括公寓和住宅的内容、房地产、银行账户、企业、保险单、个人物品、黄金、股票和债券、外币、珠宝和艺术品。被掠夺的犹太人财产价值 1250 亿美元,犹太人收入损失 1040 亿至 1550 亿美元,犹太强制劳工的未付工资为 110 亿至 520 亿美元。报告结论是,犹太人因纳粹迫害的损失总计 2400 亿至 3200 亿美元,而迄今为止德国支付的赔偿远远不能覆盖这些损失③。

德国向犹太人支付了巨额赔偿之后仍然得不到犹太人世界的宽恕,其深层次原因在于,双方对待"受害者赔偿"的价值观是完全错位的。这里涉及德国和犹太人对两个关键词"Wiedergutmachung"和"Shilumim"的不同理解和阐释。

Wiedergutmachung 在德语中是一个复合词,由 3 个基本词组成——Wieder(再次)+gut(好)+machen(做)。其字面意思是"恢复原状""重归美好",其引申义在二战之前甚至是"再创佳绩"。1940 年,德国《政治学集刊》曾以《对凡尔赛不公的复原》(Die Wiedergutmachung des Versailler Un-rechts)为题发表文章,吹捧希特勒领导纳粹德国收复萨尔、但泽等地区的"丰功伟绩",④该文标题中的"Wiedergutmachung"就有"再创佳绩"之义。用 Wiedergutmachung 来表述对二战受害者的赔偿,尽管它是德语中最合适的词,但即使是作为第三方的中国学者看来,也确实显得天真且不合时宜。毕竟,杀死一个人之后,是不可能让他"恢复原状""重归美好"的。

---

① Susan Slyomovics, *How to Accept German Reparations*, p.26.

② Susan Slyomovics, *How to Accept German Reparations*, p.30.

③ Israel sets Holocaust damages at $ 240 billion,见 https://www.nytimes.com/2005/04/21/world/africa/israel-sets-holocaust-damages-at-240-billion.html。

④ Hans Gerber, *Die Wiedergutmachung des Versailler Unrechts*, Zeitschrift für die gesamte Staatswissenschaft, Bd.100, 1940, S.353.

　　联邦德国成立后,德国官方和学界一直使用 Wiedergutmachung 一词来表达德国政府向二战受害者组织和个人支付的所有赔偿款项。因此,这个术语的内涵就变得空前丰富,包括与资产有关的归还付款、对纳粹受害者的人身伤害赔偿付款、与其他国家(以色列、12 个欧洲国家以及 20 世纪 70 年代后的东欧国家)达成的旨在赔偿德国境外纳粹受害者的总体协议,以及"困难基金"形式的社会保障解决方案。也许在冷战期间,德国政治家和学者就一直抱有这样的期望——通过赔偿让一切(包括德国的声誉和地位)"重归美好"。

　　为了与赔偿的"德国式理解"相对抗,1951 年之后以色列政府在各种声明信件和谈判中全部使用了希伯来语的 Shilumim 作为"犹太人受害者赔偿"的官方表达方式。这个词是从圣经旧约《以赛亚书》中借用的。《以赛亚书》第 34 章《神要惩罚仇敌》第 8 节这样写道:"因耶和华有报仇(Shilumim)之日,为锡安的争辩有报应之年。"用 Shilumim 表达"犹太人受害者赔偿",表明赔偿并不意味着罪行的消除,接受赔偿也不意味着宽恕凶手。这个词既包含了复仇的意味,也可以成为实现和平(shalom)的前提。因此,Shilumim 与德语的 Wiedergutmachung 一词有根本的不同,它就像 Holocaust(大屠杀)一样独特,杂糅了复仇、哀伤和期盼安宁的情感。

　　在经历了与犹太人世界半个多世纪的赔偿拉锯战之后,德国政府和学者逐渐意识到赔偿不可能完全消除战争创伤,不再执着于寻求犹太人的宽恕。2018 年 3 月,联邦德国政府向联邦议院报告纳粹受害者赔偿支出时承认了这一点:"联邦政府为受到纳粹主义不公正待遇的不同群体制定了大量的法律文本和法外规定。所有参与立法和执行赔偿法的人都始终意识到,字面意义上的完全'赔偿'(Wiedergutmachung)是不可能的。纳粹暴政的幸存受害者所遭受的痛苦无法用金钱或其他利益来抵消。"[1]德国历史学家康斯坦丁·戈施勒尔(Constantin Goschler)也给官方一直坚守的 Wiedergutmachung 一词找到了新的解释:"公认最权威的《格林词典》(Grimmsche-Worterbuch)中'wiedergutmachen'的定义表明,这个词的意思近似于 ersetzen(替换)、bezahlen(偿还)、suhnen(赎罪),而这些词并不一定意味着宽恕。"[2]

---

[1]　Deutscher Bundestag, 19. Wahlperiode, *Antwort der Bundesregierung*:*Entschädigungsleistungen für verfolgte nicht jüdische NS-Opfer*,Drucksache 19/1537,2018.3.29,S.3.

[2]　Constantin Goschler, *Wiedergutmachung*:*Westdeutschland und die Verfolgten des Nationalsozialismus*(1945—1954),Oldenburg,München:OldenburgVerlag,1992,S.25.

二、"治愈伤痛"

战争创伤虽不能消除,却可以治愈。对遍布全球的数百万犹太纳粹受害者及其遗属而言,德国赔偿的真正价值在于,通过财产补偿、伤害赔偿、养老保障、医疗护理等项目叠加组成的全覆盖和持续性赔偿,既治愈了伤痛,又伸张了正义。犹太人追求的那种全覆盖和持续性赔偿,可以从 2005 年联合国颁布的《粗暴违反国际人权法和严重违反国际人道主义法行为的受害者得到补救和赔偿的权利的基本原则和准则》①中找到准确的表述:

(1)"复原"(Restitution)——尽可能将受害者恢复到发生粗暴违反国际人权法或严重违反国际人道主义法行为之前的原来状态。"复原"视情况包括:恢复自由、享受人权、身份、家庭生活和公民地位、返回居住地、恢复职务和归还财产。

(2)"补偿"(Compensation)——按照违法行为的严重性和每一案件的具体案情,酌情对粗暴违反国际人权法和严重违反国际人道主义法行为所造成的任何经济上可以估量的损害提供补偿。"补偿"对象包括:身体伤害;精神伤害;失去的机会,包括就业机会、教育机会和社会福利;物质损害和收入损失,包括潜在收入的损失;法律或专家援助费用、医药费用以及心理服务与社会服务费用。

(3)"康复"(Rehabilitation)——通过医疗和心理护理以及法律和社会服务帮助受害者恢复到最佳的健康、功能和生活质量。

在二战的浩劫中,犹太人受害者除了失去健康和亲人,还遭受了财产损失和社会声望的破灭,被迫远离熟悉的生活环境。因此,"复原"就成了战后犹太人的重要诉求。财富和物品作为一种客观实在,在非常具体的意义上创立和支持着每个人的自我形象和身份。随着财产被暴力没收,受害者作为社会存在的基础也随之瓦解。并非所有逃亡的受害者都迁居以色列或美国,很多犹太人在战后选择重返故土生活,当然也包括德国。对这些人来说,收回房屋、家具等实物比索取赔偿金更重要。他们往往非常渴望与失去前生活的所有仍然有形的物品团聚,通过重新使用仍然可以找到的财产来修复身份,进而重建新生活。这种想法不限于直接受害者,也包括他们的后代。财产在赔偿中是非常重要的类别,因为它不仅与受害者短暂的一生相联系,而且可以继承。因此,犹太裔纳粹受迫害者的子女甚至孙子孙女要求

---

① 联合国人权委员会:《违反国际人权法和人道主义法行为的受害者得到补救和赔偿的权利》,E/CN.4/2005/59,第 19 页。

归还财产的案例也不少见。

对那些中产和贫困犹太人受害者来说,德国赔偿金的意义就要上升到生存层面,因为赔偿提供了一种不应低估的基本保障。以色列历史学家叶沙亚胡·耶利内克(Yeshayahu Jelinek)曾说,在以色列最早能买得起冰箱的人是那些从德国收到赔偿金的人。① 美国犹太学者苏珊·斯利奥莫维奇(Susan Slyomovics)在《如何接受德国赔偿》一书中记录了她的祖母和母亲接受德国赔偿的经历,更能说明犹太人受害者是如何得到"补偿"和"康复"的:

苏珊的祖母吉泽拉·埃莱方·霍兰德(Gizella Elefant Hollander)是最早一批于 20 世纪 50 年代接受德国赔偿金的受害者。她依靠每月约 600 美元的赔偿金生活了 50 多年,并于 1999 年在以色列的内塔尼亚去世,享年 96 岁。②

苏珊的母亲薇拉·霍兰德·斯莱莫维奇(Vera Hollander Slyomovics)先后 4 次接受赔偿:2000 年,德国政府因为她在奥斯威辛集中营的"监禁"经历,一次性支付 5000 美元;2002 年 8 月,她意外地收到了瑞士银行从大屠杀受害者休眠账户提取支付的 1000 美元;2004 年 8 月,"记忆、责任与未来"基金因为二战期间的强迫劳动向她支付 5000 美元;2002 年至今,她根据犹太人"2 号赔偿协议"从德国收到每月 270 欧元作为终身养老金。③

作为纳粹受害者的后代,苏珊·斯利奥莫维奇评价说:"当一个政府对一个群体犯下错误时,金钱就会成为恢复正义的有力补救措施。在所有不同的含义和类型中,'赔偿'是目前最重要的补救措施。"④时至今日,生活在世界各地的犹太人受害者仍然在向赔偿机构提交医疗账单,每月收到养老金转账。很多在二战中被洗劫一空的犹太人通过德国赔偿获得了生活保障,甚至得到较好的生活水平得以安享晚年。他们的经历足以说明,赔偿虽不能挽回失去的生命,不能恢复旧的状态,却足以治愈战争给受害者带来的伤痛,为抚慰受害民族的痛苦记忆作出贡献。

---

① Hans Günter Hockerts, *Nach der Verfolgung, Wiedergutmachung nationalsozialistischen Unrechts in Deutschland*, Wallstein Verlag, 2003, S.217.

② Susan Slyomovics, *How to Accept German Reparations*, University of Pennsylvania Press, 2014, p.13.

③ Susan Slyomovics, *How to Accept German Reparations*, University of Pennsylvania Press, 2014, pp.6-7.

④ Susan Slyomovics, *How to Accept German Reparations*, University of Pennsylvania Press, 2014, p.21.

三、"双重和解"

对犹太人世界而言,德国赔偿的终极价值在于帮助他们实现了"双重和解"——与自己和解并与仇敌和解,尽管这是一个痛苦而漫长的过程。"双重和解"与前文的"永不宽恕"并不矛盾,因为宽恕是一种态度,和解是一种策略。这种策略最早是由德国人提出的,1951年阿登纳总理赔偿声明代表了一种试探性的和解尝试。尽管犹太人很清楚阿登纳的目的是要恢复德国的道德声誉并对此嗤之以鼻,但在后来漫长的赔偿谈判和实践当中,赔偿逐渐变成了肇事者和受害者之间、义务者和权利者之间的一种对话形式。因为双方除此之外再无其他的话题,赔偿是避免冷场和交流中断的唯一途径。当犹太人逐渐习惯于接受赔偿之后,他们事实上也习惯了把和解当作一种生存策略。

对许多犹太受害者来说,重要的不是对他们的损失和伤害进行纯粹的金钱赔偿,而是对他们曾经遭受的社会排斥和迫害进行修正,承认迫害者的罪责。德国赔偿最初没有达到这种效果。当一名犹太人受害者在20世纪50年代向西德主管部门提出赔偿要求时,他们将要面对一个充斥着官僚主义的烦琐流程。他们必须以申请人的身份出现,说出证人的名字并接受医学检查,许多人认为这是一种"二次迫害"。德国方面很快改进了审批程序,精简了对申请者的审查要求,加快了赔偿支付速度,甚至做到如同工资一样每月按时发放。

随着20世纪60年代后《联邦赔偿法》覆盖面的扩大,大部分犹太人受害者都在事实上接受了德国的赔偿。犹太人受害者趋向于将赔偿视为一个"自我康复"的过程。一方面,申请赔偿需要对自己的痛苦记忆进行详细回忆和记录,这是一个承认痛苦并与自身和解的过程。另一方面,犹太人坚持认为赔偿是一项法律义务而非德国的"救济金",不是"血钱"而是"德国欠自己的钱"。越来越多的犹太人幸存者恢复了对法律和社会的信任,并回到德国定居。虽然犹太人坚持不忘大屠杀的恐怖并誓言永不宽恕德国,但赔偿确实让双方建立了互信并再次聚在一起。

德裔美国精神分析学家威廉·古列尔莫·尼尔兰(William Guglielmo Niederland)曾经在1953年后长期服务于犹太人受害者的赔偿申请。他将受害者慢性的健康损害归因于纳粹的迫害,并于1961年创造了"幸存者综合征"(survivor syndrome)一词。关于赔偿对"幸存者综合征"的治疗作用,他曾经这样描述:"对于已经和正在接受赔偿的纳粹暴政的幸存受害者来说,最重要的不是一笔具体的钱(它往往很少),尽管它也很重要。真正深刻且重要的不是钱,而是对他们的悲痛和痛苦的认可,这是与钱一起授予的。"①从心理学层面上说,赔偿帮助犹太人受害者及其后代克服了"幸存者内疚",走出痛苦的泥沼并恢复平静正常的生活,实现了与自己或家族历史的和解。

德国与以色列国家之间独一无二的"历史责任驱动型"国家关系是赔偿价值的又一个有力证明,它标志着德国与"犹太国"之间的完全和解。这种和解甚至超越了战后德国与法国的那种平等互利式和解,逐步发展成为德国对以色列单向的无条件支持与援助。

曾经在20世纪50年代初担任以色列外交部国务秘书的沃尔特·埃坦(Walter Eytan)后来回忆说:"在任何情况下,时间都有助于治愈伤痛。我仍然记得第一艘停靠在以色列港口的德国船只,以及后来第一艘被允许悬挂黑红金旗(联邦德国国旗)的船只和第一个被授权在船只停港时上岸的德国船员。这些是我们的环境和我们的整个精神世界走向正常化的第一步,而每一步在当时都必须费力地争取。"②德国赔偿被视为犹太人世界走向正常化的第一步,也启动了德以关系特殊化的进程。

1967年6月"六日战争"爆发时,以色列以先发制人的打击来应对阿拉伯邻国的威胁,德国出现了广泛的声援浪潮。以色列的生存似乎岌岌可危,各地的人们纷纷走上街头。在柏林,著名作家君特·格拉斯(Günter Grass)在学生面前呼吁帮助以色列:"我们是债务人,我们的债权人受到了威胁,即使联邦共和国和民主德国的各界人士暗中希望摆脱这样一个债权人"③。德国对以色列的援助似乎进化成了一种天然的责任。经历过5次中东战争后,这种责任固化到了联邦德国的外交战略当中。20世纪80年代联邦德国驻以色列大使尼尔斯·汉森(Niels Hansen)公开表示,"不要完全根据过去确定的类别来判断以色列和德国之间的关系,因为它们本身已经获得了超越过去的价值"④。如果没有德国的强力援助,以色列能否在中东坚如磐

---

① Christian Pross, *Wiedergutmachung: Der Kleinkrieg gegen die Opfer*, Bodenheim: Philo Verlag, 2001, S.11.

② Ruth Kinet, 50 *Jahre deutsch - israelische Beziehungen: Auschwitz, Bonn, Jerusalem*, Deutschlandfunk Kultur, 2015.5.6,见 https://www.deutschlandfunkkultur.de/50 - jahre - deutsch-israelische-beziehungen-auschwitz-bonn.976.de.html? dram: article_id = 318352。

③ Ina Rottscheid, 50 *Jahre deutsch - israelische Beziehungen: Gegen alle Widerstände*, Deutschlandfunk Kultur, 2015.5.6,见 https://www.deutschlandfunk.de/50-jahre-deutsch-is-raelische-beziehungen-gegen-alle.724.de.html? dram: article_id = 319119。

④ Deutscher Bundestag Wissenschaftliche Dienste, *Zur Entwicklung des deutsch - israelischen Verhältnisses*, 2007, S.21.

石就要打上一个问号。

两德统一后,伴随着大屠杀研究的日益深入和这一话题在德国社会的持续存在,接受甚至强调德以关系特殊性在联邦议院似乎成了一种"政治正确"。2005 年联邦议院关于纪念德以关系 40 周年的跨党派动议的标题使用了"知晓过去以塑造未来"这一短语,它来自以色列大屠杀纪念馆的座右铭。动议强调的中心内容是,"德以关系将永远具有特殊性"①。同年 2 月,德国总统霍斯特·克勒(Horst Koehler)在以色列议会的讲话再次强调:"在德国和以色列之间不可能有所谓的'正常状态'(Normalität)"②。德国不仅自己无条件支持以色列,而且主导了整个欧盟的对以政策。对身处四战之地的小国以色列来说,赔偿开启的这一段德以特殊关系,就不仅意味着仇敌之间的和解,而且是一种生存的保障。

第三节　德国与日本二战赔偿的差别、
原因及启示

日本和德国作为发动第二次世界大战的两个主要法西斯国家,都负有不可推卸的战争赔偿责任。日本对中国及其他东亚国家的侵略,导致了数千万无辜平民的伤亡和难以计数的财产损失,堪称近代以来东亚地区最大的浩劫。

作为受日本侵略战争摧残最为严重的国家,从 1931 年到 1945 年的 14 年间,日本军队先后占领了中国东北、华北、华东、华中、华南等大片国土,并在中国境内犯下了丝毫不亚于纳粹德军的暴行。日本军队制造了"南京大屠杀""厂窑惨案""潘家峪惨案"等杀害平民的重大惨案 100 多起,使用生化武器进行残酷的细菌战和化学战,使用中国平民和战俘作为生化试验品,强征中国妇女作为随军"慰安妇",对抗日根据地实行"烧光、杀光、抢光"的"三光"政策,强征大批中国劳工到占领区和朝鲜、日本进行修路、开矿、拓荒和军事工程建设。据不完全统计,在日本侵华战争期间,中国军民死伤3500 多万人,伤亡数字位居二战参战国第一。按 1937 年价格折算,中国直

---

①　Deutscher Bundestag 15. Wahlperiode,40 *Jahre diplomatische Beziehungen zwischen der Bundesrepublik Deutschland und Israel—Im Wissen um die Vergangenheit die Zukunft gestalten*,Drucksache 15/5464,2005. 5. 11,S.4.

②　*Ansprache von Bundespräsident Horst Köhler vor der Knesset in Jerusalem am 2. Februar* 2005,im Internet:www.bundespraesident.de,S.4.

接经济损失1000多亿美元,间接经济损失5000多亿美元。[1]

然而,在战争赔偿问题上,二战结束后的75年间德国和日本交出了截然不同的答卷。如果说德国作为战争赔偿的优等生交出了近乎满分的答卷,那么日本就是一个近乎弃考的劣等生,特别是在"战争受害者赔偿"考试中交了白卷。德国与日本二战赔偿的巨大差别有着深刻的国内和国际原因。纵然政府层面的对日索赔已无希望,犹太人向德国索赔的成功经验也能够给屡遭日本拒绝的东亚战争受害者提供若干启示和动力。

一、二战后日本战争赔偿概述

与德国一样,二战期间同盟国对日本赔偿问题早有定论。日本尚未投降的1945年7月26日,盟国在《波茨坦公告》中就规定:日本除"可被准许保留足以维持其经济以及支付公正之实物赔偿的工业"以外,"以使日本武装再起之工业"一律拆除或充作赔偿。[2] 二战结束后,美国独占日本并在1945年9月的《初期对日方针》中明确提出,"凡是非日本和平经济或供应占领军所必需之货物或现有资本配备及便利,皆应移充赔偿之用"。可以看出,战后初期盟国对待日本与德国一样,都希望通过赔偿彻底消除其军事实力,顺应全世界人民的呼声。然而,事态发展却与盟国的初衷截然相反,日本赔偿也随着美国远东战略的剧变而发生了重大转折。可以说,是冷战局势的发展使日本逃脱了应有的惩罚。

1947年,冷战铁幕在欧洲徐徐拉开的同时,美国亚洲政策的重心——中国国民党蒋介石政权在战场上节节失利,中国共产党最终取得胜利已不可阻挡。中国局势迫切使美国开始转变远东政策特别是对日政策,要将日本建成"对付今后远东可能发生的其他共产主义威胁的屏障"[3],日本取代中国成为美国亚洲政策的重心。美国对日政策由最初的"惩罚与削弱"转变为"扶植与振兴",促进日本经济复兴的新方针与既定的二战赔偿计划明显自相矛盾。在复兴日本原则指导下,赔偿方案多次变动,总的趋势是从严格转向宽松、从积极推动转向消极执行。1947年4月,美国决定只将日本既定赔偿物资中的30%拨给中国、菲律宾、荷兰和英国(其中中国得15%),

---

① 胡锦涛:《在纪念中国人民抗日战争暨世界反法西斯战争胜利60周年大会上的讲话》,2005年9月3日,见http://www.gov.cn/ldhd/2005-09/04/content_28944.htm。

② [俄]萨纳柯耶夫、崔布列夫斯基编:《德黑兰、雅尔塔、波茨坦会议文件集》,北京外语学院俄语、德语专业1971届工农兵学院译,生活·读书·新知三联书店1978年版,第508页。

③ [日]大藏省财政史室编:《昭和财政史——从终战到媾和》(第17卷),东洋经济新报社1981年版,第64页。

多数是过剩的军需工业设备,相当部分已经破旧不堪行将淘汰。1948 年,停止解散日本财阀,并将赔偿名单中的造船、硝酸等军需工厂删除掉。1949年 5 月,美国国家安全委员会通过 1313 号文件,取消原先的分配原则,停止拆迁工厂设备用于赔偿。据统计,日本到 1949 年支付的全部赔偿按照当时的汇率计算仅价值 1.65 亿美元①,且大多是对受偿国经济恢复用处不大的过时废旧设备。至此,日本二战赔偿陷入停滞,美国从最初的推动者变成最大的反对者。

　　1949 年到 1950 年,亚洲局势剧烈变动,中国共产党领导的中华人民共和国成立,朝鲜战争不久后爆发,冷战中心转移到东亚并有成为"热战"的趋势。美国害怕社会主义革命的浪潮波及日本,希望尽快对日媾和签订和平条约,以便日本能够成为美国参加朝鲜战争的稳定后方。1951 年 9 月,美国一手操纵在旧金山召开的对日媾和会议,通过了《旧金山和约》(Treaty of San Francisco)。和约第 14 条规定:"兹承认,日本应对其在战争中所引起的损害及痛苦给予盟国以赔偿,但同时承认,如欲维持可以生存的经济,则日本的资源目前尚不足以全部赔偿此种损害及痛苦,并同时履行其义务。因此,日本愿尽快与那些愿意谈判而其现有领土曾被日本占领并遭受日本损害的盟国进行谈判,以求将日本人民在制造上、打捞上及其他工作上的服务,供各该盟国利用,作为协助赔偿各该国修复其所受损害的费用。"除此之外,"联合国家(同盟国)放弃所有的赔偿请求权、放弃战争期间日本及日本国民实施行为所导致的联合国家及其国民的其他请求权和关于占领的直接军事费的联合国家请求权"②。美国出于一己之私,单方面蛮横剥夺了二战受害者向日本索赔的权利,严重扭曲了国际人道法的原则和精神,在各个缔约国国内实际上也找不到任何国内法依据。③

　　《旧金山和约》战争赔偿条款的出笼是美国追求亚太霸权、置亚洲各国人民利益于不顾的恶劣行为。它用象征性的"劳务赔偿"取代了"拆迁赔偿",而且日本有权利与受偿国磋商解决赔偿问题。这种平等协商的关系使战胜国失去了迫使日本赔偿的强制手段,给后来日本与各国的战争赔偿谈判留下了讨价还价的余地。根据和约规定,1951 年 12 月日本与印度尼西亚开始谈判赔偿问题,此后与菲律宾、缅甸、南越的赔偿谈判相继开始。日本依仗美国的庇护和在赔偿中的优势地位,在谈判中极尽狡诈抵赖之能

---

① 湛贵成:《关于日本赔偿问题与战后经济》,《世界历史》1995 年第 4 期。

② Treaty of Peace with Japan.Signedat San Francisco, on 8 September 1951,见 https://treaties.un. org/doc/Publication/UNTS/Volume%20136/volume-136-I-1832-English.pdf。

③ 管建强:《中日战争历史遗留问题的国际法研究》,法律出版社 2016 年版,第 266 页。

事,迫使这些国家先后接受了日本的方案。截至 1976 年,日本共向以上四国缴付总额 10.12 亿美元的实物赔偿,赔偿全部采用产品和劳务的方式,钢材、电器、机械设备等重工业产品占了很大比重。① 到 1994 年底,日本向韩国、越南(南越)老挝、柬埔寨、印尼、马来西亚、菲律宾、新加坡、缅甸、泰国等国合计支付战争赔偿 6565 亿日元,约合 18 亿美元。② 二战结束以来,没有一个社会主义国家从日本获得赔偿。③

值得注意和辨析的是,日本民间有很多声音宣称,日本政府已经通过"政府开发援助"(Official Development Assistance)的方式向东亚战争受害国支付了赔偿。以中日建交后日本对华援助为例,1979 年 12 月日本首相大平正芳访华时正式向邓小平提出对中国进行大规模经济援助的计划,开启了近 40 年的对华"政府开发援助"。2018 年 10 月,日本首相安倍晋三访华时认为"中日已经成为了对等的伙伴","中国的经济水平已经不需要援助",给对华援助画上了句号。截至 2017 年,日本对中国援助金额累计 33165 亿日元,涉及 367 个项目。④ 日本对华援助不是免费午餐,大部分援助都是需要偿还的无息或低息贷款,而中国从未拖欠债务。姑且不论日本援助充满了实用主义色彩,日本从中获益而且随着中国崛起就立即终止,如果按照德国二战赔偿的统计方式,只有无偿援助才能计为战争赔偿。根据中国商务部统计,自 1981 年开始,日本政府累计向中国提供无偿援助约 1376 亿日元,仅折合 12.5 亿美元⑤。

如果说日本在"战胜国赔偿"上尚有一些作为的话,那么日本在"受害者赔偿"上的行为只能用人神共愤来形容。1988 年日本政府向 3.3 万曾为其当兵的中国台湾及其遗属支付了 600 亿日元的赔偿,1994 年给韩国战时慰安妇 1000 亿日元的赔偿。除上述对少数战争受害者的赔偿外,日本对绝大多数外国受害者提出的赔偿诉讼根本不闻不问。积极推动对外侵略并在战争中大发横财的日本财阀基本没有支付过赔偿。1990 年,"花冈事件"的 7 名幸存者和遗属与日本鹿岛建设公司举行谈判,要求向中国劳工遗属和幸存者支付 500 万日元赔偿,并建设花冈事件纪念馆。而鹿岛公司方面只

---

① [日]有泽广已:《日本的崛起》,鲍显铭等译,黑龙江人民出版社 1987 年版,第 631 页。
② 姜维久:《日本与德国战后国家赔偿及个人受害赔偿比较研究》,《抗日战争研究》1995 年第 3 期。
③ 日本与越南(南越)、老挝、柬埔寨达成赔偿协议是在 1958 年至 1959 年,那时这 3 个国家都还没有进入社会主义阶段。
④ 《日本对华日元贷款完成使命》,《参考消息》2017 年 9 月 28 日。
⑤ 《中日两国签署两项日本无偿援助的政府换文》,见 http://www.gov.cn/zwjw/2005-06/07/content_4662.htm。

向死难者遗属和幸存者表示了谢罪,不愿意支付任何赔偿,也不建纪念馆。中国"慰安妇"要求日本政府谢罪和赔偿的诉讼也引起了国际社会关注,但无一例外都被日本法院驳回。2007 年 4 月 27 日,日本最高法院就西屋建设公司掳日劳工损害赔偿案作出终审判决,以中国政府已经放弃了中国人民对日索赔请求权为由,驳回了中国民间战争受害者的诉求。

在二战受害者对日索赔问题上,韩国表现得更加激进。韩国政府一直把"受害者赔偿"作为韩日外交关系中的重要话题,坚持要求日本政府和企业赔偿。韩国最高法院 2018 年 11 月曾判 4 名韩籍劳工对日索赔胜诉,命令日本三菱集团赔偿每人 8000 万到 1.5 亿韩元,但三菱一直拒绝赔偿。2021 年 8 月 19 日,韩国水原地方法院下令扣押三菱重工对韩国 LS Mtron 股份公司拥有的约 8.5 亿韩元(约合人民币 470 万元)的货款债权,这是韩国首次扣押三菱在韩现金资产以赔偿强制劳工。① 从这一事件中,我们依稀看到了 20 世纪 90 年代美国地方法院判决德国跨国企业赔偿欧洲强制劳工的影子。战争受害者属地法院利用涉事企业的在地资产进行强制赔偿判决和执行,或许代表了未来东亚战争受害者对日索赔的方向。

二、德日二战赔偿差别的原因

德国与日本同为二战战败国且罪责相似,为何会在战争赔偿领域存在如此巨大的反差? 沉重的问题需要深刻的回答。德日二战赔偿差别是国际国内多重因素共同作用的结果,需要从国际关系、地缘政治、外交政策甚至民族文化中寻找答案。

德日二战赔偿相差悬殊,最重要的外部原因就是美国政府对两个战败国的区别对待——敲打德国却包庇日本。二战结束后,德国由美、苏、英、法四大盟国长期分区占领,各占领国根据自身利益实施不同的改造和赔偿政策。占领军政府在战争赔偿、战犯审判和"非纳粹化"改造等方面发挥了强大的威慑和监管作用。战时确定的"实物赔偿"和"分区赔偿"原则得到了较好的贯彻执行,特别是在苏占区执行的相当严厉。在分区占领的情况下,德国只能被迫接受战胜国的所有赔偿要求。反观美国对日本的战后处理则大不相同。美国在战后独家占领了日本,对日本的前途命运有着绝对的支配权。尽管战后初期美国也曾报有坚定的对日索赔政策并一度付诸实施,但东亚局势的骤变使美国逐渐放弃了对日本的削弱,转而要将日本扶植为远东冷战的前沿基地。美国不仅自己放弃了赔偿要求,而且通过《旧金山

---

① 王伟:《韩法院扣押日企债权,日本政府急了》,《环球时报》2021 年 8 月 20 日。

条约》大大削弱了其他战胜国向日本索取赔偿的权利。正是美国的百般庇护使日本在与韩国和东南亚国家的赔偿谈判中获得主动地位,以很少的付出解决了赔偿问题。

在"受害者赔偿"领域,美国的区别对待就更加明显。美国官员曾公开表示,"德国人以何种方式对待犹太人是考验德国民主制度的试金石",却从未说过"日本人以何种方式对待东亚战争受害者是考验日本民主制度的试金石"。二战结束直到 20 世纪 90 年代,美国政府不断向德国政府施加压力推动其对犹太人战争受害者的赔偿,却从未向日本政府施加压力推动其对东亚战争受害者的赔偿。每当犹太人向德国发起新的索赔要求遇到阻碍时,美国政府和媒体就会及时地敲打德国政要。从 50 年代《卢森堡条约》到 20 世纪 80 年代犹太人受害者"困难基金"再到 20 世纪 90 年代"大屠杀幸存者"成为赔偿的新对象,每个重要的犹太人赔偿计划背后都能看到美国的身影。而东亚战争受害者对日索赔遇阻时,美国政府和媒体数十年如一日地保持沉默,没有发出过任何支持的声音。美国地方法院在 20 世纪 90 年代依据《外国人侵权索赔法》频繁受理欧洲强制劳工向德国企业索赔的案件,却从未受理过亚洲强制劳工向日本企业的索赔诉讼。也许美国的人权保护法只适用于白种人。可以说,是美国帮助日本政府和企业逃避了战争的罪责,而这一行为本身也再次见证了美国保护人权的"双重标准"。

德国与日本所处的不同地缘和政治环境也是导致赔偿差别的重要原因。德国地处中欧,属于传统意义上的大陆国家,因此永远无法回避在地缘政治上被周边强邻包围的现实。德国周边的法国、英国、比利时、波兰和苏联等国在 20 世纪上半叶两度遭受来自德国史无前例的侵略,对战后德国的政治经济发展有着强烈的戒备心理,法国和苏联表现得尤为强烈。为此,法国推动建立了"欧洲煤钢共同体",将德国战争能力的基石——煤钢工业置于国际共管之下。而苏联则在民主德国长期驻扎一只强大的军队,对联邦德国进行武力威慑。在这种情况下,以积极主动的态度支付战争赔偿,无疑是表明对战争深刻反省的最实用办法。战后德国经济能够在相对和平的环境中崛起,乃至 1990 年两德统一顺利实现,切实履行赔偿义务功不可没。犹太人团体锲而不舍的索赔努力也对德国赔偿起到了重要作用。犹太民族在二战中的悲惨遭遇得到了全世界人民的同情,归还犹太人财产、赔偿犹太人受害者在西方世界成为一种"政治正确"。作为专门的索赔机构,"犹太人要求物质赔偿联合会"常年从事战时德国罪行的调查、论证、起诉工作,将纳粹德国残害犹太人的罪行公布于世界。犹太人团体还在美国政界积极运作,使他们的索赔要求得到美国政府的有力支持。在大量罪证和强大的舆论面前,德国不得不向犹太受害者支付了大量赔偿。

反观日本,由于其得天独厚的岛国地理位置和战后经济的繁荣,在冷战期间东亚地区没有哪一个国家能够对日本形成强大的压力。东南亚国家大多刚刚取得民族独立,力量弱小,国内局势动荡不安,因而在经济和外交上有求于日本,无力在赔偿问题上保持强硬态度。抗战胜利后,国民党反动派挑起全面内战,也让日本在赔偿问题上有机可乘。战后台湾当局急于取得在国际社会上的"正统地位",于 1952 年 4 月同日本"签订"所谓的"和平条约",宣布放弃对日本的战争赔偿要求。中国政府在 1972 年为了尽快与日本恢复邦交正常化,在《中日联合公报》中宣布:"为了中日两国人民的友好,放弃对日本国的战争赔偿要求。"①东亚各国虽然普遍存在民间战争受害者向日本政府或企业声讨赔偿的案例,但缺乏代理组织和统一行动,力量过于分散,也未能引起西方媒体的足够重视,不足以对日本政府形成强大压力。

虽然同属以美国为首的西方阵营,但德国和日本外交政策的基本方针却相去甚远,这直接影响了两国的赔偿表现。联邦德国外交政策的基石就是融入欧洲,致力于推动欧洲一体化,彻底抛弃近一个世纪以来与周边国家为敌的民族主义外交。联邦德国积极推动建立"欧共体"、加入北约以及通过"新东方政策"与苏联和东欧各国和解,无一不是这种外交思想的体现。但出于历史原因,在周边国家对其心存疑虑、保持高度警惕的情况下,德国必须通过认真支付战争赔偿来表明其对二战罪行的深刻反省和赎罪努力,才能得到各国人民的宽恕,为欧洲其他国家所接纳。事实上,积极支付战争赔偿已经成为德国外交政策的一个重要部分,是历届政府都无法回避的。赔偿促进了德国与周边国家友好关系的发展,也助力德国引领欧洲一体化进程并成为最大的受益国。日本的外交政策则与德国完全相反。二战结束后,美国独占日本,政治上庇护、经济上扶植,努力将日本打造为远东冷战的前沿阵地。在这种情况下,日本采取了"向美国一边倒"的外交政策,"美日同盟"成为日本外交战略的基石。由于在赔偿问题上消极抵赖的态度不足以威胁其国家安全和外交大局,日本更加有恃无恐。日本对东南亚国家数额有限的赔偿,也是伴随其拓展东南亚市场的步伐才情愿支付的。赔偿在日本的外交政策中没有一席之地,日本政府既没有动力也没有压力去支付赔偿。

最后,德日赔偿差别还可以归因于德意志民族和大和民族迥然不同的

---

① 《中华人民共和国政府日本国政府联合声明》,《人民日报》1972 年 9 月 30 日。

传统文化——"罪文化"与"耻文化"。作为近代宗教改革的发源地,德国是受基督教文化浸淫最深的国家之一。在基督教教义中,"原罪—认罪—赎罪"是一个追求理性复归的自然过程,德国社会对二战罪责的认识也经历了这样的过程,并最终将其凝聚成一种主流社会普遍认可的"罪文化"(Schuld Kultur)。在基督教神学中,"和解"是一个核心概念,同时也是基督徒关注的一个永恒话题。根据神学的理解,"和解"包括以下内容:揭示所发生事情的真相,忏悔和认罪,准备原谅和宽恕,赎罪和赔偿,最后(作为一种理想的目标)恢复一个被不公正现象破坏的社区。我们可以看出,基督教"和解"的内涵和流程在德国的"受害者赔偿"(Wiedergutmachung)实践中得到了完整的体现。

日本作为一个相对封闭的岛国,神道教和禅宗一起塑造了大和民族独特且深远的"耻文化"。1946年美国文化人类学家鲁思·本尼迪克特(Ruth Benedict)曾在名作《菊与刀》中对日本的"耻文化"做了深刻剖析,并提交美国政府作为改造日本的参考。笔者认为,"耻文化"包括两种内涵:一方面重视个人尊严胜过生命,另一方面重视集体和他人对自己的评价超过了内心的价值判断。自己做错事或者蒙受不白之冤都被视为一种耻辱,对待耻辱的办法是自我克制、复仇乃至自杀。问题的关键就在这里。日本政要和民众站在了二战历史修正主义的逻辑起点上,妄称日本发动的"大东亚战争"不是侵略战争而是代表亚洲黄种人向西方列强的奋起反击,污蔑亚洲各国对日本战争罪责的谴责和赔偿要求就是一种"不白之冤"和耻辱。

三、犹太人索赔经验对东亚战争受害者的启示

1988年3月7日,联邦政府发布修订版的《在赔偿框架内向非犹太人受害者发放艰苦条件津贴的准则》,增加了对没有德国公民身份的海外吉卜赛受害者的赔偿条例——他们最多可以领取折合2556欧元的一次性赔偿。然而,根据这一条例,同时期非德国籍的犹太人受害者可以获得每月折合336欧元的持续性赔偿。[①] 30年以后,2018年3月12日,德国左翼党乌拉·耶尔普克(Ulla Jelpke)等议员在联邦议院向政府提出质疑:"对纳粹受害者的赔偿仍然是不完整、不一致的。这尤其适用于东欧受迫害的非犹太人受害者。例如,在纳粹种族灭绝中受害的罗姆人并不能按月领取赔偿金,

---

① 折算成欧元的赔偿金数据源于2019年德国联邦议院印刷资料《联邦政府的答复:改善对辛提人和罗姆人中的纳粹受害者的赔偿支付》,参见 Deutscher Bundestag, 19. Wahlperiode, *Antwort der Bundesregierung: Verbesserung von Entschädigungsleistungen für NS-Opferunter Sinti und Roma*, Drucksache 19/7545, 2019.2.5, S.2。

充其量只是一次性支付。但是,犹太纳粹受害者却有权根据'赔偿联合会'的规定(特别是'2号赔偿协议'或中欧和东欧和解基金)按月领取救助金。特别极端的情况是,21世纪初乌克兰罗姆人只拿到了折合400美元的赔偿金。"①2019年2月,联邦德国政府在回复报告《改善对辛提人和罗姆人纳粹受害者的赔偿支付》中承认:"在对所遭受的纳粹不公正待遇的赔偿实践中,辛提人和罗姆人是最弱势的受害者群体"②。

吉卜赛人与犹太人一样在二战中遭受了纳粹德国的大规模种族迫害和屠杀,却在战后德国赔偿对象中沦为完全的弱势群体。吉卜赛人和犹太人赔偿待遇的巨大差距,足以让我们认识到战争受害者索赔行动中主观能动性的重要作用,这取决于坚忍不拔的索赔意志和灵活多变的索赔策略。在这方面,犹太人向德国索取赔偿的成功经验,能够对东亚战争受害者形成若干启示。

（一）锲而不舍、坚韧不拔

早在1944年美国召开的世界犹太人大会上,犹太人世界就确立了一个原则——战后德国要对犹太民族进行集体赔偿,这种赔偿是一个完全独立的项目,不能与"战胜国赔偿"混淆在一起。纵观二战结束以来犹太人索赔的历程,他们总能随着德国局势的发展发现新的赔偿理由和空间,并迅速通过法律和外交手段付诸实施。20世纪50年代以色列国家通过《卢森堡条约》获得赔偿后,犹太人又迫使联邦德国制定《联邦赔偿法》,开始对犹太人纳粹受害者大规模赔偿。1969年《联邦赔偿法》的索赔窗口期结束后,犹太人又迫使勃兰特和施密特政府设立"困难基金"进行"最终赔偿"。两德统一后,犹太人迅速发现了东德地区犹太人财产归还问题,并迫使德国制定《纳粹受害者补偿法》。最令人印象深刻的当数犹太人创造的"大屠杀幸存者"新概念,当这个概念成为符合人道主义的合理赔偿对象后,所有二战期间以生命或胚胎形式在欧洲纳粹占领区存续4个月以上的犹太人,都可以通过"2号赔偿协议"从德国申请赔偿。

犹太人索赔的理由多种多样,如二战期间本人或直系亲属被纳粹迫害致残或致死、家庭财产被征用或抢夺、被强行开除公职、被德国企业强制从事收入低贱甚至无偿的劳动等。以此为据,可以分别向德国政府和相关企业索取赔偿。实际操作中往往出现某个受害者财产被抢夺后又被送入企业

① Deutscher Bundestag, 19. Wahlperiode, *Kleine Anfrage*: *Entschädigungsleistungen für verfolgte nicht jüdische NS-Opfer*, Drucksache 19/1187, 2018.3.12, S.1.

② Deutscher Bundestag, 19. Wahlperiode, *Antwort der Bundesregierung*: *Verbesserung von Entschädigungsleistungen für NS-Opfer unter Sinti und Roma*, Drucksache 19/7545, 2019.2.5, S.1.

做苦工,因此可以同时得到政府和企业的双重赔偿。正式的赔偿分类包括自由伤害、职业伤害、健康伤害、财产损失、生活伤害及经济损失,其中受理和执行最多的是自由伤害和职业伤害。此外,犹太人索赔的时限很长,即使受害者本人已去世,其遗属依然可以通过"要求物质赔偿联合会"提起赔偿诉讼。

犹太人在索赔过程中表现出锲而不舍的精神和坚韧不拔的毅力,构成了他们得到全面赔偿的重要内因。犹太人的经验启示我们,虽然1972年《中日联合公报》放弃了对日本国的"战胜国赔偿"要求,但不妨碍我国战争受害者索取"受害者赔偿",而且不存在所谓的诉讼时效问题。我国民间对日索赔的主体应该从以往的强制劳工、慰安妇扩展到整个战争受害者群体,包括因日军残害致死致残的平民及其后代、私人财产被日军抢占或毁坏的平民及其遗属。除人身伤害之外还应增加财产损失索赔,同一名受害者可以发起多重索赔诉讼。但是,在这些手段背后,起决定性作用的还是决心和毅力。

1995年后,日本侵华战争的中国受害者在日本法院发起近30起索赔诉讼,最终全部败诉。2007年4月日本最高法院作出驳回中国劳工诉求的终审判决后,中国民间组织开始寻求在中国境内向日本政府和企业提起索赔诉讼。日本法院关闭了司法解决的大门,中国法院开启了司法解决的大门。2014年中国法院先后受理了掳日劳工状告日本焦炭工业株式会社(原三井矿山株式会社)和三菱综合材料株式会社(原三菱矿业株式会社)案、"潘家峪惨案"受害者遗属起诉日本政府案,中国民间对日索赔进入新一轮高潮。在强大的法律和舆论压力之下,2020年12月7日,日本三菱公司向30名二战被掳山东劳工的遗属发放了每人10万元人民币赔偿金。事实证明,经历受害者及其遗属几代人持之以恒的努力,这条漫长而艰辛的索赔之路终将迎来正义的曙光。

(二) 组织代理、形成合力

时至今日,全世界的犹太人受害者及其遗属拿到"犹太人要求物质赔偿联合会"发放的"赔偿项目申请表"(Antragsformular für Entschädigungsprogramme)时,都能看到同样的第一段话:"申请赔偿联合会的项目不需要付费。你不需要为这个申请表或协助填表向任何人付费。如果你在填写此表时需要帮助,你可以联系赔偿联合会或当地的犹太社会服务机构,这些机构将为你提供免费援助。该表格有德语、英语、法语、希伯来语和俄语版本。"

1951年为了与联邦德国进行赔偿谈判而成立的"犹太人向德国要求物质赔偿联合会"(The Conference on Jewish Material Claims Against Germany),

至今已运行 70 年。作为犹太民族历史上最坚定的统一战线组织,赔偿联合会在犹太人受害者赔偿事务中发挥了至关重要的"代理人"作用。该组织在全世界寻找犹太人受害者及其遗属,为每个申请者建立档案,协助他们向德国政府及企业发起赔偿要求或诉讼,代替申请人与德方谈判,并负责发放赔偿金、处置犹太人无主财产、救济贫困的犹太人受害者、资助"大屠杀"历史教育等事宜。时至今日,赔偿联合会已发展出一套较为完备的索赔模式,接受世界各地的犹太人受害者通过网络申请赔偿。其财务运作由专业会计师事务所进行审核,赔偿金分配则接受德国审计署和纽约州政府的监督,并且定期在网络上发布财务报告。

综合而言,赔偿联合会的价值主要体现在两个方面——高效便捷的赔偿流程、聚集强大的索赔力量。一方面,因为赔偿联合会提供高度专业的全流程索赔服务,犹太人受害者及其遗属只需要根据受迫害经历填写赔偿申请表格,然后坐等赔偿金汇入自己的账户。另一方面,赔偿联合会能够围绕一个特定的赔偿事由组织起成千上万的人证物证,向德国政府或某个企业发起赔偿诉讼,让对方很难抵赖或逃避责任。

（三）善于宣传、借助外力

犹太人在二战中的遭遇得到了全世界人民的普遍同情,而犹太人对西方世界尤其是美国舆论的影响力也非同一般。二战后犹太人在美国的政界、传媒、电影等领域都占有重要地位,他们创办了《纽约时报》《华盛顿邮报》这些最具影响力的报纸,拍摄出《辛德勒名单》等反思二战的电影,成功主导了西方世界对二战历史的舆论认知。每当犹太人与德国的赔偿谈判难以推进时,西方媒体就会大肆报道犹太人承受过的苦难和德国在道义上的缺失,敦促德国政府积极赔偿。舆论也成为犹太人向德国企业施压的强大武器。每当德国企业在赔偿问题上表现迟疑,对该企业曾在二战中使用奴隶劳工的报道和评论便会大量出现。被置于道德困境的德国企业对待赔偿的态度,往往成为检验该企业是否诚信可靠的试金石。在强大的舆论压力下,为了保持海外市场的声誉,很多在二战后成立的、从未使用过犹太人强制劳工的德国企业都为赔偿基金会捐资不菲。

犹太人在索赔过程中还很善于借助外力。除了前文所述借助美国政府的力量敲打德国之外,犹太人还善于援引国际法和联合国文件以及德国国内赔偿案件的判定,帮助赔偿诉讼取得胜利。

1949 年《日内瓦公约》明确了"战时平民保护"的细则,犹太人赔偿联合会主席戈德曼以此为由,在 1956 年至 1961 年间不断致信或拜访阿登纳,要求联邦德国政府"在《日内瓦公约》意义上为无国籍和难民受害者设立一个特别赔偿基金",以覆盖那些无权申请《联邦赔偿法》赔偿的东欧犹太人受害者。① 持续努力的结果是,1965 年联邦德国发布《联邦赔偿法最终修正案》,新增了两个特殊的受害者群体可以申请赔偿——"因国籍原因而受纳粹迫害者"和"《日内瓦公约》意义上的难民"。

1965 年 5 月 19 日斯图加特地方高等法院在关于一名德国奴隶劳工的案件裁决中强调,使用身体虚弱的奴隶劳工的管理层"有义务尽可能地减轻他们的不幸,并防止一切不必要的恶化。这种不言而喻的人类义务,对交由他们照顾的囚犯,不仅是一种道德义务,也是一种法律义务"。犹太强制劳工代理律师本杰明·费伦茨立刻公开致信德国《明镜周刊》:"没有人声称目前莱茵金属股份的所有者对以公司名义犯下的罪行负有个人责任。我们申诉的实质是,无论谁接手一家剥削奴隶劳工的公司的名称和资本,都有法律和道德义务对这些前奴隶劳工所做的工作和所承受的痛苦进行赔偿"。② 莱茵金属公司立刻因此陷入了违背德国社会公俗良知的困境中。

迄今为止,东亚战争受害者在西方媒体当中几乎没有存在感。除了西方媒体对二战东亚战场及其受害者一贯以来的漠视外,东亚文化圈中那种不善言辞、隐忍不发的性格特点也构成了宣传上的不利因素。在此方面,韩国民间对日索赔运动已经取得了突破。2007 年,韩国"慰安妇"出现在美国、加拿大和欧洲议会的听证会上,她们的陈词推动了美国、加拿大和荷兰议会通过决议要求日本政府对二战"慰安妇"道歉并赔偿。在对日索赔问题上,中、朝、韩和东南亚战争受害者应该联合起来,抓住每年二战胜利纪念日的契机,向国际社会发出"东亚战争受害者对日索赔"的集体呼声,争取国际舆论的同情与支持,对日本政府和企业形成道德压力。

二战后犹太人受害者对德索赔运动推动了国际人道法的发展,而国际人道法的发展成果又可以且应当反哺东亚战争受害者对日索赔运动。2005年联合国发布《违反国际人权法和人道主义法行为的受害者得到补救和赔偿的权利》规定,"一国应根据其国内法和国际法律义务,就其须负责的构成粗暴违反国际人权法和严重违反国际人道主义法的行为,向受害者提供赔偿。个人、法人或其他实体若被裁定对受害者负有赔偿责任,应当向受害

---

① Errichtung eines Sonderfonds auf dem Gebiet der Wiedergutmachung für ver¬ folgte Staatenlose und Flüchtlinge im Sinne der Genfer Konvention, Kabinettssitzung am 20. September 1961,见 https://www.bundesarchiv.de/cocoon/barch/1000/k/k1961k/kap1_2/kap2_29/para3_3.html。

② *Kriegsverbrechen, Restitution, Prävention, Aus dem Vorlass von Benjamin B. Ferencz*, Archiv jüdischer Geschichte und Kultur, Band 4, Vandenhoeck & Ruprecht Verlage, 2019, S.330-331.

者提供赔偿"①。在国际人道法和联合国决议的支持下,赔偿已经成为国际法公认的战争受害者的基本权利。

　　近年来的种种迹象表明,东亚战争受害者民间索赔运动已经进入跨国民间联合索赔运动时代,他们不会停止继续斗争的脚步。② 在二战后德国战争赔偿中变得清晰的规则——"受害者赔偿"已经取代"战胜国赔偿"成为战争赔偿的重心,以及犹太人战后对德索赔的成功经验,也将为东亚战争受害者提供精神动力和智力支持。作为最敏感的二战遗留问题,只有全世界的战争受害者都得到诚恳的道歉和公正的赔偿,人类社会才能真正树立起正义的二战史观,从而恢复人类的尊严和价值。

---

① 联合国人权委员会:《违反国际人权法和人道主义法行为的受害者得到补救和赔偿的权利》,E/CN.4/2005/59,第 19 页。
② 管建强:《中日战争历史遗留问题的国际法研究》,法律出版社 2016 年版,第 301 页。

附　　录

（一）二战后德国战争赔偿大事记

1941 年 1 月，英国经济学家凯恩斯向丘吉尔递交战后制裁德国的草案。

1943 年 7 月，苏联共产党中央政治局决定成立赔偿事务委员会。

1943 年 8 月 31 日，英国政府内部正式发布《英国赔偿和经济安全问题部门间委员会的建议》（《麦尔金报告》）。

1943 年 10 月，美国国务院成立"赔偿、归还和财产权部门委员会"。

1943 年 10 月 19 日，美国国务卿赫尔向莫斯科三国外长会议提交《美国关于赔偿问题的建议》。

1944 年 1 月 10 日，苏联赔偿特别委员会主席迈斯基向莫洛托夫提交《关于未来和平的最佳原则》报告。

1944 年 9 月 15 日，美国财政部长摩根索在魁北克会议上向罗斯福和丘吉尔递交《防止德国发动第三次世界大战的计划》（"摩根索计划"）。

1944 年 11 月 26 日至 30 日，世界犹太人大会在美国大西洋城召开，会议决定要在战后对德国发起集体索赔。

1945 年 2 月 5 日，雅尔塔会议的第二次会议开始讨论德国赔偿问题，苏联提出 100 亿美元的赔偿目标。

1945 年 2 月 7 日，美苏英在列宁格勒召开三国外长会议，德国赔偿是重要议题。

1945 年 2 月 9 日，美国国务卿斯退丁纽斯在雅尔塔会议上宣布美国关于赔偿问题的方案。

1945 年 2 月 11 日，《雅尔塔会议公报》确立战后德国"实物赔偿"原则。

1945 年 4 月 26 日，美军发布参谋长联席会议第 1067 号指令，要求拆除美占区所有军工厂以及用于赔偿的重工业企业。

1945 年 6 月 17 日至 7 月 13 日，同盟国赔偿委员会在莫斯科召开。

1945 年 8 月 2 日，《波茨坦会议公报》确立"分区赔偿"原则，规定德国主要以海外资产和工业设备支付赔偿。

1945 年 11 月 9 日至 12 月 21 日，美、英、法等 18 个战胜国在巴黎召开赔偿会议。

　　1946 年 1 月 14 日,18 个战胜国签署《关于德国赔偿、建立盟国国际赔偿总署和归还货币性黄金的协议》(《巴黎赔偿协议》)。

　　1946 年 3 月 28 日,同盟国工业水平委员会公布《赔偿与战后德国经济水平计划》("工业水平计划")。

　　1946 年 5 月 3 日,美占区军事长官克莱宣布停止向苏联交付赔偿物资。

　　1946 年 5 月 26 日,美、英、法与瑞士签署《与瑞士达成的关于德国外部资产的华盛顿协议》。

　　1946 年 6 月 5 日,苏联宣布没收 213 家苏占区德国企业,并将其产品作为赔偿。

　　1946 年 9 月 6 日,美国国务卿贝尔纳斯在斯图加特发表对德政策演说,反对以工业产品支付赔偿。

　　1947 年 11 月 21 日,盟国赔偿总署通过《德国外部资产的会计准则》。

　　1948 年 5 月 10 日,盟国赔偿总署与西班牙签订《与西班牙达成的关于德国外部资产的马德里协议》。

　　1949 年 4 月 26 日,南德意志州议会发布《纳粹不公正待遇赔偿法》。

　　1949 年 7 月 31 日,美国驻德国高级专员约翰·麦克洛伊发表声明:"德国人以何种方式对待犹太人是考验德国民主制度的试金石。"

　　1949 年 11 月 22 日,盟国高级专员委员会与联邦德国政府签订《美、英、法高级专员和德意志联邦共和国总理关于改变拆迁计划的协定》(《彼得斯贝格协定》)。

　　1951 年 3 月 12 日,以色列政府向四大国提交照会,全面阐述了以色列代表犹太人民要求德国支付赔偿的理由和 15 亿美元赔偿金额。

　　1951 年 5 月 11 日,联邦德国议会通过《公职人员联邦赔偿法》。

　　1951 年 9 月 27 日,联邦德国总理阿登纳在联邦议院发表《德意志联邦共和国对犹太人态度的政府声明》,正式宣布要对犹太人进行赔偿。

　　1951 年 10 月 26 日,"犹太人向德国要求物质赔偿联合会"成立。

　　1952 年 1 月 7 日,以色列议会爆发关于是否批准与德国赔偿谈判的争论。

　　1952 年 1 月 9 日,以色列议会以微弱多数批准以色列政府与联邦德国开展赔偿谈判。

　　1952 年 3 月 20 日,联邦德国与以色列及"犹太人向德国要求物质赔偿联合会"在荷兰小城瓦森纳尔秘密开始赔偿谈判。

1952 年 5 月 26 日,联邦德国与西方盟国签订《波恩条约》,正式宣布停止拆卸,取消联邦德国所有赔偿义务。

1952 年 9 月 10 日,联邦德国与以色列在卢森堡议会大厦签订《卢森堡条约》。

1953 年 2 月 27 日,联邦德国与美、英、法等 23 个国家达成《关于德国国外债务的协定》(《伦敦债务协定》)。

1953 年 6 月 10 日,法兰克福地方法院判决犹太人劳工诺伯特·沃尔海姆向 IG 法本公司索赔案胜诉。

1953 年 7 月 1 日,联邦德国议会通过《联邦纳粹受害者赔偿补充法》。

1953 年 8 月 22 日,苏联与民主德国签订协议,停止向民主德国收取赔偿。

1953 年 8 月 23 日,波兰政府宣布从 1954 年 1 月 1 日起放弃对德国的赔偿要求。

1956 年 6 月 29 日,联邦德国议会通过《联邦纳粹受害者赔偿法》(《联邦赔偿法》)。

1957 年 7 月 18 日,联邦德国议会通过《联邦财产返还法》。

1957 年 11 月 5 日,联邦德国议会通过《关于战争和德意志帝国崩溃造成损失的一般解决法》。

1962 年 5 月 24 日,德国西门子公司与犹太人赔偿联合会签署二战强制劳工赔偿协议。

1965 年 5 月 12 日,联邦德国与以色列正式建交。

1965 年 9 月 14 日,联邦德国议会通过《联邦赔偿法最终修正案》。

1975 年 8 月 2 日,联邦德国总理施密特与波兰统一工人党第一书记吉瑞克签订《德意志联邦共和国和波兰人民共和国关于养老金和意外保险的协定》。

1979 年 12 月 14 日,联邦德国议会通过决议,为所有犹太人和非犹太人受害者制定赔偿法之外的困难补助条例。

1980 年 10 月 3 日,联邦德国决定为 1965 年后从东欧移民到西方的犹太人受害者设立一个"困难基金"。

1981 年 8 月 26 日,联邦德国政府发布《在赔偿框架内向非犹太人受害者发放艰苦条件津贴的准则》。

1989 年 12 月 14 日,联邦德国议院召开关于"纳粹强迫劳动赔偿"的听证会。

1990 年 8 月 31 日,联邦德国与民主德国签署《统一条约》,双方共同发布《公开财产问题解决法》。

1991 年 6 月 17 日，德国与波兰签署《德意志联邦共和国和波兰共和国关于睦邻友好合作的条约》，同时成立"波兰—德国和解基金"。

1992 年 10 月 29 日，德国财政部与犹太人赔偿联合会签署"2 号赔偿协议"。

1992 年 12 月 16 日，德国总理科尔与俄罗斯总统叶利钦发表联合声明，科尔承诺为苏联加盟共和国的纳粹受害者提供 10 亿马克赔偿金。

1994 年 2 月 24 日，德国联邦议院发布《关于向第二次世界大战中的强制劳工支付赔偿金的基金解决方案的可能性报告》。

1994 年 9 月 27 日，德国联邦议院通过《补偿法》和《纳粹受害者补偿法》。

1995 年 9 月 19 日，德国与美国签订秘密赔偿协议，提供 310 万马克以赔偿普林茨在内的 11 名曾经历纳粹迫害和强制劳动的美国公民。

1997 年 12 月，美、英、法召集 41 个国家举行"纳粹黄金问题伦敦会议"。

1999 年 1 月 25 日，德国与美国达成第二个赔偿协议，提供 1760 万欧元赔偿给 240 名曾被关押在纳粹集中营的美国公民。

1999 年 2 月 16 日，德国政府首次召集 12 家德国大公司（安联、拜耳、巴斯夫、赫希斯特、德固赛—赫斯、宝马、戴姆勒—克莱斯勒、大众汽车、德累斯顿银行、德意志银行、蒂森—克房伯、西门子）的代表，开会讨论强制劳工赔偿事宜。

2000 年 7 月 17 日，德国政府和企业与强制劳工代表在柏林签署二战强制劳工赔偿协议。

2000 年 8 月 2 日，德国联邦议院通过《关于建立"记忆、责任与未来"基金会的法律》。

2001 年 5 月 30 日，德国联邦议院批准向"记忆、责任与未来"基金会支付 100 亿马克赔偿金。

2007 年 6 月 12 日，德国政府宣布"记忆、责任与未来"基金会完成了对二战强制劳工的赔偿工作。

2014 年 8 月 28 日，德国财政部与犹太人赔偿联合会在柏林举行"2 号赔偿协议"的修订谈判，同意设立犹太人"孤儿基金"。

2015 年 5 月 21 日，德国联邦议院决定拨出 1000 万欧元预算用于赔偿在世苏联战俘。

2017 年 9 月 4 日，波兰外长维托尔德·瓦什奇科夫斯基对德国提出 1

万亿美元的赔偿要求。

2019 年 4 月 17 日,希腊议会首次就二战赔偿作出正式决议,对德国提出 3000 亿欧元的赔偿要求。

2020 年 10 月 17 日,德国与犹太人赔偿联合会达成关于"额外的新冠疫情援助金"协议。

(二)　1951 年阿登纳总理关于联邦德国对犹太人态度的政府声明①

1951 年 9 月 27 日

我荣幸地代表联邦政府向联邦议院作如下声明。

最近,世界舆论在不同场合关注德意志联邦共和国对犹太人的态度。对于新国家在这一重要问题上是否以考虑到过去的可怕罪行并将犹太人与德国人民的关系置于新的和健康的基础上的原则为指导,人们在这里和那里都提出了疑问。联邦共和国对其犹太公民的态度在《基本法》中作了明确规定。《基本法》第 3 条规定,法律面前人人平等,任何人不得因其性别、血统、种族、语言、祖国和出身、信仰、宗教或政治观点而处于不利地位或受到优待。此外,《基本法》第 1 条规定,人的尊严是不可侵犯的,尊重和保护它是所有国家当局的责任。

因此,德国人民认为,不可侵犯和不可剥夺的人权是人类社会、世界和平和正义的基础。这些法律规范是直接适用的法律,使每个德国公民——特别是每个公职人员——都有义务拒绝任何形式的种族歧视。本着同样的精神,联邦政府还签署了由欧洲委员会起草的《人权公约》,并承诺执行其中规定的法律思想。

然而,只有当这些规范所产生的精神成为全体人民的共同财产时,这些规范才能变得有效。因此,这主要是一个教育的问题。联邦政府认为迫切需要教会和各州的教育行政部门在其范围内尽一切努力,确保人类和宗教宽容的精神不仅在整个德国人民,特别是在德国青年中得到正式承认,而且在精神态度和实际行动中成为现实。这是教育当局的一项基本任务,当然还需要有成年人的榜样来补充。

为了确保这项教育工作不受干扰,维护联邦共和国的内部和平,联邦政府决定通过严厉的刑事起诉来打击那些仍然从事反犹主义煽动的圈子。已经向联邦议院提交了修订刑法的提案,其中包括将种族诱导宣传定为严重

---

① *Regierungserklärung des Bundeskanzlers in der 165. Sitzung des Deutschen Bundestages zur Haltung der Bundesrepublik Deutschland gegenüber den Juden*, Stenographische Berichte 1. Deutscher Bundestag, Bd.9, 165. Sitzung, S.6697f.

的惩罚措施。联邦政府将在这些规定生效后立即坚决执行。

联邦政府和绝大多数德国人民都意识到,在纳粹时期,德国和被占领土地上的犹太人遭受了不可估量的痛苦。绝大多数德国人民厌恶对犹太人犯下的罪行,没有参与其中。在纳粹时期,德国人民中有许多人出于宗教原因,出于良心的需要,出于对亵渎德国名誉的羞愧,冒着风险表现出帮助犹太同胞的意愿。然而,以德国人民的名义犯下的难以言表的罪行,这使我们有义务对犹太人遭受的个人损失和犹太人的财产进行道义和物质赔偿,因为这些财产的个人受益者今天已经不存在了。我们在这个领域已经采取了初步措施。然而,仍有大量工作要做。联邦政府将确保早日完成赔偿立法并公正地执行。部分可识别的犹太人财产已被归还,随后将进一步归还。

关于赔偿的程度,鉴于纳粹对犹太人价值的巨大破坏,这是一个非常重要的问题,必须考虑到德国为无数战争受害者提供食物以及照顾难民和流离失所者时能力的限制。联邦政府准备与犹太教和接纳了这么多无家可归的犹太难民的以色列国的代表一起努力,实现物质赔偿问题的解决,以便为洗刷精神上的无限痛苦铺平道路。它深深地浸透了恢复真正的人类精神并使之富有成果的必要性。联邦政府认为,全力为这种精神服务是德国人民最崇高的职责。

（三）　2021 年德国财政部战争赔偿统计报告（节选）

赔偿的转变①

自第二次世界大战结束以来,已经过去了 75 年。

时至今日,根据《联邦赔偿法》第 1 条规定向受到迫害和伤害的受害者个人支付纳粹不公正行为赔偿金的行动仍在进行。然而,人口统计学的发展表明,这些对犹太人大屠杀、"吞灭罗姆人"和纳粹恐怖幸存者积极且高度个人化的赔偿的结束是可以预见的。

联邦政府认为,出于国家和国际以及政治和社会的原因,这绝不意味着德意志联邦共和国要和它参与的赔偿划清界限宣告结束。

相反,在"反犹主义"和"否认犹太人大屠杀"的（历史修正主义）背景下,重点应该越来越多地放在 1945 年之前和之后发生了什么,德意志联邦共和国这个年轻的民主国家是如何处理这个问题的,从纳粹时期的反人类罪行中已经和正在吸取什么教训,以及如何以有意义和可持续的方式向后代传达这些信息。在这方面,对纳粹不公正行为的赔偿正在从对迫害受害

---

① 　Bundesministerium der Finanzen, *Wiedergutmachung*, *Regelungen zur Entschädigung von NS-Unrecht*, Juni 2021, S.14.

者的积极支持方案转变为着重宣传联邦共和国如何积极承担责任的活动。

如果不回顾1945年以前的罪行所产生的持续责任,就很难理解我们不变的外交政策原则和某些国内和社会政治问题及其公开处理的事实。这些工作在未来有赖于纳入更多的受害者赔偿和补偿文件。

鉴于大屠杀和赔偿离我们已经越来越久,而德国现在成长起来的几代人,由于人员的流动和迁移已经与纳粹时代没有家庭、地域或文化联系,这对未来是一个特别的挑战。

2017年以来,联邦财政部越来越多地处理由此产生的赔偿后续任务。例如,借助"赔偿专题门户网站",我们致力于首次向外界提供德国和国外各办事处所持有的赔偿档案文献遗产的完整数字访问。在数百万的申请人个人档案中,他们描述了自己在行政程序中的受迫害命运,以及他们的家庭历史,包括日期、地点、姓名、肇事者、其他受害者等细节。所有这些都将在未来的某个时候被完整和一致地读取。这些文件不仅对科学研究有价值,而且对受害者和幸存者的亲属和后代同样有价值,也是对所谓"大屠杀教育"手段的一种贡献。

参 考 文 献

德 文 档 案

Abkommen zwischen der Bundesrepublik Deutschland und dem Staate Israel("Wiedergutmachungsabkommen"),1952.9.10.(《卢森堡条约》)

Akten zur Auswärtigen Politik der Bundesrepublik Deutschland,Band,1962-1985.(联邦德国外交政策档案)

Archiv Pressemitteilung des Zentralrats Deutscher Sinti und Roma,1980-1990.(德国吉卜赛人中央委员会报告)

Bestimmungen der DDR zu Eigentumsfragen und Enteignungen,1971.(民主德国关于财产问题和征用的规定)

Beziehungen DDR-UdSSR,1949 bis 1955:Dokumentensammlung,1975.(民主德国与苏联关系文件集)

Bundesergänzungsgesetz zur Entschädigung für Opfer der nationalsozialistischen Verfolgung,1953.(《联邦纳粹受害者赔偿补充法》)

Bundesgesetz zur Entschädigung für Opfer der nationalsozialistischen Verfolgung(Bundesentschädigungsgesetz-BEG),1956.(《联邦纳粹受害者赔偿法》)

Bundesgesetzblatt,1950-2020.(联邦法律公报)

Bundesministerium der Finanzen:Entschädigung von NS-Unrecht,Regelungen zur Wiedergutmachung,2006-2021.(德国财政部纳粹受害者赔偿统计报告)

Deutscher Bundestag Drucksache,1950-2020.(德国联邦议院印刷资料)

Deutscher Bundestag Stenographischer Bericht,1980-1990.(联邦议院会议记录)

Dokumente zur Deutschlandpolitik,Herausgegeben vom Bundesministerium des Innern unter Mitwirkung des Bundesarchivs.(德国内政部关于德国政策的文件)

Eine Dokumentation des Arbeitskreises I.G.Farben der Bundesfachtagung der Chemiefachschaften,1994.(联邦化学部门会议 IG 法本工作组文件)

Kriegsverbrechen,Restitution,Prävention,Aus dem Vorlass von Benjamin B.Ferencz,Archiv jüdischer Geschichte und Kultur,Band 4,Vandenhoeck & Ruprecht Verlage,2019.(《本杰明·费伦茨书信集》)

NS-Verfolgtenentschädigungsgesetz(NS-VEntschG),1994.(《纳粹受害者补偿法》)

Regierungserklärung von Bundeskanzler,1950-2020.(联邦德国总理政府声明)

Stiftung"Erinnerung,Verantwortung und Zukunft"Tätigkeitsbericht,2001-2010.("记忆、

责任与未来"基金会年度报告)

Übersicht über die Überlieferung und Rechtsgrundlagen zur Wiedergutmachung national-sozialistischen Unrechts in der Bundesrepublik Deutschland in den staatlichen Archiven, 2010.（德国国家档案馆中的纳粹暴政赔偿记录和法律依据概述）

Zweites Gesetz zur Änderung des Bundesentschädigungsgesetzes（BEG – Schlußgesetz），1965.（《联邦赔偿法最终修正案》）

英 文 档 案

Agreement on reparation from Germany, on the establishment of an Inter – Allied Reparation Agency and on the restitution of monetary gold, 1946.（巴黎赔偿会议决议）

Bank for International Settlements Report, 1945–1947.（国际清算银行年度报告）

Conference on Jewish Material Claims Against Germany Annual Report, 1998 – 2013.（"犹太人要求物质赔偿联合会"年度报告）

Foreign Relations of the United States Diplomatic Papers, 1943–1954.（美国对外关系文件）

Inter Allied Reparation Agency Report, 1946–1950.（盟国国际赔偿总署年度报告）

The United States Senate Committee on the Judiciary Report, 1956.（美国参议院司法委员会报告）

中 文 档 案

［苏］萨纳柯耶夫、崔布列夫斯基编：《德黑兰、雅尔塔、波茨坦会议文件集》，生活·读书·新知三联书店 1978 年版。

张盛发主编：《苏联历史档案选编》（第 16 卷），社会科学文献出版社 2002 年版。

世界知识出版社编：《国际条约集（1917—1923）》，世界知识出版社 1961 年版。

世界知识出版社编：《国际条约集（1934—1944）》，世界知识出版社 1961 年版。

德 文 文 献

著作：

Benjamin B. Frencz, *Lohn des Grauens: die Entschädigung jüdischer Zwangsarbeiter*, Frankfurt am Main: Suhrkamp, 1986.

Bernd C. Wagner, *IG Auschwitz, Zwangsarbeit und Vernichtung von Haftlingen Des Lagers Monowitz* 1941–1945, München: K.G.Saur, 2000.

Constantin Goschler, *Schuld und Schulden: Die Politik der Wiedergutmachung für NS-Verfolgte seit* 1945, Wallstein Verlag, 2005.

Die Bundeszentrale für politische Bildung, *Wiedergutmachung und Gerechtigkeit*, Aus Politik und Zeitgeschichte, 2013.

Diether Raff, *Deutsche Geschichte, Vom Alten Reich zur zweiten Republik*, München: Max Hüber Verlag, 1985.

Golo Mann, *Deutsche Geschichte der 19. und 20. Jahrhunderts*, Frankfurt am Main, 1977.

Habbo Knoch, *Bürgersinn mit Weltgefühl: Politische Kultur und solidarischer Protest in den sechziger und siebziger Jahren*, Wallstein Verlag, 2007.

Hans Günter Hockerts, *Grenzen der Wiedergutmachung: Die Entschädigung für NS-Verfolgte in West-und Osteuropa 1945-2000*, Göttingen, 2006.

Hans Günter Hockerts, *Nach der Verfolgung, Wiedergutmachung nationalsozialistischen Unrechts in Deutschland*, Wallstein Verlag, 2003.

Hans-Peter Schwarz, *Vom Reich zur Bundesrepublik: Deutschland im Widerstreit der aussenpolitischen Konzeptionen in den Jahren der Besatzungsherrschaft 1945 - 1949*, Stuttgart: Klett-Cotta, 1980.

Helga und Hermann Fischer Hübner, *Die Kehrseite der Wiedergutmachung: das Leiden von NS-Verfolgten in den Entschädigungsverfahren*, Gerlingen: Bleicher Verlag, 1990.

Helmut M. Müller, *Schlaglichter der deutschen Geschichte*, Bonn: Bundeszentrale für politische Bildung, 2003.

Horst Barthel, *Die wirtschaftlichen Ausgangsbedingungen der DDR, Zur Wirtschaftsentwicklung auf dem Gebiet der DDR 1945-1949/50*, Berlin, 1979.

Horst Möller, *Die Politik der Sowjetischen Militäradministration in Deutschland(SMAD): Kultur, Wissenschaft und Bildung 1945-1949*, Dokumente aus russischen Archiven, München: K.G.Saur, 2005.

John H. Backer, *Die Deutschen Jahre des Generals Clay, Der Weg zur Bundesrepublik 1945-1949*, München: C.H.Beck Verlag, 1983.

Jörg Fisch, *Reparationen nach dem Zweiten Weltkrieg*, München: Beck, 1992.

Mathias Manz, *Stagnation und Aufschwung in der französischen Besatzungszone 1945-1948*, Ostfildern: Werner Abelshauser, 1985.

Kurt R. Grossmann, *Die Ehrenschuld: Kurzgeschichte der Wiedergutmachung*, Frankfurt am Main: Ullstein, 1967.

Rainer Karlsch, *Allein bezahlt? Die Reparationsleistungen der SBZ/DDR 1945 - 1953*, Christoph Links Verlag, 2013.

Rolf Badstubner, *Restauration in Westdeutschland*, 1945-1949, Berlin: Dietz, 1965.

Thomas Elsmann, *Auf den Spuren der Eigentümer: Erwerb und Rückgabe von Büchern jüdischerEigentümer am Beispiel Bremen*, Bremen: Staats und Universitätsbibliothek, 2004.

Walter Ulbricht, *Zur Geschichte der neuesten Zeit*, Berlin: Dietz Verlag, 1955.

Werner Krause, *Die Entstehung des Volkseigentums in der Industrie der DDR*, Berlin, 1958.

Wilfried Loth, *Die deutsche Frage in der Nachkriegszeit*, Berlin: Akademie Verlag

GmbH,1994.

Wolfgang Zank,*Wirtschaft und Arbeit in Ostdeutschland* 1945-1949,München,1987.

论文:

Adolf Arndt,Warum Und Wozu Wiedergutmachung? In:*Juristen Zeitung*,Vol.11,No.7,
Mohr Siebeck GmbH,1956.

Adrien Robinet de CLERY,Kriegsschulden Und Wiedergutmachung:Die Lehren Der Ver-
gangenheit,in:*Die Friedens-Warte*,Vol.44,No.1,Berliner Wissenschafts-Verlag,1944.

Hans Günter Hockerts, Wiedergutmachung in Deutschland, Eine historische Bilanz
1945-2000,in:Vierteljahrshefte für Zeitgeschichte,2001.

Harald König,Grundlagen Der Rückerstattung:Das Deutsche Wiedergutmachungsrecht,
in:*Osteuropa*,Vol.56,No.1/2,Berliner Wissenschafts-Verlag,2006.

Herbert Küpper,Länderkompetenzen in Der Wiedergutmachung von NS-Unrecht,in:*Kri-
tische Justiz*,Vol.30,No.2,Nomos Verlagsgesellschaft mbH,1997.

Jan - Robert Renesse, Wiedergutmachung Fünf Nach Zwölf, in: *Zeitschrift Für
Rechtspolitik*,Vol.46,No.3,Verlag C.H.Beck,2013.

Kathrin Braun,Zwischen Gesetz Und Gerechtigkeit:Staatliche Sterilisationspolitiken und
der Kampf der Opfer um Wiedergutmachung,in:*Kritische Justiz*,Vol.45,No.3,Nomos Verlags-
gesellschaft mbH,2012.

Otto Küster,Zur Frage Der Wiedergutmachung Für Auslandshaft,in:*JuristenZeitung*,Vol.
10,No.18,Mohr Siebeck GmbH,1955.

Rainer Hudemann, Anfänge Der Wiedergutmachung. Französische Besatzungszone
1945-1950,in:*Geschichte Und Gesellschaft*,Vol.13,No.2,Vandenhoeck & Ruprecht,1987.

Theo Sommer,Die Zeit,Welt-und Kulturgeschichte:Epochen,Fakten,Hintergründe,in:
Zweiter Weltkrieg und Nachkriegszeit,20 Bänden,Hamburg:Zeitverlag,2006.

Wilhelm Tappert, Die Wiedergutmachung von Staatsunrecht Im 20.Jahrhundert,in:*Die
Friedens-Warte*,Vol.70,No.3/4,Berliner Wissenschafts-Verlag,1995.

英 文 文 献

著作:

Aidan Crawley,*The Rise of Western Germany*,1945-1972,London,1973.

Alan Kramer,*The West German Economy*,1945-1955,New York:Berg Publishers,1991.

Alec Cairncross,*The Price of War*,*British Policy on German Reparations*,1941-1949,Ox-
ford,1986.

Brian R.Mitchell,*European historical statistics*,1750-1970,London:Macmillan Pr.,1975.

Bruce Kuklick,*American Polity and the Division of Germany*,*the clash with Russia over
Reparations*,Cornell University,1972.

Henry Ashby Turner,*Germany from partition to reunification*,New Haven:Yale University

Press,1992.

James P.Warburg,*Key to Peace*,London,1954.

Jas Grenville,*Europe Reshaped*,1848-1878,London,1986.

John Gimbel,*Science, Technology, and Reparations: Exploitation and Plunder in Postwar Germany*,Stanford,Calif.:Stanford University Press,1990.

Lily Gardner Feldman,*The special Relationship between West Germany and Israel*,Boston: Allen & Unwin,1984.

Lucius D.Clay,*Decision in Germany*,Connecticut:Greenwood Press,1970.

Michael J.Hogan,*The Marshall Plan—America,Britain and the Reconstruction Of Western Europe*,1947-1952,Cambridge,1987.

Nicholas Balabkins,*Germany under Direct Controls:Economic Aspects of Industrial Disarmament*,1945-1948,New Brunswick,Rutgers University Press,1971.

Nicholas Balabkins, *West German Reparations to Israel*, New Brunswick: Rutgers University Press,1971.

Norman M.Naimark,*The Russians in Germany,A History of the Soviet Zone of Occupation*, 1945-1949,the Belnap Press of Harvard University,1995.

Robert Slusser,*Soviet Encomic Policy in Postwar Germany*,New York,1953.

Ronald W.Zweig,*German Reparations and the Jewish World:A History of the Claims Conference*,London:Frank Cass,2001.

Roy F.Willis,*France,Germany and the New Europe*,London,1968.

Shlomo Shafir,*Ambiguous Relations:the American Jewish Community and Germany since 1945*,Detroit:Wayne State University Press,1999.

Susan Slyomovics, *How to Accept German Reparations*, University of Pennsylvania Press,2014.

Volker Rolf Berghahn,*Morden Germany,Society,Economy and Politics in the Twentieth Century*,Cambridge,1987.

Walter Laqueur,*Europe since Hitler,the Rebirth of Europe*,England,1982.

论文:

Bruce Kuklick,"The Division of Germany and American Policy on Reparations",in *The Western Political Quarterly*,Vol.23,No.2,University of Utah,1970.

Eric A.Posner, "Reparations for Slavery and Other Historical Injustices",in *Columbia Law Review*,Vol.103,No.3,Columbia Law Review Association,2003.

Frederick Honig,"The Reparations Agreement between Israel and the Federal Republic of Germany",in *The American Journal of International Law*,Vol.48,No.4,American Society of International Law,1954.

Jacob Tovy,"All Quiet on the Eastern Front:Israel and the Issue of Reparations from East-Germany,1951-1956",in *Israel Studies*,Vol.18,No.1,Indiana University Press,2013.

Karl Figlio,"Psychoanalysis, Reparation, and Historical Memory", in *American Imago*, Vol.71, No.4, The Johns Hopkins University Press,2014.

Marc Trachtenberg,"Reparation at the Paris Peace Conference", in *The Journal of Modern History*, Vol.51, No.1, University of Chicago Press,1979.

Max du Plessis,"Historical Injustice and International Law:An Exploratory Discussion of Reparation for Slavery", in *Human Rights Quarterly*, Vol.25, No.3, Johns Hopkins University Press,2003.

Sally Marks,"The Myths of Reparations", in *Central European History*, Vol.11, No.3, Cambridge University Press,1978.

中 文 文 献

著作:

［英］阿诺德·汤因比:《第二次世界大战全史》第4卷,上海译文出版社2015年版。

［美］埃德温·哈特里奇:《第四帝国的崛起》,世界知识出版社1982年版。

［德］艾米尔·路德维希:《德国人,一个民族的双重历史》,东方出版社2006年版。

［苏］B.H.舍纳耶夫等:《联邦德国》,中国社会科学出版社1988年版。

［美］保罗·肯尼迪:《大国的兴衰》,国际文化出版公司2006年版。

［美］C.E.布莱克等:《二十世纪欧洲史》,人民出版社1984年版。

［英］德里克·W.厄尔温:《第二次世界大战后的西欧政治》,中国对外翻译出版公司1985年版。

丁建弘等主编:《德国通史简编》,人民出版社1991年版。

丁建弘等主编:《战后德国的分裂与统一》,人民出版社1996年版。

［俄］弗拉迪斯拉夫·祖博克、康斯坦丁·普列沙科夫:《克里姆林宫秘史》,世界知识出版社2001年版。

［德］格茨·阿利:《希特勒的民族帝国,劫掠、种族战争和纳粹主义》,译林出版社2011年版。

［美］斯图尔特·休斯:《欧洲现代史(1914—1980)》,商务印书馆1984年版。

［美］哈里·杜鲁门:《杜鲁门回忆录》上卷,东方出版社2007年版。

［美］华·惠·罗斯托:《美国在世界舞台上》,世界知识出版社1964年版。

［德］卡尔·迪特利希·埃尔德曼:《德意志史》第四卷,商务印书馆1986年版。

［德］卡尔·哈达赫:《二十世纪德国经济史》,商务印书馆1984年版。

［德］康拉德·阿登纳:《阿登纳回忆录》,上海人民出版社2018年版。

刘同舜、姚椿龄主编:《战后世界历史长编,1949》,上海人民出版社1980年版。

［英］迈克尔·鲍尔弗、约翰·梅尔:《四国对德国和奥地利的管制(1945—1946)》,上海译文出版社1995年版。

孟钟捷:《寻找黄金分割点:联邦德国社会伙伴关系研究》,上海辞书出版社2010年版。

［美］舍霍夫佐夫·C.波格:《马歇尔传（1945—1949）》,世界知识出版社 1992 年版。

孙炳辉、郑寅达:《德国史纲》,华东师范大学出版社 1995 年版。

孙立新、孟钟捷、范丁梁:《联邦德国史学研究——以关于纳粹问题的史学争论为中心》,社会科学文献出版社 2018 年版。

田小惠:《德国战败赔偿政策研究（1939—1949）》,中央编译出版社 2012 年版。

［德］韦·阿贝尔斯豪泽:《德意志联邦共和国经济史 1945—1980 年》,商务印书馆 1988 年版。

吴友法:《德国现当代史》,武汉大学出版社 2007 年版。

吴友法:《二十世纪德国史》,台湾志一出版社 1995 年版。

吴友法、黄正柏主编:《德国资本主义发展史》,武汉大学出版社 2000 年版。

吴友法等:《德国通史》第六卷,《重新崛起时代（1945—2010）》,江苏人民出版社 2019 年版。

萧汉森、黄正柏主编:《德国的分裂、统一与国际关系》,华中师范大学出版社 1998 年版。

邢来顺、岳伟:《联邦德国的文化政策与文化多样性研究》,中国社会科学出版社 2018 年版。

苑爽:《“战争与和平”视阈下的美国对德战争索赔政策》,中央编译出版社 2015 年版。

《战后世界历史长编》编委会编:《战后世界历史长编——1949》,上海人民出版社 1980 年版。

郑寅达等:《德国通史》第五卷,《危机时代（1918—1945）》,江苏人民出版社 2019 年版。

朱忠武等编:《德国现代史》,山东大学出版社 1986 年版。

论文:

卜晓沛:《纳粹黄金——二战中纳粹德国与中立国的黄金问题》,《战争史研究》总第 3 期。

林国明:《犹太人世界对德国的战争索赔政策》,《世界历史》2005 年第 3 期。

田小惠:《简析战后德国分区赔偿政策的执行》,《国际论坛》2005 年第 1 期。

田小惠:《试析战后德国战败赔偿政策》,《世界历史》2005 年第 4 期。

后　　记

　　从我开始记事的时候,周围的大人说到日本,大概率会带上一个专属后缀——"鬼子"。后来读了一些书,看了一些纪录片,发现这些"鬼子"不是一般的凶残。其中两件往事,令我印象深刻。

　　1937 年 4 月 15 日,辽宁通化城玉皇山。日军枪杀了辽宁民众义勇军王凤阁将军和他的妻子张氏后,又把枪口对准了他们拒绝投降的儿子——5 岁的"小金子"。他们一枪打中了小金子上身,小金子哇哇大哭着向爸爸妈妈爬去。鬼子又补来一枪,小金子最后也没能进入父母的怀抱,成了中国年龄最小的抗日英雄。

　　1937 年 12 月 13 日,南京。9 岁的常志强目睹了全家 6 口人被日军杀害。家人留给他的最后印象是,2 岁的弟弟趴在死去的母亲乳房上吃奶,最后被冻在了一起,怎么也拉不开。这悲惨的一幕最终被固化成南京大屠杀纪念馆门前的一尊雕像。

　　马丁·路德·金说:"道德宇宙的弧线很长,但它向正义弯曲"。但我时常觉得,日本侵华战争遗留的这条道德弧线未免太长了些,似乎永远都不会和正义交织。在我的中学和大学时代,电视和报纸时常报道中国战争受害者向日本政府和企业索取赔偿的案件,几乎全部失败。2005 年考上武汉大学德国史方向的研究生后,一个简单的问题很快浮现在我的脑海:日本拒绝赔偿,德国赔偿了没有?

　　带着这样的问题检索德文文献,我感觉仿佛打开了一个新世界。除了占领时期对战胜国的赔偿之外,德国人秘而不宣地向犹太人和强制劳工等二战受害者支付了巨额赔偿。与德国对犹太人的赔偿相比,日本亏欠中国人太多了。因此,整个研究生阶段我都致力于研究德国二战赔偿问题,希望有朝一日这项研究成果能够成为"他山之石",最终完成了博士学位论文《二战后德国赔偿问题研究》。

　　2020 年是世界反法西斯战争胜利 75 周年,我重拾 10 年前完成的博士学位论文,开始写作《二战后德国战争赔偿史》,并幸运地得到了国家社科基金的后期资助。这进一步增强了我写作本书的使命感。

　　在写作过程中,我对战争赔偿的认识也发生了变化。战争赔偿的目的和价值不能简单理解为"弥补损失"或"恢复原状",因为战争行为的后果在物质和道德上都不可能真正被消除。战争赔偿其实是反省和弥补罪责的一种态度和途径，背负罪责的政府或人民通过赔偿表明，他们正在真诚地努力重建与受害国及其人民之间的友好关系。二战结束以来，德国对二战受害者赔偿的终极价值在于让正义得到彰显，它昭示着人类理性的进步和对个体生命的尊重。这种价值已经成为国际社会的共识，并在 2005 年联合国发布的《违反国际人权法和人道主义法行为的受害者得到补救和赔偿的权利》中得到了确认——"充分、有效和迅速赔偿的目的是通过纠正粗暴违反国际人权法或严重违反国际人道主义法的行为伸张正义"。

　　本书的写作采用了先叙后议的方法，力求完整、详细、客观和中立地记录二战后德国战争赔偿的全过程，并尽可能多地使用了"德国联邦议院印刷资料""美国对外关系文件"等原始档案。但是，由于德国二战赔偿在主体的多元性、客体的广泛性、支付手段的多样性以及赔偿金额上都达到了战争赔偿史上的空前高度，以至于德国政府至今也没有发布一个包含"战胜国赔偿"和"受害者赔偿"的统计报告或赔偿总额。本书在这方面做了努力，比如在评估占领时期东德地区赔偿总额时使用了 6 种来自官方和学者的统计数据，力求一个客观公正的赔偿总额，但面对浩瀚的数据和案例，仍有力不从心、挂一漏万之感。同时，因为身处国内，无法查阅德国联邦档案馆的馆藏档案，一些细节或数据只能取材于国外学者在文献中的记录。因作者能力和环境所限，书中大概仍有错误或不妥之处，敬请广大读者批评指正。感谢我的恩师吴友法教授当年的悉心指导并欣然为本书作序，感谢刑来顺教授、孟钟捷教授等同行学者和国家社科基金评审专家对本书提出的宝贵建议，感谢人民出版社詹夺博士为编辑出版本书付出的努力！

　　最后，希望这本书来得还不算太晚！

责任编辑:詹　夺
封面设计:毛　淳　徐　晖
版式设计:姚　菲
责任校对:东　昌

图书在版编目(CIP)数据

二战后德国战争赔偿史/孙文沛 著. —北京:人民出版社,2023.9
(国家社科基金后期资助项目)
ISBN 978－7－01－025686－3

Ⅰ.①二… Ⅱ.①孙… Ⅲ.①战争赔偿-研究-德国 Ⅳ.①D835.16

中国国家版本馆 CIP 数据核字(2023)第 091431 号

二战后德国战争赔偿史

ERZHAN HOU DEGUO ZHANZHENG PEICHANGSHI

孙文沛 著

人 民 出 版 社 出版发行
(100706 北京市东城区隆福寺街 99 号)

北京中科印刷有限公司印刷 新华书店经销

2023 年 9 月第 1 版 2023 年 9 月北京第 1 次印刷
开本:710 毫米×1000 毫米 1/16 印张:24.5
字数:423 千字

ISBN 978－7－01－025686－3 定价:98.00 元

邮购地址 100706 北京市东城区隆福寺街 99 号
人民东方图书销售中心 电话 (010)65250042 65289539